2 Curso de DIREITO PENAL

VICTOR EDUARDO RIOS GONÇALVES

Curso de DIREITO PENAL

2

PARTE ESPECIAL

(Arts. 121 a 183)

9ª edição
2025

- O autor deste livro e a editora empenharam seus melhores esforços para assegurar que as informações e os procedimentos apresentados no texto estejam em acordo com os padrões aceitos à época da publicação, *e todos os dados foram atualizados pelo autor até a data de fechamento do livro.* Entretanto, tendo em conta a evolução das ciências, as atualizações legislativas, as mudanças regulamentares governamentais e o constante fluxo de novas informações sobre os temas que constam do livro, recomendamos enfaticamente que os leitores consultem sempre outras fontes fidedignas, de modo a se certificarem de que as informações contidas no texto estão corretas e de que não houve alterações nas recomendações ou na legislação regulamentadora.

- Data do fechamento do livro: 20/01/2025

- O autor e a editora se empenharam para citar adequadamente e dar o devido crédito a todos os detentores de direitos autorais de qualquer material utilizado neste livro, dispondo-se a possíveis acertos posteriores caso, inadvertida e involuntariamente, a identificação de algum deles tenha sido omitida.

- Direitos exclusivos para a língua portuguesa
  Copyright ©2025 by
  Saraiva Jur, um selo da SRV Editora Ltda.
  Uma editora integrante do GEN | Grupo Editorial Nacional
  Travessa do Ouvidor, 11
  Rio de Janeiro – RJ – 20040-040

- **Atendimento ao cliente: https://www.editoradodireito.com.br/contato**

- Reservados todos os direitos. É proibida a duplicação ou reprodução deste volume, no todo ou em parte, em quaisquer formas ou por quaisquer meios (eletrônico, mecânico, gravação, fotocópia, distribuição pela Internet ou outros), sem permissão, por escrito, da **SRV Editora Ltda.**

- Capa: Laís Soriano
  Diagramação: Guilherme Salvador

- **DADOS INTERNACIONAIS DE CATALOGAÇÃO NA PUBLICAÇÃO (CIP)**
  VAGNER RODOLFO DA SILVA – CRB-8/9410

G635c   Gonçalves, Victor Eduardo Rios
Curso de Direito Penal – V. 2 / Victor Eduardo Rios Gonçalves. – 9. ed. – São Paulo:
    Saraiva Jur, 2025.

432 p.
ISBN: 978-85-5362-673-1 (Impresso)

1. Direito. 2. Direito Penal. I. Título.

                    CDD 345
2024-4608   CDU 343

Índices para catálogo sistemático:
1. Direito Penal   345
2. Direito Penal   343

NOTA DO AUTOR À 9ª EDIÇÃO

O estudo do direito penal contemporâneo vem ganhando novos contornos em razão da importância cada vez maior das decisões dos tribunais superiores à luz dos princípios constitucionais, sem contar o incremento dos debates relacionados a temas criminais, não apenas no mundo acadêmico, como também na imprensa e nas redes sociais, onde, não raro, juristas e leigos entram em debate direto sobre os rumos a serem tomados por nossos julgadores e legisladores. Por isso, na presente obra, além da opinião dos mais importantes doutrinadores nacionais e estrangeiros, foram colacionados os julgados de maior relevância do Supremo Tribunal Federal e do Superior Tribunal de Justiça, além das respectivas súmulas, sempre acompanhados dos necessários comentários e esclarecimentos.

Por se tratar de obra direcionada a graduandos, concursandos e profissionais da área penal, a linguagem adotada é objetiva, porém com o adequado aprofundamento dos temas.

Trata-se, portanto, de obra redigida em linguagem objetiva, simples e direta, com análise aprofundada dos temas propostos, e acompanhada de grande número de exemplos didáticos, sem olvidar da melhor e mais atualizada doutrina e jurisprudência.

Os exemplos lançados e os casos analisados, ademais, refletem as infrações penais praticadas na atualidade e não apenas aqueles meios de execução tradicionais, o que propicia ao leitor uma visão moderna da criminalidade e das diversas formas pelas quais deve ser combatida.

O presente *Curso de Direito Penal*, em seu *2º volume* (Parte Especial – arts. 121 a 183), aborda os títulos I e II da Parte Especial do Código Penal (Crimes contra a Pessoa e Crimes contra o Patrimônio), procurando propiciar ao leitor um estudo aprofundado das infrações penais nele tipificadas.

Nesta 9ª edição do *Curso de Direito Penal*, procedeu-se à atualização da obra em relação à jurisprudência das Cortes Superiores. Foram também analisadas e comentadas as inovações legislativas decorrentes da aprovação de diversas leis: a) Lei n. 14.994/2024, que criou o crime autônomo de feminicídio e modificou o sistema de causas de aumento de pena de tal delito, bem como modificou o crime de ameaça contra mulher quando cometido por razões da condição do sexo feminino (aumentando a pena e modificando a modalidade de ação penal), e, ainda, criando majorante para os crimes contra a honra; b) Lei n. 14.811/2024, que criou o crime de intimidação sistemática, bem como transformou em hediondas algumas modalidades do crime de participação em suicídio ou automutilação, sequestro e tráfico de pessoas. Assim, resta oferecer aos seletos leitores esta singela obra com a esperança de que possa auxiliá-los em seus estudos e concursos, bem como na atuação profissional.

SUMÁRIO

NOTA DO AUTOR À 9ª EDIÇÃO V
INTRODUÇÃO 1
1.1. A Parte Especial do Código Penal 1
1.2. Classificação das normas penais na Parte Especial e seus elementos
componentes 1
1.3. Temas obrigatórios no estudo das infrações penais 3
    1.3.1. As classificações e denominações relativas à conduta típica 3
    1.3.2. Classificações e denominações quanto à objetividade jurídica 4
    1.3.3. Classificações e denominações em relação ao sujeito ativo 5
    1.3.4. Sujeito passivo 6
    1.3.5. Objeto material 6
    1.3.6. Classificações e denominações quanto à consumação 6
    1.3.7. Tentativa 7
    1.3.8. Crimes dolosos, culposos e preterdolosos 7

TÍTULO I
1. DOS CRIMES CONTRA A PESSOA

CAPÍTULO I

DOS CRIMES CONTRA A VIDA

1.1. Dos crimes contra a vida 11
    1.1.1. Homicídio 11
        1.1.1.1. Homicídio doloso 11
            1.1.1.1.1. Homicídio simples 11
            1.1.1.1.2. Homicídio privilegiado 20
            1.1.1.1.3. Homicídio qualificado 23
            1.1.1.1.4. Majorantes decorrentes da idade da vítima 46
            1.1.1.1.5. Majorantes decorrentes da prática do homicídio por milícia
privada ou por grupo de extermínio 47
        1.1.1.2. Homicídio culposo 48
            1.1.1.2.1. Objetividade jurídica 48
            1.1.1.2.2. Tipo objetivo 48

1.1.1.2.3. Sujeito ativo	50
1.1.1.2.4. Sujeito passivo	50
1.1.1.2.5. Consumação	50
1.1.1.2.6. Tentativa	50
1.1.1.2.7. Causas de aumento de pena	50
1.1.1.2.8. Perdão judicial	53
1.1.1.2.9. Arrependimento posterior	55
1.1.1.2.10. Ação penal	56
1.1.1.3. Homicídio culposo no Código de Trânsito Brasileiro	56
1.1.1.3.1. Causas de aumento de pena	57
1.1.1.3.2. Perdão judicial	58
1.1.2. Feminicídio	58
1.1.2.1. Regras do feminicídio aplicáveis aos fatos ocorridos antes da Lei n. 14.994/2024	59
1.1.2.1.1. Causas de aumento do feminicídio aplicáveis a fatos anteriores à Lei n. 14.994/2024	60
1.1.2.2. Feminicídio (após a Lei n. 14.994/2024)	62
1.1.2.2.1. Objetividade jurídica	62
1.1.2.2.2. Tipo objetivo	62
1.1.2.2.3. Sujeito ativo	64
1.1.2.2.4. Sujeito passivo	64
1.1.2.2.5. Consumação	64
1.1.2.2.6. Tentativa	64
1.1.2.2.7. Causas de aumento de pena	64
1.1.2.2.8. Pena e ação penal	68
1.1.3. Induzimento, instigação ou auxílio ao suicídio ou à automutilação	68
1.1.3.1. Introdução	69
1.1.3.2. Objetividade jurídica	69
1.1.3.3. Tipo objetivo	70
1.1.3.4. Sujeito ativo	74
1.1.3.5. Sujeito passivo	74
1.1.3.6. Consumação, tentativa e figuras qualificadas	74
1.1.3.7. Excludente de ilicitude	76
1.1.3.8. Causas de aumento de pena	76
1.1.3.9. Classificação doutrinária	78
1.1.3.10. Ação penal	78
1.1.4. Infanticídio	78
1.1.4.1. Objetividade jurídica	78
1.1.4.2. Tipo objetivo	78
1.1.4.3. Sujeito ativo	81
1.1.4.4. Sujeito passivo	82
1.1.4.5. Consumação	83
1.1.4.6. Tentativa	83

1.1.4.7. Classificação doutrinária 83
1.1.4.8. Ação penal 83
1.1.5. Aborto... 84
1.1.5.1. Aborto criminoso 84
1.1.5.1.1. Autoaborto... 84
1.1.5.1.2. Consentimento para o aborto 85
1.1.5.1.3. Provocação de aborto com o consentimento da gestante 87
1.1.5.1.4. Provocação de aborto sem o consentimento da gestante 88
1.1.5.1.5. Temas comuns a todas as modalidades de aborto 89
1.1.5.1.6. Forma qualificada 92
1.1.5.1.7. Aborto legal 93

CAPÍTULO II

DAS LESÕES CORPORAIS

1.2. Das lesões corporais.. 98
1.2.1. Lesões corporais dolosas 98
1.2.1.1. Lesões leves... 98
1.2.1.1.1. Objetividade jurídica 98
1.2.1.1.2. Tipo objetivo 98
1.2.1.1.3. Sujeito ativo... 101
1.2.1.1.4. Sujeito passivo 101
1.2.1.1.5. Consumação.. 102
1.2.1.1.6. Tentativa 102
1.2.1.1.7. Classificação doutrinária 102
1.2.1.1.8. Absorção e concurso... 103
1.2.1.1.9. Ação penal.. 103
1.2.1.1.10. Lesão leve qualificada pela violência doméstica........................ 103
1.2.1.2. Lesões corporais graves... 106
1.2.1.2.1. Incapacidade para as ocupações habituais por mais de 30 dias...... 106
1.2.1.2.2. Perigo de vida 108
1.2.1.2.3. Debilidade permanente de membro, sentido ou função.............. 109
1.2.1.2.4. Aceleração do parto.. 110
1.2.1.3. Lesões corporais gravíssimas 111
1.2.1.3.1. Incapacidade permanente para o trabalho 111
1.2.1.3.2. Enfermidade incurável... 112
1.2.1.3.3. Perda ou inutilização de membro, sentido ou função............ 113
1.2.1.3.4. Deformidade permanente 114
1.2.1.3.5. Aborto... 115
1.2.1.4. Lesões corporais seguidas de morte 116
1.2.1.5. Majorantes decorrentes da violência familiar ou doméstica............. 116
1.2.1.6. Lesão corporal privilegiada 117

1.2.1.7. Substituição da pena da lesão leve	117
1.2.1.8. Majorantes	118
1.2.1.9. Lesões majoradas contra policiais ou integrantes das Forças Armadas ou seus familiares	118
1.2.2. Lesão corporal culposa	120
1.2.2.1. Causas de aumento de pena da lesão culposa	120
1.2.2.2. Perdão judicial	120

CAPÍTULO III

DA PERICLITAÇÃO DA VIDA E DA SAÚDE

1.3. Da periclitação da vida e da saúde	121
1.3.1. Perigo de contágio venéreo	121
1.3.1.1. Objetividade jurídica	122
1.3.1.2. Tipo objetivo	122
1.3.1.3. Figura qualificada	122
1.3.1.4. Sujeito ativo	123
1.3.1.5. Sujeito passivo	123
1.3.1.6. Consumação	123
1.3.1.7. Tentativa	123
1.3.1.8. Classificação doutrinária	124
1.3.1.9. Ação penal	124
1.3.2. Perigo de contágio de moléstia grave	124
1.3.2.1. Objetividade jurídica	124
1.3.2.2. Tipo objetivo	124
1.3.2.3. Sujeito ativo	124
1.3.2.4. Sujeito passivo	125
1.3.2.5. Consumação	125
1.3.2.6. Tentativa	125
1.3.2.7. Classificação doutrinária	125
1.3.2.8. Ação penal	125
1.3.3. Perigo para a vida ou saúde de outrem	125
1.3.3.1. Objetividade jurídica	125
1.3.3.2. Tipo objetivo	125
1.3.3.3. Sujeito ativo	127
1.3.3.4. Sujeito passivo	127
1.3.3.5. Consumação	127
1.3.3.6. Tentativa	127
1.3.3.7. Causa de aumento de pena	127
1.3.3.8. Classificação doutrinária	128
1.3.3.9. Ação penal	128
1.3.4. Abandono de incapaz	128

1.3.4.1. Objetividade jurídica 128
  1.3.4.2. Tipo objetivo 128
  1.3.4.3. Sujeito ativo 129
  1.3.4.4. Sujeito passivo 129
  1.3.4.5. Consumação 129
  1.3.4.6. Tentativa 129
  1.3.4.7. Formas qualificadas 129
  1.3.4.8. Causas de aumento de pena 130
  1.3.4.9. Classificação doutrinária 130
  1.3.4.10. Ação penal 130
 1.3.5. Exposição ou abandono de recém-nascido 130
  1.3.5.1. Objetividade jurídica 130
  1.3.5.2. Tipo objetivo 130
  1.3.5.3. Sujeito ativo 131
  1.3.5.4. Sujeito passivo 132
  1.3.5.5. Consumação 132
  1.3.5.6. Tentativa 132
  1.3.5.7. Formas qualificadas 132
  1.3.5.8. Classificação doutrinária 133
  1.3.5.9. Ação penal 133
 1.3.6. Omissão de socorro 133
  1.3.6.1. Objetividade jurídica 133
  1.3.6.2. Tipo objetivo 133
  1.3.6.3. Sujeito ativo 135
  1.3.6.4. Sujeito passivo 136
  1.3.6.5. Consumação 136
  1.3.6.6. Tentativa 136
  1.3.6.7. Distinções 136
  1.3.6.8. Causas de aumento de pena 136
  1.3.6.9. Classificação doutrinária 137
  1.3.6.10. Ação penal 137
 1.3.7. Condicionamento de atendimento médico-hospitalar emergencial 137
  1.3.7.1. Objetividade jurídica 137
  1.3.7.2. Tipo objetivo 137
  1.3.7.3. Sujeito ativo 138
  1.3.7.4. Sujeito passivo 138
  1.3.7.5. Consumação 138
  1.3.7.6. Tentativa 138
  1.3.7.7. Causas de aumento de pena 138
  1.3.7.8. Classificação doutrinária 138
  1.3.7.9. Ação penal 138
 1.3.8. Maus-tratos 139
  1.3.8.1. Objetividade jurídica 139

1.3.8.2. Tipo objetivo	139
1.3.8.3. Sujeitos do delito	141
1.3.8.4. Consumação	141
1.3.8.5. Tentativa	142
1.3.8.6. Classificação doutrinária	142
1.3.8.7. Figuras qualificadas	142
1.3.8.8. Causas de aumento de pena	143
1.3.8.9. Ação penal	143

CAPÍTULO IV

DA RIXA

1.4. Da rixa	144
1.4.1. Rixa	144
1.4.1.1. Objetividade jurídica	144
1.4.1.2. Tipo objetivo	144
1.4.1.3. Sujeito ativo e passivo	145
1.4.1.4. Consumação	146
1.4.1.5. Tentativa	146
1.4.1.6. Rixa qualificada	146
1.4.1.7. Classificação doutrinária	147
1.4.1.8. Ação penal	147

CAPÍTULO V

DOS CRIMES CONTRA A HONRA

1.5. Dos crimes contra a honra	148
1.5.1. Calúnia	148
1.5.1.1. Objetividade jurídica	148
1.5.1.2. Tipo objetivo	149
1.5.1.3. Sujeito ativo	151
1.5.1.4. Sujeito passivo	151
1.5.1.5. Consumação	152
1.5.1.6. Tentativa	152
1.5.1.7. Classificação doutrinária	153
1.5.1.8. Exceção da verdade	153
1.5.2. Difamação	155
1.5.2.1. Objetividade jurídica	155
1.5.2.2. Tipo objetivo	155
1.5.2.3. Sujeito ativo	156
1.5.2.4. Sujeito passivo	157

    1.5.2.5. Consumação 158
    1.5.2.6. Tentativa 158
    1.5.2.7. Classificação doutrinária 159
1.5.3. Injúria 159
    1.5.3.1. Objetividade jurídica 159
    1.5.3.2. Tipo objetivo 159
    1.5.3.3. Sujeito ativo 161
    1.5.3.4. Sujeito passivo 161
    1.5.3.5. Consumação 161
    1.5.3.6. Tentativa 161
    1.5.3.7. Classificação doutrinária 162
    1.5.3.8. Perdão judicial 162
    1.5.3.9. Injúria real 162
    1.5.3.10. Injúria preconceituosa 163
1.5.4. Disposições comuns 164
    1.5.4.1. Majorantes 164
    1.5.4.2. Excludentes de ilicitude 166
    1.5.4.3. Retratação 168
    1.5.4.4. Pedido de explicações em juízo 169
    1.5.4.5. Ação penal 170

CAPÍTULO VI

DOS CRIMES CONTRA A LIBERDADE INDIVIDUAL

1.6. Dos crimes contra a liberdade individual 172

SEÇÃO I

1.6.1. Dos crimes contra a liberdade pessoal 172
    1.6.1.1. Constrangimento ilegal 172
        1.6.1.1.1. Objetividade jurídica 173
        1.6.1.1.2. Tipo objetivo 173
        1.6.1.1.3. Sujeito ativo 174
        1.6.1.1.4. Sujeito passivo 174
        1.6.1.1.5. Consumação 176
        1.6.1.1.6. Tentativa 176
        1.6.1.1.7. Classificação doutrinária 176
        1.6.1.1.8. Causas de aumento de pena 176
        1.6.1.1.9. Excludentes de tipicidade 177
        1.6.1.1.10. Ação penal 178
    1.6.1.2. Intimidação sistemática (*bullying*) 178
        1.6.1.2.1. Objetividade jurídica 178
        1.6.1.2.2. Tipo objetivo 178

1.6.1.2.3. Sujeito ativo	179
1.6.1.2.4. Sujeito passivo	179
1.6.1.2.5. Consumação	180
1.6.1.2.6. Tentativa	180
1.6.1.2.7. Pena e ação penal	180
1.6.1.2.8. Forma qualificada (*cyberbullying*)	180
1.6.1.3. Ameaça	181
1.6.1.3.1. Objetividade jurídica	181
1.6.1.3.2. Tipo objetivo	181
1.6.1.3.3. Sujeito ativo	183
1.6.1.3.4. Sujeito passivo	183
1.6.1.3.5. Consumação	184
1.6.1.3.6. Tentativa	184
1.6.1.3.7. Classificação doutrinária	184
1.6.1.3.8. Ação penal	185
1.6.1.4. Perseguição	185
1.6.1.4.1. Objetividade jurídica	185
1.6.1.4.2. Tipo objetivo	186
1.6.1.4.3. Sujeito ativo	186
1.6.1.4.4. Sujeito passivo	186
1.6.1.4.5. Consumação	186
1.6.1.4.6. Tentativa	186
1.6.1.4.7. Causas de aumento de pena	187
1.6.1.4.8. Ação penal e pena	187
1.6.1.5. Violência psicológica contra a mulher	187
1.6.1.5.1. Objetividade jurídica	187
1.6.1.5.2. Tipo objetivo	188
1.6.1.5.3. Elemento subjetivo	188
1.6.1.5.4. Sujeito ativo	188
1.6.1.5.5. Sujeito passivo	188
1.6.1.5.6. Consumação	189
1.6.1.5.7. Tentativa	189
1.6.1.5.8. Pena e ação penal	189
1.6.1.6. Sequestro ou cárcere privado	189
1.6.1.6.1. Objetividade jurídica	189
1.6.1.6.2. Tipo objetivo	189
1.6.1.6.3. Sujeito ativo	190
1.6.1.6.4. Sujeito passivo	190
1.6.1.6.5. Consumação	190
1.6.1.6.6. Tentativa	191
1.6.1.6.7. Classificação doutrinária	191
1.6.1.6.8. Figuras qualificadas	191
1.6.1.6.9. Figuras qualificadas pelos maus-tratos	192
1.6.1.6.10. Ação penal	192

1.6.1.7. Redução a condição análoga à de escravo 192
    1.6.1.7.1. Objetividade jurídica.. 193
    1.6.1.7.2. Tipo objetivo.. 193
    1.6.1.7.3. Sujeito ativo 194
    1.6.1.7.4. Sujeito passivo 194
    1.6.1.7.5. Consumação 194
    1.6.1.7.6. Tentativa.. 194
    1.6.1.7.7. Causas de aumento de pena 194
    1.6.1.7.8. Concurso 195
    1.6.1.7.9. Classificação doutrinária 195
    1.6.1.7.10. Ação penal 195
1.6.1.8. Tráfico de pessoas 195
    1.6.1.8.1. Introdução... 195
    1.6.1.8.2. Tipo objetivo 195
    1.6.1.8.3. Consumação... 196
    1.6.1.8.4. Tentativa 197
    1.6.1.8.5. Sujeito ativo.. 197
    1.6.1.8.6. Sujeito passivo 197
    1.6.1.8.7. Causas de aumento de pena.. 197
    1.6.1.8.8. Crime privilegiado 198
    1.6.1.8.9. Pena e ação penal... 198

SEÇÃO II
1.6.2. Dos crimes contra a inviolabilidade do domicílio...................................... 199
1.6.2.1. Violação de domicílio 199
    1.6.2.1.1. Objetividade jurídica 199
    1.6.2.1.2. Tipo objetivo 199
    1.6.2.1.3. Sujeito ativo... 202
    1.6.2.1.4. Sujeito passivo 202
    1.6.2.1.5. Consumação... 202
    1.6.2.1.6. Tentativa 202
    1.6.2.1.7. Figuras qualificadas... 203
    1.6.2.1.8. Causas de aumento de pena 203
    1.6.2.1.9. Excludentes de ilicitude... 204
    1.6.2.1.10. Classificação doutrinária 205
    1.6.2.1.11. Ação penal.. 205

SEÇÃO III
1.6.3. Dos crimes contra a inviolabilidade de correspondência 205
1.6.3.1. Violação de correspondência 205
    1.6.3.1.1. Objetividade jurídica 205
    1.6.3.1.2. Tipo objetivo 206
    1.6.3.1.3. Sujeito ativo... 207
    1.6.3.1.4. Sujeito passivo 207
    1.6.3.1.5. Consumação... 207
    1.6.3.1.6. Tentativa 207

1.6.3.1.7. Causa de aumento de pena	208
1.6.3.1.8. Classificação doutrinária	208
1.6.3.1.9. Ação penal	208
1.6.3.2. Sonegação ou destruição de correspondência	208
1.6.3.2.1. Objetividade jurídica	208
1.6.3.2.2. Tipo objetivo	208
1.6.3.2.3. Sujeito ativo	208
1.6.3.2.4. Sujeito passivo	208
1.6.3.2.5. Consumação	209
1.6.3.2.6. Tentativa	209
1.6.3.2.7. Causa de aumento de pena	209
1.6.3.2.8. Classificação doutrinária	209
1.6.3.2.9. Ação penal	209
1.6.3.3. Violação de comunicação telegráfica, radioelétrica ou telefônica	209
1.6.3.3.1. Objetividade jurídica	209
1.6.3.3.2. Tipo objetivo	209
1.6.3.3.3. Sujeito ativo	210
1.6.3.3.4. Sujeito passivo	210
1.6.3.3.5. Consumação	210
1.6.3.3.6. Tentativa	210
1.6.3.3.7. Figura equiparada	210
1.6.3.3.8. Causa de aumento de pena	210
1.6.3.3.9. Forma qualificada	210
1.6.3.3.10. Classificação doutrinária	211
1.6.3.3.11. Ação penal	211
1.6.3.4. Correspondência comercial	211
1.6.3.4.1. Objetividade jurídica	211
1.6.3.4.2. Tipo objetivo	211
1.6.3.4.3. Sujeito ativo	212
1.6.3.4.4. Sujeito passivo	212
1.6.3.4.5. Consumação	212
1.6.3.4.6. Tentativa	212
1.6.3.4.7. Classificação doutrinária	212
1.6.3.4.8. Ação penal	212

SEÇÃO IV

1.6.4. Dos crimes contra a inviolabilidade dos segredos	212
1.6.4.1. Divulgação de segredo	212
1.6.4.1.1. Objetividade jurídica	213
1.6.4.1.2. Tipo objetivo	213
1.6.4.1.3. Sujeito ativo	213
1.6.4.1.4. Sujeito passivo	214
1.6.4.1.5. Consumação	214
1.6.4.1.6. Tentativa	214
1.6.4.1.7. Forma qualificada	214

1.6.4.1.8. Classificação doutrinária	214
1.6.4.1.9. Ação penal	214
1.6.4.2. Violação de segredo profissional	214
1.6.4.2.1. Objetividade jurídica	215
1.6.4.2.2. Tipo objetivo	215
1.6.4.2.3. Sujeito ativo	215
1.6.4.2.4. Sujeito passivo	216
1.6.4.2.5. Consumação	216
1.6.4.2.6. Tentativa	216
1.6.4.2.7. Classificação doutrinária	216
1.6.4.2.8. Ação penal	216
1.6.4.3. Invasão de dispositivo informático	216
1.6.4.3.1. Objetividade jurídica	217
1.6.4.3.2. Tipo objetivo	217
1.6.4.3.3. Sujeito ativo	217
1.6.4.3.4. Sujeito passivo	218
1.6.4.3.5. Consumação	218
1.6.4.3.6. Tentativa	218
1.6.4.3.7. Classificação doutrinária	218
1.6.4.3.8. Figura equiparada	218
1.6.4.3.9. Causa de aumento de pena da figura simples	218
1.6.4.3.10. Figura qualificada	218
1.6.4.3.10.1. Aumento da pena da figura qualificada	219
1.6.4.3.11. Causas de aumento de pena genéricas	219
1.6.4.3.12. Ação penal	219

TÍTULO II
2. DOS CRIMES CONTRA O PATRIMÔNIO

CAPÍTULO I

DO FURTO

2.1. Do furto	222
2.1.1. Furto simples	222
2.1.1.1. Objetividade jurídica	222
2.1.1.2. Tipo objetivo	222
2.1.1.3. Sujeito ativo	231
2.1.1.4. Sujeito passivo	232
2.1.1.5. Consumação	233
2.1.1.6. Tentativa	235
2.1.1.7. Crime impossível	235
2.1.1.8. Absorção	237
2.1.1.9. Excludente de ilicitude	237

- 2.1.1.10. Exclusão da culpabilidade em razão de inimputabilidade decorrente de dependência de droga... 238
- 2.1.1.11. Classificação doutrinária... 238
- 2.1.1.12. Pena e ação penal 238
- 2.1.2. Furto noturno 239
- 2.1.3. Furto privilegiado 242
- 2.1.4. Princípio da insignificância.. 245
- 2.1.5. Furto qualificado 248
  - 2.1.5.1. Rompimento ou destruição de obstáculo 249
  - 2.1.5.2. Abuso de confiança... 252
  - 2.1.5.3. Emprego de fraude 253
    - 2.1.5.3.1. Furto mediante fraude por meio de dispositivo eletrônico ou informático 255
  - 2.1.5.4. Escalada... 256
  - 2.1.5.5. Destreza... 257
  - 2.1.5.6. Emprego de chave falsa 258
  - 2.1.5.7. Concurso de agentes 259
  - 2.1.5.8. Emprego de explosivo ou artefato análogo.................................. 261
  - 2.1.5.9. Transporte de veículo para outro estado ou país......................... 261
  - 2.1.5.10. Furto de semovente domesticável de produção 262
  - 2.1.5.11. Furto de substância explosiva ou acessório 263
- 2.1.6. Furto de coisa comum... 263
  - 2.1.6.1. Objetividade jurídica... 263
  - 2.1.6.2. Tipo objetivo 263
  - 2.1.6.3. Sujeito ativo... 264
  - 2.1.6.4. Sujeito passivo 265
  - 2.1.6.5. Consumação 265
  - 2.1.6.6. Tentativa 265
  - 2.1.6.7. Classificação doutrinária 265
  - 2.1.6.8. Ação penal 265

CAPÍTULO II

DO ROUBO E DA EXTORSÃO

- 2.2. Do roubo e da extorsão 266
  - 2.2.1. Do roubo... 266
    - 2.2.1.1. Roubo simples... 266
      - 2.2.1.1.1. Roubo próprio 266
      - 2.2.1.1.2. Roubo impróprio 274
    - 2.2.1.2. Roubo majorado 277
      - 2.2.1.2.1. Introdução.. 277
      - 2.2.1.2.2. Majorantes em espécie.. 278

2.2.1.3. Roubo qualificado pelo resultado	289
2.2.1.3.1. Lesão grave (art. 157, § 3º, I)	289
2.2.1.3.2. Morte (art. 157, § 3º, II)	289
2.2.2. Extorsão	294
2.2.2.1. Extorsão simples	295
2.2.2.1.1. Objetividade jurídica	295
2.2.2.1.2. Tipo objetivo	295
2.2.2.1.3. Sujeito ativo	296
2.2.2.1.4. Sujeito passivo	296
2.2.2.1.5. Consumação	296
2.2.2.1.6. Tentativa	297
2.2.2.1.7. Distinções	297
2.2.2.1.8. Classificação doutrinária	299
2.2.2.1.9. Ação penal	299
2.2.2.2. Extorsão majorada	299
2.2.2.3. Extorsão qualificada pelo resultado	300
2.2.2.4. Extorsão qualificada pela restrição da liberdade (sequestro-relâmpago)	300
2.2.3. Extorsão mediante sequestro	302
2.2.3.1. Modalidade simples	302
2.2.3.1.1. Objetividade jurídica	303
2.2.3.1.2. Tipo objetivo	303
2.2.3.1.3. Sujeito ativo	304
2.2.3.1.4. Sujeito passivo	304
2.2.3.1.5. Consumação	304
2.2.3.1.6. Tentativa	305
2.2.3.1.7. Classificação doutrinária	305
2.2.3.1.8. Ação penal	305
2.2.3.2. Figuras qualificadas	305
2.2.3.3. Figuras qualificadas pelo resultado	306
2.2.3.4. Delação eficaz	307
2.2.4. Extorsão indireta	307
2.2.4.1. Objetividade jurídica	307
2.2.4.2. Tipo objetivo	308
2.2.4.3. Sujeito ativo	308
2.2.4.4. Sujeito passivo	308
2.2.4.5. Consumação e tentativa	309
2.2.4.6. Ação penal	309

CAPÍTULO III

DA USURPAÇÃO

2.3. Da usurpação	310
2.3.1. Alteração de limites	310

2.3.1.1. Objetividade jurídica	310
2.3.1.2. Tipo objetivo	310
2.3.1.3. Sujeito ativo	310
2.3.1.4. Sujeito passivo	310
2.3.1.5. Consumação	311
2.3.1.6. Tentativa	311
2.3.1.7. Classificação doutrinária	311
2.3.1.8. Ação penal	311
2.3.2. Usurpação de águas	311
2.3.2.1. Objetividade jurídica	311
2.3.2.2. Tipo objetivo	311
2.3.2.3. Sujeito ativo	311
2.3.2.4. Sujeito passivo	312
2.3.2.5. Consumação	312
2.3.2.6. Tentativa	312
2.3.2.7. Classificação doutrinária	312
2.3.2.8. Ação penal	312
2.3.3. Esbulho possessório	312
2.3.3.1. Objetividade jurídica	312
2.3.3.2. Tipo objetivo	312
2.3.3.3. Sujeito ativo	313
2.3.3.4. Sujeito passivo	313
2.3.3.5. Consumação	313
2.3.3.6. Tentativa	313
2.3.3.7. Concurso	313
2.3.3.8. Classificação doutrinária	314
2.3.3.9. Ação penal	314
2.3.4. Supressão ou alteração de marca em animais	314
2.3.4.1. Objetividade jurídica	314
2.3.4.2. Tipo objetivo	314
2.3.4.3. Sujeito ativo	315
2.3.4.4. Sujeito passivo	315
2.3.4.5. Consumação	315
2.3.4.6. Tentativa	315
2.3.4.7. Classificação doutrinária	315
2.3.4.8. Ação penal	315

CAPÍTULO IV

DO DANO

2.4. Do dano	316
2.4.1. Dano simples	316

2.4.1.1. Objetividade jurídica 316
2.4.1.2. Tipo objetivo 316
2.4.1.3. Sujeito ativo 317
2.4.1.4. Sujeito passivo 318
2.4.1.5. Consumação 318
2.4.1.6. Tentativa 318
2.4.1.7. Princípio da insignificância 318
2.4.1.8. Ação penal e reparação do prejuízo 318
2.4.1.9. Classificação doutrinária 319
2.4.1.10. Dano qualificado 319
    2.4.1.10.1. Emprego de violência contra pessoa ou grave ameaça 319
    2.4.1.10.2. Emprego de substância explosiva ou inflamável 319
    2.4.1.10.3. Dano contra o patrimônio público ou contra sociedades de economia mista ou concessionária de serviço público 320
    2.4.1.10.4. Motivo egoístico ou prejuízo considerável à vítima 321
    2.4.1.10.5. Ação penal no dano qualificado 322
2.4.2. Introdução ou abandono de animais em propriedade alheia 322
  2.4.2.1. Objetividade jurídica 322
  2.4.2.2. Tipo objetivo 322
  2.4.2.3. Sujeito ativo 323
  2.4.2.4. Sujeito passivo 323
  2.4.2.5. Consumação 323
  2.4.2.6. Tentativa 324
  2.4.2.7. Ação penal e reparação do prejuízo 324
  2.4.2.8. Classificação doutrinária 324
2.4.3. Dano em coisa de valor artístico, arqueológico ou histórico 324
2.4.4. Alteração de local especialmente protegido 324

CAPÍTULO V

DA APROPRIAÇÃO INDÉBITA

2.5. Da apropriação indébita 325
  2.5.1. Apropriação indébita 325
    2.5.1.1. Objetividade jurídica 325
    2.5.1.2. Tipo objetivo 325
    2.5.1.3. Sujeito ativo 327
    2.5.1.4. Sujeito passivo 328
    2.5.1.5. Consumação 328
    2.5.1.6. Tentativa 328
    2.5.1.7. Classificação doutrinária 329
    2.5.1.8. Ação penal 329
    2.5.1.9. Apropriação indébita majorada 329

- 2.5.2. Apropriação indébita previdenciária 331
  - 2.5.2.1. Objetividade jurídica 331
  - 2.5.2.2. Tipo objetivo 331
  - 2.5.2.3. Sujeito ativo 332
  - 2.5.2.4. Sujeito passivo 332
  - 2.5.2.5. Consumação 332
  - 2.5.2.6. Tentativa 333
  - 2.5.2.7. Classificação doutrinária 333
  - 2.5.2.8. Figuras equiparadas 333
  - 2.5.2.9. Extinção da punibilidade 333
  - 2.5.2.10. Perdão judicial e privilégio 334
- 2.5.3. Apropriação de coisa havida por erro, caso fortuito ou força da natureza.. 336
  - 2.5.3.1. Apropriação de coisa havida por erro 336
    - 2.5.3.1.1. Objetividade jurídica 336
    - 2.5.3.1.2. Tipo objetivo 336
    - 2.5.3.1.3. Sujeito ativo 337
    - 2.5.3.1.4. Sujeito passivo 337
    - 2.5.3.1.5. Consumação 337
    - 2.5.3.1.6. Tentativa 338
    - 2.5.3.1.7. Classificação doutrinária 338
    - 2.5.3.1.8. Ação penal 338
  - 2.5.3.2. Apropriação de coisa havida por caso fortuito ou força da natureza.... 338
    - 2.5.3.2.1. Objetividade jurídica 338
    - 2.5.3.2.2. Tipo objetivo 338
    - 2.5.3.2.3. Sujeito ativo 338
    - 2.5.3.2.4. Sujeito passivo 338
    - 2.5.3.2.5. Consumação 338
    - 2.5.3.2.6. Tentativa 338
    - 2.5.3.2.7. Ação penal 339
    - 2.5.3.2.8. Classificação doutrinária 339
- 2.5.4. Apropriação de tesouro 339
  - 2.5.4.1. Objetividade jurídica 339
  - 2.5.4.2. Tipo objetivo 339
  - 2.5.4.3. Sujeito ativo 339
  - 2.5.4.4. Sujeito passivo 339
  - 2.5.4.5. Consumação 339
  - 2.5.4.6. Tentativa 339
  - 2.5.4.7. Classificação doutrinária 340
  - 2.5.4.8. Ação penal 340
- 2.5.5. Apropriação de coisa achada 340
  - 2.5.5.1. Objetividade jurídica 340
  - 2.5.5.2. Tipo objetivo 340
  - 2.5.5.3. Sujeito ativo 341

2.5.5.4. Sujeito passivo	341
2.5.5.5. Consumação	341
2.5.5.6. Tentativa	341
2.5.5.7. Classificação doutrinária	341
2.5.5.8. Ação penal	342
2.5.6. Apropriação privilegiada	342

CAPÍTULO VI

DO ESTELIONATO E OUTRAS FRAUDES

2.6. Do estelionato e outras fraudes	343
2.6.1. Estelionato	343
2.6.1.1. Objetividade jurídica	343
2.6.1.2. Tipo objetivo	343
2.6.1.3. Sujeito ativo	346
2.6.1.4. Sujeito passivo	346
2.6.1.5. Consumação	347
2.6.1.6. Tentativa	347
2.6.1.7. Distinções	347
2.6.1.8. Absorção	348
2.6.1.9. Classificação doutrinária	349
2.6.1.10. Fraude eletrônica	349
2.6.1.10.1. Majorante do estelionato eletrônico	351
2.6.1.11. Ação penal	351
2.6.1.12. Fraude com a utilização de ativos virtuais, valores mobiliários ou ativos financeiros	352
2.6.1.12.1. Objetividade jurídica	352
2.6.1.12.2. Tipo objetivo	352
2.6.1.12.3. Elemento subjetivo	354
2.6.1.12.4. Sujeito ativo	354
2.6.1.12.5. Sujeito passivo	354
2.6.1.12.6. Consumação	354
2.6.1.12.7. Tentativa	354
2.6.1.12.8. Ação penal	354
2.6.2. Estelionato privilegiado	355
2.6.3. Figuras assemelhadas	355
2.6.3.1. Disposição de coisa alheia como própria	355
2.6.3.1.1. Tipo objetivo	355
2.6.3.1.2. Sujeito ativo	356
2.6.3.1.3. Sujeito passivo	356
2.6.3.1.4. Consumação	356
2.6.3.1.5. Tentativa	356

2.6.3.2. Alienação ou oneração fraudulenta de coisa própria	356
2.6.3.2.1. Tipo objetivo	357
2.6.3.2.2. Sujeito ativo	357
2.6.3.2.3. Sujeito passivo	357
2.6.3.2.4. Consumação	357
2.6.3.2.5. Tentativa	357
2.6.3.3. Defraudação do penhor	357
2.6.3.3.1. Tipo objetivo	358
2.6.3.3.2. Sujeito ativo	358
2.6.3.3.3. Sujeito passivo	358
2.6.3.3.4. Consumação	358
2.6.3.3.5. Tentativa	358
2.6.3.4. Fraude na entrega de coisa	358
2.6.3.4.1. Tipo objetivo	358
2.6.3.4.2. Sujeito ativo	359
2.6.3.4.3. Sujeito passivo	359
2.6.3.4.4. Consumação	359
2.6.3.4.5. Tentativa	359
2.6.3.5. Fraude para recebimento de indenização ou valor de seguro	359
2.6.3.5.1. Tipo objetivo	359
2.6.3.5.2. Sujeito ativo	360
2.6.3.5.3. Sujeito passivo	360
2.6.3.5.4. Consumação	360
2.6.3.5.5. Tentativa	360
2.6.3.6. Fraude no pagamento por meio de cheque	360
2.6.3.6.1. Tipo objetivo	361
2.6.3.6.2. Sujeito ativo	362
2.6.3.6.3. Sujeito passivo	362
2.6.3.6.4. Consumação	363
2.6.3.6.5. Tentativa	364
2.6.3.6.6. Ressarcimento do valor do cheque	364
2.6.4. Estelionato majorado	364
2.6.5. Duplicata simulada	367
2.6.5.1. Objetividade jurídica	367
2.6.5.2. Tipo objetivo	367
2.6.5.3. Sujeito ativo	368
2.6.5.4. Sujeito passivo	368
2.6.5.5. Consumação	368
2.6.5.6. Tentativa	369
2.6.5.7. Classificação jurídica	369
2.6.5.8. Ação penal	369
2.6.5.9. Figura equiparada	369
2.6.6. Abuso de incapazes	370

2.6.6.1. Objetividade jurídica	370
2.6.6.2. Tipo objetivo	370
2.6.6.3. Sujeito ativo	371
2.6.6.4. Sujeito passivo	371
2.6.6.5. Consumação	371
2.6.6.6. Tentativa	371
2.6.6.7. Classificação doutrinária	371
2.6.6.8. Ação penal	371
2.6.7. Induzimento à especulação	372
2.6.7.1. Objetividade jurídica	372
2.6.7.2. Tipo objetivo	372
2.6.7.3. Sujeito ativo	372
2.6.7.4. Sujeito passivo	372
2.6.7.5. Consumação	372
2.6.7.6. Tentativa	372
2.6.7.7. Classificação doutrinária	373
2.6.7.8. Ação penal	373
2.6.8. Fraude no comércio	373
2.6.8.1. Objetividade jurídica	373
2.6.8.2. Tipo objetivo	373
2.6.8.3. Sujeito ativo	374
2.6.8.4. Sujeito passivo	374
2.6.8.5. Consumação	374
2.6.8.6. Tentativa	374
2.6.8.7. Figuras qualificadas	374
2.6.8.8. Figura privilegiada	374
2.6.8.9. Classificação doutrinária	374
2.6.8.10. Ação penal	374
2.6.9. Outras fraudes	375
2.6.9.1. Objetividade jurídica	375
2.6.9.2. Tipo objetivo	375
2.6.9.3. Sujeito ativo	375
2.6.9.4. Sujeito passivo	375
2.6.9.5. Consumação	376
2.6.9.6. Tentativa	376
2.6.9.7. Classificação doutrinária	376
2.6.9.8. Ação penal	376
2.6.9.9. Perdão judicial	376
2.6.10. Fraudes e abusos na fundação ou administração de sociedade por ações	376
2.6.10.1. Objetividade jurídica	376
2.6.10.2. Tipo objetivo	376
2.6.10.3. Sujeito ativo	377
2.6.10.4. Sujeito passivo	377

2.6.10.5. Consumação	377
2.6.10.6. Tentativa	377
2.6.10.7. Classificação doutrinária	377
2.6.10.8. Figuras equiparadas	377
2.6.10.9. Negociação de voto em assembleia	378
2.6.11. Emissão irregular de conhecimento de depósito ou warrant	379
2.6.11.1. Objetividade jurídica	379
2.6.11.2. Tipo objetivo	379
2.6.11.3. Sujeito ativo	379
2.6.11.4. Sujeito passivo	379
2.6.11.5. Consumação	379
2.6.11.6. Tentativa	379
2.6.11.7. Classificação doutrinária	380
2.6.11.8. Ação penal	380
2.6.12. Fraude à execução	380
2.6.12.1. Objetividade jurídica	380
2.6.12.2. Tipo objetivo	380
2.6.12.3. Sujeito ativo	380
2.6.12.4. Sujeito passivo	381
2.6.12.5. Consumação	381
2.6.12.6. Tentativa	381
2.6.12.7. Classificação doutrinária	381
2.6.12.8. Ação penal	381

CAPÍTULO VII

DA RECEPTAÇÃO

2.7. Da receptação	382
2.7.1. Receptação dolosa	382
2.7.1.1. Receptação simples	382
2.7.1.1.1. Receptação própria	382
2.7.1.1.2. Receptação imprópria	388
2.7.1.1.3. Receptação majorada	390
2.7.1.2. Receptação qualificada	390
2.7.1.2.1. Receptação de semovente domesticável de produção	393
2.7.1.3. Receptação privilegiada	394
2.7.2. Receptação culposa	394
2.7.2.1. Tipo objetivo	394
2.7.2.2. Sujeito ativo	395
2.7.2.3. Sujeito passivo	395
2.7.2.4. Consumação	395
2.7.2.5. Tentativa	395

2.7.2.6. Ação penal 395
2.7.2.7. Perdão judicial 395

CAPÍTULO VIII

DISPOSIÇÕES GERAIS

2.8. Disposições gerais.. 397
   2.8.1. Imunidades absolutas... 397
   2.8.2. Imunidades relativas 398
   2.8.3. Hipóteses de não incidência das imunidades 399

REFERÊNCIAS 401

INTRODUÇÃO

1.1. A Parte Especial do Código Penal

Na Parte Especial do Código Penal, as infrações penais estão agrupadas em doze títulos de acordo com o bem jurídico afetado.

A divisão é a seguinte:

Título I – Dos crimes contra a pessoa;
Título II – Dos crimes contra o patrimônio;
Título III – Dos crimes contra a propriedade imaterial;
Título IV – Dos crimes contra a organização do trabalho;
Título V – Dos crimes contra o sentimento religioso e contra o respeito aos mortos;
Título VI – Dos crimes contra a dignidade sexual;
Título VII – Dos crimes contra a família;
Título VIII – Dos crimes contra a incolumidade pública;
Título IX – Dos crimes contra a paz pública;
Título X – Dos crimes contra a fé pública;
Título XI – Dos crimes contra a Administração Pública;
Título XII – Dos crimes contra o Estado Democrático de Direito.

1.2. Classificação das normas penais na Parte Especial e seus elementos componentes

Na Parte Especial do Código Penal, existem três espécies de normas: as incriminadoras, as permissivas e as explicativas.

As normas penais *incriminadoras* são aquelas que definem as infrações penais e fixam as respectivas penas. São também chamadas de tipos penais. É evidente que são as de maior número na Parte Especial do Código.

Referidas normas possuem duas partes. Na primeira, o legislador descreve a infração penal, ou seja, os elementos necessários para que o fato seja considerado criminoso. No crime de homicídio, por exemplo, a descrição da infração penal, contida no art. 121, *caput*, do Código Penal, é "matar alguém". Esse é o denominado preceito *primário* da norma penal incriminadora. A segunda parte desta espécie de norma é a *pena* estabelecida pelo legislador para aqueles que infringirem a lei praticando a conduta proibida. Trata-se do preceito *secundário* da norma. No caso do homicídio, a pena prevista é de reclusão, de 6 a 20 anos.

Os diversos requisitos que compõem o tipo penal são denominados elementos ou elementares do crime e podem ser de três espécies: a) elementos objetivos; b) elementos subjetivos; e c) elementos normativos.

Os elementos *objetivos* são os verbos contidos nos tipos penais (núcleos do tipo) e os outros requisitos cujo significado não demande qualquer juízo de valor, como a expressão "coisa móvel" no crime de furto ou a palavra "alguém" para se referir aos seres humanos no homicídio.

Os elementos *subjetivos* dizem respeito à exigência, no próprio tipo penal, de uma especial finalidade por parte do agente ao realizar a ação ou omissão delituosa. Não são todos os tipos penais que contêm elementos subjetivos. O crime de falsa identidade, por exemplo, consiste em "atribuir-se ou atribuir a terceiro falsa identidade para obter vantagem, em proveito próprio ou alheio, ou para causar dano a outrem" (art. 307 do CP). O elemento subjetivo do tipo é a intenção do agente de obter vantagem ou de causar prejuízo como consequência de sua conduta. Sem esta especial finalidade, o fato será considerado atípico, ainda que o sujeito tenha se apresentado como outra pessoa.

Por fim, os elementos *normativos* do tipo são aqueles cujo significado não se extrai da mera observação, dependendo de uma interpretação, ou seja, de um juízo de valor por parte do aplicador da lei em cada *caso concreto* para verificar a presença ou a ausência do requisito em questão. No crime de extorsão (art. 158), é necessário que a vantagem pretendida pelo criminoso seja "indevida", o que só é possível verificar no caso concreto. No delito de calúnia, é preciso que a imputação desonrosa seja "falsa", o que também pressupõe um caso concreto para sua verificação. Por isso, a expressão "indevida" no crime de extorsão e a necessidade de ser "falsa" a imputação no delito de calúnia constituem elementos normativos do tipo.

Saliente-se que todos os tipos penais possuem elementos objetivos, mas apenas alguns possuem elementos subjetivos ou normativos (ou ambos). Os tipos penais compostos somente por elementos objetivos são chamados de tipos normais, e aqueles que também contêm elementos subjetivos ou normativos são classificados como tipos anormais.

Saliente-se que, além dos preceitos primário e secundário, as normas incriminadoras podem ser complementadas na Parte Especial por circunstâncias que tornem a conduta e a respectiva pena mais grave ou mais branda (qualificadoras, causas de aumento ou de diminuição de pena). No crime de homicídio, por exemplo, além do tipo básico já mencionado e descrito no *caput* do art. 121, existem qualificadoras (motivo fútil ou torpe, meio cruel, recurso que dificulta a defesa da vítima etc.), causas de aumento de pena (ser a vítima maior de 60 anos, ser o delito cometido por grupo de extermínio etc.) e também causas de diminuição de pena (motivo de relevante valor social ou moral, violenta emoção logo em seguida a injusta provocação da vítima).

As qualificadoras alteram a pena em abstrato estabelecendo novos limites máximo e mínimo. No homicídio simples, por exemplo, a pena é de 6 a 20 anos de reclusão, enquanto, no qualificado, é de 12 a 30 anos.

As causas de aumento são índices de soma ou multiplicação a serem aplicados sobre a pena estabelecida na fase anterior. No homicídio, por exemplo, quando a vítima é maior de 60 anos, a pena é aumentada de 1/3 (art. 121, § 4º, 2ª parte, do CP). As causas de diminuição, por sua vez, são índices de redução a serem aplicados igualmente sobre a pena estabelecida na fase anterior da dosimetria. No homicídio privilegiado, a pena deve ser reduzida de 1/3 a 2/3 (art. 121, § 1º, do CP).

Por seu turno, normas penais *permissivas* são as que preveem a licitude ou a impunidade de determinados comportamentos, apesar de se enquadrarem na descrição típica. São normas permissivas, por exemplo, aquelas que excluem a ilicitude do aborto provocado por médico quando não há outro meio para salvar a vida da gestante, ou quando a gravidez resulta de estupro e há consentimento da gestante (art. 128), ou, ainda, as hipóteses de isenção de pena previstas para os crimes contra o patrimônio praticados contra cônjuge ou ascendente com menos de 60 anos de idade sem o emprego de violência contra pessoa ou grave ameaça (art. 181 do CP).

Por fim, normas penais *explicativas* (ou complementares) são as que esclarecem o conteúdo ou o alcance de outras normas. Vejam-se, por exemplo, os §§ 4º e 5º, do art. 150 do Código Penal, que, no crime de violação de domicílio, esclarecem o que está e o que não está contido na elementar "casa".

1.3. Temas obrigatórios no estudo das infrações penais

Na análise dos crimes em espécie são inicialmente estudadas as suas elementares (requisitos indispensáveis para sua configuração), bem como as respectivas qualificadoras, causas de aumento e de diminuição de pena. Em seguida, existem outros tópicos que devem ser obrigatoriamente abordados, como a sua classificação jurídica, sujeito ativo e passivo, momento consumativo, possibilidade de tentativa, espécie de ação penal etc. Por tal razão, faremos agora uma breve abordagem acerca desses outros tópicos, que será útil no estudo posterior de cada um dos delitos.

1.3.1. As classificações e denominações relativas à conduta típica

Conduta típica é o núcleo do tipo, o "verbo" contido na norma penal incriminadora. No homicídio, a conduta típica é "matar", no furto é "subtrair".

Os crimes cuja conduta típica consiste em uma *ação* (comportamento positivo) são chamados de *comissivos*. Nesses casos, a lei determina um não fazer e o agente comete o crime exatamente por fazer aquilo que a lei proíbe. Quando a lei prevê pena de reclusão, de 6 a 20 anos, para o ato de matar alguém, está determinando que as pessoas não matem. Caso o agente o faça, receberá como punição a pena previamente estabelecida.

Os crimes *omissivos*, por sua vez, subdividem-se em próprios e impróprios.

Os delitos omissivos *próprios* são aqueles em que o próprio tipo penal descreve como ilícito um não fazer, ou seja, prevê como crime a própria omissão. São situações, portanto, em que a pessoa deve agir e, caso não o faça, comete o crime. Veja-se, por exemplo, o delito de omissão de socorro, em que uma pessoa vislumbra outra em situação de perigo e, podendo ajudá-la, nada faz.

Os crimes omissivos *impróprios* ou *comissivos por omissão*, ao contrário dos anteriores, não estão previstos na Parte Especial do Código Penal como delitos autônomos. Sua caracterização decorre da norma de extensão contida no art. 13, § 2º, do Código Penal. Tal dispositivo disciplina genericamente as hipóteses em que determinadas pessoas têm o *dever jurídico* de evitar o resultado. Assim, caso não o façam – embora fosse possível fazê-lo –, respondem pelo crime. Aplica-se a tipos penais que normalmente exigem uma ação para sua configuração, como ocorre com o homicídio, em que o agente, no caso concreto, em razão de alguma das regras do art. 13, § 2º, tem o dever jurídico de evitar o resultado, mas, visando causar a morte da vítima, omite-se. É o que ocorre, por exemplo, com a mãe que intencionalmente deixa de alimentar o filho de pouca idade, provocando a sua morte.

De acordo com o art. 13, § 2º, do Código Penal, o dever jurídico de evitar o resultado pode decorrer de lei específica que estabeleça obrigação de cuidado, proteção ou vigilância (como no exemplo da mãe acima mencionado), bem como da circunstância de o agente, de outra forma, ter assumido a responsabilidade de impedir o resultado, ou, ainda, por ter sido ele o causador da situação de risco com seu comportamento anterior.

Em suma, na Parte Especial do Código, os verbos configuradores da infração penal são comissivos ou omissivos. Ocorre que os crimes comissivos que, em geral, são cometidos por meio de ação podem também ser cometidos por omissão, quando o agente tinha o dever jurídico de evitar o resultado, e não o fez, como no exemplo da morte do filho pequeno. Nesse caso, o crime é chamado de omissivo impróprio ou comissivo por omissão.

Existem diversas infrações penais que possuem vários núcleos (verbos), separados pela conjunção alternativa "ou". É o que ocorre, por exemplo, no crime de receptação que pune quem adquire, recebe, oculta, conduz *ou* transporta coisa que sabe ser produto de crime (art. 180, *caput*, do CP). Nessa modalidade de delito, a realização de uma só conduta típica já é suficiente para sua configuração, mas a prática de duas ou mais delas em relação ao mesmo objeto material constitui crime único. Por isso, quando alguém adquire e depois dirige um carro roubado, só responde por um crime de receptação dolosa. Esses crimes possuem *tipo misto alternativo*.

Outra classificação importante em relação à conduta típica é a que separa as infrações penais em crimes de ação livre e de ação vinculada. Os crimes de *ação livre* são aqueles que podem ser praticado por *qualquer meio* de execução, uma vez que a lei não exige comportamento específico. Exemplos: os crimes de homicídio e lesões corporais podem ser praticados por meio de disparo de arma de fogo, golpe de faca, pauladas, emprego de fogo ou qualquer outro meio capaz de gerar a morte ou as lesões. Por sua vez, crimes de ação *vinculada* são aqueles em que o tipo penal especifica de forma detalhada a forma de execução configuradora da infração penal, que, portanto, somente pode ser cometida daquela maneira. É o que ocorre, por exemplo, no crime de maus-tratos em que o ilícito penal só se configura quando a forma de expor a risco a vida ou a saúde da vítima é uma daquelas elencadas no art. 136 do Código Penal (privação de alimentação ou de cuidados indispensáveis, sujeição a trabalho excessivo ou inadequado, ou abuso dos meios de correção e disciplina).

Por fim, existem certas infrações penais que só se configuram pela reiteração de condutas típicas. São os chamados crimes *habituais*, em que a prática de ato isolado, ainda que se enquadre no tipo penal, é atípica. Podem ser mencionados como exemplos os crimes de curandeirismo (art. 284 do CP) e de casa de prostituição (art. 229 do CP).

1.3.2. *Classificações e denominações quanto à objetividade jurídica*

Quando o legislador incrimina determinada conduta, tem por finalidade deixar toda a coletividade ciente de que a sua concretização implicará a aplicação da pena prevista em abstrato. Por isso, é possível dizer que o objetivo do legislador, ao estabelecer pena para certa conduta, é proteger este ou aquele bem jurídico, evitando que seja afetado. Objetividade jurídica, portanto, é o bem jurídico que o legislador visa proteger quando tipifica uma conduta como infração penal. No homicídio, o bem jurídico tutelado (objetividade jurídica) é a vida humana extrauterina; no furto é o patrimônio.

No que pertine ao número de bens jurídicos tutelados pela norma, os delitos podem ser classificados como simples ou complexos. São chamados de crimes *simples* os que tutelam um único bem jurídico, como o homicídio, em que a vida humana extrauterina é o único bem tutelado. Já os crimes *complexos* são aqueles que têm por finalidade a proteção de mais de um bem jurídico, como o latrocínio, que tutela, concomitantemente, o patrimônio e a vida.

1.3.3. Classificações e denominações em relação ao sujeito ativo

Sujeito ativo é o autor do delito.

Existem alguns crimes que podem ser praticados por qualquer pessoa porque o tipo penal não exige qualquer qualidade especial no sujeito ativo. São os chamados crimes *comuns*, dentre os quais podemos mencionar como exemplos o homicídio, o furto, o estupro etc. De outra banda, existem os crimes *próprios*, que são aqueles que só podem ser cometidos por determinada categoria de pessoas, por exigir o tipo penal certa qualidade ou característica no sujeito ativo. Dentre esses, podemos mencionar o autoaborto (art. 124), que só pode ser cometido por gestante, e a corrupção passiva (art. 317), que só pode ser praticada por funcionário público.

No que diz respeito ao sujeito ativo, os crimes classificam-se, ainda, em monossubjetivos e plurissubjetivos. São chamados de *monossubjetivos* aqueles que podem ser cometidos por uma só pessoa, como, por exemplo, o homicídio. Tendo em vista, todavia, que tal crime pode também ser praticado por duas ou mais pessoas em conjunto, é também chamado de crime de concurso *eventual*. Por sua vez, são denominados de *plurissubjetivos* ou crimes de concurso *necessário* aqueles que só podem ser praticados por duas ou mais pessoas, de acordo com o que determinar o tipo penal. Os delitos de rixa (art. 137) e de associação criminosa (art. 288), por exemplo, necessariamente devem ser praticados por três ou mais pessoas, de acordo com o que determinam os respectivos tipos penais.

No estudo do sujeito ativo, são ainda relevantes os conceitos de autoria, coautoria e participação. Autor é quem executa a conduta típica descrita na lei, ou seja, quem realiza o verbo contido no tipo penal. No homicídio, a conduta típica é "matar alguém", sendo autor quem, por exemplo, efetua disparos de arma de fogo contra a vítima. Na *coautoria*, duas ou mais pessoas, conjuntamente, realizam o ato executório. É o que acontece, por exemplo, quando duas pessoas efetuam os disparos contra a vítima provocando sua morte. Por fim, *participação* é uma forma de concurso de agentes em que o envolvido não realiza quaisquer das condutas típicas, mas, de alguma outra forma, colabora para a ocorrência do delito. De acordo com o que dispõe o art. 29 do Código Penal, quem, de qualquer modo, concorre para o crime incide nas penas a estes cominadas. É considerado partícipe, por exemplo, quem estimula verbalmente outra pessoa a efetuar disparos de arma de fogo contra a vítima (participação moral) ou quem empresta a arma sabendo que o outro a utilizará em um homicídio (participação material).

Existe, por fim, a denominação crime de *mão própria* para se referir aos delitos cuja conduta típica é incompatível com a coautoria, porque o seu ato executório só pode ser realizado por uma pessoa. É o que ocorre, por exemplo, com o crime de autoaborto, já que a única pessoa que pode realizar ato abortivo *em si mesma* (conforme exige o art. 124 do CP) é a gestante. Os crimes de mão própria admitem, todavia, participação, tal como ocorre no caso do pai que compra medicamento abortivo para a gestante utilizar e provocar a interrupção da gravidez. A gestante, nesse caso, é autora do autoaborto e o pai é partícipe.

1.3.4. Sujeito passivo

É a vítima do crime, ou seja, a pessoa ou entidade que sofre os efeitos da infração penal. No homicídio, é a pessoa que foi morta. No estupro, a pessoa (homem ou mulher) que foi forçada ao ato sexual. No furto, o dono do objeto.

Existem alguns crimes em que o sujeito passivo é uma entidade sem personalidade jurídica, como a família, a sociedade etc. Esses delitos são denominados crimes *vagos*.

1.3.5. Objeto material

É a pessoa ou coisa sobre a qual recai a conduta delituosa. No crime de furto, é o bem que foi subtraído da vítima (o veículo, o dinheiro etc.), no homicídio, é a pessoa sobre quem recai a conduta. A inexistência do suposto objeto material gera a atipicidade da conduta em face do instituto denominado crime impossível. Se uma gestante pensa que está grávida e ingere um medicamento abortivo, o fato é considerado atípico por ter havido crime impossível por absoluta impropriedade do objeto (material).

1.3.6. Classificações e denominações quanto à consumação

De acordo com o art. 14, I, do Código Penal, considera-se consumado o crime quando se reúnem no caso concreto todos os elementos de sua definição legal.

Quanto a este tema, os crimes classificam-se em: a) materiais; b) formais; e c) de mera conduta. Tais classificações, em verdade, dizem respeito à necessidade da ocorrência do resultado, eventualmente descrito no tipo penal, como condicionante de sua consumação.

Os crimes *materiais* são aqueles em relação aos quais a lei descreve uma ação e um resultado e exige a ocorrência deste para que o crime esteja consumado. No crime de estelionato (art. 171 do CP), por exemplo, o tipo penal descreve a ação (empregar fraude para induzir alguém em erro) e o resultado (obtenção de vantagem ilícita em prejuízo alheio), e a forma como está redigido o dispositivo deixa claro que ele só se consuma com a efetiva obtenção da vantagem visada (resultado): "obter, para si ou para outrem, vantagem ilícita em prejuízo alheio, induzindo ou mantendo alguém em erro, mediante artifício, ardil ou qualquer outro meio fraudulento".

Os crimes *formais* são aqueles em que a lei também descreve uma ação e um resultado, mas a redação do dispositivo deixa evidenciado que a consumação se dá no momento da ação. No delito de extorsão mediante sequestro (art. 159 do CP), por exemplo, o tipo penal descreve a ação (sequestro) e o resultado visado (o valor do resgate), sendo que sua redação deixa nítido que a consumação ocorre no instante em que a vítima é sequestrada: "sequestrar pessoa com o fim de obter, para si ou para outrem, qualquer vantagem como condição ou preço do resgate".

Por fim, os crimes *de mera conduta* são aqueles em que o tipo penal descreve apenas uma ação e, portanto, consumam-se no exato instante em que esta é realizada. É o que ocorre, por exemplo, no crime de violação de domicílio (art. 150 do CP): "entrar ou permanecer, clandestina ou astuciosamente, ou contra a vontade expressa ou tácita de quem de direito, em casa alheia ou em suas dependências".

Por sua vez, no que se pertine à *duração* do momento consumativo, os crimes podem ser: a) instantâneos; b) permanentes; e c) instantâneos de efeitos permanentes.

Crimes *instantâneos* são aqueles cuja consumação ocorre em um determinado instante, não se prolongando no tempo, tal como ocorre no crime de lesões corporais.

Crimes *permanentes* são aqueles cujo momento consumativo se prolonga no tempo por vontade do agente, tal como no crime de sequestro em que o bem jurídico liberdade é afetado a todo momento enquanto a vítima não for libertada.

Crimes *instantâneos de efeitos permanentes* são aqueles cuja consumação se dá em momento determinado, mas seus efeitos são irreversíveis, tal como ocorre com o crime de homicídio.

1.3.7. Tentativa

No estudo dos crimes em espécie, sempre é importante analisar se determinado delito é ou não compatível com o instituto da tentativa, pois existem vários que não o são, como os crimes culposos e os preterdolosos, dentre outros.

1.3.8. Crimes dolosos, culposos e preterdolosos

De acordo com o art. 18, I, do Código Penal, crimes *dolosos* são aqueles em que o agente quer o resultado (dolo direto) ou assume o risco de produzi-lo (dolo eventual).

Já os crimes *culposos*, de acordo com o art. 18, II, do Código Penal, são aqueles em que o resultado ilícito decorre de imprudência, negligência ou imperícia. A existência da modalidade culposa de determinada infração penal pressupõe expressa previsão no texto legal.

Por fim, crimes *preterdolosos* são aqueles em que a lei descreve uma conduta inicial dolosa que é agravada por um resultado culposo, tal como ocorre no delito de lesão corporal seguida de morte (art. 129, § 3º).

TÍTULO I
1. DOS CRIMES CONTRA A PESSOA

No primeiro Título da Parte Especial do Código Penal, o legislador tipifica os crimes que atingem a pessoa em seus principais valores físicos ou morais (vida, integridade física, honra, liberdade etc.).

São seis capítulos, divididos de acordo com o bem jurídico afetado, conforme relação abaixo:

Capítulo I – Dos crimes contra a vida;
Capítulo II – Das lesões corporais;
Capítulo III – Da periclitação da vida e da saúde;
Capítulo IV – Da rixa;
Capítulo V – Dos crimes contra a honra;
Capítulo VI – Dos crimes contra a liberdade individual.

Capítulo I

DOS CRIMES CONTRA A VIDA

1.1. Dos crimes contra a vida

A vida é o mais valioso dos bens jurídicos de que dispõe o ser humano e, por tal razão, o homicídio (art. 121) e o feminicídio (art. 121-A) são os primeiros crimes previstos na Parte Especial do Código Penal. Além deles, são também tipificados como crimes contra a vida o induzimento, a instigação e o auxílio ao suicídio ou à automutilação (art. 122), o infanticídio (art. 123) e as diversas modalidade de aborto (arts. 124 a 126).

Os crimes previstos neste Capítulo, à exceção da modalidade culposa de homicídio, e, em nosso entendimento, do crime de participação em automutilação, são julgados pelo Tribunal do Júri, na medida em que o art. 5º, XXXVIII, *d*, da Constituição Federal, confere ao Tribunal Popular competência para julgar os crimes dolosos contra a vida.

1.1.1. Homicídio

O homicídio poder doloso ou culposo.

1.1.1.1. Homicídio doloso

A modalidade dolosa do homicídio subdivide-se em três figuras:
a) homicídio simples (art. 121, *caput*);
b) homicídio privilegiado (art. 121, § 1º); e
c) homicídio qualificado (art. 121, § 2º).

Além disso, existem diversas causas de aumento de pena nos §§ 4º e 6º do art. 121 aplicáveis a todas as figuras.

1.1.1.1.1. Homicídio simples

Art. 121, caput – *Matar alguém:*
Pena – reclusão, de 6 a 20 anos.

1.1.1.1.1.1. Objetividade jurídica

A preservação da vida humana extrauterina.
Antes do nascimento, a eliminação da vida constitui crime de aborto.

Como o homicídio atinge um único bem jurídico, é classificado como crime *simples*. É também crime *de dano*, na medida em que sua configuração exige efetiva lesão ao bem jurídico protegido, ou seja, para a tipificação do delito não basta que a vítima tenha corrido perigo, sendo necessário o evento morte.

1.1.1.1.1.2. Tipo objetivo

O ato de matar alguém consiste em eliminar a vida humana extrauterina. A vítima, assim, deixa de existir como consequência do ato agressivo do agente. Este pode realizar o ato homicida pessoalmente, ou atiçando um animal bravio contra a vítima, ou até mesmo valendo-se de pessoa inimputável, como no caso de convencer uma criança a colocar veneno no copo daquela.

O texto legal não define quando um homicídio é considerado simples. Ao contrário, preferiu o legislador definir expressamente apenas as hipóteses em que o crime é privilegiado (art. 121, § 1º) ou qualificado (art. 121, § 2º). Dessa forma, é por exclusão que se conclui que um homicídio é simples, devendo ser assim considerado o fato ilícito em relação ao qual não se mostre presente quaisquer das hipóteses de privilégio e tampouco alguma qualificadora.

A conduta típica "matar" admite qualquer meio de execução (disparos de arma de fogo, facadas, pauladas, emprego de fogo, asfixia etc.). Alguns meios de execução tornam o crime qualificado, como, por exemplo, o emprego de fogo, explosivo, veneno, asfixia etc. De qualquer modo, o fato de admitir qualquer meio de execução faz com que o homicídio seja classificado como crime de *ação livre*.

O feminicídio (art. 121-A) também tem como conduta típica o ato de "matar", contudo, possui elementares a mais e pena maior, razão pela qual é especial em relação ao homicídio.

É também possível que o homicídio seja praticado por *omissão*, como no caso da mãe que, querendo a morte do filho de pouca idade, deixa de alimentá-lo. Temos, nesse caso, um crime comissivo por omissão, porque a mãe tinha o dever jurídico de evitar o resultado e podia fazê-lo, porém, querendo a morte do filho, dolosamente se omite.

O elemento subjetivo é o dolo, direto ou eventual. No dolo direto, existe vontade livre e consciente de eliminar a vida humana alheia. É também chamado de *animus necandi* ou *animus occidendi*. É o que ocorre na maioria dos homicídios em que fica patente que o agente queria mesmo provocar a morte da vítima.

O tipo penal do homicídio simples não exige qualquer finalidade específica para sua configuração. Ao contrário, o motivo do crime pode fazer com que seja considerado privilegiado (motivo de relevante valor social ou moral) ou qualificado (motivo fútil ou torpe etc.). Se, entretanto, a motivação do homicida não se enquadrar em nenhuma das hipóteses que tornam o crime qualificado ou privilegiado, será este considerado simples.

É também admissível o dolo eventual quando o agente, com sua conduta, assume o risco de provocar a morte. É o que ocorre, por exemplo, quando alguém faz roleta-russa mirando o revólver para outra pessoa e, apesar de haver uma só cápsula no tambor, acaba havendo o disparo e a morte. Nossa jurisprudência, inclusive dos Tribunais Superiores, também tem admitido a existência de dolo eventual em mortes que decorrem de disputa não autorizada de veículos em via pública (rachas): "A conduta social desajustada daquele que, agindo com intensa reprovabilidade ético-jurídica, participa, com o seu veículo automotor, de inaceitável disputa automobilística realizada em plena via pública, nesta desenvolvendo velocidade exagerada – além de ensejar a possibilidade de reconhecimento do dolo eventual inerente a esse comportamento do agente –, justifica a especial exasperação da pena, motivada pela necessidade de o Estado responder, grave e energicamente, a atitude de quem, em assim agindo, comete os delitos de homicídio doloso e de lesões corporais" (STF, HC 71.800/RS, Rel. Celso de Mello, *DJ* 3-5-1996, p. 13899).

Importante, outrossim, mencionar a hipótese de progressão criminosa que se mostra presente quando o agente inicia uma agressão exclusivamente com intenção de lesionar a vítima, porém, durante a execução, muda de ideia e resolve matá-la. Nesse caso, ainda que o agente tenha resolvido cometer o homicídio somente depois de já haver provocado a lesão na vítima, considera-se absorvido este delito, respondendo ele apenas pelo homicídio, já que ambos os atos agressivos ocorreram no mesmo contexto fático.

1.1.1.1.1.3. Sujeito ativo

O homicídio constitui crime *comum* porque pode ser cometido por qualquer pessoa, já que o tipo penal não exige qualquer qualidade especial para que alguém figure como sujeito ativo do delito.

Admite também coautoria e participação. Haverá coautoria quando duas pessoas realizarem os atos executórios que culminem na morte da vítima, como, por exemplo, quando efetuarem disparos de armas de fogo contra ela, quando nela colocarem fogo etc. A hipótese será de participação quando a pessoa não realizar ato executório do crime, mas, de alguma outra forma, colaborar para a sua eclosão ou execução, como, por exemplo, incentivando verbalmente outra pessoa a cometer o homicídio ou lhe emprestando a arma de fogo para que o faça. É comum, também, que, em um mesmo caso, existam, concomitantemente, coautores e partícipes. Exemplo: duas pessoas armadas efetuam disparos contra a vítima, contando com o incentivo verbal de um partícipe.

No delito de homicídio pode ainda ocorrer o que se chama de autoria *colateral*, que se mostra presente quando duas ou mais pessoas querem matar a mesma vítima e realizam o ato executório ao mesmo tempo (enquanto ela ainda está viva), *sem que uma saiba da intenção da outra*, sendo que o resultado morte decorre da ação de apenas uma delas. Esses requisitos são indispensáveis para que se cogite da autoria colateral, pois, quando os envolvidos estão agindo previamente ajustados para matar a mesma pessoa, eles são considerados coautores e, nessa condição, caso a vítima morra, ambos responderão por crime consumado, ainda que não se descubra qual dos dois realizou o ato executório fatal. Na autoria colateral, como os envolvidos não sabem um da intenção do outro, a análise deve ser feita de maneira individualizada, procurando-se descobrir qual deles causou a morte. Um responderá por crime consumado, enquanto o outro responderá por tentativa. Exemplo: duas pessoas querem matar a vítima, sem que uma saiba da intenção da outra. Quando ela passa por determinado local, ambos os executores, que estavam escondidos aguardando a sua chegada, efetuam concomitantemente disparos, sendo que a vítima recebe um único disparo mortal. O autor desse disparo responde por crime consumado e o outro por tentativa de homicídio.

Configura-se, por sua vez, a denominada autoria *incerta* quando estiverem presentes os requisitos da autoria colateral, porém não for possível esclarecer qual dos envolvidos deu causa à morte. No exemplo acima, se a prova testemunhal e a perícia não puderem identificar qual dos dois efetuou o disparo mortal não será viável condenar ambos pelo crime consumado, de modo que a única solução justa, na ausência de previsão legal acerca do tema, é que respondam por tentativa de homicídio, apesar de a vítima ter morrido.

Existe, por fim, autoria *mediata* no crime de homicídio quando aquele que quer a morte da vítima serve-se de pessoa sem discernimento para executar para ele o crime. O executor, nesse caso, é mero instrumento por atuar sem vontade própria ou sem consciência do que está fazendo e, por isso, só o autor mediato responde pelo delito. É o que ocorre, por exemplo, quando o sujeito induz um deficiente mental ou um menor de idade a matar alguém, ou quando coage outra pessoa a cometer para ele o crime (coação moral irresistível).

1.1.1.1.1.4. Sujeito passivo

Pode ser qualquer pessoa.

A conduta de matar mulher por razões da condição do sexo feminino configura crime mais grave – feminicídio.

Após o nascimento, todo e qualquer ser humano pode ser vítima de homicídio.

Comete o crime de genocídio, previsto no art. 1º, da Lei n. 2.889/56, quem mata, com intenção de destruir, no todo em parte, grupo nacional, étnico, racial ou religioso. Saliente-se que, em relação a este crime, o Supremo Tribunal Federal decidiu que os responsáveis devem responder por tantos crimes de homicídio quantas pessoas de determinada raça ou grupo tenham sido mortas, além de um crime de genocídio. Se os executores, por exemplo, mataram vinte índios, deverão responder por vinte homicídios e por um crime de genocídio (STF, RE 351.487/RR).

Pessoas condenadas à morte podem ser sujeito passivo de homicídio caso assassinadas antes da execução oficial. Lembre-se de que a Constituição Federal só permite a pena de morte para determinados crimes militares em tempo de guerra (art. 5º, XLVII, *a*).

1.1.1.1.1.5. Consumação

O crime de homicídio, por óbvio, consuma-se no momento da morte. Trata-se de crime *material*.

Na área médica, havia grande controvérsia em torno da definição do momento exato da morte. Para alguns, bastava a morte encefálica, mas, para outros, seria necessária a cessação completa dos movimentos respiratórios e da circulação sanguínea. Em razão da falta de definição em torno do tema, os médicos se recusavam a efetuar a retirada, para fim de transplante, de órgãos ou tecidos de pessoas com morte encefálica, mas ainda com movimentos cardíacos e respiratórios, com receio de serem acusados de homicídio. O atraso na retirada desses órgãos ou tecidos, contudo, comprometia a sua qualidade e, muitas vezes, a própria viabilidade do transplante. O legislador, então, a fim de resolver o problema, aprovou a Lei n. 9.434/97, que, em seu art. 3º, declara que deve ser considerada morta a pessoa a partir da cessação da atividade encefálica – já que esta é, comprovadamente, irreversível.

De acordo com tal lei, a remoção e a retirada dos órgãos, autorizada previamente pelo falecido ou pelos familiares, será permitida após a constatação e o registro da morte encefálica por dois médicos que não façam parte da equipe de remoção e transplante. Dessa forma, tendo sido verificada e declarada a morte encefálica, não há nenhuma chance de ser acusado por homicídio o médico que tenha desligado os aparelhos que mantinham artificialmente os batimentos cardíacos e os movimentos respiratórios. Em tal hipótese, a pessoa já estava morta, e, portanto, não se confunde com a eutanásia, em que uma pessoa está doente, porém viva, e outra pessoa provoca sua morte para abreviar o sofrimento.

Em suma, atualmente não existe controvérsia em torno do momento da morte, qual seja, o da cessação da atividade encefálica.

O homicídio classifica-se como crime de *dano*, pois sua caracterização pressupõe efetiva lesão ao bem jurídico tutelado – a vida.

A materialidade do homicídio é demonstrada pelo exame necroscópico, em cujo laudo o médico legista atesta a ocorrência da morte e suas causas. A autópsia deve ser feita pelo menos seis horas após o óbito (art. 162 do CPP). Se a autópsia não tiver sido realizada antes de o corpo ser enterrado ou se surgirem dúvidas em torno da conclusão do perito, poderá ser determinada a exumação do corpo para a sua realização ou para exames complementares, tudo na forma dos arts. 163 e 164 do Código de Processo Penal. Se não for possível o exame do corpo por ter ele desaparecido, a materialidade do homicídio pode, excepcionalmente, ser demonstrada por prova testemunhal (art. 167 do CPP). É o que ocorre, por exemplo, quando o corpo da vítima do homicídio é lançado ao mar e depois não é recuperado, mas testemunhas afirmam ter visto a pessoa morta.

O homicídio é crime *instantâneo*, uma vez que o evento morte ocorre em um momento exato. Considerando, entretanto, que a morte é irreversível, costuma-se classificar o homicídio como crime instantâneo de *efeitos permanentes*.

1.1.1.1.1.6. Tentativa

É plenamente possível a forma tentada do crime de homicídio, que pressupõe a coexistência de três requisitos: a) que o agente tenha dado início à execução do crime; b) que não tenha conseguido a consumação por circunstâncias alheias à sua vontade; e c) que exista prova inequívoca de que queria matar a vítima.

Só é possível cogitar a existência de tentativa de homicídio se o agente já deu início à execução do crime, exigência expressa do art. 14, II, do Código Penal. Antes disso, eventuais atos por ele perpetrados são meramente preparatórios e ainda não constituem infração penal. Consideram-se atos preparatórios aqueles que não podem provocar, por si só, como sua consequência imediata, o resultado morte. Constitui ato preparatório, por exemplo, comprar uma arma para matar a vítima, ou ficar escondido aguardando-a passar por determinado local para matá-la, mas não efetuar os disparos por ter ela modificado seu trajeto nesse dia. Nesses exemplos, o início de execução ocorreria no instante em que o homicida efetuasse os disparos com a arma de fogo. Como os disparos não aconteceram, o fato é atípico, quer não tenham ocorrido por ter a vítima deixado de passar pelo local (como mencionado no exemplo), quer por ter o agente desistido.

Quando se trata de ação delituosa a ser concretizada mediante atos sucessivos, como, por exemplo, jogar gasolina na vítima e depois atear fogo, considera-se ter havido início de execução se o agente jogar o combustível, mas for impedido de riscar o fósforo.

Em suma, existe início de execução com a prática do primeiro ato idôneo e inequívoco que pode levar à consumação. Ato idôneo é aquele apto a produzir o resultado consumativo. Ato inequívoco é aquele indubitavelmente ligado à consumação.

Caso realizado ato de execução, haverá tentativa de homicídio qualquer que tenha sido a causa da sobrevivência da vítima, desde que alheia à vontade do agente. É o que ocorre, por exemplo, quando a vítima consegue se esquivar dos disparos ou das facadas; quando é atirada de um prédio, mas a queda é amortecida por um toldo; quando toma apenas um pequeno gole do copo com líquido envenenado; quando pessoas conseguem rapidamente apagar o fogo da casa onde ela estava e que fora incendiada pelo assassino; quando uma cirurgia de emergência consegue salvá-la etc.

Há também tentativa quando o agente efetua disparos de arma de fogo visando matar a vítima, mas não consegue atingi-la em órgão vital. Nesse caso, a falta de pontaria é a circunstância alheia à vontade do agente impeditiva do resultado morte.

Na denúncia oferecida pelo Ministério Público para dar início à ação penal por crime de tentativa de homicídio, é necessário que o promotor de justiça descreva a circunstância alheia à vontade do agente que impediu a consumação do crime.

O que diferencia um delito de tentativa de homicídio no qual a vítima tenha sofrido ofensa em sua integridade física de um crime de lesão corporal é o dolo do agente. Na tentativa, ele quer matar e não consegue, enquanto, na lesão corporal, a intenção é efetivamente apenas de ferir a vítima. Essa distinção, na teoria, é simples. Na prática, entretanto, devem ser levados em conta para a verificação da intenção homicida fatores relevantes, como o tipo e a potência da arma utilizada, eventuais ameaças de morte proferidas pelo agente contra a vítima, a parte do corpo alvejada, a quantidade de golpes desferidos etc. O dolo do agente é igualmente decisivo na diferenciação entre o crime da tentativa de homicídio e o delito de lesão corporal seguida de morte (art. 129, § 3º, do CP). Na tentativa, o agente quer matar a vítima e não consegue, enquanto na lesão seguida de morte ocorre exatamente o oposto, ou seja, o agente quer apenas lesionar, mas, culposamente, acaba matando.

É plenamente possível que uma pessoa cometa dois crimes de tentativa de homicídio contra a mesma vítima, desde que os atos agressivos visando à morte tenham sido realizados em contextos fáticos distintos. Se, entretanto, o agente, no mesmo episódio, tenta matar a vítima com disparos de arma de fogo e, sem conseguir alvejá-la de forma fatal, apodera-se imediatamente de uma faca e desfere golpes contra ela sem conseguir causar a morte, responde por uma só tentativa de homicídio.

Se o agente tenta matar a vítima em uma oportunidade e, cessada a execução deste crime, em outro contexto fático, realiza novo ato agressivo conseguindo matá-la, responde por dois crimes, um tentado e outro consumado. É o que ocorre, por exemplo, quando o agente desfere disparos contra a vítima e esta é imediatamente socorrida ao hospital e sobrevive, mas o assassino, horas depois, invade o quarto onde ela está internada e realiza os disparos fatais. Se, todavia, as duas ações tiverem ocorrido no mesmo contexto fático, a consumação do homicídio absorverá a tentativa.

Dependendo de a vítima ter sido ou não atingida, a tentativa pode ser branca ou cruenta. A tentativa *branca* mostra-se presente quando os golpes desferidos ou os disparos efetuados não atingem vítima, que, portanto, não sofre nenhuma lesão. É necessário que se prove que o agente pretendia atingir a vítima, mas que não conseguiu. A tentativa *cruenta*, ao contrário, é aquela em que a vítima sofre lesão corporal como consequência do ato homicida perpetrado pelo agente. Conforme já estudado, diferencia-se do crime de lesão corporal pela presença do dolo de matar.

A tentativa branca é também chamada de tentativa incruenta.

A redução da pena decorrente da tentativa depende da maior ou menor proximidade do evento morte. Quanto mais perto da consumação, menor será a redução, lembrando-se que o art. 14, parágrafo único, do Código Penal, prevê que, para a forma tentada, deve ser aplicada a mesma pena do delito consumado, reduzida de 1/3 a 2/3.

1.1.1.1.1.7. Desistência voluntária e arrependimento eficaz

De acordo com o art. 15, 1ª parte, do Código Penal, o agente que, voluntariamente, desiste de prosseguir na execução do crime, só responde pelos atos já praticados. É a chamada *desistência voluntária*.

No crime de homicídio, a desistência voluntária mostra-se presente quando o agente dá início à execução, mas não consegue, de imediato, a morte da vítima, contudo, tendo ainda ao seu dispor formas de prosseguir no ataque e provocar a morte, resolve, voluntariamente, não o fazer. É o que ocorre, por exemplo, quando o homicida possui várias cápsulas em seu revólver e, após efetuar um primeiro disparo e perceber que não atingiu a vítima de forma fatal, resolve não apertar o gatilho novamente, embora pudesse tranquilamente fazê-lo por estar a vítima à sua mercê. Em tais casos, apesar de presente o dolo de matar no instante em que o agente efetuou o primeiro disparo e até mesmo uma circunstância alheia à sua vontade que impediu o resultado – o erro de pontaria –, o legislador entendeu que ele não pode ser responsabilizado por tentativa de homicídio porque a circunstância impeditiva do resultado, e alheia à sua vontade, deveria se mostrar presente durante todo o episódio, e não apenas no momento inicial. Assim, em relação ao contexto fático como um todo, inexiste circunstância que tenha impedido o agente de efetuar outros disparos e consumar o homicídio, razão pela qual o art. 15 do Código Penal prevê que ele só responde pelos atos anteriores já praticados (e não por tentativa de homicídio). Como consequência, se o disparo realizado feriu a vítima sobrevivente, o agente responderá por crime de lesão corporal de natureza leve ou grave (dependendo do resultado), ou pelo crime de periclitação da vida (art. 132), caso o disparo não a tenha atingido.

Para o reconhecimento da desistência voluntária é necessário que o agente tenha percebido que não alvejou a vítima de modo fatal. O texto legal exige, outrossim, que a desistência seja voluntária, ainda que não espontânea, ou seja, é necessário que o não prosseguimento nos atos executórios advenha da própria vontade do agente, mesmo que a ideia de desistir tenha sido sugestão de terceiro ou de pedido de clemência da vítima. Não haverá, contudo, desistência voluntária se ele, por exemplo, deixa de efetuar novos disparos em razão da chegada de policiais ao local em que estava sendo praticado o crime.

A caracterização da desistência voluntária pressupõe evidentemente que tenha havido início de execução do delito almejado, pois assim exige o texto legal. Por isso, quando alguém prepara um doce envenenado a fim de remetê-lo à vítima, mas desiste de cometer o crime, deixando de entregá-lo à vítima, não há que falar na desistência voluntária, mas em atipicidade da conduta pela prática de meros atos preparatórios.

Na 2ª parte do art. 15 do Código Penal, estabelece o legislador que o agente que, voluntariamente, impede que o resultado se produza, só responde pelos atos já praticados. Trata-se do instituto denominado *arrependimento eficaz*.

Saliente-se que, enquanto na desistência voluntária o agente, já tendo realizado algum ato executório, resolve se omitir, no arrependimento eficaz o sujeito, já tendo concretizado todos os atos executórios que estavam ao seu alcance – que já seriam suficientes para ocasionar a morte –, arrepende-se e pratica novo ato para salvar a vida da vítima. É o que ocorre, por exemplo, quando o marido descarrega sua arma de fogo contra a esposa e, em seguida, a socorre, levando-a ao hospital e esta acaba sobrevivendo. Há também arrependimento eficaz quando o agente, após ter envenenado a vítima, lhe fornece um antídoto.

Pode-se concluir, portanto, que, se houver uma *ação* impeditiva do resultado, estará presente o arrependimento eficaz, e se houver uma *omissão* no prosseguimento dos atos executórios que estavam em andamento, haverá desistência voluntária. A consequência do arrependimento eficaz é a mesma, ou seja, o agente só responde pelos atos já cometidos. No exemplo do marido que desferiu tiros e depois socorreu a esposa, ele só responderá pelo crime de lesões corporais.

Para que seja reconhecido o arrependimento eficaz, é também exigido que tenha decorrido de ato voluntário do agente – mesmo que não espontâneo – e que a nova ação realizada para salvar a vítima tenha sido exitosa. Daí o nome arrependimento eficaz. Se apesar do socorro prestado a vítima falecer, o agente responde pelo crime de homicídio consumado.

1.1.1.1.1.1.8. Crime impossível

Quando o agente realiza um ato agressivo visando matar a vítima, mas esta sobrevive, ele só pode ser responsabilizado por tentativa de homicídio se ficar demonstrado que o meio executório por ele empregado poderia ter causado a morte e que isso só não ocorreu por circunstâncias alheias à sua vontade, uma vez que o art. 17 do Código Penal estabelece que não se pune a tentativa quando a consumação se mostrar impossível no caso concreto por *absoluta ineficácia do meio*.

Tal regra só tem relevância prática quando o agente desconhece referida ineficácia. Com efeito, se o sujeito sabe que a arma que traz consigo é de brinquedo, ele não age com dolo de matar ao apontá-la para alguém e apertar o gatilho. Nessa hipótese, o agente está fazendo uma brincadeira com a vítima ou pretendendo dar-lhe um susto. Caso, todavia, o sujeito não perceba que pegou uma arma de brinquedo e se dirija à casa da vítima a fim de matá-la, mostra-se presente o dolo, mas ele não será punido por tentativa de homicídio por se tratar de crime impossível por ineficácia absoluta do meio.

Por sua vez, considera-se meramente relativa a ineficácia do meio quando a arma é verdadeira e apta a realizar disparos, mas os projéteis falham ou ela apresenta defeito mecânico eventual no momento em que acionada. O agente, então, responde pela tentativa. Se, todavia, a perícia constatar que o revólver era totalmente inapto a realizar disparos pela falta de alguma peça, haverá crime impossível.

Quando se trata de arma descarregada ou com as respectivas cápsulas previamente deflagradas, configura-se igualmente crime impossível.

Nesse sentido se manifestou Celso Delmanto[1] "o revólver sem munição é absolutamente inidôneo para matar alguém a tiro; já o revólver com balas velhas (que podem ou não disparar de acordo com a sorte) é meio relativamente ineficaz e seu uso permite configurar tentativa punível". Fernando Capez[2], por sua vez, salienta: "arma apta a efetuar disparos mas que, às vezes, falha, picotando o projétil e, com isso, vindo a vítima a sobreviver; ocorre tentativa, pois o meio era relativamente eficaz".

Por seu turno, a hipótese de crime impossível por *absoluta impropriedade do objeto* configura-se quando o agente realiza conduta visando matar alguém sem saber que tal pessoa já está morta. É o que ocorre, por exemplo, quando alguém coloca fogo em uma casa para matar o morador, mas a perícia constata, posteriormente, que tal pessoa havia cometido suicídio horas antes com emprego de veneno. Em tal hipótese, o agente não responde por tentativa de homicídio em razão da regra do art. 17 do Código Penal. Deverá, neste exemplo, ser punido por crime de incêndio.

1.1.1.1.1.9. Classificação doutrinária

Trata-se de crime simples e de dano quanto à objetividade jurídica; comum e de concurso eventual em relação ao sujeito ativo; de ação livre, comissivo e omissivo no que pertine aos meios de execução; material e instantâneo de efeitos permanentes quanto ao momento consumativo; doloso em relação ao elemento subjetivo.

1.1.1.1.1.10. Ação penal e competência

A ação penal é pública incondicionada, sendo a iniciativa de sua propositura exclusiva do Ministério Público.

De acordo com o art. 5º, XXXVIII, *d*, da Constituição Federal, os crimes dolosos contra a vida são julgados pelo Tribunal do Júri. Assim, o mérito da decisão, que resultará em condenação ou absolvição do réu, cabe aos jurados, que julgam de acordo com sua convicção íntima a partir das provas que lhes são expostas pelo Ministério Público, pelo assistente de acusação e pela defesa.

Em regra, a competência é da Justiça Estadual, salvo se presente alguma circunstância capaz de provocar o deslocamento para a esfera federal, como, por exemplo, o fato de o homicídio ser cometido a bordo de navio ou aeronave (art. 109, IX, da Constituição), ou contra servidor público federal em virtude de suas funções (art. 109, IV, da Magna Carta). Dessa forma, o homicídio de um agente da Polícia Federal em razão de suas funções deve ser julgado por Tribunal do Júri organizado na Justiça Federal.

O homicídio praticado por um militar contra outro é de competência da Justiça Militar, porém, se a vítima for civil, o julgamento será feito pelo Júri, na Justiça Comum, em obediência à regra contida no art. 125, § 4º, da Constituição Federal, exceto quando praticado por integrante das Forças Armadas, nas hipóteses do art. 9º, § 2º, do Código Penal Militar, com a redação dada pela Lei n. 13.491/2017, quando a competência será da Justiça Militar da União.

---

[1] Celso Delmanto. *Código Penal comentado*, 8. ed., p. 148.
[2] Fernando Capez. *Curso de direito penal*, v. 2, p. 22.

1.1.1.1.2. Homicídio privilegiado

Art. 121, § 1º – Se o agente comete o crime impelido por motivo de relevante valor social ou moral, ou sob o domínio de violenta emoção, logo em seguida a injusta provocação da vítima, o juiz pode reduzir a pena de um sexto a um terço.

A denominação *privilégio* não consta do texto legal, mas é amplamente utilizada pela doutrina e jurisprudência. As hipóteses de privilégio constituem *causas de diminuição de pena*, pois têm como consequência a redução da pena de 1/6 a 1/3. Caso os jurados reconheçam o privilégio, a redução da pena deve ser aplicada pelo juiz na terceira fase da dosimetria.

O art. 483, IV, do Código de Processo Penal, diz que as causas de diminuição de pena devem ser apreciadas pelos jurados na votação dos quesitos e, assim, se estes votarem favoravelmente ao reconhecimento do privilégio, a redução da pena por parte do juiz torna-se obrigatória em razão do princípio constitucional da soberania dos vereditos do júri (art. 5º, XXXVIII, *c*, da Constituição Federal). É por isso que se diz que a redução da pena decorrente do privilégio – se reconhecido pelos jurados – é direito subjetivo do réu. Quando o texto legal diz que o juiz *pode* reduzir a pena de 1/6 a 1/3 não está conferindo ao juiz poder discricionário de reduzir ou não a pena de acordo com o seu convencimento pessoal acerca dos fatos, mas apenas determinando que cabe ao juiz a escolha do índice de redução (dentre os limites mínimo e máximo). O Superior Tribunal de Justiça firmou entendimento no sentido de que, sempre que o juiz deixar de aplicar o maior índice de diminuição, deverá fazê-lo de forma fundamentada na sentença.

São três as hipóteses de homicídio privilegiado: a) motivo de relevante valor social; b) motivo de relevante valor moral; e c) domínio de violenta emoção logo em seguida a injusta provocação da vítima.

Mostra-se presente o *motivo de relevante valor social* quando o agente supõe que, com a morte da vítima, estará beneficiando a coletividade. A eliminação da vida alheia sempre constitui crime, salvo, evidentemente, quando o agente está acobertado por alguma excludente de ilicitude. A lei, todavia, permite que os jurados, representando a coletividade, condenem o réu, por considerar o ato criminoso, mas, concomitantemente, autorizem a redução de sua pena porque ele, ao matar, imaginava estar beneficiando o grupo social. O exemplo clássico é o do homicídio do traidor da nação.

O *motivo de relevante valor moral*, por sua vez, está relacionado a sentimentos *pessoais* do agente considerados relevantes, como piedade, compaixão etc. No dizer de Heleno Cláudio Fragoso[3], são os motivos tidos como nobres ou altruístas. A própria exposição de motivos do Código Penal menciona a *eutanásia* como exemplo de homicídio cometido por motivo de relevante valor moral.

A eutanásia se verifica quando o agente mata a vítima para abreviar seu sofrimento decorrente de alguma grave enfermidade. Pode se dar por ação, como no caso de sufocação da pessoa enferma, ou por omissão, ao não providenciar alimento, por exemplo, à pessoa tetraplégica. Alguns mencionam como exemplo de eutanásia omissiva desligar os

---

[3] Heleno Cláudio Fragoso. *Lições de direito penal*, Parte especial, v. I, p. 47.

aparelhos que mantêm viva uma pessoa que se encontra em estado vegetativo. Tal pessoa não consegue respirar sem a ajuda dos aparelhos e, assim, o ato de desligá-los provoca a morte configurando a eutanásia. Trata-se, entretanto, de uma ação, e não de uma omissão.

A *ortotanásia* não constitui crime. Nesta, o médico deixa de lançar mão de tratamentos paliativos que só prolongariam por pouco tempo a vida de pessoa com doença irreversível e fatal, como no caso de grave câncer em que o médico desiste de tratamento quimioterápico, que só traria mais sofrimento à vítima em razões dos seus efeitos colaterais, quando já se sabe que o quadro não reverterá. Nesse caso, a morte do paciente decorre do câncer, e não da ação ou omissão do médico. Em geral, essa decisão de não prorrogar os tratamentos paliativos é tomada pelo médico em conjunto com o próprio paciente e seus familiares. A Resolução n. 1.805/2006, do Conselho Federal de Medicina, a qual tem como fundamento o art. 5º, III, da Constituição Federal – "ninguém será submetido a tortura nem a tratamento desumano ou degradante" –, estabelece que "na fase terminal de enfermidades graves e incuráveis é permitido ao médico limitar ou suspender procedimentos e tratamentos que prolonguem a vida do doente, garantindo-lhe os cuidados necessários para aliviar os sintomas que levam ao sofrimento, na perspectiva de uma assistência integral, respeitada a vontade do paciente ou de seu representante legal".

Caso o paciente esteja inconsciente e não possa decidir a respeito do tratamento, deve-se levar em conta sua eventual manifestação de vontade previamente manifestada. Com efeito, a Resolução n. 1.995, de 31 de agosto de 2012, do Conselho Federal de Medicina, considerando que novos recursos tecnológicos permitem a adoção de medidas desproporcionais que prolongam o sofrimento do paciente em *estado terminal*, sem trazer benefícios, admite que ele próprio, antecipadamente, rejeite-as. A finalidade específica da Resolução é regulamentar as hipóteses em que os pacientes se encontrem incapazes de comunicar-se ou de expressar de maneira livre e independente suas vontades. Com efeito, de acordo com o seu art. 2º, nas decisões sobre referidos cuidados e tratamentos ao paciente terminal, o médico levará em consideração o conjunto de desejos, prévia e expressamente manifestados pelo paciente, sobre cuidados e tratamentos que quer, ou não, receber no momento em que estiver incapacitado de expressar, livre e autonomamente, sua vontade.

Por fim, existe o privilégio nos casos em que o pai mata o estuprador da filha. A maior parte dos doutrinadores sustenta que se trata de hipótese de relevante valor moral, porque a finalidade do pai é defender a honra da filha – sentimento individual relevante.

A derradeira hipótese de redução da pena é conhecida como privilégio da *violenta emoção*, embora o seu reconhecimento pressuponha a coexistência de três requisitos: a) que tenha havido uma injusta provocação da vítima; b) que o agente tenha matado sob o domínio de violenta emoção; e c) que o ato homicida tenha ocorrido logo após a provocação.

São considerados atos de provocação: empurrar alguém, xingá-lo, fazer brincadeiras ofensivas, riscar o carro da vítima, jogar lixo defronte à sua casa, manter o som alto para incomodar os vizinhos, cuspir no rosto de alguém, fazer gracejos a uma mulher acompanhada etc.

Lembre-se que quem repele injusta *agressão*, atual ou iminente, usando moderadamente os meios necessários, não comete crime por estar em legítima defesa. Quando uma pessoa, por exemplo, empurra outra ou lhe dá um tapa no rosto, pode-se dizer que houve agressão, contudo, se a pessoa agredida desferir disparos de arma de fogo e matar o outro, não se pode cogitar de legítima defesa, porque o agente não fez uso moderado dos meios necessários. Ao contrário, houve completa desproporção entre a agressão sofrida e a reação homicida, não sendo possível aplicar a excludente da legítima defesa. Não se pode negar, contudo, o caráter provocativo da conduta da vítima, o que permitirá o reconhecimento do privilégio.

Do mesmo modo, se uma pessoa agride outra com socos e chutes, mas é imediatamente imobilizada por terceiros e, nesse momento, acaba sendo alvejada pela pessoa a quem havia agredido, não estará configurada a legítima defesa por parte desta porque a agressão inicial já havia cessado. Poderá, todavia, ser reconhecido o privilégio.

Conclui-se, portanto, que, se houver ato de provocação, só pode ser reconhecido o privilégio. Se, entretanto, houver injusta agressão por parte da vítima, poderá ser reconhecida a legítima defesa se presentes os demais requisitos do art. 25 do Código Penal, sendo o réu absolvido. Se, todavia, ausente algum deles, existirá somente a possibilidade do reconhecimento do privilégio, pois o ato de agressão não deixa de ser uma provocação. O contrário, porém, não é verdadeiro.

Para o reconhecimento do privilégio, não é necessário que a vítima tenha tido a específica intenção de provocar, bastando que o agente se sinta provocado. Para a incidência da causa de diminuição de pena em estudo, não basta que a vítima fique um pouco nervosa ou irritada em razão da provocação. O texto legal exige mais do que isso, pressupondo que o agente fique sob o *domínio* de fortíssima emoção. Em outras palavras, a provocação da vítima deve fazer o agente ficar irado, revoltado, completamente perturbado emocionalmente. Trata-se de situação em que o sujeito fica tão intensamente alterado que acaba cometendo um ato ilícito que provavelmente não praticaria se estivesse calmo. Daí a razão da diminuição da pena, tendo em vista que tal estado emocional foi causado por provocação injusta da vítima.

Por fim, a última premissa do privilégio é que o ato homicida seja executado logo em seguida à injusta provocação (reação imediata). Apesar de não haver definição legal em torno do que se deva entender como "logo em seguida", em regra, mostra-se presente tal requisito quando o homicídio é praticado no mesmo contexto fático da provocação ou minutos depois. Assim, se a vítima xinga o agente dentro de um bar e ele imediatamente saca um revólver e a mata, não há dúvida de que o fato se deu logo após a provocação. Esse requisito, contudo, mostra-se ainda presente, se a pessoa xingada vai até seu carro ou até sua casa (que fica nas proximidades), retorna ao bar minutos depois e mata a vítima.

Quando a provocação ocorreu em data anterior, deve-se levar em conta o momento em que o agente dela tomou conhecimento.

O privilégio da violenta emoção não se confunde com a atenuante genérica da violenta emoção prevista no art. 65, III, *c*, do Código Penal. Pela simples leitura dos dispositivos, nota-se a existência de duas diferenças. No privilégio, exige-se que o agente esteja sob o *domínio* de violenta emoção e que o ato homicida ocorra *logo em seguida* à injusta provocação. Na atenuante, basta que ele esteja sob *influência* de violenta emoção decorrente de ato injusto, sem a necessidade de que o ato homicida ocorra logo depois daquele.

Caso os jurados reconheçam o privilégio na votação dos quesitos, não se pode cogitar da aplicação da atenuante. Se, entretanto, os jurados negarem a existência do privilégio, o juiz presidente poderá aplicar a atenuante se entender que estão presentes os seus requisitos (que são menores do que os do privilégio). De acordo com o Código de Processo Penal, os jurados não votam atenuantes e agravantes genéricas.

As três hipóteses de homicídio privilegiado têm caráter *subjetivo*, porque relacionadas à motivação do agente (relevante valor social ou moral) ou à violenta emoção causada por provocação injusta da vítima. Assim, nos termos do art. 30 do Código Penal, *não se comunicam* a coautores e partícipes do crime. Por isso, se os filhos matam o pai que se encontrava gravemente enfermo e as provas demonstram que um deles queria abreviar o sofrimento paterno, enquanto o outro queria abreviar a espera pela herança, o privilégio somente será reconhecido em relação ao primeiro. É evidente, entretanto, que, se a motivação de ambos for a mesma (acabar logo com o sofrimento do pai), será possível o reconhecimento do privilégio para os dois – não porque a hipótese de privilégio se estende automaticamente ao outro, e sim porque os jurados reconheceram que os dois agiram por motivo de relevante valor moral.

1.1.1.1.3. Homicídio qualificado

Art. 121, § 2º – Se o homicídio é cometido:

I – mediante paga ou promessa de recompensa, ou por outro motivo torpe;

II – por motivo fútil;

III – com emprego de veneno, fogo, explosivo, asfixia, tortura ou outro meio insidioso ou cruel, ou de que possa resultar perigo comum;

IV – à traição, de emboscada, ou mediante dissimulação ou outro recurso que dificulte ou torne impossível a defesa do ofendido;

V – para assegurar a execução, a ocultação, a impunidade ou vantagem de outro crime:

VII – (Revogado.)

VII – contra autoridade ou agente descrito nos arts. 142 e 144 da Constituição Federal, integrantes do sistema prisional e da Força Nacional de Segurança Pública, no exercício da função ou em decorrência dela, ou contra seu cônjuge, companheiro ou parente consanguíneo até terceiro grau, em razão dessa condição;

VIII – com emprego de arma de fogo de uso restrito ou proibido;

IX – contra menor de 14 (quatorze) anos:

Pena: reclusão, de doze a trinta anos.

As modalidades qualificadas do crime de homicídio estão descritas no art. 121, § 2º, do Código Penal, que são hipóteses nas quais o legislador considera o crime de maior gravidade.

Em todos os casos de homicídio qualificado a pena é de 12 a 30 anos de reclusão. Ademais, sendo qualificado o homicídio, passa ele a ter natureza hedionda (art. 1º, I, da Lei n. 8.072/90), o que altera sensivelmente o regime de cumprimento da pena.

Verificando os oito incisos em que estão previstas as figuras qualificadas, é possível agrupá-las de acordo com características comuns. Pela leitura do texto legal, é fácil notar que algumas se referem ao motivo do crime, outras ao meio ou modo de execução, e que algumas decorrem da conexão do homicídio com outro crime. O feminicídio era modalidade de homicídio qualificado – quando cometido contra mulher em razão da condição do sexo feminino. A Lei n. 14.994, de 9 de outubro de 2024, transformou o feminicídio em crime autônomo, com pena maior do que o homicídio qualificado (esse tema será melhor estudado adiante). O homicídio também é considerado mais grave em razão da arma de fogo utilizada para ceifar a vida alheia – arma de fogo de uso proibido ou restrito. Por fim, o crime é qualificado se a vítima tiver menos de 14 anos de idade.

As qualificadoras quanto aos *motivos* são as seguintes: paga, promessa de recompensa ou outro motivo torpe, motivo fútil e homicídio contra policiais ou integrantes das Forças Armadas em razão das funções. São as qualificadoras dos incisos I, II e VII do art. 121, § 2º, do Código Penal. O delito é considerado mais grave nesses casos porque sua motivação é imoral ou desproporcional.

As qualificadoras referentes ao *meio* mais gravoso empregado são: veneno, fogo, explosivo, asfixia, tortura ou outro meio insidioso ou cruel, ou de que possa resultar em perigo comum. Estas figuras estão todas descritas no inciso III do art. 121, § 2º.

Já as qualificadoras relacionadas ao *modo* de execução são: traição, emboscada, dissimulação ou outro recurso que dificulte ou torne impossível a defesa do ofendido. Estão todas relacionadas no inciso IV, do art. 121, § 2º.

As qualificadoras decorrentes da *conexão* são aquelas em que o crime é cometido para assegurar a execução, a ocultação, a impunidade ou a vantagem de outro crime. Essas figuras estão elencadas no inciso V do art. 121, § 2º.

O crime é também considerado mais grave em razão da arma de fogo utilizada para ceifar a vida alheia – arma de fogo de uso proibido ou restrito.

Por fim, o crime é qualificado quando a vítima é menor de 14 anos.

As qualificadoras podem também ser agrupadas de outra maneira, pois algumas delas são de caráter *objetivo* e outras de caráter *subjetivo*.

As qualificadoras de caráter *subjetivo* são aquelas ligadas à *motivação* do agente, abrangendo, inclusive, as qualificadoras por conexão porque, embora estas possuam uma classificação própria, são também relacionadas à finalidade do agente. Quando alguém mata para garantir a impunidade de outro crime existe conexão entre o homicídio e o delito anterior, mas não se pode negar que é a motivação do homicida que faz surgir a qualificadora, ou seja, a sua finalidade de garantir a impunidade do delito anterior.

As qualificadoras de caráter *objetivo* são aquelas referentes a *meio* e *modo* de execução, bem como ao tipo de arma de fogo utilizada e à idade da vítima (menor de 14 anos).

Passaremos agora a analisar cada uma das figuras qualificadas elencadas no Código Penal.

1.1.1.1.3.1. Paga ou promessa de recompensa, ou outro motivo torpe (art. 121, § 2º, I)

Nesse inciso I, as qualificadoras são decorrentes da motivação do agente, considerada especialmente imoral.

1.1.1.1.3.1.1. Paga ou promessa de recompensa (art. 121, § 2º, 1ª figura)

Trata-se do homicídio *mercenário* em que uma pessoa é contratada por outra para executar a vítima em troca do recebimento de dinheiro ou outra vantagem econômica qualquer. A paga é prévia em relação ao homicídio, enquanto a promessa de recompensa é para entrega posterior à execução do delito, como no caso em que o mandante é filho da vítima e promete dividir o dinheiro da herança com a pessoa contratada para matar o pai.

Estamos com Nélson Hungria[4] e Heleno Cláudio Fragoso[5] quando sustentam que a promessa de recompensa deve estar relacionada com prestação econômica (entrega de dinheiro, bens, perdão de dívida, promoção no emprego etc.) e nunca de outra natureza. Com efeito, não constitui paga uma mulher oferecer relação sexual a um homem para que ele, em seguida, mate outra pessoa. Igualmente não constitui promessa de recompensa a promessa de sexo futuro para o agente matar a vítima. Em tais casos, configura-se a qualificadora genérica prevista na parte final do inciso I – motivo torpe. No sentido de que a promessa de recompensa abrange somente aquelas de natureza econômica, temos ainda as opiniões de Cezar Roberto Bitencourt[6] e Julio Fabbrini Mirabete[7], enquanto em sentido contrário podemos apontar o entendimento de Damásio de Jesus[8].

No caso de promessa de recompensa, a qualificadora existe ainda que o mandante, após a prática do crime, não cumpra a promessa e não entregue os valores combinados, pois o que importa é que o executor tenha matado em razão da promessa recebida.

Caso haja paga e promessa de recompensa em relação ao mesmo homicídio, aplica-se a qualificadora apenas uma vez, já que a motivação mercenária é única – embora o pagamento tenha sido parcelado.

A modalidade de homicídio qualificado em análise constitui crime de *concurso necessário* porque pressupõe o envolvimento mínimo de duas pessoas: a que contrata, que é chamada de *mandante*, e a que é contratada para matar, chamada de *executora*. É possível, outrossim, que existam vários mandantes ou executores, bem como o envolvimento de intermediários que, a pedido do mandante, entram em contato com o matador e o contratam para eliminar a vítima – e que também respondem pelo crime.

A punição de um independe da identificação e punição dos demais, desde que exista prova da paga ou promessa de recompensa. É possível, por exemplo, que o executor não conheça o mandante e que receba dinheiro adiantado para matar a vítima. Suponha-se, assim, que, ao ser preso em flagrante no momento do crime, policiais encontrem o dinheiro com ele, que confesse ter recebido a quantia de um desconhecido para praticar o delito. Em tal caso, o executor será condenado pelo crime qualificado, embora não se tenha identificado o mandante.

Se, todavia, forem identificados o mandante e o executor, surge controvérsia em torno de a qualificadora ser aplicada somente ao último – que cometeu o delito por razões imorais, qual seja, a busca de lucro em troca da eliminação da vítima, a quem, na maioria das vezes, sequer conhecia – ou também ao mandante, responsável pela iniciativa da ação delituosa ao procurar o executor.

---

[4] Nélson Hungria. *Comentários ao Código Penal*, v. V, p. 164.
[5] Heleno Cláudio Fragoso. *Lições de direito penal*, Parte especial, v. I, p. 55.
[6] Cezar Roberto Bitencourt. *Tratado de direito penal*, v. 2, p. 56.
[7] Julio Fabbrini Mirabete. *Manual de direito penal*, v. 2, p. 70.
[8] Damásio de Jesus. *Direito penal*, v. 2, p. 67.

A controvérsia gira em torno de definir se a qualificadora da paga ou promessa de recompensa constitui ou não *elementar* do homicídio mercenário, uma vez que o art. 30 do Código Penal dispõe que as circunstâncias de caráter pessoal não se comunicam aos comparsas, salvo se elementares do crime. O ato de matar em troca de dinheiro (ou outros valores) é circunstância de caráter pessoal em relação ao executor porque se refere à sua motivação. Assim, caso se entenda que esse aspecto pessoal é elementar do homicídio mercenário, ele se comunica ao mandante, e, caso se entenda o contrário, não.

A primeira corrente sustenta que nenhuma qualificadora pode ser entendida como elementar da infração penal, pois elementares são somente os requisitos essenciais do crime elencados no tipo básico. Por isso, a qualificadora da paga ou promessa de recompensa só se aplica ao executor, já que constitui circunstância de caráter pessoal, que não é elementar, razão pela qual não se comunica ao mandante. Em relação a este, portanto, deve-se pesquisar, no caso concreto, a sua efetiva motivação para o delito. Se for uma motivação torpe, incorrerá na respectiva qualificadora, tal como ocorre na hipótese do suplente de Deputado que contrata o matador para tirar a vida do titular do cargo, ou da esposa que contrata alguém para matar o marido para receber o seguro de vida. Se, ao contrário, tratar-se de um pai que contratou o executor para matar o estuprador da filha, responderá por homicídio privilegiado – enquanto para o matador contratado o delito considera-se qualificado. Para esta primeira corrente, em suma, a paga ou promessa de recompensa não é elementar e, por ser de caráter pessoal, não se estende ao mandante, que deve ser responsabilizado de acordo com os motivos que o levaram a contratar o executor. Nesse sentido, as opiniões de Heleno Cláudio Fragoso[9], Fernando Capez[10], Flávio Monteiro de Barros[11] e Rogério Greco[12]. Também nesse sentido: "A Quinta Turma do Superior Tribunal de Justiça, no julgamento do REsp 1.415.502/MG (Rel. Ministro Felix Fischer, *DJe* 17-2-2017), firmou compreensão no sentido de que a qualificadora da paga ou promessa de recompensa não é elementar do crime de homicídio e, em consequência, possuindo caráter pessoal, não se comunica aos mandantes. Ressalva de entendimento pessoal do Relator" (HC 403.263/SP, Rel. Min. Reynaldo Soares da Fonseca, 5ª Turma, julgado em 13-11-2018, *DJe* 22-11-2018); "Reforço que a colenda Quinta Turma do Superior Tribunal de Justiça firmou compreensão no sentido de que o motivo torpe (por exemplo, a qualificadora da paga ou promessa de recompensa) não é elementar do crime de homicídio e, em consequência, possuindo caráter pessoal, não se comunica sequer aos mandantes. Precedentes" (AgRg no AREsp n. 2.447.687/MG, relatora Ministra Daniela Teixeira, Quinta Turma, julgado em 9-9-2024, *DJe* de 11-9-2024.). No mesmo sentido: AgRg no REsp n. 2.102.420/MG, relator Ministro Ribeiro Dantas, Quinta Turma, julgado em 11-3-2024, *DJe* de 13-3-2024); AgRg no HC n. 829.071/SC, relator Ministro Reynaldo Soares da Fonseca, Quinta Turma, julgado em 8-8-2023, *DJe* 14-8-2023.

---

[9] Heleno Cláudio Fragoso. *Lições de direito penal*, Parte especial, v. I, p. 54.
[10] Fernando Capez. *Direito penal*, v. 2, p. 44-45.
[11] Flávio Augusto Monteiro de Barros. *Crimes contra a pessoa*, p. 28.
[12] Rogério Greco. *Curso de direito penal*, v. II, p. 166.

A segunda corrente, por sua vez, advoga que a qualificadora da paga ou promessa de recompensa, por integrar crime de concurso necessário – em que a própria existência do delito depende do acordo entre o mandante e o executor – constitui, excepcionalmente, elementar do delito e, por tal razão, comunica-se ao mandante. Por isso, deve ser aplicada a qualificadora também a ele, cujo envolvimento no fato criminoso é premissa para sua existência. Para esta corrente, em suma, se excluído o envolvimento do mandante, o fato não pode ser tipificado como homicídio mercenário, daí porque seu envolvimento no delito constituir elementar. Trata-se, portanto, de qualificadora *sui generis*, pois sua existência tem como premissa o envolvimento de duas pessoas e, assim, para ambos deve ser aplicada a pena maior. Argumenta-se, ainda, que o mandante deve também ser condenado pela forma qualificada, pois é dele a iniciativa de procurar o executor e lhe propor o crime. Sem essa proposta não haveria o homicídio. Podem ser apontados como defensores desta tese: Julio Fabbrini Mirabete[13], Damásio de Jesus[14] e Euclides Custódio da Silveira[15]. É a orientação adotada pelo Supremo Tribunal Federal: "... a comissão do fato mediante paga, porque qualifica o homicídio e, portanto, constitui *essentialia* do tipo qualificado, não atinge exclusivamente o *accipiens*, mas também o *solvens* e qualquer outro dos coautores do delito: assim já se decidiram, não faz muito, ambas as turmas do Tribunal (HC 66.571, 2ª Turma, 20-6-1989, Rel. Borja, Lex 156/226; HC 69.940, 1ª Turma, Rel. Pertence, 9-3-1993)" (STF, HC 71.582, 1ª Turma, Rel. Min. Sepúlveda Pertence, 28-3-1995). No mesmo sentido: "No homicídio mercenário, a qualificadora da paga ou promessa de recompensa é elementar do tipo qualificado, comunicando-se ao mandante do delito" (STJ, AgInt no REsp 1681816/GO, Rel. Min. Nefi Cordeiro, 6ª Turma, julgado em 3-5-2018, *DJe* 15-5-2018).

Ressalte-se, por fim, que, ainda que se adote esta corrente, segundo a qual a qualificadora se estende também ao mandante, poderá acontecer de, na votação em Plenário, os jurados reconhecerem que ele agiu por motivo de relevante valor social ou moral (privilégio) e, caso isso aconteça, o juiz automaticamente se verá obrigado a excluir dos quesitos seguintes a qualificadora da paga em relação ao mandante, pois, conforme será estudado no momento oportuno, o reconhecimento do privilégio inviabiliza as qualificadoras de caráter subjetivo. Assim, é possível que os jurados condenem o executor na forma qualificada e o mandante na forma privilegiada (pai que contratou alguém para matar o estuprador da filha, por exemplo). Para os seguidores da segunda corrente, portanto, o delito é também qualificado para o mandante, salvo se os jurados reconhecerem em relação a ele o privilégio, hipótese em que ficará afastada a qualificadora em questão.

Interessante lembrar, por sua vez, a regra do art. 31 do Código Penal, segundo a qual "o ajuste, a determinação ou a instigação e o auxílio, salvo disposição expressa em sentido contrário, não são puníveis, se o crime não chega, pelo menos, a ser tentado". Como consequência desse dispositivo, caso o mandante entregue dinheiro ao executor para que este mate determinada pessoa, porém a pessoa contratada fuja com os valores sem cometer ou tentar cometer o homicídio, o fato será considerado atípico

---

[13] Julio Fabbrini Mirabete. *Manual de direito penal*, v. 2, p. 70.
[14] Damásio de Jesus. *Direito penal*, v. 2, p. 67.
[15] Euclides Custódio da Silveira. *Direito penal*, Crimes contra a pessoa, p. 62.

para ambos. A mesma solução mostrar-se-á presente se o executor morrer ou for preso por outras razões antes de cometer o homicídio para o qual foi contratado.

1.1.1.1.3.1.2. Motivo torpe (art. 121, § 2º, I, 2ª figura)

Torpe é o motivo repugnante, imoral. Nessa forma qualificada, há especial maldade do criminoso no que tange à motivação. Constitui motivo torpe, por exemplo, o homicídio cometido por preconceito de raça, cor, religião, etnia ou origem, ou, ainda, por ser a vítima homossexual ou apreciadora deste ou daquele movimento artístico ou musical, ou torcedora de time de futebol rival.

São também hipóteses de motivo torpe: morte provocada em ritual macabro (como oferenda em ritual de magia negra); por razões econômicas (matar os pais para ficar com a herança ou para receber o seguro de vida); para ficar com o cargo da vítima; motivado por disputa entre gangues ou grupos criminosos rivais; para fim de canibalismo ou vampirismo (alimentar-se da carne ou do sangue da vítima) etc.

Matar por prazer, ou seja, pela simples satisfação de tirar a vida alheia, constitui motivo torpe.

Quando o agente mata para assegurar a execução ou a impunidade de outro crime, embora a motivação possa ser considerada torpe, deve ser aplicada a qualificadora específica prevista para tais hipóteses no art. 121, § 2º, V, do CP. A existência da qualificadora específica impede o reconhecimento do motivo torpe, que é genérico.

O ciúme não é considerado motivo torpe, podendo caracterizar motivo fútil, dependendo das circunstâncias.

A morte motivada por vingança deve ser apreciada em relação ao fato como um todo e não exclusivamente por ser fruto de vingança. Deve-se verificar, portanto, o que motivou a vingança. Se o patrão mata o empregado demitido porque este ingressou com ação trabalhista, mostra-se presente o motivo torpe. Ao contrário, quando o pai mata, por vingança, o estuprador da filha, não se aplica a qualificadora – ao contrário, entende-se que o homicídio é privilegiado.

O homicídio de integrantes das Forças Armadas ou de policiais civis ou militares, no exercício da função ou em razão desta, foi transformado em modalidade específica de homicídio qualificado pela Lei n. 13.142/2015, que introduziu o inciso VII no art. 121, § 2º, do Código Penal. Antes da aprovação da referida lei, aplicava-se para tais casos a qualificadora do motivo torpe, que, por ser genérica, resta prejudicada pela atual existência de regra específica.

1.1.1.1.3.2. Motivo fútil (art. 121, § 2º, II)

Fútil é o motivo pequeno, insignificante. Trata-se do homicídio caracterizado pela completa falta de proporção entre o ato homicida e sua causa. Já se reconheceu essa qualificadora quando o pai matou o filho porque este chorava, quando o motorista matou o fiscal de trânsito em razão de multa aplicada, quando o patrão matou o empregado por erro na prestação do serviço, quando o cliente matou o dono do bar que se recusou a servir-lhe mais uma dose de bebida etc.

Caso exista prova de que determinada pessoa matou outra, mas não seja possível identificar a motivação, torna-se inviável a aplicação da qualificadora em análise, que pressupõe prova efetiva de um motivo fútil qualquer. Não se pode presumir a ocorrência de uma motivação fútil, que, conforme mencionado, deve ser provada. No entanto, se o agente confessar que matou sem qualquer motivo, pelo simples prazer de eliminar uma vida humana, incorrerá na qualificadora do motivo torpe.

A doutrina é unânime em asseverar que o ciúme não pode ser sempre interpretado como um motivo pequeno, pois, para quem o sente, trata-se de sentimento forte. É preciso, contudo, que esse entendimento seja encampado de forma relativa, pois existem situações em que é evidente a desproporção entre o crime e a causa.

Não se reconhece a qualificadora do motivo fútil quando a razão do homicídio é uma forte discussão entre as partes, ainda que o entrevero tenha surgido por motivo de somenos importância. Neste último caso, o móvel do delito é a troca de ofensas, e não a sua causa inicial.

Um homicídio não pode ser ao mesmo tempo qualificado pelo motivo fútil e pelo motivo torpe. A motivação só pode qualificar o delito uma vez. O que causa certa confusão é o fato de que o motivo pequeno também traz em si algo de imoral. Deve-se lembrar, entretanto, que o motivo fútil é especial em relação ao motivo torpe, que é genérico e, por isso, tem prevalência. Assim, se a característica marcante quanto à motivação for a desproporção entre o crime e o motivo, é a futilidade que deve ser reconhecida. Se, entretanto, não se mostrar presente tal aspecto, há de se reconhecer o motivo torpe. Quando uma pessoa mata outra por preconceito racial não há pequenez, mas completa imoralidade na motivação, constituindo, assim, motivo torpe.

1.1.1.1.3.3. Emprego de veneno, fogo, explosivo, asfixia, tortura ou outro meio insidioso ou cruel, ou de que possa resultar perigo comum (art. 121, § 2º, III)

As qualificadoras deste inciso III referem-se a formas de execução consideradas mais graves pelo legislador, quer pelo maior sofrimento que provocam à vítima, quer pela forma sorrateira de execução, ou, ainda, pelo perigo a que o agente expõe a coletividade. Nesse dispositivo, aliás, a lei, após explicitar uma série de circunstâncias que tornam mais gravosa a conduta, utiliza a fórmula genérica "ou outro meio insidioso ou cruel, ou de que possa resultar perigo comum". A utilização dessa fórmula genérica como qualificadora em casos concretos só será possível, todavia, se não for viável o enquadramento nas figuras específicas iniciais. Por isso, quando o agente mata a vítima com emprego de fogo, não se pode cogitar da qualificadora do meio cruel, porque o emprego de fogo é uma das qualificadoras específicas. Por sua vez, se o agente mata a vítima mediante apedrejamento, aplica-se a qualificadora genérica do meio cruel, porque referido meio de execução não se enquadra em nenhuma das qualificadoras específicas.

1.1.1.1.3.3.1. Emprego de veneno (art. 121, § 2º, III, 1ª figura)

Veneno é a substância química ou biológica que, introduzida no organismo, pode causar a morte.

Pode se apresentar em forma líquida, sólida ou gasosa.

O homicídio qualificado pelo emprego de veneno é também conhecido como *venefício* e sua configuração pressupõe que este seja introduzido no organismo da vítima de forma velada, sem que ela perceba, como, por exemplo, misturando-o em sua bebida ou comida. Se o veneno for inoculado no organismo da vítima com emprego de violência, configura-se a qualificadora do meio cruel.

Caso a vítima tenha autorizado a ministração do veneno, não se aplica nenhuma das qualificadoras, mas o agente responde pelo homicídio por ser a vida bem indisponível.

A demonstração de que a causa da morte foi o emprego de veneno pressupõe prova pericial feita nas vísceras ou no sangue da vítima.

Nos casos em que há emprego de veneno, mas a vítima sobrevive, a punição por tentativa de homicídio pressupõe a demonstração de que o veneno utilizado poderia ter causado a morte caso não fosse ela rapidamente socorrida. Se a perícia, todavia, concluir que a substância utilizada não poderia provocar a morte, a hipótese será de crime impossível por absoluta ineficácia do meio, o que impedirá a punição por tentativa de homicídio, podendo o agente responder por crime de lesão corporal com a agravante genérica do art. 61, II, *d*, do Código Penal (emprego de veneno). Caso, por fim, a perícia conclua que o veneno tinha potencial para matar, mas que foi inoculado em quantidade insuficiente para provocar a morte, o sujeito responderá por tentativa de homicídio qualificado pelo emprego de veneno, pois, em tal caso, a ineficácia do meio é relativa.

Diverge a doutrina em torno do enquadramento adequado quando alguém ministra dolosamente altas doses de glicose em pessoa diabética ou de substância capaz de provocar choque anafilático em pessoa alérgica. O entendimento prevalente é o de que pode ser aplicada a qualificadora do emprego de veneno. É a opinião de Nélson Hungria[16], Fernando Capez[17], Cezar Roberto Bitencourt[18] e Flávio Monteiro de Barros[19]. Existe, porém, entendimento minoritário no sentido de que só podem ser consideradas como veneno as substâncias que sempre tenham poder letal. Para essa corrente, deve ser aplicada a qualificadora genérica do "meio insidioso" nos casos em análise. É o entendimento de Julio Fabbrini Mirabete[20]. Saliente-se que, qualquer que seja o entendimento, o homicídio considera-se qualificado.

1.1.1.1.3.3.2. Emprego de fogo (art. 121, § 2º, III, 2ª figura)

A presente qualificadora configura-se, por exemplo, quando o agente atira substância inflamável no corpo da vítima e, em seguida, ateia fogo provocando a morte por queimadura. É o que ocorre quando grupos de extermínio matam moradores de rua nestes colocando fogo de madrugada ou quando traficantes queimam algum de seus rivais preso dentro de uma pilha de pneus.

Quando o agente ateia fogo no barraco em que a vítima mora com o intento de matá-la, existe a qualificadora quer a morte decorra do fato de as chamas atingirem

---

[16] Nélson Hungria. *Comentários ao Código Penal*, v. V, p. 165.
[17] Fernando Capez. *Direito penal*, v. 2, p. 49.
[18] Cezar Roberto Bitencourt. *Tratado de direito penal*, v. 2, p. 58.
[19] Flávio Augusto Monteiro de Barros. *Crimes contra a pessoa*, p. 29.
[20] Julio Fabbrini Mirabete. *Manual de direito penal*, v. 2, p. 71.

seu corpo, quer decorra de queimadura provocada nas vias aéreas pela fumaça proveniente do incêndio. Há, também, a qualificadora se a vítima é colocada em um caldeirão com água e, em seguida, esta é aquecida, pois, em tal caso, a morte decorreu do emprego de fogo.

Quando alguém coloca fogo em uma casa para matar a vítima, sua conduta também se enquadra no crime de *dano qualificado* pelo emprego de substância inflamável, na medida em que o imóvel é destruído pelo fogo. Em tal caso, todavia, o delito de dano qualificado fica absorvido em razão de regra expressa nesse sentido, contida no próprio art. 163, parágrafo único, II, do Código Penal (que define o crime de dano qualificado em tela). Trata-se de hipótese de subsidiariedade expressa em que o delito de dano considera-se absorvido ainda que o dono do bem danificado não seja a própria vítima do homicídio.

1.1.1.1.3.3.3. Emprego de explosivo (art. 121, § 2º, III, 3ª figura)

Essa qualificadora configura-se qualquer que seja o tipo de explosivo utilizado, desde os mais potentes até bombas de fabricação caseira. Estas últimas, aliás, já provocaram algumas mortes em confrontos de torcidas organizadas, cujos integrantes lançaram o artefato sobre torcedores rivais.

Haverá também a qualificadora se o agente colocar uma bomba em um avião provocando sua queda e a morte de todos ou de parte dos ocupantes.

Tal como ocorre com o emprego de fogo, caso o explosivo provoque dano em bem alheio, da própria vítima do homicídio ou de terceiro, o delito de dano qualificado pelo emprego de substância explosiva ficará absorvido por ser o homicídio crime mais grave, nos expressos termos do art. 163, parágrafo único, II, do Código Penal.

1.1.1.1.3.3.4. Asfixia (art. 121, § 2º, III, 4ª figura)

A morte por asfixia é aquele provocada pelo agente mediante o impedimento da função respiratória da vítima

A asfixia pode se dar por métodos mecânicos ou tóxicos.

A asfixia *mecânica* pode ser obtida mediante: a) esganadura; b) estrangulamento; c) enforcamento; d) sufocação; e) afogamento; f) soterramento; e g) imprensamento.

A esganadura consiste em comprimir o pescoço da vítima fazendo o agente uso de seu próprio corpo para tanto. É o que ocorre quando o homicida aperta o pescoço da vítima com as mãos, quando lhe dá uma "gravata", quando pisa em seu pescoço etc.

O estrangulamento consiste em comprimir o pescoço da vítima com um fio de aço, uma corda, um pedaço de pano etc. Nesta forma de asfixia, o próprio homicida, fazendo uso de sua força física, comprime o pescoço da vítima com um dos objetos mencionados.

No enforcamento, o agente coloca uma corda ou algo semelhante no pescoço da vítima que é comprimido com o auxílio da força da gravidade. Configura-se quando o próprio homicida puxa a corda para que o corpo da vítima saia do chão ou então quando coloca a vítima sobre um tablado ou uma cadeira e depois a empurra (ou retira a cadeira), fazendo com que ela fique pendurada pelo pescoço.

Na sufocação, o agente faz uso de algum objeto para obstruir o trânsito do oxigênio pelas vias aéreas, ou seja, para impedir a chegada do ar aos pulmões da vítima. É o que ocorre quando ele coloca um saco plástico ou um travesseiro no rosto dela ou quando introduz um pedaço de pano em sua garganta. A sufocação pode também ser praticada com o uso das próprias mãos, tapando-se concomitantemente o nariz e a boca da vítima.

O afogamento, como é de conhecimento comum, consiste na imersão do corpo (ou apenas do rosto) da vítima em meio líquido. É o que ocorre, por exemplo, quando alguém ministra forte sonífero na vítima e depois a atira em uma piscina, ou quando amarra uma pedra no corpo dela e a joga em um rio, ou, ainda, quando, mediante força física, enfia sua cabeça em um tanque com água.

O soterramento consiste em lançar terra, areia ou algo similar sobre a vítima, que vem a morrer pelo impedimento da função respiratória. É o que se verifica, por exemplo, quando o agente amarra a vítima ou nela ministra sonífero e, posteriormente, a coloca em uma vala e enche de terra, causando, assim, a sua morte. Não se confunde tal situação com a do crime de ocultação de cadáver, pois a vítima estava viva quando colocada na vala, tendo sido morta mediante asfixia provocada pelo soterramento.

É muito comum a ocorrência de morte por soterramento em deslizamentos de terra de morros em decorrência de fortes chuvas, mas, nesses casos, não se trata de crime de homicídio doloso.

O imprensamento, também conhecido como sufocação indireta, consistente em impedir o funcionamento da musculatura abdominal responsável pelo movimento respiratório. Exemplo: colocar um peso sobre a região do diafragma, de modo que, depois de algum tempo, a vítima não consiga mais respirar.

A asfixia *tóxica*, por sua vez, pode se dar por: a) confinamento; e b) emprego de gás asfixiante.

O confinamento consiste em colocar a vítima em um recinto onde haja total vedação que impeça a renovação de oxigênio e impedi-la de sair do local. Assim, com o passar do tempo a própria respiração irá consumir todo o oxigênio existente e a vítima irá morrer. É o que ocorre, por exemplo, quando alguém tranca outra pessoa dentro de um caixão ou em um cubículo completamente vedado.

O uso de gás asfixiante consiste na dolosa utilização de gases como o monóxido de carbono ou o cloro, que provocam a morte por asfixia. Exemplo: trancar a vítima desacordada dentro de um carro e acionar seu motor, tendo antes colocado uma mangueira no escapamento com a outra ponta voltada para o interior do veículo que está com suas janelas fechadas.

Se o agente fizer uso de gás que provoque a morte por parada cardíaca, será aplicada a qualificadora do emprego de veneno.

1.1.1.1.3.3.5. *Tortura ou outro meio cruel (art. 121, § 2º, III, 5ª figura)*

Essas qualificadoras têm aplicação quando o homicida opta por um meio de execução que provoca na vítima graves sofrimentos físicos ou mentais até causar a sua morte. A provocação de sofrimento, portanto, constitui premissa tanto da tortura quanto dos demais meios cruéis, contudo a forma de execução é diversa, conforme se verá na sequência.

Na tortura, o meio de execução é empregado de forma lenta, gradativa, até produzir o resultado morte após grave sofrimento. Configuram-na, por exemplo, manter a vítima presa sem lhe fornecer bebida ou comida para que morra de sede ou de fome; realizar empalamento ou crucificação; manter a vítima presa um local aberto para que morra de insolação ou de frio etc.

O crime de homicídio qualificado pela tortura ora em análise não se confunde com o delito de *tortura qualificada pela morte*, descrito no art. 1º, § 3º, da Lei n. 9.455/97. A diferença reside na intenção do torturador. Se o agente pretende provocar a morte da vítima e faz uso de tortura para causar o resultado, ou, se com seu modo de agir, assume o risco de provocá-la mediante a tortura empregada, configura-se o crime de homicídio qualificado. Em outras palavras, se tiver havido dolo, direto ou eventual, em relação à morte, e a tortura tiver sido o meio empregado, o agente responde por homicídio qualificado, cuja pena é de 12 a 30 anos de reclusão, e cujo julgamento cabe ao Tribunal do Júri. No entanto, se a intenção do sujeito era torturar a vítima apenas para dela obter, por exemplo, uma confissão, mas, durante a sessão de tortura acaba, *culposamente*, ocasionando sua morte, responde por crime de tortura qualificada, que, como se vê, é delito exclusivamente preterdoloso (dolo na tortura e culpa na morte). A pena, nesse caso, é de reclusão, de 8 a 16 anos, e o julgamento cabe ao juízo singular.

Por sua vez, se após torturar a vítima para dela obter alguma informação, os bandidos provocam sua morte com disparos de arma de fogo, não se configura a qualificadora da tortura, porque a morte, neste caso, não decorreu desta. Os agentes responderão por crime de tortura simples em concurso material com homicídio doloso – qualificado porque os bandidos tiraram a vida da vítima com a intenção de assegurar a impunidade do delito anterior (o crime de tortura).

Os outros meios cruéis que qualificam o homicídio são aqueles que provocam grave sofrimento na vítima, mas cujo ato executório em si não é prolongado. Podem ser mencionados como exemplos: espancamento mediante socos e pontapés; pisoteamento; desferir golpes com martelo, barra de ferro ou machado contra o corpo da vítima ou nela desferir pauladas; apedrejamento; atropelamento intencional; despejar grande quantidade de ácido sobre o corpo da vítima; colocá-la em uma banheira e introduzir um aparelho elétrico na água para que receba forte descarga elétrica; amarrar a vítima em um carro ou cavalo e colocá-los em movimento, fazendo com que seja arrastada; obrigar a vítima a ingerir rapidamente grande quantidade de bebida alcoólica; transmitir intencionalmente doença que provoque morte com sofrimento etc.

Note-se que, em todos os exemplos mencionados, o ato de execução é rápido, como, por exemplo, a transmissão de doença. A qualificadora, contudo, estará presente quer a vítima morra logo em seguida (como no caso de receber uma forte descarga elétrica), quer haja alguma demora no resultado.

A crueldade só qualifica o homicídio quando for a causa da morte. Por isso, se após matar a vítima por um meio comum, o agente desferir golpes de martelo para desfigurar-lhe o rosto, ou arrancar-lhe as pontas dos dedos para dificultar a identificação ou, ainda, se esquartejar o corpo, responderá por homicídio (simples ou com alguma outra qualificadora) em concurso material com o delito de destruição de cadáver (art. 211 do CP). Esse crime configura-se quer a destruição do cadáver seja total, quer seja parcial.

A reiteração de golpes só constitui meio cruel se ficar demonstrado, no caso concreto, que provocou grave sofrimento na vítima. Se esta, porém, morreu imediatamente ao receber o primeiro golpe, não há como afirmar que os demais tenham causado sofrimento. Em suma, a reiteração de golpes nem sempre configura meio cruel, podendo, contudo, caracterizá-lo, dependendo da forma como o fato tenha ocorrido. Se o homicida, por exemplo, desfere vinte facadas na barriga da vítima, incorrerá na qualificadora em análise.

Parte da jurisprudência sustenta que esta qualificadora pressupõe ânimo específico do homicida no sentido de provocar sofrimento diferenciado na vítima. *Data venia*, entendemos que a qualificadora deve ser reconhecida sempre que o agente dolosamente escolher certo meio de execução que faça a vítima padecer com grande sofrimento, já que se trata de circunstância de caráter objetivo. Para a vítima, é irrelevante que tenha havido premeditação quanto ao meio empregado, sendo necessário o agravamento da pena ainda que não tenha havido ânimo calmo na escolha do meio de execução, sempre que objetivamente tenha a ela causado sofrimento em demasia.

1.1.1.1.3.3.6. Meio insidioso (art. 121, § 2º, III, 6ª figura)

É um meio velado, uma armadilha, um meio fraudulento para atingir a vítima sem que ela perceba que está havendo um crime, como ocorre com as sabotagens em geral (no freio de um veículo, no motor de um avião, na mochila que leva o paraquedas da vítima etc.). Configura, também, meio insidioso trocar o medicamento necessário para manter alguém vivo por comprimidos que não contêm o princípio ativo de que o doente necessita.

As qualificadoras referentes ao meio de execução do homicídio estão relacionadas no inciso III do art. 121, § 2º, sendo algumas especiais e outras genéricas. Quando se reconhece o emprego de explosivo, por exemplo, não se pode qualificar o crime pelo perigo comum dele decorrente ou pelo meio cruel, na medida em que a qualificadora específica (explosivo) afasta a incidência das genéricas (meio do qual resulte perigo comum, meio cruel etc.). Excepcionalmente, todavia, a jurisprudência tem admitido o reconhecimento concomitante de duas qualificadoras desse inciso, que são o meio insidioso e o meio cruel, já que ambas são genéricas (não podendo uma ser tida como especial em relação à outra). Ademais, é plenamente possível a coexistência no plano fático, já que os conceitos são consideravelmente distintos. Assim, se alguém faz uma armadilha cobrindo com largas folhas a entrada de um buraco profundo por ele feito em uma trilha, dentro do qual deixou estacas afiadas de pé, e, em seguida, convence a vítima a fazer uma caminhada por aquela trilha, responderá pelo crime duplamente qualificado se a vítima cair no buraco e morrer com as estacas enfiadas em seu corpo. Não há como negar a insídia decorrente da armadilha e a crueldade do empalamento. Nesse sentido: "O meio insidioso e cruel são coisas distintas. O meio pode ser insidioso, ser cruel, ou ambos" (TJSP, Rel. Ary Belfort, *RT* 683/303).

1.1.1.1.3.3.7. Meio de que possa resultar perigo comum (art. 121, § 2º, III, 7ª figura)

São meios de execução que, além de causar a morte da vítima, têm o potencial de causar perigo à vida ou integridade corporal de grande número de pessoas. É o que ocorre, por exemplo, quando o agente, visando matar a vítima, provoca um desabamento, ou quando efetua disparos de arma de fogo contra ela no meio de uma multidão (*show*, baile *funk*, festa de peão etc.), provocando correria e possibilidade de pisoteamentos.

A redação do dispositivo – meio de que *possa* resultar perigo comum –, leva à inevitável conclusão de que a qualificadora se aperfeiçoa com a simples possibilidade de o meio empregado causar risco a outras pessoas, não sendo necessário ter havido um risco efetivo a pessoas determinadas no caso concreto. Assim, se alguém desliga a energia de todo o hospital para provocar a morte de um paciente internado na UTI, caracteriza-se a qualificadora, ainda que não haja outras pessoas no local, uma vez que a falta de energia em um hospital é potencialmente perigosa para a coletividade. Por sua vez, quando existir prova de que o meio utilizado, além de matar a vítima, provocou efetivo risco a número indeterminado de pessoas, o sujeito responderá pelo homicídio qualificado e também por crime de perigo comum (arts. 250 e seguintes), em concurso formal. Nesse sentido, o entendimento de Nélson Hungria[21] e Damásio de Jesus[22]. Há, entretanto, quem discorde de tal opinião, sustentando que haveria *bis in idem* no reconhecimento concomitante da qualificadora e do crime de perigo comum.

1.1.1.1.3.4. Traição, emboscada, dissimulação ou outro recurso que dificulte ou torne impossível a defesa da vítima (art. 121, § 2º, IV)

Nesse inciso, todas as qualificadoras referem-se ao modo de execução que, de alguma forma, dificulta ou impede a defesa da vítima em relação ao ato homicida. As três primeiras figuras são específicas (traição, emboscada e dissimulação), seguidas de uma fórmula genérica (*outro* recurso que dificulte ou impossibilite a defesa da vítima). Por isso, podemos concluir que a fórmula genérica só pode ser utilizada quando não for possível o enquadramento nas figuras específicas iniciais.

1.1.1.1.3.4.1. Traição (art. 121, § 2º, IV, 1ª figura)

Diverge a doutrina acerca do conceito de traição. Para Nélson Hungria[23], é o ato "cometido mediante ataque súbito e sorrateiro, atingida a vítima, descuidada ou confiante, antes de perceber o gesto criminoso", como o golpe dado pelas costas. Já para Julio Fabbrini Mirabete[24], "a traição consubstancia-se essencialmente na quebra de confiança depositada pela vítima no agente, que dela se aproveita para matá-la". Concordamos com o último posicionamento por entender que o golpe dado pelas costas por um desconhecido, após uma discussão, não se enquadra em hipótese de traição, devendo ser tipificada a conduta na qualificadora genérica – outro recurso que dificulta ou torna impossível a defesa da vítima. Não se deve, portanto, optar por um enquadramento duvidoso quando existe outro, elencado no próprio texto legal, capaz de solucionar a questão sem dar margem à controvérsia no julgamento pelos jurados.

Pensamos que, para o reconhecimento da qualificadora da traição, é mister que se demonstre que havia uma prévia relação de confiança entre as partes e que o agente tenha se valido de alguma facilidade disso decorrente para matar a vítima em um gesto

---

[21] Nélson Hungria. *Comentários ao Código Penal*, v. V, p. 167-168.
[22] Damásio de Jesus. *Direito penal*, v. 2, p. 69.
[23] Nélson Hungria. *Comentários ao Código Penal*, v. V, p. 168.
[24] Julio Fabbrini Mirabete. *Manual de direito penal*, v. 2, p. 73.

por esta inesperado. Por isso, matar o pai enquanto ele dorme no quarto da família configura traição, ao passo que matar um morador de rua desconhecido enquanto ele dorme na via pública enquadra-se na qualificadora genérica.

Note-se que a presença da fórmula genérica no texto legal tornaria desnecessária a previsão das demais figuras (traição, emboscada e dissimulação), pois, se elas não existissem, haveria o enquadramento naquela (recurso que dificultou ou impossibilitou a defesa da vítima). O legislador, entretanto, optou por especificá-las, de modo que o reconhecimento de uma delas, evidentemente, afasta a fórmula genérica. É óbvio, todavia, que nas figuras específicas existe sempre algum requisito a mais, além da dificuldade de defesa da vítima, que, no caso da traição, é a quebra da confiança previamente existente.

Saliente-se que não é sempre que o sujeito mata o cônjuge, um amigo ou um parente que se mostra presente a qualificadora em análise, mas somente quando ele se vale de alguma facilidade decorrente da relação de confiança para atacar a vítima em momento em que ela se encontra desprevenida, sem razões para suspeitar que será alvejada.

A traição é qualificadora de caráter objetivo, pois, conforme mencionado, não decorre do mero parentesco ou amizade, mas, sim, do fato de o agente ter se aproveitado disso para matar a vítima em situação em que ela não podia se defender.

1.1.1.1.3.4.2. Emboscada (art. 121, § 2º, IV, 2ª figura)

A presente figura qualificada pressupõe que o agente espere escondido a chegada ou a passagem da vítima por determinado local para alvejá-la de surpresa. É também conhecida como tocaia. Não há necessidade que a emboscada seja feita em local ermo ou que a vítima seja encurralada.

Se o agente espera a vítima escondido, mas quando esta chega entabula conversa e posterior discussão com ela e só depois disso comete o homicídio, não se configura a qualificadora, pois somente a emboscada que colhe a vítima de surpresa é que tem tal condão, já que o texto legal elenca a emboscada como modalidade de recurso que dificulta ou impossibilita a defesa da vítima.

1.1.1.1.3.4.3. Dissimulação (art. 121, § 2º, IV, 3ª figura)

Nesta qualificadora, o agente, ocultando sua intenção homicida, emprega algum artifício ou fraude para se aproximar da vítima a fim de cometer o crime em gesto não esperado por esta. A dissimulação, portanto, configura-se quando há uma farsa ou uma encenação para se aproximar da vítima.

A dissimulação pode ser material ou moral.

A dissimulação *material* ocorre quando o agente faz uso de algum tipo de disfarce para se aproximar da vítima. Exemplo: colocar uniforme de policial para ingressar em uma casa e ali cometer o homicídio. A dissimulação *moral*, por sua vez, consiste na mentira verbal para viabilizar o delito. Exemplo: convidar a vítima para um passeio de barco em alto-mar e, após convencê-la a pular na água para se refrescar, acionar o motor, deixando-a no local.

1.1.1.1.3.4.4. Outro recurso que dificulte ou torne impossível a defesa do ofendido (art. 121, § 2º, IV, 4ª figura)

Como já explicado, cuida-se de fórmula genérica que só pode ser cogitada quando não for possível o enquadramento nas três figuras específicas previstas anteriormente no inciso IV. Assim, quando o agente mata a vítima valendo-se da surpresa, configura-se a presente qualificadora, desde que ela não tenha decorrido, por exemplo, de uma emboscada.

De acordo com o texto legal, basta que a vítima tenha *dificultada* sua capacidade de defesa, ainda que lhe reste alguma chance de evitar o crime. No entanto, na modalidade *tornar impossível* a defesa da vítima, não resta a esta qualquer possibilidade de resistência, estando ela absolutamente incapacitada de evitar a execução crime. É claro, todavia, que a prática do delito pode ser evitada por terceiro. Exemplo: populares prendem em flagrante um roubador e o amarram em um poste aguardando a chegada da polícia. Neste instante, chega ao local um justiceiro armado que encosta a arma na cabeça da vítima e aciona o gatilho, porém a vítima não é alvejada por ter um dos populares empurrado a mão do justiceiro no exato momento em que ia efetuar o disparo.

São exemplos da qualificadora em estudo: a superioridade numérica em casos de linchamento ou espancamento; o fato de a vítima estar presa ou imobilizada; estar a vítima dormindo ou desacordada (em coma, embriagada etc.); a surpresa decorrente do gesto repentino ou do golpe dado pelas costas; o ato de atirar objeto do alto de um prédio na cabeça de quem está embaixo etc.

Por se tratar de fórmula genérica, é necessário que o Ministério Público especifique na denúncia o recurso utilizado pelo agente que dificultou ou impossibilitou a defesa, pois será necessário, ao final, indagar aos jurados se o acusado efetivamente lançou mão de tal recurso e se este dificultou ou impossibilitou a defesa da vítima.

A superioridade física por ser algo inerente ao agressor, e não um recurso por ele buscado para dificultar a defesa da vítima, não torna o delito qualificado de acordo com Nélson Hungria[25]. Do mesmo modo, a superioridade de armas ou o fato de o agente estar armado e a vítima desarmada não torna o delito necessariamente qualificado de acordo com entendimento doutrinário. Argumenta-se que a arma é utilizada pelo agente por ser meio comum para cometer o crime, e não como recurso que causará especial dificuldade de defesa para a vítima. Haverá, contudo, a qualificadora se o agente efetuar disparo de longa distância colhendo a vítima de surpresa ou se a vítima for encurralada por várias pessoas armadas com revólveres etc.

A qualificadora também não foi reconhecida nos seguintes casos: ataque precedido de discussão entre as partes; vítima que havia acabado de dar um tapa no agente (pois previsível a reação a esse gesto); vítima que viu o réu chegar armado ao local e teve chance de ir embora, mas preferiu ficar no local etc.

O crime de homicídio cometido contra pessoa com mais de 60 anos não constitui homicídio qualificado pelo recurso que dificulta ou impossibilita a defesa da vítima, constituindo, em verdade, causa de aumento de pena descrita no art. 121, § 4º, do Código Penal. Em tal hipótese, a pena será aumentada em 1/3. Assim, se o agente, por exemplo, mata uma pessoa idosa com um gesto repentino pelas costas, o crime será qualificado pela surpresa e, além disso, sofrerá exasperação por ser a vítima pessoa com mais de 60 anos.

---

[25] Nélson Hungria. *Comentários ao Código Penal*, v. V, p. 170.

1.1.1.1.3.5. Homicídio cometido para assegurar a execução, a ocultação, a impunidade ou vantagem de outro crime (art. 121, § 2º, V)

Nesses casos, resta claro que é a *motivação* do agente que torna o crime qualificado, pois a vida da vítima é tirada com a específica finalidade de, com isso, viabilizar a prática de outro crime, ou assegurar a ocultação, impunidade ou vantagem de um delito anterior.

O homicídio, portanto, é qualificado pela *conexão*, vale dizer, pela existência de um vínculo entre o homicídio e o outro crime.

Como o legislador, para evitar controvérsias, optou pela previsão expressa dessas figuras como qualificadoras específicas, conclui-se que seu reconhecimento impede a aplicação concomitante da qualificadora do motivo torpe, que é genérica, pois, caso contrário, haveria *bis in idem*. Importante, contudo, ressaltar que, como o dispositivo em estudo (inciso V) só faz referência à conexão do homicídio com *outro crime*, caso a morte da vítima tenha por finalidade assegurar a execução, a ocultação, a impunidade ou a vantagem de uma contravenção penal, será possível apenas a aplicação da qualificadora do motivo torpe.

1.1.1.1.3.5.1. Homicídio cometido para assegurar a execução de outro crime (art. 121, § 2º, V, 1ª figura)

Nessa modalidade, existe a denominada conexão *teleológica* em que o agente primeiro mata a vítima para, com isso, viabilizar a prática do delito seguinte. É o que ocorre, por exemplo, quando bandidos matam o segurança com o intuito de sequestrar o patrão, ou quando o agente mata o marido para estuprar a esposa.

Se o criminoso, após matar a vítima, efetivamente praticar o outro delito, deve responder pelo homicídio qualificado em concurso material com aquele. O homicídio, evidentemente, não pode ser considerado crime-meio e ficar absorvido pelo crime-fim (princípio da consunção), na medida em que a lei expressamente prevê a autonomia do homicídio qualificado. É claro, portanto, que a conduta posterior ao homicídio deve ter punição autônoma. Assim, se, após matar o marido, o agente realmente estuprar a esposa, ele responde por estupro consumado em concurso material com o homicídio qualificado; porém, se a esposa, que estava no local do homicídio, consegue fugir antes do abuso sexual se concretizar, o agente responde por tentativa de estupro, além do homicídio qualificado. Existe, ainda, a possibilidade de o agente, após matar a vítima, nem sequer conseguir dar início à execução do outro crime, hipótese em que só responderá pelo crime contra a vida, tal como ocorre quando o agente mata o marido dentro de sua casa e fica aguardando a chegada da esposa para estuprá-la, mas os vizinhos chamam a polícia e o agente é preso antes mesmo da chegada da mulher ao local. Não se pode falar em tentativa de estupro nesse caso. De qualquer forma, a qualificadora será aplicada, pois a intenção do sujeito ao matar o marido era viabilizar a prática de novo delito.

Deve-se também mencionar a possibilidade de o agente cometer o homicídio visando assegurar a execução de outro crime, mas, logo após ter matado a vítima, desistir de cometê-lo. Em tal caso, também é possível o reconhecimento da qualificadora.

Tendo em vista que o ato de matar alguém a fim de lhe subtrair os pertences constitui situação consideravelmente comum, o legislador tipificou tal conduta como crime autônomo (latrocínio), no art. 157, § 3º, 2ª parte, do Código Penal. A pena do latrocínio é maior do que a soma das penas dos crimes de homicídio qualificado e roubo.

1.1.1.1.3.5.2. Homicídio cometido para assegurar a ocultação de outro crime (art. 121, § 2º, V, 2ª figura)

Para que se configure esta modalidade qualificada, é preciso que já tenha sido praticado outro crime e que o agente mate alguém pretendendo evitar que se descubra a própria ocorrência daquele. É o que acontece, por exemplo, quando um funcionário desvia sorrateiramente dinheiro da empresa onde trabalha e, posteriormente, mata um auditor que estava analisando a documentação da empresa e prestes a descobrir os desfalques.

Não se confunde essa forma qualificada com a hipótese em que o sujeito primeiro mata a vítima por outra razão qualquer e, em seguida, se desfaz do corpo, enterrando-o em um quintal. Em tal hipótese, o ato de enterrar o corpo configura o delito autônomo de ocultação de cadáver, descrito no art. 211 do Código Penal e não a qualificadora em estudo. O agente responde pelos dois crimes em concurso material. A qualificadora só se configura se, no momento do homicídio, a finalidade do agente for a de esconder a existência de um crime já praticado.

1.1.1.1.3.5.3. Homicídio cometido para assegurar a impunidade de outro crime (art. 121, § 2º, V, 3ª figura)

Ao contrário do que ocorre na qualificadora anterior, nesta figura a existência do outro delito já é conhecida, sendo objetivo do agente evitar a punição por esse crime. É o que ocorre, por exemplo, quando o agente mata a vítima ou uma testemunha do crime anterior que poderia incriminá-lo para que ela não seja ouvida em um inquérito policial ou ação penal. Também existe a qualificadora se o sujeito já foi condenado, mas estando em liberdade, mata um policial que pretendia cumprir o mandado de prisão.

Para o reconhecimento da qualificadora, não é necessário que o autor do crime antecedente seja o executor do homicídio, pois este requisito não consta do texto legal, que exige meramente a intenção de assegurar a impunidade de outro crime, independentemente de quem seja seu sujeito ativo. Suponha-se que uma pessoa esteja presa por crime de roubo e seu irmão, sozinho, tome a decisão de matar uma testemunha que poderia incriminar aquele. Em tal caso, existe homicídio qualificado somente por parte de quem matou. O irmão que estava preso incorre somente no delito de roubo. É claro, entretanto, que se o roubador tivesse convencido o irmão em liberdade a matar a testemunha, responderia ele também pelo homicídio qualificado.

Se a testemunha ou a vítima já prestou o depoimento em juízo incriminando o réu, e este, por vingança, comete o homicídio, responde pela qualificadora do motivo torpe. O motivo do crime, neste caso, não foi garantir a impunidade do delito anterior porque o depoimento já tinha sido prestado.

Quando alguém mata a fim de se assegurar a impunidade por um fato anterior que se descobre constituir crime impossível, responde também pela figura qualificada em estudo, pois, embora no plano objetivo não exista crime anterior punível, o que importa para o reconhecimento da qualificadora é a intenção do agente que, sem dúvida, era a de garantir a impunidade. Damásio de Jesus[26], concordando com esse entendimento, cita o exemplo em que o agente, após esfaquear um cadáver, supondo tratar-se de pessoa viva, mata uma testemunha que acabara de entrar no recinto. Em suma, pouco importa que o fato anterior não seja tecnicamente passível de punição (crime impossível, putativo, já prescrito ou acobertado por outra causa extintiva da punibilidade), desde que se prove que o agente não sabia disso no momento do homicídio. Tal discussão, aliás, não é de grande relevância, pois, caso adotado entendimento de que não se configura a qualificadora em análise, o homicídio não seria considerado simples, e sim qualificado pelo motivo torpe.

Não importa o tempo decorrido entre os dois delitos, razão pela qual mostra-se presente a qualificadora se alguém cometeu um crime qualquer muitos anos atrás e, ao ser descoberta a autoria, mata uma testemunha que poderia incriminá-lo.

1.1.1.1.3.5.4. Homicídio cometido para assegurar a vantagem de outro crime (art. 121, § 2º, V, 4ª figura)

Esta qualificadora se apresenta quando o agente visa, com o homicídio, assegurar a posse do produto, preço ou proveito de um crime anterior. Produto do crime é a vantagem auferida diretamente com a ação delituosa, ainda que tenha passado por transformação (as joias roubadas ou as barras de ouro, frutos de seu derretimento). Preço do crime é o valor cobrado para cometer um delito (dinheiro recebido para matar alguém). Proveito do crime é a vantagem auferida indiretamente (os carros comprados com dinheiro roubado, por exemplo).

Incorre na figura qualificada, por exemplo, o agente que mata o comparsa para ficar com todos os bens furtados, ou o roubador de um veículo que mata o fiscal de trânsito que estava guinchando o carro roubado por estar estacionado em local proibido.

Nas hipóteses em que primeiro é cometido outro crime e depois o homicídio com a intenção de assegurar a ocultação, a impunidade ou a vantagem daquele, a conexão é chamada de *consequencial*.

1.1.1.1.3.6. Homicídio contra policiais ou integrantes das Forças Armadas ou seus familiares (art. 121, § 2º, VII)

A Lei n. 13.142, publicada em 7 de julho de 2015, inseriu nova figura qualificada neste inciso VII do art. 121, § 2º, do Código Penal, que se configura quando o crime for cometido "contra autoridade ou agente descrito nos arts. 142 e 144 da Constituição Federal, integrantes do sistema prisional e da Força Nacional de Segurança Pública, no exercício da função ou em decorrência dela, ou contra seu cônjuge, companheiro ou parente consanguíneo até terceiro grau, em razão dessa condição".

Saliente-se que, antes da aprovação de referida Lei, tais condutas já podiam ser enquadradas como homicídio qualificado pelo motivo torpe, contudo, devido ao considerável número de crimes contra a vida de policiais, o legislador entendeu ser necessária a inserção no Código Penal de qualificadora específica. De acordo com o texto legal, o homicídio considera-se qualificado quando a vítima for:

---

[26] Damásio de Jesus. *Direito penal*, v. 2, p. 71.

a) integrante das Forças Armadas (Exército, Marinha e Aeronáutica) – art. 142 da Constituição Federal;

b) integrante da polícia federal, da polícia rodoviária federal, da polícia ferroviária federal, da polícia civil ou da polícia militar ou corpo de bombeiros militares – art. 144 da Constituição Federal;

c) integrante do sistema prisional;

d) integrante da Força Nacional de Segurança Pública;

e) cônjuge ou companheiro de qualquer das autoridades ou agentes mencionados nos tópicos anteriores em razão dessa condição;

f) parente consanguíneo até terceiro grau de qualquer das autoridades ou agentes mencionados nos tópicos anteriores em razão dessa condição.

Segundo o dispositivo, a qualificadora aplica-se quer o crime tenha sido cometido contra autoridade, quer contra agente, de uma das corporações. No caso da polícia civil, por exemplo, existe a qualificadora se o delito for perpetrado contra delegado de polícia, investigador, agente policial, escrivão de polícia etc.

Constitui premissa da figura qualificada que a vítima esteja no exercício de suas funções no momento do delito ou que esteja de folga, mas o crime seja praticado em razão delas. Quando a vítima é morta no exercício das funções, existe uma presunção de que o crime foi cometido em razão desta. Exemplos: integrantes de facção criminosa que atiram contra cabine policial matando o militar que está em seu interior, bandido que mata policial no momento da abordagem etc. Tal presunção, contudo, é relativa. Se a esposa, por exemplo, flagra o marido policial em serviço com outra mulher dentro da viatura e, por ciúme, mata-o, não incide a qualificadora – apesar de a vítima estar em serviço.

No que tange aos crimes cometidos contra cônjuges, companheiros ou parentes, é necessário comprovar que a agressão ocorreu em razão dessa condição, tal como expressamente exige o dispositivo em estudo.

O parentesco até terceiro grau a que a lei se refere abrange, na linha reta, crime contra pai ou filho, avô ou neto, bisavô ou bisneto, e, na linha colateral, crime contra irmão, tio ou sobrinho.

A expressão parentesco consanguíneo foi utilizada para excluir da majorante o parentesco por afinidade. É evidente que se aplica o aumento quando o crime for cometido, por exemplo, contra filho ou irmão adotivo, mesmo porque o art. 227, § 6º, da Carta Magna, proíbe tratamento discriminatório. Cuida-se, evidentemente, de interpretação extensiva e não de analogia *in malam partem*.

1.1.1.1.3.7. Emprego de arma de fogo de uso proibido ou restrito

A inserção da presente qualificadora no crime de homicídio consta da Lei n. 13.964/2019 (pacote anticrime). Ocorre que referido dispositivo foi vetado pela Presidência da República. Posteriormente, contudo, o veto foi derrubado pelo Congresso Nacional, tendo a nova qualificadora entrado em vigor em 30 de maio de 2021 – 30 dias após a publicação da derrubada do veto (*vacatio legis* da própria Lei).

Armas de fogo de uso restrito, nos termos do art. 12 do Decreto n. 11.615, de 21 de julho de 2023, são aquelas especificadas em ato conjunto do Comando do Exército e da

Polícia Federal, incluídas: I – armas de fogo automáticas, independentemente do tipo ou calibre; II – armas de pressão por gás comprimido ou por ação de mola, com calibre superior a seis milímetros, que disparem projéteis de qualquer natureza, exceto as que lancem esferas de plástico com tinta, como os lançadores de *paintball*; III – armas de fogo de porte, cuja munição comum tenha, na saída do cano de prova, energia superior a trezentas libras-pé ou quatrocentos e sete joules, e suas munições; IV – armas de fogo portáteis, longas, de alma raiada, cuja munição comum tenha, na saída do cano de prova, energia superior a mil e duzentas libras-pé ou mil seiscentos e vinte joules, e suas munições; V – armas de fogo portáteis, longas, de alma lisa: a) de calibre superior a doze; e b) semiautomáticas de qualquer calibre; e VI – armas de fogo não portáteis. Antes da entrada em vigor do decreto acima mencionado a definição de armas de fogo de uso restrito encontrava-se no Decreto n. 10.030/2019.

Armas de uso proibido são aquelas para as quais há vedação total ao uso. De acordo com o art. 14 do Decreto n. 11.615, de 21 de julho de 2023, são armas de fogo de uso proibido: a) as armas de fogo classificadas como de uso proibido em acordos ou tratados internacionais dos quais a República Federativa do Brasil seja signatária; b) as armas de fogo dissimuladas, com aparência de objetos inofensivos.

A qualificadora mostra-se presente ainda que o autor do homicídio possua autorização para portar a arma de fogo de uso restrito.

Caso o homicida utilize arma de fogo considerada de uso permitido em razão do seu calibre, mas que esteja com numeração raspada ou suprimida, entendemos que se aplica a qualificadora em estudo, pois o art. 16, parágrafo único, IV, do Estatuto do Desarmamento (Lei n. 10.826/2003) equipara armas de fogo nessas condições às armas de uso restrito.

1.1.1.1.3.8. Homicídio contra menor de 14 anos

O presente dispositivo (art. 121, § 2º, IX, do CP) foi inserido no Código Penal pela Lei n. 14.344/2022 – conhecida como Lei Henry Borel.

Observe-se que, nesse dispositivo, o legislador refere-se à pessoa menor de 14 anos, não abrangendo, portanto, fato ocorrido no dia em que a vítima completa tal idade.

O que fazer se a vítima for alvejada em data em que ainda é menor de 14 anos, mas só vier a falecer depois de completados os 14 anos? Incide a qualificadora, nos termos do art. 4º do Código Penal, que, ao tratar do tema "tempo do crime", diz que a infração penal considera-se praticada no momento da ação ou omissão, ainda que outro seja o momento do resultado.

Se a vítima do homicídio tiver menos de 12 anos não será possível aplicar a agravante do art. 61, II, *h*, do Código Penal – crime contra criança –, pois a idade da vítima não pode ser considerada duas vezes, sob pena de *bis in idem*.

1.1.1.1.3.8.1. Majorantes do homicídio qualificado contra pessoa menor de 14 anos:

O § 2º-B do art. 121 do CP, também inserido pela Lei n. 14.344/2022, dispõe que a pena desta figura qualificada será aumentada de:

I – 1/3 até a metade se a vítima é pessoa com deficiência ou com doença que implique o aumento de sua vulnerabilidade;

II – 2/3 se o autor é ascendente, padrasto ou madrasta, tio, irmão, cônjuge, companheiro, tutor, curador, preceptor ou empregador da vítima ou por qualquer outro título tiver autoridade sobre ela. Por se tratar agora de causa de aumento de pena nos crimes de homicídio contra pessoa menor de 14 anos, não será possível aplicar concomitantemente as agravantes genéricas do art. 61, II, *e*, do Código Penal, que mencionam crime contra descendente, irmão e cônjuge, sob pena de se incorrer em *bis in idem*;

III – 2/3 se o crime for praticado em instituição de educação básica pública ou privada. Esse dispositivo foi inserido no Código Penal pela Lei n. 14.811, de 12 de janeiro de 2024. A educação básica engloba a educação infantil, a fundamental e o ensino médio. A majorante pressupõe que o homicídio seja cometido em uma dessas instituições, pública ou privada, e que a vítima tenha menos de 14 anos.

1.1.1.1.3.9. Observações genéricas quanto ao homicídio qualificado

Analisaremos agora algumas questões que dizem respeito a todas as modalidades qualificadas do crime de homicídio.

1.1.1.1.3.9.1. Possibilidade de coexistência do homicídio qualificado com o privilegiado

O homicídio pode ser concomitantemente privilegiado e qualificado, contudo tal possibilidade só existe em relação às qualificadoras de caráter objetivo. Com efeito, é necessário recordar que as três únicas hipóteses de privilégio são de caráter subjetivo, porque relacionadas à motivação e ao estado emocional do agente (motivo de relevante valor social ou moral e violenta emoção logo em seguida a injusta provocação da vítima). Por tal razão, o privilégio mostra-se incompatível com as qualificadoras de caráter subjetivo porque estas também dizem respeito à motivação do sujeito que, ao reverso, são merecedoras de maior reprovação (motivo fútil, motivo torpe etc.). A incompatibilidade entre os institutos, portanto, é evidente porque os jurados não podem entender que o motivo de determinado homicídio é, ao mesmo tempo, de relevante valor social e fútil. Assim, como o privilégio é votado antes pelos jurados em decorrência das regras contidas no art. 483, IV e V, do Código de Processo Penal, o seu reconhecimento faz com que o juiz presidente sequer possa colocar em votação as qualificadoras de caráter subjetivo admitidas na pronúncia, que se consideram prejudicadas. Ora, se os jurados admitiram que o motivo do crime é, por exemplo, de relevante valor moral, está implícito que eles não consideram a motivação fútil ou torpe.

No entanto, nenhuma incompatibilidade existe no reconhecimento concomitante do privilégio com as qualificadoras de caráter objetivo, que são aquelas que dizem respeito a meio e modo de execução, emprego de arma de fogo de uso proibido ou restrito etc. É o que ocorre, por exemplo, quando alguém comete o homicídio impelido por motivo de relevante valor moral mediante emprego de asfixia, ou quando age sob o domínio de violenta emoção desferindo disparo de arma de fogo pelas costas da vítima.

1.1.1.1.3.9.2. Homicídio qualificado e a forma tentada

Todas as modalidades de homicídio qualificado são compatíveis com o instituto da tentativa, bastando que o resultado morte, almejado pelo agente, não seja atingido por circunstâncias alheias à sua vontade.

1.1.1.1.3.9.3. Natureza hedionda

O art. 1º, I, da Lei n. 8.072/90, estabelece que o homicídio qualificado, em todas as suas figuras (art. 121, § 2º, I a VII, do CP), consumado ou tentado, constitui crime hediondo.

A natureza hedionda impossibilita a obtenção de anistia, graça e indulto.

A Lei n. 13.964/2019 modificou o art. 112 da Lei de Execuções Penais e estabeleceu regras diferenciadas em relação a crimes hediondos **com resultado morte**. A progressão de regime em tal caso somente poderá se dar após o cumprimento de 50% da pena, se o réu for primário, vedado o livramento condicional (art. 112, VI, da LEP).

O art. 2º, § 1º, da Lei n. 8.072/90, estabelece que o regime inicial de cumprimento de pena para crimes hediondos é obrigatoriamente o fechado. Ocorre que tal dispositivo foi considerado inconstitucional pelo Plenário do Supremo Tribunal Federal no julgamento do HC 111.840/ES, em junho de 2012. É preciso, porém, salientar que a pena mínima prevista para o homicídio qualificado consumado é de 12 anos e, por isso, o regime inicial só pode ser mesmo o fechado, nos termos do art. 33, § 2º, *a*, do Código Penal. Em se tratando, porém, de tentativa ou se presente outra causa de diminuição de pena, como o privilégio, a pena fixada poderá não superar 8 anos e, em tais casos, o juiz só poderá fixar o regime inicial fechado se o acusado for reincidente ou se o caso concreto revestir-se de gravidade diferenciada que justifique o regime inicial mais gravoso, devendo o juiz fundamentar expressamente a decisão.

No que pertine ao homicídio privilegiado e qualificado, pacificou-se o entendimento de que, não havendo menção a essa modalidade na Lei n. 8.072/90, não pode o julgador considerá-lo hediondo. Nesse sentido: "I – Por incompatibilidade axiológica e por falta de previsão legal, o homicídio qualificado-privilegiado não integra o rol dos denominados crimes hediondos (Precedentes) – A Lei n. 8.072/90, alterada pela Lei n. 8.930/94, em seu art. 1º, considerou hediondo, entre outros, o homicídio qualificado, consumado ou tentado. Não faz nenhuma referência à hipótese do homicídio qualificado-privilegiado. A extensão, aqui, viola o princípio da reserva legal, previsto entre nós tanto na Magna Carta como em regra infraconstitucional (art. 5º, XXXIX, da Lex Maxima, e art. 1º, do CP). E, por óbvio que tal regra basilar se aplica, também, à fase da execução da pena, visto que sem execução seria algo meramente teórico, sem sentido" (STJ, HC 153.728/SP, Rel. Min. Felix Fischer, 5ª Turma, julgado em 13-4-2010, *DJe* 31-5-2010).

1.1.1.1.3.9.4. Reconhecimento de duas ou mais qualificadoras

A pena do homicídio qualificado é de reclusão, de 12 a 30 anos.

É comum, na prática, que os jurados reconheçam duas ou mais qualificadoras, contudo, em tal hipótese, a pena em abstrato continua sendo de 12 a 30 anos. Por isso, o juiz, no momento da aplicação da pena, deve levar em conta a primeira delas efetivamente como qualificadora (para estabelecer a pena-base dentre os limites de 12 a 30 anos), e, em seguida, considerar as demais como circunstâncias agravantes do art. 61, II, *a* a *d*, do Código Penal, que, à exceção da asfixia, coincidem com as hipóteses que qualificam o homicídio. Não se trata de *bis in idem* porque o juiz só aplicará como agravantes genéricas as outras figuras reconhecidas pelos jurados. Nesse sentido: "Concorrendo várias as qualificadoras em um mesmo tipo penal, só uma delas deve incidir como aumento. A outra, ou as demais, apenas devem servir como circunstância agravante, [...], quando enquadráveis nas hipóteses previstas nos arts. 61 e 62 do CP" (STF, HC 71.293-2/RJ, Rel. Celso de Mello, *RT* 726/555); "Homicídio duplamente qualificado [...] – Conforme orientação jurisprudencial desta Corte, havendo mais de uma circunstância qualificadora reconhecida no decreto condenatório, apenas uma deve formar o tipo qualificado, enquanto as outras devem ser consideradas circunstâncias agravantes, quando expressamente previstas como tais, ou como circunstâncias judiciais desfavoráveis, de forma residual" (STJ, Rel. Min. Gurgel de Faria, 5ª Turma, julgado em 26-5-2015, *DJe* 9-6-2015); "Segundo entendimento desta Corte Superior, reconhecida mais de uma qualificadora, uma delas implica o tipo qualificado, enquanto as demais podem ensejar a exasperação da pena-base ou ser utilizadas para agravar a pena na segunda fase da dosimetria, se previstas no art. 61 do Código Penal" (STJ, HC 101.096/MS, Rel. Min. Rogerio Schietti Cruz, 6ª Turma, julgado em 12-2-2015, *DJe* 25-2-2015).

1.1.1.1.3.9.5. Comunicabilidade das qualificadoras

A questão da comunicabilidade das qualificadoras nos casos de concurso de agentes constitui tema de grande relevância. Ressalve-se, entretanto, que, no que pertine à qualificadora da paga ou promessa de recompensa, o assunto, por ser muito controvertido, foi objeto de abordagem específica, por ocasião do estudo de tal qualificadora. Resta, assim, analisar o tema em relação às demais qualificadoras, sendo de se salientar que a solução dependerá da natureza desta, ou seja, de seu caráter subjetivo ou objetivo.

As qualificadoras de caráter subjetivo são aquelas que dizem respeito à motivação do agente, como o motivo fútil e o torpe. De acordo com a regra do art. 30 do Código Penal, por não serem elementares do homicídio, seu reconhecimento em relação a um dos réus não se estende automaticamente aos comparsas. Dessa forma, é plenamente possível que se reconheça o motivo torpe em relação a um dos acusados e que o outro seja condenado por homicídio simples. Exemplo: uma moça quer a morte do pai para receber o seguro de vida por ele contratado e do qual ela é a beneficiária. Para conseguir matá-lo, ela procura um amigo e mente, dizendo estar desesperada, porque o pai a tem agredido constantemente, e, em seguida, pede ajuda para a execução do crime. Caso o amigo preste o auxílio, responderá por homicídio simples.

É evidente, todavia, que, se a motivação dos comparsas tiver sido a mesma, inevitável se mostrará a aplicação da qualificadora para ambos. Desse modo, se dois irmãos combinam matar o pai para ficar com o seguro de vida do qual são beneficiários, ambos respondem pelo homicídio qualificado pelo motivo torpe (não porque a qualificadora comunica-se de um para o outro e sim porque a motivação é a mesma).

As qualificadoras de caráter objetivo, por seu turno, são aquelas relacionadas ao meio e ao modo de execução do crime. Nos termos do referido art. 30 do Código Penal, elas se comunicam aos comparsas. Observe-se que, em casos de *coautoria*, os envolvidos praticam efetivamente os atos de execução, sendo, assim, inevitável a incidência da qualificadora para os dois. É que quando se diz, por exemplo, que A e B são coautores de homicídio cometido com emprego de fogo já se está afirmando que ambos puseram fogo na vítima, de modo que não há como deixar de aplicar a qualificadora para os dois. Já em casos de *participação*, é necessário que se faça uma distinção. Quando o partícipe estiver presente no local e, sem realizar ato executório, incentivar os comparsas a colocarem fogo na vítima, responderá pela figura qualificada, pois quis participar do homicídio, bem como estimular a forma mais gravosa de execução. Esse mesmo raciocínio deve ser observado se o partícipe não estiver presente no local, mas existir prova de que ele, em momento anterior, teve ciência de que os comparsas pretendiam atear fogo na vítima e, mesmo assim, os instigou a cometer o delito. Excepcionalmente, entretanto, não será possível a aplicação da qualificadora ao partícipe quando se demonstrar que ele incentivou o homicídio, sem, todavia, ter tido prévia ciência de que seria utilizado meio mais gravoso em sua execução. Em tal situação, o partícipe responderá por homicídio simples, tratando-se, aqui, de exceção à regra de que as qualificadoras objetivas se estendem aos comparsas.

1.1.1.1.3.9.6. Premeditação

Por opção do legislador, a premeditação não consta do rol de qualificadoras do homicídio. Trata-se, contudo, de fator relevante na aplicação da pena-base, em razão da regra contida no art. 59 do Código Penal.

1.1.1.1.3.9.7. Parricídio e matricídio

O ato de matar o próprio pai (parricídio) não torna, por si só, qualificado o crime de homicídio, por falta de previsão legal nesse sentido. Em tal caso será aplicada obrigatoriamente a agravante genérica prevista no art. 61, II, e, do Código Penal – crime contra ascendente. Se o sujeito mata o próprio pai para receber o seguro de vida, responde por crime de homicídio qualificado pelo motivo torpe cuja pena deve ainda ser exasperada em razão da agravante genérica, por se tratar de crime contra ascendente. Saliente-se, porém, que a morte da mãe (matricídio), em situação de violência doméstica ou familiar, enquadra-se no crime de feminicídio.

1.1.1.1.4. Majorantes decorrentes da idade da vítima

> *Art. 121, § 4º – ... sendo doloso o homicídio, a pena é aumentada de 1/3 se o crime é praticado contra pessoa menor de 14 ou maior de 60 anos.*

A hipótese da vítima menor de 14 anos foi introduzida no Código Penal pela Lei n. 8.069/90 (Estatuto da Criança e do Adolescente), enquanto aquela referente a pessoa com mais de 60 anos foi acrescentada pela Lei n. 10.741/2003 (Estatuto da Pessoa Idosa).

Em relação à vítima menor de 14 anos, o dispositivo encontra-se tacitamente revogado. Com efeito, a Lei n. 14.344/2021 inseriu qualificadora no crime de homicídio sempre que a vítima for menor de 14 anos. Assim, a aplicação da causa de aumento de pena ora em análise constituiria *bis in idem*.

O aumento decorrente de a vítima ser maior de 60 anos aplica-se a todas as modalidades do homicídio doloso: (simples, privilegiado e qualificado).

Saliente-se que a idade da vítima, por estar prevista no Código como causa de aumento de pena, não pode servir como fundamento para a aplicação da qualificadora do recurso que dificultou a defesa da vítima, sob pena de haver *bis in idem*. Igualmente, o reconhecimento da causa de aumento impede a aplicação das agravantes genéricas do art. 61, II, *h* (crime contra pessoa maior de 60 anos), pois também constituiria *bis in idem*.

1.1.1.1.5. Majorantes decorrentes da prática do homicídio por milícia privada ou por grupo de extermínio

Art. 121, § 6º – A pena é aumentada de 1/3 (um terço) até a metade se o crime for praticado por milícia privada, sob o pretexto de prestação de serviço de segurança, ou por grupo de extermínio.

Esse dispositivo foi inserido no Código Penal pela Lei n. 12.720, de 27 de setembro de 2012, e possui duas partes. A primeira diz respeito às milícias privadas e a segunda aos grupos de extermínio.

Milícia privada é o grupo organizado clandestinamente por particulares para dominar determinada área e, em seguida, obter lucros ilícitos na região mediante a prática de atos como extorsão, porte ilegal de arma de fogo, constrangimento ilegal etc. É comum que os integrantes da milícia cobrem valores dos moradores e comerciantes como forma de garantir a segurança na região ou no estabelecimento comercial, evitando a ação de ladrões ou traficantes. Assim, quando integrantes dessa milícia particular resolvem matar alguém, sob o pretexto de dar segurança aos moradores e comerciantes locais, a pena do homicídio será aumentada na forma do dispositivo em análise.

As milícias quase sempre são formadas pelos próprios policiais (da ativa ou da reserva) e, em regra, contam com a conivência de parte dos demais policiais. É claro, contudo, que o grupo também pode ser formado por pessoas que não integram ou integraram os quadros policiais, já que o tipo penal não exige o contrário.

A mera formação da milícia constitui crime autônomo previsto no art. 288-A do Código Penal. Caso seus integrantes cometam algum homicídio a pretexto de prestação de serviço de segurança, os responsáveis responderão pelos dois crimes em concurso material, incidindo a causa de aumento em estudo. Não há *bis in idem* porque os bens jurídicos afetados são diversos.

A parte final do art. 121, § 6º, prevê agravação da pena se o homicídio for praticado por grupo de extermínio. Discute a doutrina o significado da expressão "grupo de extermínio", havendo, entretanto, consenso de que não se trata de sinônimo de concurso de agentes (coautoria e participação), pois, em regra, quando a lei quer abranger o simples concurso de duas ou mais pessoas, fá-lo de forma explícita, o que não ocorre na hipótese em análise. Assim, entendemos que o grupo deve ser formado por, no mínimo, três pessoas.

Para que um grupo seja considerado de extermínio, não é necessário que os homicidas sejam integrantes de determinada agremiação política, religiosa ou militar, ou ligados a ideologias específicas. Segundo Cezar Roberto Bitencourt[27], basta que pessoas se unam para a prática de homicídio caracterizado pela *impessoalidade* na determinação da vítima, sendo tal escolha pautada por características do sujeito passivo (e não pelo sujeito em sua individualidade). Exemplificativamente: os agentes resolvem matar travestis, prostitutas, ladrões, menores abandonados ou infratores etc. De acordo com o autor mencionado, extermínio "é a chacina que elimina a vítima pelo simples fato de pertencer a determinado grupo ou determinada classe social ou racial, como, por exemplo, mendigos, prostitutas, homossexuais, presidiários etc. A impessoalidade da ação [...] é uma

---

[27] Cezar Roberto Bitencourt. *Tratado de direito penal*, v. 2, p. 68.

das características fundamentais, sendo irrelevante a unidade ou pluralidade de vítimas. Caracteriza-se a ação de extermínio mesmo que seja morta uma única pessoa, desde que se apresente a impessoalidade da ação, ou seja, pela razão exclusiva de pertencer ou ser membro de determinado grupo social, ético, econômico, étnico etc.".

Por se tratar de causa de aumento de pena, o tema deve ser objeto de questionamento aos jurados na votação dos quesitos.

Saliente-se que, nos termos do art. 1º, I, da Lei n. 8.072/90, o homicídio, ainda que simples, tem caráter hediondo se for praticado em atividade típica de grupo de extermínio, ainda que o ato executório seja realizado por uma só pessoa.

Note-se que, para o delito ser considerado hediondo, basta que o crime seja cometido em "atividade típica" de grupo de extermínio, não havendo necessidade de existir efetivamente um grupo criado com tal finalidade. Caso exista efetivamente a formação do grupo, além de o delito ser hediondo, será aplicada a causa de aumento do art. 121, § 6º, do Código Penal. Os chamados "esquadrões da morte", montados por policiais para matar marginais, constituem exemplo de grupo de extermínio, havendo de parte deles, inclusive, intenção de cometer assassinatos em série.

Por ausência de previsão legal, o homicídio simples cometido por integrante de milícia privada não constitui crime hediondo, embora a pena possa ser agravada de 1/3 até 1/2, se o crime for cometido a pretexto de prestação de serviço de segurança.

1.1.1.2. Homicídio culposo

Art. 121, § 3º – Se o homicídio é culposo:
Pena – detenção de um a três anos.

1.1.1.2.1. Objetividade jurídica

A vida humana extrauterina.

1.1.1.2.2. Tipo objetivo

No homicídio culposo, o agente não quer e não assume o risco de provocar a morte, mas a ela dá causa por imprudência, negligência ou imperícia. A tipificação do delito surge da combinação do art. 121, § 3º, do Código Penal, que se limita a estabelecer pena de detenção, de um a três "se o homicídio é culposo", com o art. 18, II, do mesmo diploma, que define genericamente os crimes culposos como aqueles em que o resultado decorre de imprudência, negligência ou imperícia.

Na vida em sociedade, as pessoas devem agir com cautela a fim de não provocar atos danosos a terceiros. Por isso, quando alguém realiza uma conduta sem a observância desse dever genérico de cuidado e, com isso, provoca a morte de outra pessoa, comete homicídio culposo. O juiz, portanto, deve analisar se o causador da morte, nas circunstâncias do caso concreto, agiu como agiria um homem prudente e de discernimento. Caso conclua que o sujeito não agiu com os cuidados que o homem médio teria nas mesmas circunstâncias, deverá condená-lo pelo homicídio culposo. É por isso que se diz que o crime culposo tem o *tipo aberto*, na medida em que a lei não especifica exatamente em que casos existe a conduta culposa, que deve ser fruto da comparação entre o que fez o réu e o que teria feito um homem prudente e de discernimento nas mesmas circunstâncias.

A inobservância do cuidado objetivo necessário pode manifestar-se de três formas: a) imprudência; b) negligência; e c) imperícia.

Imprudência é uma ação perigosa, uma conduta comissiva que expõe a risco outras pessoas, por ser marcada pela afoiteza, imoderação, insensatez, tal como se dá, por exemplo, quando o agente brinca com um revólver carregado e acaba provocando um disparo acidental; quando uma pessoa empurra outra na piscina e esta bate a cabeça na borda e morre; quando um pedreiro joga um tijolo para outro do alto de uma construção e o tijolo cai na cabeça do operário que está no chão e este morre etc.

A *negligência*, por sua vez, é a ausência de precaução quando o caso impunha uma ação preventiva para evitar o resultado. Na negligência, há uma inércia psíquica, uma indiferença do agente que, podendo tomar as cautelas exigíveis, não o faz por descaso. Exemplos: deixar de realizar a manutenção nas máquinas de sua indústria, provocando, com isso, um acidente com morte; não fornecer equipamento de segurança para os trabalhadores de uma construção e um deles morrer em decorrência de uma pancada na cabeça por estar sem capacete; médico que não faz exames em um paciente antes de lhe ministrar anestésico e este acaba morrendo por choque anafilático em razão de ser alérgico ao medicamento etc.

Nota-se, assim, que, enquanto a imprudência consiste em uma *ação* perigosa que provoca o resultado, a negligência é uma *omissão* que a ele dá causa.

Por fim, *imperícia* é a falta de capacidade ou de conhecimentos técnicos no desempenho de arte, profissão ou ofício que dá causa ao resultado. A imperícia pressupõe sempre a qualificação ou habilitação legal para a arte ou o ofício. Não havendo tal habilitação para o desempenho da atividade, a culpa deve ser imputada ao agente por imprudência ou negligência.

Quando um médico provoca a morte de um paciente durante uma cirurgia por falta de habilidade no manuseio do bisturi, o caso é de imperícia. Se um motorista habilitado, dirigindo normalmente um veículo, não consegue fazer uma curva por falta de habilidade na condução do automóvel, temos também imperícia – para dirigir veículo, é necessária habilitação.

Para a ocorrência do crime de homicídio culposo, não basta que alguém tenha agido com imprudência, negligência ou imperícia, sendo necessário que uma dessas condutas tenha provocado o resultado (morte). Se alguém cruza um semáforo vermelho, mas não provoca qualquer acidente, poderá, no máximo, ser multado. Se, todavia, atropela e provoca a morte de alguém, responde pelo crime.

A tipificação de um crime culposo pressupõe ainda a demonstração de nexo causal entre a conduta culposa e o resultado. Assim, suponha-se que alguém esteja dirigindo um veículo na contramão e que atropele e provoque a morte de um suicida que se jogou na frente do automóvel. Em tal caso, apesar de presente a conduta culposa (dirigir na contramão) e o resultado (morte), o fato é considerado atípico porque o resultado teria ocorrido ainda que o motorista estivesse conduzindo o carro na mão de direção correta.

Os delitos culposos possuem tipo misto alternativo porque podem ser cometidos por imprudência, negligência *ou* imperícia. Assim, basta uma dessas condutas – seguidas do resultado – para que o fato constitua crime. Caso, todavia, o agente tenha agido no caso concreto com imprudência e também com negligência, incorrerá em crime único, se tiver causado a morte de uma só pessoa. Tal circunstância, entretanto, deverá ser considerada pelo juiz na fixação da pena-base, conforme determina o art. 59 do Código Penal.

Não se confunde conduta culposa com erro profissional. É possível, por exemplo, que haja erro de diagnóstico por parte de um médico e que este erro seja plenamente justificado pelas circunstâncias, como ocorre, por exemplo, quando ressurge doença que há muitos anos não se verificava em certa região e que apresenta sintomas iniciais muito parecidos aos de uma gripe, de tal sorte que o médico receita medicamentos para a gripe e a vítima acaba falecendo. No erro profissional são empregados os conhecimentos normais da arte ou ofício, porém, o agente chega a uma conclusão errada. Nesse caso, o fato é atípico, salvo se o equívoco for grosseiro.

Quando houver concorrência de culpas, ou seja, quando duas (ou mais) pessoas agirem de forma culposa dando causa à morte de terceiro, ambas respondem pelo delito. É o que ocorre, por exemplo, quando o dono de uma frota de veículos deixa de dar a manutenção devida nos freios de um veículo e o motorista empregado dirige em excesso de velocidade provocando um acidente com morte. O dono do automóvel agiu com negligência e, o motorista, com imprudência. Ambos respondem pelo homicídio culposo.

Finalmente, é preciso salientar que não existe compensação de culpas no âmbito penal. Por isso, o fato de a vítima ter também agido de forma descuidada não isenta de responsabilidade penal a outra parte que tenha agido culposamente. Em se tratando de hipótese em que duas pessoas agem com culpa, mas uma morre e a outra sobrevive, esta responde por homicídio culposo. O fato, entretanto, é considerado atípico se ficar demonstrada culpa exclusiva da vítima.

1.1.1.2.3. Sujeito ativo

Pode ser qualquer pessoa. Trata-se de crime comum.

1.1.1.2.4. Sujeito passivo

Também pode ser qualquer pessoa.

1.1.1.2.5. Consumação

No momento em que ocorre a morte da vítima, ou seja, com a cessação da atividade encefálica.

1.1.1.2.6. Tentativa

Não existe tentativa de crime culposo. Se o agir imprudente de alguém não atinge a vítima, o fato não constitui crime, e se a atinge provocando apenas lesões corporais, o fato constitui lesão corporal culposa.

1.1.1.2.7. Causas de aumento de pena

Art. 121, § 4º – No homicídio culposo, a pena é aumentada de um terço, se o crime resulta de inobservância de regra técnica de profissão, arte ou ofício, ou se o agente deixa de prestar imediato socorro à vítima, não procura diminuir as consequências de seu ato, ou foge para evitar a prisão em flagrante.

No art. 121, § 4º, 1ª parte, do Código Penal, constam algumas causas de aumento de pena aplicáveis ao crime de homicídio culposo.

A primeira delas refere-se à não observância de regra técnica de arte, profissão ou ofício que, no caso concreto, constitui a causa da morte da vítima. É o que ocorre, por exemplo, quando um engenheiro não observa os ditames do Código de Obras em uma construção, ocasionando a queda de um muro sobre um dos operários, ou quando um eletricista não desliga a energia durante um procedimento fazendo com que outro operário receba um choque elétrico e venha a morrer.

Esta majorante não se confunde com a modalidade culposa de imperícia. Nesta, o sujeito demonstra falta de aptidão para o desempenho da arte, profissão ou ofício, enquanto, na causa de aumento, o agente demonstra a aptidão para exercê-las, porém provoca a morte de alguém, porque, por desleixo, por descaso, deixa de observar regra inerente àquela atividade. Quando o médico utiliza em uma cirurgia um bisturi não esterilizado adequadamente, a morte não decorre de sua falta de habilidade no manuseio do instrumento e sim da septicemia decorrente da infecção contraída pelo paciente em razão da existência de bactérias no bisturi. A hipótese, portanto, não é de imperícia e sim de negligência decorrente da inobservância de regra técnica de profissão.

A redação do dispositivo em estudo provoca séria controvérsia em torno de seu alcance. Com efeito, o texto legal estabelece que a pena do homicídio culposo será aumentada em 1/3 "se o crime resulta da inobservância de regra técnica...". Assim, ao mencionar que o crime (morte culposa) resulta da própria inobservância da regra técnica, a lei teria estabelecido como majorante circunstância que constitui ao mesmo tempo elementar do delito (negligência). Por esse motivo, existe consistente argumentação no sentido de que a aplicação da causa de aumento de pena no caso da inobservância de regra técnica constitui *bis in idem*. Nesse sentido: "não se justifica o aumento, [...], uma vez que a inobservância de regra técnica da profissão se erigiu, precisamente, no núcleo da culpa com que se houve o acusado, não podendo assumir a função bivalente de, em primeiro estágio, caracterizar o crime, e, em estágio sucessivo, acarretar o aumento da pena" (Tacrim-SP, Rel. Jarbas Mazzoni, *Jutacrim* 69/291); "Homicídio culposo – Inobservância de regra técnica – No homicídio culposo, a majoração da pena em virtude da inobservância de regra técnica é incabível quando esta constituir precisamente o núcleo da culpa com que se houve o agente" (Tacrim-SP, Rel. Renato Talli, *Jutacrim* 79/253).

Para esta corrente, em suma, quando a inobservância de regra técnica constituir a própria negligência provocadora da morte, o agente deve responder por crime culposo em sua forma simples, somente sendo viável a majorante quando coexistirem duas condutas culposas – a inobservância de regra técnica e outra qualquer – hipótese em que a última será considerada como elementar e a primeira como majorante. Exemplo: médico anestesista que não fica ao lado do paciente monitorando os batimentos cardíacos durante o procedimento cirúrgico e que, no momento em que a vítima sofre uma parada cardiorrespiratória, não consegue entubá-la corretamente (imperícia), ocasionando a morte. Nesse caso, a imperícia será considerada como elementar do crime culposo e a inobservância de regra técnica como causa de aumento. Nesse sentido: "Homicídio culposo. Negligência consistente em inobservância de regra técnica da profissão médica. Causa especial de aumento de pena prevista no art. 121, § 4º, do CP. Imputação cumulativa baseada no mesmo fato da culpa. Inadmissibilidade. Majorante excluída da acusação. HC concedido para esse fim. Inteligência do art. 121, §§ 3º e 4º, do CP. A imputação da causa de aumento de pena por inobservância de regra técnica de profissão, objeto do disposto no art. 121, § 4º, do Código Penal, só é admissível quando fundada na descrição de fato diverso daquele que constitui o núcleo da ação culposa" (STF, HC 95.078, Rel. Min. Cezar Peluso, 2ª Turma, julgado em 10-3-2009, *DJe*-089 divulg. 14-5-2009, public. 15-5-2009); "Não há *bis in idem* pelo aumento implementado com base no § 4º do art. 121 do Código Penal, em razão de constatar-se circunstâncias distintas, uma para configurar a majorante, outra para o reconhecimento do próprio tipo culposo" (STJ, HC 231.241/SP, Rel. Min. Laurita Vaz, 5ª Turma, julgado em 26-8-2014, *DJe* 4-9-2014); e "A causa especial de aumento, prevista no art. 121, § 4º do Código Penal (inobservância de regra técnica de profissão) figura no campo da culpabilidade e, pois, para incidir, deve estar fundada em outra nuance ou fato diferente do que compõe o próprio tipo culposo, rendendo ensejo a maior reprovabilidade na conduta do profissional que atua de modo displicente no exercício de seu mister, dando causa ao evento morte. Precedentes desta Corte e do STF (RHC n. 26.414/RJ, Ministra Maria Thereza de Assis Moura, Sexta Turma, *DJe* 26-11-2012)" (STJ, HC 167.804/RJ, Rel. Min. Sebastião Reis Júnior, 6ª Turma, julgado em 13-8-2013, *DJe* 23-8-2013).

De outro lado, há os que defendem que o dispositivo trata, em verdade, de uma forma qualificada de negligência, mais grave porque decorrente da inobservância de regra profissional, tendo havido equívoco do legislador ao prevê-la como causa de aumento, quando, o correto teria sido prevê-la como qualificadora, equívoco que, todavia, não elimina a sua possibilidade de incidência. Em suma, quando a negligência consistir na inobservância de regra técnica, ela será considerada mais grave e o agente terá pena maior, mas quando a negligência for de outra natureza, caracterizará o crime simples. Nesse sentido: "Não configura *bis in idem* considerar, a partir do exame de uma mesma conduta (comissiva ou omissiva), realizado o tipo culposo descrito no art. 121, § 3º, do Código Penal, e, ao mesmo tempo, entender pela causa de aumento prevista no § 4º do citado tipo legal (precedentes)" (STJ, HC 281.204/SP, Rel. Min. Felix Fischer, 5ª Turma, julgado em 19-3-2015, *DJe* 26-3-2015).

A segunda majorante se mostra presente quando o agente deixa de prestar imediato socorro à vítima ou não procura diminuir as consequências de seu ato. O texto legal exige que o socorro à vítima, após ter ela sido afetada pelo ato culposo, seja imediato. É óbvio, contudo, que a pena só será agravada se esse socorro imediato for possível por parte do agente. Se era inviável porque ele próprio ficou gravemente ferido ou porque não havia condições materiais de ser prestado, ou, ainda, porque havia risco de ser agredido caso permanecesse no local, a pena não será aumentada caso a vítima não socorrida venha a morrer.

O dever de socorro é solidário, devendo prestá-lo o autor da conduta culposa e as demais pessoas presentes. Por isso, se alguém dispara acidentalmente uma arma de fogo e atinge a vítima na altura do abdômen na presença de cinco testemunhas, todos têm o dever de socorrer a vítima. Caso uma delas se adiante às demais na prestação do socorro, as outras ficam desobrigadas. Dessa forma, se uma das testemunhas socorrer a vítima, fazendo-o de imediato, o autor do disparo, será responsabilizado apenas por homicídio culposo simples, caso a vítima venha posteriormente a falecer. Em resumo, quando a prestação pessoal de socorro imediato era possível e o agente não o fez, sua pena será agravada, exceto se ele tiver presenciado outra pessoa prestar o auxílio necessário à vítima. Por sua vez, caso nenhum dos presentes socorra a vítima e ela acabe morrendo, o autor do disparo acidental será responsabilizado pelo crime de homicídio culposo com a pena aumentada em 1/3 (art. 121, § 4º), enquanto as testemunhas que se omitiram incorrerão no crime de omissão de socorro agravado pelo evento morte (art. 135, parágrafo único, parte final).

A pena não será majorada se a vítima estiver evidentemente morta porque em tal hipótese não há socorro a ser prestado.

Saliente-se que, em algumas situações, o responsável pelo evento não tem condições de prestar o socorro pessoalmente, mas pode buscá-lo com terceiros. Caso não o faça, incorrerá na majorante descrita na parte final do dispositivo – não procurar diminuir as consequências de seu ato. Se o agente saiu em busca de socorro, mas não conseguiu encontrar alguém apto a prestá-lo, sua pena não será exasperada porque o texto legal só permite o aumento caso ele não *procure* diminuir as consequências de seu ato. Basta, portanto, que ele tente obter o auxílio, hipótese em que responderá apenas pelo homicídio culposo, sem a majorante.

Por fim, a pena do crime pode ser aumentada quando o agente foge para evitar a prisão em flagrante. Há, porém, quem defenda que esta causa de aumento ofende o princípio do privilégio contra a autoincriminação, já que, ao exigir que o autor do delito permaneça no local para ser preso (para que sua pena não seja aumentada), o legislador o estaria obrigando a fazer prova contra si mesmo. Alega-se, outrossim, que o acusado tem o direito de fugir, não podendo o legislador exasperar a pena somente em razão de uma fuga desacompanhada do emprego de violência ou grave ameaça. Ademais, não faria sentido aumentar a pena do homicídio culposo em razão da fuga para evitar a prisão em flagrante e não fazer o mesmo em relação aos demais crimes previstos na legislação penal.

1.1.1.2.8. Perdão judicial

> *Art. 121, § 5º – Na hipótese de homicídio culposo, o juiz poderá deixar de aplicar a pena, se as consequências da infração atingirem o próprio agente de forma tão grave que a sanção penal se torne desnecessária.*

O perdão judicial constitui causa extintiva da punibilidade nos termos do art. 107, IX, do Código Penal. Referido dispositivo estabelece que o perdão judicial gera a extinção da punibilidade *nas hipóteses expressamente previstas na lei*. Uma dessas hipóteses é exatamente esta, prevista no art. 121, § 5º, do Código Penal, que permite ao juiz deixar de aplicar a pena do homicídio culposo quando verificar, no caso concreto, que as consequências do crime atingiram o próprio agente de forma tão grave que sua imposição se mostra desnecessária. A aplicação do perdão judicial decorre, portanto, do sofrimento percebido pelo próprio agente em face de sua conduta culposa. Por isso, se, em razão de sua imprudência, o agente tiver provocado culposamente a morte do próprio filho, mostra-se desnecessária a aplicação da pena de detenção como forma de punição, na medida em que a morte do filho constitui, por si só, penalidade muito maior do que qualquer outra. O juiz, então, concede o perdão judicial deixando, assim, de impor a respectiva sanção.

Os casos mais comuns de aplicação desta causa extintiva da punibilidade são aqueles em que o sujeito passivo é um parente, cônjuge ou companheiro, ou ainda, aqueles em que o próprio provocador da morte culposa fica também gravemente ferido como consequência de seu ato. Exemplo: rapaz que, pilotando um *jet ski* com imprudência, colide com uma lancha, provocando a morte de outra pessoa que estava em sua garupa, e que, como consequência do acidente, fica paraplégica. Nos primeiros exemplos, as consequências percebidas pelo beneficiário do perdão são morais, enquanto na última são físicas.

O perdão judicial não precisa ser aceito para gerar efeito.

Quando duas pessoas agem culposamente, provocando, por exemplo, a morte do filho de um deles (concorrência de culpas), o perdão judicial só pode ser concedido ao pai. Por se tratar de circunstância de caráter pessoal, não se comunica aos demais envolvidos, nos termos do art. 30 do Código Penal.

Por sua vez, se uma pessoa age de forma culposa, causando a morte de seu filho e de terceiro, o juiz pode conceder o perdão.

O perdão deve ser concedido na *sentença* após o juiz apreciar as provas colhidas e considerar o réu responsável pelo crime culposo de que está sendo acusado. Com efeito, se as provas indicarem que ele não agiu de forma culposa, a solução será a absolvição, porque o juiz não pode perdoar quem não é culpado. Em suma, após o juiz considerar o réu responsável pela infração penal, deixa de lhe aplicar a pena correspondente, por entender que ele já foi suficientemente atingido pelas consequências do fato.

De acordo com o art. 120 do Código Penal, a sentença em que concedido o perdão judicial não retira a primariedade do réu, ou seja, caso ele venha a ser posteriormente condenado por novo crime, não será considerado reincidente.

Considerando que nesta sentença o juiz primeiro declara o réu culpado e, em seguida, deixa de aplicar a respectiva pena, surgiu controvérsia em torno de sua *natureza jurídica*. Para alguns tal sentença tem natureza *condenatória*, razão pela qual apenas o efeito principal – imposição de pena detentiva – é afastado, remanescendo os efeitos secundários da condenação, como a obrigação de indenizar e o lançamento do nome do réu no rol dos culpados. Essa era a corrente adotada pelo Supremo Tribunal Federal e por parte dos doutrinadores, como Damásio de Jesus[28]. O art. 120 do Código Penal acima mencionado – que estabelece que tal sentença não retira a primariedade do réu – reforça esse entendimento porque, se a natureza não fosse condenatória, o dispositivo seria desnecessário. Para outros, entretanto, essa sentença é *declaratória* da extinção da punibilidade porque o perdão em si constitui causa extintiva da punibilidade. Este é o entendimento adotado pelo Superior Tribunal de Justiça em sua Súmula 18: "a sentença concessiva do perdão judicial é declaratória da extinção da punibilidade, não subsistindo qualquer efeito condenatório". Por essa orientação, se uma pessoa for beneficiada

---

[28] Damásio de Jesus. *Direito penal*, v. II, p. 90.

com o perdão judicial, a sentença concessiva não poderá ser utilizada na esfera cível como título executivo, e tampouco o nome do acusado poderá ser lançado no rol dos culpados. Os familiares da vítima do homicídio culposo, caso pretendam obter indenização, deverão ingressar com ação autônoma na esfera cível. Este é o entendimento adotado na prática por ter sido sumulado pelo Superior Tribunal de Justiça. É também o entendimento de autores como Celso Delmanto[29] e Cezar Roberto Bitencourt[30].

1.1.1.2.9. Arrependimento posterior

O art. 16 do Código Penal estabelece que, nos crimes cometidos sem violência ou grave ameaça à pessoa, a pena poderá ser reduzida de 1/3 a 2/3, se o agente, por ato voluntário, reparar o dano antes do recebimento da denúncia. Trata-se do instituto denominado arrependimento posterior. Parece-nos que tal causa de diminuição de pena é cabível no crime de homicídio culposo, uma vez que a proibição da sua aplicação aos crimes cometidos com violência refere-se apenas aos crimes dolosos, pois apenas nestes o agente quer empregá-la. Assim, apesar de existir violência no crime de homicídio culposo, o fato de não ter sido ela intencional permite a aplicação do instituto. Nesse caso, deve haver acordo sobre o valor a ser indenizado entre o autor da infração e os familiares da vítima. Nesse sentido: "o arrependimento posterior (art. 16 do CP) alcança também os crimes não patrimoniais, em que a devolução da coisa ou o ressarcimento do dano seja possível, ainda que culposos e contra a pessoa. Neste último caso, a violência que atinge o sujeito passivo não é querida pelo agente, o que impede afirmar tenha sido o delito *cometido*, isto é, praticado, realizado, perpetrado, com *violência*, pois esta aparece no resultado e não na conduta. [...] Parece evidente que, ao afastar a redução da pena nos crimes cometidos com violência ou grave ameaça, o art. 16 teve em mente os delitos dolosos, em que o dolo deve abranger todos os elementos objetivos do tipo e, portanto, a violência ou grave ameaça são queridos pelo agente como meio de execução do delito e recomendam tratamento penal mais severo" (TAcrim-SP, Rel. Dante Busana, *Jutacrim* 89/440).

Há, contudo, julgado em sentido contrário no Superior Tribunal de Justiça: "Esta Corte possui firme entendimento de que, para que seja possível aplicar a causa de diminuição de pena prevista no art. 16 do Código Penal, faz-se necessário que o crime praticado seja patrimonial ou possua efeitos patrimoniais. Precedentes. 2. Inviável o reconhecimento do arrependimento posterior na hipótese de homicídio culposo na direção de veículo automotor, uma vez que o delito do art. 302 do Código de Trânsito Brasileiro não pode ser encarado como crime patrimonial ou de efeito patrimonial. Na espécie, a tutela penal abrange o bem jurídico mais importante do ordenamento jurídico, a vida, que, uma vez ceifada, jamais poderá ser restituída, reparada" (AgRg no HC 510.052/RJ, Rel. Min. Nefi Cordeiro, 6ª Turma, public. 4-2-2020).

---

[29] Celso Delmanto. *Código Penal comentado*, p. 181.
[30] Cezar Roberto Bitencourt. *Tratado de direito penal*, v. 2, p. 90.

1.1.1.2.10. Ação penal

É pública incondicionada de competência do juízo singular. Apenas os crimes *dolosos* contra a vida são de competência do Tribunal do Júri.

Na modalidade simples do crime de homicídio culposo a pena mínima é de 1 ano, razão pela qual mostra-se possível a suspensão condicional do processo, desde que presentes os demais requisitos do art. 89 da Lei n. 9.099/95. No entanto, nas hipóteses em que se mostrar presente quaisquer das causas obrigatórias de aumento de pena do art. 121, § 4º, do Código Penal, o benefício é inviável porque a pena mínima em abstrato supera o limite de 1 ano.

1.1.1.3. Homicídio culposo no Código de Trânsito Brasileiro

Até a aprovação do Código de Trânsito Brasileiro (Lei n. 9.503/97), a provocação de morte culposa na condução de veículo caracterizava crime de homicídio culposo comum, previsto no art. 121, § 3º, do Código Penal. Tal lei, entretanto, criou uma nova espécie de homicídio culposo, mais gravemente apenada, que ficou conhecida com a denominação "homicídio culposo na direção de veículo automotor". Atualmente, portanto, existem duas modalidades de homicídio culposo.

A figura prevista no art. 302 da Lei n. 9.503/97 tem a seguinte redação: "praticar homicídio culposo na direção de veículo automotor". A pena, conforme mencionado é maior do que a do homicídio culposo comum: "detenção, de dois a quatro anos, e suspensão ou proibição de se obter a permissão ou habilitação para dirigir veículo automotor".

Note-se que o tipo penal é igualmente aberto, devendo o juiz, no caso concreto, por meio de um juízo de valor, verificar se o condutor do veículo agiu ou não com imprudência, negligência ou imperícia.

A caracterização da culpa nos delitos de trânsito provém, normalmente, do desrespeito às normas disciplinares contidas no próprio Código de Trânsito (excesso de velocidade, embriaguez, dirigir na contramão de direção, desrespeito à sinalização, conversão em local proibido, ultrapassagem em local proibido, falar ao telefone celular enquanto dirige, manobra de marcha à ré sem os cuidados necessários, desrespeito à faixa de pedestres, levar passageiros na carroceria de caminhão ou caminhonete, deixar aberta a porta de coletivo etc.). Estas, entretanto, não constituem as únicas hipóteses de reconhecimento do crime culposo, pois o agente, ainda que não desrespeite as normas disciplinares do Código, pode agir com inobservância do cuidado necessário e, assim, responder pelo crime. A ultrapassagem, por exemplo, se feita em local permitido, não configura infração administrativa, mas, se for efetuada sem a necessária atenção, pode dar causa a acidente e implicar crime culposo.

O anexo I, do Código de Trânsito (alterado pela Lei n. 14.599 de 20 de junho de 2023), define veículo automotor como "veículo a motor de propulsão a combustão, elétrica ou híbrida que circula por seus próprios meios e que serve normalmente para o transporte viário de pessoas e coisas ou para a tração viária de veículos utilizados para o transporte de pessoas e coisas, compreendidos na definição os veículos conectados a uma linha elétrica e que não circulam sobre trilhos (ônibus elétrico)". Estão inseridos no conceito os automóveis, os utilitários, as vans, as motocicletas, as motonetas e os ciclomotores, os quadriciclos, os ônibus que não circulam em trilhos, os tratores, os caminhões etc. A conduta culposa na condução de charrete, carroça ou bicicleta só pode dar origem ao crime culposo comum, porque tais veículos não são motorizados.

O art. 1º da Lei n. 9.503/97 dispõe que "o trânsito de qualquer natureza nas vias terrestres do território nacional, abertas à circulação, rege-se por este Código". Por isso, embora aviões, helicópteros, lanchas, barcos e *jet skis* sejam veículos motorizados, a conduta culposa em sua condução não é capaz de configurar o crime da lei especial, mas apenas aquele do art. 121, § 3º, do Código Penal.

Por sua vez, apesar de o art. 2º da Lei n. 9.503/97 definir via terrestre de forma a excluir as vias particulares (estacionamentos privados, pátios de postos de gasolina, vias internas de fazendas etc.), entende-se configurado o crime de homicídio culposo do Código de Trânsito ainda que o fato não ocorra em via pública, na medida em que o art. 302 não contém exigência nesse sentido. Com efeito, quando o legislador quis exigir que o fato delituoso restasse caracterizado apenas quando ocorresse em via pública, o fez de forma expressa no tipo penal, como nos crimes de embriaguez ao volante (art. 306), participação em competição não autorizada (art. 308) e direção sem habilitação (art. 309).

Para a tipificação do crime culposo de maior gravidade, descrito no art. 302 da Lei n. 9.503/97, não basta que o fato ocorra no trânsito, é necessário que o agente cometa o crime "na direção de veículo automotor", ou seja, no comando dos mecanismos de controle e velocidade do veículo. Por essa razão, existem várias situações concretas em que o crime ocorre no trânsito, mas que configuram crime comum (art. 121, § 3º, do CP), por não estar o agente dirigindo o veículo: pedestre que atravessa pista de rolamento em momento e local inadequados, causando a queda e a morte de um motociclista; passageiro de ônibus que atira garrafa de cerveja pela janela, provocando acidente com morte na estrada; o ocupante da garupa de motocicleta que balança o veículo e provoca a queda e morte do condutor; pessoa que mata motociclista por abrir a porta de um carro sem as devidas cautelas.

1.1.1.3.1. Causas de aumento de pena

O art. 302[31], § 1º, do Código de Trânsito, estabelece que a pena do homicídio culposo na direção de veículo automotor será aumentada de 1/3 até metade, se o agente não possuir Permissão para Dirigir ou Carteira de Habilitação, se o crime for praticado em faixa de pedestre ou sobre a calçada, se o agente deixar de prestar imediato socorro à vítima quando possível fazê-lo sem risco pessoal, ou, ainda, se ele estiver, no exercício de sua profissão ou atividade, dirigindo veículo de transporte de passageiros.

Em 20 de dezembro de 2017 foi publicada a Lei n. 13.546/2017, criando figura qualificada para o crime de homicídio culposo na direção de veículo automotor para a hipótese em que o agente comete o crime conduzindo o veículo sob a influência de

---

[31] "Art. 302. Praticar homicídio culposo na direção do veículo automotor.
Penas – detenção, de dois a quatro anos, e suspensão ou proibição de se obter a permissão ou a habilitação para dirigir veículo automotor."

álcool ou de qualquer outra substância psicoativa que determine dependência (art. 302, § 3º, do CTB). Em tal hipótese, a pena passou a ser de reclusão, de cinco a oito anos, e suspensão ou proibição do direito de se obter a permissão ou a habilitação para dirigir veículo automotor. A mesma lei estabelece pena de dois a cinco anos de reclusão, além das demais, para a hipótese em que o agente conduz veículo automotor com capacidade psicomotora alterada em razão da influência de álcool ou de outra substância psicoativa que determine dependência, e, em razão disso provoca, culposamente, lesão corporal grave ou gravíssima na vítima (art. 303, § 2º, do CTB). Tal lei entrou em vigor em 19 de abril de 2018. Posteriormente, a Lei n. 14.071/2020 vedou a substituição da pena privativa de liberdade por restritivas de direitos nessas duas modalidades qualificadas do delito. Tal regra foi inserida no art. 312-B do Código de Trânsito Brasileiro.

Note-se que o Supremo Tribunal Federal, em diversas decisões, definiu que a pessoa que dirige embriagada e que provoca morte na condução de veículo automotor pode ser punida por homicídio culposo ou doloso (dolo eventual), dependendo das circunstâncias do caso concreto – quantidade de bebida ingerida, forma e local de condução do veículo etc. Caso se conclua que o crime é culposo, a pena será a do art. 302, § 3º, do CTB (5 a 8 anos de reclusão). A propósito: "Não tem aplicação o precedente invocado pela defesa, qual seja, o HC 107.801/SP, por se tratar de situação diversa da ora apreciada. Naquela hipótese, a Primeira Turma entendeu que o crime de homicídio praticado na condução de veículo sob a influência de álcool somente poderia ser considerado doloso se comprovado que a embriaguez foi preordenada. No caso sob exame, o paciente foi condenado pela prática de homicídio doloso por imprimir velocidade excessiva ao veículo que dirigia, e, ainda, por estar sob influência do álcool, circunstância apta a demonstrar que o réu aceitou a ocorrência do resultado e agiu, portanto, com dolo eventual" (HC 115.352, Rel. Min. Ricardo Lewandowski, 2ª Turma, julgado em 16-4-2013). No mesmo sentido: HC 109.210, Rel. Min. Marco Aurélio, Relator(a) p/ Acórdão: Min. Rosa Weber, 1ª Turma, julgado em 21-8-2012, processo eletrônico *DJe* 154, 7-8-2013, public. 8-8-2013.

1.1.1.3.2. Perdão judicial

O art. 300 do Código de Trânsito expressamente permitia o perdão judicial nos crimes culposos nele elencados. Esse dispositivo, todavia, foi vetado pelo Presidente da República, com o argumento de que o perdão judicial previsto no art. 121, § 5º, do Código Penal, trata o tema de forma mais abrangente. Por isso, mostra-se cabível no crime de homicídio culposo do Código de Trânsito, o perdão judicial previsto no Código Penal.

1.1.2. Feminicídio

O feminicídio foi introduzido inicialmente no Código Penal pela Lei n. 13.104/2015. Não obstante a denominação específica contida no texto legal – feminicídio –, cuidava-se, em verdade, de mais uma forma qualificada do crime de homicídio, contida no art. 121, § 2º, VI, do Código Penal, cuja pena era de reclusão, de 12 a 30 anos. Posteriormente, em 9 de outubro de 2024, a Lei n. 14.994 trouxe profundas modificações ao revogar o § 2º, VI, e transformar o feminicídio em crime autônomo, agora descrito no art. 121-A, com pena substancialmente mais grave – reclusão, de 20 a 40 anos.

A Lei n. 14.994/2024 trouxe inúmeras outras modificações neste delito. Podemos citar como exemplo: no regime anterior se o feminicídio fosse cometido por meio cruel e mediante recurso que dificultasse a defesa da vítima, o réu seria condenado por homicídio triplamente qualificado. Para os fatos ocorridos no atual sistema a condenação será por crime autônomo de feminicídio com duas causas de aumento de pena – meio cruel e recurso que dificultou a defesa.

Não houve *abolitio criminis* em relação aos fatos anteriores à Lei n. 14.994/2024, já que a conduta caracterizadora de feminicídio permanece a mesma, apenas com regras mais severas. Assim, considerando que aos fatos ocorridos entre a entrada em vigor da Lei n. 13.104, de 9 de março de 2015, e as alterações trazidas pela Lei n. 14.994, de 9 de outubro de 2024, deverão ser aplicadas as regras anteriores, na presente obra serão abordados os dois regimes.

1.1.2.1. Regras do feminicídio aplicáveis aos fatos ocorridos antes da Lei n. 14.994/2024

De acordo com o inc. VI do art. 121, § 2º, do Código Penal, existe feminicídio quando o crime é cometido "contra a mulher por razões da condição de sexo feminino". A pena é de reclusão, de 12 a 30 anos. Para os fatos ocorridos no período trata-se de figura qualificada do homicídio.

Cuida-se, em nosso entendimento, de qualificadora de caráter subjetivo, na medida em que não basta que a vítima seja mulher, sendo necessário, de acordo com o texto legal, que o delito seja motivado pela condição de sexo feminino.

A fim de melhor esclarecer o alcance do dispositivo, o legislador inseriu no art. 121, § 2º-A, do Código Penal, "que há razões de condição de sexo feminino quando o crime envolve: I – violência doméstica e familiar; II – menosprezo ou discriminação à condição de mulher".

Em relação ao inciso I (homicídio contra mulher motivado por razões do sexo feminino por envolver violência doméstica ou familiar), é necessário fazer a conjugação com o art. 5º da Lei n. 11.340/2006 (Lei Maria da Penha), que conceitua violência doméstica ou familiar como "qualquer ação ou omissão baseada no gênero que lhe cause morte, lesão, sofrimento físico, sexual ou psicológico e dano moral ou patrimonial", no âmbito da unidade doméstica, da família ou em qualquer relação íntima de afeto. Em suma, para que se tipifique a violência doméstica ou familiar caracterizadora do feminicídio, é inarredável que a agressão tenha como fator determinante o sexo feminino, não bastando que a vítima seja a esposa, a companheira etc. Em conclusão, se o marido matou a esposa porque ela não quis manter relação sexual ou porque não acatou suas ordens, ou, ainda, porque pediu o divórcio, configura-se o feminicídio. No entanto, se ele mata a esposa visando receber o seguro de vida por ela contratado, não se tipifica tal delito, e sim homicídio qualificado pelo motivo torpe. Este também o entendimento de Rogério Sanches Cunha e Ronaldo Batista Pinto e de Cezar Roberto Bitencourt. Em sentido contrário, argumentando que o feminicídio, na modalidade do inciso I, é de caráter objetivo, temos a opinião de Guilherme de Souza Nucci, segundo o qual o crime é qualificado pelo simples fato de a vítima ser mulher (condição objetiva).

O Superior Tribunal de Justiça adotou entendimento no sentido de que o feminicídio é qualificadora de caráter objetivo: "A jurisprudência desta Corte de Justiça firmou o entendimento segundo o qual o feminicídio possui natureza objetiva, pois incide nos crimes praticados contra a mulher por razão do seu gênero feminino e/ou sempre que o crime estiver atrelado à violência doméstica e familiar propriamente dita, assim o *animus* do agente não é objeto de análise (AgRg no REsp n. 1.741.418/SP, Reynaldo Soares da Fonseca, Quinta Turma, *DJe* 15-6-2018)" (AgRg no AREsp 1.454.781/SP – Rel. Min. Sebastião Reis Junior – 6ª Turma – j. em 17-12-2019, *DJe* 19-12-2019); "Nos termos do art. 121, § 2º-A, I, do CP, é devida a incidência da qualificadora do feminicídio nos casos em que o delito é praticado contra mulher em situação de violência doméstica e familiar, possuindo, portanto, natureza de ordem objetiva, o que dispensa a análise do *animus* do agente. Assim, não há se falar em ocorrência de *bis in idem* no reconhecimento das qualificadoras do motivo torpe e do feminicídio, porquanto, a primeira tem natureza subjetiva e a segunda objetiva" (HC 433.898/RS – Rel. Min. Nefi Cordeiro – 6ª Turma – j. em 24-4-2018, *DJe* 11-5-2018); "As qualificadoras do motivo torpe e do feminicídio não possuem a mesma natureza, sendo certo que a primeira tem caráter subjetivo, ao passo que a segunda é objetiva, não havendo, assim, qualquer óbice à sua imputação simultânea. Doutrina. Precedentes" (HC 430.222/MG – Rel. Min. Jorge Mussi – 5ª Turma – j. em 15-3-2018, *DJe* 22-3-2018).

Para o Superior Tribunal de Justiça, portanto, há feminicídio sempre que o crime for contra esposa, mãe, filha etc. Note-se que, não obstante o entendimento do tribunal superior, a palavra final quanto ao enquadramento como feminicídio no caso concreto será sempre dos jurados no julgamento perante o Tribunal do Júri.

Note-se, outrossim, que, pelo entendimento do Superior Tribunal de Justiça, é possível a coexistência das qualificadoras do feminicídio decorrente de violência doméstica contra mulher e do motivo torpe.

O crime de feminicídio pode também ser praticado contra a filha, a irmã, a mãe etc., e não apenas quando o delito for cometido contra a esposa ou a companheira. O feminicídio também pode ser cometido contra a ex-mulher ou a ex-companheira, ou a namorada ou a ex-namorada.

No inciso II, a razão da tipificação do feminicídio é o menosprezo ou discriminação à condição de mulher como motivo do crime. Nesses casos, a vítima pode ser até mesmo uma mulher desconhecida do agente. Incorre nessa infração penal, por exemplo, quem mata mulher por entender que elas não devem trabalhar como motoristas ou que não devem estudar em universidades etc. Nessa modalidade, não há dúvida de que o feminicídio é de caráter subjetivo.

Somente mulheres podem ser sujeito passivo de feminicídio. Mulheres trans podem ser vítima deste delito. Homens, homossexuais do gênero masculino ou travestis não podem figurar como sujeito passivo do delito. O homicídio de um travesti cometido por preconceito constitui homicídio qualificado pelo motivo torpe.

1.1.2.1.1. Causas de aumento do feminicídio aplicáveis a fatos anteriores à Lei n. 14.994/2024

O § 7º do art. 121 do Código Penal previa causas de aumento de pena para o homicídio qualificado – específicas para a modalidade feminicídio. Tal dispositivo foi expressamente revogado pela Lei n. 14.994/2024, mas continua sendo aplicável aos fatos anteriores. Com efeito, tal dispositivo estabelecia que a pena do feminicídio seria aumentada de um terço até a metade se o crime fosse praticado:

I – durante a gestação ou nos três meses posteriores ao parto;

O Superior Tribunal de Justiça firmou entendimento no sentido de que não há *bis in idem* na punição concomitante pelos crimes de feminicídio com a presente majorante e pelo crime de aborto: "Caso que o Tribunal de origem afastou da pronúncia o crime de provocação ao aborto (art. 125 do CP) ao entendimento de que a admissibilidade simultânea da majorante do feminicídio perpetrado durante a gestação da vítima (art. 121, § 7º, I, do CP) acarretaria indevido *bis in idem*. 2. A jurisprudência desta Corte vem sufragando o entendimento de que, enquanto o art. 125 do CP tutela o feto enquanto bem jurídico, o crime de homicídio praticado contra gestante, agravado pelo art. 61, II, *h*, do Código Penal protege a pessoa em maior grau de vulnerabilidade, raciocínio aplicável ao caso dos autos, em que se imputou ao acusado o art. 121, § 7º, I, do CP, tendo em vista a identidade de bens jurídicos protegidos pela agravante genérica e pela qualificadora em referência. 3. Recurso especial provido" (REsp 1860829/RJ – Rel. Ministro Nefi Cordeiro – 6ª Turma – j. em 15-9-2020, *DJe* 23-9-2020).

II – contra pessoa maior de 60 anos ou com deficiência ou portadora de doenças degenerativas que acarretem condição limitante ou de vulnerabilidade física ou mental;

Esse dispositivo foi alterado pela Lei n. 14.344/2021, que retirou a majorante relativa a vítimas menores de 14 anos, na medida em que a mesma lei inseriu tal hipótese como qualificadora autônoma do homicídio.

III – na presença física ou virtual de descendente ou de ascendente da vítima;

IV – em descumprimento das medidas protetivas de urgência previstas nos incisos I, II e III do *caput* do art. 22 da Lei n. 11.340, de 7 de agosto de 2006 (Lei Maria da Penha).

De acordo com o referido art. 22, constatada a prática de violência doméstica e familiar contra a mulher, nos termos desta Lei, o juiz poderá aplicar, de imediato, ao agressor, em conjunto ou separadamente, as seguintes medidas protetivas de urgência, entre outras:

I – suspensão da posse ou restrição do porte de armas, com comunicação ao órgão competente;

II – afastamento do lar, domicílio ou local de convivência com a ofendida;

III – proibição de determinadas condutas, entre as quais:

a) aproximação da ofendida, de seus familiares e das testemunhas, fixando o limite mínimo de distância entre estes e o agressor;

b) contato com a ofendida, seus familiares e testemunhas por qualquer meio de comunicação;

c) frequentação de determinados lugares a fim de preservar a integridade física e psicológica da ofendida.

IV – restrição ou suspensão de visitas aos dependentes menores, ouvida a equipe de atendimento multidisciplinar ou serviço similar;

V – prestação de alimentos provisionais ou provisórios;

VI – comparecimento do agressor a programas de recuperação e reeducação; e

VII – acompanhamento psicossocial do agressor, por meio de atendimento individual e/ou em grupo de apoio.

Nota-se, pois, que é premissa da majorante em análise que tenha sido previamente determinada uma das medidas protetivas acima transcritas e que o agente cometa o feminicídio descumprindo a restrição que lhe havia sido imposta. Ex.: devido a uma agressão anterior, o Juiz da Vara da Violência Doméstica contra Mulher decreta o afastamento do marido do lar, mas ele, posteriormente, invade a residência e mata a esposa. Responde por feminicídio com a pena aumentada. Esse dispositivo foi inserido no Código Penal pela Lei n. 13.771/2018.

Por ser majorante específica do crime de feminicídio, parece-nos que não é possível a punição concomitante pelo crime do art. 24-A da Lei Maria da Penha, que previa pena de detenção de 3 meses a 2 anos para quem descumprir determinação judicial que tenha imposto medida protetiva de urgência.

Em 12 de março de 2021, o Plenário da Corte Suprema, no julgamento da ADPF n. 779, por votação unânime, reconheceu a inconstitucionalidade da tese da legítima defesa da honra e proibiu sua utilização em processos que versem sobre a agressão ou a morte de mulheres por seus atuais ou ex-companheiros, por contrariar o preceito constitucional da dignidade da pessoa humana. Por essa razão, os defensores estão proibidos de sustentar mencionada tese em plenário e, caso o façam, será declarada a nulidade do julgamento.

1.1.2.2. Feminicídio (após a Lei n. 14.994/2024)

Art. 121-A. Matar mulher por razões da condição do sexo feminino:
Pena – reclusão, de 20 (vinte) a 40 (quarenta) anos.
§ 1º – Considera-se que há razões da condição do sexo feminino quando o crime envolve:
I – violência doméstica e familiar;
II – menosprezo ou discriminação à condição de mulher.

A Lei n. 14.994, de 9 de outubro de 2024, trouxe inúmeras alterações relevantes em relação ao feminicídio: a) transformou em crime autônomo; b) aumentou a pena; c) criou um sistema diferenciado de causas de aumento de pena.

O feminicídio já era considerado crime hediondo no regime anterior à Lei n. 14.994/2024. Tal lei, por sua vez, ao transformar o feminicídio em crime autônomo, modificou a Lei n. 8.072/90 (Lei dos Crimes Hediondos) para inserir dispositivo específico declarando hediondo tal delito. A regra atualmente consta do art. 1º, *caput*, I-B, da Lei n. 8.072/90.

1.1.2.2.1. Objetividade jurídica

A vida humana extrauterina de pessoas do sexo feminino.

1.1.2.2.2. Tipo objetivo

A conduta típica é a mesma do homicídio: matar.

Admite qualquer meio de execução (disparos de arma de fogo, facadas, agressões físicas, emprego de fogo, asfixia etc.). Alguns desses meios de execução, aliás, são causas de aumento de pena, como, por exemplo, o fogo, o explosivo, o veneno, a asfixia etc.

O fato de admitir qualquer meio de execução faz com que o feminicídio seja classificado como crime de ação livre.

A fim de melhor esclarecer o alcance do dispositivo, o legislador inseriu no art. 121-A, § 1º, do Código Penal, "que há razões de condição de sexo feminino quando o crime envolve: I – violência doméstica e familiar; II – menosprezo ou discriminação à condição de mulher".

Em relação ao inciso I (homicídio contra mulher motivado por razões do sexo feminino por envolver violência doméstica ou familiar), é necessário fazer a conjugação com o art. 5º da Lei n. 11.340/2006 (Lei Maria da Penha), que conceitua violência doméstica ou familiar como "qualquer ação ou omissão baseada no gênero que lhe cause morte, lesão, sofrimento físico, sexual ou psicológico e dano moral ou patrimonial", no âmbito da unidade doméstica, da família ou em qualquer relação íntima de afeto. Em suma, para que se tipifique a violência doméstica ou familiar caracterizadora do feminicídio, é inarredável que a agressão tenha como fator determinante o sexo feminino, não bastando que a vítima seja a esposa, a companheira etc. Em conclusão, se o marido matou a esposa porque ela não quis manter relação sexual ou porque não acatou suas ordens, ou, ainda, porque pediu o divórcio, configura-se o feminicídio. No entanto, se ele mata a esposa visando receber o seguro de vida por ela contratado, não se tipifica tal delito, e sim homicídio qualificado pelo motivo torpe. Este também o entendimento de Rogério Sanches Cunha e Ronaldo Batista Pinto e de Cezar Roberto Bitencourt. Em sentido contrário, argumentando que o feminicídio, na modalidade do inciso I, é de caráter objetivo, temos a opinião de Guilherme de Souza Nucci, segundo o qual o crime é qualificado pelo simples fato de a vítima ser mulher (condição objetiva). O Superior Tribunal de Justiça adotou entendimento no sentido de que o feminicídio é qualificadora de caráter objetivo: "A jurisprudência desta Corte de Justiça firmou o entendimento segundo o qual o feminicídio possui natureza objetiva, pois incide nos crimes praticados contra a mulher por razão do seu gênero feminino e/ou sempre que o crime estiver atrelado à violência doméstica e familiar propriamente dita, assim o *animus* do agente não é objeto de análise (AgRg no REsp n. 1.741.418/SP, Reynaldo Soares da Fonseca, Quinta Turma, *DJe* 15-6-2018)" (AgRg no AREsp 1.454.781/SP – Rel. Min. Sebastião Reis Junior – 6ª Turma – j. em 17-12-2019, *DJe* 19-12-2019); "Nos termos do art. 121, § 2º-A, I, do CP, é devida a incidência da qualificadora do feminicídio nos casos em que o delito é praticado contra mulher em situação de violência doméstica e familiar, possuindo, portanto, natureza de ordem objetiva, o que dispensa a análise do *animus* do agente. Assim, não há se falar em ocorrência de *bis in idem* no reconhecimento das qualificadoras do motivo torpe e do feminicídio, porquanto, a primeira tem natureza subjetiva e a segunda objetiva" (HC 433.898/RS – Rel. Min. Nefi Cordeiro – 6ª Turma – j. em 24-4-2018, *DJe* 11-5-2018); "As qualificadoras do motivo torpe e do feminicídio não possuem a mesma natureza, sendo certo que a primeira tem caráter subjetivo, ao passo que a segunda é objetiva, não havendo, assim, qualquer óbice à sua imputação simultânea. Doutrina. Precedentes" (HC 430.222/MG – Rel. Min. Jorge Mussi – 5ª Turma – j. em 15-3-2018, *DJe* 22-3-2018).

Para o Superior Tribunal de Justiça, portanto, há feminicídio sempre que o crime for contra esposa, mãe, filha etc. Note-se que, não obstante o entendimento do tribunal superior, a palavra final quanto ao enquadramento como feminicídio no caso concreto será sempre dos jurados no julgamento perante o Tribunal do Júri.

No inciso II, a razão da tipificação do feminicídio é o menosprezo ou discriminação à condição de mulher como motivo do crime. Nesses casos, a vítima pode ser até mesmo uma mulher desconhecida do agente. Incorre nessa infração penal, por exemplo, quem mata mulher por entender que elas não devem trabalhar como motoristas ou que não devem estudar em universidades etc. Nessa modalidade, não há dúvida de que o feminicídio é de caráter subjetivo.

1.1.2.2.3. Sujeito ativo

Pode ser qualquer pessoa. O delito pode ser cometido por homens ou mulheres.

O art. 121-A, § 3º, do CP, diz que, no crime de feminicídio, "comunicam-se ao coautor ou partícipe as circunstâncias pessoais elementares do crime previstas no § 1º deste artigo". Essa regra foi inserida no Código pela Lei n. 14.994/2024, sendo, contudo, desnecessária, na medida em que toda elementar de caráter pessoal comunica-se aos comparsas, nos termos do art. 30 do CP. A finalidade do legislador talvez tenha sido de deixar claro que o § 1º do art. 121-A – que define o que se considera crime cometido em razão da condição do sexo feminino – contém elementares do delito. De qualquer modo, quem, por exemplo, ajudar o marido a matar a esposa responderá também por feminicídio.

1.1.2.2.4. Sujeito passivo

O crime de feminicídio na figura da violência doméstica pode ser praticado contra a filha, a irmã, a mãe etc., e não apenas quando o delito for cometido contra a esposa ou a companheira. O feminicídio também pode ser cometido contra ex-mulher ou ex-companheira, ou namorada ou ex-namorada.

Somente mulheres podem ser sujeito passivo de feminicídio. Mulheres trans podem ser vítima deste delito. Homens, homossexuais do gênero masculino ou travestis não podem figurar como sujeito passivo do delito. Tirar a vida de um travesti motivado por preconceito constitui homicídio qualificado pelo motivo torpe.

1.1.2.2.5. Consumação

No momento da cessação da atividade encefálica.

A materialidade deve ser comprovada pelo exame necroscópico.

1.1.2.2.6. Tentativa

É possível.

1.1.2.2.7. Causas de aumento de pena

O § 7º do art. 121 do CP foi revogado pela Lei n. 14.994/2024. Tal dispositivo continha causas de aumento de pena aplicáveis ao feminicídio no período anterior às modificações trazidas por esta Lei. De ver-se, entretanto, que as causas de aumento de pena do mencionado § 7º. continuarão a ser aplicáveis aos fatos anteriores mesmo após as mudanças trazidas pela nova lei na medida em que foram repetidas no atual art. 121-A, § 2º. A Lei n. 14.994/2024, todavia, acrescentou novas majorantes apesar de manter as anteriores.

De acordo com o § 2º do at. 121-A, inserido no Código Penal pela Lei n. 14.994/2024, a pena do feminicídio será aumentada de um terço até a metade se o crime for praticado:

I – durante a gestação, nos três meses posteriores ao parto ou se a vítima é a mãe ou a responsável por criança, adolescente ou pessoa com deficiência de qualquer idade.

O dispositivo prevê seis causas de aumento: a) se a vítima é gestante; b) se o crime é cometido nos três meses posteriores ao parto; c) se a vítima é mãe de criança ou adolescente; d) se a vítima é mãe de pessoa com deficiência de qualquer idade; e) se a vítima é a responsável por criança ou adolescente; f) se a vítima é a responsável por pessoa com deficiência de qualquer idade.

O Superior Tribunal de Justiça firmou entendimento no sentido de que não há *bis in idem* na punição concomitante pelos crimes de feminicídio com a presente majorante e pelo crime de aborto: "Caso que o Tribunal de origem afastou da pronúncia o crime de provocação ao aborto (art. 125 do CP) ao entendimento de que a admissibilidade simultânea da majorante do feminicídio perpetrado durante a gestação da vítima (art. 121, § 7º, I, do CP) acarretaria indevido *bis in idem*. 2. A jurisprudência desta Corte vem sufragando o entendimento de que, enquanto o art. 125 do CP tutela o feto enquanto bem jurídico, o crime de homicídio praticado contra gestante, agravado pelo art. 61, II, *h*, do Código Penal protege a pessoa em maior grau de vulnerabilidade, raciocínio aplicável ao caso dos autos, em que se imputou ao acusado o art. 121, § 7º, I, do CP, tendo em vista a identidade de bens jurídicos protegidos pela agravante genérica e pela qualificadora em referência. 3. Recurso especial provido" (REsp 1860829/RJ – Rel. Ministro Nefi Cordeiro – 6ª Turma – j. em 15-9-2020, *DJe* 23-9-2020).

II – contra pessoa menor de 14 anos, maior de 60 anos, com deficiência ou portadora de doenças degenerativas que acarretem condição limitante ou de vulnerabilidade física ou mental.

Esse dispositivo contém quatro majorantes: a) se a vítima é menor de 14 anos; b) se a vítima é maior de 60 anos; c) se a vítima é pessoa com deficiência; d) se a vítima é portadora de doenças degenerativas que acarretem condição limitante ou de vulnerabilidade física ou mental.

No crime de homicídio, o fato de a vítima ser menor de 14 anos constitui qualificadora – art. 121, § 2º, IX. No feminicídio constitui, atualmente, causa de aumento de pena.

Observe-se que, nesse dispositivo, o legislador refere-se a pessoa menor de 14 anos, não abrangendo, portanto, fato ocorrido no dia em que a vítima completa tal idade.

O que fazer quando a vítima for alvejada em data em que ainda é menor de 14 anos, mas só vier a falecer depois de completados os 14 anos? Incide a majorante, nos termos do art. 4º do Código Penal, que, ao tratar do tema "tempo do crime", diz que a infração penal considera-se praticada no momento da ação ou omissão, ainda que outro seja o momento do resultado.

III – na presença física ou virtual de descendente ou de ascendente da vítima.

Na presença física ou virtual de filho, neto, pai ou mãe, avô ou avó etc.

IV – em descumprimento das medidas protetivas de urgência previstas nos incisos I, II e III do *caput* do art. 22 da Lei n. 11.340, de 7 de agosto de 2006 (Lei Maria da Penha);

De acordo com o referido art. 22, constatada a prática de violência doméstica e familiar contra a mulher, nos termos desta Lei, o juiz poderá aplicar, de imediato, ao agressor, em conjunto ou separadamente, as seguintes medidas protetivas de urgência, entre outras:

I – suspensão da posse ou restrição do porte de armas, com comunicação ao órgão competente;

II – afastamento do lar, domicílio ou local de convivência com a ofendida;

III – proibição de determinadas condutas, entre as quais:

a) aproximação da ofendida, de seus familiares e das testemunhas, fixando o limite mínimo de distância entre estes e o agressor;

b) contato com a ofendida, seus familiares e testemunhas por qualquer meio de comunicação;

c) frequentação de determinados lugares a fim de preservar a integridade física e psicológica da ofendida.

Nota-se, pois, que é premissa da majorante em análise que tenha sido previamente determinada uma das medidas protetivas acima transcritas e que o agente cometa o feminicídio descumprindo a restrição que lhe havia sido imposta. Ex.: devido a uma agressão anterior, o Juiz da Vara da Violência Doméstica contra Mulher decreta o afastamento do marido do lar, mas ele, posteriormente, invade a residência e mata a esposa. Responde por feminicídio com a pena aumentada.

Por ser majorante específica do crime de feminicídio, parece-nos que não é possível a punição concomitante pelo crime do art. 24-A da Lei Maria da Penha, que prevê, atualmente, pena de reclusão, de 2 a 5 anos, para quem descumprir determinação judicial que tenha imposto medida protetiva de urgência.

V – nas circunstâncias previstas nos incisos III, IV e VIII do § 2º do art. 121 deste Código.

A Lei n. 14.994/2024 transformou em causas de aumento de pena do feminicídio algumas qualificadoras do crime de homicídio.

Em primeiro lugar, a pena do feminicídio será majorada nas hipóteses do inc. III do art. 121, § 2º, ou seja, se o crime for cometido com emprego de veneno, fogo, explosivo, asfixia, tortura ou outro meio insidioso ou cruel, ou de que possa resultar perigo comum. São majorantes de caráter objetivo e referentes ao meio de execução mais gravoso.

Em segundo lugar, a pena do feminicídio será majorada nas hipóteses do inc. IV do art. 121, § 2º, ou seja, se o crime for cometido à traição, de emboscada, ou mediante dissimulação ou outro recurso que dificulte ou torne impossível a defesa da ofendida. São majorantes de caráter objetivo e relativas ao modo de execução.

Por fim, a pena do feminicídio é aumentada se cometido com emprego de arma de fogo de uso restrito ou proibido (art. 121, § 2º, VIII).

Armas de fogo de uso restrito, nos termos do art. 12 do Decreto n. 11.615, de 21 de julho de 2023, são aquelas especificadas em ato conjunto do Comando do Exército e da Polícia Federal, incluídas: I – armas de fogo automáticas, independentemente do tipo ou calibre; II – armas de pressão por gás comprimido ou por ação de mola, com calibre superior a seis milímetros, que disparem projéteis de qualquer natureza, exceto as que lancem esferas de plástico com tinta, como os lançadores de *paintball*; III – armas de fogo de porte, cuja munição comum tenha, na saída do cano de prova, energia superior a trezentas libras-pé ou quatrocentos e sete joules, e suas munições; IV – armas de fogo portáteis, longas, de alma raiada, cuja munição comum tenha, na saída do cano de prova, energia superior a mil e duzentas libras-pé ou mil e seiscentos e vinte joules, e suas munições; V – armas de fogo portáteis, longas, de alma lisa: a) de calibre superior a doze; e b) semiautomáticas de qualquer calibre; e VI – armas de fogo não portáteis. Antes da entrada em vigor do decreto acima mencionado a definição de armas de fogo de uso restrito encontrava-se no Decreto n. 10.030/2019.

Armas de uso proibido são aquelas para as quais há vedação total ao uso. De acordo com o art. 14 do Decreto n. 11.615, de 21 de julho de 2023, são armas de fogo de uso proibido: a) as armas de fogo classificadas como de uso proibido em acordos ou tratados internacionais dos quais a República Federativa do Brasil seja signatária; b) as armas de fogo dissimuladas, com aparência de objetos inofensivos.

A majorante mostra-se presente ainda que o autor do homicídio possua autorização para portar a arma de fogo de uso restrito.

Caso o homicida utilize arma de fogo considerada de uso permitido em razão do seu calibre, mas que esteja com numeração raspada ou suprimida, entendemos que se aplica a majorante em estudo, pois o art. 16, parágrafo único, IV, do Estatuto do Desarmamento (Lei n. 10.826/2003) equipara armas de fogo nessas condições às armas de uso restrito.

Observações:

a) Caso a denúncia tenha imputado a prática de feminicídio por situação de violência doméstica por ser a vítima, por exemplo, esposa do réu, tal circunstância, por ser elementar no caso concreto, não autorizará a aplicação da agravante genérica – crime contra cônjuge (art. 61, II, *e*, do CP).

b) O Superior Tribunal de Justiça firmou entendimento – anterior à Lei n. 14.994/2024 –, de que o feminicídio é circunstância de caráter objetivo e que, portanto, admitia a condenação concomitante com a qualificadora do motivo torpe. A mencionada Lei, todavia, acrescentou no rol de majorantes do feminicídio diversas qualificadoras do homicídio, mas não fez o mesmo com o motivo torpe, fazendo crer que a motivação torpe está contida no feminicídio. Caso, entretanto, seja dada interpretação diversa, deverá ser aplicada ao feminicídio a agravante genérica do motivo torpe do art. 61, II, *a*, do CP.

c) O privilégio previsto no art. 121, § 1º, do CP, em princípio, não é aplicável ao crime – agora autônomo – de feminicídio. Com efeito, o legislador prevê expressamente o privilégio ao homicídio, mas não faz o mesmo em relação ao feminicídio.

Por isso, se o defensor alegar que o crime foi cometido por motivo de relevante valor social ou moral, ou mediante violenta emoção após ato injusto da vítima, caberá ao juiz presidente do Tribunal do Júri apreciar se é caso de aplicação das agravantes genéricas do art. 65, III, *a* ou *c*, do CP.

d) Em 12 de março de 2021, o Plenário da Corte Suprema, no julgamento da ADPF n. 779, por votação unânime, reconheceu a inconstitucionalidade da tese da legítima defesa da honra e proibiu sua utilização em processos que versem sobre a agressão ou a morte de mulheres por seus atuais ou ex-companheiros, por contrariar o preceito constitucional da dignidade da pessoa humana. Por essa razão, os defensores estão proibidos de sustentar mencionada tese em plenário e, caso o façam, será declarada a nulidade do julgamento.

1.1.2.2.8. Pena e ação penal

A pena prevista para o crime de feminicídio é de reclusão, de 20 a 40 anos. No que pertine à pena máxima é a maior pena prevista na legislação.

O condenado por feminicídio que seja primário deverá cumprir ao menos 55% da pena para obter progressão de regime (art. 112, VI-A, da LEP). Esse mesmo índice será aplicado se o réu for considerado reincidente, mas a condenação anterior for por crime comum. Deverá cumprir 60% da pena se for reincidente e a condenação anterior for por crime hediondo ou equiparado (art. 112, VII, da LEP) ou 70% se a condenação anterior for por outro crime hediondo ou equiparado com resultado morte (art. 112, VIII, da LEP).

O condenado por feminicídio não tem direito ao livramento condicional (art. 112, VI-A, da LEP).

É pública incondicionada, de competência do Tribunal do Júri, na medida em que se trata de crime doloso contra a vida.

1.1.3. Induzimento, instigação ou auxílio ao suicídio ou à automutilação

> Art. 122. Induzir ou instigar alguém a suicidar-se ou a praticar automutilação ou prestar-lhe auxílio material para que o faça:
>
> Pena: reclusão, de 6 meses a 2 anos.
>
> § 1º – Se da automutilação ou da tentativa de suicídio resulta lesão corporal de natureza grave ou gravíssima, nos termos dos §§ 1º e 2º do art. 129 deste Código Penal:
>
> Pena – reclusão, de 1 a 3 anos.
>
> § 2º – Se o suicídio se consuma ou se da automutilação resulta morte:
>
> Pena – reclusão, de 2 a 6 anos. § 3º – A pena é duplicada:
>
> I – se o crime é praticado por motivo egoístico, torpe ou fútil.
>
> II – se a vítima é menor ou tem diminuída, por qualquer causa, a capacidade de resistência.
>
> § 4º – A pena é aumentada até o dobro se a conduta é realizada por meio da rede de computadores, de rede social ou transmitida em tempo real.
>
> § 5º – Aplica-se a pena em dobro se o autor é líder, coordenador ou administrador de grupo, de comunidade ou de rede virtual, ou por estes é responsável.
>
> § 6º – Se o crime de que trata o § 1º deste artigo resulta em lesão corporal de natureza gravíssima e é cometido contra menor de 14 anos ou contra quem,

por enfermidade ou deficiência mental, não tem o necessário discernimento para a prática do ato, ou que, por qualquer outra causa, não pode oferecer resistência, responde o agente pelo crime descrito no § 2º do art. 129 deste Código.

§ 7º – Se o crime de que trata o § 2º deste artigo é cometido contra menor de 14 anos ou contra quem, por enfermidade ou deficiência mental, não tem o necessário discernimento para a prática do ato, ou que, por qualquer outra causa, não pode oferecer resistência, responde o agente pelo crime de homicídio descrito, nos termos do art. 121 deste Código.

1.1.3.1. Introdução

Este delito é conhecido pela nomenclatura "participação em suicídio ou em automutilação" porque pune quem colabora com o suicídio ou a prática de automutilação por parte de terceiro. Conforme será estudado com mais detalhes em seguida, a participação em automutilação foi inserida no art. 122 do Código Penal pela Lei n. 13.968, de 26 de dezembro de 2019. A inserção desta conduta no capítulo Dos Crimes contra a Vida merece crítica por não se tratar efetivamente de crime contra tal bem jurídico.

Nossa legislação não prevê punição para quem tenta se matar e não consegue com o argumento de que, neste caso, a punição serviria apenas de reforço para a ideia suicida. Tampouco pune a autolesão.

Desse modo, considerando que o suicídio e a automutilação em si não constituem ilícitos penais, mas a participação em tais atos sim, pode-se concluir que no art. 122 do Código Penal o legislador tornou crime a participação em fato não criminoso (participação em suicídio ou em automutilação).

As condutas de induzir, instigar ou auxiliar outra pessoa a cometer um crime – um homicídio, por exemplo – normalmente pressupõem que exista a figura do executor. Assim, quando uma pessoa convence outra a matar a vítima, o homicida é chamado de autor e quem a induziu a praticar tal crime é partícipe. No art. 122 do Código Penal, todavia, quem comete o ato suicida ou a automutilação é considerado vítima, e não pode ser punido. Logo, quem induz, instiga ou auxilia outrem a cometer suicídio ou automutilação é autor do delito e esse aspecto gera certa confusão, já que o crime do art. 122 é também chamado de participação em suicídio ou automutilação.

Os exemplos abaixo facilitam a compreensão do tema:

a) João instiga Pedro a se matar. João é autor do crime de participação em suicídio.

b) André convence João a procurar Pedro e instigá-lo a cometer suicídio. Nesse caso, João também é autor do crime de participação em suicídio, pois foi ele quem manteve contato com a vítima Pedro e a convenceu a se matar. André, por sua vez, é partícipe do crime. Daí a frase: é possível participação em participação em suicídio.

1.1.3.2. Objetividade jurídica

A preservação da vida humana extrauterina (quando o resultado visado for o suicídio de outrem) e da integridade física (quando visada a automutilação). Trata-se de crime simples.

1.1.3.3. Tipo objetivo

São três as condutas típicas: a) induzir; b) instigar; e c) prestar auxílio.

As duas primeiras (induzir e instigar) são classificadas como participação *moral* em suicídio porque, ao realizá-las, o agente quer convencer a vítima a se matar ou se automutilar.

O *induzimento* consiste em fazer surgir a ideia suicida ou de automutilação em alguém. O agente sugere o ato suicida ou a automutilação e incentiva a vítima a concretizá-lo. Podem ser mencionados como exemplos: líder de seita religiosa que convence os seguidores a cometer suicídio; esposa que convence o marido gravemente enfermo a fazer seguro de vida e se matar para ela receber o seguro, alegando à seguradora ter havido um acidente (em tal hipótese há concurso material com crime de fraude contra seguradora – art. 171, § 2º, V, do CP); pessoa que convence um fanático religioso a amarrar explosivos em seu corpo e realizar um atentado suicida matando também outras pessoas (nesse caso, responde por participação em suicídio e por homicídio em relação às mortes causadas pelo comparsa que se suicidou).

A *instigação* consiste em reforçar a intenção suicida ou de automutilação já presente na vítima. Pode ocorrer, por exemplo, quando alguém diz a um amigo que está pensando em se matar e este o incentiva a fazê-lo, ou quando alguém está no alto de um prédio dizendo que vai pular e uma ou algumas pessoas começam a gritar para que ele realmente o faça.

No induzimento é o agente quem sugere o suicídio ou a automutilação à vítima, que ainda não havia cogitado esses atos, enquanto, na instigação, ela já estava pensando em ceifar a própria vida ou a se autolesionar, e o agente, ciente disso, a estimula a fazê-lo.

O *auxílio*, por sua vez, consiste na participação *material* no suicídio ou na automutilação. O agente, portanto, colabora de alguma forma com o próprio ato executório do suicídio ou automutilação. A vítima já está convicta de que quer se matar ou se autolesionar, e o agente a ajuda a concretizar o ato. É necessário, evidentemente, que o agente conheça a intenção da vítima. Assim, se ele fornece um revólver ou veneno, sabendo que a vítima irá utilizá-los para se matar, responde por auxílio ao suicídio. Igualmente, se a pessoa diz querer pular de um prédio e o agente entrega as chaves de seu apartamento para que ela pule do edifício. Nesses exemplos, o agente forneceu meios para a vítima se matar, porém é também possível o auxílio mediante o fornecimento de informações que ajudarão a vítima a cometer o ato fatal. É o que ocorre, por exemplo, quando o sujeito ensina a vítima a produzir veneno mortal ou quando dá instruções de como fazer corretamente um nó para se enforcar.

O reconhecimento do crime de auxílio ao suicídio ou automutilação pressupõe que a colaboração do agente seja secundária em relação ao evento morte ou lesão e nunca sua causa direta. Com efeito, se alguém quer morrer, mas não tem coragem de realizar o ato suicida, e pede a outrem que o mate com um tiro e o agente efetivamente aperta o gatilho, responde por homicídio. O suicídio só se configura quando o ato executório é realizado pela própria vítima. Matar outra pessoa com seu prévio consentimento não constitui suicídio. O agente, então, responde por homicídio, porque a autorização da vítima não afasta a tipicidade da conduta, uma vez que esse consentimento não é válido por ser a vida um bem indisponível.

É conhecido o caso do médico Jack Kevorkian, celebrizado com a alcunha de "Dr. Morte", que realizava, nos Estados Unidos, o suicídio assistido e, por essa razão, teve sua licença médica cassada e acabou na prisão por algum tempo. Desenvolveu ele um artefato de auxílio a suicídio em que a própria vítima dava início a um procedimento, em que, no primeiro estágio, era inoculado sonífero em seu organismo e, em seguida, substâncias mortais. No Brasil, essa conduta configuraria auxílio a suicídio.

Existe considerável polêmica em torno da possibilidade de o crime de participação em suicídio configurar-se por meio de um auxílio *omissivo*. O entendimento dominante é no sentido positivo, porém, apenas nas hipóteses em que o agente tem o dever jurídico de evitar o resultado (suicídio ou automutilação) e, intencionalmente, não o faz. Essa orientação tem por fundamento a regra do art. 13, § 2º, do Código Penal, que adotou a teoria da equivalência dos antecedentes causais e estabeleceu que responde pelo resultado quem tem o dever jurídico de evitá-lo e, podendo fazê-lo, se omite. De acordo com esta corrente, se um bombeiro é chamado para salvar alguém que está no alto de um prédio afirmando que irá pular e simplesmente vai embora sem sequer procurar contato com o suicida, responde pelo crime do art. 122 do Código Penal. Nélson Hungria[32], concordando com esta forma de pensar, assim se manifesta: "a prestação de auxílio pode ser comissiva ou omissiva. Neste último caso, o crime só se apresenta quando haja um dever jurídico de impedir o suicídio. Exemplo: [...] o diretor da prisão deliberadamente não impede que o sentenciado morra pela greve de fome; o enfermeiro que, percebendo o desespero do doente e seu propósito de suicídio, não lhe toma a arma ofensiva de que está munido e com que vem, realmente, a matar-se. Já não se apresentará, entretanto o crime, por exemplo, no caso da moça que, não obstante o protesto de suicídio da parte de um jovem sentimental, deixa de responder-lhe à missiva de paz e dá causa, assim, a que o tresloucado se mate. Não há, aqui, o descumprimento de um dever jurídico". Comungando deste entendimento, podemos também apontar Aníbal Bruno[33], Cezar Roberto Bitencourt[34], Fernando Capez[35], Flávio Monteiro de Barros[36], Julio Fabbrini Mirabete[37] e Magalhães Noronha[38].

Os defensores da tese contrária, por sua vez, argumentam que a regra do art. 13, § 2º, do Código Penal, excepcionalmente, não se aplica ao crime do art. 122, porque a expressão "prestar auxílio", contida em referido tipo penal, é incompatível com a figura omissiva. De acordo com essa orientação, a palavra "prestar" é sempre indicativa de ação. Para tal corrente, nos exemplos de omissão citados (bombeiro, diretor de presídio, enfermeiro), a punição deve dar-se pelo crime de omissão de socorro agravado pelo

---

[32] Nélson Hungria. *Comentários ao Código Penal*, v. V, p. 232-233.
[33] Aníbal Bruno. *Crimes contra a pessoa*, p. 140.
[34] Cezar Roberto Bitencourt. *Tratado de direito penal*, v. 2, p. 106.
[35] Fernando Capez. *Curso de direito penal*, v. 2, p. 88.
[36] Flávio Augusto Monteiro de Barros. *Crimes contra a pessoa*, p. 48.
[37] Julio Fabbrini Mirabete. *Manual de direito penal*, v. 2, p. 85.
[38] Magalhães Noronha. *Direito penal*, v. 2, p. 44.

resultado morte (art. 135, parágrafo único, do CP). Nesse sentido, o posicionamento de Celso Delmanto[39], Damásio de Jesus[40] e Heleno Cláudio Fragoso[41].

Em relação a pessoas que não têm o dever jurídico de evitar o resultado, não se cogita do crime de participação em suicídio ou automutilação na modalidade omissiva.

O delito em estudo possui tipo misto alternativo – três verbos (núcleos) separados pela partícula "ou". Nessa modalidade de infração penal, também denominada crime de ação múltipla ou de conteúdo variado, basta a realização de uma das condutas típicas para que o fato seja considerado criminoso. Caso, todavia, sejam realizadas duas ou mais condutas em relação à mesma vítima, considera-se ter havido crime único. Exemplo: induzir e depois auxiliar a vítima a se matar. A pluralidade de condutas deve ser levada em conta pelo juiz na fixação da pena-base (art. 59 do CP).

A recusa em reatar relacionamento não se enquadra nas condutas típicas (induzir, instigar ou auxiliar) e, portanto, não se cogita de participação em suicídio quando alguém se mata porque o ex-parceiro recusou-se a retomar a relação amorosa.

Para que haja um suicídio que possa dar origem ao crime em análise, não é suficiente que alguém tire a própria vida. Com efeito, só existe juridicamente um suicídio em caso de supressão consciente e voluntária da própria vida.

Assim, quando alguém coage a vítima a se matar, o autor da coação responde por homicídio porque não ocorreu realmente um suicídio, pois a supressão da própria vida não se deu de forma voluntária. Exemplo: dizer que irá matar a família da vítima, que está sob a mira de sua arma, caso ela não tire a própria vida.

Existe igualmente homicídio quando o agente emprega fraude para que a vítima realize ato atentatório à própria vida sem se dar conta do que está fazendo, ou quando se aproveita da falta de capacidade de discernimento desta, por ser, por exemplo, uma criança ou pessoa portadora de grave deficiência mental, para convencê-la a pular de uma ponte ou a tomar veneno. Em tais hipóteses, a vítima não tem compreensão das consequências de seu ato, de modo que o sujeito deve responder por homicídio porque a supressão da própria vida não se deu de forma consciente. Também configura homicídio convencer uma pessoa hipnotizada ou sonâmbula a pular de um prédio.

Não há suicídio, por fim, no ato daquele que vai à guerra e é morto pelo inimigo. Assim, quem o convenceu a se incorporar às Forças Armadas, ainda que pretendesse sua morte, não responde por participação em suicídio (nem por homicídio).

A Lei n. 13.968, de 26 de dezembro de 2019, trouxe grandes modificações no art. 122 do Código Penal que, até então, só punia a participação em suicídio. Acontece que passaram a ocorrer inúmeros casos de automutilação no Brasil e em muitas partes do mundo, incentivados em redes sociais por outras pessoas. O caso do "jogo" baleia azul foi decisivo para levar nossos parlamentares à conclusão de que era necessária a modificação do art. 122. Em tal "jogo" – realizado em grupos fechados na rede social – os

---

[39] Celso Delmanto. *Código Penal comentado*, p. 464.
[40] Damásio de Jesus. *Direito penal*, v. 2, p. 98.
[41] Heleno Cláudio Fragoso. *Lições de direito penal*, Parte especial, v. I, p. 102.

chamados "curadores" passavam tarefas diárias aos competidores que avançavam de fase apenas se realizassem a tarefa e comprovassem isso aos curadores – em regra, com remessa de fotos pelo telefone celular. Nas fases iniciais, os curadores incentivavam diversos tipos de automutilação e, em grande parte dos casos, ao final, incentivavam o suicídio do competidor.

A configuração do crime em estudo pressupõe que a conduta do agente – induzimento, instigação ou auxílio – tenha ocorrido antes do ato suicida ou de automutilação. Assim, quando alguém, sem qualquer colaboração ou incentivo de outrem, comete o ato suicida (corta os pulsos, por exemplo) e, em seguida, arrepende-se e pede a um vizinho para ser socorrido, e não é atendido, ocorre crime de omissão de socorro. Por sua vez, comete homicídio doloso quem pratica uma *ação* para intencionalmente impedir o socorro solicitado a terceiro pelo suicida arrependido. Exemplo: o suicida telefona para o socorro médico, após cortar os pulsos, mas o vizinho, querendo que sobrevenha o resultado morte, leva a vítima para outro local, dando causa ao resultado.

O elemento subjetivo deste crime é o dolo, direto ou eventual. Não existe modalidade culposa por opção do legislador. Considera-se presente o dolo direto quando o agente efetivamente quer que a vítima cometa o ato suicida e morra. Já o dolo eventual se mostra presente quando o sujeito, com sua conduta, assume o risco de estimular um ato suicida. É o que ocorre, por exemplo, quando alguém incentiva outra pessoa a fazer roleta-russa apontando um revólver contra a própria cabeça. Não se sabe se a vítima irá realmente morrer, porque só há um projétil no tambor da arma, porém é evidente a possibilidade de o evento ocorrer, de modo que o incentivador responde pelo crime. Pode também ser lembrado – para aqueles que admitem a forma omissiva de auxílio – o exemplo do carcereiro que não toma qualquer providência em relação a um preso que está fazendo greve de fome.

No que tange à automutilação, há dolo direto quando o agente efetivamente quer o resultado e dolo eventual quando assume o risco de provocar tal resultado.

Para a tipificação do delito mostra-se necessário, outrossim, que haja dolo em relação ao suicídio ou automutilação de pessoa ou pessoas *determinadas*. Nesse sentido, o dizer de Julio Fabbrini Mirabete[42]: "a conduta deve ter como destinatário uma ou várias pessoas certas, não ocorrendo o delito quando se trata de induções ou instigações de caráter geral e indeterminado. Não há crime quando, por exemplo, um autor de obra literária leva leitores ao suicídio, pela influência das ideias de suas personagens, como ocorreu após a publicação de Werther, de Goethe, e René, de Chateaubriand. Na mesma situação, encontra-se recente obra em que se expõem os vários métodos para a eliminação da própria vida". Em suma, não podem ser responsabilizados pelo delito autores de livros ou músicas que tratem do tema suicídio, cujas obras, eventualmente, sirvam de inspiração para um desconhecido se matar. Em tal caso não se pode dizer que houve dolo em relação àquele determinado ato de supressão da própria vida.

O reconhecimento do dolo pressupõe, ainda, a demonstração de seriedade na conduta do agente. Com efeito, quem, por brincadeira, em conversa informal, sugere a um amigo que se mate, e este realmente comete suicídio alguns dias depois, não responde

---

[42] Julio Fabbrini Mirabete. *Manual de direito penal*, v. 2, p. 83.

pelo crime. No máximo teria ele agido de forma culposa, figura que não é passível de punição por ausência de previsão legal. Não há como se cogitar de homicídio culposo porque a vítima não foi morta por ele, e sim cometeu suicídio (supressão voluntária e consciente da própria vida). Nesse contexto, é relevante fazer a seguinte distinção: se alguém, negligentemente, deixa um frasco de veneno sobre uma mesa e este é alcançado por uma criança que o ingere e morre, não há que se falar em suicídio, pois a criança não sabia o que estava fazendo. Em tal caso, quem deixou a substância no local responde por homicídio culposo. Ao reverso, se um adulto tivesse encontrado e ingerido o veneno, cometendo, conscientemente, suicídio, o fato seria atípico, por tratar-se de colaboração culposa para suicídio, que não é prevista como delito. Em suma, a presença dos requisitos configuradores de um suicídio afasta a possibilidade de aplicação da pena do homicídio, devendo o agente responder por participação em suicídio se atuou com dolo direto ou eventual, ou devendo ser reconhecida a atipicidade da conduta, se tiver agido com culpa em relação ao resultado.

1.1.3.4. Sujeito ativo

Pode ser qualquer pessoa. Trata-se de crime comum.

1.1.3.5. Sujeito passivo

Qualquer pessoa.

Conforme veremos a seguir, se a vítima for menor de 14 anos ou se não puder entender o caráter do ato (suicídio ou automutilação) em razão de enfermidade ou deficiência mental, ou se, por qualquer outra causa, não puder oferecer resistência, e houver como consequência a efetiva morte ou lesões corporais gravíssimas, o agente responderá por crime de outra natureza (homicídio ou lesão corporal gravíssima).

1.1.3.6. Consumação, tentativa e figuras qualificadas

Se o agente realiza o ato de induzimento, instigação ou auxílio visando ao ato suicida, mas a vítima não o realiza ou o realiza e não sofre lesão ou sofre apenas lesão leve, configura-se o crime do *caput* do art. 122, cuja pena é de detenção, de 6 meses a 2 anos. Igualmente configura-se a modalidade simples do delito se o agente realiza ato de induzimento, instigação ou auxílio à automutilação, mas a vítima não o faz ou sofre apenas lesão corporal de natureza leve.

Se, em consequência do induzimento, instigação ou auxílio à automutilação ou ao suicídio, a vítima sofrer lesão corporal grave ou gravíssima, o delito considera-se qualificado, sendo a pena de reclusão, de 1 a 3 anos, nos termos do art. 122, § 1º.

Ademais, se, em consequência do induzimento, instigação ou auxílio à automutilação ou ao suicídio, a vítima morrer, o delito será também qualificado, sendo a pena de reclusão, de 2 a 6 anos, nos termos do art. 122, § 2º. Se o agente pretendia efetivamente incentivar um ato suicida, o resultado agravador do crime qualificado é doloso. Se o agente pretendia incentivar exclusivamente um ato de automutilação e a vítima acabou falecendo em decorrência disso, o crime qualificado é preterdoloso (dolo no antecedente e culpa quanto ao resultado agravador).

Na redação originária do art. 122 do Código Penal (anterior à Lei n. 13.968, de 26 de dezembro de 2019), o texto legal tratava apenas de participação em suicídio (não abrangia a participação em automutilação) e somente permitia a punição do agente nas hipóteses em que a vítima sofresse lesão grave ou morresse. Na primeira hipótese, a pena era de reclusão, de um a três anos, e, na segunda, reclusão de dois a seis.

A própria lei, portanto, excluía a possibilidade de punição daquele que realizasse ato de induzimento, instigação ou auxílio quando a vítima não praticasse o ato suicida, ou quando o praticasse mas sofresse apenas lesões leves, já que, para esses casos, não havia pena. A própria Exposição de Motivos do Código Penal dizia que o crime seria punível, ainda que se frustrasse o suicídio, desde que resultasse lesão grave ao que tentou se matar, deixando clara a finalidade legislativa de deixar de punir as demais hipóteses. As conclusões decorrentes eram as seguintes: a) o crime considerava-se consumado até mesmo quando a vítima sofresse lesão grave, já que para esse caso existia pena própria e autônoma, estabelecida na Parte Especial do Código Penal, o que tornava desnecessária a combinação com o seu art. 14, II, que trata do instituto da tentativa. Assim, embora a intenção do agente fosse a morte da vítima por meio do suicídio, o crime não se considerava tentado no caso de ela sofrer lesão grave. Tratava-se de crime consumado, porém, com pena menor do que a que seria aplicada em caso de morte; b) o crime era considerado consumado no momento da lesão grave ou morte; c) a tentativa, que teoricamente seria possível, não existia porque a lei considerava o delito consumado nas hipóteses em que a vítima morria ou sofria lesão grave e, intencionalmente, tratava o fato como atípico nas situações em que não ocorria o ato suicida, ou quando ele ocorria, mas a vítima não sofria qualquer lesão ou apenas lesão leve.

Com o advento da Lei n. 13.968, de 26 de dezembro de 2019, a situação se modificou. Haverá punição – na figura simples – com o mero ato de induzimento, instigação ou auxílio, ou seja, ainda que a vítima não realize o ato suicida ou a automutilação, ou ainda que o realize, mas sofra somente lesões leves. Trata-se, pois, de crime **formal**, que se consuma com a conduta do agente (não mais exigindo a conduta da vítima e o resultado gravoso). Se o agente fornece um revólver para a vítima se matar, mas ela não realiza o ato suicida, temos crime consumado. Caso, todavia, a vítima sofra lesão grave ou morra, não haverá mero exaurimento do crime, mas sim o surgimento das qualificadoras dos §§1º e 2º.

O delito, portanto, passou a admitir a tentativa. Ex.: a mensagem de texto enviada que não chega ao destinatário; o veneno encaminhado à vítima para cometer o suicídio não chega até ela.

Quando duas ou mais pessoas fazem roleta-russa em grupo, estimulando-se mutuamente a apertar o gatilho de uma arma voltada contra o próprio corpo, os sobreviventes respondem pelo crime de participação em suicídio.

Se duas pessoas fazem um pacto no sentido de cometerem suicídio no mesmo momento e uma delas se mata, mas a outra desiste, a sobrevivente responde pelo crime do art. 122 na forma qualificada. Assim, se os dois correm em direção a um precipício, um pula e o outro não, este responde pelo delito em análise, ainda que se prove que ele enganou a vítima porque nunca pretendeu se matar. Com efeito, tendo a vítima, conscientemente, realizado um ato suicida, não há como acusar o outro por homicídio.

A mesma solução deverá ser aplicada se ambas realizarem o ato suicida, mas uma delas sobreviver.

Caso ambas sobrevivam, mas uma sofra lesão grave, e a outra lesão leve, teremos as seguintes soluções: a) quem sofreu lesão leve responde pelo crime qualificado do § 1º por ter estimulado ato suicida que gerou lesão grave; b) a pessoa que sofreu a lesão grave responde pelo crime simples por ter estimulado alguém a realizar ato suicida com resultado lesão leve.

Suponha-se que duas pessoas concordem em morrer na mesma oportunidade e fique decidido que A irá atirar em B e depois em si mesmo. Em tal hipótese, se apenas B sobrevive, este responde por participação em suicídio. Se o resultado for o inverso (morte de B), a sobrevivente (A), autora dos disparos, responde por homicídio. Caso, ainda, ambas sobrevivam, A responderá por tentativa de homicídio e B pelo crime do art. 122, em sua forma simples se A tiver sofrido lesão leve, ou qualificada se tiver sofrido lesão grave.

1.1.3.7. Excludente de ilicitude

Estabelece o art. 146, § 3º, do Código Penal, que não constitui crime de constrangimento ilegal a coação exercida para impedir suicídio. Assim, não configura tal crime o ato de amarrar alguém para que não tome veneno. De forma análoga, não constitui constrangimento ilegal a coação para impedir a automutilação.

1.1.3.8. Causas de aumento de pena

> Art. 122, § 3º – A pena é duplicada:
>
> I – se o crime é praticado por motivo egoístico, torpe ou fútil.
>
> II – se a vítima é menor ou tem diminuída, por qualquer causa, a capacidade de resistência.
>
> § 4º – A pena é aumentada até o dobro se a conduta é realizada por meio da rede de computadores, de rede social ou transmitida em tempo real.
>
> § 5º – Aplica-se a pena em dobro se o autor é líder, coordenador ou administrador de grupo, de comunidade ou de rede virtual, ou por estes é responsável.

Após o advento da Lei n. 13.968/2019, o crime de participação em suicídio ou automutilação passou a ter diversas causas especiais de aumento de pena em seus §§ 3º a 5º. Lembre-se, contudo, da regra do art. 68, par. único, do Código Penal, segundo a qual, se o juiz reconhecer mais de uma causa de aumento de pena da Parte Especial do Código Penal, poderá se limitar a um só aumento, desde que aplique o maior.

De acordo com o art. 122, § 3º, I, a pena será aplicada em dobro se o crime for praticado por motivo egoístico, fútil ou torpe.

Motivo egoístico mostra-se presente quando a intenção do agente ao estimular o suicídio da vítima é auferir algum tipo de vantagem em decorrência da morte daquela. Ex.: induzir o próprio pai a se matar para ficar com seu dinheiro; auxiliar o chefe a cometer suicídio para ficar com seu posto na empresa etc.

Motivo fútil é o motivo de somenos importância. Ex.: estimular alguém a se matar em razão de uma desavença de pouca relevância.

Motivo torpe é o vil, o repugnante. Ex.: incentivar um suicídio ou automutilação por ter inveja do sucesso ou da beleza da vítima.

O § 3º, II, do art. 122, prevê aumento no mesmo patamar, se a vítima é menor ou tem diminuída, por qualquer causa, a capacidade de resistência. O dispositivo refere-se à pessoa menor de 18 anos, por entender o legislador que, em tal faixa etária, as pessoas são mais suscetíveis de serem levadas ao suicídio ou à automutilação. Se a vítima tem menos de 18 e mais de 14 anos, a pena será duplicada. A pena a ser duplicada depende do resultado advindo (nenhuma lesão, lesão leve, lesão grave ou morte – *caput*, § 1º ou § 2º).

A expressão "capacidade de resistência diminuída" foi empregada para se referir à pessoa que está fragilizada e, portanto, mais suscetível de ser convencida a cometer o suicídio. Ex.: pessoa em crise de depressão; que sofreu grave abalo financeiro ou amoroso; que está embriagada; que possui leve perturbação mental etc.

Após o advento da Lei n. 13.968/2019, é necessário fazer algumas distinções:

a) se a vítima é menor de 14 anos ou se, por enfermidade ou deficiência mental, não tem o necessário discernimento para a prática do ato, ou se, por qualquer outra causa, não pode oferecer resistência, mas não sofre lesão ou sofre apenas lesão leve ou grave, aplica-se a pena do *caput* ou do § 1º, com a majorante em análise.

b) se a vítima é menor de 14 anos ou se, por enfermidade ou deficiência mental, não tem o necessário discernimento para a prática do ato, ou se, por qualquer outra causa, não pode oferecer resistência, e sofre lesão gravíssima, o agente responde pelo crime do art. 129, § 2º, do CP – crime de lesão corporal gravíssima, cuja pena é de 2 a 8 anos de reclusão. É o que diz expressamente o art. 122, § 6º, do Código Penal, com a redação dada pela Lei n. 13.968/2019. Temos aqui um erro do legislador, pois se o agente queria o suicídio da vítima e ela sofreu lesão gravíssima, seu dolo deveria levar à responsabilização por tentativa de homicídio, já que a vítima, em razão da idade ou do problema mental, não tinha condições de entender seu ato. Ao estabelecer que o agente responde pelo crime de lesão corporal gravíssima do art. 129, § 2º, do CP, o legislador, além de estabelecer pena menor em relação à tentativa de homicídio, teria excluído o crime da competência do Tribunal do Júri. A hipótese desse § 6º do art. 122 deveria ser aplicável somente em casos em que o agente estimulou a automutilação, ou seja, quando o dolo não era direcionado à morte da vítima.

c) se a vítima é menor de 14 anos ou se, por enfermidade ou deficiência mental, não tem o necessário discernimento para a prática do ato, ou se, por qualquer outra causa, não pode oferecer resistência, e morre, o agente responde pelo crime de homicídio, na forma do art. 121 do Código Penal. É o que diz o art. 122, § 7º, do Código Penal. É evidente que, se tiver havido motivação fútil ou torpe, o homicídio será qualificado.

O art. 122, § 4º, prevê que a pena pode ser aumentada em até o dobro se a conduta for realizada por meio da rede de computadores, de rede social ou transmitida em tempo real. Essa forma majorada do delito foi inserida no rol dos crimes hediondos pela Lei n. 14.811/2024.

O Juiz pode aplicar índice inferior ao máximo, pois o texto legal diz que o aumento é até o dobro.

O dispositivo refere-se aos crimes cometidos pela internet, ou por redes sociais como *instagram, twitter, facebook* etc. Ex.: o jogo conhecido como "baleia azul" nas redes sociais, mensagens estimulando a automutilação enviadas pelo *whatsapp* etc.

Por fim, o § 5º prevê que a pena será aplicada em dobro se o agente é líder, coordenador ou administrador de grupo, de comunidade ou de rede virtual, ou por estes responsável (art. 122, § 5º). O dispositivo em questão foi modificado pela Lei n. 14.811, de 12 de janeiro de 2024, pois, até então, o aumento em tais hipóteses era de metade da pena.

1.1.3.9. Classificação doutrinária

Trata-se de crime simples e de dano quanto à objetividade jurídica; comum e de concurso eventual em relação ao sujeito ativo; de ação livre e comissivo (e também omissivo para parte da doutrina) no que pertine aos meios de execução; formal e instantâneo quanto ao momento consumativo; doloso em relação ao elemento subjetivo.

1.1.3.10. Ação penal

Pública incondicionada. Em nosso entendimento, a competência será do Tribunal do Júri apenas em caso de enquadramento em crime de participação em **suicídio**, em que há dolo em relação ao evento morte, tratando-se, pois, de efetivo crime doloso contra a vida, conforme exige o art. 5º, XXXVIII, *d*, da Constituição Federal.

O crime de participação em automutilação, embora inserido neste Capítulo, não é efetivamente um crime contra a vida, devendo ser julgado pelo juízo singular. Com efeito, quando uma pessoa agride outra e comete crime de lesão corporal (art. 129), a competência é do juízo singular por não se tratar de crime doloso contra a vida. Logo, quando alguém estimula outrem a se autolesionar, a competência igualmente deve ser do juízo singular, pois o bem jurídico afetado é a integridade física e não a vida.

1.1.4. Infanticídio

> Art. 123. Matar, sob a influência do estado puerperal, o próprio filho, durante o parto ou logo após:
>
> Pena – detenção, de dois a seis anos.

1.1.4.1. Objetividade jurídica

A preservação da vida humana.

1.1.4.2. Tipo objetivo

O fenômeno do parto, em razão da intensa dor que provoca, da perda de sangue, do esforço necessário, além de outros fatores decorrentes da grande alteração hormonal por que passa o organismo feminino, pode levar a mãe a um breve período de alteração psíquica que acarrete rejeição àquele que está nascendo ou recém-nascido, tido por ela naquele momento como responsável por todo o sofrimento. Se, em razão dessa perturbação, a mãe matar o próprio filho, incorrerá no crime de infanticídio, que tem pena consideravelmente menor do que a do homicídio, pois está provado cientificamente que a autora do crime encontra-se com sua capacidade de entendimento diminuída em razão do *estado puerperal*.

O infanticídio é um delito *sui generis* porque a perturbação psíquica decorrente do estado puerperal reduz apenas temporariamente a capacidade de discernimento, não se enquadrando no conceito de semi-imputabilidade – já que não se trata de perturbação mental crônica, e sim de um quadro transitório. Diante da excepcionalidade do estado puerperal, o legislador tipificou a conduta como crime autônomo, com denominação própria, e não como figura privilegiada do homicídio ou como hipótese de semi-imputabilidade.

Estado puerperal, em suma, é o conjunto de alterações físicas e psíquicas que ocorrerem no organismo da mulher em razão do fenômeno do parto.

Para a tipificação do infanticídio exige o texto legal que a mãe mate *sob a influência* do puerpério, isto é, que a conduta de matar o próprio filho tenha como fator desencadeante o estado puerperal. Tal circunstância, por ser elementar do delito deve ser provada, o que se faz, em regra, por meio de perícia médico-psiquiátrica. Os médicos devem apreciar os sintomas exteriorizados pela mãe, os motivos por ela apresentados para a conduta, os meios empregados e outros fatores relevantes, para concluir se a morte decorreu ou não do estado puerperal. A própria Exposição de Motivos do Código Penal menciona que "o infanticídio é considerado um *delictum exceptum* quando praticado pela parturiente sob a influência do estado puerperal. Esta cláusula, como é óbvio, não quer significar que o puerpério acarrete sempre uma perturbação psíquica: é preciso que fique averiguado ter esta realmente sobrevindo em consequência daquele, de modo a diminuir a capacidade de entendimento ou de autoinibição da parturiente. Fora daí, não há por que distinguir entre infanticídio e homicídio". Deste trecho resta evidente que não se pode simplesmente presumir a alteração psíquica, dispensando-se a perícia médica. Ao contrário, a realização desta deve ser sempre determinada quando a mãe matar o próprio filho durante o parto ou logo após, sem prejuízo da obtenção de outras provas consideradas importantes. Caso as provas indiquem que a mãe sofreu a alteração psíquica e que esta foi o fator desencadeante do delito, responderá por infanticídio. Se, entretanto, a conclusão for em sentido oposto, deverá ser responsabilizada por homicídio. Exemplo: mãe que alega aos médicos psiquiatras que, desde o início da gravidez, pretendia matar o bebê quando ele nascesse. Veja-se: "a decisão dos jurados reconhecendo ter a ré matado o próprio filho sob a influência do estado puerperal se revela manifestamente contrária à prova dos autos, se o exame médico legal precedido na mesma negou qualquer perturbação psíquica decorrente do puerpério" (TJSP, Rel. Martiniano de Azevedo, *RT* 377/111).

É preciso salientar, no entanto, que é possível que a prova colhida seja inconclusiva ou dúbia. Como a perícia normalmente é feita algum tempo depois do delito, pode acontecer de o laudo ser inconclusivo e o restante da prova também. Apenas quando isso ocorrer é que se deve *presumir* que a morte do bebê decorreu do estado puerperal para que a mãe seja responsabilizada pelo crime menos grave (princípio *in dubio pro reo*).

Em suma, o fato de a morte ter sido decorrente de alteração psíquica causada pelo estado puerperal deve ser investigado e, se possível, provado. Caso, todavia, a prova seja inconclusiva, presume-se que a morte se deu por influência do estado puerperal, responsabilizando-se a mãe por crime de infanticídio.

O delito em estudo só pode ser cometido durante o parto ou logo após (elemento temporal do delito).

A morte do feto, antes do início do trabalho de parto, constitui crime de autoaborto.

O parto se inicia com a dilatação do colo do útero e termina com a expulsão do feto (nascimento). O crime pode ser cometido, primeiramente, no momento em que o filho está nascendo (passando pelo canal vaginal, por exemplo). Na maioria dos casos, entretanto, o delito é cometido logo após o nascimento. Como a duração das alterações no organismo feminino podem variar de uma mulher para outra, a expressão "logo após o parto" estará presente enquanto durar o estado puerperal de cada mãe em cada caso concreto. O que se sabe, entretanto, é que essas alterações duram no máximo alguns dias, daí porque correta a decisão do legislador em permitir genericamente o reconhecimento do infanticídio quando o crime acontecer logo depois do nascimento, sem especificar um montante exato de tempo.

É comprovado cientificamente que o estado puerperal capaz de levar ao infanticídio somente diminui a capacidade de entendimento da mulher e é de duração breve. Não se confunde com a chamada *psicose* puerperal, mais rara, em que a mulher perde por completo a capacidade de entendimento e autodeterminação, sendo considerada, por isso, inimputável e, por consequência, isenta de pena. Existe, ainda, a *depressão pós-parto*, quadro de perturbação psíquica que pode se estender por meses ou anos e que não tem o parto como única fonte desencadeadora. Se a mãe, por exemplo, mata o filho depois de um ano de seu nascimento e é diagnosticada com depressão pós-parto, não será possível o reconhecimento do infanticídio. Caso, todavia, se constate que a depressão a levou a uma situação de semi-imputabilidade em razão da perturbação da saúde mental, a pena do homicídio poderá ser reduzida de 1/3 a 2/3 (art. 26, parágrafo único, do CP), sendo ainda cabível a substituição da pena privativa de liberdade por medida de segurança – para tratamento do quadro depressivo crônico (art. 98 do CP).

O infanticídio tem como núcleo o verbo "matar", sendo, por isso, crime de ação livre, que admite qualquer meio executório capaz de gerar a morte. Os casos mais mencionados na jurisprudência são de sufocação (colocar o recém-nascido em saco plástico) e fratura de crânio. O delito pode também ser cometido por omissão, como no caso de mãe que, dolosamente, não amamenta o recém-nascido, ou quando dá à luz sozinha e, intencionalmente, deixa de efetuar a ligadura do cordão umbilical fazendo com que o bebê morra de hemorragia.

Ao contrário do que ocorre com o homicídio, a adoção de meio executório mais gravoso não torna o delito qualificado (asfixia, veneno, fogo ou outro meio cruel etc.). Poderá, entretanto, ser aplicada agravante genérica do art. 61, II, *d*, do Código Penal, exceto no caso de asfixia, que não está elencada neste dispositivo.

O elemento subjetivo do delito é dolo, direto ou eventual. Não existe modalidade culposa de infanticídio por ausência de previsão legal. Por isso, diverge a doutrina em torno das consequências criminais decorrentes de ato da mãe que, logo após o parto, *culposamente* provoca a morte do filho recém-nascido. A maioria dos doutrinadores sustenta que resta caracterizado o delito de homicídio culposo. É o entendimento de Julio Fabbrini Mirabete[43], Fernando Capez[44], Nélson Hungria[45], Cezar Roberto Bitencourt[46], Magalhães Noronha[47] e Luiz Régis Prado[48]. Existe, entretanto, entendimento de que o fato deve ser considerado atípico, na medida em que, estando a mãe sob a influência do estado puerperal, não se pode dela exigir as cautelas observadas nas pessoas em estado normal. Ademais, argumenta-se que, se o legislador não tipificou a modalidade culposa no crime de infanticídio, é porque não pretendia ver a mãe punida, sendo equivocado classificar o fato como homicídio culposo. É a opinião de Damásio de Jesus[49] e Paulo José da Costa Júnior[50]. Concordamos com a última tese, mesmo porque acusar a mãe por crime de homicídio culposo seria inócuo, na medida em que ela sempre faria jus ao perdão judicial, que constitui causa extintiva da punibilidade em referido delito (art. 121, § 5º, do CP). Assim, a movimentação da máquina judiciária, com os custos a ela inerentes, não traria qualquer efeito prático.

1.1.4.3. Sujeito ativo

Trata-se de crime *próprio* porque, de forma direta, só pode ser cometido pela mãe durante o estado puerperal. Apesar disso, é praticamente unânime o entendimento de que, com fundamento no art. 30 do Código Penal, o infanticídio admite coautoria e participação. De acordo com referido dispositivo, as circunstâncias de caráter pessoal, quando forem elementares do delito, comunicam-se aos comparsas. No infanticídio, a condição de mãe e o estado puerperal são elementares de caráter pessoal e, por tal motivo, estendem-se àqueles que não se encontram em tal situação.

Saliente-se, porém, que, para que a comunicação ao terceiro ocorra, é necessário que estejam presentes todas as elementares do crime em relação à mãe, pois, apenas se caracterizado o infanticídio para ela é que a tipificação poderá se estender aos comparsas. Exige-se, portanto, que a mãe tenha realizado ato executório do crime. Desse modo, aqueles que tenham colaborado com tal ato, ou seja, que tenham matado o bebê juntamente com a mãe, serão considerados coautores. Exemplo: a mãe e o terceiro asfixiam a criança. Se apenas a mãe cometer ato executório, tendo sido estimulada a fazê-lo por terceiro, este será partícipe no infanticídio.

A aplicação da regra do art. 30 do Código Penal nesses casos acaba, conforme mencionado, sendo injusta – principalmente no caso da coautoria – porque possibilita pena mais branda à pessoa que não se encontra em perturbação decorrente do estado puerperal. Sua aplicação, entretanto, é obrigatória, na medida em que se encontra

---

[43] Julio Fabbrini Mirabete. *Manual de direito penal,* v. 2, p. 92.
[44] Fernando Capez. *Curso de direito penal,* v. 2, p. 104.
[45] Nélson Hungria. *Comentários ao Código Penal,* v. V, p. 266.
[46] Cezar Roberto Bitencourt. *Tratado de direito penal,* v. 2, p. 125.
[47] Magalhães Noronha. *Direito penal,* v. 2, p. 47.
[48] Luiz Régis Prado. *Comentários ao Código Penal,* p. 536.
[49] Damásio de Jesus. *Direito penal,* v. 2, p. 109.
[50] Paulo José da Costa Júnior. *Curso de direito penal,* p. 317.

prevista na Parte Geral do Código e o dispositivo que tipifica o infanticídio (art. 123) não contém qualquer menção em sentido contrário.

O entendimento de que o infanticídio admite coautoria e participação é compartilhado por quase toda a doutrina, podendo ser mencionados, exemplificativamente, autores como Damásio de Jesus[51], Fernando Capez[52], Celso Delmanto[53], Julio Fabbrini Mirabete[54] e Cezar Roberto Bitencourt[55].

Nélson Hungria, por muitos anos, foi defensor da tese de que o estado puerperal é condição personalíssima – e não meramente pessoal – e, com esse argumento, sustentava que o terceiro que tomasse parte no crime deveria ser responsabilizado sempre por homicídio. O próprio Nélson Hungria, entretanto, na última edição de sua obra – Comentários ao Código Penal – mudou de opinião e passou a seguir a orientação majoritária. Heleno Cláudio Fragoso, por sua vez, manteve seu entendimento de que o estado puerperal é incomunicável[56].

Observe-se que existem projetos de lei em tramitação para inviabilizar a aplicação do art. 30 do Código Penal ao crime de infanticídio, fazendo com que terceiros envolvidos respondam sempre por homicídio.

É preciso analisar, por fim, a hipótese em que o ato executório é realizado exclusivamente pelo terceiro, que tenha sido incentivado pela mãe. Em tal caso, não se mostram presentes as elementares do crime de infanticídio porque a mãe não realizou a conduta típica de matar e o terceiro não estava sob influência do estado puerperal. Como foi outra pessoa quem matou (conduta típica), o crime por esta cometido é o de homicídio, sendo a mãe partícipe desse crime. Os doutrinadores, entretanto, insurgem-se contra esta solução, que é a tecnicamente correta, porque a mãe estaria sendo punida mais gravemente, embora tivesse praticado conduta mais branda – se ela, pessoalmente, matasse a criança responderia por infanticídio. Para corrigir essa distorção, defende-se que, nesse caso, excepcionalmente, deve-se abrir exceção à teoria monista, respondendo o terceiro por homicídio e a mãe por infanticídio, com o argumento de que ela estava em estado puerperal (incomunicável nessa hipótese por ser ela partícipe, e não autora do delito).

1.1.4.4. Sujeito passivo

Apenas o filho que está nascendo ou recém-nascido.

Se a mãe, logo após o parto, estando sob influência do estado puerperal, mata algum outro filho, que não o nascente ou recém-nascido, responde por homicídio.

Se a mãe quer matar o próprio filho, mas, por erro, o confunde com outro bebê no berçário da maternidade, responde por infanticídio, porque o art. 20, § 3º, do Código

---

[51] Damásio de Jesus. *Direito penal,* v. 2, p. 112-113.
[52] Fernando Capez. *Curso de direito penal,* v. 2, p. 106-107.
[53] Celso Delmanto. *Código Penal comentado,* p. 465.
[54] Julio Fabbrini Mirabete. *Manual de direito penal,* v. 2, p. 90.
[55] Cezar Roberto Bitencourt. *Tratado de direito penal,* v. 2, p. 127-128.
[56] Heleno Cláudio Fragoso. *Lições de direito penal,* Parte especial, v. I, p. 78.

Penal, ao tratar do instituto do "erro sobre a pessoa", determina que o agente seja responsabilizado como se tivesse matado a pessoa que pretendia.

Não se aplicam ao infanticídio as agravantes genéricas previstas no art. 61, II, *e* e *h*, do Código Penal, que se referem a crime cometido contra descendente ou contra criança, pois tais circunstâncias já estão contidas no próprio tipo penal e a aplicação das agravantes constituiria *bis in idem*.

1.1.4.5. Consumação

No momento em que a vítima morre. Trata-se de crime material. Considerando que o crime pode ser cometido durante o parto, não é necessária a prova de vida extrauterina, bastando a demonstração de que se tratava de feto vivo.

1.1.4.6. Tentativa

É perfeitamente possível, pois cuida-se de crime plurissubsistente.

1.1.4.7. Classificação doutrinária

Trata-se de crime simples e de dano quanto à objetividade jurídica; comum e de concurso eventual em relação ao sujeito ativo; de ação livre e comissivo ou omissivo no que pertine aos meios de execução; material e instantâneo quanto ao momento consumativo; doloso em relação ao elemento subjetivo.

Por admitir a coautoria, o infanticídio não pode ser classificado como crime de mão própria.

1.1.4.8. Ação penal

Pública incondicionada, de competência do Tribunal do Júri.

Existe controvérsia em torno da hipótese em que, na votação dos quesitos, os jurados, após reconhecerem a autoria, não aceitam que a acusada tenha agido sob a influência do estado puerperal. Para alguns, ela deve ser condenada imediatamente por homicídio, pois os jurados reconheceram que ela matou o filho e refutaram o estado puerperal. Para outros, deve ser decretada a absolvição, porque os jurados reconheceram crime diverso da pronúncia, porém mais grave. A tese mais aceita, entretanto, é a de que o juiz deve dissolver o Conselho de Sentença para que a pronúncia seja adaptada à decisão dos jurados, designando-se, posteriormente, novo julgamento.

A fim de evitar a controvérsia que pode se instalar na situação retratada no parágrafo anterior, há quem defenda que o Ministério Público deve sempre oferecer denúncia por crime de homicídio. Com essa providência, a ré seria pronunciada por homicídio, podendo, então, o promotor de justiça, no dia do julgamento em Plenário, requerer a desclassificação para infanticídio, hipótese em que, caso os jurados refutem a morte em razão do estado puerperal, poderá o juiz prolatar, de imediato, sentença condenatória por homicídio.

1.1.5. Aborto

Aborto é a interrupção da gravidez com a consequente morte do produto da concepção.

Nem sempre o aborto é criminoso. Se for decorrente de causas naturais, como malformação do feto, rejeição do organismo da gestante, patologia etc., o fato será atípico. Também não haverá crime de aborto se tiver ele sido acidental – queda, colisão de veículos, atropelamento etc. Em verdade, para a existência de crime de aborto, é necessário que a interrupção da gravidez tenha sido intencionalmente provocada – pela própria gestante ou por terceiro – e que não se mostre presente quaisquer das hipóteses que excluem a ilicitude do fato (aborto legal).

O aborto, portanto, pode ser: a) natural; b) acidental; c) criminoso; e d) legal.

1.1.5.1. Aborto criminoso

O Código Penal contém quatro modalidades de aborto criminoso:

a) *autoaborto* (art. 124, 1ª parte);
b) *consentimento para o aborto* (art. 124, 2ª parte);
c) *provocação de aborto com o consentimento da gestante* (art. 126);
d) *provocação de aborto sem o consentimento da gestante* (art. 125).

Estudaremos, inicialmente, os elementos constitutivos dos referidos delitos, bem como temas referentes ao sujeito ativo e passivo, já que variam de uma modalidade para outra. Posteriormente, serão analisadas as questões comuns a todas as figuras criminosas de aborto – momento consumativo, possibilidade de tentativa, hipóteses configuradoras de crime impossível, elemento subjetivo etc.

1.1.5.1.1. Autoaborto

Art. 124. Provocar aborto em si mesma ou consentir que outrem lho provoque:

Pena – detenção de um a três anos.

No *autoaborto*, previsto na primeira parte do art. 124, é a própria gestante quem pratica a manobra que provoca a morte do feto. É o que ocorre, por exemplo, quando ela intencionalmente faz uso de medicamento abortivo.

Quando uma gestante tenta o suicídio, o fato é considerado atípico, não incorrendo ela em tentativa de aborto com o argumento de que não se pune a autolesão. Existe, entretanto, controvérsia em relação à hipótese em que, da tentativa de suicídio, resulta efetivamente o aborto. Alguns alegam que o fato é atípico porque, ao praticar a tentativa de suicídio, não tinha a gestante intenção específica de provocar o aborto. Para outros, todavia, mostra-se presente o dolo eventual devendo ela ser punida pelo autoaborto.

Tendo em vista que a pena mínima é de um ano, o crime mostra-se compatível com o benefício da suspensão condicional do processo, se a gestante preencher os demais requisitos do art. 89 da Lei n. 9.099/95.

1.1.5.1.1.1. Sujeito ativo

Trata-se de crime *próprio* porque somente pode ser cometido por gestantes. Cuida-se, ainda, de crime de *mão própria* porque o ato de realizar aborto "em si mesma" é incompatível com a coautoria. Assim, se a gestante e terceira pessoa, concomitantemente, desferirem pancadas no ventre da primeira, haverá crime de autoaborto por parte da gestante e de provocação de aborto com o consentimento da gestante (art. 126) em relação ao terceiro.

Por sua vez, é plenamente possível e, aliás, muito comum, a figura da *participação* no autoaborto. São considerados partícipes, por exemplo, os amigos ou os familiares que incentivam verbalmente a gestante a ingerir medicamento abortivo, o namorado que para ela o adquire, o farmacêutico que, ciente da finalidade criminosa, vende a substância de uso controlado, ou, ainda, o médico que prescreve a substância a pedido da gestante que quer abortar.

Quem age com o fim de obter lucro, como o farmacêutico no exemplo acima, deve ter sua pena agravada por ter agido por motivo torpe – art. 61, II, *a*, do Código Penal.

1.1.5.1.1.2. Sujeito passivo

A vítima do crime de autoaborto é o produto da concepção. Trata-se de interpretação praticamente unânime na doutrina. Em nosso entendimento, não têm razão Heleno Cláudio Fragoso[57] e Julio Fabbrini Mirabete[58] quando sustentam que o feto não é titular de bem jurídico e, por isso, os sujeitos passivos do crime seriam o Estado e a comunidade nacional. Fragoso chega a mencionar que o aborto sequer deveria ser considerado crime contra a pessoa. Não se pode negar, contudo, que o feto tem vida, o que, aliás, justifica a classificação do delito no capítulo "Dos crimes contra a vida", referindo-se a lei, evidentemente, à vida do feto. Assim, pode-se dizer que a própria lei define ser sujeito passivo do crime o produto da concepção.

No caso de gêmeos, haverá punição por crime único se a gestante não sabia disso, pois puni-la por dois delitos seria responsabilidade objetiva. Se ela, todavia, já havia se submetido a exame de ultrassom ou outro similar e tinha ciência de que eram gêmeos quando realizou o ato abortivo, responderá por dois crimes. A hipótese é de concurso formal impróprio, em que as penas são somadas, porque o agente queria efetivamente os dois resultados.

1.1.5.1.2. Consentimento para o aborto

> Art. 124. Provocar aborto em si mesma ou consentir que outrem lho provoque:
>
> Pena – detenção de um a três anos.

Nessa modalidade, prevista na segunda parte do dispositivo, a gestante não pratica em si o ato abortivo, mas permite que outra pessoa nela realize a manobra provocadora da morte do feto. É o que ocorre, por exemplo, quando a gestante procura uma

---

[57] Heleno Cláudio Fragoso. *Lições de direito penal,* Parte especial, v. I, p. 111.
[58] Julio Fabbrini Mirabete. *Manual de direito penal,* v. 2, p. 94.

aborteira ou uma clínica de aborto e autoriza a realização de manobra para a interrupção da gravidez. O pagamento não é requisito do crime, embora seja muito comum.

Ressalte-se que, em tais hipóteses, a gestante responde pelo crime do art. 124, enquanto a pessoa que realizar o ato abortivo comete crime mais grave, descrito no art. 126 do Código Penal. Não se trata, portanto, de concurso de agentes e sim de crime autônomo para cada um dos envolvidos.

Eventual alegação de que a motivação do crime foi a falta de condições financeiras para criar o filho (ou mais um filho) ou de que a gravidez resultou de relações extraconjugais ou anteriores ao casamento, de maneira alguma exime de punição ou serve para abrandar a pena. Em verdade, o legislador já levou em conta esses fatores para estabelecer penas menores para a gestante nos crimes definidos no art. 124 do Código Penal.

A pena mínima do crime de consentimento para o aborto é de um ano, sendo, por isso, cabível a suspensão condicional do processo, se a gestante preencher os demais requisitos do art. 89 da Lei n. 9.099/95.

1.1.5.1.2.1. Sujeito ativo

Trata-se de crime *próprio*, cujo sujeito ativo só pode ser mulher grávida. É, ainda, crime de *mão própria* por não admitir coautoria, já que apenas a própria gestante pode consentir validamente para que outro *nela* realize ato abortivo.

Se o pai de uma moça de 15 anos, grávida do namorado, a leva a um médico e, sem que ela saiba, paga para ele realizar curetagem no momento do exame, não responde ele por crime de consentimento para o aborto. Em tal hipótese, o médico incorre no delito de provocação de aborto sem o consentimento da gestante (art. 125) e o pai é partícipe de tal crime.

O crime de consentimento para o aborto admite *participação*. São partícipes, por exemplo, o namorado que dá dinheiro para a gestante procurar alguém para nela realizar o aborto, ou a amiga ou os familiares que a acompanham a uma clínica apoiando a interrupção da gravidez.

O art. 126, parágrafo único, do Código Penal, estabelece que não é válido o consentimento prestado por gestante não maior de 14 anos. Com isso, *a contrario sensu*, é possível concluir que o consentimento prestado por gestante maior de 14 anos e menor de 18 é válido (embora só possa ela ser punida perante a Vara da Infância e da Juventude). Assim, se a gestante de 15 anos é levada pelo namorado a uma clínica de aborto e ali é realizado o ato abortivo, ela responde pelo ato infracional na vara especializada e o namorado é partícipe no crime de consentimento para o aborto, respondendo perante a Justiça Comum, se maior de idade, enquanto o médico incorre no crime de provocação de aborto *com* o consentimento da gestante (art. 126).

Se a gestante for menor de 14 anos e, desacompanhada dos representantes legais, procurar uma clínica de aborto e autorizar a interrupção da gravidez, tal consentimento, conforme já mencionado, não será considerado válido, de modo que o médico incorrerá no crime de aborto *sem* o consentimento da gestante. É verdade que a gravidez de mulher menor de 14 anos leva à conclusão de que foi ela vítima de estupro de vulnerável (art. 217-A, *caput*, do CP). Nesta hipótese, prevê a lei que é permitida a realização do aborto, mas apenas *se houver autorização dos representantes legais* da gestante (art. 128, II, do CP).

1.1.5.1.2.2. Sujeito passivo

O produto da concepção, da mesma forma que no autoaborto.

1.1.5.1.3. Provocação de aborto com o consentimento da gestante

Art. 126. Provocar aborto com o consentimento da gestante:
Pena – reclusão, de um a quatro anos.

Trata-se de infração penal que pune quem realiza a manobra abortiva contando com a prévia autorização da gestante.

Pretendeu o legislador nesse dispositivo criar exceção à teoria *unitária* ou *monista*, que constitui regra na legislação penal, segundo a qual todos os que contribuírem para o resultado criminoso devem responder pelo mesmo delito. Na situação fática em estudo, o resultado é um só: a morte do feto. De acordo com o texto legal, entretanto, a gestante que consente para o ato abortivo incorre em crime de menor gravidade (art. 124, 2ª parte), enquanto o terceiro que realiza o aborto incorre em infração penal mais severamente apenada, descrita no art. 126.

Para a existência do crime de provocação de aborto com o consentimento da gestante, é necessário que este perdure até a consumação do ato. Caso a gestante, que, inicialmente, havia prestado consentimento, arrependa-se e peça ao agente que não o faça, mas este prossiga na execução do crime e pratique o aborto, responderá, evidentemente, por crime de aborto sem o consentimento da gestante, restando atípico o fato em relação a ela que havia retirado o consentimento e foi forçada ao ato.

Premissa do delito em estudo é que o consentimento seja válido, tendo sido prestado pela gestante de forma livre e espontânea. Por isso, o art. 126, parágrafo único, do Código Penal estabelece que o consentimento obtido com emprego de violência, grave ameaça ou fraude não é válido, devendo o agente ser punido por crime de aborto *sem* o consentimento da gestante. O mesmo dispositivo, aliás, não reconhece valor ao consentimento prestado por gestante não maior de 14 anos, ou alienada, ou débil mental, respondendo igualmente o responsável pela manobra por crime de aborto *sem* o consentimento da gestante.

A pena mínima deste crime é de um ano, sendo compatível com o instituto da suspensão condicional do processo, caso presentes os demais requisitos do art. 89, da Lei n. 9.099/95.

1.1.5.1.3.1. Sujeito ativo

Trata-se de crime *comum*, que pode ser cometido por qualquer pessoa. O sujeito ativo, portanto, pode ser médico ou leigo.

É possível a *participação*, como, por exemplo, por parte da enfermeira que presta assistência a um médico no instante em que ele realiza a curetagem abortiva. Imaginemos, então, a seguinte situação: uma moça, incentivada por uma amiga, comparece a uma clínica e autoriza o aborto, que é realizado por um médico contando com a ajuda de uma enfermeira. Em tal caso, haverá o seguinte enquadramento: a gestante é autora do crime de consentimento para o aborto (art. 124) e a amiga é partícipe deste crime. O médico, por sua vez, é autor do crime de provocação de aborto com o consentimento da gestante (art. 126), sendo partícipe a enfermeira.

Caso três ou mais médicos se reúnam para montar uma clínica abortiva, os responsáveis responderão por todos os crimes de aborto ali cometidos, em concurso material com o delito de associação criminosa (art. 288 do CP), delito este que se tipifica pela associação de três ou mais pessoas para a prática reiterada de crimes. Evidente que as gestantes que tenham comparecido à clínica para a prática abortiva não incorrem neste delito.

1.1.5.1.3.2. Sujeito passivo

O produto da concepção. A gestante, por prestar consentimento para o ato, não é considerada vítima. Ao contrário, conforme já estudado, comete ilícito penal, porém mais brando.

No caso de gêmeos, haverá punição por crime único se o agente não sabia disso, pois puni-lo por dois delitos seria responsabilidade objetiva. Se a gestante, entretanto, já havia se submetido a exame de ultrassom ou outro similar e o sujeito, em razão disso, tinha ciência de que eram gêmeos quando realizou o ato abortivo, responderá por dois crimes. A hipótese é de concurso formal impróprio, em que as penas são somadas, porque o agente queria efetivamente os dois resultados.

1.1.5.1.4. Provocação de aborto sem o consentimento da gestante

Art. 125. Provocar aborto, sem o consentimento da gestante:

Pena – reclusão, de três a dez anos.

Esta é a modalidade mais grave do crime de aborto porque praticado sem o consentimento da gestante. O delito pode ocorrer tanto nas hipóteses em que não há efetivamente qualquer autorização por parte da mulher grávida (por exemplo, agressão contra ela, ministração sorrateira de substância abortiva), como naquelas em que existe o consentimento, mas a lei o considera inválido (nulo). Estes casos em que existe a autorização no plano fático, porém despida de validade no plano jurídico, estão elencadas no art. 126, parágrafo único, do Código Penal: a) se o consentimento foi obtido com emprego de violência; b) se o consentimento foi obtido com emprego de grave ameaça; c) se o consentimento foi obtido com emprego de fraude; d) se o consentimento foi prestado por gestante não maior de 14 anos; e e) se o consentimento foi prestado por gestante alienada ou débil mental.

Existe emprego de fraude, por exemplo, quando o médico mente para a gestante dizendo a ela que a gravidez poderá causar a sua morte, obtendo, por isso, autorização para o aborto.

Se a gestante é menor de 14 anos ou é portadora de enfermidade ou deficiência mental que lhe impeça de ter discernimento para o ato sexual, significa que ela foi vítima de estupro de vulnerável (art. 217-A e § 1º, do Código Penal). Nesses casos, o aborto é lícito, desde que haja consentimento do representante legal da gestante para a sua realização (art. 128, II). Se, todavia, não existe tal consentimento, o médico que realiza o ato abortivo comete o crime de aborto sem o consentimento da gestante porque a autorização dada apenas por esta não é válida.

Quem dolosamente mata uma mulher grávida provocando, por consequência, a morte do feto, responde por crimes de homicídio (ou feminicídio, dependendo do caso concreto) e aborto, pois, em relação ao último houve, no mínimo, dolo eventual. Se, todavia, ficar demonstrado que o agente não sabia da gravidez, por estar a mulher no início da gestação, sua responsabilização penal se resumirá ao crime de homicídio, pois, nesse caso, puni-lo por aborto constituiria responsabilidade objetiva, que é vedada. É que, em tal situação, sequer é possível imputar dolo eventual a ele e o crime de aborto só é punido a título de dolo.

Do mesmo modo quem comete crime de latrocínio contra mulher grávida, ciente do estado gestacional, responde pelos dois delitos.

1.1.5.1.4.1. Sujeito ativo

Trata-se de crime *comum*, que pode ser cometido por qualquer pessoa.

1.1.5.1.4.2. Sujeito passivo

A presente infração penal tem duplo sujeito passivo: a gestante e o produto da concepção.

No caso de gêmeos, haverá punição por crime único se o agente não sabia disso, pois puni-lo por dois delitos seria responsabilidade objetiva. Se a gestante, entretanto, já havia se submetido a exame de ultrassom ou outro similar e o sujeito, em razão disso, tinha ciência de que eram gêmeos quando realizou o ato abortivo, responderá por dois crimes. A hipótese é de concurso formal impróprio, em que as penas são somadas, porque o agente queria efetivamente os dois resultados.

1.1.5.1.5. Temas comuns a todas as modalidades de aborto

1.1.5.1.5.1. Objetividade jurídica

Os crimes de aborto tutelam a vida humana intrauterina.

O ato de provocar aborto, portanto, implica provocar a morte do feto, quer seja ele expulso, quer permaneça, já sem vida, no ventre materno.

Se o feto já está morto por causas naturais ou provocadas, mas permanece no útero da mulher, a conduta posterior, consistente em sua retirada, não configura ilícito penal.

O aborto é possível desde o início da gravidez, contudo o momento exato em que esta se inicia é tema controvertido. Para alguns, a gravidez tem início com a *fecundação* do óvulo. Para outros, o início da gestação ocorre com a *nidação* (implantação do óvulo fecundado no útero). Essa polêmica não é irrelevante, na medida em que, embora a nidação ocorra poucos dias após a fecundação, há algumas substâncias que podem fazer efeito exatamente nesse interregno – após a fecundação para evitar a nidação. É, por exemplo, o caso da pílula do dia seguinte. Para os que entendem que a gravidez se inicia com a nidação, tal método não é abortivo, mas para os que entendem que se inicia com a fecundação, sim. É bem verdade que normas do Ministério da Saúde permitem o uso da pílula do dia seguinte no Brasil, e, com isso, as mulheres que utilizem referido medicamento e os médicos que o prescrevam não correm o risco de serem acusados por crime de aborto, já que, para os que entendem que a gravidez se inicia com a nidação, o fato é atípico, e, para os que acham que já existe gravidez com a fecundação, o uso constitui exercício regular de direito. A relevância do debate reside no fato de que os defensores da tese de que a gravidez se inicia com a fecundação procuram convencer as autoridades de que a pílula do dia seguinte deve voltar a ser proibida por ser abortiva.

Após o início da gestação, o aborto criminoso pode ocorrer até o momento do nascimento. O produto da concepção passa por várias fases durante a gravidez, sendo chamado de ovo nos dois primeiros meses, de embrião nos dois meses seguintes e, finalmente, de feto no período restante. Conforme mencionado, o aborto pode ocorrer em qualquer dessas fases.

Só se pode cogitar de crime de aborto quando uma mulher está grávida. Não constitui delito de aborto destruir embrião *in vitro*.

1.1.5.1.5.2. Meios de execução

O aborto, em todas as suas figuras, é crime de ação livre, pois admite qualquer forma de execução, desde que apta a provocar o resultado. Os métodos mais usuais são a ingestão de medicamentos que causam contração no útero na fase inicial da gravidez, provocando o descolamento do produto da concepção e sua consequente expulsão; raspagem ou curetagem; sucção do feto; introdução de objetos pontiagudos pelo canal vaginal para provocar contração uterina; utilização de choque elétrico, também para ocasionar contração no útero; uso de instrumentos contundentes para agredir a gestante na altura do ventre (com ou sem seu consentimento) etc.

O aborto pode, ainda, ser cometido por *omissão*. Exemplos: a) médico que, percebendo a grande probabilidade de um aborto natural e ciente da existência de medicamentos que podem evitar sua ocorrência, intencionalmente deixa de prescrevê-los; b) gestante, para a qual é receitado medicamento absolutamente imprescindível para evitar o aborto, que, querendo a superveniência do resultado, não o ingere.

1.1.5.1.5.3. Contravenção penal

O art. 20 da Lei das Contravenções Penais pune com pena de multa quem anuncia processo, substância ou objeto destinado a provocar aborto.

1.1.5.1.5.4. Elemento subjetivo

A lei penal somente pune o aborto provocado de forma dolosa.

Todas as modalidades de aborto criminoso podem ser praticadas com dolo direto, o que se verifica quando o agente quer efetivamente causar o resultado.

O autoaborto e a provocação de aborto sem o consentimento da gestante são ainda compatíveis com o dolo eventual. O mesmo não ocorre, todavia, com os crimes de consentimento para o aborto e provocação de aborto com o consentimento da gestante. Com efeito, como estes crimes pressupõem um consentimento específico para ato determinado – o aborto –, não há como se cogitar de dolo eventual.

O Código Penal não prevê modalidade culposa do crime de aborto. Como consequência, quando alguém o provoca por negligência, imprudência ou imperícia, responde por delito de lesões corporais, figurando como sujeito passivo a gestante. Por sua vez, se o ato culposo causador do aborto tiver sido dela própria, o fato será considerado atípico porque não é punível a autolesão – não pode a gestante ser autora e vítima do crime de lesão culposa.

1.1.5.1.5.5. Consumação

Todas as formas de aborto criminoso consumam-se no momento da morte do feto. Trata-se, pois, de crime *material*.

No crime de consentimento para o aborto, cometido pela gestante (art. 124, 2ª parte), é evidente que a consumação não ocorre no momento em que ela dá a autorização, pois, antes da realização do ato abortivo, ela pode desistir e se retirar do local, hipótese em que o fato será considerado atípico. Somente no instante em que o terceiro nela realizar a manobra abortiva, haverá a consumação dos dois crimes (arts. 124 e 126).

A comprovação da materialidade do crime de aborto pressupõe demonstração de que a mulher estava grávida. Essa prova normalmente é pericial – exames no corpo da mulher ou nos próprios restos fetais. Na ausência da prova pericial, a testemunhal poderá suprir a falta, nos termos do art. 167 do Código de Processo Penal.

1.1.5.1.5.6. Tentativa

Todas as figuras de aborto criminoso são compatíveis com o *conatus*. Basta que seja realizado um ato capaz de provocar aborto e que a morte do feto não ocorra por circunstâncias alheias à vontade do(s) envolvido(s). É ainda necessário que já tenha havido início de execução. Se a mulher está na sala de espera de uma clínica de aborto aguardando o momento de sua realização quando policiais chegam ao local e impedem que as manobras se iniciem, o fato é atípico porque ainda não houve início de execução do delito.

Na tentativa de aborto, é possível que o feto permaneça vivo no útero materno ou que seja expulso com vida e sobreviva.

Se a manobra abortiva for realizada e o feto for expulso com vida, mas morrer, o aborto será considerado consumado, desde que fique demonstrado que a sua morte decorreu da manobra agressiva contra ele realizada enquanto se encontrava no útero da mãe. Exemplo: golpe abortivo que atinge o corpo do feto; imaturidade etc. Essa conclusão deve-se à regra do art. 4º do Código Penal que considera cometido o crime no momento da ação, ainda que o resultado ocorra posteriormente. Nos exemplos acima, o ato agressivo foi direcionado ao feto e o dolo do agente era o de cometer aborto, respondendo, portanto, por este crime.

1.1.5.1.5.7. Crime impossível

Haverá crime impossível por absoluta impropriedade do objeto quando for feita manobra visando ao aborto, porém ficar constatado que o feto já estava morto por causas naturais anteriores ou que a mulher, em verdade, não estava grávida. Em tais hipóteses, embora presente o dolo característico do crime de aborto, o fato é considerado atípico em razão do que dispõe o art. 17 do Código Penal, segundo o qual, nos casos de crime impossível, o agente não responde nem mesmo por delito tentado.

Por sua vez, haverá crime impossível por absoluta ineficácia do meio quando o agente, querendo provocar o aborto, escolher um meio de execução absolutamente incapaz de gerar a morte do produto da concepção. É o que ocorre, por exemplo, quando a gestante ingere medicamentos ou chás que não têm poder abortivo, embora suponha presente essa propriedade. O fato é considerado atípico, sendo inviável a punição por tentativa de aborto, nos termos do art. 17 do Código Penal.

1.1.5.1.5.8. Classificação doutrinária

Trata-se de crime simples e de dano quanto à objetividade jurídica; próprio no autoaborto e no consentimento para o aborto e comum nas demais figuras no que diz respeito ao sujeito ativo; de ação livre e comissivo ou omissivo no que pertine aos meios de execução; material e instantâneo quanto ao momento consumativo; doloso em relação ao elemento subjetivo.

1.1.5.1.5.9. Penas restritivas de direitos

O art. 44, I, do Código Penal, permite a substituição da pena privativa de liberdade por restritiva de direitos, quando a condenação não superar quatro anos, desde que se trate de crime cometido sem violência ou grave ameaça à *pessoa*. Tal dispositivo, entretanto, não abrange a violência empregada contra o feto, de modo que, nos crimes de aborto, é cabível referida substituição, se a pena aplicada não superar quatro anos, e desde que não haja agressão contra a gestante para a provocação do aborto, bem como presentes os demais requisitos de caráter subjetivo elencados nos incisos II e III do referido art. 44.

1.1.5.1.5.10. Ação penal

Todas as formas de aborto apuram-se mediante ação pública incondicionada. O julgamento é feito pelo Tribunal do Júri.

1.1.5.1.6. Forma qualificada

> *Art. 127. As penas cominadas nos dois artigos anteriores são aumentadas de um terço, se, em consequência do aborto ou dos meios empregados para provocá-lo, a gestante sofre lesão corporal de natureza grave; e são duplicadas, se, por qualquer dessas causas, lhe sobrevém a morte.*

A denominação "forma qualificada" que consta no texto legal é equivocada porque, em verdade, o dispositivo elenca causas de aumento de pena, que devem ser consideradas na terceira fase da dosimetria, na medida em que estão previstos índices de aumento e não qualificadoras propriamente ditas.

Por expressa disposição legal, essas majorantes só são aplicáveis ao terceiro que realiza o aborto com ou sem o consentimento da gestante, pois, o art. 127 dispõe que "*as penas cominadas nos dois artigos anteriores*" serão exasperadas, referindo-se, portanto, aos arts. 125 e 126 do Código. A pena será aumentada de *1/3* se a gestante sofrer lesão grave, como, por exemplo, a perda da função reprodutora, e será aplicada em *dobro* se a gestante morrer. De acordo com o texto legal, o aumento incide quer o resultado agravador seja consequência do próprio aborto, quer dos meios empregados para sua execução.

Tendo em vista que o montante final da pena previsto para essas condutas é consideravelmente pequeno, é pacífico o entendimento de que essas majorantes são exclusivamente *preterdolosas*, pressupondo, portanto, dolo na provocação do aborto e culpa em relação ao resultado agravador. Infelizmente a hipótese é consideravelmente comum no dia a dia, pois um grande número de atos abortivos é realizado por pessoas sem experiência na área médica, com instrumentos inadequados ou em locais em que não é possível o socorro à gestante em caso de complicações decorrentes da manobra abortiva. Por isso, são frequentes hemorragias ou infecções das quais decorrem a perda da capacidade reprodutora (lesão grave) ou a morte.

Lembre-se que, quando o agente dolosamente mata a gestante e, por consequência, provoca a morte do feto, responde por crimes de homicídio doloso e de aborto sem o consentimento da gestante.

Não obstante o art. 127 do Código Penal contenha hipóteses preterdolosas, é possível que o aumento seja aplicado quando o aborto não se consuma, mas a gestante sofre lesão grave ou morre. É evidente que não se trata de situação corriqueira, porém ela é possível. Com efeito, se for realizado ato abortivo na fase final da gestação e a gestante falecer em decorrência da manobra, mas o feto for expelido com vida e sobreviver, o crime de aborto considera-se tentado e a majorante será aplicada em razão da morte da mãe. Em tal hipótese, deverá, ao final, ser aplicado o redutor referente à forma tentada do delito de aborto.

Se o namorado instiga a namorada grávida a realizar autoaborto e ela morre ou sofre lesão grave, não há como aplicar o aumento do art. 127 em relação a ele, que é partícipe do crime do art. 124, uma vez que, conforme já mencionado, a majorante só pode ser aplicada àqueles que estejam incursos nos crimes dos arts. 125 e 126. Em razão disso, caso se demonstre ter havido conduta culposa de sua parte em relação ao resultado (lesão grave ou morte), deverá ele ser punido por crime de lesão culposa ou homicídio culposo (além da participação no autoaborto). É o que deverá ocorrer se ele, por exemplo, tiver sugerido a ingestão de grande número de medicamentos abortivos e a gestante tiver falecido em razão disso.

Deve-se salientar, por fim, que, se alguém realiza uma manobra abortiva e, com isso, provoca culposamente a morte da gestante, mas, posteriormente, é produzida prova de que o feto já estava morto por causas naturais, há de se reconhecer *crime impossível* em relação ao delito de aborto, de modo que o agente só poderá ser punido por crime de homicídio culposo.

1.1.5.1.7. Aborto legal

Art. 128. Não se pune o aborto praticado por médico:

I – se não há outro meio para salvar a vida da gestante;

II – se a gravidez resulta de estupro e o aborto é precedido de consentimento da gestante ou, quando incapaz, de seu representante legal.

Pode-se notar que existem duas hipóteses em que a provocação dolosa de aborto não constitui crime. Esses dispositivos, portanto, possuem natureza jurídica de causas especiais de exclusão da ilicitude.

1.1.5.1.7.1. Aborto necessário ou terapêutico

Essa figura de aborto legal, descrita no art. 128, I, do Código Penal, pressupõe a coexistência de dois requisitos: a) que não haja outro meio para salvar a vida da gestante; e b) que o ato abortivo seja feito por médico.

O consentimento da gestante não é requisito desta modalidade de aborto permitido porque não consta do texto legal.

Hipótese comum de gravidez de alto risco para a vida da gestante é a denominada gravidez tubária, em que o óvulo fecundado não se implanta no útero, e sim em uma das trompas, podendo gerar seu rompimento e grave hemorragia interna. O médico, então, ao constatar a gravidez tubária, pode interromper a gestação para salvar a vida da mulher, não incorrendo em infração penal.

Saliente-se que para ser considerado legal o aborto, não se faz necessário que haja risco atual para a vida da gestante, pois, para tal hipótese, já existe a excludente do estado de necessidade, prevista no art. 24 do Código Penal. Por isso, se logo no início da gravidez os exames demonstram que o crescimento do feto poderá futuramente provocar a morte da gestante por hemorragia, não faz sentido aguardar que o risco se concretize para só nesse momento realizar o aborto. Não é por outra razão que a exclusão da ilicitude com base neste dispositivo pressupõe que a manobra abortiva seja feita por médico. Caso, todavia, exista perigo atual para a gestante, estando ela prestes a morrer em decorrência de complicações da gestação, qualquer pessoa poderá realizar a intervenção abortiva a fim de lhe salvar a vida, estando, nesse caso, acobertada pela excludente do estado de necessidade de terceiro.

1.1.5.1.7.2. Aborto sentimental ou humanitário

De acordo com o art. 128, II, do Código Penal, esta modalidade de aborto legal exige a coexistência de três requisitos: a) que a gravidez seja resultante de estupro; b) que exista consentimento da gestante ou de seu representante legal se ela for incapaz; e c) que seja realizado por médico.

A denominação aborto "sentimental" deve-se ao fato de ser permitida a realização do aborto por se tratar de gravidez não desejada, decorrente de ato sexual forçado. A regra se aplica tanto ao estupro comum (art. 213 do CP), quanto ao estupro de vulnerável (art. 217-A do CP). Neste último, não é necessário o emprego de violência ou grave ameaça, mas a relação sexual é considerada ilícita por ser a vítima menor de 14 anos, deficiente mental sem o necessário discernimento para o ato, ou incapaz de oferecer resistência por qualquer outra causa. Se a gravidez resultar do crime de posse sexual mediante fraude (art. 215 do CP), não se admite o aborto legal.

Para que o aborto não seja considerado crime é necessário que haja autorização da mulher vítima do estupro ou, caso seja ela incapaz, de seu representante legal. Não é necessária a autorização judicial. Tampouco é necessária a identificação ou eventual condenação do estuprador.

Para a realização do aborto sentimental, basta que o médico se convença da ocorrência da violência sexual – por exames que tenha feito na vítima, por cópias de depoimentos em inquérito policial ou boletim de ocorrência etc. Ressalte-se que o Ministério da Saúde editou, no ano de 2005, a Portaria n. 1.145, deixando claro que a existência de boletim de ocorrência não é requisito indispensável para a realização do aborto sentimental. Em 2020, o Ministério da Saúde publicou a Portaria n. 2.282[59], modificando o

---

[59] Eis o teor da Portaria: "Art. 1º É obrigatória a notificação à autoridade policial pelo médico,

demais profissionais de saúde ou responsáveis pelo estabelecimento de saúde que acolheram a paciente dos casos em que houver indícios ou confirmação do crime de estupro.

Parágrafo único. Os profissionais mencionados no *caput* deverão preservar possíveis evidências materiais do crime de estupro a serem entregues imediatamente à autoridade policial, tais como fragmentos de embrião ou feto com vistas à realização de confrontos genéticos que poderão levar à identificação do respectivo autor do crime, nos termos da Lei Federal n. 12.654, de 2012.

Art. 2º O Procedimento de Justificação e Autorização da Interrupção da Gravidez nos casos previstos em lei compõe-se de quatro fases que deverão ser registradas no formato de termos, arquivados anexos ao prontuário médico, garantida a confidencialidade desses termos.

Art. 3º A primeira fase será constituída pelo relato circunstanciado do evento, realizado pela própria gestante, perante 2 (dois) profissionais de saúde do serviço.

Parágrafo único. O Termo de Relato Circunstanciado deverá ser assinado pela gestante ou, quando incapaz, também por seu representante legal, bem como por 2 (dois) profissionais de saúde do serviço, e conterá:

I – local, dia e hora aproximada do fato;

II – tipo e forma de violência;

III – descrição dos agentes da conduta, se possível; e

IV – identificação de testemunhas, se houver.

Art. 4º A segunda fase se dará com a intervenção do médico responsável que emitirá parecer técnico após detalhada anamnese, exame físico geral, exame ginecológico, avaliação do laudo ultrassonográfico e dos demais exames complementares que porventura houver.

§ 1º A gestante receberá atenção e avaliação especializada por parte da equipe de saúde multiprofissional, que anotará suas avaliações em documentos específicos.

§ 2º Três integrantes, no mínimo, da equipe de saúde multiprofissional subscreverão o Termo de Aprovação de Procedimento de Interrupção da Gravidez, não podendo haver desconformidade com a conclusão do parecer técnico.

§ 3º A equipe de saúde multiprofissional deve ser composta, no mínimo, por obstetra, anestesista, enfermeiro, assistente social e/ou psicólogo.

Art. 5º A terceira fase se verifica com a assinatura da gestante no Termo de Responsabilidade ou, se for incapaz, também de seu representante legal, e esse termo conterá advertência expressa sobre a previsão dos crimes de falsidade ideológica (art. 299 do Código Penal) e de aborto (art. 124 do Código Penal), caso não tenha sido vítima do crime de estupro.

Art. 6º A quarta fase se encerra com o Termo de Consentimento Livre e Esclarecido, que obedecerá aos seguintes requisitos:

I – o esclarecimento à mulher deve ser realizado em linguagem acessível, especialmente sobre:

a) os desconfortos e riscos possíveis à sua saúde;

b) os procedimentos que serão adotados quando da realização da intervenção médica;

c) a forma de acompanhamento e assistência, assim como os profissionais responsáveis; e

d) a garantia do sigilo que assegure sua privacidade quanto aos dados confidenciais envolvidos, passíveis de compartilhamento em caso de requisição judicial;

II – deverá ser assinado ou identificado por impressão datiloscópica, pela gestante ou, se for incapaz, também por seu representante legal; e

III – deverá conter declaração expressa sobre a decisão voluntária e consciente de interromper a gravidez.

Art. 7º Todos os documentos que integram o Procedimento de Justificação e Autorização da Interrupção da Gravidez nos casos previstos em lei, conforme modelos constantes nos anexos I, II, III, IV e V desta Portaria, deverão ser assinados pela gestante, ou, se for incapaz, também por seu representante legal, e elaborados em duas vias, sendo uma fornecida à gestante.

Art. 8º Na segunda fase procedimental, descrita no art. 4º desta Portaria, a equipe médica deverá informar acerca da possibilidade de visualização do feto ou embrião por meio de ultrassonografia, caso a gestante deseje, e essa deverá proferir expressamente sua concordância, de forma documentada".

procedimento de justificação e autorização de interrupção da gravidez. Ressalte-se, entretanto, que, se o médico não adotar tal procedimento, mas ficar provado que a gravidez era mesmo resultante de estupro, não haverá crime de aborto a ser apurado.

Como nessa modalidade de aborto não há situação de emergência, se não for feito por médico, haverá crime. Assim, se a gestante realizar o ato abortivo em si mesma, responderá por autoaborto, não havendo exclusão da ilicitude, ainda que prove ter sido vítima de estupro. Igualmente haverá delito se o aborto for praticado por enfermeira.

A gestante que, a fim de viabilizar um aborto, comparece a um distrito policial e narra a ocorrência de um estupro que não ocorreu, comete delito denominado "comunicação falsa de crime" (art. 340 do CP). Se, com base em tal documento, ela engana um médico, que realiza o aborto, ela responde também por crime de consentimento para o aborto. O médico ludibriado, que supôs estar agindo acobertado pela excludente do art. 128, II, do Código Penal, não responde pelo delito (descriminante putativa).

1.1.5.1.7.3. Aborto em caso de anencefalia

O Plenário do Supremo Tribunal Federal, em abril de 2012, no julgamento da ADPS n. 54 (Arguição de Descumprimento de Preceito Fundamental), declarou ser atípica a interrupção da gravidez nos casos de gestação de feto anencéfalo, acrescentando que, em tais casos, é desnecessária a autorização judicial, bastando, portanto, a anuência da gestante.

A anencefalia consiste na malformação do tubo neural, a caracterizar-se pela ausência parcial do encéfalo e do crânio, resultante de defeito no fechamento do tubo neural durante o desenvolvimento embrionário. Em seu diagnóstico, é necessária a constatação da ausência dos hemisférios cerebrais, do cerebelo, além da presença de um tronco cerebral rudimentar ou, ainda, a inexistência parcial ou total do crânio. Ressalvou a Corte Suprema no julgamento que o "anencéfalo, assim como o morto cerebral, não deteria atividade cortical, de modo que se mostraria deficiente de forma grave no plano neurológico, dado que lhe faltariam não somente os fenômenos da vida psíquica, mas também a sensibilidade, a mobilidade, a integração de quase todas as funções corpóreas. Portanto, o feto anencefálico não desfrutaria de nenhuma função superior do sistema nervoso central 'responsável pela consciência, cognição, vida relacional, comunicação, afetividade e emotividade'. [...] essa malformação seria doença congênita letal, pois não haveria possibilidade de desenvolvimento de massa encefálica em momento posterior, pelo que inexistiria, diante desse diagnóstico, presunção de vida extrauterina, até porque seria consenso na medicina que o falecimento diagnosticar-se-ia pela morte cerebral".

Após o julgamento do Supremo Tribunal Federal, o Conselho Federal de Medicina, publicou a Resolução n. 1.989/2012, regulamentando o procedimento em casos de constatação de anencefalia. De acordo com o art. 1º da Resolução, na ocorrência do diagnóstico inequívoco de anencefalia o médico pode, a pedido da gestante, independente de autorização do Estado, interromper a gravidez. Já o seu art. 2º dispõe que o diagnóstico de anencefalia é feito por exame ultrassonográfico realizado a partir da 12ª (décima segunda) semana de gestação e deve conter: I – duas fotografias, identificadas e datadas: uma com a face do feto em posição sagital; a outra, com a visualização do polo cefálico no corte transversal, demonstrando a ausência da calota craniana e de parênquima cerebral identificável; II – laudo assinado por dois médicos, capacitados para tal diagnóstico. Por fim, o § 2º de seu art. 3º esclarece que, ante o diagnóstico de anencefalia, a gestante tem o direito de: I – manter a gravidez; II – interromper imediatamente a gravidez, independentemente do tempo de gestação, ou adiar essa decisão para outro momento.

Importante mencionar o seguinte julgado do Superior Tribunal de Justiça: "Não é possível a concessão de salvo-conduto autorizando a realização de procedimento de interrupção da gravidez, em aplicação, por analogia, do entendimento firmado no julgamento da ADPF n. 54/STF, quando, embora o feto esteja acometido de condição genética com prognóstico grave (Síndrome de Edwards e cardiopatia grave), com alta probabilidade de letalidade, não for possível extrair da documentação médica a impossibilidade de vida fora do útero" (HC 932.495-SC, Rel. Ministro Messod Azulay Neto, Quinta Turma, por unanimidade, julgado em 6-8-2024.

1.1.5.1.7.4. Aborto eugenésico

Aborto eugênico ou eugenésico é aquele realizado quando os exames pré-natais demonstram que o filho nascerá com alguma anomalia genética, como Síndrome de Down, ausência congênita de algum membro etc. A sua realização, por falta de amparo legal que lhe dê suporte, constitui crime. Não é lícito, portanto, o aborto eugenésico. O fato, entretanto, é atípico na hipótese de feto inviável em caso de anencefalia, conforme estudado no tópico anterior.

Capítulo II
DAS LESÕES CORPORAIS

1.2. Das lesões corporais

Os crimes de lesões corporais dividem-se em duas categorias: a das lesões dolosas e a das culposas. Por seu turno, a modalidade dolosa possui quatro figuras, cuja configuração depende do resultado provocado na vítima, podendo ser leve (art. 129, *caput*), grave (art. 129, § 1º), gravíssima (art. 129, § 2º) ou seguida de morte (art. 129, § 3º). A lesão corporal dolosa, de qualquer espécie, pode ser ainda privilegiada (art. 129, § 4º).

1.2.1. Lesões corporais dolosas

1.2.1.1. Lesões leves

> Art. 129, caput – *Ofender a integridade corporal ou a saúde de outrem:*
> Pena – *detenção de três meses a um ano.*

1.2.1.1.1. Objetividade jurídica

A integridade física e a saúde das pessoas.

1.2.1.1.2. Tipo objetivo

O Código Penal somente descreve as hipóteses em que a lesão é considerada grave (art. 129, § 1º) ou gravíssima (art. 129, § 2º). Não existe definição legal a respeito do que seja lesão corporal de natureza leve. Assim, é por exclusão que se conclui, nos casos concretos, que a lesão sofrida pela vítima é leve, isto é, a lesão só pode ser considerada leve quando os peritos disserem que ela não é grave nem gravíssima.

Para que haja tipificação do crime de lesão corporal, o texto legal exige que o ato agressivo perpetrado contra a vítima tenha provocado ofensa em sua *integridade corporal* ou em sua *saúde*.

Ofensa à *integridade corporal* é o dano anatômico decorrente de uma agressão, ou seja, a alteração anatômica prejudicial ao corpo da vítima. Pressupõe, assim, que o ato agressivo rompa ou dilacere algum tecido interno ou externo do corpo da pessoa ofendida. Podem ser citados como exemplos as escoriações, as equimoses, os cortes, as fraturas ou fissuras ósseas, os hematomas, as luxações, os rompimentos de tendões ou ligamentos, as queimaduras etc.

Equimoses decorrem de pancadas desferidas com intensidade no corpo da vítima que provocam o rompimento de pequenos vasos sanguíneos (capilares) no tecido subcutâneo e que conferem aspecto de coloração roxa à pele (pelo fato de não haver rompimento desta, o que impede o imediato extravasamento do sangue). A equimose constitui lesão porque, nela, há rompimento de tecidos – os vasos sanguíneos.

A simples provocação de dor, desacompanhada do rompimento ou da dilaceração de qualquer tecido do corpo da vítima, não constitui lesão. Nesse sentido: "A dor física, por si só, sem o respectivo dano anatômico ou funcional, não constitui lesão corporal" (Tacrim-SP, Rel. Silva Franco, *Jutacrim* 40/89).

O eritema – vermelhidão momentânea da pele – não constitui lesão, pois decorre de breve deslocamento de sangue para o local atingido. Os eritemas podem ser causados, por exemplo, por um tapa ou um beliscão. A provocação de eritema em decorrência de ato agressivo pode configurar tentativa de lesão corporal ou contravenção de vias de fato, dependendo da existência ou não de intenção de lesionar.

No que diz respeito ao corte não autorizado de cabelo ou de barba, existe divergência doutrinária. Alguns entendem tratar-se de crime de lesão corporal de natureza leve, enquanto, para outros, há contravenção de vias de fato. Se, todavia, a intenção do agente for a de humilhar a vítima, o delito será o de injúria real (art. 140, § 2º, do CP). Por seu turno, se o agente, raspa o cabelo de uma criança ou adolescente que está sob sua guarda, autoridade ou vigilância, a fim de lhe causar vexame, haverá crime mais grave, descrito no art. 232 do Estatuto da Criança e do Adolescente (Lei n. 8.069/90).

Como constitui parte do ser humano, o cabelo não pode ser considerado objeto material de furto ou de roubo, de modo que, quando alguém corta, clandestinamente ou com violência, os longos cabelos da vítima, com a intenção de vendê-los para que sejam usados na confecção de perucas ou de apliques, o crime a ser reconhecido é o de lesão corporal (ou a contravenção de vias de fato, dependendo da orientação adotada).

O crime de lesões corporais pode ser praticado por ação ou por omissão. Trata-se de crime de ação livre. A provocação de vários danos na integridade corporal da vítima, no mesmo contexto fático, configura delito único. Tal aspecto, todavia, deve ser levado em conta pelo juiz na aplicação da pena-base, com fundamento no art. 59 do Código Penal.

Ofensa à *saúde*, por sua vez, é a provocação de perturbação fisiológica ou mental.

Provocar perturbação fisiológica significa causar mal funcionamento de algum órgão que compõe o corpo humano. Exemplo: transmissão intencional de doença que afete o sistema respiratório, ministração de alimento ou medicamento que provoque diarreia ou vômito, ministração de diurético que aumente o fluxo urinário, uso de aparelho de choque elétrico que provoque paralisia muscular etc. Note-se que, nesses exemplos, a perturbação fisiológica é de duração transitória, pois o organismo recompõe o funcionamento do órgão afetado. Isso, todavia, não altera a conclusão de que houve ofensa à saúde e torna necessária a punição do agente.

A provocação de perturbação mental abrange a causação de qualquer desarranjo no funcionamento cerebral. Exemplo: provocar convulsão, colapso nervoso, doenças mentais etc. Nesse sentido: "O conceito de dano à saúde tanto compreende a saúde do corpo como a mental também. Se uma pessoa, à custa de ameaças, provoca em outra um choque nervoso, convulsões ou outras alterações patológicas, pratica lesão corporal" (TJSC, Rel. Marcílio Medeiros, *RT* 478/374).

Se um único ato agressivo provoca concomitantemente ofensa à integridade corporal e à saúde, há crime único. O delito de lesão corporal tem o tipo misto alternativo porque as condutas típicas são separadas pela partícula "ou".

Quando uma agressão provoca um dano anatômico mínimo, tem-se admitido a atipicidade da conduta em face do princípio da insignificância. É o que ocorre, por exemplo, quando alguém dá uma alfinetada em outra pessoa, causando a perda de algumas gotas de sangue.

Costuma-se dizer que a incolumidade física é bem indisponível, de forma que o consentimento da vítima não exclui o crime, exceto nas situações social e culturalmente aceitas, como no caso de colocação de brincos em meninas e na circuncisão realizada em recém-nascidos em algumas religiões. Heleno Cláudio Fragoso[60] argumenta que "o consentimento do ofendido exclui a ilicitude, desde que validamente obtido e a ação não ofenda os bons costumes". É necessário ressalvar, entretanto, que, após o advento da Lei n. 9.099/95, a incolumidade física passou a ser bem apenas relativamente indisponível. No que se refere às lesões de natureza *leve*, o prévio consentimento do ofendido, desde que capaz, exclui o crime, uma vez que a Lei n. 9.099/95 passou a exigir representação da vítima para o desencadeamento da ação penal. Ora, se tal lei estabeleceu que a ação penal só pode ser promovida se houver representação da vítima é evidente que pode ela abrir mão da apuração e, se assim pode fazê-lo, a prévia autorização para a provocação de lesão leve impede a configuração do delito. Trata-se de causa supralegal de exclusão da ilicitude.

A realização de tatuagem e a colocação de *piercings* só é permitida em pessoas maiores de idade. Se feitas ou colocadas em menores, constitui crime.

Não existe delito na realização de cirurgia de emergência, na qual a necessidade da intervenção decorre da existência de risco para a vida do paciente, ainda que ausente o consentimento deste ou de seu representante legal, uma vez que, nesses casos, o médico atua sob o manto da excludente de ilicitude do estado de necessidade de terceiro (da própria pessoa submetida à cirurgia). Desse modo, se alguém chega acidentado em um hospital e, estando desacordado, o médico amputa seu braço para evitar mal maior, não responde por crime de lesão corporal, mesmo que o paciente afirme, posteriormente, que preferia ter morrido a ficar sem o membro superior. Quando se tratar, todavia, de cirurgia corretiva ou terapêutica, sem que haja situação de emergência, a operação só poderá ser feita se houver prévia autorização e, nessa hipótese, terá o cirurgião atuado, conforme entendimento majoritário, sob a excludente do exercício regular de direito, vale dizer, o fato é considerado típico, porque, nas intervenções cirúrgicas, o médico faz incisões, dilacerando alguns tecidos do corpo do paciente; porém, a conduta não é antijurídica, em face da excludente do exercício regular de direito. Heleno Cláudio Fragoso[61], contudo, entende que, nesses casos, sequer existe tipicidade, uma vez que lesão é um dano à integridade corporal, o que não ocorre no caso de intervenção cirúrgica em que a finalidade é restituir ou melhorar a saúde do paciente. "Típico só pode ser o resultado que prejudica, ou seja, o resultado de dano".

---

[60] Heleno Cláudio Fragoso. *Lições de direito penal*, Parte especial, v. I, p. 129.
[61] Heleno Cláudio Fragoso. *Lições de direito penal*, Parte especial, v. I, p. 129.

Em se tratando de cirurgia meramente estética, implante de prótese no seio, por exemplo, em que não há nenhuma melhora na saúde, mas apenas mudança na aparência, aplica-se a excludente do exercício regular de direito em caso de autorização da paciente.

A Lei n. 9.434/97 regulamenta o transplante de órgãos e admite que pessoa viva seja doadora, desde que capaz e que faça a doação de forma gratuita. Além disso, só será possível se houver autorização do doador e desde que não haja possibilidade de graves prejuízos à sua saúde. O desrespeito a essas regras caracteriza crime específico do art. 14 da mesma Lei, que, aliás, possui qualificadoras idênticas às estabelecidas no Código Penal no que se refere à provocação de lesões graves ou seguidas de morte.

Em certos esportes em que a lesão é uma consequência normal de sua prática (boxe, lutas marciais), também não há crime em face do exercício regular de direito. Se um lutador de artes marciais, agindo dentro das regras esportivas, fere o outro competidor, a conduta é típica (lesões corporais), mas não é antijurídica em razão da excludente do exercício regular de direito. Todos esses esportes são regulamentados e, desde que observadas as regras, não se configura a infração penal. Sempre que houver abuso intencional, todavia, o fato constituirá crime, ainda que ocorra durante a prática esportiva. O boxeador que morde a orelha do oponente, arrancando-lhe um pedaço, comete crime. Igualmente, o jogador de futebol que, intencionalmente, desfere um soco no rosto de outro e lhe quebra os dentes ou o nariz, ainda que o fato ocorra com a bola em jogo.

No que pertine às lesões esportivas, existem, todavia, outras interpretações. Para aqueles que entendem que só existe tipicidade penal se presentes a tipicidade legal e também a tipicidade conglobante, as lesões esportivas são atípicas. A tipicidade legal é a adequação da conduta concreta à norma penal abstrata. A tipicidade conglobante é a inadequação da conduta a normas extrapenais, ou seja, se algum outro ramo do direito (civil, administrativo, tributário) permitir determinado comportamento, este não poderá ser considerado típico no âmbito penal. Assim, como a legislação esportiva permite a lesão dentro das regras daqueles esportes, a sua provocação é atípica. Por fim, para aqueles que adotam a teoria da imputação objetiva, as lesões são atípicas porque o desportista expõe o bem alheio a riscos permitidos. Saliente-se, oportunamente, que, qualquer que seja a teoria adotada, o lutador que provoque lesões no oponente dentro das regras do esporte não pode ser punido. Para a teoria tradicional, o fato é típico, mas não é antijurídico. Para as demais teorias, o fato é atípico, porém, cada qual com seu argumento.

1.2.1.1.3. Sujeito ativo

Pode ser qualquer pessoa. Trata-se de crime comum.

1.2.1.1.4. Sujeito passivo

Pode ser qualquer pessoa. Como o tipo penal exige dano à integridade corpórea ou à saúde de *outrem*, a autolesão não se enquadra no conceito de lesão corporal em nenhuma hipótese. Quando alguém lesiona o próprio corpo para simular ter sido agredido e, na sequência, pleiteia o valor do seguro que tinha feito em relação à integridade corpórea, incorre no crime de fraude para recebimento de seguro (art. 171, § 2º, V, do CP). Em tal caso, contudo, a vítima é a seguradora.

Quem se autolesiona para não prestar serviço militar comete o crime do art. 184 do Código Penal Militar. Cuida-se de crime militar aplicável a quem ainda sequer se incorporou.

A autolesão por outra razão qualquer não constitui crime.

O feto não pode ser sujeito passivo do crime de lesões corporais. Se o agente, intencionalmente, ministra medicamento a fim de provocar deformidade no feto, o fato é atípico. Trata-se de evidente falha em nossa legislação. Só existirá crime se ficar demonstrada intenção de provocar a morte do feto, hipótese em que o agente responderá por aborto, consumado ou tentado, dependendo do resultado.

1.2.1.1.5. Consumação

No momento em que ocorre a ofensa à integridade corporal ou à saúde da vítima. Trata-se de crime material.

Como a infração penal deixa vestígios, a materialidade necessita ser comprovada por exame pericial, denominado exame de corpo de delito, que deve atestar a ocorrência da lesão, sua extensão e as causas prováveis. Para o oferecimento de denúncia, todavia, basta a juntada de qualquer boletim médico ou prova equivalente (art. 77, § 1º, da Lei n. 9.099/95), sendo que, posteriormente, deverá ser anexado o laudo definitivo do exame de corpo de delito.

Se o exame, direto ou indireto, restar impossibilitado, a prova testemunhal, desde que cabal, poderá suprir-lhe a falta, nos termos do art. 167 do Código de Processo Penal. As testemunhas, nesse caso, devem ser claras quanto à natureza e a sede das lesões.

1.2.1.1.6. Tentativa

É possível, desde que se prove que o agente queria lesionar a vítima e que não conseguiu concretizar seu intento por circunstâncias alheias à sua vontade.

O crime de tentativa de lesão corporal diferencia-se da contravenção de vias de fato em razão do dolo. No crime, o agente quer lesionar (*animus laedendi* ou *vulnerandi*), mas não consegue, ao passo que, na contravenção, não existe dolo de machucar a vítima (desferir-lhe um empurrão ou um tapa, por exemplo). Saliente-se, entretanto que, se o agente quer cometer apenas a contravenção, porém, de forma não intencional, provoca lesões na vítima, responde pelo crime de lesões corporais *culposas*. É o que ocorre, por exemplo, quando o agente empurra levemente a vítima e esta cai, fraturando o braço.

A intenção do agente possibilita, outrossim, a distinção entre os crimes de tentativa de lesão corporal e de periclitação da vida e da saúde alheia (art. 132). Na tentativa, o agressor, por circunstâncias alheias à sua vontade, não consegue concretizar a lesão que pretendia causar na vítima, enquanto, no crime de perigo, a intenção é apenas de assustá-la, provocando-lhe situação de risco. Se uma pessoa joga uma pedra para atingir a vítima e erra o alvo, responde por tentativa de lesão. Se, entretanto, atira a pedra perto da vítima apenas para assustá-la, incorre no delito de periclitação da vida.

1.2.1.1.7. Classificação doutrinária

Trata-se de crime simples e de dano quanto à objetividade jurídica; comum e de concurso eventual em relação ao sujeito ativo; de ação livre no que pertine aos meios de execução; material e instantâneo quanto ao momento consumativo; doloso em relação ao elemento subjetivo.

1.2.1.1.8. Absorção e concurso

Há grande número de delitos, no Código Penal e em leis especiais, nos quais o emprego de violência contra pessoa constitui elementar referente ao meio de execução. Em parte deles, o legislador, ao regulamentar a pena da respectiva infração penal, ressalva a autonomia de eventuais lesões corporais provocadas, ainda que de natureza leve. É o que ocorre, por exemplo, nos crimes de injúria real (art. 140, § 2º), constrangimento ilegal (art. 146), violação de domicílio qualificada (art. 150, § 1º), dano qualificado (art. 163, parágrafo único, II), resistência (art. 329), exercício arbitrário das próprias razões (art. 345), dentre inúmeros outros. Nesses casos, as penas serão cumuladas.

Em diversos outros delitos, entretanto, o texto legal nada menciona quanto à autonomia das lesões, hipótese em que o delito de lesão corporal de *natureza leve* restará absorvido por estar contido no emprego da violência. Referida absorção acontece, por exemplo, nos crimes de roubo, extorsão, estupro, tortura etc. Saliente-se que, embora as lesões leves fiquem absorvidas, o juiz poderá levar em conta a sua ocorrência na fixação da pena-base do crime-fim, tudo com fundamento no art. 59 do Código Penal.

1.2.1.1.9. Ação penal

Nos termos do art. 88 da Lei n. 9.099/95, a ação penal é pública condicionada à representação do ofendido ou, se incapaz, de seu representante legal (art. 88 da Lei n. 9.099/95). Nas demais formas de lesão corporal dolosa (grave, gravíssima e seguida de morte), a ação penal é pública incondicionada.

1.2.1.1.10. Lesão leve qualificada pela violência doméstica

> *Art. 129, § 9º – Se a lesão for praticada contra ascendente, descendente, irmão, cônjuge ou companheiro, ou com quem conviva ou tenha convivido, ou, ainda, prevalecendo-se o agente das relações domésticas, de coabitação ou de hospitalidade:*
>
> *Pena – reclusão, de dois a cinco anos.*
>
> *Art. 129, § 13 – Se a lesão for praticada contra a mulher, por razões da condição do sexo feminino, nos termos do § 1º do art. 121-A deste Código:*
>
> *Pena – reclusão, de dois a cinco anos.*

O art. 129, § 9º foi introduzido no Código Penal pela Lei n. 10.884/2004 com a nomenclatura "violência doméstica". A pena prevista era de detenção, de três meses a três anos. Não se trata, porém, de um delito autônomo, já que não contém uma conduta típica específica, mas apenas a previsão de uma pena maior quando a lesão corporal tiver como vítima uma das pessoas elencadas no texto legal ou for praticada em uma das circunstâncias nele elencadas. Posteriormente, a Lei n. 14.188/2021 aumentou a pena para reclusão, de um a quatro anos, se o crime de lesão corporal for praticado contra mulher por razões da condição do sexo feminino. Em seguida, a Lei n. 14.994, de 9 de outubro de 2024, modificou as penas dos §§ 9º e 13, igualando-as. Atualmente, as penas são de reclusão, de dois a cinco anos[62]. Como o § 10 prevê a majoração da pena nas mesmas hipóteses quando se tratar de lesão grave, gravíssima ou seguida de morte, a conclusão não pode ser outra senão a de que os § 9º e 13 referem-se à *lesão leve* qualificada pela violência doméstica. A vítima da hipótese qualificada do § 9º deve ser do sexo masculino (filho, pai, avô, irmão, marido, companheiro etc.). Se a vítima da lesão leve for mulher (filha, mãe, avó, esposa, companheira etc.), haverá enquadramento no § 13, na medida em que esse dispositivo remete ao art. 121-A, § 1º., do CP. Do mesmo modo, se a lesão leve for cometida por menosprezo ou discriminação à condição de mulher, também nos termos do art. 121-A, § 1º.

Como as penas máxima previstas são superiores a dois anos, as figuras qualificadas não constituem infração de menor potencial ofensivo restando, assim, incabíveis os institutos despenalizadores da Lei n. 9.099/95, bem como a apuração se dará mediante inquérito policial e pelo rito sumário – no Juízo Comum ou da Violência Doméstica contra a Mulher (se a vítima for mulher nas hipóteses elencadas na Lei Maria da Penha) –, e os recursos serão para o Tribunal de Justiça (e não para as Turmas Recursais). Na primeira parte do dispositivo, a pena é maior sempre que o crime tiver como sujeito passivo ascendente, descendente, irmão, cônjuge ou companheiro, ou pessoa com quem o agressor conviva ou tenha convivido. Nesses casos, sequer é necessário que o fato ocorra no âmbito doméstico para que a pena seja majorada. É indiferente, portanto, o local em que a agressão ocorra. Haverá sempre a agravação se a vítima for uma das pessoas enumeradas na lei, tratando-se, contudo, de enumeração taxativa. Apenas nas últimas figuras do dispositivo, ou seja, quando o agente cometer o crime prevalecendo-se "de relações domésticas, de coabitação ou de hospitalidade", é que se pressupõe que o fato ocorra no ambiente doméstico, mas nestas hipóteses a vítima não precisa ser ascendente, descendente, cônjuge etc. Exemplos: agressão do patrão contra empregado doméstico; do hóspede visitante contra o anfitrião; de um estudante contra outro que mora na mesma pensão ou casa de estudantes etc. A conclusão não pode ser outra, na medida em que as primeiras figuras estão separadas destas últimas no texto legal pela expressão "ou ainda", de modo que não é necessário, para agravar a pena, que a agressão seja feita pelo agente contra um descendente, prevalecendo-se ele de relação doméstica, já que a lei diz "contra descendente, [...], ou ainda prevalecendo de relação doméstica".

Saliente que as figuras qualificadas podem ter como sujeito passivo homens (§ 9º) ou mulheres (§ 13). Assim, a vítima pode ser o marido ou a esposa, o filho ou a filha, o irmão ou a irmã, o companheiro ou a companheira, o namorado ou namorada etc. Podem também ser sujeito passivo o ex-marido ou a ex-esposa, o ex-companheiro ou ex-companheira, o ex-namorado ou ex-namorada etc.

Caso a vítima seja do sexo feminino, incidirão as regras da chamada Lei Maria da Penha (Lei n. 11.340/2006), que prevê medidas específicas para crimes que envolvam violência doméstica ou familiar contra *mulheres*. Tal lei, como se sabe, estabelece regras preventivas e repressivas mais gravosas para as hipóteses em que a vítima é mulher. O fato de o art. 41 da Lei Maria da Penha estabelecer que os dispositivos da Lei n.

---

[62] Para os crimes ocorridos antes de 9 de outubro de 2024, serão aplicadas as penas anteriores.

9.099/95 não se aplicam aos crimes cometidos com violência doméstica ou familiar contra mulher fez surgir no passado controvérsia em torno de a ação penal, para apurar o crime de lesão leve em tais casos, ser condicionada à representação ou incondicionada, uma vez que a regra que estabelece ser condicionada a ação penal na lesão leve encontra-se no art. 88 justamente da Lei n. 9.099/95.

A primeira corrente diz que, em razão do mencionado art. 41, a ação é incondicionada, tendo sido esta a intenção do legislador a fim de conferir eficácia ao combate a esse tipo de violência, que não pode ficar à mercê da anuência da vítima.

A segunda corrente entende que a ação penal continua condicionada à representação porque o art. 16 da própria Lei Maria da Penha regulamenta a forma como a vítima pode renunciar ao direito de representação, de sorte que o art. 41 desta Lei restringiria apenas outros institutos da Lei n. 9.099/95. É a opinião, dentre outros, de Damásio de Jesus[63] e de Cezar Roberto Bitencourt[64].

O Supremo Tribunal Federal, por seu Plenário, ao julgar a Ação Direta de Inconstitucionalidade (ADI) n. 4.424/DF, decidiu, em definitivo, que, no crime de lesão leve qualificado pela violência doméstica ou familiar contra mulher, a ação penal é pública incondicionada. A Corte Suprema acolheu o fundamento acima mencionado no sentido de que o art. 41 da Lei Maria da Penha (Lei n. 11.340/2006), ao afastar a incidência da Lei n. 9.099/95 aos crimes que envolvem violência doméstica ou familiar contra a mulher, excluiu a necessidade de representação que se encontra exatamente no art. 88 desta Lei. Posteriormente, em 31 de agosto de 2015, o Superior Tribunal de Justiça aprovou a Súmula 542 com o seguinte teor: "a ação penal relativa ao crime de lesão corporal resultante de violência doméstica contra a mulher é pública incondicionada".

O Supremo Tribunal Federal decidiu também que outros crimes cometidos com violência doméstica ou familiar contra a mulher cuja necessidade de representação se encontre em outras leis (no Código Penal, por exemplo), continuam a depender de referida condição de procedibilidade (crime de perseguição – art. 147-A, por exemplo).

Dessume-se, ainda, do teor do julgamento do Supremo Tribunal que, em caso de violência doméstica causadora de lesão leve em homem, a ação penal depende de representação porque o art. 41 da Lei Maria da Penha só afasta os institutos da Lei n. 9.099/95 quando a vítima for mulher.

De acordo com a Súmula n. 589 do Superior Tribunal de Justiça, "é inaplicável o princípio da insignificância nos crimes ou contravenções penais praticados contra a mulher no âmbito das relações domésticas".

O delito qualificado pode ser praticado por pessoa de qualquer sexo.

O § 11 do art. 129 estabelece que, no caso de lesão contra ascendente, descendente, irmão, cônjuge etc., a pena sofrerá, ainda, acréscimo de 1/3 se a vítima for pessoa portadora de deficiência. O dispositivo abrange a deficiência física e a mental.

---

[63] Damásio de Jesus, *Da exigência de representação da ação penal pública por crime de lesão corporal resultante de violência doméstica e familiar contra a mulher* (Lei n. 11.340, de 7 de agosto de 2006). Disponível em: <http://www.damasio.com.br>.

[64] Cezar Roberto Bitencourt. *Boletim IBCrim*, maio/2009, p. 10.

Nos termos do art. 28-A, § 2º, IV, do CPP, não cabe acordo de não persecução penal em crime que envolva violência doméstica ou familiar contra mulher.

1.2.1.2. Lesões corporais graves

A denominação "lesão corporal de natureza grave" engloba, no texto legal, os §§ 1º e 2º do art. 129 do Código Penal, constituindo figuras qualificadas do crime de lesão corporal. Nas hipóteses do § 1º, a pena é reclusão de um a cinco anos, enquanto naquelas do § 2º, é de reclusão de dois a oito anos. Assim, embora não exista no Código Penal a denominação "lesão gravíssima", é ela utilizada por toda doutrina e jurisprudência para se referir às figuras do § 2º, que possuem pena maior. Por isso, na prática, a expressão "lesão grave" é usada para as figuras do § 1º.

O conceito de lesão corporal de natureza grave (e gravíssima) é relevante não apenas no estudo do crime de lesões corporais, mas também porque existe grande número de delitos, no Código Penal e em leis especiais, que são considerados qualificados ou majorados quando de sua prática resultam lesões graves. É o que ocorre, por exemplo, nos crimes de aborto, omissão de socorro, maus-tratos, roubo, extorsão, extorsão mediante sequestro, estupro, tortura, nos delitos de perigo comum, tortura etc.

Passaremos agora a analisar as figuras do § 1º que, por possuírem pena mínima de um ano, são compatíveis com a suspensão condicional do processo, desde que presentes os demais requisitos do art. 89 da Lei n. 9.099/95.

1.2.1.2.1. Incapacidade para as ocupações habituais por mais de 30 dias

Art. 129, § 1º, I – Se resulta incapacidade para as ocupações habituais por mais de trinta dias.

Ocupação habitual é qualquer ocupação rotineira da vítima, como, por exemplo, trabalhar, estudar, caminhar, praticar esportes, alimentar-se etc. Não se trata, portanto, de qualificadora que se refira especificamente à incapacitação para o trabalho, de modo que crianças, desempregados, aposentados ou pessoas que vivam de rendas também podem ser sujeito passivo dessa forma qualificada do delito. É claro que, quando a vítima tem emprego, a incapacitação para as atividades habituais engloba a incapacitação para o trabalho, desde que, neste caso, não se trate de incapacitação permanente caracterizadora de lesão gravíssima (art. 129, § 2º, I, do CP).

É evidente que o médico legista deve indagar à vítima a respeito de suas atividades habituais para ter condições de realizar a avaliação.

Para o reconhecimento da qualificadora, é necessário que a vítima tenha ficado efetivamente incapacitada em razão da agressão sofrida. Com efeito, é comum que a pessoa agredida fique sem sair de casa por algum tempo por vergonha de expor em público suas lesões, sem que esteja realmente incapacitada. Em tal caso, a lesão é considerada leve.

Como o texto legal não faz distinção, a incapacitação que gera a lesão de natureza grave pode ser física ou mental.

A presente modalidade de lesão qualificada constitui crime *a prazo*, denominação que se dá às infrações penais que dependem de um prazo para sua configuração. De acordo com o texto legal, a vítima deve ficar incapacitada para suas ocupações habituais por *mais* de 30 dias. A lesão somente será considerada grave, portanto, após o trigésimo primeiro dia, computando-se no prazo o dia da agressão. O art. 168, § 2º, do Código de Processo Penal contém regra específica a respeito do tema: "Se o exame tiver por fim precisar a classificação do delito no art. 129, § 1º, I, do Código Penal, deverá ser feito logo que decorra o prazo de trinta dias, contado da data do crime". Trata-se do chamado *exame complementar*, que deve ser feito após o trigésimo dia, para que o legista (perito) constate e declare que a vítima continua incapacitada. O procedimento a ser observado é o seguinte: na data da agressão, a vítima deve ser submetida a exame de corpo de delito. Caso o médico legista verifique que pode haver incapacitação por mais de trinta dias, deverá entregar a ela uma requisição para que novamente compareça no trigésimo primeiro dia, elaborando um laudo inicial no qual constará que a vítima sofreu lesões e que será necessário um exame complementar. Na nova data, caso o médico constate que a vítima continua incapacitada para suas ocupações habituais, apresentará exame complementar declarando que as lesões são graves. Se, todavia, a vítima já estiver recuperada, apresentará laudo declarando as lesões como leves. Percebe-se, portanto, que, ainda que o médico tenha convicção, na data do primeiro exame (realizado na data da agressão), de que a vítima não irá se recuperar em menos de trinta e um dias, não poderá apresentar laudo declarando a lesão como grave baseado apenas em seu prognóstico, já que este não tem valor legal porque a medicina não é ciência exata, podendo o organismo da vítima reverter a incapacitação antes do tempo previsto.

O exame complementar feito antes do prazo legal não tem valor.

Caso a vítima compareça para o exame complementar em data posterior, ou seja, após aquela designada, duas hipóteses podem ocorrer: a) se ela já estiver recuperada, o legista não terá como dizer se ela se recuperou antes ou depois do prazo legal, devendo apresentar laudo inconclusivo quanto a tal aspecto, não podendo o médico se pautar apenas por declarações da vítima; b) se ela ainda estiver incapacitada, a perícia deve concluir que a lesão é grave. Exemplo: vítima que, após seis meses da data da agressão, comparece para exame complementar e ainda não pode realizar suas ocupações habituais.

Saliente-se, por fim, que o art. 168, § 3º, do Código de Processo Penal, dispõe que "a falta de exame complementar poderá ser suprida pela prova testemunhal". De acordo com tal regra, se a vítima não comparecer para a realização do exame complementar ou se comparecer em data posterior à designada, mas já estiver recuperada e o laudo for inconclusivo por tal motivo, a prova de que a incapacidade das ocupações habituais durou por mais de trinta dias pode ser feita, perante o juiz, por testemunhas, como, por exemplo, por familiares ou amigos da vítima que atestem que ela ficou sem poder andar por três meses ou por fisioterapeuta particular que afirme o mesmo etc. Tal prova subsidiária, embora possível, de acordo com o texto legal, é mais difícil de ser produzida nos casos concretos. A propósito: "Sendo processado o agente por lesão corporal de natureza grave, e não realizado exame complementar na forma prevista no § 2º do art. 168 do Código de Processo Penal, impõe-se a desclassificação para lesão corporal leve, se a acusação não produziu prova testemunhal bastante da incapacidade para as ocupações habituais por mais de trinta dias, sendo insuficiente a só afirmação da vítima nesse sentido" (TJSP, Rel. Luiz Pantaleão, *RJTJSP* 146/287).

Só se pode enquadrar como grave a lesão corporal quando a atividade que a vítima ficou impossibilitada de realizar for *lícita*. É intuitivo que o Estado não pode considerar grave uma lesão apenas porque a pessoa agredida ficou impossibilitada de furtar carros, atividade que exercia rotineiramente.

Se a incapacitação for para atividade habitual considerada *imoral*, porém não tipificada como infração penal, como, por exemplo, a prostituição, a lesão será considerada grave. Lembre-se que nossa legislação somente pune a exploração da prostituição alheia. Nesse sentido: "A meretriz exerce atividade imoral, mas não ilícita. Pode, pois, ser vítima de lesão grave, que lhe acarrete incapacidade para as ocupações habituais por mais de 30 dias" (Tacrim-SP, Rel. João Guzzo, *RT* 449/425).

Para a configuração da hipótese de lesão corporal de natureza grave em análise, é desnecessário que o agente tenha tido a específica intenção de provocar a incapacitação por mais de trinta dias. Em suma, a qualificadora mostra-se presente, quer tenha havido dolo, quer tenha havido culpa, em relação ao resultado agravador. O crime, portanto, não é exclusivamente preterdoloso, embora admita tal figura, sendo evidente que o juiz, na fixação da pena-base, deve levar em conta tal aspecto (art. 59 do CP).

1.2.1.2.2. Perigo de vida

Art. 129, § 1º, II – Se resulta perigo de vida.

Perigo de vida é a possibilidade *grave* e *imediata* de morte. Deve ser um perigo efetivo, concreto, comprovado por perícia, em cujo laudo o médico legista deve *especificar* em que consistiu o perigo sofrido. Não basta, portanto, que o médico aponte que houve perigo de vida; ele deve descrever precisamente em que este consistiu, para que seja possível ao réu fazer a sua defesa. Se a vítima quase morreu porque perdeu grande volume de sangue, o médico deve escrever isso no laudo. O problema é que, em regra, os peritos possuem um formulário previamente impresso, a ser por eles preenchido, relativo ao exame de corpo de delito, no qual constam diversas indagações: Há ofensa à integridade corporal ou à saúde da vítima? Foi produzida por qual meio ou instrumento? Resultou incapacidade para ocupações habituais por mais de trinta dias? Resultou perigo de vida? Etc. O erro surge quando o médico legista simplesmente responde positivamente ao quesito relacionado ao perigo de vida e não preenche o restante esclarecendo por qual razão concreta a vítima quase faleceu. Quando isso ocorrer, o Ministério Público deve restituir os autos do inquérito policial à Delegacia de Polícia para que o laudo omisso seja complementado com os esclarecimentos faltantes. Se tal providência não for tomada, o juiz deverá desclassificar o crime para a figura simples.

Caso o laudo pericial especifique em que consistiu o perigo de vida, não é necessária a realização de laudo complementar após o trigésimo primeiro dia, uma vez que tal exigência só existe no texto legal em relação ao art. 129, § 1º, I, do Código Penal. Nesse sentido: "Esta Corte tem afirmado ser desnecessário o laudo complementar do art. 168, § 2º do CPP quando se cuidar da hipótese do inciso II do § 1º do artigo 129 do CPB (perigo de vida). HC 108.265/MS, Rel. Min. Laurita Vaz, *DJe* 30-11-2009 e REsp 598.716/SC, Rel. Min. Arnaldo Esteves Lima, *DJ* 2-5-2006" (STJ, HC 110.197/ES, Rel. Min. Napoleão Nunes, 5ª Turma, julgado em 29-4-2010, *DJe* 7-6-2010); e "Esta Corte tem afirmado ser desnecessário o laudo complementar do art. 168, § 2º do CPP quando se cuidar da hipótese do inciso II do § 1º do artigo 129 do CPB (perigo de vida) (HC 110.197/ES)" (STJ, HC 183.446/MG, Rel. Ministro Jorge Mussi, 5ª Turma, julgado em 27-9-2011, DJe 13-10-2011).

O perigo de vida a que a lei se refere é aquele decorrente da gravidade e da sede das lesões sofridas, apuráveis, portanto, mediante perícia médica. Quando o perigo de vida decorre da situação fática, e não da gravidade da lesão, esta é considerada leve. Assim, se o agente dá um soco na boca da vítima e esta sofre um pequeno corte no lábio, mas as testemunhas afirmam que a vítima quase caiu de um penhasco durante a luta que se seguiu, as lesões não são graves apenas como consequência deste último aspecto.

Interessante notar que o laudo pericial declarando a ocorrência de perigo de vida pode referir-se a crime de lesão corporal grave ou de tentativa de homicídio. O enquadramento correto da infração penal deverá levar em conta o dolo do agente. Se ficar evidenciado que ele queria matar a vítima, mas só conseguiu provocar perigo de morte, responderá por tentativa de homicídio. Se ficar evidenciado que realmente não queria matar, responderá pelo crime de lesão grave. A quantidade e a sede dos golpes, o instrumento utilizado, além de eventuais ameaças de morte feitas à vítima, são fatores decisivos para estabelecer a tipificação adequada. É evidente, por exemplo, que um tiro na cabeça que provoque perda de massa encefálica constitui crime de tentativa de homicídio, caso a vítima não morra.

Em suma, para que seja reconhecido o crime de lesão grave decorrente do perigo de vida, é necessário que haja laudo pericial declarando a existência do perigo e que, no caso concreto, se conclua que o agente não queria matar a vítima. A lesão grave em análise, portanto, é exclusivamente *preterdolosa*, pressupondo dolo de lesionar e culpa quanto ao perigo de vida.

1.2.1.2.3. Debilidade permanente de membro, sentido ou função

Art. 129, § 1º, III – Se resulta debilidade permanente de membro, sentido ou função.

Debilidade é sinônimo de *redução* ou *enfraquecimento* na capacidade de utilização do membro, sentido ou função, que, todavia, deve manter, em parte, sua capacidade funcional. É que, nos termos do art. 129, § 2º, III, do Código Penal, se houver *perda* ou *inutilização* de membro, sentido ou função, a lesão será considerada gravíssima. Desse modo, se em razão da agressão a vítima passa a ter dificuldade permanente para caminhar a lesão é considerada grave, mas se ela fica paraplégica a lesão é gravíssima.

A lei exige ainda, que a debilidade seja *permanente*, sendo, assim, necessário um prognóstico médico oficial no sentido de que a debilidade é irreversível.

Os *membros* são os braços e as pernas. Agressões que provocam a perda de um dedo ou a diminuição na mobilidade de um braço ou de uma perna, desde que permanentes, configuram a lesão grave. Certas fraturas ósseas ou rompimentos de ligamentos ou tendões podem também fazer com que a vítima fique, para sempre, com menos força nos braços ou pernas, ou que passe a andar mancando de uma perna ou que só consiga caminhar com auxílio de muletas. Nessas hipóteses, a lesão também é considerada grave.

Sentidos são os mecanismos sensoriais por meio dos quais as pessoas percebem o mundo ao seu redor: tato, olfato, paladar, visão e audição. Os dois últimos são os mais comumente afetados por agressões. Configuram a lesão grave, por exemplo, agressões que trazem como consequência uma redução de 20 ou 30% na respectiva capacidade visual ou auditiva. Além disso, embora existam algumas vozes divergentes, tem prevalecido o entendimento de que a provocação de cegueira completa em um só olho ou surdez total em um só ouvido, mantido intacto o outro órgão, constitui mera debilidade da visão ou audição (lesão grave), porque a vítima continua podendo enxergar ou ouvir, não havendo, em tais casos, perda ou inutilização do sentido, que configuraria lesão gravíssima. Nesse sentido: "A lesão de um olho, de um ouvido, de um testículo, de um ovário, de um rim, mantido o outro íntegro, debilitada, mas não abolida da função respectiva, deve ser catalogada, não como gravíssima, mas sim grave" (Tacrim-SP, Rel. Costa Mendes, *Jutacrim* 43/236); "A ablação ou inutilização de um dos elementos componentes de determinada função ou sentido, como ocorre em relação àqueles que se apoiam em órgãos duplos, acarreta tão só a diminuição funcional do organismo e não sua perda. Isso ocorre, por exemplo, em relação ao sentido da visão, quando se vem a inutilizar um dos órgãos em que aquela se situa" (Tacrim-SP, Rel. Valentim Silva, *RT* 536/341).

Por fim, *função* diz respeito às atividades de um sistema ou aparelho do corpo humano. Podem ser citados como exemplos a função reprodutora, a mastigatória, a excretora, a circulatória, a respiratória etc. Assim, agressão que provoque dificuldade permanente para a vítima respirar constitui lesão grave. Igualmente, a perda de um ovário, que diminui a capacidade reprodutora, caracteriza a qualificadora em estudo.

Atos agressivos que provoquem a perda de um ou alguns dentes podem configurar debilidade da função mastigatória se assim entenderem os peritos em face dos dentes que foram perdidos: "A perda de quatro dentes e ossos do maxilar acarreta, obrigatoriamente, uma permanente debilidade da função mastigatória" (Tacrim-SP, Rel. Prestes Barra, *RT* 418/279); "Para que se configure a gravidade da lesão, resultante da perda de um dente, precisam os peritos justificar *quantum satis* a conclusão de que ela acarretou debilidade permanente da função mastigatória" (TJSP, Rel. Cunha Camargo, *RT* 612/317); "O fato de ter a vítima implantado uma 'ponte' no lugar dos dentes perdidos na agressão que sofreu é irrelevante para fins de tipificação penal da infração. Ninguém está obrigado a usar dentes postiços ou disfarces para favorecer a sorte de seu ofensor" (TJSP, Rel. Denser de Sá, *RT* 593/339).

1.2.1.2.4. Aceleração do parto

Art. 129, § 1º, IV – Se resulta aceleração do parto.

O que ocorre, em verdade, nesta figura qualificada, é o nascimento prematuro como consequência de uma agressão sofrida pela gestante. Trata-se, portanto, de antecipação do parto.

Premissa do crime em análise é que o bebê sobreviva, pois a agressão que causa aborto (morte do feto) constitui lesão gravíssima (art. 129, § 2º, V).

É necessário que o agressor saiba da gravidez, pois, do contrário, haveria responsabilidade objetiva: "Se o agente ignora a gravidez da vítima, não se lhe pode imputar o crime de lesão grave se de sua ação delituosa resultar aceleração do parto, nem o delito de lesão gravíssima se resultar aborto" (Tacrim-SP – Rel. Silva Leme – *Jutacrim* 10/249).

Cuida-se de modalidade exclusivamente *preterdolosa*, em que o agente tem apenas dolo de lesionar a gestante mas, culposamente, provoca o nascimento prematuro. Quem, querendo provocar o aborto, agride uma mulher em fase final de gestação, mas provoca apenas um nascimento prematuro, incorre em crime de tentativa de aborto sem o consentimento da gestante (art. 125 c.c. art. 14, II, do CP).

1.2.1.3. Lesões corporais gravíssimas

Lembre-se, novamente, que a expressão "lesão gravíssima" não consta expressamente do Código Penal. A rubrica "lesão grave" engloba os §§ 1º e 2º do art. 129, mas como as hipóteses do § 2º possuem pena maior do que as do parágrafo anterior, convencionou-se chamá-las de lesões gravíssimas para estabelecer a diferenciação.

Caso o laudo pericial aponte, concomitantemente, a existência de uma espécie de lesão grave e também de uma modalidade de lesão gravíssima, o réu responderá por crime único, aplicando-se a qualificadora de maior pena – lesão gravíssima. É o que ocorre, por exemplo, quando o laudo conclui que houve a amputação de um braço, que, além de caracterizar lesão gravíssima pela perda de membro, causou também perigo de vida à vítima pela volumosa perda de sangue (lesão grave).

Quando as consequências de uma agressão enquadram-se em diversas hipóteses de lesões gravíssimas, o fato só pode ser levado em conta pelo juiz na fixação da pena-base, pois trata-se de crime único. Exemplo: vítima que fica tetraplégica em razão de uma agressão (lesão gravíssima por inutilização dos membros e por incapacidade permanente para o trabalho).

1.2.1.3.1. Incapacidade permanente para o trabalho

Art. 129, § 2º, I – Se resulta incapacidade permanente para o trabalho.

Como o texto legal exige que a vítima fique incapacitada para o trabalho, prevalece o entendimento de que apenas a incapacitação *genérica* torna gravíssima a lesão. É preciso, portanto, que a vítima fique incapacitada para o trabalho em geral, não sendo suficiente a incapacitação específica para o trabalho até então exercido. Assim, se a vítima trabalha como atleta profissional e uma lesão nas pernas inviabiliza a continuidade dessas atividades, mas a perícia conclui que ela é apta para qualquer outro tipo de profissão, a lesão não é tida como gravíssima.

Julio Fabbrini Mirabete[65] critica tal entendimento, que é praticamente pacífico, sustentando que a exigência da incapacitação genérica torna difícil a aplicação do dispositivo, pois "sempre restará à vítima possibilidade de vender bilhetes de loteria". De ver-se, entretanto, que existem critérios na área médica para definir se alguém está incapacitado para o trabalho, não sendo incomum o seu reconhecimento. Basta verificar a quantidade considerável de pessoas que obtêm aposentadoria por invalidez para o trabalho e que não passaram a ter vida vegetativa.

---

[65] Julio Fabbrini Mirabete. *Manual de direito penal*, v. 2, p. 112.

Essa modalidade de lesão gravíssima ocorre quer tenha havido a específica intenção de provocar o resultado, quer tenha sido decorrência culposa da agressão. Pode, portanto, ser preterdolosa ou não.

1.2.1.3.2. Enfermidade incurável

Art. 129, § 2º, II – Se resulta enfermidade incurável.

A presente qualificadora tem aplicação para os casos em que o agente transmite ou provoca intencionalmente a instalação de uma moléstia no organismo da vítima para a qual não existe cura no atual estágio da ciência médica. Exige-se, assim, que o laudo do exame de corpo de delito contenha afirmação categórica no sentido de que a medicina não dispõe de meios para reverter o quadro e eliminar a doença do corpo da vítima.

É bastante polêmica a questão que envolve a transmissão *intencional* da AIDS[66] – quer por meio de relação sexual, quer por outro meio qualquer (seringa contaminada, transfusão de sangue etc.). Quando referida síndrome imunológica tornou-se conhecida, há poucas décadas, levava inexoravelmente à morte, o que, aliás, ocorria muito rapidamente. Por esse motivo, o primeiro entendimento a surgir foi no sentido de que o crime é o de homicídio em razão do dolo de matar do responsável pela transmissão. Acontece que, após alguns anos, foram desenvolvidos medicamentos que, utilizados em conjunto, têm o poder de evitar a instalação das doenças oportunistas, verdadeiras provocadoras da morte no portador da síndrome. Em razão disso, passou a existir divergência em torno do caráter fatal da doença. Para alguns, a resposta é afirmativa, e os medicamentos utilizados pela vítima constituem a circunstância alheia à vontade do agente, que impede a consumação do homicídio, devendo ele responder por tentativa de tal crime. Para outros, a existência dos medicamentos, por evitar a morte na maioria dos casos, impede o enquadramento como homicídio tentado, devendo o agente responder por lesão corporal gravíssima pela transmissão de moléstia incurável, pois, embora possa ser controlada, a AIDS ainda não tem cura. É este o entendimento de Julio Fabbrini Mirabete[67]: "A transmissão da AIDS, pelo coito ou transfusão, enquanto não ocorre a morte da vítima, é crime de lesão corporal grave (gravíssima em verdade), que pode ser integrado por dolo direto ou eventual". Podemos citar ainda o seguinte julgado do Superior Tribunal de Justiça: "Art. 129, § 2º, inciso II, do Código Penal. Paciente que transmitiu enfermidade incurável à ofendida (Síndrome da Imunodeficiência Adquirida). Vítima cuja moléstia permanece assintomática. Desinfluência para a caracterização da conduta. [...] Na hipótese de transmissão dolosa de doença incurável, a conduta deverá será apenada com mais rigor do que o ato de contaminar outra pessoa com moléstia grave, conforme previsão clara do art. 129, § 2º, inciso II, do Código Penal. 4. A alegação de que a vítima não manifestou sintomas não serve para afastar a configuração do delito previsto no art. 129, § 2, inciso II, do Código Penal. É de notória sabença que o contaminado pelo vírus do HIV necessita de constante acompanhamento médico e de administração de remédios específicos, o que

---

[66] Síndrome da Imunodeficiência Adquirida.
[67] Julio Fabbrini Mirabete. *Manual de direito penal*, v. 2, p. 113.

aumenta as probabilidades de que a enfermidade permaneça assintomática. Porém, o tratamento não enseja a cura da moléstia" (STJ, HC 160.982/DF, Rel. Min. Laurita Vaz, 5ª Turma, julgado em 17-5-2012, DJe 28-5-2012).

1.2.1.3.3. Perda ou inutilização de membro, sentido ou função

Art. 129, § 2º, III – Se resulta perda ou inutilização de membro, sentido ou função.

A *perda* de um membro pode ocorrer por mutilação ou amputação. Em ambos os casos, haverá lesão gravíssima. A *mutilação* é decorrência direta da ação criminosa, na qual o próprio agente extirpa uma parte do corpo da vítima (cortar o braço da vítima como uma foice ou uma serra elétrica, por exemplo). Já a *amputação* decorre de intervenção cirúrgica imposta pela necessidade de salvar a vítima ou impedir consequências mais sérias. Neste caso, o autor do golpe responde pela lesão gravíssima, desde que haja nexo causal entre a necessidade de amputação e o ato agressivo por ele perpetrado.

A *inutilização* de membro pressupõe que este permaneça, ainda que parcialmente, ligado ao corpo da vítima, porém completamente incapacitado de realizar suas atividades próprias. Ocorre, por exemplo, quando a vítima fica paraplégica ou perde por completo o movimento do braço.

A extirpação de um dedo, conforme já estudado, constitui lesão grave (debilidade permanente), exceto quando se trata do polegar, em relação ao qual a lesão é considerada gravíssima, por ficar a vítima incapacitada de pegar e segurar normalmente objetos. A extirpação da mão constitui inutilização de membro, e a do braço todo constitui perda de membro.

A utilização de próteses (de mão, de braço) não exclui obviamente o crime em análise. Já o reimplante imediato, desde que a vítima tenha os movimentos recompostos, implica desclassificação para modalidade mais branda do delito.

No que pertine aos sentidos, ocorre perda da visão ou audição quando a vítima fica totalmente cega ou surda e inutilização quando lhe resta tão pouca capacidade visual ou auditiva, que só consegue enxergar vultos ou sombras, ou só consegue ouvir sons distorcidos sem poder compreendê-los. Lembre-se que provocar cegueira em apenas um olho ou surdez em apenas um ouvido constitui lesão grave (debilidade permanente de sentido) porque a vítima continua enxergando ou ouvindo, não tendo havido, portanto, perda do sentido. A propósito: "I – Tendo em vista os fatos narrados na denúncia, bem como os elementos que compõem os autos, deve-se operar a desclassificação do delito de lesão corporal gravíssima (art. 129, § 2º, III, do CP) para o de lesão corporal grave (art. 129, § 1º, III, do CP), em razão da superveniência de debilidade permanente de sentido (perda da visão do olho direito)" (STJ, HC 44.116/PB, Rel. Min. Felix Fischer, 5ª Turma, julgado em 16-2-2006, DJ 27-3-2006, p. 306).

Quanto à perda ou inutilização de função, é preciso lembrar que tais resultados só se mostram possíveis em relação àquelas não vitais como, por exemplo, a função reprodutora (agressão em que a vítima perde os testículos ou ovários, por exemplo). A agressão que provoca perda ou inutilização de função vital constitui crime de homicídio ou lesão corporal seguida de morte.

A extirpação do pênis também é exemplo de lesão gravíssima – perda de função sexual e reprodutora.

A esterilização cirúrgica é atualmente regulamentada pela Lei n. 9.263/96 e, desde que haja autorização do paciente, não constitui crime.

No caso de cirurgia transexual, com ablação do pênis e construção de vagina artificial, não há crime se fica demonstrado que a pessoa via-se e comportava-se como mulher, de modo que a cirurgia somente lhe trouxe benefícios psicológicos. Considerando que dano à integridade corporal é a alteração anatômica prejudicial ao corpo humano, conclui-se que não há dolo de lesionar por parte do cirurgião, mas, sim, intenção de reduzir o sofrimento físico e mental do paciente de forma que, por tal motivo, não há crime. Nesse sentido: "Não age dolosamente o médico que, através de cirurgia, faz a ablação de órgãos genitais externos de transexual, procurando curá-lo ou reduzir seu sofrimento físico ou mental. Semelhante cirurgia não é vedada por lei, nem mesmo pelo Código de Ética Médica" (Tacrim-SP, Rel. Denser de Sá, *RT* 545/355).

1.2.1.3.4. Deformidade permanente

Art. 129, § 2º, IV – Se resulta deformidade permanente.

A presente qualificadora está relacionada ao dano estético, ou seja, a atos agressivos que deixam marcas antiestéticas permanentes no corpo da vítima. São exemplos: fazer cortes profundos no corpo da vítima, com uma navalha ou uma garrafa quebrada, deixando cicatrizes permanentes, provocar fraturas nos ossos da face, marcar o rosto da vítima com ferro em brasa, lançar ácido ou líquido fervendo em seu corpo deixando queimaduras na pele, decepar uma orelha etc. O ato de lançar ácido em alguém é chamado de vitriolagem.

Como a expressão deformidade permanente é consideravelmente genérica, consagrou-se o entendimento de que a lesão gravíssima só pode ser reconhecida quando coexistirem quatro requisitos: a) que o dano estético seja de certa monta; b) que seja permanente; c) que seja visível; e d) que seja capaz de provocar impressão vexatória.

Dano de certa monta é aquele que tem proporções razoáveis e que, portanto, provoca efetiva diminuição da beleza. Com efeito, não faz sentido considerar gravíssima uma lesão quando deixa cicatriz minúscula, ainda que permanente.

O dano estético é considerado permanente, por sua vez, quando não desaparece como efeito da cicatrização natural do corpo humano.

A possibilidade da correção estética por meio de cirurgia plástica não afasta a qualificadora, caso a vítima não a realize, já que ninguém é obrigado a submeter-se a procedimento cirúrgico. É praticamente pacífico, todavia, o entendimento de que, se a vítima fizer a plástica e houver completo desaparecimento do dano estético, o crime deve ser desclassificado. Essa a interpretação de Damásio de Jesus[68], Julio Fabbrini Mirabete[69] e Fernando Capez[70]. Comungamos, porém, do entendimento de Flávio

---

[68] Damásio de Jesus. *Direito penal*, v. 2, p. 143.
[69] Julio Fabbrini Mirabete. *Manual de direito penal*, v. 2, p. 114.
[70] Fernando Capez. *Curso de direito penal*, v. 2, p. 142.

Monteiro de Barros[71] que, não obstante reconheça a prevalência do já mencionado entendimento doutrinário, critica tal posicionamento "que consagra a vingança privada, deixando ao alvedrio da vítima a decisão de fazer ou não incidir a qualificadora".

Dano estético visível não é apenas aquele provocado no rosto, e sim o que pode ser visto quando a vítima vestir roupa de banho. Por isso, existe a qualificadora quando a deformidade é provocada no braço, nas pernas, no pescoço, no tórax etc. Não será aplicada a qualificadora, no entanto, se a cicatriz localizar-se, por exemplo, no couro cabeludo e ficar encoberta pelos fios de cabelo.

Por fim, a lesão só poderá ser considerada gravíssima se provocar impressão vexatória, ou seja, se for efetivamente antiestética, provocando má impressão nas pessoas que olham para a vítima, de tal modo que esta se sinta incomodada em expor tal parte do seu corpo. Não é necessário, contudo, que se trate de uma monstruosidade. O seguinte julgado bem esclarece o requisito em estudo: "o conceito de deformidade repousa na estética, somente ocorrendo quando a lesão cause uma impressão, senão de repugnância ou de mal-estar, pelo menos de desgosto ou desagrado. Assim, o simples gilvaz não importa, por si mesmo, necessariamente, na graveza da lesão" (Tacrim-SP, Rel. Galvão Coelho, *Jutacrim* 42/231).

A deformidade permanente pode ter sido provocada de forma intencional (lesão gravíssima não preterdolosa) ou como consequência culposa da agressão – dolo na agressão e culpa na provocação da deformidade –, hipótese em que o crime é preterdoloso.

É recomendável que a acusação providencie a anexação aos autos de fotografia da vítima e da respectiva lesão, pois, em caso de recurso da defesa em que se questione a existência do dano estético e sua extensão, os integrantes do Tribunal terão melhores condições de apreciar a matéria, já que, ao contrário do juiz de 1º grau, os integrantes dos tribunais não têm contato pessoal com a vítima.

Saliente-se que é irrelevante, na análise do delito, o fato de ser a vítima pessoa jovem ou idosa, do sexo masculino ou feminino, bela ou não. É ultrapassado o entendimento doutrinário em sentido oposto, pois, de acordo com o art. 5º, *caput*, da Constituição Federal, todos são iguais perante a lei.

1.2.1.3.5. Aborto

Art. 129, § 2º, V – Se resulta aborto.

Quando o agressor quer provocar o aborto, comete crime mais grave, descrito no art. 125 do Código Penal (aborto sem o consentimento da gestante). Assim, por exclusão, a lesão gravíssima em estudo constitui figura exclusivamente preterdolosa, somente se configurando quando houver dolo de agredir a gestante e meramente *culpa* em relação ao aborto. Desse modo, se no caso concreto o agente dá um único soco no rosto de uma gestante e esta acaba sofrendo uma queda da qual resulta o aborto, incorre na lesão gravíssima. Se o agressor, entretanto, desfere chutes violentos na barriga da mulher grávida, causando o aborto, incorre no crime do art. 125 do Código Penal.

---

[71] Flávio Augusto Monteiro de Barros. *Crimes contra a pessoa*, p. 104.

O agente, obviamente, deve saber que a vítima está grávida para que não ocorra responsabilidade objetiva.

1.2.1.4. Lesões corporais seguidas de morte

> Art. 129, § 3º – Se resulta morte e as circunstâncias evidenciam que o agente não quis o resultado, nem assumiu o risco de produzi-lo:
> Pena – reclusão, de quatro a doze anos.

A natureza preterdolosa da presente figura criminosa encontra-se expressa no texto legal, que só permite sua configuração quando a agressão perpetrada provocar a morte da vítima e as circunstâncias demonstrarem que o agente não quis e não assumiu o risco de causá-la, ou seja, se não agiu com dolo direto ou eventual em relação ao resultado. É evidente, de qualquer modo, que, quando o agressor quer ou assume o risco de causar a morte, responde por crime de homicídio doloso.

Em suma, o delito de lesão corporal seguida de morte pressupõe dolo de agredir a vítima a fim de lhe provocar lesões e culpa em relação ao resultado agravador (morte). É o que acontece, por exemplo, quando alguém desfere um golpe de faca na perna da vítima e esta acaba morrendo por hemorragia devido ao seccionamento da artéria femoral.

Não se configura o delito em estudo se ficar demonstrada ausência de dolo de lesionar por parte do agressor. Quem, por exemplo, empurra levemente outra pessoa durante uma discussão não age com dolo de cometer lesão corporal, incorrendo na contravenção de vias de fato (art. 21 da LCP). Por isso, se a vítima eventualmente se desequilibrar e cair, vindo a falecer em decorrência de traumatismo craniano, por ter batido a cabeça no meio-fio, não haverá enquadramento no crime de lesão corporal seguida de morte, e sim no delito de homicídio culposo. A propósito: "A diferença entre a lesão corporal seguida de morte e o homicídio culposo está em que, na primeira, o antecedente é um delito doloso e, no segundo, um fato penalmente indiferente, ou, quando muito, contravencional. Assim, se a morte for consequência de simples vias de fato (empurrão que causa queda da vítima e a lesão mortal), haverá homicídio culposo" (RJSP, Rel. Jarbas Mazzoni, *RT* 599/322).

A forma qualificada em análise é híbrida (dolo na lesão e culpa na morte), não se confundindo com a aplicação do instituto da *progressão criminosa* no homicídio. Na progressão, o agente inicia uma agressão querendo apenas lesionar a vítima, mas, durante a agressão, muda de ideia e, no mesmo contexto fático, dolosamente, a mata. Nesse caso, ele responde apenas por homicídio, que absorve o delito anterior de lesões corporais. Em tal caso, o agente inicia a prática criminosa com dolo de cometer crime mais brando e a finaliza com dolo de maior intensidade.

O crime de lesão corporal seguida de morte, por ser exclusivamente preterdoloso, é incompatível com a figura da tentativa. Ademais, como a morte é consequência culposa da agressão, o julgamento é feito pelo juízo singular, e não pelo Tribunal do Júri.

1.2.1.5. Majorantes decorrentes da violência familiar ou doméstica

> Art. 129, § 10 – Nos casos previstos nos §§ 1º a 3º deste artigo, se as circunstâncias são as indicadas no § 9º deste artigo, a pena aumenta-se de um terço.

Neste § 10, o legislador estabeleceu causas de aumento de pena de 1/3 para os crimes de lesão corporal grave, gravíssima ou seguida de morte, se cometidos contra ascendente, descendente, irmão, cônjuge ou companheiro, ou contra pessoa com quem o agente conviva ou tenha convivido, ou, ainda, prevalecendo-se ele de relações domésticas, de coabitação ou de hospitalidade etc. Essas causas de aumento aplicam-se tanto se a vítima for homem (figura qualificada do § 9º) como mulher (figura qualificada do § 13), uma vez que o § 10 não diz que o aumento só é aplicável ao § 9º, e sim que é aplicável se as "circunstâncias forem as do § 9º", ou seja, crime contra ascendente, descendente, cônjuge ou companheiro, irmão etc.

Nos termos do art. 28-A, § 2º, IV, do CPP, não cabe acordo de não persecução penal em crime que envolva violência doméstica ou familiar contra mulher.

1.2.1.6. Lesão corporal privilegiada

Art. 129, § 4º – Se o agente comete o crime impelido por motivo de relevante valor social ou moral ou sob o domínio de violenta emoção, logo em seguida a injusta provocação da vítima, o juiz pode reduzir a pena de um sexto a um terço.

O privilégio aplicável aos crimes de lesões corporais segue estritamente as regras já estudadas em relação ao homicídio privilegiado, previsto no art. 121, § 1º, do Código Penal, uma vez que as hipóteses legais e as consequências descritas no art. 129, § 4º, são absolutamente as mesmas.

A sua aplicação, se presentes os requisitos legais, é direito subjetivo do réu, e não mera faculdade do juiz.

O privilégio é cabível em todas as formas de lesão dolosa – leve, grave, gravíssima e seguida de morte – quando o crime for cometido por motivo de relevante valor social ou moral ou sob o domínio de violenta emoção, logo em seguida a injusta provocação da vítima. Cuida-se de causa de diminuição de pena (redução de 1/6 a 1/3), a ser considerada pelo juiz na terceira fase da dosimetria.

O privilégio não se aplica às lesões corporais culposas.

1.2.1.7. Substituição da pena da lesão leve

Art. 129, § 5º – O Juiz, não sendo graves as lesões, pode ainda substituir a pena de detenção por multa:

I – se ocorre qualquer das hipóteses do parágrafo anterior.

II – se as lesões são recíprocas.

O presente dispositivo prevê duas hipóteses em que a pena de detenção pode ser substituída por pena pecuniária.

Na hipótese do inciso I, tal substituição pode se dar quando se tratar de lesão corporal de natureza leve e, ao mesmo tempo, privilegiada. Nota-se, portanto, que, em tal caso, o juiz tem duas opções: reduzir a pena privativa de liberdade de 1/6 a 1/3, com fulcro no § 4º, ou substituí-la por multa, com fundamento no § 5º.

Caso se trate, todavia, de lesão leve qualificada pela violência doméstica contra *mulher*, o art. 17 da Lei n. 11.340/2006 (Lei Maria da Penha) veda a substituição da pena privativa de liberdade somente por multa, de modo que, se o delito for privilegiado (violenta emoção, por exemplo), o juiz apenas terá a alternativa de reduzir a pena de 1/6 a 1/3.

Na hipótese do inciso II, o juiz pode substituir a pena de detenção por multa se as lesões forem leves e recíprocas. Assim, é pressuposto para a aplicação desta regra que duas pessoas tenham efetivamente cometido crimes de lesão corporal leve (uma contra a outra). Caso, todavia, reste demonstrado que uma delas tomou a iniciativa da agressão e que a outra, ao se defender, acabou causando também lesão leve na primeira, teremos crime apenas por parte daquele que iniciou as agressões, pois o outro agiu em legítima defesa. Em tal caso, não se mostra aplicável a regra do inciso II.

Saliente-se, ainda, que é comum ambos os envolvidos atribuírem ao outro o início das agressões, sustentando que agiram em legítima defesa. Em tal hipótese, se a prova colhida não for suficiente para sanar a dúvida, ambos deverão ser absolvidos. A propósito: "Para se caracterizar a responsabilidade penal, nas lesões corporais dolosas, em caso de briga, com agressões mútuas, é fundamental que a prova esclareça quem foi o iniciador, o provocador da contenda. Se este ponto não ficou claro, deve-se absolver ambos os litigantes" (Tacrim-SP, Rel. Pedro Gagliardi, *RT* 692/285); "Se ambos os acusados alegam que se limitaram a defender-se de agressão iniciada pelo outro e a prova é contraditória a esse respeito, é de se absolver ambos, por falta de elementos precisos para se fundamentar a condenação" (Tacrim-SP, Rel. Ferreira Leite, *Jutacrim* 22/97).

Em suma, a substituição da pena de detenção por multa ora em estudo terá incidência, por exemplo, se uma pessoa agredir outra no início de um show de música e, após cessada a agressão, a vítima, ao término do evento, for à desforra e agredir o primeiro, em situação em que não pode mais alegar legítima defesa. Nesse caso, os dois cometeram crimes de lesões corporais leves, e ambos podem ter a pena substituída por multa.

1.2.1.8. Majorantes

> Art. 129, § 7º, c.c. art. 121, § 4º – Aumenta-se a pena de 1/3 (um terço) se ocorrer qualquer das hipóteses dos §§ 4º e 6º do art. 121 deste Código.

Assim, pela combinação dos dispositivos a pena será majorada qualquer que seja a modalidade de lesão corporal dolosa – leve, grave, gravíssima e seguida de morte –, se a vítima for menor de 14 ou maior de 60 anos (art. 121, § 4º) ou se o crime for cometido por milícia privada a pretexto de prestação de serviço de segurança ou grupo de extermínio (art. 121, § 6º).

1.2.1.9. Lesões majoradas contra policiais ou integrantes das Forças Armadas ou seus familiares

> § 12. Se a lesão for praticada contra autoridade ou agente descrito nos arts. 142 e 144 da Constituição Federal, integrantes do sistema prisional e da Força Nacional de Segurança Pública, no exercício da função ou em decorrência dela, ou contra seu cônjuge, companheiro ou parente consanguíneo até terceiro grau, em razão dessa condição, a pena é aumentada de um a dois terços.

A majorante em questão foi inserida no Código Penal pela Lei n. 13.142/2015 e tem aplicação quando qualquer crime de lesão corporal dolosa (leve, grave, gravíssima ou seguida de morte) for cometido contra:

a) integrante das Forças Armadas (Exército, Marinha e Aeronáutica) – art. 142 da Constituição Federal;

b) integrante da polícia federal, da polícia rodoviária federal, da polícia ferroviária federal, da polícia civil ou da polícia militar ou corpo de bombeiros militares – art. 144 da Constituição Federal;

c) integrante do sistema prisional (polícia penal);

d) integrante da Força Nacional de Segurança Pública;

e) cônjuge ou companheiro de qualquer das autoridades ou agentes mencionados nos tópicos anteriores em razão dessa condição;

f) parente consanguíneo até terceiro grau de qualquer das autoridades ou agentes mencionados nos tópicos anteriores em razão dessa condição.

De acordo com o texto legal, a causa de aumento aplica-se quer o crime tenha sido cometido contra autoridade, quer contra agente, de uma das corporações. No caso da polícia civil, por exemplo, existe a majorante se o delito for perpetrado contra delegado de polícia, investigador, agente policial, escrivão de polícia etc. É pressuposto da causa de aumento que a vítima esteja no exercício de suas funções no momento do delito ou que este tenha sido cometido em decorrência delas. Quem agride policial que está de folga, em razão de uma discussão de trânsito, por exemplo, não incorre na causa de aumento.

No que tange aos crimes cometidos contra cônjuges, companheiros ou parentes, é necessário comprovar que a agressão ocorreu em razão dessa condição, tal como expressamente exige o dispositivo em estudo.

O parentesco até terceiro grau a que a lei se refere abrange, na linha reta, crime contra pai ou filho, avô ou neto, bisavô ou bisneto, e, na linha colateral, crime contra irmão, tio ou sobrinho.

A expressão parentesco consanguíneo foi utilizada para excluir da majorante o parentesco por afinidade. É evidente que se aplica o aumento quando o crime for cometido, por exemplo, contra filho ou irmão adotivo, mesmo porque o art. 227, § 6º, da Carta Magna, proíbe tratamento discriminatório. Cuida-se, evidentemente, de interpretação extensiva, e não de analogia *in malam partem*.

Saliente-se, por fim, que o art. 1º, I-A, da Lei n. 8.072/90, com a redação que lhe foi dada pela Lei n. 13.142/2015, considera crime hediondo a lesão corporal dolosa gravíssima (art. 129, § 2º, do CP) e a lesão seguida de morte (art. 129, § 3º, do CP), nos casos em que aplicada a majorante deste § 12.

Interessante notar que o texto da Lei n. 8.072/90 utiliza a expressão "lesão gravíssima", consagrada doutrinária e jurisprudencialmente para se referir às hipóteses do art. 129, § 2º, do Código Penal, embora tal denominação não exista em tal dispositivo, conforme já estudado.

Caso a lesão corporal seja de natureza leve (art. 129, *caput*, do CP) ou grave (art. 129, § 1º, do CP), será aplicável a causa de aumento do § 12, mas o delito não será considerado hediondo.

1.2.2. Lesão corporal culposa

> Art. 129, § 6º – Se a lesão é culposa:
> Pena – detenção, de dois meses a um ano.

O crime de lesões corporais culposas possui as mesmas regras do homicídio culposo no que tange à tipificação, diferenciando-se deste apenas em razão do resultado menos gravoso e da pena menor.

Ao contrário do que ocorre nas lesões dolosas, na modalidade culposa não há distinção no que tange à gravidade das lesões, de modo que a capitulação é sempre no mesmo dispositivo (art. 129, § 6º, do CP). A gravidade da lesão só deve ser levada em consideração pelo juiz na fixação da pena-base, uma vez que o art. 59 do Código Penal diz que o juiz deve levar em conta as consequências do crime nessa fase da dosimetria.

Quando duas pessoas agem culposamente, uma causando lesão na outra, ambas respondem por crime de lesão culposa, ou seja, o fato de um ter causado lesão no outro não faz com que desapareça a responsabilidade penal de ambos porque não existe compensação de culpas no Direito Penal. Ao contrário, cada um responde por um crime de lesão culposa.

A ação penal na lesão culposa é pública condicionada à representação nos termos do art. 88 da Lei n. 9.099/95. Ademais, a composição acerca dos danos civis, realizada na audiência preliminar no Juizado Especial Criminal, e homologada pelo juiz, implica renúncia ao direito de representação, gerando a extinção da punibilidade.

Se a lesão culposa for cometida na direção de veículo automotor, estará configurado crime mais grave, descrito no art. 303 do Código de Trânsito Brasileiro (Lei n. 9.503/97).

1.2.2.1. Causas de aumento de pena da lesão culposa

> Art. 129, § 7º – Aumenta-se a pena de um terço, se ocorrer qualquer das hipóteses do art. 121, § 4º.

Pela conjugação dos dois dispositivos, verifica-se que haverá acréscimo na pena da lesão corporal culposa se o crime resultar da inobservância de regra técnica de arte, ofício ou profissão, se o agente deixar de prestar imediato socorro à vítima, não procurar diminuir as consequências de seu ato ou fugir para evitar a prisão em flagrante.

1.2.2.2. Perdão judicial

> Art. 129, § 8º – Aplica-se à lesão culposa o disposto no § 5º do art. 121.

O dispositivo referido é o que trata do perdão judicial no homicídio culposo, de modo que as regras lá estudadas se aplicam também à lesão culposa, ou seja, o juiz poderá deixar de aplicar a pena do crime de lesões culposas quando as consequências do caso concreto atingirem o próprio autor do delito de forma tão grave, que esta se mostre desnecessária. Exemplo: pessoa que provoca um acidente com água fervendo do qual resultam lesões corporais em um terceiro e que acaba também sofrendo graves queimaduras.

Capítulo III

DA PERICLITAÇÃO DA VIDA E DA SAÚDE

1.3. Da periclitação da vida e da saúde

Nos crimes deste capítulo, o agente é punido por realizar conduta que expõe a risco a vida ou a saúde alheia, sendo desnecessária a efetiva lesão ao bem jurídico. As infrações penais aqui previstas são todas de perigo *individual* porque não exigem que o perigo seja causado a número elevado e indeterminado de pessoas, ao contrário do que ocorre com os chamados crimes de perigo comum (arts. 250 a 259 do CP).

Os delitos de perigo subdividem-se, ainda, em crimes de perigo concreto e de perigo abstrato.

Nos crimes de perigo *concreto*, é necessária a efetiva demonstração de que alguém sofreu perigo de dano, por se tratar de exigência do próprio tipo penal. Assim, a acusação necessariamente, deve identificar a(s) pessoa(s) exposta(s) a risco. Nos crimes de perigo *abstrato*, a lei descreve uma conduta ilícita e presume a existência do perigo sempre que tal conduta for realizada, independentemente da comprovação de que alguém efetivamente tenha sofrido risco, não admitindo, ademais, que se faça prova em sentido contrário. Nessa modalidade de delito, o tipo penal simplesmente descreve a conduta perigosa sem exigir que alguém seja exposto ao risco. Conforme veremos adiante, alguns dos crimes do presente capítulo são de perigo abstrato e outros, de perigo concreto.

Os crimes de periclitação da vida e da saúde são os seguintes: a) perigo de contágio venéreo (art. 130); b) perigo de contágio de moléstia grave (art. 130); c) perigo para a vida ou a saúde de outrem (art. 132); d) abandono de incapaz (art. 133); e) exposição ou abandono de recém-nascido (art. 134); f) omissão de socorro (art. 135) e; g) maustratos (art. 136).

1.3.1. Perigo de contágio venéreo

> Art. 130. Expor alguém, por meio de relações sexuais ou qualquer ato libidinoso, a contágio de moléstia venérea, de que sabe ou deve saber que está contaminado:
>
> Pena – detenção, de três meses a um ano, ou multa.
>
> § 1º Se é intenção do agente transmitir a moléstia:

Pena – reclusão, de um a quatro anos, e multa.

§ 2º Somente se procede mediante representação.

1.3.1.1. Objetividade jurídica

A incolumidade física e a saúde das pessoas.

1.3.1.2. Tipo objetivo

A tipificação do delito se dá pela prática de qualquer ato sexual – cópula vagínica, anal, sexo oral etc. – desde que apta à transmissão da moléstia venérea, como sífilis, blenorragia (gonorreia), cancro mole, papilomavírus (HPV) etc. É claro que o fato não constitui crime se o agente não expõe a vítima a perigo de contágio fazendo uso, por exemplo, de preservativo.

Trata-se de crime de *ação vinculada* porque o tipo penal especifica que sua configuração só pode se dar pela prática de atos sexuais.

O Decreto-Lei n. 16.300/1923 considera moléstias venéreas "a sífilis, a gonorreia e o cancro mole ou o cancro venéreo simples". Tal enumeração, entretanto, não é taxativa, já que o enquadramento de uma doença como venérea depende, em verdade, da ciência médica.

A AIDS, embora possa ser sexualmente transmitida, não é doença venérea porque pode ser transmitida por outras formas. Por isso, em relação a esta doença, o crime pode ser o de perigo de contágio de moléstia grave (art. 131), se não ocorrer a transmissão, ou de lesão corporal gravíssima ou de homicídio (conforme já estudado), se houver a transmissão.

No delito em análise, o ato sexual é quase sempre consentido, porque a vítima não tem ciência da doença que acomete o parceiro. É possível, porém, que o portador da moléstia estupre a vítima, empregando, para tanto, violência ou grave ameaça; nesse caso, ele responderá por estupro em concurso formal com o delito em estudo, caso não transmita a doença. Se ocorrer a transmissão, responderá pelo crime de estupro com a pena aumentada de 1/6 até dois terços, nos termos do art. 234-A, IV, do Código Penal, com redação dada pela Lei n. 12.015/2009.

Na figura simples, do art. 130, *caput*, do Código Penal, a intenção do agente é de manter a relação sexual com a vítima, mesmo ciente de que poderá transmitir a doença. O sujeito, tendo a opção de não realizar o ato sexual, opta pela satisfação de sua libido, expondo a vítima ao risco de contágio. No que pertine ao conhecimento da própria doença, a caracterização se dá tanto quando o agente efetivamente *sabe* ser portador (dolo direto em relação a tal elementar) como também quando *deve saber* que está contaminado – hipótese indicativa de culpa, de acordo com a Exposição de Motivos do Código Penal.

1.3.1.3. Figura qualificada

De acordo com o art. 130, § 1º, do Código Penal, a pena será de um a quatro anos de reclusão, se a intenção do agente for a transmissão da doença. Nesse caso, estamos diante de um crime de perigo com dolo de dano e, portanto, o agente deve ter efetivo conhecimento de que está contaminado.

1.3.1.4. Sujeito ativo

Pode ser qualquer pessoa, homem ou mulher, casada ou solteira, recatada no aspecto sexual ou prostituta.

Como o tipo penal exige característica diferenciada do sujeito ativo – estar acometido de doença venérea – enquadra-se no conceito de crime *próprio*. Discordamos daqueles que sustentam tratar-se de crime comum com o argumento de que qualquer pessoa pode contrair doença venérea e ser autor do crime. Se assim fosse, o crime de corrupção passiva também não seria próprio, uma vez que qualquer pessoa pode prestar concurso público e, depois de aprovado, solicitar bens ou valores em troca da concessão de vantagens.

1.3.1.5. Sujeito passivo

Qualquer pessoa, inclusive as prostitutas. A vítima pode ser do mesmo sexo do autor do delito ou não.

Se as duas pessoas que tiveram a relação sexual estão acometidas da mesma doença venérea, nenhuma responde pelo delito, ainda que fique demonstrado que o contato sexual entre elas poderia agravar o quadro, uma vez que o tipo penal exige que se exponha a vítima a risco de *contágio*, e não de agravamento da doença preexistente.

1.3.1.6. Consumação

No momento da prática do ato sexual, independentemente da efetiva transmissão da doença. Trata-se de crime de perigo *abstrato* (a lei presume o perigo sempre que a pessoa contaminada mantém a relação sexual). Trata-se, porém, de presunção relativa, que admite prova em sentido contrário. Exemplo: que a vítima já estava contaminada, ou que foi usado preservativo que impediu o perigo de contágio etc.

Na modalidade simples do delito, caso ocorra o contágio, o agente responde, *a priori*, apenas pelo crime do art. 130, *caput*, do Código Penal, já que ele não queria transmitir a doença e, por isso, só poderia ser punido por lesão corporal culposa que, entretanto, fica afastada por ter pena menor. Dependendo, todavia, das circunstâncias do caso concreto, pode ficar demonstrado o dolo eventual, hipótese em que o agente responderá pelo crime de lesões corporais.

Também na hipótese qualificada do § 1º, a consumação se dá no momento da relação sexual, pois, para sua configuração, basta a intenção de transmitir a moléstia, não sendo, contudo, necessário que o resultado se concretize. Caso haja a transmissão, não há como negar que a lesão é dolosa, pois o agente queria o resultado (dolo direto). Todavia, se a lesão decorrente da moléstia venérea for leve, o agente só responderá pelo crime do art. 130, § 1º, que tem pena maior. Tal delito, portanto, configura-se quando o agente pratica o ato sexual querendo a transmissão e não consegue o resultado ou quando consegue, mas a lesão é de natureza leve. Ao contrário, se, em razão da moléstia, a vítima sofrer lesão grave ou gravíssima, o agente só responderá por estas que, por terem pena maior, absorvem o delito previsto no art. 130, § 1º.

1.3.1.7. Tentativa

É possível quando o agente inicia atos pré-sexuais com a vítima, mas não consegue concretizá-los, de modo a causar a situação de perigo (por exemplo, tirar a roupa da vítima, mas não realizar com ela a conjunção carnal em razão da chegada de outras pessoas ao local). É, entretanto, de difícil comprovação.

1.3.1.8. Classificação doutrinária

Trata-se de crime simples e de perigo abstrato quanto à objetividade jurídica; próprio e de concurso eventual em relação ao sujeito ativo; comissivo e de ação vinculada no que pertine aos meios de execução; de mera conduta na modalidade simples, formal, na qualificada, e instantâneo quanto ao momento consumativo; doloso em relação ao elemento subjetivo.

1.3.1.9. Ação penal

Pública condicionada à representação, nos termos do art. 130, § 2º, do Código Penal.

Na modalidade simples, o procedimento deve tramitar perante o Juizado Especial Criminal, por se tratar de infração de menor potencial ofensivo (pena máxima não superior a 2 anos). Na modalidade qualificada, em que a pena máxima é de 4 anos, a ação penal deve ser proposta no juízo comum.

1.3.2. Perigo de contágio de moléstia grave

> Art. 131. *Praticar, com o fim de transmitir a outrem moléstia grave de que está contaminado, ato capaz de produzir o contágio:*
>
> *Pena – reclusão, de um a quatro anos, e multa.*

1.3.2.1. Objetividade jurídica

A incolumidade física e a saúde das pessoas.

1.3.2.2. Tipo objetivo

O crime tipifica-se pela prática de qualquer ato capaz de transmitir a doença (beijo, espirro intencional próximo à vítima, lamber o garfo com o qual ela irá comer etc.). Trata-se, portanto, de crime de ação livre que admite qualquer meio de execução, desde que apto a transmitir a doença. Cuida-se, ainda, de crime de perigo concreto porque pressupõe a demonstração de que o ato praticado era capaz de provocar o contágio.

O delito só se aperfeiçoa quando se trata de moléstia grave – que provoca séria perturbação da saúde.

Considerando que o crime somente se configura quando o agente quer transmitir a doença, resta inequívoca a conclusão de que se trata de crime de perigo com *dolo de dano*. Em razão disso, só é compatível com o dolo direto.

Como a lei não prevê modalidade culposa, o fato será atípico se o agente atua apenas de forma imprudente e não ocorre a transmissão da doença. Haverá, entretanto, lesão culposa, se ocorrer o contágio.

1.3.2.3. Sujeito ativo

Qualquer pessoa que está contaminada com moléstia grave, conforme exige o tipo penal. Se alguém que não está contaminado aplica em outrem injeção contendo o vetor de transmissão da doença grave, incorre em crime de lesão corporal, consumada ou tentada, dependendo de ter ou não havido a transmissão.

Trata-se de crime *próprio*, pois o delito só pode ser cometido por quem está acometido de doença contagiosa grave.

1.3.2.4. Sujeito passivo

Qualquer pessoa. Caso se trate de doença para a qual exista vacina e sendo a vítima vacinada, o ato praticado pelo agente não é capaz de transmitir o contágio, não configurando, portanto, a infração penal, ainda que o agente não saiba disso. A hipótese é de crime impossível.

1.3.2.5. Consumação

De acordo com texto legal, cuida-se de crime *formal*, que se consuma no instante em que o agente pratica o ato capaz de produzir o contágio, independentemente da efetiva transmissão. Trata-se, porém, de crime de perigo concreto, pois é necessário comprovar que o ato era capaz de transmitir a doença à vítima.

Se ocorrer a transmissão da doença e as lesões forem consideradas leves (apesar de a doença ser grave), o agente só responderá pelo crime do art. 131, que tem pena maior. Se, entretanto, as lesões forem graves ou gravíssimas, o agente responderá pelo crime de lesões corporais.

1.3.2.6. Tentativa

É possível.

1.3.2.7. Classificação doutrinária

Trata-se de crime simples e de perigo concreto quanto à objetividade jurídica; próprio em relação ao sujeito ativo; comissivo e de ação livre no que pertine aos meios de execução; formal e instantâneo quanto ao momento consumativo; doloso em relação ao elemento subjetivo.

1.3.2.8. Ação penal

Pública incondicionada.

1.3.3. Perigo para a vida ou saúde de outrem

> Art. 132. Expor a vida ou a saúde de outrem a perigo direto e iminente:
>
> Pena – detenção, de três meses a um ano, se o fato não constitui crime mais grave.

1.3.3.1. Objetividade jurídica

A vida e a incolumidade física das pessoas.

1.3.3.2. Tipo objetivo

Expor alguém a perigo significa criar ou colocar a vítima em situação de risco. Trata-se de crime de ação livre, pois admite qualquer forma de execução: "fechar" o carro de outra pessoa de forma intencional; abalroar dolosamente seu carro contra o da vítima com ela dentro; empurrar uma pessoa na água do alto de um trampolim; tirar uma "fina" de um pedestre para assustá-lo; não fazer os exames exigidos no sangue do doador antes de efetuar a transfusão etc.

O crime pode também ser praticado por omissão, como no caso do patrão que não fornece equipamentos de proteção para seus funcionários, desde que disso resulte situação concreta de perigo. O descumprimento das normas de segurança, por si só, constitui contravenção penal prevista no art. 19 da Lei n. 8.213/91, infração esta que fica absorvida quando o fato gera perigo concreto por ocorrer o enquadramento no art. 132 do Código Penal.

A configuração do crime em análise pressupõe que o perigo provocado seja direto e iminente. Perigo *direto* é aquele provocado em relação à(s) pessoa(s) determinada(s). Perigo *iminente*, por sua vez, é aquele que pode provocar imediatamente o dano.

Trata-se de crime de perigo *concreto* porque o tipo penal exige a demonstração de que pessoa determinada foi exposta a risco.

Cuida-se, também, de crime doloso, em que se deve demonstrar a intenção de expor a vítima a perigo. Se o sujeito agiu com dolo de dano, responde por outro crime, como, por exemplo, tentativa de lesão corporal ou tentativa de homicídio.

Não comete o crime quem, agindo dentro das normas legais, organiza corridas de veículos ou motocicletas, eventos circenses ou rodeios, nos quais os competidores ou artistas (trapezistas, por exemplo) são expostos a risco. Nesses casos, o organizador não tem a específica intenção de criar situação de risco, e sim de organizar um entretenimento. Ademais, os próprios competidores ou artistas aceitam realizar as condutas.

Não existe modalidade culposa.

Quando o agente, com uma só ação, expõe, intencionalmente, duas ou mais pessoas a perigo, responde por dois delitos em concurso formal (art. 70 do CP).

Ao tratar da pena deste delito, o legislador estabeleceu sua absorção sempre que o fato constituir crime mais grave (subsidiariedade expressa).

Quem dá um "cavalo de pau" na rua, próximo da vítima, a fim de assustá-la incorre no delito do art. 132, contudo, se o condutor acaba atropelando e matando a vítima, responde por homicídio culposo (ou com dolo eventual, dependendo do caso), que absorve o crime de perigo.

Durante muito tempo, a hipótese mais comum de configuração deste crime do art. 132 era o disparo de arma de fogo próximo a alguém para intimidá-lo. Se o agente, entretanto, efetuasse o disparo para cima, e não próximo à vítima, estaria configurada apenas a contravenção penal de disparo de arma de fogo em via pública (art. 28 da LCP). Atualmente, entretanto, após mudanças legislativas, o ato de efetuar disparo de arma de fogo em local habitado ou em suas adjacências, na via pública ou em direção a ela, configura o crime do art. 15 da Lei n. 10.826/2003 (Estatuto do Desarmamento), que tem pena consideravelmente maior – reclusão, de dois a quatro anos – e se tipifica, nos termos da lei, desde que o disparo não tenha como finalidade a prática de outro delito. No crime de disparo de arma de fogo, a objetividade jurídica é a incolumidade pública, que é afetada quando o fato ocorre em um dos locais mencionados no tipo penal, pois a lei presume o perigo quando ocorre em local habitado ou em suas adjacências. Assim, quando o agente efetua um disparo para o alto em uma rua da cidade ou em um evento qualquer (*show*, comício, festa do peão, jogo de futebol etc.), incorre no referido crime do art. 15. No entanto, se o disparo for efetuado no meio de uma floresta ou em outro lugar desabitado, a conduta não se amolda em tal crime. Em tal hipótese, se a intenção do agente era expor pessoa determinada a situação de risco, estará tipificado o crime do art. 132, mas se não queria causar perigo concreto para ninguém, o fato é atípico.

1.3.3.3. Sujeito ativo

Pode ser qualquer pessoa. Trata-se de crime comum.

1.3.3.4. Sujeito passivo

Qualquer pessoa. O tipo penal não exige qualquer vinculação ou relação jurídica entre a vítima e o autor do crime.

Policiais e bombeiros podem ser sujeito passivo deste delito. O fato de terem o dever de enfrentar o perigo não autoriza outras pessoas a tomar a iniciativa de expô-las a risco. Assim, não comete crime quem se arrisca a nadar em um local perigoso, fazendo com que bombeiros sejam chamados para salvá-lo, sofrendo também perigo. Não há dolo neste caso. Por outro lado, se alguém vê um policial de trânsito na via pública e, intencionalmente, passa rente a ele, em excesso de velocidade, para assustá-lo, responde pelo crime em tela.

1.3.3.5. Consumação

No momento em que é praticado o ato do qual resulte perigo *concreto* para a vítima.

1.3.3.6. Tentativa

É possível.

1.3.3.7. Causa de aumento de pena

De acordo com o art. 132, parágrafo único, "a pena é aumentada de um sexto a um terço se a exposição da vida ou da saúde de outrem a perigo decorre de transporte de pessoas para a prestação de serviços em estabelecimentos de qualquer natureza, em desacordo com as normas legais". Esse dispositivo, introduzido no Código Penal pela Lei n. 9.777/98, tem a finalidade de punir mais gravemente os responsáveis pelo transporte de trabalhadores, em geral, os rurais (boias-frias), a fim de prevenir o enorme número de acidentes registrados com elevado número de vítimas fatais, em razão de o transporte ser feito na carroceria de caminhões ou em veículos em péssimo estado de conservação.

De acordo com o texto legal, somente haverá o aumento se houver desrespeito às normas legais destinadas a garantir a segurança, atualmente previstas na Lei n. 9.503/97 (Código de Trânsito Brasileiro).

O aumento da pena pressupõe também a ocorrência de perigo concreto, ou seja, que se constate o efetivo transporte de pessoas fora dos padrões de segurança exigidos em lei.

1.3.3.8. Classificação doutrinária

Trata-se de crime simples e de perigo concreto quanto à objetividade jurídica; comum e de concurso eventual em relação ao sujeito ativo; comissivo ou omissivo e de ação livre no que pertine aos meios de execução; instantâneo quanto ao momento consumativo; e doloso em relação ao elemento subjetivo.

1.3.3.9. Ação penal

É pública incondicionada, de competência do Juizado Especial Criminal por se tratar de infração de menor potencial ofensivo (pena máxima não superior a 2 anos).

1.3.4. Abandono de incapaz

> Art. 133. Abandonar pessoa que está sob seu cuidado, guarda, vigilância ou autoridade, e, por qualquer motivo, incapaz de defender-se dos riscos resultantes do abandono:
>
> Pena – detenção, de seis meses a três anos.

1.3.4.1. Objetividade jurídica

A vida e a saúde da pessoa incapaz de cuidar de si mesma.

1.3.4.2. Tipo objetivo

Abandonar o incapaz significa deixá-lo sem assistência afastando-se dele, de modo que fique exposto a risco.

Segundo Heleno Cláudio Fragoso[72], o crime pode ser praticado mediante um deslocamento no espaço, por meio de ação (levar a vítima a determinado lugar e dela se afastar) ou por omissão (deixar a vítima no lugar onde se encontra). No último exemplo, a bem da verdade, não há uma omissão do agente, e sim uma ação, consistente em se afastar do local onde a vítima permanece.

O delito pode ser cometido com ou sem deslocamento da vítima, desde que ela fique desamparada e, com isso, seja exposta a risco.

Existe o crime, por exemplo, quando a mãe (ou a babá responsável) deixa a criança de pouca idade sozinha em casa e sai, uma vez que a criança pode se acidentar (subir em um sofá e cair, sufocar-se com um saco plástico, engolir objetos etc.). Igualmente comete o crime o profissional contratado para tomar conta de pessoa doente, privada de seus movimentos, que deixa de lhe dar assistência.

Ainda de acordo com Heleno Cláudio Fragoso[73], "o abandono pode ser temporário ou definitivo. Sua duração é indiferente, desde que seja por espaço de tempo juridicamente relevante (capaz de pôr em risco o bem jurídico tutelado)".

Pressuposto do crime em análise é a ocorrência de perigo *concreto*, efetivo, como consequência do abandono. Pode haver dolo direto ou eventual em relação ao resultado.

---

[72] Heleno Cláudio Fragoso. *Lições de direito penal,* Parte especial, v. I, p. 154.
[73] Heleno Cláudio Fragoso. *Lições de direito penal,* Parte especial, v. I, p. 154.

Não existe, porém, modalidade culposa. Se o agente esquece temporariamente a criança em uma loja e vai embora, não responde pelo delito, ainda que policiais já tenham sido acionados pelos funcionários do estabelecimento. Se o pai, todavia, deixa intencionalmente o filho pequeno dentro do carro e vai beber com os amigos, incorre na infração penal.

Não há crime quando é o próprio assistido quem se afasta sem que o responsável perceba o ocorrido.

1.3.4.3. Sujeito ativo

Trata-se de crime *próprio*, pois só pode ser autor do delito quem exerce cuidado, guarda vigilância ou autoridade sobre a vítima. No dizer de Damásio de Jesus[74] "cuidado é a assistência eventual. Exemplo: o enfermeiro que cuida de portador de doença grave. Guarda é a assistência duradoura. Exemplo: menores sob a guarda dos pais. Vigilância é a assistência acauteladora. Exemplo: guia alpino em relação ao turista. Autoridade é o poder de uma pessoa sobre outra, podendo ser de direito público ou privado".

A pessoa que não tem a vítima sob seus cuidados e a encontra em situação de abandono, mas não lhe presta assistência, comete delito de omissão de socorro.

1.3.4.4. Sujeito passivo

É a pessoa que está sob a guarda, cuidado, vigilância ou autoridade do agente, desde que esteja incapacitada de se defender dos riscos decorrentes do abandono.

1.3.4.5. Consumação

Quando a vítima sofre situação concreta de perigo em razão do abandono.

Trata-se de crime instantâneo, e, mesmo que o agente, posteriormente, reassuma o dever de assistência, o delito já estará caracterizado.

1.3.4.6. Tentativa

É possível.

1.3.4.7. Formas qualificadas

> Art. 133, § 1º – Se do abandono resulta lesão corporal de natureza grave:
> Pena – reclusão, de um a cinco anos.
> § 2º Se resulta morte:
> Pena – reclusão, de quatro a doze anos.

Pelo montante das penas cominadas, inferiores à do homicídio simples, é inequívoco que essas formas qualificadas são exclusivamente *preterdolosas* (dolo no abandono e culpa na provocação das lesões graves ou da morte). Por sua vez, em havendo intenção por parte do agente de provocar o resultado mais gravoso, ou, tendo ele assumido o

---

[74] Damásio de Jesus. *Direito penal,* v. 2, p. 168.

risco de produzi-lo, responderá por crime de lesão corporal grave ou homicídio doloso, tentado ou consumado, dependendo do caso. Se, todavia, as lesões sofridas forem leves, subsiste o crime de abandono de incapaz, que as absorve por ter pena maior.

1.3.4.8. Causas de aumento de pena

> Art. 133, § 3º – As penas cominadas neste artigo aumentam-se de um terço:
>
> I – se o abandono ocorre em local ermo;
>
> II – se o agente é ascendente ou descendente, cônjuge, irmão, tutor ou curador da vítima;
>
> III – se a vítima é maior de 60 anos.

Local ermo é o local afastado, isolado, de modo que o perigo a que fica exposta a vítima é mais significativo.

Ressalte-se, por sua vez, que a enumeração do inciso II é taxativa, não sendo possível o emprego de analogia *in malam partem* para abranger outras hipóteses.

Por fim, a hipótese do inciso III, que se refere ao abandono de incapaz idoso, foi inserida no Código Penal pela Lei n. 10.741/2003, conhecida como Estatuto da Pessoa Idosa.

1.3.4.9. Classificação doutrinária

Trata-se de crime simples e de perigo concreto quanto à objetividade jurídica; próprio em relação ao sujeito ativo; comissivo e de ação livre no que pertine aos meios de execução; formal e instantâneo quanto ao momento consumativo; e doloso em relação ao elemento subjetivo.

1.3.4.10. Ação penal

É pública incondicionada.

1.3.5. Exposição ou abandono de recém-nascido

> Art. 134. Expor ou abandonar recém-nascido, para ocultar desonra própria:
>
> Pena – detenção, de seis meses a dois anos.

1.3.5.1. Objetividade jurídica

A segurança do recém-nascido.

1.3.5.2. Tipo objetivo

As condutas típicas são *expor* e *abandonar* o recém-nascido. Na primeira figura, o agente remove o recém-nascido do local em que se encontra, deixando-o em local onde não terá assistência. Na segunda, o agente deixa o bebê no local em que já estava, dele se afastando. Só se configura, todavia, o delito se, em razão do abandono, o recém-nascido for exposto a situação de risco concreto, na medida em que, embora o neonato seja indefeso, caso a mãe o abandone no berçário de uma maternidade, continuará ele a ter toda a assistência de que necessita, recebendo até mesmo o leite de outras mulheres. Configura o crime, por exemplo, abandonar o bebê no banco de uma rodoviária, na porta de um supermercado etc. Caso, todavia, a intenção da mãe seja a de provocar a morte do bebê, a punição deve ser por tentativa de homicídio ou por homicídio consumado – dependendo do resultado. Nestes casos, se ela estiver sob a influência do estado puerperal, responderá por infanticídio (consumado ou tentado).

O elemento subjetivo é o dolo (de perigo). A configuração do delito, todavia, pressupõe um especial fim de agir consistente na intenção de *"ocultar desonra própria"*. Essa honra que o agente visa preservar é a de natureza sexual, a boa fama, a reputação. Quando o fato já é conhecido da coletividade, não há como se ocultar desonra própria, configurando o abandono o crime do art. 133 do Código Penal. Por isso, se todos viram uma mulher solteira grávida durante o período gestacional, não há que cogitar de ocultação de desonra após o nascimento. Haverá, todavia, o crime, se ela havia conseguido ocultar a gravidez.

Se a causa do abandono for miséria, excesso de filhos ou outra qualquer, o crime será também o de abandono de incapaz do art. 133 do Código Penal, delito que também ocorrerá se o agente não for a mãe da vítima (ou o pai para os que entendem que este também pode cometer o delito de exposição de recém-nascido – ver tópico abaixo).

1.3.5.3. Sujeito ativo

O crime pode ser cometido por mãe, solteira ou casada, que concebeu fora do casamento, e que venha a abandonar o recém-nascido *para ocultar a própria desonra*. A mulher casada que abandona o filho concebido em relação com o marido comete crime de abandono de incapaz (art. 133).

Diverge, contudo, a doutrina, em torno da possibilidade de o pai, que concebeu em relação adulterina ou incestuosa, ser sujeito ativo do delito. Entendendo que o pai pode ser autor deste crime, podemos citar Nélson Hungria[75], Magalhães Noronha[76], Julio Fabbrini Mirabete, Heleno Cláudio Fragoso[77], Flávio Monteiro de Barros[78] e Damásio de Jesus[79]. Em sentido oposto, argumentando que desonra própria é só a da mulher, temos o entendimento de Celso Delmanto[80] e Cezar Roberto Bitencourt[81]. Para estes, o pai comete crime de abandono de incapaz (art. 133), que tem pena maior.

Qualquer que seja a corrente adotada em relação ao pai, o delito de abandono de recém-nascido constitui crime *próprio*, porque não pode ser cometido por outras pessoas. Todavia, quem colaborar com a mãe (ou com o pai, para os que o admitem como sujeito ativo) será partícipe ou coautor do crime de abandono de recém-nascido, nos termos do art. 30 do Código Penal, na medida em que as circunstâncias de caráter pessoal, quando elementares do crime, estendem-se aos que não possuem tal qualidade. Na hipótese, a circunstância pessoal que se comunica por ser elementar é a finalidade de ocultar a desonra própria.

---

[75] Nélson Hungria. *Comentários ao Código Penal*, v. V, p. 437.
[76] E. Magalhães Noronha. *Direito penal*, v. 2, p. 91.
[77] Heleno Cláudio Fragoso. *Lições de direito penal*, Parte especial, v. I, p. 157.
[78] Flávio Augusto Monteiro de Barros. *Crimes contra a pessoa*, p. 138.
[79] Damásio de Jesus. *Direito penal*, v. 2, p. 174.
[80] Celso Delmanto. *Código Penal comentado*, p. 493.
[81] Cezar Roberto Bitencourt. *Tratado de direito penal*, v. 2, p. 245.

Se o ato for cometido em razão do estado puerperal (e não houver dolo de matar o bebê), poderá ser reconhecida a atenuante genérica inominada do art. 66 do Código Penal no crime do art. 134.

As prostitutas não podem ser autoras do crime em tela com o argumento de que não têm desonra a ocultar. Em caso de abandono, responderão pelo crime de abandono de incapaz do art. 133.

1.3.5.4. Sujeito passivo

O recém-nascido. Existe, porém, séria controvérsia em torno do alcance desta condição. Para alguns, o prazo não é fixo, sendo a queda do cordão umbilical o marco divisório a partir do qual a criança deve deixar de ser tratada como recém-nascida. É a opinião de Damásio de Jesus[82] e Julio Fabbrini Mirabete[83], com a qual concordamos. A outra corrente defende que a condição de recém-nascido alcança o primeiro mês de vida. É a opinião de Heleno Cláudio Fragoso[84], Cezar Roberto Bitencourt[85] e Flávio Monteiro de Barros[86].

1.3.5.5. Consumação

No momento em que o recém-nascido sofre perigo concreto como consequência do abandono. É desnecessário que a mulher consiga efetivamente ocultar a desonra própria. Por isso, trata-se de crime *formal*.

1.3.5.6. Tentativa

É possível quando o agente elege a forma comissiva para o cometimento do crime.

1.3.5.7. Formas qualificadas

> Art. 134, § 1º – Se do fato resulta lesão corporal de natureza grave:
>
> Pena – detenção, de um a três anos.
>
> § 2º Se resulta a morte:
>
> Pena – detenção, de dois a seis anos.

Tendo em vista o montante das penas cominadas, inferiores à do homicídio simples, é inequívoco que essas formas qualificadas são exclusivamente *preterdolosas* (dolo no abandono e culpa na provocação das lesões graves ou da morte). Por sua vez, em havendo intenção por parte do agente de provocar o resultado mais gravoso, ou, tendo ele assumido o risco de produzi-lo, responderá por crime de lesão corporal grave ou homicídio doloso, tentado ou consumado, dependendo do caso. Se, todavia, as lesões sofridas forem leves, subsiste o crime de abandono de recém-nascido, que as absorve por ter pena maior.

---

[82] Damásio de Jesus. *Direito penal*, v. 2, p. 174.
[83] Julio Fabbrini Mirabete. *Manual de direito penal*, v. 2, p. 134.
[84] Heleno Cláudio Fragoso. *Lições de direito penal*, Parte especial, v. I, p. 158.
[85] Cezar Roberto Bitencourt. *Tratado de direito penal*, v. 2, p. 247.
[86] Flávio Augusto Monteiro de Barros. *Crimes contra a pessoa*, p. 139.

1.3.5.8. Classificação doutrinária

Trata-se de crime simples e de perigo concreto quanto à objetividade jurídica; próprio em relação ao sujeito ativo; comissivo ou omissivo e de ação livre no que pertine aos meios de execução; formal e instantâneo quanto ao momento consumativo; e doloso em relação ao elemento subjetivo.

1.3.5.9. Ação penal

Pública incondicionada, de competência do Juizado Especial Criminal.

1.3.6. Omissão de socorro

> Art. 135. Deixar de prestar assistência, quando possível fazê-lo sem risco pessoal, à criança abandonada ou extraviada, ou à pessoa inválida ou ferida, ao desamparo ou em grave e iminente perigo; ou não pedir, nesses casos, o socorro da autoridade pública:
>
> Pena – detenção, de dois a seis meses, ou multa.

1.3.6.1. Objetividade jurídica

A preservação da vida e da saúde das pessoas e a observação do dever de assistência e solidariedade entre os cidadãos.

1.3.6.2. Tipo objetivo

De acordo com o texto legal, o crime pode configurar-se de duas formas.

Na primeira, o agente tem condições de prestar o socorro pessoalmente à pessoa que dele necessita, mas não o faz. É o que ocorre, por exemplo, quando alguém vê a vítima acidentada e, podendo colocá-la em seu veículo e levá-la ao hospital, prefere se omitir. Nesse caso, a falta de assistência é *imediata*. Essa modalidade de omissão de socorro só se aperfeiçoa, nos termos da lei, quando a prestação do socorro não põe em risco a vida ou a incolumidade física do indivíduo. Necessário, porém, lembrar que profissionais como bombeiros e policiais, têm o dever de enfrentar o perigo, de modo que seus agentes somente estarão isentos da obrigação de socorrer se o risco for muito elevado.

Se a prestação de socorro implicar produção de risco a terceira pessoa, a omissão não constitui crime.

A segunda modalidade de omissão de socorro mostra-se presente quando o agente, não podendo prestar o socorro pessoalmente, deixa de solicitar auxílio às autoridades quando possuía os meios para tanto. Suponha-se, assim, que uma pessoa veja outra se afogando mas não possa prestar pessoalmente o socorro por não saber nadar. Em tal hipótese responderá pelo crime se não procurar terceira pessoa para efetuar o salvamento, caso possível o pedido de auxílio. Nesse caso, a falta de assistência é *mediata*.

Ressalve-se que a lei não confere duas opções ao agente. Se for possível a ele prestar pessoalmente o socorro, só se eximirá da responsabilidade penal se o fizer. Caso opte por acionar as autoridades, retardando o socorro que já poderia ter sido prestado pessoalmente, responderá pelo crime. É claro, todavia, que não se configura o delito se as circunstâncias do caso concreto indicam que o socorro pessoal pode piorar o quadro de saúde da vítima, vindo o sujeito a acionar o resgate (SAMU, bombeiros), para um socorro em melhores condições.

O elemento subjetivo do crime é o dolo – de não prestar socorro ou não providenciar auxílio, ciente do risco a que está exposta a vítima.

O crime de omissão de socorro só pode ser cometido em relação àqueles expressamente mencionados no texto legal: criança abandonada ou extraviada, pessoa inválida ou ferida ao desamparo, ou pessoa em grave e iminente perigo.

Criança abandonada é aquela que, propositadamente, foi deixada por seus responsáveis e que, assim, está entregue a si mesma, sem poder prover a própria subsistência. Distingue-se do crime de abandono de incapaz porque, na omissão, o sujeito encontra a vítima em abandono e não lhe presta assistência, enquanto no abandono de incapaz é o próprio agente, responsável pelo menor, quem o abandona. Considera-se criança quem tem menos de 12 anos.

Criança extraviada é a que se perdeu, ou seja, que não sabe retornar ao local onde se encontram os responsáveis.

Pessoa inválida ao desamparo é aquela que não pode valer de si própria para a prática dos atos normais dos seres humanos. Pode decorrer de problemas físicos, de idade avançada, de doença etc. A pessoa deve, ainda, estar ao desamparo, ou seja, impossibilitada de se afastar de situações de perigo por suas próprias forças e sem contar com a assistência de outra pessoa. Caso se trate de pessoa idosa que esteja necessitando de *tratamento de saúde*, haverá crime específico, previsto no art. 97 da Lei n. 10.741/2003 (Estatuto da Pessoa Idosa), por parte de quem recusar, retardar ou dificultar sua assistência, hipótese em que a pena será de seis meses a um ano de detenção, e multa.

Pessoa ferida ao desamparo é aquela que está lesionada, de forma acidental ou por provocação de terceiro, e que está também desamparada. Se foi o próprio agente quem, culposamente, lesionou a vítima e depois não a socorreu, ele responde por crime específico de lesões corporais culposas com a pena aumentada de 1/3 pela omissão de socorro (art. 129, §§ 6º e 7º). Se o agente agrediu intencionalmente a vítima a fim de lhe causar lesões corporais ou a morte, e, posteriormente, não a socorreu, responde tão somente por lesão corporal ou homicídio, não agravando sua pena a falta de assistência à vítima. Ao contrário, caso a socorra com sucesso, poderá ser beneficiado pelo instituto do arrependimento eficaz (art. 15 do CP).

Nestas quatro primeiras hipóteses (criança abandonada ou extraviada e pessoa inválida ou ferida ao desamparo), o crime é de perigo *abstrato*, isto é, basta que se prove que a situação da vítima se enquadrava em uma dessas circunstâncias que a ausência de socorro será considerada crime.

Por fim, pessoa em grave e iminente perigo é a que se encontra em situação de grande risco à própria vida ou saúde e contra quem o dano efetivo está prestes a se concretizar. Exemplo: pessoa que está presa em um veículo à beira de um precipício. Nesta modalidade, o crime é de perigo *concreto*, cabendo à acusação provar que a vítima estava em uma situação efetiva de perigo e que, ainda assim, o agente se omitiu.

Mesmo que a vítima não queira ser socorrida, haverá o crime se o agente não lhe prestar socorro ou não acionar as autoridades, já que a vida e a incolumidade física são bens indisponíveis. Não haverá crime de omissão de socorro, entretanto, se a oposição da vítima inviabilizar a sua prestação.

Se alguém percebe que uma pessoa está prestes a se atirar de um prédio e cometer suicídio, deve acionar as autoridades para que tentem evitá-lo. Se nada fizer, incorrerá em omissão de socorro. Já em relação às autoridades acionadas que se omitam, e que têm o dever de evitar o resultado caso possível, existe controvérsia em torno da forma como devem ser punidas (sobre o assunto, ver comentários ao art. 122 do CP).

Para a configuração do crime em análise, não importa quem causou a situação de perigo – a própria vítima, terceiro, forças da natureza etc.

Se o causador do perigo tiver sido o próprio omitente, poderá ele responder pelo crime de omissão de socorro, caso não sobrevenha lesão corporal ou morte – lembre-se de que, na hipótese em análise, a vítima está em situação de perigo, e não ferida. Note-se, porém, que o causador da situação de perigo, nos termos do art. 13, § 2º, c, do Código Penal, passa a ter o dever jurídico de evitar a produção do resultado; assim, caso a vítima morra ou sofra lesão corporal em decorrência da omissão de socorro, o agente responderá por crime de lesão ou homicídio em suas formas dolosas.

Caso se trate de pessoa idosa em situação de perigo, a omissão de socorro constitui crime mais grave, descrito na primeira parte do art. 97 da Lei n. 10.741/2003 (Estatuto da Pessoa Idosa).

1.3.6.3. Sujeito ativo

Trata-se de crime comum que pode ser cometido por qualquer pessoa, independentemente de vinculação jurídica com a vítima.

Quando há várias pessoas no local e todas, de forma concomitante e dolosa, deixam de auxiliar a vítima, respondem elas pelo crime na condição de autoras do delito. Considerando, todavia, que o dever de socorrer é solidário, não incorre na infração penal aquele que se omite por ter a vítima sido socorrida de imediato por outrem. Esta última hipótese, porém, pressupõe que o omitente tenha tido ciência do socorro prestado pelo terceiro.

Quem não pode pessoalmente prestar socorro, mas de uma forma qualquer incentiva a omissão por parte daquele que pode prestá-lo, será considerado partícipe. Assim, se uma pessoa presencia um acidente e telefona para a namorada dizendo que irá se atrasar para o encontro porque irá socorrer a vítima e ela o convence e não prestar o socorro, será partícipe no delito.

Cometem o crime, por exemplo, os médicos ou enfermeiros que retardam o atendimento a pacientes em situação de risco embora pudessem fazê-lo de imediato: "Caracteriza o crime de omissão de socorro a conduta do médico que, impassível e indiferente, deixa por horas vítima com operação infeccionada dentro de ambulância, negando-lhe internação, e nem mesmo ministrando a ela sedativo para minimizar seu sofrimento, desrespeitando o agente seu dever profissional" (Tacrim-SP, Rel. Silva Rico, *RJD* 9/123); "Responde pela infração a enfermeira que deixa de prestar socorro de urgência a doente, por falta de convênio entre o nosocômio e a entidade assistencial a que estava filiado o paciente, vindo este a falecer a caminho de outro hospital" (Tacrim-SP, Rel. Weiss de Andrade, *Jutacrim* 52/172).

Quando alguém telefona para um serviço de emergência solicitando socorro a uma pessoa acidentada e o responsável deliberadamente deixa de prestar o auxílio embora pudesse fazê-lo, este incorrerá no crime de omissão de socorro, que, portanto, pode ser também cometido por quem não se encontra na presença da pessoa em perigo.

1.3.6.4. Sujeito passivo

O texto legal, conforme já estudado, expressamente enumera as pessoas que podem ser vítimas deste crime: criança abandonada ou extraviada, pessoa inválida ou ferida ao desamparo, ou pessoa em grave e iminente perigo.

1.3.6.5. Consumação

No momento da omissão, posto que a situação de risco já existia.

1.3.6.6. Tentativa

Por se tratar de crime omissivo próprio, a omissão de socorro é incompatível com o instituto da tentativa. Se o sujeito presta o socorro no momento próprio, o fato é atípico; se não presta, o delito está consumado.

Nos casos em que a vítima está evidentemente morta, há crime impossível por não haver socorro eficaz que possa ser prestado.

1.3.6.7. Distinções

O condutor de veículo automotor que, culposamente, provoca lesões corporais na vítima e, que, em seguida, não a socorre, comete o crime de lesão culposa, com a pena aumentada pela falta de socorro, descrito no art. 303, § 1º, III, da Lei n. 9.503/97. A omissão de socorro, portanto, constitui majorante do crime de lesão culposa na direção de veículo.

Por sua vez, o condutor de veículo automotor envolvido em acidente, que não tenha agido de forma culposa, e que, em seguida, não preste socorro à vítima, comete a modalidade especial do crime de omissão de socorro descrita no art. 304 do Código de Trânsito, que tem pena de seis meses a um ano de detenção, ou multa (mais grave que a omissão de socorro do Código Penal).

Qualquer outra pessoa que não preste socorro em caso de acidente de trânsito incorrerá no crime do art. 135 do Código Penal. É o que acontece, por exemplo, quando pedestres ou condutores de outros veículos não envolvidos no acidente deixam de prestar socorro aos acidentados.

Quando se trata de omissão de socorro não relacionada a acidente de veículos, configura-se sempre o crime do art. 135 do Código, exceto se a vítima for pessoa idosa, hipótese em que se configura crime específico já mencionado, previsto no art. 97 do Estatuto da Pessoa Idosa.

1.3.6.8. Causas de aumento de pena

> Art. 135, parágrafo único – A pena é aumentada de metade, se da omissão resulta lesão corporal de natureza grave, e triplicada, se resulta a morte.

Essas modalidades majoradas do crime de omissão de socorro são exclusivamente *preterdolosas*, conclusão óbvia diante da pequena pena prevista em abstrato. Incidem, portanto, quando há dolo na omissão de socorro e culpa na lesão grave ou morte.

Cuida-se de majorantes em que o resultado, em verdade, não decorre diretamente da omissão, e sim da causa originária que fez surgir a necessidade do socorro. Na hipótese em tela, portanto, o nexo causal é analisado de forma diferente, somente incidindo a majorante se ficar provado que o socorro poderia ter evitado o resultado agravador. Nesse sentido: "ainda que a morte da vítima não resulte da omissão de socorro, é suficiente para que se configure o delito em sua forma qualificada, que se comprove que a atuação do sujeito ativo poderia evitar o resultado, tanto mais tratando-se o agente de médico no exercício dessa atividade" (Tacrim-SP, Rel. Abreu Machado, *RT* 636/301).

1.3.6.9. Classificação doutrinária

Quanto à objetividade jurídica, trata-se de crime simples e de perigo abstrato, nas quatro primeiras figuras ou concreto, na última; comum e unissubjetivo quanto ao sujeito ativo; omissivo próprio no que pertine aos meios de execução; instantâneo e de mera conduta quanto ao momento consumativo; e doloso em relação ao elemento subjetivo.

1.3.6.10. Ação penal

Pública incondicionada, de competência do Juizado Especial Criminal – mesmo nas hipóteses agravadas pela provocação de lesão grave ou morte, pois, mesmo nestes casos, a pena máxima não supera 2 anos, constituindo, assim, infração de menor potencial ofensivo.

1.3.7. Condicionamento de atendimento médico-hospitalar emergencial

Art. 135-A. Exigir cheque-caução, nota promissória ou qualquer garantia, bem como o preenchimento prévio de formulários administrativos, como condição para o atendimento médico-hospitalar emergencial:

Pena – detenção, de três meses a um ano, e multa.

1.3.7.1. Objetividade jurídica

A preservação da vida e da saúde das pessoas que necessitam de atendimento médico de emergência.

1.3.7.2. Tipo objetivo

O delito em análise, introduzido pela Lei n. 12.653/2012, pune a simples exigência de assinatura de cheque-caução, de nota promissória ou de outra garantia como condição para o atendimento de pessoas enfermas ou acidentadas que necessitem de atendimento de emergência em hospitais ou clínicas particulares. Configura-se também a infração penal se o agente condiciona o atendimento emergencial ao prévio preenchimento de formulários administrativos. Em todos esses casos, o acautelamento da instituição contra eventual inadimplência ou as providências burocráticas exigidas retardam o atendimento médico de emergência, expondo a risco a vida e a saúde da vítima, que pode agravar-se em decorrência da demora. Por isso, o delito configura-se ainda que posteriormente a vítima venha a ser socorrida por médicos que exercem suas atividades no local ou por terceiros.

Note-se que não há crime se primeiro é prestado o socorro e somente depois são exigidos os documentos. O texto legal expressamente menciona como elemento do delito a exigência da assinatura ou o preenchimento do formulário como condição para o atendimento médico.

É necessário, conforme já mencionado, que se trate de pessoa em quadro de emergência médica, conforme exige o próprio tipo penal.

Cuida-se de crime de perigo *concreto* porque pressupõe demonstração de que a vítima se encontrava em situação de risco.

1.3.7.3. Sujeito ativo

Somente os funcionários e responsáveis pela recepção no hospital ou clínicas de atendimento emergencial, além de seus superiores que tenham determinado que assim agissem (chefe de serviço, diretores do hospital, proprietários). Trata-se de crime *próprio*.

Se os médicos se recusam a prestar o atendimento, incorrem em crime de omissão de socorro.

1.3.7.4. Sujeito passivo

A pessoa de quem é exigida a caução ou promissória e aquela que necessita do atendimento emergencial.

1.3.7.5. Consumação

Com a simples *exigência* da garantia ou do preenchimento do formulário, ainda que a vítima venha a ser posteriormente atendida.

1.3.7.6. Tentativa

Em regra inviável, uma vez que estas exigências geralmente são feitas na presença da pessoa que se encontra necessitada do atendimento ou de seus familiares, consumando-se de imediato.

1.3.7.7. Causas de aumento de pena

De acordo com o parágrafo único do art. 135-A, a pena é aumentada até o dobro se da negativa de atendimento resulta lesão corporal de natureza grave, e até o triplo se resulta a morte. As hipóteses são, evidentemente, preterdolosas.

1.3.7.8. Classificação doutrinária

Trata-se de crime simples e de perigo concreto quanto à objetividade jurídica; próprio em relação ao sujeito ativo; comissivo e de ação livre no que pertine aos meios de execução; de mera conduta e instantâneo quanto ao momento consumativo; e doloso em relação ao elemento subjetivo.

1.3.7.9. Ação penal

Pública incondicionada, de competência do Juizado Especial Criminal, salvo no caso de morte (em que a pena máxima é de 3 anos).

1.3.8. Maus-tratos

Art. 136. *Expor a perigo a vida ou a saúde de pessoa sob sua autoridade, guarda ou vigilância, para fim de educação, ensino, tratamento ou custódia, quer privando-a de alimentação ou cuidados indispensáveis, quer sujeitando-a a trabalho excessivo ou inadequado, quer abusando dos meios de correção ou disciplina:*

Pena – detenção, de dois meses a um ano, ou multa.

1.3.8.1. Objetividade jurídica

A vida e a saúde de quem se encontra sob a guarda, autoridade ou vigilância de outrem para fim de educação, ensino, tratamento ou custódia.

1.3.8.2. Tipo objetivo

Trata-se de crime de ação *vinculada* que só se concretiza quando o agente expõe a perigo a vida ou a saúde da vítima por uma das maneiras especificadas no tipo penal: privação de alimentos ou cuidados indispensáveis, sujeição a trabalho excessivo ou inadequado, abuso dos meios de correção e disciplina.

No que tange à privação de alimentos, o texto legal refere-se às vítimas que não têm meios para obter a própria comida, cometendo o delito aquele que, dolosamente, deixa de alimentar quem está sob sua guarda, autoridade ou vigilância. A privação pode ser relativa (diminuição no fornecimento dos alimentos) ou absoluta (total). Para a configuração do crime, basta a privação relativa, desde que seja suficiente para gerar perigo para a vida ou para a saúde da vítima. Em caso de privação total de alimentos, somente poderá ser aplicada a pena do crime de maus-tratos se referida conduta não for prolongada, pois, caso contrário, o enquadramento seria no crime de homicídio (consumado ou tentado).

Em relação à privação de cuidados indispensáveis, o legislador se refere aos cuidados médicos, ao fornecimento de agasalho, à realização de higiene pessoal etc. O fato de não higienizar pessoa que está sob sua guarda pode, por exemplo, provocar-lhe doenças, assaduras etc.

Trabalho excessivo é aquele que provoca fadiga acima do normal, quer pelo grande volume de tarefas, quer pelo número de horas de serviço ou pela proibição do descanso. Trabalho inadequado é aquele impróprio ou inconveniente às condições de idade, sexo, desenvolvimento físico da vítima etc.

Por fim, quanto ao abuso dos meios de disciplina e correção, o texto legal refere-se aos castigos corporais imoderados. A lei não considera crime a aplicação de leves palmadas ou chineladas em criança. Em tais casos, o máximo que pode ocorrer é a aplicação de alguma das medidas previstas no art. 18-B da Lei n. 8.069/90 (Estatuto da Criança e do Adolescente), com a redação que lhe foi dada pela Lei n. 13.010/2014 (Lei da Palmada): encaminhamento a programa oficial ou comunitário de proteção à família; encaminhamento a tratamento psicológico ou psiquiátrico; encaminhamento a cursos ou programas de orientação; obrigação de encaminhar a criança a tratamento especializado; ou advertência.

O crime de maus-tratos ocorre quando o meio empregado para correção ou disciplina da vítima atinge tal intensidade que gera perigo para a sua vida ou saúde. Assim, ocorre a infração penal quando o agente desfere violentos chutes ou socos na vítima, quando lhe dá uma surra com uma cinta etc. A propósito: "Pratica o delito do art. 136 do CP o agente que agride a filha, desferindo-lhe chineladas no rosto, máxime quando testemunhas afirmem ser tal conduta uma constante" (Tacrim-SP, Rel. Samuel Júnior, *RJD* 22/283); "Incorre nas sanções do art. 136 do CP, a Diretora de escola que, com o intuito de atribuir castigo a aluno de 9 anos de idade, que estava sob sua autoridade, para fins de educação, por ter ele colocado uma formiga no braço de um colega, abusa dos meios de correção e disciplina, expondo a perigo a saúde física e mental do ofendido, fazendo com que este, na presença de outros alunos, coloque no próprio corpo, para ser picado, 48 insetos" (Tacrim-SP, Rel. Orlando Bastos, *RJD* 20/229).

O art. 13 do Estatuto da Criança e do Adolescente dispõe que "os casos de suspeita ou confirmação de castigo físico, de tratamento cruel ou degradante e de maus-tratos contra criança ou adolescente serão obrigatoriamente comunicados ao Conselho Tutelar da respectiva localidade, sem prejuízo de outras providências legais", ao passo que o seu art. 245 estabelece pena, de caráter administrativo, de três a vinte salários de referência (aplicáveis em dobro em caso de reincidência) para o médico, professor ou responsável por estabelecimento de atenção à saúde e de ensino fundamental, pré-escola ou creche, que deixe de comunicar à autoridade competente os casos de que tenha conhecimento, envolvendo suspeita ou confirmação de maus-tratos contra criança ou adolescente.

Observe-se que se o meio empregado pelo agente provocar na vítima *intenso* sofrimento físico ou mental, estará configurado o crime do art. 1º, II, da Lei n. 9.455/97 (Lei Antitortura), que tem redação similar à do delito de maus-tratos no que diz respeito ao abuso dos meios de correção ou disciplina: "submeter alguém sob sua guarda, poder ou autoridade, com emprego de violência ou grave ameaça, a intenso sofrimento físico ou mental, como forma de aplicar castigo corporal ou medida de caráter preventivo". O crime de tortura, todavia, por possuir pena consideravelmente mais severa, é reservado para condutas mais graves, em que o sofrimento causado na vítima, de acordo com o texto legal, é intenso, de grandes proporções. A análise deve ser feita caso a caso. Configuram o crime de tortura, por exemplo, amarrar a vítima e chicoteá-la, aplicar ferro em brasa ou queimá-la várias vezes com cigarro etc.

Quando o agente, a fim de corrigir o filho, aplica-lhe uma surra e, desta, culposamente, decorre alguma lesão, o crime é apenas o de maus-tratos, já que o delito de lesão culposa possui a mesma pena. Se, contudo, a vítima sofrer lesões de natureza leve e ficar caracterizado que houve dolo de provocar as lesões, o agente responderá pelo crime do art. 129, *caput* do Código Penal, que tem pena maior. No delito de maus-tratos, o dolo é de perigo.

Um novo tipo penal foi incluído em nossa legislação para punir, de forma específica, o crime de maus-tratos contra pessoa idosa. O novo crime, em verdade, possui a mesma pena do art. 136, contudo dispensa a relação de guarda, autoridade ou vigilância para com o idoso. Assim, se um vizinho, por exemplo, comete maus-tratos contra pessoa com mais de 60 anos, sem estar com sua guarda, infringe o crime da lei especial. Trata-se do delito descrito no art. 99 da Lei n. 10.741/2003 consistente em "expor a perigo a integridade e a saúde, física ou psíquica, do idoso, submetendo-o a condições desumanas ou degradantes ou privando-o de alimentos e cuidados indispensáveis, quando obrigado a fazê-lo, ou sujeitando-o a trabalho excessivo ou inadequado".

1.3.8.3. Sujeitos do delito

Trata-se de crime *próprio*, pois pressupõe uma vinculação, uma relação jurídica entre o sujeito ativo e a vítima, na medida em que o texto legal exige que ela esteja sob autoridade, guarda ou vigilância do agente para fim de educação, ensino, tratamento ou custódia. A vítima, portanto, deve estar subordinada ao agente.

Segundo Damásio de Jesus[87], "cuidado é a assistência eventual. Ex.: o enfermeiro que cuida de portador de doença grave. Guarda é a assistência duradoura. Ex.: menores sob a guarda dos pais. Vigilância é a assistência acauteladora. Ex.: guia alpino em relação ao turista. Autoridade é o poder de uma pessoa sobre outra, podendo de ser direito público ou privado".

O companheiro da mãe da vítima, quando exerce guarda, autoridade ou vigilância sobre o menor, pode cometer crime de maus-tratos.

A esposa e a companheira não se encontram evidentemente em relação de subordinação para com o marido ou companheiro, de modo que as agressões por ele perpetradas configuram crime de lesão corporal agravada pela violência doméstica (art. 129, § 13, do Código Penal), ou, se não houver agressão, mas outra forma de exposição a risco, pelo crime de periclitação da vida e da saúde (art. 132), neste último caso, com a agravante genérica do art. 61, II, *e*, do Código Penal (se a vítima for cônjuge).

Para a configuração do crime de maus-tratos, é ainda necessário que a vítima esteja sob a subordinação do agente para fim de educação, ensino, tratamento ou custódia. Nélson Hungria[88], discorrendo sobre o tema, explica que "educação compreende toda atividade docente destinada a aperfeiçoar, sob o aspecto intelectual, moral, técnico ou profissional, a capacidade individual. Ensino, aqui, em sentido menos amplo que o de educação: é a ministração de conhecimentos que devem formar o fundo comum da cultura (ensino primário, propedêutico). Tratamento abrange não só o emprego de meios e cuidados no sentido da cura de moléstias, como o fato continuado de prover a subsistência de uma pessoa. Finalmente, custódia deve ser entendida em sentido estrito: refere-se à detenção de uma pessoa para fim autorizado em lei. Assim, o crime em questão é praticável por pais, tutores, curadores, diretores de colégio ou de institutos profissionais, professores, patrões, chefes de oficina ou contramestres, enfermeiros, carcereiros, em relação, respectivamente, aos filhos (menores), pupilos, curatelados, discípulos, fâmulos (menores), operários (menores) aprendizes, enfermos, presos".

1.3.8.4. Consumação

No momento da produção do perigo. Trata-se de crime de perigo *concreto* em que deve ser produzida prova da efetiva situação de risco sofrida pela vítima.

---

[87] Damásio de Jesus. *Direito penal*, v. 2, p. 168.
[88] Nélson Hungria. *Comentários ao Código Penal*, v. V, p. 450.

Algumas das formas de execução do crime de maus-tratos exigem certa duração, como no caso da privação de alimentos, em que não basta deixar a vítima, uma única vez, sem café da manhã para sua configuração. Em outras modalidades, todavia, basta uma única ação para que o crime se concretize, como no caso do abuso dos meios de correção e disciplina. Em suma, algumas modalidades do delito constituem crimes instantâneos, enquanto outras são crimes permanentes.

1.3.8.5. Tentativa

Possível somente nas modalidades comissivas. Nas hipóteses de privação de alimentos ou cuidados indispensáveis, a tentativa é impossível, quer por se tratarem de figuras omissivas, quer por exigirem alguma habitualidade para sua configuração, conforme explanado no item anterior.

1.3.8.6. Classificação doutrinária

Trata-se de crime simples e de perigo concreto quanto à objetividade jurídica; próprio em relação ao sujeito ativo; comissivo ou omissivo, de ação múltipla e vinculada no que pertine aos meios de execução; instantâneo ou permanente, dependendo da hipótese, quanto ao momento consumativo; e doloso em relação ao elemento subjetivo.

1.3.8.7. Figuras qualificadas

> *Art. 136, § 1º – Se do fato resulta lesão corporal de natureza grave:*
>
> *Pena – reclusão, de um a quatro anos.*
>
> *§ 2º Se resulta a morte:*
>
> *Pena – reclusão, de quatro a doze anos.*

Tendo em vista o montante das penas cominadas, inferiores à do homicídio simples, é inequívoco que essas formas qualificadas são exclusivamente *preterdolosas* (dolo nos maus-tratos e culpa na provocação das lesões graves ou da morte). Por sua vez, em havendo intenção por parte do agente de provocar o resultado mais gravoso, ou, tendo ele assumido o risco de produzi-lo, responderá por crime de lesão corporal grave ou homicídio doloso, tentado ou consumado, dependendo do caso.

Se as lesões culposamente provocadas forem leves, subsiste o crime de maus-tratos.

Na hipótese em que a vítima sofre lesão grave, o juiz pode aplicar o disposto no art. 92, II, do Código Penal, e decretar, como efeito da condenação, a incapacidade para o exercício do pátrio poder, tutela ou curatela. Tal regra só se aplica a crimes apenados com reclusão e, por tal razão, não pode ser aplicada ao crime em sua modalidade simples, que é punido com pena de detenção. É evidente, porém, que o Estatuto da Criança e do Adolescente, por conter normas genéricas, permite ao juiz da Vara da Infância e Juventude decretar a suspensão ou perda do pátrio poder em qualquer caso de maus-tratos, desde que haja razões para tanto. Nesse caso, contudo, não se trata de efeito decorrente da condenação criminal, e sim de decisão de outro Juízo.

1.3.8.8. Causas de aumento de pena

De acordo com o art. 136, § 3º, do Código Penal, se o crime é praticado contra pessoa menor de catorze anos, a pena é aumentada em 1/3. Esse dispositivo, inserido no Código Penal pelo Estatuto da Criança e do Adolescente, inviabiliza a aplicação ao crime de maus-tratos da agravante genérica do art. 61, II, *h*, do Código, que se refere a crimes cometidos contra criança.

1.3.8.9. Ação penal

Pública incondicionada, de competência do Juizado Especial Criminal na modalidade simples.

Capítulo IV

DA RIXA

1.4. Da rixa

O único crime previsto neste capítulo é justamente aquele denominado rixa, que pode ser simples ou qualificado.

1.4.1. Rixa

> Art. 137. Participar de rixa, salvo para separar os contendores:
> Pena – detenção, de quinze dias a dois meses, ou multa.

1.4.1.1. Objetividade jurídica

A vida e a incolumidade física.

1.4.1.2. Tipo objetivo

Rixa é o tumulto generalizado com troca de agressões entre três ou mais pessoas no qual é inviável, pela quantidade de envolvidos, saber quem agrediu quem. Na rixa, os agressores visam atingir todos os demais indistintamente. Por isso, a lei pune todos os que tomaram parte na briga, independentemente de se fazer prova das pessoas que atingiram ou foram atingidas por este ou aquele agressor. Em suma, todos serão acusados pelo crime de rixa.

Não existe o crime em estudo quando há inúmeros lutadores, porém, integrando dois grupos, em situação em que os componentes de um agridem apenas os adversários. Em tal hipótese, haverá crimes de lesão corporal de uns contra os outros. A jurisprudência, todavia, vem reconhecendo o crime de rixa quando se inicia uma troca de agressões entre dois grupos distintos, mas, em razão do grande número de envolvidos, surge enorme confusão que inviabiliza a exata identificação dos componentes de cada grupo. Como em tais casos não se pode identificar os autores das lesões, a única solução apontada pelos tribunais é punir os envolvidos por um crime mais brando, qual seja, o de rixa. É o que ocorre, por exemplo, em certas brigas de torcedores que envolvem grande número de pessoas.

Evidente que não respondem por crime de rixa aqueles que se limitaram a atos de defesa ou que entraram na luta apenas para separar os lutadores.

A propósito da tipificação do delito de rixa, veja-se: "Conceitua-se a rixa como sendo lutas que surgem inopinadamente envolvendo várias pessoas que, voluntariamente, adentram no palco dos acontecimentos para o que der e vier, figurando como agressoras e agredidas ao mesmo tempo" (Tacrim-SP, Rel. Silva Pinto, *Jutacrim* 87/434); "O delito de rixa caracteriza-se pela confusão ou tumulto e pela participação de vários contendores, sem que se possa saber a atuação hostil de cada participante. Assim, encontrando-se determinada a posição de cada agente, não há falar-se na infração" (Tacrim, Rel. Castro Duarte, *Jutacrim* 52/266); "A rixa é delito de multidão, isto é, de um grupo mais ou menos elevado de pessoas que se agridem mútua e indiscriminadamente, impossibilitando ou dificultando a perfeita determinação do modo de agir de cada um no desenrolar da contenda" (Tacrim-SP, Rel. Silvio Lemmi, *Jutacrim* 43/377).

O elemento subjetivo do crime é o dolo, ou seja, a vontade de fazer parte da contenda, sendo irrelevante na análise da tipicidade o motivo que originou a luta.

A conduta típica é "participar de rixa", que significa tomar parte na troca de agressões desferindo chutes, socos, pauladas etc. Ocorre participação *material* na rixa por parte daqueles que realmente integram a luta. Estes são autores do crime, que devem ser em número mínimo de três. São chamados de "partícipes da rixa". Por sua vez, dá-se a participação *moral* por parte daqueles que incentivam os demais a se envolverem no evento por meio de induzimento, instigação ou qualquer outra forma de estímulo. O partícipe moral, deve ser, no mínimo, a quarta pessoa envolvida, já que a tipificação do crime exige pelo menos três na efetiva troca de agressões. São chamados de "partícipes do crime de rixa".

Quem entra na rixa para participar da luta não pode alegar legítima defesa, sustentando que agrediu outras pessoas por ter sido agredido por elas. É que, quem entra na luta, por esse simples fato já está praticando ato antijurídico e, no exato instante em que nela ingressa, já cometeu o delito de rixa.

É evidente, no entanto, que, se todos estiverem lutando desarmados e, em determinado momento, um dos lutadores puxar uma faca e correr em direção a outro contendor, caso este, para se defender da facada, acabe matando o oponente, teremos legítima defesa em relação ao homicídio, mas o crime de rixa, que já estava consumado, deverá ser reconhecido, aliás, em sua forma qualificada, em razão da morte – ainda que decorrente de legítima defesa.

É evidente que pode alegar legítima defesa quem não está tomando parte na luta ou nela ingressou apenas para separar os lutadores e acabou se defendendo de um ou outro gesto agressivo contra ele direcionado.

1.4.1.3. Sujeito ativo e passivo

Todas as pessoas que entram na luta são, a um só tempo, autores e vítimas do crime. Em suma, os *réus* são concomitantemente sujeitos passivos da infração penal.

Trata-se de crime de *concurso necessário* (mínimo de três pessoas para a configuração) de condutas *contrapostas* porque os rixosos agem uns contra os outros. Para a verificação do referido número mínimo, incluem-se os menores de idade e os doentes mentais que tenham tomado parte da luta.

1.4.1.4. Consumação

No momento em que se inicia a troca de agressões. Trata-se de crime de perigo *abstrato* em que a lei presume o perigo em razão do entrevero.

A rixa é crime de perigo porque se configura ainda que ninguém sofra lesões corporais. Caso isso ocorra e o autor das lesões seja identificado, ele responderá pela rixa e pelas lesões leves. A contravenção de vias de fato, porém, fica absorvida. Se alguém sofrer lesão grave ou morrer, a rixa será considerada qualificada.

1.4.1.5. Tentativa

Não é possível, pois, ou ocorre a rixa e o crime está consumado, ou ela não se inicia, e, nesse caso, o fato é atípico. É que, em geral, a rixa surge subitamente, *ex improviso*, sem prévia combinação e, se surgiu, o crime já se consumou.

Damásio de Jesus[89], no entanto, defende que, excepcionalmente, é possível a tentativa na chamada rixa *ex proposito* (com hora marcada, por exemplo, entre gangues, pela internet) que vem a ser evitada pela polícia.

1.4.1.6. Rixa qualificada

> Art. 137, parágrafo único – Se ocorre morte ou lesão corporal de natureza grave, aplica-se, pelo fato da participação na rixa, a pena de detenção, de seis meses a dois anos.

A pena da figura qualificada é a mesma, quer a vítima sofra lesão grave ou morra.

A rixa qualificada é um dos últimos resquícios de responsabilidade objetiva em nossa legislação penal, uma vez que sua redação, bem como a explicação contida na Exposição de Motivos do Código Penal, deixa claro que todos os envolvidos na rixa sofrerão maior punição, independentemente de terem ou não sido os responsáveis diretos pelo resultado agravador. Assim, se alguém morrer ou sofrer lesão grave, todos os que tomaram parte na rixa receberão pena maior, até mesmo a vítima das lesões graves. A propósito: "Não se exime da pena de rixa qualificada o participante que sofre a lesão de natureza grave. Não se trata de puni-lo pelo mal que sofreu, mas por ter tomado parte na rixa, cuja particular gravidade é atestada precisamente pela lesão que lhe foi infligida" (Tacrim-SP, Rel. Ferreira Leite, *RT* 423/390); "Sendo incerta a autoria da lesão recebida por um dos rixentos, todos os partícipes, inclusive o ferido, respondem pela infração agravada" (Tacrim-SP, Rel. Cunha Camargo, *Jutacrim* 22/235).

Se for descoberto o causador do resultado agravador, ele responderá pela rixa qualificada em concurso material com o crime de lesões graves ou homicídio (doloso ou culposo, dependendo do caso concreto), enquanto todos os demais continuarão respondendo pela rixa qualificada. É o entendimento, dentre outros, de Nélson Hungria[90],

---

[89] Damásio de Jesus. *Direito penal*, v. 2, p. 196.
[90] Nélson Hungria. *Comentários ao Código Penal*, v. VI, p. 24.

Julio Fabbrini Mirabete[91], Cezar Roberto Bitencourt[92] e Fernando Capez[93]. Nesse sentido: "Se ocorre conflito generalizado, com a efetiva participação de três ou mais pessoas, uma das quais sofre ferimento grave, configurada estará a rixa qualificada (CP, art. 137, parágrafo único), crime pelo qual responderão todos os contendores. Identificado, porém, entre os rixentos, o autor da lesão, responderá ele, e somente ele, pelos crimes de rixa qualificada e lesão grave, em concurso material" (TJRJ, Rel. Raphael Cirigliano, *RT* 550/453). Sem discordar expressamente desse entendimento, reconhecendo tratar-se da solução prevista em lei, Damásio de Jesus[94] a critica, alegando que se cuida de dupla apenação pelo mesmo fato, e conclui que a solução deveria ser a punição por rixa simples em concurso material com o crime de lesão grave ou homicídio.

A qualificadora se aplica, quer o resultado tenha ocorrido em um dos integrantes da rixa, quer em terceiro que passava pelo local e apenas assistia à luta.

Diz a lei que a rixa é qualificada quando efetivamente ocorre lesão grave ou morte. Por isso, em caso de tentativa de homicídio perpetrada durante a luta em que a vítima não sofra lesão grave, não se reconhece a qualificadora. Em tal hipótese, se identificado o autor da tentativa de homicídio, ele responde por esse crime em concurso material com rixa simples e, para os demais integrantes da briga, aplica-se somente a pena da rixa simples.

Se o agente tomou parte da rixa e dela se afastou antes da morte da vítima, responde pela forma qualificada porque, com seu comportamento anterior, colaborou para a criação de condições para o desenrolar da luta, que culminou em resultado mais lesivo. Por outro lado, se alguém entrou na luta após o evento morte, responde apenas por rixa simples.

1.4.1.7. Classificação doutrinária

Trata-se de crime simples e de perigo abstrato quanto à objetividade jurídica; comum e de concurso necessário em relação ao sujeito ativo; comissivo e de ação livre no que pertine aos meios de execução; de mera conduta e instantâneo quanto ao momento consumativo; e doloso em relação ao elemento subjetivo.

1.4.1.8. Ação penal

Pública incondicionada, de competência do Juizado Especial Criminal, mesmo na modalidade qualificada, na medida em que a pena máxima não ultrapassa dois anos.

---

[91] Julio Fabbrini Mirabete. *Manual de direito penal,* v. 2, p. 150.
[92] Cezar Roberto Bitencourt. *Tratado de direito penal,* v. 2, p. 278.
[93] Fernando Capez. *Curso de direito penal,* v. 2, p. 215.
[94] Damásio de Jesus. *Direito penal,* v. 2, p. 198.

Capítulo V

DOS CRIMES CONTRA A HONRA

1.5. Dos crimes contra a honra

A Constituição Federal, em seu art. 5º, X, dispõe que "são invioláveis a intimidade, a vida privada, a honra e a imagem das pessoas, assegurado o direito a indenização pelo dano material ou moral decorrente de sua violação". Por isso, pune-se também criminalmente quem, deliberadamente, ofende a honra alheia.

Os crimes contra a honra são a calúnia, a difamação e a injúria. Cada um desses delitos tem requisitos próprios e, além de estarem descritos no Código Penal, estão também previstos em leis especiais, como o Código Eleitoral e o Militar. Os delitos da legislação comum (Código Penal), portanto, só terão incidência se não ocorrer quaisquer das hipóteses especiais.

Saliente-se que, atualmente, a ofensa perpetrada por meio de imprensa configura crime comum, na medida em que o Supremo Tribunal Federal, ao julgar a Arguição de Descumprimento de Preceito Fundamental (ADPF) n. 130, decidiu que a Lei de Imprensa (Lei n. 5.250/67) não foi recepcionada pela Constituição Federal de 1988. É claro, todavia, que, se o crime for cometido pela imprensa, na propaganda eleitoral, estará caracterizada calúnia, difamação ou injúria dos arts. 324 a 326 do Código Eleitoral (Lei n. 4.737/67).

1.5.1. Calúnia

Art. 138. Caluniar alguém, imputando-lhe falsamente fato definido como crime:

Pena – detenção, de seis meses a dois anos, e multa.

§ 1º Na mesma pena incorre quem, sabendo falsa a imputação, a propala ou divulga.

1.5.1.1. Objetividade jurídica

O crime de calúnia tutela a honra *objetiva*, isto é, a imagem, o bom nome, a reputação da pessoa perante a coletividade. Honra objetiva, em suma, é o que os outros pensam a respeito dos atributos morais de alguém.

1.5.1.2. Tipo objetivo

Caluniar significa imputar a alguém *fato* específico definido como crime. Não basta, portanto, dizer que alguém é ladrão, assassino ou estelionatário (hipóteses que configuram injúria), sendo necessário narrar um fato concreto tipificado como roubo, homicídio, estelionato etc. A narrativa tem maior credibilidade perante terceiros e, por tal razão, a calúnia é mais grave do que a injúria. Assim, narrar que determinado professor abusou sexualmente de seus alunos caracteriza calúnia, ao passo que xingá-lo genericamente de pedófilo constitui injúria. Para a configuração do delito em estudo, todavia, não se faz necessária uma narrativa minuciosa do fato – com detalhes acerca de data, local etc. –, bastando que seja possível ao ouvinte identificar que o narrador está fazendo referência a um acontecimento concreto.

A calúnia afeta a honra objetiva, pressupondo, portanto, que a imputação do fato definido como crime seja perante *terceiros* e não ao próprio ofendido.

Só existe calúnia quando o fato narrado for definido como crime. É indiferente que se trate de delito do Código Penal ou de lei especial (tráfico de drogas, porte ilegal de arma de fogo, crime ambiental ou contra a ordem tributária etc.), ou que se refira a crime doloso ou culposo, ou, ainda, apenado com reclusão ou detenção etc. Em qualquer hipótese caracteriza-se o delito.

Caso a narrativa seja de fato definida como contravenção penal, não se tipificará a calúnia, posto que o art. 138 expressamente restringe seu alcance à imputação de fato definido como crime. Em tal hipótese, o agente responderá por difamação, que abrange a imputação de qualquer outra espécie de fato ofensivo à reputação.

A circunstância de a narrativa referir-se a fato criminoso que já teria sido atingido pela prescrição ou outra causa extintiva da punibilidade, como a decadência ou a perempção, não exclui a calúnia. No crime em análise, é irrelevante a possibilidade de o Estado impor pena ao ofendido caso ele efetivamente tivesse cometido o delito e, tanto é assim, que o art. 138, § 2º, do Código Penal, expressamente pune a calúnia contra os mortos. Igualmente, se alguém disser que João estuprou sua enteada em 1995, quando ela tinha 12 anos, haverá crime de calúnia se a imputação for falsa, pouco importando que, se fosse verdadeira, João não mais poderia ser punido em face da prescrição. O que importa é que a imagem dele é afetada perante a coletividade pela imputação de um fato que, objetivamente, é definido como crime na legislação.

Diversa será a solução se o sujeito disser que João matou outra pessoa agindo em legítima defesa, pois, nesse caso, o fato não é considerado criminoso.

Se alguém estiver sendo processado por calúnia e o delito por ele imputado ao ofendido for revogado, deverá ocorrer desclassificação para crime de difamação.

Saliente-se, por fim, que só existe crime de calúnia se a imputação do fato definido como crime for *falsa*. Sendo verdadeira, o fato é atípico.

A falsidade da imputação pode referir-se à própria existência do fato imputado (o agente narra um crime que ele sabe que não ocorreu) ou à autoria (o delito existiu, mas o agente, tendo ciência de que determinada pessoa não pode ter sido o seu causador, a ele atribui a responsabilidade pelo fato).

A falsidade da imputação é o elemento *normativo* do crime de calúnia.

Se o agente faz uma imputação objetivamente falsa, supondo ser ela verdadeira, não responde pelo crime por ter havido erro de tipo, caso se demonstre, posteriormente, ter havido engano de sua parte.

O elemento subjetivo do crime de calúnia é o dolo de ofender a honra objetiva da vítima. Tal dolo pode ser direto ou eventual. Quando o agente tem plena certeza de que a imputação é falsa, existe dolo direto. Quando ele está na dúvida, não deve atribuir crime a outrem. Se o fizer, e depois ficar demonstrado que a imputação era falsa, responderá pela calúnia porque agiu com dolo eventual em relação à falsidade da imputação. Não se confunde essa hipótese – em que o agente está na dúvida e deve se calar – com aquela em que ele, por erro plenamente justificado pelas circunstâncias, tem certeza de que a imputação é verdadeira, hipótese em que não responde por calúnia em face do erro de tipo (art. 20 do CP).

De qualquer forma, o propósito de atingir a honra alheia (*animus injuriandi vel diffamandi*) é indissociável do crime de calúnia, sendo sempre necessária a demonstração da intenção de atingir a reputação da vítima quer o agente tenha certeza de que a imputação é falsa, quer esteja na dúvida e assuma o risco.

A calúnia pode ser cometida de forma verbal, por escrito, por gestos ou por qualquer outro meio simbólico. É possível, por exemplo, que o sujeito faça um gesto com a mão durante o discurso do Prefeito Municipal indicando que ele está cometendo ato de corrupção em relação à obra a que refere no discurso. O meio simbólico, por sua vez, pode ser uma *charge* publicada em um informativo, um quadro, uma escultura, uma encenação etc.

A calúnia é *explícita* (ou inequívoca) quando a ofensa é feita às claras, sem deixar qualquer margem de dúvida em torno da intenção de atribuir crime a outrem. É *implícita* (ou equívoca) quando a ofensa é velada, sub-reptícia. O agente dá a entender que alguém teria cometido determinado crime. Já a calúnia *reflexa* mostra-se presente quando o sujeito, querendo caluniar uma pessoa, inclui outra narrativa e acaba também imputando crime a esta, sendo reflexa a calúnia em relação à última. É o que ocorre, por exemplo, quando o sujeito, querendo afetar negativamente a imagem de uma moça, diz que ela fez aborto com determinado médico obstetra. A ofensa é reflexa em relação ao último.

No *caput* do art. 138, encontra-se o tipo *principal* (ou *fundamental*) do crime, que pune o precursor da calúnia, ou seja, aquele que teve a iniciativa de ofender a honra de outrem, imputando-lhe falsamente um fato criminoso. O *subtipo*, por sua vez, está previsto no art. 138, § 1º, do Código Penal, e reserva as mesmas penas a quem toma conhecimento da imputação e, sabendo ser ela falsa, a propala ou divulga como se fosse verdadeira. Nesses casos, em nada lhe beneficia a alegação de que apenas repetiu o que ouviu, na medida em que conhecia a falsidade da imputação. Propalar é relatar verbalmente, ao passo que divulgar é relatar por qualquer outro modo. O crime se configura ainda que o agente retransmita o fato apenas para uma pessoa, pois isso possibilita que o ouvinte igualmente transmita a informação a terceiros. Importante ressalvar que o subtipo da calúnia é incompatível com o dolo eventual, já que o texto legal exige que o agente tenha efetivo conhecimento em torno da falsidade da imputação.

Imprescindível, por fim, distinguir o delito de calúnia do crime de denunciação caluniosa, descrito no art. 339 do Código Penal. Na calúnia, o agente visa somente atingir a honra da vítima, imputando-lhe falsamente um crime perante outra(s) pessoa(s). Na denunciação caluniosa, que constitui infração penal mais grave, o agente quer prejudicar a vítima perante as autoridades constituídas, narrando a estas que tal pessoa teria cometido um crime, contravenção penal, infração ético-disciplinar ou ato de improbidade administrativa, quando, em verdade, sabe que ela é inocente. Com isso, o agente dá causa ao início de um inquérito policial ou civil, processo judicial ou administrativo, ação de improbidade administrativa ou procedimento investigatório criminal contra alguém. A denunciação caluniosa é crime contra a Administração da Justiça. Se o agente, concomitantemente, pratica denunciação caluniosa e ofende a honra da vítima, responde somente pelo crime mais grave, restando absorvida a calúnia.

1.5.1.3. Sujeito ativo

Pode ser qualquer pessoa, exceto aquelas que gozam de imunidade.

O art. 53 da Constituição Federal confere a Deputados e Senadores inviolabilidade por suas palavras, votos e opiniões, de modo que, quando no exercício de suas atividades não incorrem em crime de calúnia. A imunidade, contudo, não é absoluta quando a ofensa for proferida fora da Casa Parlamentar. Quando um Deputado acusa falsamente o seu jardineiro de ter furtado uma máquina de cortar grama responde pelo crime contra a honra, porque tal conduta não guarda qualquer relação com suas funções. Se, entretanto, está dando entrevista na condição de Deputado e acusa, por exemplo, o dono de uma empreiteira de ter cometido crime de corrupção ativa ao vencer uma licitação para a realização de uma obra pública, existe a isenção. Nesse sentido: "A imunidade parlamentar material, que confere inviolabilidade, na esfera civil e penal, a opiniões, palavras e votos manifestados pelo congressista (CF, art. 53, *caput*), incide de forma absoluta quanto às declarações proferidas no recinto do Parlamento. 2. Os atos praticados em local distinto escapam à proteção absoluta da imunidade, que abarca apenas manifestações que guardem pertinência, por um nexo de causalidade, com o desempenho das funções do mandato parlamentar" (STF, RE 606.451 AgR-segundo, Rel. Min. Luiz Fux, 1ª Turma, julgado em 23-3-2011, *DJe*-072 divulg. 14-4-2011, public. 15-4-2011).

O art. 27, § 1º, da Constituição Federal, estende essas imunidades aos Deputados Estaduais.

Os vereadores, dentro dos limites do município em que exercem a vereança, possuem também imunidade material, nos termos do art. 29, VIII, da Constituição Federal.

1.5.1.4. Sujeito passivo

Pode ser qualquer pessoa.

Sendo a honra um bem disponível, o prévio consentimento do ofendido, desde que capaz (maior de idade e mentalmente são), exclui o crime. Por sua vez, o consentimento prestado pelo representante legal do ofendido incapaz não exclui o delito, pois a honra afetada não é a dele. Em tal caso, como os crimes contra a honra, em regra, são de ação privada, o juiz deve nomear curador para analisar a conveniência de apresentar queixa-crime contra o autor da ofensa, por haver colidência de interesse entre o menor e o representante legal, tudo nos termos do art. 148, parágrafo único, *f*, da Lei n. 8.069/90 (Estatuto da Criança e do Adolescente).

O art. 138, § 2º, do Código Penal, dispõe que "é punível a calúnia contra os mortos". Em tal hipótese, entretanto, consideram-se sujeitos passivos do delito os familiares do falecido, interessados que são na preservação de sua imagem. O morto propriamente dito não é vítima do crime por não ser titular de direitos.

As pessoas que já não gozam de boa imagem perante a coletividade (desonrados) podem ser sujeito passivo do delito. Não se trata de crime impossível porque cada nova ofensa pode desgastar ainda mais a reputação da vítima.

Discute-se, por sua vez, se é possível cometer calúnia contra menores de idade e pessoas portadoras de deficiência mental, já que tais pessoas são inimputáveis. A resposta deve ser positiva. Com efeito, caluniar significa imputar falsamente *fato definido em lei como crime*. Assim, quem diz que um rapaz de 17 anos apontou arma para roubar a bicicleta de outra pessoa, sabendo que a imputação é falsa, evidentemente atribuiu ao menor o crime previsto no art. 157, § 2º, I, do Código Penal – roubo majorado pelo emprego de arma – e, com isso, afetou a sua imagem perante a coletividade. Há, inegavelmente, crime de calúnia. O mesmo raciocínio se aplica aos doentes mentais, que também podem ter a reputação afetada. Pessoas jurídicas, por seu turno, não podem, em regra, cometer fato definido como crime e, por isso, não podem ser sujeito passivo da calúnia. Eventuais ofensas deverão ter como sujeito passivo a pessoa que, dentro da empresa, teria sido a responsável pelo fato imputado. Ressalve-se, contudo, que a Lei n. 9.605/98, tendo por embasamento o art. 225, § 3º, da Constituição Federal, prevê a punição autônoma de pessoas jurídicas que cometam crime contra o meio ambiente. Assim, excepcionalmente, pessoas jurídicas podem ser sujeito passivo de calúnia, desde que se trate especificamente de imputação falsa de fato definido como crime ambiental.

A Constituição Federal, em seu art. 173, § 5º, permite também a responsabilização criminal da pessoa jurídica que venha a cometer crimes contra a ordem econômica, financeira ou a economia popular, porém, em relação a estas hipóteses ainda não foram aprovadas leis para regulamentar os temas.

1.5.1.5. Consumação

Por se tratar de crime que afeta a honra objetiva, a calúnia só se consuma no instante em que *terceira pessoa* toma conhecimento da imputação. Para a verificação da consumação, portanto, é irrelevante saber quando a vítima tomou conhecimento da ofensa contra ela feita. Tal aspecto, contudo, é relevante na apreciação do prazo decadencial.

Cuida-se, outrossim, de crime *formal*, ou seja, consuma-se quando a imputação chega ao conhecimento de terceiro, ainda que a reputação da vítima não seja efetivamente abalada (ao contrário do que pretendia o autor da ofensa).

1.5.1.6. Tentativa

A calúnia verbal não admite a tentativa, pois, ou o agente profere a ofensa e o crime está consumado, ou não o faz e, nesse caso, o fato é atípico. Na forma escrita, entretanto, a tentativa é admissível, como, por exemplo, no caso da carta contendo a calúnia que se extravia.

1.5.1.7. Classificação doutrinária

Trata-se de crime simples quanto à objetividade jurídica; comum e de concurso eventual em relação ao sujeito ativo; comissivo e de ação livre no que pertine aos meios de execução; formal e instantâneo quanto ao momento consumativo; doloso em relação ao elemento subjetivo.

1.5.1.8. Exceção da verdade

Só existe calúnia se a imputação for falsa. Se ela for verdadeira, o fato é atípico.

Quando alguém imputa fato definido como crime a outrem, a falsidade da imputação é *presumida*, tratando-se, contudo, de presunção *relativa*, uma vez que o art. 138, § 3º, do Código Penal, permite que o autor da ofensa se proponha a provar, no mesmo processo, por meio de exceção da verdade, que sua imputação é verdadeira. Em tal caso, se o querelado conseguir provar a veracidade de suas afirmações por meio de referida exceção, será absolvido e, se o crime imputado for de ação pública e ainda não estiver prescrito, o juiz determinará a remessa de cópia dos autos ao Ministério Público, na forma do art. 40 do Código de Processo Penal, para a apuração de tal crime.

A exceção da verdade é procedimento incidental, utilizado como meio de defesa, que deve ser apresentada no prazo da defesa prévia (se o procedimento tramitar no Juizado Especial Criminal, nas hipóteses em que a pena máxima da calúnia não supere dois anos), ou da resposta escrita (se a tramitação se der no juízo comum por estar presente alguma causa de aumento que retire a competência do Juizado Especial). Ao opor a exceção, o querelado poderá arrolar testemunhas para comparecer em juízo a fim de confirmar a veracidade da imputação. O juiz, então, ouvirá as testemunhas arroladas por ambas as partes e, ao final, julgará a exceção da verdade. É evidente que o ônus de provar a veracidade da imputação é do querelado, pois, como já mencionado, existe uma presunção – relativa – de que ela seja falsa. Assim, caso ele prove cabalmente ser verdadeira a imputação, será absolvido da calúnia por atipicidade de sua conduta. Caso, todavia, não tenha êxito, será condenado, exceto, é claro, se houver alguma outra causa que impeça o decreto condenatório.

O art. 85 do Código de Processo Penal estabelece que, caso seja oposta exceção da verdade contra querelante que goze de foro por prerrogativa de função, deverá a exceção ser julgada pelo Tribunal competente e não pelo Juízo por onde tramita a ação penal. Assim, suponha-se que um Desembargador, sentindo-se caluniado, ingresse com ação penal contra o ofensor, na Comarca de São Paulo. O querelado, então, opõe exceção da verdade, dispondo-se a provar que o Desembargador efetivamente praticou o crime que lhe foi imputado. Nesse caso, a exceção da verdade deverá ser julgada pelo Superior Tribunal de Justiça – porque os Desembargadores têm prerrogativa de foro perante tal tribunal superior, nos termos do art. 105, I, *a*, da Carta Magna. A Corte Superior, entretanto, julgará apenas a exceção da verdade, devendo os autos retornar à comarca de origem para a decisão do processo originário, que, todavia, deverá respeitar os parâmetros do julgamento quanto à exceção da verdade, que vincula o juiz de 1ª instância.

O art. 523 do Código de Processo Penal prevê, ainda, a exceção de notoriedade do fato, em que o querelado, nos crimes de calúnia (e difamação), visa demonstrar que apenas falou coisas que já eram de domínio público, de modo que sua fala não atingiu a honra da vítima, pois o assunto já era, anteriormente, de conhecimento geral.

Saliente-se que, não obstante a regra seja o cabimento da exceção da verdade no crime de calúnia, o próprio art. 138, § 3º, do Código Penal, elenca três hipóteses em que o uso deste meio de defesa *não é permitido*.

A primeira vedação ocorre "se, constituindo o fato imputado crime de ação privada, o ofendido não foi condenado por sentença irrecorrível" (art. 138, § 1º, I, do CP). Segundo o texto legal, o querelado só pode ingressar com exceção da verdade – quando o crime imputado for de ação privada – se o querelante já tiver sido condenado por tal crime. Ocorre que, se já há condenação definitiva, não é necessário ingressar com a exceção (que pressupõe dilação probatória), bastando juntar cópia da sentença e certidão do trânsito em julgado. Existe, quanto a este aspecto, falha legislativa.

Suponha-se que João tenha dito que Pedro cometeu crime de ação privada contra André (dano simples, por exemplo). Pedro, então, ingressa com queixa-crime contra João dizendo que foi caluniado por ele, pois não cometeu referido delito de ação privada (dano simples). João não pode opor exceção da verdade, pois, se o fizesse estaria tentando provar em juízo um crime de ação privada do qual não foi vítima (a vítima teria sido André e esta não processou Pedro por dano simples).

Caso, todavia, exista ação em andamento para apurar o crime imputado (o dano no exemplo acima) e seja proposta também ação penal para apurar o crime de calúnia, não será necessário ao querelado opor a exceção da verdade, bastando que alerte o juízo da existência da ação para apurar o crime conexo (conexão probatória) para que seja determinada a junção das ações penais, a fim de que haja julgamento conjunto.

A segunda hipótese em que é vedado o uso da exceção da verdade é aquela em que "o crime é imputado ao Presidente da República, ou chefe de governo estrangeiro" (art. 138, § 3º, II, do CP). Tal dispositivo visa evitar que, em razão da grandeza do cargo exercido, uma pessoa qualquer que tenha falado mal do presidente se disponha a provar que sua imputação seja verdadeira, causando constrangimentos desnecessários. O texto legal, portanto, confere uma espécie de imunidade ao Presidente, garantindo que somente possa ser acusado de maneira formal pelo Procurador-Geral da República, perante o Supremo Tribunal Federal, e nunca como forma de defesa por quem esteja sendo acusado por caluniá-lo.

Em relação aos chefes de governo estrangeiro (Primeiros-Ministros, por exemplo), a vedação visa prestigiar as relações internacionais, impedindo que um cidadão qualquer se proponha a produzir provas contra o chefe de outra nação.

Por fim, é também vedada a oposição de exceção da verdade "se do crime imputado, embora de ação pública, o ofendido foi absolvido por sentença irrecorrível" (art. 138, § 3º, III, do CP). Na hipótese em análise, existe a vedação quer o crime imputado seja de ação pública, quer de ação privada. Em qualquer caso, se já existe sentença absolutória transitada em julgado em relação ao crime imputado, a presunção de falsidade da imputação torna-se absoluta de acordo com o texto legal, não sendo possível o emprego da exceção da verdade, nem mesmo que a absolvição tenha se dado por falta de provas e o autor da imputação alegue possuir novos elementos. A existência de sentença absolutória transitada em julgado impede que se reabra discussão em torno do tema.

Não obstante o crime de calúnia tenha como premissa a falsidade da imputação, é fácil concluir que nestas três hipóteses em que a lei veda o uso da exceção da verdade, o querelado poderá ser condenado apesar de ter feito uma imputação verdadeira, já que estará ele proibido de provar a veracidade da imputação. Por essa razão, boa parte dos doutrinadores entende que são inconstitucionais essas vedações, uma vez que não teriam sido recepcionadas pela Carta Magna, por ofenderem o princípio da ampla defesa (art. 5º, XL, da Constituição Federal). Comungamos desse entendimento.

1.5.2. Difamação

> Art. 139. Difamar alguém, imputando-lhe fato ofensivo à sua reputação:
> Pena – detenção, de três meses a um ano, e multa.

1.5.2.1. Objetividade jurídica

O crime de difamação tutela também a honra *objetiva*, isto é, a reputação, a imagem das pessoas perante a coletividade.

1.5.2.2. Tipo objetivo

Difamar significa provocar má fama, atingir a imagem da vítima perante seus pares. Tal como ocorre na calúnia, a difamação pressupõe que o agente atribua à vítima um *fato determinado*, concreto, que seja considerado inadequado ou inapropriado. O que distingue os dois delitos basicamente é que, na calúnia, o fato imputado necessariamente deve ser definido como crime, enquanto a difamação é *genérica*, isto é, abrange a imputação de qualquer outro fato ofensivo à reputação. Assim, constitui difamação dizer, com o intuito de atingir a honra alheia, que um trabalhador estava embriagado enquanto prestava serviços; que um empreiteiro utilizou material de péssima qualidade em uma construção; que uma mulher casada está tendo relações sexuais com o vizinho; que determinada moça foi vista trabalhando como garota de programa em certa casa noturna (a prostituição em si não é crime); que viu determinada pessoa pagando por programa com garota(o) de programa; que certa pessoa estava fumando *crack* em uma festa (o uso da droga não é crime, e sim o tráfico) etc.

A imputação de fato *contravencional* não está abrangida pelo tipo penal da calúnia, que se refere exclusivamente à imputação falsa de crime. Assim, comete difamação quem atribui a outrem a exploração de jogo do bicho ou de jogo de azar, que são contravenções penais.

Como nos demais crimes contra a honra, a difamação pode ser cometida de forma verbal, por escrito, por gestos ou qualquer meio simbólico. A montagem de fotografias na qual se coloca o rosto de uma pessoa no corpo de outra pode configurar difamação se a finalidade for fazer acreditar que aquela pessoa estava em um local inapropriado.

O elemento subjetivo é o dolo de afetar negativamente a honra alheia. É necessário que o agente faça a imputação com *animus diffamandi*. Se o agente imputa um fato, sem se dar conta de que pode ser tido como desonroso, não comete o crime, por ter havido mero *animus narrandi*. Assim, ao comentar com outrem que sempre tem visto Pedro jogando dominó na mesa de um bar, sem a intenção de ofendê-lo, o agente não comete difamação por falta de dolo, ainda que para o ouvinte possa soar como algo negativo alguém, costumeiramente, permanecer horas jogando em um bar.

Exige-se, por fim, seriedade na conduta, pois, se a narrativa é feita por brincadeira (*jocandi animu*), o fato é atípico por falta de dolo.

Ao contrário do que ocorre com a calúnia, na difamação não se exige que a imputação seja falsa, uma vez que a finalidade do dispositivo é que as pessoas não espalhem comentários desairosos sobre a vida alheia, mesmo que verdadeiros. Assim, se alguém viu a filha do vizinho entrando para trabalhar em uma casa de prostituição, não deve divulgar isso para os demais moradores do bairro, porque, ao fazê-lo, o agente certamente fará com que a imagem da moça fique abalada. Se o fizer, responderá pela difamação, mesmo sendo verdadeira a narrativa.

Ressalve-se, porém, que não haverá crime quando constatada a ausência do dolo, direto ou eventual, de atingir a reputação da vítima. Quando uma pessoa vê o filho adolescente de um amigo fumando *crack* e alerta os pais ou quando vê um funcionário público ingerindo meia garrafa de cachaça na hora do almoço de um dia útil e alerta o chefe de serviço, não comete difamação porque sua intenção é proteger o filho do amigo (para que os pais tomem providências para tirá-lo do vício) ou o serviço público.

Como na difamação não existe necessidade de a imputação ser falsa, entendeu o legislador ser desnecessário criar um subtipo. Com efeito, na calúnia, o legislador especificou no subtipo do art. 138, § 1º, que, aquele que ouve a imputação e a propala ou divulga, só comete infração penal se souber da falsidade da imputação. Na difamação, por sua vez, quem repete o que ouviu comete nova difamação, por não existir figura autônoma para a hipótese.

Considerando que na difamação a veracidade da imputação não afasta a tipicidade, a exceção da verdade é incabível, pois não teria qualquer efeito. Excepcionalmente, todavia, o art. 139, parágrafo único, do Código Penal, estabelece que, se o fato é imputado a *funcionário público* e a ofensa é relativa ao exercício de suas funções, será cabível a exceção da verdade. Essa regra se justifica porque há interesse público em permitir que o autor da imputação demonstre que o funcionário público efetivamente agiu de forma irregular, para que ele possa ser punido e, se for o caso, orientado ou até mesmo desligado de suas funções. Se a exceção da verdade for julgada procedente, o querelado será absolvido. A prova da verdade, nesse caso, tem natureza jurídica de excludente específica da ilicitude.

1.5.2.3. Sujeito ativo

Pode ser qualquer pessoa, exceto aqueles que gozam de imunidade, como os Deputados e Senadores, e os Vereadores, nos limites do município onde exercem suas atividades (arts. 53 e 29, VIII, da Constituição Federal). Necessário, porém, que não se trate de ofensa gratuita, despida de relação com o desempenho das funções, pois, caso contrário, haverá delito. Nesse sentido: "a imunidade, em sentido material, prevista no art. 53 da CF, não alcança manifestações proferidas com finalidade diversa da função parlamentar. Assim, as ofensas perpetradas fora do âmbito da Assembleia Legislativa e sem qualquer relação com o exercício do mandato, justificam o prosseguimento da ação penal" (STJ, HC 22.556, Rel. Min. Jorge Scartezzini, *DJU* 18-8-2003, p. 216); "o entendimento pretoriano realça que a imunidade material dos vereadores, concebida pela Constituição Federal, quanto aos delitos de opinião, se circunscreve ao exercício do mandato em estreita relação com o desempenho da função do cargo. Há, portanto, limites para os pronunciamentos feitos no recinto da Câmara dos Vereadores, quando não restritos aos interesses do município ou da própria edilidade [...]" (STJ, HC 29.092, Rel. Min. Paulo Medina, *DJU* 16-5-2005, p. 420).

O art. 7º, § 2º, Lei n. 8.906/94 (Estatuto da OAB), que regulamentou a imunidade dos advogados descrita genericamente no art. 133 da Constituição Federal, dispõe que tais profissionais não cometem crimes de difamação ou injúria, quando no exercício de suas atividades, sem prejuízo das sanções disciplinares pelo órgão competente da Ordem dos Advogados. A imunidade alcança eventuais ofensas feitas no bojo de ação judicial, em acompanhamento de clientes em delegacias de polícia, em Comissões Parlamentares de Inquérito, em Tabelionatos, durante oitiva em inquérito civil no Ministério Público etc. É evidente, contudo, que referida imunidade não é absoluta, não alcançando ofensas que não tenham qualquer relação com a atividade profissional.

Veja-se que a Lei n. 14.365/2022 revogou expressamente este art. 7º, § 2º, do Estatuto da OAB. A Comissão Nacional de Estudos da entidade, todavia, questionou essa revogação alegando ter havido erro na técnica legislativa porque o tema sequer teria sido votado no Congresso Nacional. A entidade enviou ofício ao Presidente da Câmara dos Deputados para que o texto da lei fosse reexaminado, o que não ocorreu de imediato. Em razão disso, o Conselho Federal da OAB questionou junto ao Supremo Tribunal Federal a constitucionalidade da mencionada lei, por meio da propositura de ação direta de inconstitucionalidade (ADI 7231). Caso, entretanto, seja confirmada a revogação do dispositivo, voltará a valer para os advogados a excludente do art. 142, I, do CP, que, todavia, tem menor alcance – embora também confira imunidade em relação aos crimes de difamação e injúria.

Os integrantes do Ministério Público gozam também de imunidade nos termos do art. 41, V, da Lei n. 8.625/93 – Lei Orgânica do Ministério Público.

O art. 41 da Lei Complementar n. 35/79, Lei Orgânica da Magistratura, confere o mesmo tipo de imunidade aos juízes de direito: "salvo os casos de improbidade ou excesso de linguagem, o magistrado não pode ser punido ou prejudicado pelas opiniões que manifestar ou pelo teor das decisões que proferir". A esse respeito, veja-se o seguinte julgado do Supremo Tribunal Federal: "o Magistrado é inviolável pelas opiniões que expressar ou pelo conteúdo das decisões que proferir, não podendo ser punido nem prejudicado em razão de tais pronunciamentos. É necessário, contudo, que esse discurso judiciário, manifestado no julgamento da causa, seja compatível com o *usus fori* e que, desprovido de intuito ofensivo, guarde, ainda, com o objeto do litígio, indissociável nexo de causalidade e pertinência. Doutrina. Precedentes. A *ratio* subjacente à norma inscrita no art. 41 da LOMAN decorre da necessidade de proteger os magistrados no desempenho de sua atividade funcional, assegurando-lhes condições para o exercício independente da jurisdição" (STF, Inq. 2.699/DF, Rel. Min. Celso de Mello, Pleno, *DJe* 7-5-2003).

1.5.2.4. Sujeito passivo

Pode ser qualquer pessoa.

Aqueles que já não gozam de boa reputação (desonrados) também podem ser difamados, porque cada nova ofensa pode piorar ainda mais sua imagem.

O art. 138, § 2º, do Código Penal, estabelece que é punível a calúnia contra os mortos e, diante da inexistência de regra similar em relação à difamação, entende-se que o legislador efetivamente pretendeu inviabilizar a tipificação deste crime no que diz respeito à imputação de fatos desonrosos a pessoas já falecidas.

Os menores de idade e os portadores de deficiência mental têm reputação e podem ser sujeito passivo de difamação.

Quanto à possibilidade de pessoa jurídica figurar como vítima do delito de difamação existe grande polêmica. No sentido afirmativo, podemos elencar autores como Damásio de Jesus[95], Cezar Roberto Bitencourt[96] e Flávio Monteiro de Barros[97]. Segundo esses autores, a pessoa jurídica possui reputação (nome a zelar), que pode ser afetada pela atribuição de fatos desonrosos. A maliciosa propalação de que determinada empresa não cumpre suas avenças ou que emprega métodos inadequados na prestação dos serviços ou na produção de seus bens pode afetar irremediavelmente os negócios. O Supremo Tribunal vem admitindo a difamação contra pessoa jurídica: "A pessoa jurídica não pode ser sujeito passivo dos crimes de injúria e calúnia, sujeitando-se apenas à imputação de difamação. Precedentes" (STF, Rel. Maurício Corrêa, Pet 2491/AgR/BA, *DJ* 14-6-2002, p. 127). Ainda nesse sentido: RHC 61.993/RS; RHC 59.290/RS; RHC 83.091/DF e Inq. 800/RJ. Em entendimento oposto, Nélson Hungria[98] e Magalhães Noronha[99] recusam a possibilidade de pessoa jurídica ser vítima de difamação, argumentando, basicamente, que, estando a difamação contida no Título "Dos crimes contra a pessoa", só pode ter como vítima pessoas naturais, pois é isso o que ocorre nos demais delitos elencados em tal Título. No Superior Tribunal de Justiça, podem ser encontrados inúmeros julgados nesse sentido: "Pela lei em vigor, pessoa jurídica não pode ser vítima dos crimes contra a honra previstos no Código Penal. A própria difamação *ex vi legis* (art. 139 do CP) só permite como sujeito passivo a criatura humana. Inexistindo qualquer norma que permita a extensão da incriminação, nos crimes contra a pessoa (Título I do Código Penal), não se inclui a pessoa jurídica no polo passivo e, assim, especificamente, (Capítulo IV do Título I) só se protege a honra das pessoas físicas. (Precedentes)" (STJ, AgRg n. 672.522/PR, Rel. Felix Fischer, *DJ* 17-10-2005, p. 335). No mesmo sentido: HC 7.391/SP; HC 10.602/GO; RHC 7.512/MG; REsp 603.807/RN.

Entendemos correto o primeiro entendimento, pois, no Título I da Parte Especial, que trata dos crimes contra a pessoa, existem outros crimes praticados contra pessoas jurídicas, como, por exemplo, o de violação de correspondência comercial (art. 152 do CP).

1.5.2.5. Consumação

Considerando que a difamação atinge a honra objetiva – porque pressupõe a imputação de fato concreto –, a consumação se dá quando terceira pessoa toma conhecimento da imputação.

1.5.2.6. Tentativa

Só é possível na forma escrita, quando, por exemplo, uma carta contendo a ofensa se extravia.

---

[95] Damásio de Jesus. *Direito penal*, 26. ed., v. 2, p. 207.
[96] Cezar Roberto Bitencourt. *Tratado de direito penal*, v. 2, p. 302.
[97] Flávio Augusto Monteiro de Barros. *Crimes contra a pessoa*, p. 186.
[98] Nélson Hungria. *Comentários ao Código Penal*, v. VI, p. 44.
[99] Magalhães Noronha. *Direito penal*, v. 2, p. 121.

1.5.2.7. Classificação doutrinária

Trata-se de crime simples quanto à objetividade jurídica; comum e de concurso eventual em relação ao sujeito ativo; comissivo e de ação livre no que pertine aos meios de execução; formal e instantâneo quanto ao momento consumativo; doloso em relação ao elemento subjetivo.

1.5.3. Injúria

> Art. 140. Injuriar alguém, ofendendo-lhe a dignidade ou o decoro:
> Pena – detenção, de um a seis meses.

1.5.3.1. Objetividade jurídica

O crime de injúria tutela a honra *subjetiva*, isto é, a autoestima da vítima, o sentimento que cada pessoa tem em torno de seus próprios atributos físicos, morais ou intelectuais.

1.5.3.2. Tipo objetivo

Ao contrário do que ocorre com os demais crimes contra a honra, na injúria o agente não atribui a prática de um fato determinado ao ofendido, ou seja, ele não faz uma narrativa. O delito de injúria consiste basicamente em atribuir uma qualidade negativa a outrem, em endereçar-lhe um xingamento ou em usar uma expressão desairosa para se referir à vítima.

De acordo com o próprio texto legal, a característica negativa atribuída a alguém, para configurar injúria, deve ser ofensiva à sua dignidade ou decoro. A ofensa à *dignidade* é aquela que se refere aos atributos *morais* da vítima. Configuram-na, por exemplo, chamar alguém de desonesto, ladrão, velhaco, vagabundo, golpista, corrupto, estelionatário, pedófilo etc. Muito comum, também, injúria contra mulheres com a utilização de palavras, como piranha, vagabunda, prostituta ou outras similares. A ofensa ao *decoro*, por seu turno, relaciona-se à utilização de expressões insultuosas quanto aos atributos *físicos* ou *intelectuais* de outrem. Tipificam-na, por exemplo, taxar alguém de burro, idiota, ignorante, celerado, monstro, baleia, porco etc. Se a ofensa for referente à condição de pessoa deficiente, a injúria considera-se qualificada (art. 140, § 3º, do CP).

Muitas vezes, a injúria consiste no emprego de palavras de baixo calão e, nesses casos, devem elas constar expressamente da queixa-crime ou da denúncia, sob pena de inépcia da inicial, já que a acusação deve apontar ao juiz exatamente em que consistiram as ofensas para que ele possa avaliar adequadamente os fatos. Não basta, portanto, que o querelante diga que o ofensor fez uso de palavras de baixo calão, devendo escrever especificamente essas palavras.

A caracterização da injúria pressupõe a deliberada intenção de atingir a honra subjetiva da vítima – *animus injuriandi vel diffamandi*. Por isso, não há crime, pela ausência de intenção de ofender, quando a palavra desairosa é utilizada por brincadeira ou para disciplinar alguém (*animus jocandi* ou *corrigendi*).

Como a injúria não contém a exposição de um fato determinado, em nenhuma hipótese é cabível a exceção da verdade.

Tal como nos demais crimes contra a honra, a injúria pode ser cometida de forma verbal, por escrito, por gesto ou qualquer outro meio simbólico. Despedir-se de alguém com as mãos fechadas, implica chamá-lo de sovina, pão-duro. Dar o nome de uma pessoa a um porco de criação é uma forma simbólica de ofendê-la. Igualmente quem imprime retrato de outrem em papel higiênico, ou pendura chifres na porta de sua casa, ou serve capim em um prato para que ele coma, ou afixa um rabo na parte traseira de sua calça etc. (esses exemplos são de Nélson Hungria[100]).

Até mesmo por omissão o crime de injúria pode ser cometido, como na hipótese mencionada por Julio Fabbrini Mirabete[101] em que alguém acintosamente não aperta a mão de pessoa que fora cumprimentá-la.

A injúria, igualmente aos demais crimes contra a honra, pode ser feita de forma explícita (ou inequívoca), implícita (ou equívoca) ou reflexa. Chamar um homem de corno, por exemplo, ofende, reflexamente, sua esposa.

A injúria pode ser ainda imediata, quando perpetrada diretamente por aquele que quer ofender, ou mediata, quando ele se vale de outra pessoa para insultar a vítima (por exemplo: convencer um deficiente mental a xingar a vítima). Tipifica-se, também, a infração penal quando alguém ensina um papagaio a proferir impropérios relativos a determinada pessoa.

Nélson Hungria[102] menciona, por fim, outras formas de injúria, como: ofensa por exclusão (como quando declaro honestas determinadas pessoas de um grupo, omitindo referência às demais); interrogativa ("será você um gatuno?"); dubitativa ou suspeitosa ("talvez seja fulano um intrujão"); irônica (quando alguém, querendo dizer verdades, finge estar brincando); condicionada (quando se diz que alguém seria um canalha se fizesse tal coisa, quando todos sabem que ele o fez); truncada (você é um m...); por fingimento (chamar o juiz de meretríssimo, como se tivesse se enganando).

Se alguém, em um mesmo momento, faz uso de diversas palavras injuriosas contra a mesma vítima, responde por crime único e não por um crime para cada palavra ofensiva. É possível, no entanto, que o agente, em um mesmo momento, profira várias ofensas, de caráter distinto, hipótese em que haverá concurso formal. Suponha-se que o agente, inicialmente, narre um estelionato determinado, imputando-o a uma certa mulher e, ao final, refira-se a ela como "drogada". Ele responde por calúnia e injúria. Se o agente narrasse que ela roubou alguém durante ato de prostituição, estaria narrando dois fatos concretos ofensivos: o roubo e o ato de prostituição. Nesse caso, ele responderia por calúnia e difamação.

---

[100] Nélson Hungria. *Comentários ao Código Penal*, v. VI, p. 95-96.
[101] Julio Fabbrini Mirabete. *Manual de direito penal*, v. 2, p. 166.
[102] Nélson Hungria. *Comentários ao Código Penal*, v. VI, p. 96.

1.5.3.3. Sujeito ativo

Pode ser qualquer pessoa, exceto as que gozam de imunidade, como Deputados, Senadores, Vereadores em seus municípios, advogados no desempenho de suas atividades, membros do Ministério Público (ver comentários em relação ao sujeito ativo no crime de difamação).

1.5.3.4. Sujeito passivo

Pode ser qualquer pessoa. É necessário, todavia, que a ofensa seja endereçada a pessoa ou pessoas determinadas, já que o tipo penal exige expressamente que o agente injurie "alguém". Por isso, dizer que jogadores de futebol são todos mercenários não constitui crime. No entanto, se o agente estiver se referindo a determinados jogadores, responderá pelo delito.

Os mortos e as pessoas jurídicas não possuem honra subjetiva e, por tal razão, não podem ser sujeito passivo do crime em estudo. Já os menores de idade e os portadores de deficiência mental podem ser vítimas de injúria, desde que compreendam o caráter ofensivo das palavras desairosas a eles endereçadas. Caso não possam compreender o significado da ofensa, em razão da pouca idade ou da gravidade do problema mental, haverá crime impossível, pois a honra subjetiva não pode ser atingida. Nesse caso, é incogitável acusar quem proferiu as palavras de injúria contra os pais, se estas se referiam exclusivamente ao menor ou deficiente mental, já que honra subjetiva não se transfere. Note-se que, se o menor entende o caráter ofensivo, há crime, mas a queixa-crime é oferecida pelos pais, seus representantes legais. Se o menor, todavia, não entende o que foi dito, o fato é atípico e não há ação penal a ser proposta.

1.5.3.5. Consumação

Por se tratar de crime contra a honra subjetiva, a injúria só se consuma quando a ofensa proferida chega ao conhecimento da vítima. Saliente-se que a injúria pode ser praticada tanto na presença da vítima como em sua ausência. Se feita em sua presença, a consumação é imediata. Se ocorre em sua ausência, a consumação só se dá quando contam a ela o que foi dito a seu respeito.

A injúria contra funcionário público relacionada ao exercício de suas funções, excepcionalmente, só pode ser cometida na *ausência* da vítima, uma vez que a ofensa feita na presença do funcionário constitui crime de desacato (art. 331 do CP), que possui pena maior. Por isso, comentar que determinado funcionário público é relapso e descumpridor de suas funções constitui injúria, com a incidência da majorante do art. 141, II, do Código Penal. No entanto, xingar o funcionário de vagabundo em sua presença – na repartição pública ou fora dela – configura desacato.

1.5.3.6. Tentativa

Possível na forma escrita. Exemplo: carta contendo a ofensa que se extravia. De ver-se, entretanto, que, se a vítima em nenhum momento tomar conhecimento da ofensa, não haverá ação penal, já que a ação é privada.

1.5.3.7. Classificação doutrinária

Trata-se de crime simples quanto à objetividade jurídica; comum e de concurso eventual em relação ao sujeito ativo; comissivo e de ação livre no que pertine aos meios de execução; formal e instantâneo quanto ao momento consumativo; doloso em relação ao elemento subjetivo.

1.5.3.8. Perdão judicial

> Art. 140, § 1º – O juiz pode deixar de aplicar a pena:
> I – quando o ofendido, de forma reprovável, provocou diretamente a injúria;
> II – no caso de retorsão imediata, que consista em outra injúria.

Como a cabeça do dispositivo estabelece que o juiz pode deixar de aplicar a pena não há dúvida de que as hipóteses são de perdão judicial, constituindo causa extintiva da punibilidade, nos termos do art. 107, IX, do Código Penal.

No inciso I, a finalidade do legislador é permitir a isenção de pena quando o juiz verificar que o xingamento foi proferido em momento de irritação decorrente de provocação da vítima. É necessário que a provocação seja reprovável e que tenha sido feita naquele exato momento, na presença do ofensor (provocação direta).

Na hipótese do inciso II, ocorre retorsão imediata consistente em outra injúria. Retorsão significa revide. Cuida-se, portanto, de situação em que a pessoa ofendida imediatamente revida e xinga a outra que a havia ofendido. Em tal caso, ambas praticaram crimes de injúria e o juiz pode conceder o perdão às duas.

Essas hipóteses de perdão judicial aplicam-se somente ao crime de injúria simples.

1.5.3.9. Injúria real

> Art. 140, § 2º – Se a injúria consiste em violência ou vias de fato, que, por sua natureza ou pelo meio empregado, se consideram aviltantes.
> Pena – detenção, de três meses a um ano, e multa, além da pena correspondente à violência.

A injúria real é uma modalidade qualificada do crime de injúria que se aperfeiçoa quando o agente humilha a vítima por meio de uma agressão física (violência ou vias de fato).

De acordo com o texto legal, mostra-se necessário para a configuração da injúria real, que a agressão perpetrada seja considerada aviltante em razão da *natureza* do ato (raspar o cabelo da vítima, esbofeteá-la em público, cuspir em seu rosto, jogá-la em piscina em uma festa formal etc.), ou pelo *meio* empregado (jogar tomates podres ou ovos em pessoa que está fazendo um discurso; atirar cerveja ou bolo no rosto de alguém em uma solenidade etc.).

Ao tratar da pena da injúria real, o legislador ressaltou que se a violência empregada para ofender a vítima provocar lesão corporal, mesmo de natureza leve, as penas serão somadas. Se o crime for cometido por meio de vias de fato – agressão sem intenção de lesionar –, ficará absorvida a infração penal prevista no art. 21 da Lei das Contravenções Penais.

1.5.3.10. Injúria preconceituosa

Art. 140, § 3º – Se a injúria consiste na utilização de elementos referentes a religião ou à condição de pessoa idosa ou com deficiência:
Pena – reclusão, de um a três anos, e multa.

Antes do advento da Lei n. 14.532, que entrou em vigor em 11 de janeiro de 2023, a presente figura qualificada abrangia ofensas com a utilização de elementos referentes a: a) raça; b) cor; c) etnia; d) religião; e) origem; f) condição de pessoa idosa; g) condição de pessoa deficiente.

Referida lei, todavia, modificou o texto do art. 140, §3º, de modo que, atualmente, o crime do Código Penal abrange somente ofensas com a utilização de elementos relativos a: a) religião; b) condição de pessoa idosa; c) condição de pessoa deficiente.

A mesma Lei n. 14.532/2023 inseriu no art. 2º-A da Lei n. 7.716/89 o crime de injúria racial, com o seguinte teor:

"Injuriar alguém, ofendendo-lhe a dignidade ou o decoro, em razão de raça, cor, etnia ou procedência nacional: Pena: reclusão, de 2 a 5 anos, e multa.

Assim, as ofensas relativas a raça, cor, etnia ou procedência nacional ocorridas a partir de 11 de janeiro de 2023 devem ser enquadradas neste último dispositivo, que possui pena maior do que o crime do Código Penal. As mesmas formas de ofensas, anteriores a referida data, devem ser enquadradas no art. 140, § 3º, do CP. Por fim, as ofensas relacionadas a religião ou condição de pessoa idosa ou deficiente devem ser enquadradas no Código Penal – anteriores ou posteriores a 11 de janeiro de 2023.

As ofensas relacionadas à raça, cor, etnia, religião ou origem merecem esclarecimento no sentido de serem diferenciadas do crime de racismo do art. 20 da Lei n. 7.716/89. Com efeito, o crime de injúria preconceituosa do Código Penal e de injúria racial do art. 2º-A da Lei n. 7.716/89, pressupõem que a ofensa seja endereçada a pessoa determinada ou, ao menos, a um grupo determinado de indivíduos. Assim, quando o agente se dirige a uma outra pessoa e a ofende fazendo referência à sua religião, configura-se a injúria qualificada (art. 140, § 3º) e quando a ofensa é referente, por exemplo, à cor da pessoa, tipifica-se a injúria racial do art. 2º-A. O crime de racismo, por meio de manifestação de opinião, estará presente quando o agente referir-se ou manifestar-se de forma preconceituosa indistintamente a todos os integrantes de certa raça, cor, religião etc.

O Plenário do STF, no julgamento da ADO (Ação Direta de Inconstitucionalidade por Omissão) n. 26, entendeu que houve omissão inconstitucional do Congresso Nacional por não editar lei que criminalize atos de homofobia e de transfobia, de modo que, enquanto não for aprovada lei específica, deverá haver enquadramento no crime de racismo da própria Lei n. 7.716/89 ou, se a ofensa homofóbica ou transfóbica for contra pessoa determinada, no crime de injúria racial.

Lembre-se, ainda, da existência de outras modalidades de crime de racismo na própria Lei n. 7.716/89, não consistentes em ofensas verbais ou escritas, mas decorrentes de atos discriminatórios, como não permitir que alguém fique sócio de clube em razão da raça ou cor, não permitir que se alimente em certo restaurante, que ingresse em ônibus, negar-lhe emprego etc.

De acordo com o art. 5º, XLII, da Constituição Federal, a prática do racismo constitui crime inafiançável e imprescritível. O Superior Tribunal de Justiça estendeu tais regras ao delito de injúria racial. A propósito: AgRg no AREsp 686.965/DF, Rel. Min. Ericson Maranho (Desembargador Convocado do TJ/SP), 6ª Turma, julgado em 18-8-2015, *DJe* 31-8-2015); AgRg no AREsp 734.236/DF, Rel. Min. Nefi Cordeiro, 6ª Turma, julgado em 27-2-2018, *DJe* 8-3-2018. Em 28 de outubro de 2021, o Plenário do Supremo Tribunal Federal, no julgamento do HC 154.248/MT, confirmou o entendimento de que o crime de injúria racial é imprescritível.

No que tange às pessoas idosas (com mais de 60 anos) ou deficientes, a qualificadora só se aperfeiçoa quando a ofensa for referente a essa condição específica da vítima. Assim, configuram-na chamar a pessoa idosa de "decrépito", "velho esclerosado", "matusalém", "múmia" ou fazer chacota com o deficiente físico ou mental em razão de sua deficiência. Se alguém chama uma pessoa idosa ou deficiente de safado ou desonesto comete injúria simples com a majorante do art. 141, IV — crime contra pessoa idosa.

1.5.4. Disposições comuns

1.5.4.1. Majorantes

> Art. 141. *As penas cominadas neste Capítulo aumentam-se de um terço, se qualquer dos crimes é cometido:*
>
> *I – contra o Presidente da República, ou contra chefe de governo estrangeiro;*
>
> *II – contra funcionário público, em razão de suas funções, ou contra os Presidentes do Senado Federal, da Câmara dos Deputados ou do Supremo Tribunal Federal;*
>
> *III – na presença de várias pessoas, ou por meio que facilite a divulgação da calúnia, da difamação ou da injúria;*
>
> *IV – contra criança, adolescente, pessoa maior de 60 anos ou portadora de deficiência, exceto na hipótese prevista no § 3º do art. 140 deste Código.*
>
> *§ 1º – Se o crime é cometido mediante paga ou promessa de recompensa, aplica-se a pena em dobro.*
>
> *§ 2º – Se o crime é cometido ou divulgado em quaisquer modalidades das redes sociais da rede mundial de computadores, aplica-se em triplo a pena.*
>
> *§ 3º – Se o crime é cometido contra a mulher por razões da condição do sexo feminino, nos termos do § 1º do art. 121-A deste Código, aplica-se a pena em dobro.*

Na hipótese do inciso I, a pena é aumentada em 1/3 se o crime for cometido *contra o Presidente da República ou chefe de governo estrangeiro* (Primeiro-Ministro, Presidente).

No inciso II, a majorante refere-se à ofensa feita *contra funcionário público em razão de suas funções ou contra os Presidentes do Senado Federal, da Câmara dos Deputados ou do Supremo Tribunal Federal*. Nos termos da lei, portanto, deve haver relação de causalidade entre a ofensa e as funções desempenhadas pelo funcionário ofendido. Presente tal requisito, é irrelevante que os impropérios tenham sido ditos a ele em momento de folga, fora do horário de serviço. Não se aplica, entretanto, a majorante se a ofensa se refere às funções, mas é feita quando o ofendido já se aposentou ou se desligou do cargo, pois, nesse caso, a ofensa não foi feita contra funcionário público.

A parte final do dispositivo, que determina majoração da pena se a ofensa for contra os Presidentes do Senado Federal, da Câmara dos Deputados ou do Supremo Tribunal Federal, foi inserida pela Lei n. 14.197/2021, e sua aplicação não exige que a ofensa tenha sido em razão da função. A ofensa contra Senadores, Deputados e Ministros da Corte Suprema, que não sejam os respectivos Presidentes, constitui crime contra a honra majorado na primeira parte do dispositivo – se a ofensa for relacionada ao desempenho das funções.

O aumento é de 1/3 da pena.

A pena também sofrerá exasperação de 1/3 quando o crime for cometido *na presença de várias pessoas* (inciso III, 1ª parte), ou seja, quando, além do ofensor e do ofendido, existirem ao menos outras três pessoas no local. Nesse número não se computam aqueles que, por qualquer razão, não podem entender a ofensa, como crianças de pouca idade, deficientes auditivos ou portadores de grave deficiência mental, uma vez que a razão do aumento é a maior lesão à honra decorrente do imediato conhecimento, por diversas pessoas, das palavras desairosas proferidas.

Apesar de a injúria afetar a honra subjetiva, o aumento também se aplica a esse delito, pois é inegável que xingar alguém em público, quando há várias pessoas presentes, tem maior gravidade. O inciso III, ademais, menciona expressamente o crime de injúria.

A segunda parte do inciso III prevê aumento de 1/3 da pena quando a ofensa for proferida por *meio que facilita a divulgação* porque, também nesses casos, é maior a lesão à honra alheia. São considerados meios que facilitam a divulgação: a afixação de cartazes em local público, a distribuição de panfletos, a colocação de faixa em poste, a pichação de muro com dizeres ofensivos, o uso de alto-falantes em veículo, etc. O Supremo Tribunal Federal, conforme já estudado, decidiu, no ano de 2009, no julgamento da ADPF 130, que a Lei de Imprensa (Lei n. 5.250/67) não foi recepcionada pela Carta Constitucional de 1988. Assim, ofensas proferidas em jornais ou revistas, ou em programas de rádio ou de televisão, passaram a se enquadrar nas regras comuns do Código Penal, com a causa de aumento em estudo.

O inciso IV, por sua vez, prevê a majoração de 1/3 da pena quando se tratar de ofensa contra criança, adolescente, pessoa maior de 60 anos ou portadora de deficiência (inciso IV).

Pessoa maior de 60 anos é aquela que já completou tal idade.

A deficiência pode ser física ou mental.

As hipóteses de aumento relativas a ofensa contra criança ou adolescente foram inseridas no Código Penal pela Lei n. 14.344, de 25 de maio de 2021, que entrou em vigor 45 dias após sua publicação.

A ressalva contida na parte final do dispositivo, que impede a majorante à figura do art. 140, § 3º, tem por finalidade evidente impedir o *bis in idem*, na hipótese em que ocorre, por exemplo, uma injúria preconceituosa relacionada ao fato de a vítima ser maior de 60 ou portadora de deficiência. Em tal situação, a ofensa relacionada à idade ou à deficiência constitui qualificadora do delito, não podendo, em seguida, aumentar a pena com base no art. 141, IV.

O § 1º do art. 141 estabelece uma majorante diferenciada (pena em dobro), se o delito for cometido mediante paga ou promessa de recompensa. A paga é prévia em relação à prática do crime. A promessa de recompensa é para pagamento posterior. Trata-se de crime de concurso necessário em que a causa de aumento de pena é aplicada para ambos os envolvidos.

Já o § 2º prevê que a pena será triplicada se o crime for cometido ou divulgado em quaisquer modalidades das redes sociais da rede mundial de computadores. O aumento aplica-se, por exemplo, quando o crime é cometido pelo Facebook, Instagram, TikTok, Twitter, WhatsApp, Telegram etc.

O dispositivo pune mais gravemente o autor da ofensa e também aqueles que a ela derem divulgação pela rede mundial de computadores, ou seja, quem compartilhar a mensagem (*post*) também incorrerá no crime com a pena majorada.

Apesar de o texto legal não fazer distinção, parece-nos óbvio que o aumento somente será cabível quando a ofensa chegar ao conhecimento de grande número de pessoas, pois somente assim haverá maior lesão à honra da pessoa ofendida.

O dispositivo em análise foi inserido no Código Penal pela Lei n. 13.964/2019 (pacote anticrime). Saliente-se, contudo, que houve, inicialmente, veto da Presidência da República, que foi derrubado pelo Congresso Nacional posteriormente, tendo entrado em vigor apenas em 30 de maio de 2021 – 30 dias após a publicação, no *Diário Oficial*, da derrubada do veto.

Por fim, o § 3º. prevê aplicação de pena em dobro se o crime for cometido contra a mulher por razões da condição do sexo feminino, nos termos do § 1º do art. 121-A do Código Penal.

O presente dispositivo foi inserido no Código Penal pela Lei n. 14.994, de 9 de outubro de 2024, e, portanto, somente se aplica a fatos posteriores.

A pena deverá ser aplicada em dobro quando o crime contra a honra for cometido contra mulher por razões da condição do sexo feminino – mediante violência doméstica e familiar (contra mãe, esposa, filha etc.) ou com menosprezo ou discriminação à condição de mulher.

1.5.4.2. Excludentes de ilicitude

> *Art. 142. Não constituem injúria ou difamação punível:*
>
> *I – a ofensa irrogada em juízo, na discussão da causa, pela parte ou por seu procurador;*
>
> *II – a opinião desfavorável da crítica literária, artística ou científica, salvo quando inequívoca a intenção de injuriar ou difamar;*
>
> *III – o conceito desfavorável emitido por funcionário público, em apreciação ou informação que preste no cumprimento de dever do ofício.*
>
> *Parágrafo único. Nos casos dos ns. I e III, responde pela injúria ou pela difamação quem lhe dá publicidade.*

O presente dispositivo elenca excludentes específicas de ilicitude aplicáveis somente aos crimes de difamação e injúria. Nos termos da lei não abrangem o delito de calúnia.

O inciso I estabelece que não constitui crime a ofensa feita em juízo, na discussão da causa, pela parte ou por seu procurador. A regra vale tanto para ofensas escritas como verbais. Alcança as partes propriamente ditas (autor e réu), bem como os assistentes, litisconsortes, terceiros intervenientes, inventariantes etc. Como o texto exige que a ofensa seja feita na discussão da causa, mostra-se necessária a existência de nexo entre a ofensa e a defesa dos interesses em juízo. Impropérios ou comentários desairosos feitos gratuitamente constituem crime. O dispositivo somente se aplica quando o fato dá-se em juízo (cível ou criminal, trabalhista ou falimentar etc.). A ação pode ser de conhecimento, executória, falimentar ou de qualquer outra natureza.

Saliente-se, entretanto, que o art. 142, I, do Código Penal, continua em vigor apenas em relação às partes que façam ofensas em juízo. No que diz respeito aos *advogados*, a regra atualmente aplicável é a do art. 7º, § 2º, da Lei n. 8.906/94 (Estatuto da Ordem dos Advogados do Brasil), que dispõe que "o advogado tem imunidade profissional, não constituindo injúria, difamação ou desacato puníveis qualquer manifestação de sua parte, no exercício de sua atividade, em juízo ou fora dele, sem prejuízo das sanções disciplinares perante a OAB". Tal dispositivo encontra embasamento no art. 133 da Constituição Federal, que estabelece que "o advogado é indispensável à administração da justiça, sendo inviolável por seus atos e manifestações no exercício da profissão, nos limites da lei".

A imunidade dos advogados, até a aprovação da Lei n. 8.906/94, era aquela do art. 142, I, do Código Penal, que abrangia somente ofensas proferidas em juízo na discussão da causa, contudo, o legislador, atento ao fato de que as funções dos advogados são muito mais amplas, aprovou a nova lei, mais moderna e adequada ao âmbito de atuação dos advogados, deixando de restringir a excludente a fatos ocorridos em juízo. Atualmente, portanto, a imunidade alcança eventuais ofensas feitas no bojo de ação judicial, em acompanhamento de clientes em delegacias de polícia, em Comissões Parlamentares de Inquérito, em Tabelionatos, no Ministério Público para que o cliente seja ouvido no transcorrer de inquérito civil etc. É evidente, contudo, que referida imunidade não é absoluta, não alcançando ofensas que não tenham qualquer relação com a atividade profissional.

Até mesmo a ofensa contra o juiz da causa está abrangida pelo dispositivo, desde que tenha relevância na defesa do cliente. Assim, se em razões recursais o advogado sustenta que o juiz leu com pressa os autos e, por isso, não percebeu determinada prova relevante, não comete difamação. É claro que se proferir ofensas completamente descabidas ao magistrado, responderá pelo crime. Nesse sentido: "Crime contra a honra; Imunidade profissional do advogado: compreensão da ofensa a Juiz, desde que tenha alguma pertinência à causa. 1. O art. 7º, § 2º, da Lei n. 8.906/94 (Estatuto da Advocacia) superou a jurisprudência formada sob o art. 142 do CP, que excluía do âmbito da imunidade profissional do advogado a injúria ou a difamação do juiz da causa. 2. Sob a lei nova, a imunidade do advogado se estende à eventual ofensa irrogada ao juiz, desde que pertinente à causa que defende. 3. O STF só deferiu a suspensão cautelar, no referido art. 7º, § 2º, do EAOAB, da extensão da imunidade à hipótese de desacato: nem um só voto entendeu plausível a arguição de inconstitucionalidade quanto à injúria ou difamação" (STF, Pleno, Rel. do Acórdão Min. Sepúlveda Pertence, *DJ* 1º-8-2003, p. 105).

O Supremo Tribunal Federal, ao julgar a ADIN n. 1.127/DF, suspendeu a eficácia do dispositivo em relação ao crime de desacato, argumentando que a imunidade dos advogados não pode alcançar crimes contra a Administração Pública. Foi, porém, confirmada a aplicação em relação aos crimes de injúria e difamação.

Veja-se que a Lei n. 14.365/2022 revogou expressamente este art. 7º, § 2º, do Estatuto da OAB. A Comissão Nacional de Estudos da entidade, todavia, questionou essa revogação alegando ter havido erro na técnica legislativa porque o tema sequer teria sido votado no Congresso Nacional. A entidade enviou ofício ao Presidente da Câmara dos Deputados para que o texto da lei fosse reexaminado, o que não ocorreu de imediato. Em razão disso, o Conselho Federal da OAB questionou junto ao Supremo Tribunal Federal a constitucionalidade da mencionada lei, por meio da propositura de ação direta de inconstitucionalidade (ADI 7231). Caso, entretanto, seja confirmada a revogação do dispositivo, voltará a valer para os advogados a excludente do art. 142, I, do CP, que, todavia, tem menor alcance – embora também confira imunidade em relação aos crimes de difamação e injúria.

O inciso II do art. 142, por sua vez, não considera crime a injúria e a difamação contidas em opinião desfavorável da crítica artística, literária ou científica, salvo quando inequívoca a intenção de ofender. A finalidade do dispositivo é conferir liberdade de expressão para que os críticos possam expor suas opiniões sem o receio de responderem criminalmente, salvo, evidentemente, se utilizarem a crítica com evidente intenção de ofender, não sendo, assim, absoluta a imunidade em questão. O dispositivo em estudo passou a ter maior relevância após o Supremo Tribunal Federal ter declarado que a Lei de Imprensa não foi recepcionada pela Constituição Federal, pois, na maioria dos casos, a manifestação da crítica é veiculada em jornais, em revistas, no rádio etc.

Por fim, o inciso III do art. 142 diz que não constitui injúria ou difamação o conceito desfavorável emitido por funcionário público, em apreciação ou informação que preste no cumprimento de dever do ofício. Em tais hipóteses, o funcionário, na realidade, está apenas cumprindo seu dever, e não poderia mesmo ser punido por estar no cumprimento de dever legal. O escopo do dispositivo é ressalvar que mesmo eventuais ofensas não configuram injúria ou difamação, salvo, evidentemente, se houver excesso, já que nenhuma imunidade é absoluta. Quando um delegado de polícia, por exemplo, menciona que o indiciado é um perigoso bandido, a fim de convencer o juiz a decretar-lhe a prisão preventiva, não incorre em crime de injúria.

O parágrafo único do art. 142 contém uma ressalva estabelecendo que, nas hipóteses dos incisos I e III, responde pela ofensa quem a ela dá publicidade. Assim, se uma ofensa for proferida, por exemplo, pela parte durante uma audiência em juízo e estiver acobertada pela imunidade do inciso I, mas alguns dos presentes passarem a divulgar o seu conteúdo a outras pessoas, poderá responder pelo crime.

1.5.4.3. Retratação

Art. 143. O querelado que, antes da sentença, se retrata cabalmente da calúnia ou da difamação, fica isento de pena.

Parágrafo único. Nos casos em que o querelado tenha praticado a calúnia ou a difamação utilizando-se de meios de comunicação, a retratação dar-se-á, se assim desejar o ofendido, pelos mesmos meios em que se praticou a ofensa.

Com a retratação, o autor da ofensa reconhece que se equivocou ao imputar determinado fato a outrem, voltando atrás no que disse. Trata-se de causa extintiva da punibilidade (art. 107, VI, do Código Penal), que independe de aceitação do querelante, desde que presentes todos os requisitos legais: a) que a imputação constitua crime de calúnia ou difamação b) que a retratação seja cabal; c) que ocorra antes da sentença; e d) que se trate de crime de ação privada.

A retratação não gera efeito no crime de injúria, na medida em que, neste, não há imputação de fato determinado. Por esta razão, o legislador não incluiu a injúria dentre as hipóteses da causa extintiva prevista no art. 143.

Como o texto legal menciona a retratação do "querelado", não ocorrerá a extinção da punibilidade se o crime contra a honra praticado apurar-se mediante ação pública que, em verdade, são hipóteses de maior gravidade – crime contra a honra de Presidente da República ou Chefe de Governo estrangeiro, por exemplo.

De acordo com o texto legal, somente a retratação feita antes da sentença gera o efeito descrito no dispositivo em análise. A retratação realizada em grau recursal não extingue a punibilidade.

É preciso que a retratação seja completa (cabal), vale dizer, deve abranger tudo o que foi dito, sem ressalvas. A retratação parcial, portanto, não beneficia o autor da ofensa.

A Lei n. 13.188/2015 acrescentou um parágrafo único no art. 143 do Código Penal, estabelecendo que, nos casos em que o querelado tenha praticado a calúnia ou a difamação utilizando-se de meios de comunicação, a retratação dar-se-á, se assim desejar o ofendido, pelos mesmos meios em que se praticou a ofensa. Se descumprida essa condição, o juiz não poderá declarar a extinção da punibilidade.

Por se tratar de circunstância de caráter pessoal, não se comunica aos comparsas. Assim, se duas pessoas cometem difamação e apenas uma se retrata, resta intacta a punibilidade do outro que não se retratou. Por sua vez, se o sujeito ofende concomitantemente duas pessoas e se retrata apenas em relação a uma delas, continua punível em relação à outra.

1.5.4.4. Pedido de explicações em juízo

Art. 144. Se, de referências, alusões ou frases, se infere calúnia, difamação ou injúria, quem se julga ofendido pode pedir explicações em juízo. Aquele que se recusa a dá-las, ou, a critério do juiz, não as dá satisfatórias, responde pela ofensa.

Não é raro que o texto escrito ou que as palavras proferidas não sejam suficientemente claras ou específicas, gerando, por isso, dúvida quanto ao seu real significado ou, eventualmente, quanto à efetiva intenção de afetar a imagem da vítima. É justamente para estes casos – para evitar que a pessoa que se sentiu ofendida ingresse imediatamente com a queixa-crime correndo o risco de vê-la rejeitada – que a lei permite que ela ingresse com pedido de explicações em juízo, com o escopo de esclarecer o significado do que foi dito, na medida em que o autor do ato será notificado a se explicar. Tal providência, entretanto é facultativa.

Cuida-se, deste modo, de procedimento prévio ao oferecimento da queixa-crime. Como não há rito específico previsto em lei, o pedido de explicações segue o procedimento das notificações avulsas. Assim, após ser protocolada a petição em juízo pela vítima, o juiz determinará a notificação do autor da suposta ofensa a ser esclarecida, fixando um prazo para a resposta. Findo o prazo concedido, com ou sem resposta, o juiz entregará os autos ao requerente (vítima).

O juiz não julga o pedido de explicações. Caso, posteriormente, seja oferecida a queixa-crime, será nesse momento que o juiz analisará as explicações dadas, para verificar se admite ou não a ação penal.

A parte final do art. 144 diz que aquele que se recusa a dar as explicações ou as dá de forma insatisfatória responde pela ofensa. Isso não significa que o juiz estará obrigado a condenar o ofensor, já que, após o recebimento da queixa, o querelado terá todas as oportunidades de defesa admitidas em lei, observando-se os princípios do contraditório e da ampla defesa. O dispositivo tem a única finalidade de ressalvar a importância da resposta e esclarecer que, em verdade, a omissão será levada em conta pelo juiz por ocasião da análise em torno do recebimento ou rejeição da queixa.

O pedido de explicações não interrompe o prazo decadencial.

A sua distribuição torna o juízo prevento, caso, posteriormente, seja oferecida queixa-crime.

1.5.4.5. Ação penal

> Art. 145. Nos crimes previstos neste Capítulo somente se procede mediante queixa, salvo quando, no caso do art. 140, § 2º, da violência resulta lesão corporal.
>
> Parágrafo único. Procede-se mediante requisição do Ministro da Justiça, no caso do inciso I do caput do art. 141 deste Código, e mediante representação do ofendido, no caso do inciso II do mesmo artigo, bem como no caso do § 3º do art. 140 deste Código.

De acordo com o art. 145 do Código Penal, existe uma regra e quatro exceções no que diz respeito à espécie de ação penal nos crimes contra a honra.

A regra encontra-se no *caput* do art. 145 que estabelece que a ação penal é *privada* nos crimes contra a honra. Assim, a queixa-crime deve ser apresentada em juízo dentro do prazo decadencial que é de seis meses, contado da data em que o ofendido descobre a autoria. Tal prazo é peremptório, não se interrompendo pela eventual instauração de inquérito policial. Caso se encerre em fim de semana, não haverá prorrogação.

A regra, todavia, não será aplicada quando presente qualquer das exceções que a própria lei elenca.

A primeira exceção diz respeito às ofensas feitas contra o Presidente da República ou chefe de governo estrangeiro, em que a ação é pública condicionada à *requisição do Ministro da Justiça*. Saliente-se que referida requisição constitui condição de procedibilidade, porém não vincula o Órgão do Ministério Público, que pode não oferecer a denúncia caso se convença da inocorrência da calúnia, difamação ou injúria ou da precariedade de provas quanto à autoria.

A segunda exceção refere-se às ofensas perpetradas contra funcionário público em razão de suas funções, ou contra os Presidentes do Senado Federal, da Câmara dos Deputados ou do Supremo Tribunal Federal. Nos termos da lei, a ação é pública *condicionada à representação*. O Supremo Tribunal Federal, todavia, entendeu que, em relação à primeira parte do dispositivo, o funcionário público tem também a opção de se valer da *regra* consagrada no Código Penal para os crimes contra a honra e oferecer queixa-crime (ação privada) sem que haja risco de rejeição por ilegitimidade de parte. Nesse sentido, a Súmula 714 do STF: "é concorrente a legitimidade do ofendido, mediante queixa, e do Ministério Público, condicionada à representação do ofendido, para a ação penal por crime contra a honra de servidor público em razão do exercício de suas funções". O fundamento da súmula é de que o Código Penal estabeleceu a ação pública condicionada apenas para o servidor não ter de arcar com as despesas de contratação de advogado para promovê-la, porém pode ele abrir mão da prerrogativa e ingressar com a ação privada. É de se ressaltar, todavia, que uma opção exclui a outra.

A terceira exceção relaciona-se ao crime de injúria preconceituosa, para o qual a ação penal é pública *condicionada à representação*. No crime de injúria racial do art. 2º-A, da Lei n. 7.716/89, a ação é pública incondicionada.

Por fim, a quarta exceção refere-se ao crime de injúria real do qual resulte lesão corporal como consequência da violência empregada, que, de acordo com o texto legal, apura-se mediante ação pública *incondicionada*. A finalidade do legislador era a de estabelecer a mesma espécie de ação penal para os dois delitos: injúria real e lesões corporais. Assim, ainda que a lesão fosse leve, ambos os delitos deveriam ser apurados mediante ação pública incondicionada, na medida em que, por ocasião da aprovação do dispositivo em análise, esta era a modalidade de ação penal prevista para o crime de lesão leve. Após o advento da Lei n. 9.099/95, para que o objetivo da lei seja preservado, é necessário que se faça a seguinte adequação, com o intuito de a espécie de ação ser a mesma nos dois delitos: se a injúria real provocar lesão leve, ambos os delitos dependem de representação do ofendido; se causar lesão grave ou gravíssima, a ação penal será incondicionada. O Supremo Tribunal Federal, por seu Plenário, ao julgar a Ação Direta de Inconstitucionalidade (ADIn) n. 4.424/DF, decidiu que no crime de lesão leve qualificado pela violência doméstica ou familiar contra mulher a ação penal é pública incondicionada. Assim, se houver também injúria real, ambos os delitos se apuram sem a necessidade da representação.

No caso de injúria real cometida com emprego de vias de fato, considerando que a contravenção fica absorvida, aplica-se a regra do art. 145, *caput*, do Código Penal, isto é, a ação penal é privada.

Capítulo VI
DOS CRIMES CONTRA A LIBERDADE INDIVIDUAL

1.6. Dos crimes contra a liberdade individual

Liberdade individual é a possibilidade de autodeterminação, de fazer o que quiser, dentro dos limites legais. Tal direito abrange não apenas o da faculdade de ir e vir, mas também o de realizar ou não realizar essa ou aquela conduta de acordo com a própria escolha, de não ter a paz de espírito turbada por ameaças, de não ter sua residência devassada, senão por ordem legal ou em situações específicas, de não ter devassada sua correspondência ou seus segredos etc.

O Capítulo em análise subdivide os crimes contra a liberdade individual em quatro categorias, dependendo da forma como a liberdade é atingida:

a) crimes contra a *liberdade pessoal* (arts. 146 a 149);

b) crimes contra a *inviolabilidade de domicílio* (art. 150);

c) crimes contra a *inviolabilidade de correspondência* (arts. 151 e 152); e

d) crimes contra a *inviolabilidade de segredos* (arts. 153 e 143).

Este Capítulo, portanto, foi dividido em quatro seções.

SEÇÃO I

1.6.1. Dos crimes contra a liberdade pessoal

Neste Capítulo, estão previstos oito crimes: a) constrangimento ilegal (art. 146); b) intimidação sistemática (art. 146-A); c) ameaça (art. 147); d) perseguição (art. 147-A); e) violência psicológica contra mulher (art. 147-B); f) sequestro ou cárcere privado (art. 148); g) redução a condição análoga à de escravo (art. 149); h) tráfico de pessoas (art. 149-A).

1.6.1.1. Constrangimento ilegal

Art. 146. Constranger alguém, mediante violência ou grave ameaça, ou depois de lhe haver reduzido, por qualquer outro meio, a capacidade de resistência, a não fazer o que a lei permite, ou a fazer o que ela não manda:

Pena – detenção, de três meses a um ano, ou multa.

1.6.1.1.1. Objetividade jurídica

A liberdade dos cidadãos de fazer ou não fazer o que bem lhes aprouver, dentro dos limites legais. Cuida-se de complemento à regra do art. 5º, II, da Constituição Federal, segundo a qual "ninguém será obrigado a fazer ou deixar de fazer alguma coisa senão em virtude de lei".

1.6.1.1.2. Tipo objetivo

O núcleo do tipo é o verbo constranger que significa coagir, obrigar a vítima a fazer ou não fazer algo. O crime, portanto, pode ocorrer de duas formas. Na primeira, a vítima é forçada a *fazer* algo: a dançar com alguém, a levar o agente a algum lugar, a fazer uma viagem que não queria, a escrever uma carta, a dizer onde se encontra uma pessoa, a indicar onde se encontram certos documentos, a imitar um animal, a mergulhar em uma piscina gelada, a cortar a grama da casa do agente, a tomar um copo de bebida alcoólica, a usar cinto de castidade no período de ausência do marido etc. Na segunda, a vítima é coagida a *não fazer* algo: a não fazer uma viagem, a não ir às aulas, a não ir a uma festa ou baile, a não ir ao banheiro, a não dançar com alguém, a não apostar na loteria etc.

Para a existência do delito, é necessário que o agente force a vítima a fazer ou não fazer algo mediante o emprego de violência física, grave ameaça ou qualquer outro meio que lhe reduza a capacidade de resistência.

Violência é a agressão ou o emprego de força física contra alguém. Exemplo: desferir socos ou pontapés, amarrar a vítima etc. Comete o crime quem segura a vítima para que ela não faça algo ou que emprega força física para obrigar a vítima a comer um pedaço de papel etc. Também existe o crime se alguém pega nos braços um portador de deficiência locomotiva levando-o para algum lugar contra a sua vontade, na medida em que há emprego de força física nesse caso.

Quando a violência empregada provocar lesões corporais na vítima, ainda que sejam de natureza leve, o agente responderá pelas duas infrações penais, sendo somadas as penas. É o que prevê expressamente o art. 146, § 2º, do Código Penal, assim redigido: "além das penas cominadas, aplicam-se as correspondentes à violência".

Existe crime de constrangimento ilegal tanto na hipótese em que o agente vai agredindo a vítima com um bastão até que ela pule em um lago gelado contra sua vontade, como quando o próprio agente a agarra à força e a joga no lago. Em ambos os casos, a vítima foi forçada a algo que não queria fazer.

Grave ameaça é a promessa de mal grave a ser causado no próprio agente ou em terceiro. Comete o delito, por exemplo, a pessoa de proporções físicas avantajadas que, mediante ameaça de agressão, manda a vítima mudar de assento em um cinema, ou quem diz ao dono do bar que matará seu filho caso ele não mude o canal de televisão para que o agente possa assistir determinada partida de futebol.

Ao contrário do que ocorre no crime de ameaça, no constrangimento ilegal não é necessário que o mal prometido à vítima seja injusto, bastando que a pretensão do agente seja ilegítima.

Por fim, o constrangimento ilegal pode ainda ser praticado mediante o emprego de qualquer outro meio que reduza a capacidade de resistência da vítima. Cuida-se de fórmula genérica, também conhecida como violência imprópria, que abrange, por exemplo, o emprego de sonífero, calmante ou de hipnose. Configura, portanto, o delito hipnotizar alguém para determiná-lo a fazer algo, ou ministrar sorrateiramente sonífero na bebida da vítima para que ela durma e não vá ao bar se encontrar com os amigos ou perca o horário de um voo etc.

No constrangimento ilegal a conduta do agente é sempre *comissiva*, pois a lei exige que ele empregue violência, grave ameaça ou outro meio que reduza a capacidade de resistência da vítima. A vítima é que pode ser forçada a não fazer algo, mas, ainda nesse caso, o crime de constrangimento ilegal é cometido mediante ação.

1.6.1.1.3. Sujeito ativo

Trata-se de crime comum.

1.6.1.1.4. Sujeito passivo

Pode ser qualquer pessoa que tenha *capacidade de determinação*. As crianças de pouca idade e os doentes mentais graves não têm referida capacidade e, por isso, não podem ser sujeito passivo do presente crime. Caso, todavia, uma criança consiga entender o caráter intimidatório da ameaça, poderá configurar-se o crime. Assim, quem, na via pública, aponta uma faca para uma criança de 8 anos e grita para ela sair dali e esta, sentindo-se intimidada, sai em desabalada carreira, incorre no crime em análise. Da mesma maneira, se o agente ameaça agredir um deficiente mental e diz para ele lavar as calçadas de sua casa e a vítima o faz, existe o crime. A análise, portanto, deve ser feita no caso concreto, pois, evidentemente, não comete o crime o pai que obriga o filho de 6 anos a acompanhar a família em uma viagem para a praia, apesar de a criança insistir que não quer viajar para assistir a um jogo de futebol na escola. É que, no último exemplo, é legítima a pretensão do pai que, ademais, não pode permitir que um filho dessa idade fique sozinho em casa enquanto o resto da família viaja.

Obviamente os surdos, cegos e portadores de deficiência locomotiva podem ser sujeito passivo de constrangimento ilegal.

Pessoas jurídicas não podem ser sujeito passivo de constrangimento ilegal, e sim o representante da empresa que sofre a violência ou grave ameaça e, em nome daquela, realiza ou deixa de realizar algum ato contra a sua vontade.

Levando-se em conta o montante da pena prevista para o crime de constrangimento ilegal – três meses a um ano de detenção, ou multa – bem como o fato de o seu tipo penal ser genérico – obrigar a vítima a fazer ou não fazer algo – é possível concluir que referido delito é subsidiário em relação a infrações penais mais graves, cedendo lugar sempre que a violência ou grave ameaça empregadas visarem a fins específicos, descritos em outro tipo penal. Na *extorsão* (art. 158 do CP), por exemplo, o agente emprega violência ou grave ameaça para obrigar a vítima a fazer ou não fazer algo, havendo, entretanto, de sua parte, intenção de obter *indevida vantagem econômica* como consequência da ação ou omissão da vítima. Exemplo: obrigar a vítima a assinar um cheque; obrigar o credor a não entrar em juízo com uma ação de cobrança. No *estupro* (art. 213), o agente emprega violência ou grave ameaça para forçar a vítima a atos de natureza sexual.

Quando alguém faz uso de violência ou grave ameaça para forçar a vítima a confessar um crime, configura-se uma das modalidades do delito de *tortura*, previsto no art. 1º, I, *a*, da Lei n. 9.455/97.

Saliente-se, outrossim, que o art. 1º, I, *b*, da Lei n. 9.455/97 considera crime de tortura "constranger alguém com emprego de violência ou grave ameaça, causando-lhe sofrimento físico ou mental, para provocar ação ou omissão de natureza criminosa". Assim, se alguém ameaçar gravemente a vítima para forçá-la a cometer um roubo, o autor da coação responderá por crime de tortura em concurso material com referido roubo. O executor deste último crime, por ter sofrido coação moral irresistível, não será punido. Veja-se, no entanto, que, como o tipo penal do crime de tortura exige que a coação seja para a prática de outro crime, caso o agente empregue a violência para forçar a vítima a cometer uma contravenção penal, responderá pela contravenção e por constrangimento ilegal. É o que ocorre, por exemplo, se o agente ameaça a vítima para forçá-la a vender apostas do jogo do bicho.

Se a intenção do agente é forçar um consumidor a pagar alguma dívida, configura-se crime especial do art. 71 da Lei n. 8.078/90 (Código de Defesa do Consumidor).

A conduta de coagir idoso a doar, contratar, testar ou outorgar procuração, constitui crime especial do art. 107 da Lei n. 10.741/2003 (Estatuto da Pessoa Idosa).

Por fim, quem usa de violência ou grave ameaça para forçar alguém a votar, ou não votar, em determinado candidato ou partido, ainda que tal fim não seja atingido, incorre no crime do art. 301 da Lei n. 4.737/65 (Código Eleitoral).

Existem, por sua vez, crimes que são absorvidos pelo constrangimento ilegal, quer por serem meio para a prática desse delito, quer por terem pena menor, como os de ameaça e de violação de domicílio (quando alguém ingressa em casa alheia para praticar o constrangimento ilegal). A propósito: "No crime de ameaça o incutimento do medo é o fim em si mesmo. O objetivo do agente é inquietar o sujeito passivo. Mas, se através do mal anunciado, o objetivo é subjugar-lhe a vontade para alcançar outro fim, o crime é de constrangimento ilegal" (TAcrim-SP, Rel. Gonzaga Franceschini, *RJD* 11/56).

Importante, por sua vez, distinguir o constrangimento ilegal do delito de sequestro ou cárcere privado (art. 148), na medida em que, também no primeiro, a vítima eventualmente tem tolhida a sua liberdade de locomoção. A diferenciação deve ser feita no caso concreto, levando-se em conta a gravidade da conduta e a duração da privação da liberdade, pois o crime de sequestro tem a pena consideravelmente maior. Assim, se o agente ameaça um motorista e o obriga a levá-lo até um bar nas proximidades, o crime é o de constrangimento ilegal. Se o agente, entretanto, obriga a vítima a levá-lo, em seu caminhão, da cidade de Porto Alegre até Curitiba, em um trajeto de várias horas, o crime é o de sequestro. A propósito: "[...] privada a vítima de sua liberdade de locomoção de forma não momentânea, em privação rápida ou instantânea, mas por longo espaço de tempo, caracteriza-se o sequestro e não constrangimento ilegal" (TJSP, Rel. Corrêa Dias, *RT* 650/465).

O constrangimento ilegal é crime exclusivamente doloso, que, pressupõe, evidentemente, a vontade de empregar a violência ou grave ameaça e a consciência de que a ação ou omissão pretendida é ilegítima. A ilegitimidade da pretensão pode ser *absoluta* ou *relativa*. É absoluta quando o agente não tem qualquer direito à ação ou omissão. Exemplo: obrigar pessoa vegetariana a ingerir pedaços de carne bovina. É relativa quando existe o direito, mas a vítima não pode ser forçada por não haver lei que a obrigue. Exemplo: obrigar alguém a pagar dívida de jogo (a vantagem pode ser considerada devida, mas a lei civil não fornece instrumentos para a cobrança desse tipo de dívida).

Quando a pretensão do agente é legítima ou se ele, por erro plenamente justificado, considera ser ela legítima, mas usa de violência ou grave ameaça para satisfazê-la, responde por crime de *exercício arbitrário das próprias razões* (art. 345 do CP). Exemplo: ameaçar o inquilino para que ele pague o aluguel em atraso. A diferença em relação à dívida de jogo é a de que a do aluguel pode ser cobrada em juízo e a do jogo não. Nesta última hipótese, a pretensão é ilegítima, ainda que relativamente, e, por isso, configura o constrangimento ilegal, que é mais grave.

Se a finalidade do agente ao empregar a violência ou grave ameaça é de evitar que alguém pratique ato *imoral* (prostituição de pessoa maior de idade, por exemplo), responde por constrangimento ilegal, porque o texto legal prevê a tipificação do crime sempre que a conduta não for proibida por lei e não existe lei que proíba a venda do corpo (apenas a exploração dela por outrem).

É evidente, entretanto, que não se configura o constrangimento ilegal quando a intenção do agente é evitar que a outra pessoa cometa um crime. Exemplo: usar de violência para impedir que o filho saia armado de casa para matar um desafeto. Para estes casos, existem as excludentes de ilicitude da Parte Geral do Código Penal.

Eventual motivação torpe por parte do sujeito ativo deverá ser considerada pelo juiz como agravante genérica – art. 61, II, *a*, do Código Penal.

1.6.1.1.5. Consumação

O crime de constrangimento ilegal é material e, de acordo com a redação do art. 146, consuma-se quando a vítima, coagida, faz o que o agente mandou que ela fizesse, ou deixa de fazer o que ele ordenou que não fizesse. Em suma, o delito se consuma no momento da ação ou omissão da vítima.

1.6.1.1.6. Tentativa

É possível quando o agente emprega a violência, grave ameaça ou a violência imprópria e não obtém, por circunstâncias alheias à sua vontade, a ação ou omissão da vítima. É o que ocorre, por exemplo, quando o agente ameaça a vítima para que ela tome um copo de cachaça, mas a vítima deixa o local sem fazer o que o agente mandou.

1.6.1.1.7. Classificação doutrinária

Trata-se de crime simples quanto à objetividade jurídica; comum e de concurso eventual em relação ao sujeito ativo; comissivo e de ação livre no que pertine aos meios de execução; material e instantâneo quanto ao momento consumativo; e doloso em relação ao elemento subjetivo.

1.6.1.1.8. Causas de aumento de pena

Segundo o art. 146, § 1º, "as penas aplicam-se cumulativamente e em dobro, quando, para a execução do crime, se reúnem mais de três pessoas, ou há emprego de armas".

A primeira causa de aumento mostra-se presente quando ao menos quatro pessoas se reúnem para a prática dos atos executórios do delito. Trata-se, portanto, de hipótese de *coautoria* envolvendo pelo menos quatro indivíduos. Se apenas três pessoas reúnem-se para a execução do delito contando com a colaboração de outra (na condição de partícipe não reunida com as demais), não incide a causa de aumento porque a hipótese não se enquadra adequadamente no texto legal. Essa também é a visão de Cezar Roberto Bitencourt[103] e Julio Fabbrini Mirabete[104]. Discordando desse entendimento, Fernando Capez[105], sustenta que se incluem os partícipes para se chegar ao número mínimo de quatro pessoas.

A segunda causa de aumento tem lugar quando há emprego de armas para a prática do crime. Segundo Nélson Hungria[106] e Magalhães Noronha[107] a menção à palavra *"armas"*, no plural, refere-se ao gênero e não ao número de armas. Para tais autores, basta o emprego de uma arma. Ousamos, contudo, discordar dessa orientação porque existem inúmeras outras infrações penais em que o legislador expressamente previu aumento de pena quando houver "emprego de arma" – no singular. É o que ocorre em crimes como o roubo (art. 157, § 2º-A, I, do CP) e a extorsão (art. 158, § 1º, do CP). Não há, portanto, absolutamente nenhuma razão para que se aceite que, no crime de constrangimento ilegal, o legislador tenha feito uso da palavra no plural sem a intenção de estabelecer uma distinção. É essa também a interpretação de Cezar Roberto Bitencourt[108].

Por sua vez, como o texto legal não estabeleceu qualquer ressalva, o aumento deverá ser aplicado, quer se trate de armas próprias, quer de armas impróprias. As primeiras são aquelas fabricadas para servir mesmo como instrumento de ataque ou de defesa (armas propriamente ditas) – armas de fogo, punhais, espadas etc. Já as armas impróprias são objetos feitos com outra finalidade, mas que também possuem poder vulnerante, e, por isso, igualmente provocam maior temor à vítima – tesouras, canivetes, espetos de ferro etc.

Para que haja o aumento, é necessário que as armas sejam efetivamente mostradas, não bastando, portanto, a mera simulação.

No que pertine ao emprego de armas de brinquedo, encontra-se atualmente pacificado o entendimento de que não é viável a incidência da majorante porque, em verdade, não se trata tecnicamente de uma arma devido à inexistência de potencialidade lesiva.

1.6.1.1.9. Excludentes de tipicidade

De acordo com art. 146, § 3º, do Código Penal, "não se compreendem na disposição deste artigo: I – a intervenção médica ou cirúrgica, sem o consentimento do paciente ou de seu representante legal, se justificada por iminente perigo de vida; II – a coação exercida para impedir suicídio". A redação do dispositivo denota que, nesses casos, o fato é considerado atípico.

Na primeira hipótese, o agente não comete constrangimento ilegal quando emprega força física para realizar uma intervenção médica (transfusão de sangue, por exemplo) ou cirúrgica apesar da expressa discordância do paciente, desde que justificada a conduta por iminente risco de morte. O legislador entendeu pertinente deixar expressa

---

[103] Cezar Roberto Bitencourt. *Tratado de direito penal*, v. 2, p. 357.
[104] Julio Fabbrini Mirabete. *Manual de direito penal*, v. 2, p. 180.
[105] Fernando Capez. *Curso de direito penal*, v. 2, p. 281.
[106] Nélson Hungria. *Comentários ao Código Penal*, v. VI, p. 161.
[107] E. Magalhães Noronha. *Direito penal*, v. 2, p. 154.
[108] Cezar Roberto Bitencourt. *Tratado de direito penal*, v. 2, p. 357.

tal regra a fim de evitar titubeios dos médicos, isto é, para que não temam responder por crime de constrangimento ilegal.

Quando o paciente está desacordado e o médico realiza uma intervenção para salvar sua vida, a hipótese é de estado de necessidade de terceiro.

O emprego de violência ou grave ameaça para evitar suicídio já estaria acobertada pela excludente do estado de necessidade. Todavia, considerando que o suicídio ou sua tentativa não constituem crime, poderiam argumentar que as pessoas têm o direito de se matar, e, caso alguém as impeça com violência ou grave ameaça, estaria incursa no constrangimento ilegal. Por isso, entendeu o legislador ser conveniente deixar expressa a não configuração do delito em tais casos. Por isso, não constitui crime amarrar alguém para que ele não pule do prédio.

1.6.1.1.10. Ação penal

É pública incondicionada, de competência do Juizado Especial Criminal – mesmo nas figuras qualificadas, já que a pena máxima não supera o limite máximo de dois anos.

1.6.1.2. Intimidação sistemática (bullying)

> Art. 146-A. Intimidar sistematicamente, individualmente ou em grupo, mediante violência física ou psicológica, uma ou mais pessoas, de modo intencional e repetitivo, sem motivação evidente, por meio de atos de intimidação, de humilhação ou de discriminação ou de ações verbais, morais, sexuais, sociais, psicológicas, físicas, materiais ou virtuais:
> Pena – multa, se a conduta não constituir crime mais grave.

1.6.1.2.1. Objetividade jurídica

A preservação da incolumidade física e psíquica.

1.6.1.2.2. Tipo objetivo

A presente infração penal foi introduzida no Código Penal pela Lei n. 14.811, de 12 de janeiro de 2024.

Apesar de louvável a incriminação da "intimidação sistemática" por nosso legislador, a verdade é que o texto legal merece severas críticas por conter algumas expressões vagas e genéricas, outras repetitivas, e até mesmo algumas incompreensíveis. Como consequência, parte dos doutrinadores defende a impossibilidade de aplicação concreta do dispositivo por ferir o princípio da reserva legal. De qualquer outro, com um pouco de boa vontade e, principalmente, por ser o *bullying* uma conduta conhecida em todo o mundo e, infelizmente, muito comum, parece-nos que a aplicação do dispositivo é viável.

O núcleo do tipo é o verbo "intimidar" que pressupõe que a conduta faça com que a vítima sinta-se amedrontada, atemorizada. De acordo com o texto legal, é necessário que o *bullying* ocorra mediante violência física (socos, empurrões) ou moral (ridicularizar a vítima, atemorizá-la etc.).

A primeira forma de intimidar, de acordo com o texto legal, é por meio de atos de intimidação (redundância óbvia), mas que traz a ideia de uma ameaça branda, já que a promessa de mal injusto e grave, tipificará o crime de ameaça do art. 147 do CP, que, por ter pena maior, absorverá o crime de *bullying*. A segunda forma de intimidação é por meio de humilhação, como, por exemplo, fazer chacota em público das roupas, do cabelo, da forma física da vítima etc. De acordo com o texto legal, a terceira forma de intimidação dá-se por meio de discriminação, como, por exemplo, homofobia, preconceito racial, preconceito com a condição financeira da vítima etc. (desde que o fato não constitua crime mais grave, pois o delito em análise é expressamente subsidiário).

Esclarece o texto legal que o crime pode ainda ser praticado por meio de ações verbais, morais, sexuais, sociais, psicológicas, físicas, materiais ou virtuais. Em complemento a tal parte do tipo penal, o art. 3º da Lei n. 13.185/2015 esclarece que a intimidação sistemática (*bullying*) pode ser praticada de forma:

I – verbal: insultar, xingar e apelidar pejorativamente;

II – moral: difamar, caluniar, disseminar rumores;

III – sexual: assediar, induzir e/ou abusar;

IV – social: ignorar, isolar e excluir;

V – psicológica: perseguir, amedrontar, aterrorizar, intimidar, dominar, manipular, chantagear e infernizar;

VI – física: socar, chutar, bater;

VII – material: furtar, roubar, destruir pertences de outrem;

VIII – virtual: depreciar, enviar mensagens intrusivas da intimidade, enviar ou adulterar fotos e dados pessoais que resultem em sofrimento ou com o intuito de criar meios de constrangimento psicológico e social.

O crime em tela pode ser cometido em qualquer local, inclusive no ambiente familiar, doméstico, de trabalho etc. Muito comum, contudo, sua constatação em ambientes de estudo – escolas, colégios, faculdades, cursos técnicos etc.

O texto legal exige que a conduta ocorra de forma "intencional". Em princípio, essa exigência soa desnecessária, já que o crime é doloso. Parece-nos, entretanto, que o escopo do legislador foi o de exigir intenção específica de intimidação em relação à vítima.

Também é premissa do delito que o fato ocorra "sem motivo evidente", o que significa que o fato será considerado atípico quando houver algum fator justificante no caso concreto.

1.6.1.2.3. Sujeito ativo

O delito em análise pode ser cometido por qualquer pessoa. Como se sabe, o *bullying* é muitas vezes praticado por adolescentes durante o ensino fundamental e médio, o que deverá acarretar a punição como ato infracional, no âmbito da Justiça da Infância e Juventude. Quando cometido por duas ou mais pessoas haverá concurso de pessoas.

1.6.1.2.4. Sujeito passivo

Pode ser qualquer pessoa, embora, na maioria das vezes, sejam menores de idade. Haverá concurso formal se a intimidação for feita concomitantemente contra duas ou mais pessoas.

1.6.1.2.5. Consumação

No momento em que ocorre a repetição nos atos de intimidação, ainda que não seja a mesma forma de execução. É possível, por exemplo, que o primeiro ato consista em ato de discriminação verbal, o segundo em ato de intimidação e o terceiro em ato violento. Parece-nos que a palavra "repetitivo" constante do texto legal exige, ao menos, três condutas.

1.6.1.2.6. Tentativa

Em razão da exigência da repetição de atos, o crime em análise não é compatível com o instituto da tentativa, pois, ou ocorre a mencionada repetição e o crime está consumado, ou não ocorre, e o fato é atípico.

1.6.1.2.7. Pena e ação penal

Incorreu o legislador em grave equívoco técnico ao prever exclusivamente pena de multa para este crime inserido no Código Penal. Com efeito, o art. 1º da Lei de Introdução ao Código Penal (Decreto-lei n. 3.914/41) dispõe que "considera-se crime a infração penal que a lei comina pena de reclusão ou de detenção, quer isoladamente, quer alternativa ou cumulativamente com a pena de multa; contravenção, a infração penal a que a lei comina, isoladamente, pena de prisão simples ou de multa, ou ambas, alternativa ou cumulativamente". Pela leitura, é fácil notar que obrigatoriamente um crime deve ser apenado com reclusão ou detenção, e nunca exclusivamente com pena de multa, hipótese reservada apenas às contravenções penais. O delito em análise, contudo, é apenado exclusivamente com pena de multa, embora esteja descrito como crime no Código Penal.

O delito em análise é expressamente subsidiário, o que tornará bastante rara a sua aplicação na figura simples, que é apenada exclusivamente com pena de multa. Com efeito, por ter pena mais branda do que qualquer outra conduta ilícita do Código Penal, o crime de intimidação sistemática ficará absorvido por crimes como lesões corporais, ameaça, injúria, importunação sexual etc.

A ação penal é pública incondicionada.

1.6.1.2.8. Forma qualificada (*cyberbullying*)

A Lei n. 14.811/2024 inseriu no parágrafo único do art. 146-A do Código Penal uma figura qualificada denominada "intimidação sistemática virtual" ou *cyberbullying*. O delito qualificado consiste em realizar uma das condutas do *caput*, de forma repetitiva, por meio da rede de computadores, de rede social, de aplicativos, de jogos *on-line* ou por qualquer outro meio ou ambiente digital, ou transmitida em tempo real. Em tais hipóteses a pena é consideravelmente maior: reclusão, de 2 a 4 anos, e multa, se a conduta não constituir crime mais grave.

Note-se que a figura qualificada é igualmente subsidiária, ficando absorvida se o fato constituir crime mais grave, nos expressos termos da lei.

1.6.1.3. Ameaça

Art. 147. Ameaçar alguém, por palavra, escrito ou gesto, ou qualquer outro meio simbólico, de causar-lhe mal injusto e grave.

Pena – detenção, de um a seis meses, ou multa.

§ 1º – Se o crime é cometido contra a mulher por razões da condição do sexo feminino, nos termos do § 1º do art. 121-A deste Código, aplica-se a pena em dobro.

§ 2º – Somente se procede mediante representação, exceto na hipótese prevista no § 1º deste artigo.

1.6.1.3.1. Objetividade jurídica

A liberdade das pessoas no que tange à sua tranquilidade e sossego.

1.6.1.3.2. Tipo objetivo

Ameaçar é intimidar a vítima prometendo-lhe causar um mal injusto e grave.

Considera-se grave o mal prometido quando se refere a bem jurídico relevante para a vítima, como a vida, a integridade física, o patrimônio, a dignidade sexual etc. Exemplos: ameaçar a vítima de morte, dizer que irá jogar ácido em seu rosto, falar que vai atear fogo em sua casa etc.

É ainda necessário que o mal prometido seja injusto, vale dizer, contrário ao direito. Se a concretização do mal prometido for permitida pela legislação, o fato será considerado atípico. Assim, não há crime em afirmar que vai despejar o inquilino que não paga os aluguéis, falar que vai protestar o cheque não honrado, anunciar que irá demitir empregado relapso etc. A injustiça da ameaça é o elemento *normativo* do crime.

Embora não conste expressamente do tipo penal, é também necessário para a configuração do delito que a ameaça seja verossímil, isto é, que se refira a mal que possa ser concretizado. Por isso, não há crime quando o agente diz que fará cair um meteoro na casa da vítima ou que fará chover tanto a ponto de provocar inundação no bairro. Em tais casos, ocorre crime impossível por ineficácia absoluta do meio, porque ninguém se sente intimidado por palavras que não têm nenhuma credibilidade. É claro que para verificar a verossimilhança da ameaça deve se levar em conta o homem médio e não pessoas extremamente medrosas e crédulas. Não se pode esquecer, ainda, de que crianças podem ser sujeito passivo de ameaça e, em relação a estas, o critério deve ser relativizado.

Não há crime quando o agente roga uma praga à vítima dizendo, por exemplo, "tomara que você morra logo" ou "se Deus quiser você terá um infarto". É que, nesses casos, o agente não prometeu um mal cuja concretização dependa dele de algum modo.

Para alguns doutrinadores, só existe ameaça se o mal prometido é atual. Para outros, só existe se a promessa for de mal futuro. Entendemos, porém, que a ameaça é possível em ambos os casos. Tanto existe crime em apontar uma arma para alguém que está presente (promessa de mal atual), como lhe mandar um bilhete dizendo "quando eu te encontrar, vou te matar" (promessa de mal futuro). Nos dois casos, a vítima se sente amedrontada. Só não há crime quando o mal é prometido para um futuro longínquo, como, por exemplo, dizer para alguém de 18 anos de idade que, quando ele completar 80 anos, será morto.

De acordo com o texto legal, a ameaça pode ser efetuada por *palavras* (na presença da vítima, por gravação de fita enviada a ela, por telefone), por *escrito* (carta, bilhete, e-mail, mensagem de texto), por *gesto* (apontar uma arma, fazer sinal com a mão como se tivesse apertando o gatilho de uma arma em direção à vítima, passar o dedo no pescoço simulando um degolamento etc.) ou por meio *simbólico* (enviar um pequeno caixão para a vítima, afixar à porta da casa de alguém o emblema ou sinal usado por uma associação de criminosos – exemplos da Exposição de Motivos da Parte Especial do Código Penal, item 51).

Apesar de a lei especificar as quatro formas de execução pelas quais o crime de ameaça pode ser cometido, entendemos tratar-se de crime de ação livre, já que a lei elencou todas as formas possíveis de execução.

A ameaça é *direta* quando se refere a mal a ser provocado na própria vítima. Exemplo: Lucas diz a Antonio que irá matá-lo. É *indireta* quando se refere a mal a ser causado em terceira pessoa. Exemplo: dizer à mãe que irá sequestrar ou matar seu filho. O próprio filho, aliás, pode cometer o delito quando, para intimidar os pais, diz que irá se suicidar.

A ameaça é *explícita* quando o agente não deixa dúvida quanto à sua intenção de intimidar. É o que se dá, por exemplo, quando o agente aponta uma arma para a vítima ou quando diz claramente que pretende matá-la. É *implícita*, por sua vez, quando o agente dá a entender, de forma velada, que está prometendo um mal à vítima. Exemplo: dizer que a última pessoa que o tratou assim "não comeu peru no Natal".

Tema controvertido é a configuração ou não do crime em estudo quando o agente faz uma ameaça condicionada, ou seja, quando o agente condiciona o mal que prometeu à vítima a algum evento. Entendemos que a resposta é positiva, salvo se o agente condiciona o mal a um ato ou omissão imediatos por parte da própria vítima, pois, nesses casos, o crime é o de constrangimento ilegal. Por isso, se uma pessoa armada se dirige à vítima dizendo a ela "se você for embora, eu te mato", e esta, amedrontada, permanece no local, temos constrangimento ilegal. Por sua vez, quando se condiciona o mal a evento futuro e incerto por parte da vítima, há crime de ameaça, como, por exemplo, dizer, "se você se casar de novo, eu te mato". Da mesma forma, há crime de ameaça se a condicionante não diz respeito à vítima. Exemplo: "se meu time perder, eu te mato".

O tipo penal exige que a ameaça seja dirigida a *alguém*, de modo que ela deve ser endereçada a pessoa determinada ou a um grupo determinado de pessoas. Não há crime, portanto, quando o agente, referindo-se genericamente, para se gabar, diz que mata todos os que se colocam contra ele. É claro, todavia, que, se ele disser isso a uma pessoa que acabara de se opor a ele em algum aspecto, fica subentendido que a está ameaçando.

O crime de ameaça é doloso e exige a intenção específica de amedrontar, intimidar. É necessário, ainda, que a ameaça tenha sido proferida em tom de seriedade, porém, não se exige que o agente tenha, em seu íntimo, a intenção de concretizar o mal prometido. É claro que, se as palavras ameaçadoras tiverem sido proferidas nitidamente por brincadeira (*jocandi animu*), o fato será considerado atípico.

O crime de ameaça é subsidiário, ficando absorvido quando a intenção do agente ao prometer o mal injusto e grave for a prática de crime mais grave. Se a intenção é subjugar a vítima para dela obter alguma vantagem econômica, poderão estar caracterizados crimes de roubo (art. 157) ou extorsão (art. 158). Se a finalidade é forçar a vítima a fazer ou não fazer algo, o crime é o de constrangimento ilegal (art. 146). Se a intenção é a de evitar a execução de ato legal por parte de funcionário público, o crime é o de resistência (art. 329). Se a ameaça é proferida para viabilizar abuso sexual contra a vítima, o delito é o de estupro.

Se a intenção do agente por meio da ameaça for a de obter alguma vantagem em ação ou investigação em andamento, o crime será o de coação no curso do processo (art. 344). Quem ameaça uma testemunha para que ela preste depoimento favorável incorre em tal delito. Se, todavia, a ameaça for proferida como vingança por já ter a vítima prestado depoimento desfavorável, o crime será o de ameaça.

Apesar de o art. 28, I, do Código Penal, estabelecer que a emoção não exclui o crime, o entendimento que prevalece é no sentido de que a pessoa que profere ameaça em momento de ira não tem intenção de causar temor à vítima, e sim de fazer uma bravata, razão pela qual não responde pelo delito. A melhor solução, contudo, é deixar a análise para o caso concreto. Se resta demonstrado que o sujeito proferiu as palavras ameaçadoras "da boca pra fora" em razão da alteração de ânimos, o fato é atípico porque não tem o condão de fazer a vítima se sentir atemorizada. Não é raro, por exemplo, em uma discussão entre irmãos ou amigos um deles gritar "eu te mato". Por outro lado, caso a vítima diga que se sentiu atemorizada pelo contexto fático, não há como o juiz se sobrepor a essas declarações e dizer que o fato é atípico, exceto se perceber que a vítima está mentindo. Existe o crime, por exemplo, quando um rapaz, conhecido por sua violência, ameaça de agressão a ex-namorada ao vê-la com outro rapaz.

Em relação à ameaça feita por pessoa embriagada existem também dois entendimentos. Para alguns, constitui crime porque o art. 28, II, do Código Penal, estabelece que a embriaguez não exclui o delito. Outros alegam que a embriaguez é incompatível com o dolo de ameaçar. Em nosso entendimento, é necessário analisar o caso concreto, excluindo-se o ilícito penal apenas se restar constatado que a embriaguez era de tal forma avançada que o agente não tinha consciência do que dizia.

A propósito: "Crime de ameaça no âmbito das relações domésticas. Pleito absolutório. (...) Dada a adoção da teoria da *actio libera in causa* pelo Código Penal, somente a embriaguez completa, decorrente de caso fortuito ou força maior que reduza ou anule a capacidade de discernimento do agente quanto ao caráter ilícito de sua conduta, é causa de redução ou exclusão da responsabilidade penal nos termos dos §§ 1º e 2º do art. 28 do Diploma Repressor" (STJ, AgRg no AREsp 1247201/DF, Rel. Min. Jorge Mussi, 5ª Turma, julgado em 17-5-2018, *DJe* 1º-6-2018).

1.6.1.3.3. Sujeito ativo

Pode ser qualquer pessoa. Trata-se de crime comum.

1.6.1.3.4. Sujeito passivo

Pode ser qualquer pessoa, desde que possa compreender o significado da ameaça, pois, caso contrário, não se sentirá intimidada. Por isso, ameaçar de morte um recém-

-nascido constitui crime impossível por absoluta impropriedade do objeto. É evidente, no entanto, que dizer à mãe que irá matar o bebê constitui crime.

1.6.1.3.5. Consumação

No momento em que a vítima toma conhecimento do teor da ameaça, independentemente de sofrer efetiva intimidação. Trata-se de crime *formal*, bastando que o agente queira intimidar e que a ameaça proferida tenha potencial para tanto.

1.6.1.3.6. Tentativa

É possível quando a ameaça é feita por carta ou pela remessa de fita com gravação ameaçadora pelo correio que não chegam ao destinatário, ou pelo envio de mensagem de texto que não chega à pessoa pretendida por erro no endereçamento do número telefônico.

Nélson Hungria[109] destaca que não há tentativa no caso de carta extraviada, por considerar que o envio de carta é mero ato preparatório. A nosso ver, todavia, o envio da carta é ato executório, pois, na realidade, após a remessa, não há mais nenhuma ação a ser praticada pelo autor da ameaça. Os atos seguintes dependem dos funcionários do correio (a entrega) e da vítima (abrir e ler o conteúdo).

Damásio de Jesus[110], por sua vez, ressalta que a tentativa "é admissível quando se trata de ameaça realizada por meio escrito. Na prática, porém, é de difícil ocorrência. Trata-se de crime cuja ação penal somente se procede mediante representação. Ora, se o sujeito exerce o direito de representação é porque tomou conhecimento do mal prenunciado. Se isso ocorreu, o crime é consumado e não tentado". É preciso, contudo, lembrar que, quando a vítima é menor de idade, os titulares do direito de representação são, em regra, os pais. Suponha-se, então, que o pai, que tem o mesmo nome de seu filho, abra por engano a carta e, ao tomar conhecimento do conteúdo, apresente o caso à polícia, oferecendo representação contra o agente, sem dar conhecimento do ocorrido ao filho para que este não se amedronte. Em tal caso, há tentativa, e o crime será apurado. Igualmente se uma mensagem de texto é enviada ao telefone celular de um menor e o pai, que havia pedido o aparelho emprestado, vê a mensagem e a leva à polícia, não comunicando o caso ao menor. Note-se, que, nesses exemplos, a ameaça chegou ao destino, mas não ao destinatário, sendo diferente da carta extraviada. Nesses casos, existiu objetivamente uma tentativa que será apurada, mas na hipótese da carta que retorna ao remetente ou fica perdida em uma agência do correio, não haverá mesmo apuração do crime e a punição do seu autor pela tentativa.

1.6.1.3.7. Classificação doutrinária

Trata-se de crime simples quanto à objetividade jurídica; comum e de concurso eventual em relação ao sujeito ativo; comissivo e de ação livre no que pertine aos meios de execução; formal e instantâneo quanto ao momento consumativo; e doloso em relação ao elemento subjetivo.

---

[109] Nélson Hungria. *Comentários ao Código Penal*, v. VI, p. 188.
[110] Damásio de Jesus. *Código Penal anotado*, p. 496.

1.6.1.3.8. Ação penal

É pública condicionada à representação nos termos do art. 147, § 2º, do Código Penal, exceto se cometido contra mulher por razões da condição do sexo feminino.

Tendo em vista que a pena máxima é de 6 meses, insere-se na competência do Juizado Especial Criminal.

A Lei n. 14.994, de 9 de outubro de 2024, criou o § 1º do art. 147, determinando que a pena seja aplicada em dobro se o crime for cometido contra mulher por razões da condição do sexo feminino, ou seja, mediante violência doméstica e familiar (contra mãe, esposa, filha etc.) ou com menosprezo ou discriminação à condição de mulher. Como se trata de regra nova mais gravosa não pode retroagir. Assim, para fatos anteriores à nova Lei, a pena máxima a ser aplicada é de 6 meses, e aos fatos posteriores, de 1 ano.

Caso se trate de ameaça feita, por exemplo, pelo marido contra a esposa, pelo companheiro contra a companheira ou outras similares, mostram-se aplicáveis os institutos da Lei n. 11.340/2006, conhecida como Lei Maria da Penha, que, em seu art. 41, veda a incidência de quaisquer dos dispositivos da Lei n. 9.099/95. Assim, embora o crime de ameaça seja infração de menor potencial ofensivo não podem ser aplicados os benefícios da transação penal e da suspensão condicional do processo, dentre outros previstos na Lei n. 9.099/95, devendo o julgamento ser feito na vara especializada de violência contra mulher e não no Juizado Especial Criminal comum. Em caso de condenação, o juiz não poderá substituir a pena privativa de liberdade por entrega de cestas básicas ou outras de prestação pecuniária, bem como substituí-la por pena exclusiva de multa (art. 17 da Lei n. 11.340/2006). Esta parte final, entretanto, não se aplica ao crime de ameaça em que a incidência isolada de multa é prevista no próprio tipo penal (detenção de um a seis meses, ou multa), pois o que a Lei Maria da Penha veda é a *substituição* da pena privativa de liberdade por pena exclusiva de multa.

A ação penal que, em regra, é condicionada à representação, será incondicionada se o delito for cometido contra mulher por razão da condição do sexo feminino. Tal regra foi inserida no art. 147, § 2º, do CP, pela Lei n. 14.994/2024.

1.6.1.4. Perseguição

> *Art. 147-A. Perseguir alguém, reiteradamente e por qualquer meio, ameaçando-lhe a integridade física ou psicológica, restringindo-lhe a capacidade de locomoção ou, de qualquer forma, invadindo ou perturbando sua esfera de liberdade ou privacidade.*
>
> *Pena – reclusão, de seis meses a dois anos, e multa.*

A presente infração penal foi introduzida no Código Penal pela Lei n. 14.132/2021, tendo entrado em vigor no dia 1º de abril do mesmo ano.

O *nomem juris* do delito é perseguição, mas o crime é muito referido também por sua denominação no idioma inglês: *stalking*.

1.6.1.4.1. Objetividade jurídica

A liberdade individual e a tranquilidade psicológica da vítima.

1.6.1.4.2. Tipo objetivo

A conduta típica consiste em "perseguir" alguém. Chama a atenção no tipo penal a elementar "reiteradamente", que só permite a tipificação do delito em caso de reiteração de condutas, tornando a infração penal um crime habitual, que, portanto, só se configura pela insistência por parte do sujeito ativo em perseguir a vítima.

Trata-se, ainda, de crime de ação livre, já que o tipo penal menciona que o ato de perseguição pode se dar por qualquer meio, presencial ou virtual, portanto. A conduta ilícita pode consistir em seguir fisicamente a vítima, em remeter mensagens pelo telefone celular, em redes sociais ou por correio eletrônico, em aparecer insistentemente no local de trabalho da vítima etc. Apesar de ser crime de ação livre, são necessários atos positivos de perseguição, de modo que o delito não pode ser praticado de forma omissiva.

É ainda necessário ressaltar que, de acordo com o texto legal, só estará configurado o delito se o ato de perseguição configurar:

a) ameaça à integridade física ou psicológica da vítima;

b) restrição à capacidade de locomoção do sujeito passivo;

c) invasão ou perturbação da esfera de liberdade ou privacidade da vítima.

Sem que haja uma dessas hipóteses, o fato será considerado atípico, mesmo porque a Lei n. 14.132/2021 expressamente revogou a contravenção penal de perturbação da tranquilidade (art. 65 da LCP), que era mais abrangente, mas tinha pena consideravelmente menor.

1.6.1.4.3. Sujeito ativo

Trata-se de crime comum, que pode ser cometido por qualquer pessoa – homem ou mulher. O delito pode ser cometido por uma só pessoa ou por duas ou mais em concurso (crime unissubjetivo ou de concurso eventual). Caso a infração seja praticada por duas ou mais pessoas, a pena será aumentada em metade, nos termos do § 1º, III, do art. 147-A.

1.6.1.4.4. Sujeito passivo

Qualquer pessoa, contudo, a pena será incrementada em metade se a vítima for menor de 18 anos ou maior de 60 (§1º, I) ou se o delito for perpetrado contra mulher em razão da condição do sexo feminino (§1º, II).

1.6.1.4.5. Consumação

Trata-se de crime habitual. Assim, uma conduta isolada não é suficiente para sua configuração. Tampouco configura a contravenção de perturbação da tranquilidade que, conforme mencionado, foi expressamente revogada. Além da reiteração de condutas, a consumação somente ocorrerá quando houver o agrupamento com uma das hipóteses exigidas pelo tipo penal: a) ameaça à integridade física ou psicológica da vítima; b) restrição à capacidade de locomoção do sujeito passivo; c) invasão ou perturbação da esfera de liberdade ou privacidade da vítima.

1.6.1.4.6. Tentativa

Não é possível por se tratar de crime habitual.

1.6.1.4.7. Causas de aumento de pena

O § 1º do art. 147-A prevê que a pena será aumentada em metade nas seguintes hipóteses:

I – se o crime for cometido contra criança, adolescente ou idoso. A majorante deve ser aplicada, portanto, se a vítima do crime de perseguição for menor de 18 anos ou se tiver 60 anos ou mais;

II – se o crime for cometido contra mulher por razões da condição de sexo feminino, nos termos do § 2º-A do art. 121 deste Código. De acordo com este último dispositivo, considera-se que há razões de condição de sexo feminino quando o crime envolve violência doméstica e familiar ou menosprezo ou discriminação à condição de mulher;

III – se o crime for cometido mediante concurso de duas ou mais pessoas ou com o emprego de arma. Em relação à primeira parte, saliente-se que, como o texto legal não faz distinção, a majorante aplica-se tanto para casos de coautoria quanto de participação. Em relação ao emprego de arma, como, igualmente o texto legal não faz diferenciação, a majorante configura-se quer se trate de emprego de arma própria (arma de fogo, punhal, soco inglês etc.), quer de arma imprópria (faca de cozinha, navalha, tesoura etc.).

1.6.1.4.8. Ação penal e pena

Pública condicionada à representação, nos termos do § 3º do art. 147-A.

Na modalidade simples, que tem pena máxima de dois anos, a competência é do Juizado Especial Criminal. Nas hipóteses em que a pena é majorada em metade, a pena máxima supera o limite de dois anos previsto na Lei n. 9.099/95, de modo que a competência passa ao juízo comum. Se o delito envolver violência doméstica ou familiar contra a mulher, a competência é do respectivo juízo especial, sendo vedados o acordo de não persecução penal, a transação penal e a suspensão condicional do processo.

O § 2º do art. 147-A dispõe que as penas previstas para o crime de perseguição são aplicáveis sem prejuízo das correspondentes à violência. Assim, se o agente provocar lesões corporais na vítima, ainda que de natureza leve, as penas deverão ser somadas. Se o agente matar a vítima no ato final da perseguição reiterada, responderá por crimes de perseguição e homicídio, com as penas igualmente somadas.

1.6.1.5. Violência psicológica contra a mulher

> *Art. 147-B. Causar dano emocional à mulher que a prejudique e perturbe seu pleno desenvolvimento ou que vise a degradar ou a controlar suas ações, comportamentos, crenças e decisões, mediante ameaça, constrangimento, humilhação, manipulação, isolamento, chantagem, ridicularização, limitação do direito de ir e vir ou qualquer outro meio que cause prejuízo à sua saúde psicológica e autodeterminação.*
>
> *Pena – reclusão, de seis meses a dois anos, e multa, se a conduta não constitui crime mais grave.*

1.6.1.5.1. Objetividade jurídica

A preservação da saúde mental das mulheres.

A presente infração penal foi introduzida no Código Penal pela Lei n. 14.188, de 28 de julho de 2021.

1.6.1.5.2. Tipo objetivo

O delito consiste em:

a) Causar dano emocional à mulher que a prejudique e perturbe seu pleno desenvolvimento. O texto legal exige, pois, duplo resultado: o dano emocional e o prejuízo ou perturbação do pleno desenvolvimento da vítima.

b) Causar dano emocional à mulher que vise a degradar ou a controlar suas ações, comportamentos, crenças e decisões. Nessa modalidade basta a provocação do dano emocional à mulher, desde que presente a específica intenção de degradar ou a controlar suas ações, comportamentos, crenças e decisões.

O texto legal abarca nove formas pelas quais o agente pode provocar dano emocional ao sujeito passivo. Com efeito, o crime pode ser cometido mediante o emprego de:

a) ameaça: promessa de mal injusto e grave. Distingue-se do crime de ameaça do art. 147, *caput*, em razão do resultado mais gravoso provocado, tendo, portanto, pena maior;

b) constrangimento: embaraço;

c) humilhação: rebaixamento moral, diminuição do valor da vítima;

d) manipulação: interferência na vontade da vítima, obrigando-a a fazer ou não fazer o que pretendia;

e) isolamento: afastar a vítima de seus amigos e parentes, causar isolamento social;

f) chantagem: buscar ação ou omissão da vítima mediante promessa de atitudes; indevidas contra esta;

g) ridicularização: chacota, zombaria;

h) limitação do direito de ir e vir: impedir a livre locomoção da mulher. Se houver privação da liberdade por tempo juridicamente relevante, configura-se o crime de sequestro do art. 148, que tem pena maior;

i) qualquer outro meio que cause prejuízo à sua saúde psicológica e autodeterminação: fórmula genérica.

Trata-se de tipo misto alternativo, em que a realização de mais de uma dessas condutas em relação à mesma vítima constitui crime único.

1.6.1.5.3. Elemento subjetivo

O dolo de realizar uma das condutas típicas, ainda que o agente não tenha a específica intenção de provocar o dano emocional.

1.6.1.5.4. Sujeito ativo

Qualquer pessoa. Homem ou mulher.

1.6.1.5.5. Sujeito passivo

A mulher que teve sua saúde mental afetada.

O texto legal não exige qualquer vínculo específico entre a vítima e o autor do crime.

A mulher trans pode ser vítima do delito.

1.6.1.5.6. Consumação

Com a provocação do dano emocional, desde que presentes os demais requisitos do tipo penal. Trata-se de crime material. Deve haver efetiva comprovação de dano emocional considerável no caso concreto. Necessária, por óbvio, a existência de nexo causal entre a conduta e o resultado.

1.6.1.5.7. Tentativa

Possível, em tese.

1.6.1.5.8. Pena e ação penal

A pena é de reclusão, de seis meses a dois anos, e multa. Trata-se de infração de menor potencial ofensivo. Se o delito envolver violência doméstica ou familiar não serão cabíveis os benefícios da Lei n. 9.099/95 e tampouco o acordo de não persecução penal.

O preceito secundário do tipo penal deixa clara a sua subsidiariedade, ou seja, a punição por esse delito só é possível se o fato não constitui crime mais grave.

A ação penal é pública incondicionada.

1.6.1.6. Sequestro ou cárcere privado

> Art. 148. Privar alguém de sua liberdade, mediante sequestro ou cárcere privado:
>
> Pena – reclusão, de um a três anos.

1.6.1.6.1. Objetividade jurídica

A liberdade de locomoção, a possibilidade de ir e vir.

1.6.1.6.2. Tipo objetivo

Sequestrar é privar alguém de sua liberdade. Essa privação pode se dar por qualquer meio, como, por exemplo, pelo emprego de violência contra pessoa, grave ameaça, ministração sorrateira de sonífero ou droga etc. O crime pode ser cometido mediante deslocamento físico da vítima (detenção), que é levada de um local para outro, ou mediante retenção no próprio local onde já se encontra (trancar a esposa em casa, por exemplo).

A diferença entre sequestro e cárcere privado é que no primeiro a vítima é deixada em lugar razoavelmente aberto com possibilidade considerável de movimentação, porém, sem poder deixar aquele local. Exemplo: em um sítio. No segundo, a vítima é privada da liberdade em local fechado (trancada em um porão ou no porta-malas de um carro). No primeiro caso, há enclausuramento e, no último, confinamento.

O crime pode ainda ser cometido por omissão, como no caso de um médico que, ciente da cura do paciente, dolosamente não lhe dá alta porque pretende continuar cobrando dos familiares pela internação.

Como a liberdade é bem disponível, o consentimento exclui o delito, desde que prestado por pessoa capaz. Evidente, portanto, a existência de crime se o consentimento for prestado, por exemplo, por criança de 5 anos de idade, sem a anuência dos pais.

O elemento subjetivo é o dolo. A configuração da infração penal independe do motivo pelo qual o agente priva a vítima de sua liberdade, aspecto, todavia, que poderá ser levado em conta na fixação da pena. Se a intenção do agente, por exemplo, for a prática de atos sexuais com a vítima, estará presente a qualificadora do art. 148, § 1º, V, do Código Penal. Se o delito for cometido por outro motivo torpe, será aplicada a agravante genérica do art. 61, II, *a*, do Código Penal. Exemplo: sequestrar o noivo no dia do casamento a fim de humilhar a noiva (que o ficará esperando em vão no altar).

A finalidade do agente, somada à privação da liberdade, poderá fazer, entretanto, com que reste caracterizado crime mais grave, hipótese em que o crime de sequestro ficará absorvido. Se a intenção do agente ao capturar a vítima for exigir o pagamento de resgate por parte dos familiares, o crime será o de extorsão mediante sequestro (art. 159). Se o sequestro for realizado com o fim de praticar crime de tortura, teremos crime de tortura majorado (art. 1º, § 4º, III, da Lei n. 9.455/97).

Quando alguém mantém a vítima privada de sua liberdade por período considerável a fim de subtrair seus pertences ou de terceiro, responde por crime de roubo em concurso material com o de sequestro (ver comentários ao art. 157, § 2º, V, do CP).

1.6.1.6.3. Sujeito ativo

Pode ser qualquer pessoa. Trata-se de crime comum.

1.6.1.6.4. Sujeito passivo

Qualquer pessoa, inclusive as impossibilitadas de se locomover e os doentes graves, bem como as crianças e os enfermos mentais. O fato de a vítima ser portadora de deficiência que a impeça de caminhar não significa que podem levá-la arbitrariamente a outros locais contra sua vontade.

1.6.1.6.5. Consumação

Quando ocorrer privação da liberdade por tempo juridicamente relevante. Manter alguém em seu poder por um ou dois minutos não constitui crime, exceto se o agente tinha intenção de permanecer mais tempo com ele, mas foi impedido, ou se a vítima fugiu, hipóteses em que haverá tentativa de sequestro.

O sequestro é crime *permanente* cuja consumação se prolonga no tempo, pois a liberdade da vítima é continuamente afetada enquanto ela não for solta. Por isso, enquanto a vítima permanecer em poder do agente será possível a prisão em flagrante (art. 303 do Código de Processo Penal). De acordo com o art. 111, III, do Código Penal, a prescrição só começa a correr a partir da data em que cessa a permanência.

Se, durante o período em que a vítima estiver sequestrada, surgir nova lei que torne o crime mais grave (aumento de pena ou figura qualificada), ela incidirá sobre o delito. É o que diz a Súmula 711 do STF: "a lei penal mais grave aplica-se ao crime continuado ou ao crime permanente, se a sua vigência é anterior à cessação da continuidade ou da permanência".

1.6.1.6.6. Tentativa

É possível, quando o agente inicia o ato de execução, mas não consegue manter a vítima privada de sua liberdade por tempo juridicamente relevante. Exemplo: uma pessoa tranca a vítima no porão de sua casa, mas esta imediatamente consegue quebrar uma janela e fugir.

1.6.1.6.7. Classificação doutrinária

Trata-se de crime simples quanto à objetividade jurídica; comum e de concurso eventual em relação ao sujeito ativo; comissivo ou omissivo e de ação livre no que pertine aos meios de execução; material e permanente quanto ao momento consumativo; e doloso em relação ao elemento subjetivo.

1.6.1.6.8. Figuras qualificadas

> *Art. 148, § 1º – A pena é de reclusão, de dois a cinco anos:*
>
> *I – se a vítima é ascendente, descendente, cônjuge ou companheiro do agente ou maior de 60 anos;*
>
> *II – se o crime é praticado mediante internação da vítima em casa de saúde ou hospital;*
>
> *III – se a privação da liberdade dura mais de 15 dias;*
>
> *IV – se o crime é praticado contra menor de 18 anos;*
>
> *V – se o crime é praticado para fins libidinosos.*

Quanto à primeira parte do inciso I, o rol de qualificadoras é taxativo, não admitindo analogia ou interpretação extensiva, de modo que não há aumento se a vítima for padrasto ou madrasta, genro, irmão, tio ou sobrinho etc. O crime só será qualificado, de acordo com o dispositivo, se o crime for cometido contra cônjuge ou companheiro, ascendente ou descendente. Caso se trate de violência doméstica contra mulher, poderão ser aplicadas as medidas de proteção da Lei n. 11.340/2006 (Lei Maria da Penha).

Em relação à pessoa maior de 60 anos (parte final do inciso I), inserida no Código Penal pelo Estatuto da Pessoa Idosa, é importante lembrar que, se a vítima foi capturada quando possuía menos de 60 anos, mas permaneceu privada de sua liberdade até superar tal idade, a qualificadora se aplica porque o sequestro é crime permanente.

No que tange ao inciso II – crime praticado mediante internação em casa de saúde ou hospital –, a infração pode ser cometida por meio de fraude para enganar os profissionais da área médica, por exemplo, pela apresentação de exames falsos, ou mediante a anuência destes, hipótese em que serão coautores do crime.

Na hipótese do inciso III, é preciso que a vítima fique sem liberdade por pelo menos 16 dias (mais de 15 dias). Trata-se de prazo penal, que se conta na forma do art. 10 do Código Penal, incluindo-se o dia da captura.

Na hipótese do inciso IV (inserida no Código pela Lei n. 11.106/2005), basta que a vítima tenha menos de 18 anos. A Lei n. 14.811/2024 inseriu esta figura qualificada do delito no rol dos crimes hediondos.

A qualificadora do inciso V foi também inserida no Código Penal pela Lei n. 11.106/2005, que, concomitantemente, revogou o crime de rapto violento previsto no art. 219. A qualificadora ocorre quando a privação da liberdade é para fim libidinoso. Trata-se de crime formal quanto a este aspecto, pois se consuma no momento da captura da vítima, ainda que o agente não consiga realizar com ela nenhum dos atos libidinosos que pretendia. Caso, todavia, consiga realizar tais atos com emprego de violência ou grave ameaça, responderá por crime de estupro, em concurso material com o de sequestro.

O crime de sequestro qualificado pela finalidade libidinosa pode ser cometido contra qualquer pessoa (homem ou mulher), inclusive contra prostitutas ou garotos de programa. O delito de rapto violento (atualmente revogado) só se configurava quando a privação da liberdade para fim libidinoso fosse de mulher honesta. A finalidade libidinosa era elementar de tal crime, enquanto no delito de sequestro constitui qualificadora.

1.6.1.6.9. Figuras qualificadas pelos maus-tratos

Art. 148, § 2º – Se resulta à vítima, em razão de maus-tratos ou da natureza da detenção, grave sofrimento físico ou moral.

Pena – reclusão, de dois a oito anos.

A presente qualificadora aplica-se quando a vítima é mantida em local muito gelado ou muito quente; na presença de ratos ou insetos; quando é exposta à falta de alimentação ou mantida por muito tempo sem luz solar etc. Também é aplicável se a vítima for espancada pelos sequestradores, exceto se sofrer lesão grave ou morrer, hipóteses em que se aplicarão as penas dos crimes autônomos de lesões corporais graves ou homicídio, em concurso material com sequestro simples ou com alguma das formas qualificadas do § 1º.

Se, no caso concreto, estiver presente alguma das qualificadoras do § 1º e também do § 2º, aplica-se a pena desta última figura, que é maior. Como se trata de um só crime, não podem ser aplicadas ambas as penas. Em tal situação, as qualificadoras do § 1º deverão ser consideradas como circunstâncias judiciais na fixação da pena-base (art. 59 do Código Penal).

1.6.1.6.10. Ação penal

Pública incondicionada.

Se o crime envolver violência doméstica contra a mulher, a competência será da respectiva vara especializada.

1.6.1.7. Redução a condição análoga à de escravo

Art. 149. Reduzir alguém a condição análoga à de escravo, quer submetendo-o a trabalhos forçados ou a jornada exaustiva, quer sujeitando-o a condições degradantes de trabalho, quer restringindo, por qualquer meio, sua locomoção em razão da dívida contraída com o empregador ou preposto:

Pena – reclusão, de dois a oito anos, e multa, além da pena correspondente à violência.

§ 1º Nas mesmas penas incorre quem:

I – *cerceia o uso de qualquer meio de transporte por parte do trabalhador, com o fim de retê-lo no local de trabalho;*

II – *mantém vigilância ostensiva no local de trabalho ou se apodera de documentos ou objetos pessoais do trabalhador, com o fim de retê-lo no local de trabalho.*

§ 2º *A pena é aumentada de metade, se o crime é cometido:*

I – *contra criança ou adolescente;*

II – *por motivo de preconceito de raça, cor, etnia, religião ou origem.*

1.6.1.7.1. Objetividade jurídica

A liberdade individual em todas as suas manifestações.

Essa modalidade de infração penal é também conhecida como crime de *plágio*, em que uma pessoa fica totalmente sujeita, submissa a outra.

1.6.1.7.2. Tipo objetivo

Apesar do nome dado pelo legislador a essa infração penal, não é necessário, na realidade, que haja escravidão como havia antes de sua abolição no país em 13 de maio de 1888. Para a tipificação do ilícito penal, basta que a conduta do agente se enquadre em uma das figuras expressamente elencadas no tipo penal. O dispositivo em análise, aliás, teve sua redação alterada pela Lei n. 10.803/2003, exatamente para especificar as hipóteses de sua configuração, pois, pela redação originária, cuidava-se de crime de ação livre, porque o texto legal não definia exatamente quais condutas deveriam ser consideradas criminosas, o que dificultava o enquadramento. Atualmente, o crime é de ação *vinculada*, permitindo o texto legal a sua tipificação nas seguintes hipóteses: a) submissão da vítima a trabalhos forçados ou jornada exaustiva; b) sujeição a condições degradantes de trabalho; c) restrição, por qualquer meio, da liberdade de locomoção em razão de dívida contraída para com o empregador ou preposto deste; d) cerceamento do uso de meios de transporte, com intuito de reter a vítima no local de trabalho; e e) manutenção de vigilância ostensiva no local de trabalho ou apoderamento de documentos ou objetos pessoais do trabalhador, com o fim de retê-lo.

A enumeração legal é taxativa, não admitindo o uso de analogia para extensão a outras hipóteses.

Considerando que o tipo penal é *misto alternativo* a realização de uma dessas condutas já é suficiente para caracterizar o delito; porém, a realização de mais de uma delas, em relação à mesma vítima, constitui crime único, devendo tal aspecto ser levado em conta pelo juiz na fixação da pena-base (art. 59 do CP).

O elemento subjetivo é o dolo (direto ou eventual). O tipo penal não exige intenção específica por parte do agente, senão aquela implícita que é de se aproveitar da mão de obra da vítima.

A propósito da configuração do crime em estudo é extremamente esclarecedor o seguinte julgado do Plenário do Supremo Tribunal Federal: "Para configuração do crime do art. 149 do Código Penal, não é necessário que se prove a coação física da liberdade de ir e vir ou mesmo o cerceamento da liberdade de locomoção, bastando a submissão da vítima 'a trabalhos forçados ou a jornada exaustiva' ou 'a condições degradantes de trabalho'", condutas alternativas previstas no tipo penal. A "escravidão moderna" é mais sutil do que a do século XIX e o cerceamento da liberdade pode decorrer de diversos constrangimentos econômicos e não necessariamente físicos. Priva-se alguém de sua liberdade e de sua dignidade tratando-o como coisa e não como pessoa humana, o que pode ser feito não só mediante coação, mas também pela violação intensa e persistente de seus direitos básicos, inclusive do direito ao trabalho digno. A violação do direito ao trabalho digno impacta a capacidade da vítima de realizar escolhas segundo a sua livre determinação. Isso também significa "reduzir alguém a condição análoga à de escravo". Não é qualquer violação dos direitos trabalhistas que configura trabalho escravo. Se a violação aos direitos do trabalho é intensa e persistente, se atinge níveis gritantes e se os trabalhadores são submetidos a trabalhos forçados, jornadas exaustivas ou a condições degradantes de trabalho, é possível, em tese, o enquadramento no crime do art. 149 do Código Penal, pois os trabalhadores estão recebendo o tratamento análogo ao de escravos, sendo privados de sua liberdade e de sua dignidade. Denúncia recebida pela presença dos requisitos legais" (Inq 3.412, Rel. Min. Marco Aurélio, Rel. p/ Acórdão: Min. Rosa Weber, Tribunal Pleno, julgado em 29-3-2012, acórdão eletrônico *DJe*-222, divulg. 9-11-2012, public. 12-11-2012, *RTJ* 224-01, p. 284).

1.6.1.7.3. Sujeito ativo

Pode ser qualquer pessoa. Trata-se de crime comum.

1.6.1.7.4. Sujeito passivo

Também pode ser qualquer pessoa. Eventual anuência da vítima é irrelevante, já que não se admite que alguém concorde em viver em regime similar ao de escravidão.

1.6.1.7.5. Consumação

Como o Código Penal exige que a vítima seja reduzida a condição análoga à de escravo, é evidente que a situação fática deve perdurar por período considerável, de modo a ser possível a constatação, de acordo com as circunstâncias do caso concreto, de que houve efetiva submissão da vítima ao agente. Assim, a sujeição da vítima a trabalhos forçados, de forma eventual, pode caracterizar apenas crime de maus-tratos (art. 136), ou constrangimento ilegal (art. 146). Em se tratando de delito que atinge a liberdade da vítima, pode ser classificado como *permanente*, já que sua consumação se prolonga no tempo – enquanto a vítima estiver submetida ao agente. Por isso, a prisão em flagrante é possível enquanto não cessada a prática do delito (art. 303 do CPP).

1.6.1.7.6. Tentativa

É possível.

1.6.1.7.7. Causas de aumento de pena

De acordo com o art. 149, § 2º, I, do Código Penal, se a vítima for criança ou adolescente, aplica-se um aumento de metade da pena.

Além disso, de acordo com o que dispõe o § 2º, II, a pena será também aumentada em metade, se o crime tiver sido cometido por motivo de preconceito de raça, cor, etnia, religião ou origem. Assim, se ficar provado que o sujeito cometeu o crime porque a vítima é negra, indígena, oriental, boliviana, nordestina, católica, judia, árabe, hindu etc., sua pena será maior.

1.6.1.7.8. Concurso

Se a vítima sofrer qualquer espécie de lesão, ainda que leve, em razão dos trabalhos forçados ou da jornada exaustiva, ou em decorrência de alguma forma de violência utilizada para tanto ou para evitar que ela deixe o local, as penas serão cumuladas, já que isso se encontra expresso no preceito secundário da norma penal, que estabelece pena de reclusão, de dois a oito anos, e multa, *além da pena correspondente à violência*.

1.6.1.7.9. Classificação doutrinária

Trata-se de crime simples quanto à objetividade jurídica; comum e de concurso eventual em relação ao sujeito ativo; comissivo e de ação vinculada no que pertine aos meios de execução; material e permanente quanto ao momento consumativo; e doloso em relação ao elemento subjetivo.

1.6.1.7.10. Ação penal

É pública incondicionada. O Plenário do Supremo Tribunal Federal decidiu que a competência para apurar este crime é da Justiça Federal (RE 398.041, Rel. Min. Joaquim Barbosa, Tribunal Pleno, julgado em 30-11-2006, *DJe*-241, divulg. 18-12-2008, public. 19-12-2008, *Ement* vol-02346-09, p.02007, *RTJ* vol-00209-02, p. 00869).

1.6.1.8. Tráfico de pessoas

> Art. 149-A. Agenciar, aliciar, recrutar, transportar, transferir, comprar, alojar ou acolher pessoa, mediante grave ameaça, violência, coação, fraude ou abuso, com a finalidade de:
>
> I – remover-lhe órgãos, tecidos ou partes do corpo;
>
> II – submetê-la a trabalho em condições análogas à de escravo;
>
> III – submetê-la a qualquer tipo de servidão;
>
> IV – adoção ilegal; ou
>
> V – exploração sexual.
>
> Pena – reclusão, de quatro a oito anos, e multa.

1.6.1.8.1. Introdução

A presente infração penal foi introduzida no Código pela Lei n. 13.344/2016, que foi aprovada a fim de dar efetividade ao Decreto n. 5.017/2004, pelo qual o Brasil aderiu ao Protocolo Adicional à Convenção das Nações Unidas contra o Crime Organizado Transnacional Relativo à Prevenção, Repressão e Punição do Tráfico de Pessoas, em Especial Mulheres e Crianças.

1.6.1.8.2. Tipo objetivo

O tipo penal do crime de tráfico de pessoas descreve oito condutas típicas (agenciar, aliciar, recrutar, transportar, transferir, comprar, alojar ou acolher), o objeto material sobre o qual recai uma dessas condutas (pessoa), cinco meios executórios (grave ameaça, violência, coação, fraude ou abuso) e, por fim, cinco elementos subjetivos (finalidade de remover órgãos, tecidos ou partes do corpo da vítima; submetê-la a trabalho em condições análogas à de escravo ou a qualquer tipo de servidão; submetê-la à adoção ilegal ou à exploração sexual).

A realização de qualquer das condutas típicas só configurará infração penal se realizada mediante violência física, grave ameaça, coação, fraude ou abuso. Há abuso econômico, por exemplo, quando alguém oferece considerável quantia de dinheiro para pessoa extremamente necessitada a fim de que faça doação de um rim. Existe abuso da autoridade decorrente do poder familiar, por exemplo, quando os pais vendem um recém-nascido para adoção ilegal ou para a remoção de órgãos etc. Há coação, por exemplo, quando os pais se valem do temor reverencial da filha para obrigá-la a se prostituir no exterior dizendo que necessitam do dinheiro.

Caso não tenha havido qualquer dos meios de execução acima mencionados, o consentimento da vítima exclui a infração penal, desde que o consentimento seja válido, ou seja, desde que a vítima seja capaz e que o consentimento não tenha sido obtido mediante paga (há regra expressa no art. 3º, *b*, do Decreto n. 5.017/2004 no sentido de que o consentimento obtido mediante paga não tem valor). Quando uma moça é enganada e aceita um convite para trabalhar como garçonete na Europa sem saber que, em verdade, terá que trabalhar como prostituta, configura-se o delito. No entanto, se a moça (maior de idade) concorda em ir para lá trabalhar como prostituta não se tipifica a infração penal, exceto se tiver sido remunerada especificamente para ser traficada.

Tal como mencionado, a configuração do delito pressupõe que o agente queira realizar tráfico de órgãos da vítima (remoção de órgãos, tecidos ou partes do corpo), submetê-la a trabalho análogo ao de escravo ou a qualquer tipo de servidão, colocá-la ilegalmente em família substituta mediante adoção ou submetê-la à exploração sexual. Se a finalidade for outra qualquer, não estará tipificada a infração penal.

A hipótese mais comum de configuração é justamente aquela em que é visada a exploração sexual da vítima, ou seja, a obtenção de lucro mediante a exploração de sua sexualidade. Antes da aprovação da Lei n. 13.344/2016, o tráfico nacional ou internacional de pessoa para fim de exploração sexual era previsto como crime nos arts. 231 e 231-A do Código Penal, dispositivos que, entretanto, foram expressamente revogados por referida Lei. O tema passou a ser previsto no art. 149-A, porém, com algumas diferenças, como a necessidade de empregar violência, grave ameaça, fraude etc. – que não eram elementares daquelas infrações penais e sim qualificadoras.

1.6.1.8.3. Consumação

No momento em que realizada a conduta típica, ainda que o agente não obtenha o resultado almejado. Trata-se de crime formal. Se, após a consumação do tráfico de pessoas, o agente efetivamente remove órgãos da vítima ou a submete a trabalho escravo, por exemplo, responde pelas condutas em concurso material.

1.6.1.8.4. Tentativa

É possível, quando o agente emprega a violência, a grave ameaça, a fraude (etc.), mas não consegue concretizar a conduta típica, ou seja, não consegue, por exemplo, aliciar, transportar, transferir, comprar a vítima.

1.6.1.8.5. Sujeito ativo

Pode ser qualquer pessoa. Cuida-se de crime comum.

1.6.1.8.6. Sujeito passivo

Qualquer pessoa. A pena, todavia, será aumentada, caso a vítima seja menor de idade, pessoa idosa ou portadora de deficiência (§ 1º, II).

A vítima pode ser homem ou mulher. Existe crime, por exemplo, no tráfico que visa à exploração sexual de prostituta, garoto de programa ou travesti.

Se o agente cometer concomitantemente o delito em relação a mais de uma pessoa, parece-nos que deverá ser aplicada a regra do concurso formal impróprio – em razão da autonomia de desígnios –, de modo que as penas devem ser somadas, nos termos do art. 70, *caput*, parte final, do Código Penal.

1.6.1.8.7. Causas de aumento de pena

De acordo com o § 1º do art. 149-A, a pena será aumentada de um terço até a metade:

I – se o crime for cometido por funcionário público no exercício da função ou a pretexto de exercê-la. O conceito de funcionário público encontra-se no art. 327, *caput*, do Código Penal e abrange quem, embora transitoriamente ou sem remuneração, exerce cargo, emprego ou função pública. Além disso, o § 1º do mesmo art. 327 equipara a funcionário público quem exerce cargo, emprego ou função em entidade paraestatal, e quem trabalha para empresa prestadora de serviço contratada ou conveniada para a execução de atividade típica da Administração Pública.

A majorante incide quando o agente comete o crime no desempenho efetivo das funções ou quando ele diz que está em seu exercício, mas não está.

II – se o crime for cometido contra criança, adolescente ou pessoa idosa ou com deficiência. Criança é a pessoa que tem menos de 12 anos de idade. Adolescente é quem tem 12 anos ou mais e é menor de 18. Idosa é a pessoa que tem 60 anos ou mais. Portadora de deficiência é aquela que possui qualquer defeito físico ou mental.

A Lei n. 14.811/2024 inseriu o crime de tráfico de pessoas contra criança ou adolescente no rol dos crimes hediondos.

III – se o agente se prevalecer de relações de parentesco, domésticas, de coabitação, de hospitalidade, de dependência econômica, de autoridade ou de superioridade hierárquica inerente ao exercício de emprego, cargo ou função. Relação de coabitação indica que autor e vítima moram sob o mesmo teto, de forma não transitória, enquanto relação de hospitalidade ocorre quando a vítima recebe alguém em sua casa para visita ou para permanência por certo período e este se aproveita da situação para cometer o crime.

Os termos *autoridade* e *superioridade hierárquica* abrangem tanto aquela exercitada na esfera pública quanto na privada, pois, se não fosse desse modo, o dispositivo seria despiciendo, uma vez que o inciso I já pune de forma mais grave o funcionário público. Por isso, haverá a majorante se o crime for cometido pelo coronel em relação ao soldado ou pelo dono de uma empresa em relação a algum funcionário. Na primeira hipótese, entretanto, por ser o autor do delito funcionário público, estará caracterizada também a majorante do inciso I.

A expressão *dependência econômica* refere-se às hipóteses em que a vítima depende financeiramente do agente para sobreviver.

IV – se a vítima do tráfico de pessoas for retirada do território nacional. A legislação apresenta falha nesse dispositivo, pois não pune mais gravemente a situação inversa, ou seja, aquela em que a vítima é trazida para o território nacional.

O envio de criança ou adolescente ao exterior em desacordo com as formalidades legais mediante emprego de violência, grave ameaça ou fraude poderá configurar crime especial descrito no art. 239, parágrafo único, da Lei n. 8.069/90 (Estatuto da Criança e do Adolescente), desde que a finalidade não seja uma daquelas previstas no art. 149-A do Código Penal.

Caso o juiz reconheça mais de uma majorante no caso concreto, não deverá aplicar o índice de acréscimo mais de uma vez, nos termos do art. 68, parágrafo único, do Código Penal. O magistrado poderá, entretanto, aplicar o aumento acima do mínimo legal, devendo, contudo, fundamentar o índice escolhido.

1.6.1.8.8. Crime privilegiado

Nos termos do art. 149-A, § 2º, a pena será reduzida de um a dois terços (causa de diminuição de pena), desde que coexistam dois requisitos: a) que o réu seja primário; b) que ele não integre organização criminosa.

Se o juiz não declarar o réu reincidente ao proferir a sentença, automaticamente deverá ser ele considerado primário.

A Lei n. 12.850/2013, por sua vez, define organização criminosa em seu art. 1º, § 1º: *"Considera-se organização criminosa a associação de (quatro) ou mais pessoas estruturalmente ordenada e caracterizada pela divisão de tarefas, ainda que informalmente, com objetivo de obter, direta ou indiretamente, vantagem de qualquer natureza, mediante a prática de infrações penais cujas penas máximas sejam superiores a 4 (quatro) anos, ou que sejam de caráter transnacional".*

Como o texto legal não estabelece qualquer regra para o magistrado escolher o índice de redução, em regra, a diminuição ocorrerá no patamar máximo.

1.6.1.8.9. Pena e ação penal

A pena é de reclusão de quatro a oito anos e multa, mas pode sofrer modificações em razão das majorantes previstas no § 1º e da causa de diminuição de pena do § 2º.

A Lei n. 13.344/2016 modificou a redação do art. 83, V, do Código Penal, e passou a prever que, no crime de tráfico de pessoas, o livramento condicional somente poderá ser obtido após o cumprimento de dois terços da pena, desde que o apenado não seja reincidente específico em crime dessa natureza. Quanto a tal instituto, portanto, o tráfico de pessoas, em todas as suas formas, passou a ter tratamento idêntico ao dos crimes hediondos e assemelhados, embora apenas a figura majorada por ser cometida contra criança ou adolescente tenha tal natureza. A ação penal é pública incondicionada. A competência é da Justiça Estadual, exceto no caso de tráfico internacional, em que a apuração deve ser feita na Justiça Federal, nos termos do art. 109, V, da Carta Magna, que estabelece ser de competência da Justiça Federal a punição para crimes previstos em tratado ou convenção internacional quando, iniciada a execução no País, o resultado tenha ou devesse ter ocorrido no estrangeiro ou reciprocamente. O Brasil, conforme já mencionado, por meio do Decreto n. 5.017/2004, aderiu ao Protocolo Adicional à Convenção das Nações Unidas contra o Crime Organizado Transnacional Relativo à Prevenção, Repressão e Punição do Tráfico de Pessoas, em Especial Mulheres e Crianças.

SEÇÃO II

1.6.2. Dos crimes contra a inviolabilidade do domicílio

Existe, na realidade, um único crime nesta Seção II, que é o de violação de domicílio (art. 150).

1.6.2.1. Violação de domicílio

> Art. 150. Entrar ou permanecer, clandestina ou astuciosamente, ou contra a vontade expressa ou tácita de quem de direito, em casa alheia ou em suas dependências:
>
> Pena – detenção, de um a três meses, ou multa.

1.6.2.1.1. Objetividade jurídica

A tranquilidade da vida doméstica, uma vez que a Constituição Federal, em seu art. 5º, XI, consagra que a casa é asilo inviolável do cidadão.

O dispositivo em questão não tem por finalidade proteger a posse ou a propriedade em relação ao imóvel, posto que não incrimina o ingresso em casa abandonada ou desabitada. Dependendo da forma como ocorra a invasão de uma casa desabitada, o crime poderá ser o de esbulho possessório do art. 161, § 1º, II, do Código Penal.

1.6.2.1.2. Tipo objetivo

A violação de domicílio pode ser cometida de duas maneiras.

Na primeira, o agente *entra* na casa alheia, ou seja, invade, ingressa na casa da vítima ou em uma de suas dependências. Em tal modalidade o crime é comissivo. Na segunda, o sujeito ingressa na residência alheia mediante autorização do responsável, porém, cessada esta, ali *permanece* por tempo considerável. Nesta hipótese, o crime é considerado omissivo.

Se o agente entrar sem autorização na casa e, depois de ser descoberto e receber ordem para se retirar, insistir em ali permanecer, haverá crime único, pois trata-se de crime com tipo misto alternativo em que as condutas típicas são separadas pela partícula "ou".

Existe o crime se o fato ocorre contra a vontade *expressa* ou *tácita* do responsável. Na primeira hipótese, o responsável se opõe peremptoriamente à presença de determinada pessoa, proíbe sua entrada ou permanência no local. Na segunda, as circunstâncias do caso concreto denotam que o morador não deseja a entrada ou a permanência de determinada pessoa em sua casa.

De acordo com o texto legal, o ingresso ou a permanência em casa alheia configuram também o delito quando o fato ocorre de forma *clandestina* ou *astuciosa*. Na primeira, o agente realiza a conduta sem o conhecimento da vítima. Na segunda, o crime é cometido com emprego de fraude para ter acesso ao local. Exemplo: obter autorização para a entrada na casa mentindo ser funcionário da empresa de força e luz vestindo, artificiosamente, uniforme da empresa. Nestas hipóteses, o crime ocorre contra a vontade tácita do morador.

O tipo penal do delito de violação de domicílio exige, ainda, que a oposição seja de *quem de direito*, isto é, do responsável pela casa, daquele que tem o poder legal de impedir a entrada ou permanência de pessoas na residência (proprietário, possuidor, locatário etc.).

No caso de edifícios ou condomínios térreos, cada morador tem direito de vetar a entrada ou permanência de pessoas em sua unidade, bem como nas áreas comuns. Se, todavia, houver autorização de outro condômino ao acesso à área comum, a entrada estará autorizada e não existirá crime.

No que se refere a habitações coletivas, prevalece o entendimento de que, havendo oposição de um dos moradores, persistirá a proibição.

Em caso de divergência entre pais e filhos, prevalece a determinação dos pais, exceto se a residência for de propriedade de filho maior de idade.

Os empregados têm direito de impedir a entrada de pessoas estranhas em seus *aposentos*, direito que, entretanto, não atinge o proprietário da casa se houver justa causa para o ingresso. Os empregados não têm direito de receber pessoas no interior de residência ou de apartamento, exceto se houver autorização dos proprietários. A propósito: "Comete violação de domicílio quem entra em casa alheia, a convite de empregada residente, para fins ilícitos ou imorais. Tratando-se de lar honrado e digno, quando ausente ou insciente o titular do direito de proibição, de se presumir tácito dissenso à violação do lar" (TAcrim-SP, Rel. Lauro Malheiros, *Jutacrim* 33/296). Nesse caso, nos parece que deve também responder pelo delito quem autorizou a entrada sem ter poder para tanto.

Existe polêmica em torno dos casos em que há divergência entre cônjuges ou companheiros quanto à entrada de alguém na residência do casal. Cezar Roberto Bitencourt[111] entende que deve prevalecer a proibição se um deles se opuser. Discordamos de tal orientação, mesmo porque, se levada às últimas consequências, faria com que o cônjuge autorizante fosse partícipe do crime. Como não existe regra específica sobre o assunto, a solução deve ser a menos gravosa, até porque, se o marido diz que não quer que sua esposa receba visita de outras pessoas, mas a esposa autoriza a entrada, não há como se vislumbrar dolo de violar domicílio por parte da pessoa autorizada. Nesse sentido: "Se um homem entra em uma residência por convite ou autorização da mulher, para com esta manter colóquio amoroso, inadmissível é a condenação daque-

---

[111] Cezar Roberto Bitencourt. *Tratado de direito penal*, v. 2, p. 404.

le por violação de domicílio, por arguida ofensa à vontade tácita do chefe de família" (TAcrim-SP, Rel. Francis Davis, *Jutacrim* 48/363).

O elemento subjetivo é o dolo. Não existe forma culposa.

Para a configuração do crime de violação de domicílio, é necessário que a conduta seja um fim em si mesmo e não meio para a prática de crime mais grave, hipótese em que restará absorvido. É o que ocorre, por exemplo, quando o ingresso em casa alheia ocorre para a execução de crime de furto, homicídio, estupro etc. Existem julgados, inclusive, reconhecendo a absorção da violação de domicílio mesmo quando o crime-fim é de menor gravidade, como o de exercício arbitrário das próprias razões, tal como se dá no caso de quem entra em casa alheia para se apossar de bens visando ao autorressarcimento de dívida vencida e não paga. Flávio Monteiro de Barros[112] discorda de tal orientação, amparado por parte da jurisprudência, argumentando que, nesses casos, o agente deve responder por dois crimes, porque os bens jurídicos tutelados são distintos. Nesse sentido: "O crime, quando tentado ou consumado, se mais grave, absorve a violação de domicílio, que é punida separadamente quando o delito-fim for mais brandamente punido" (TAcrim-SP, Rel. Valentim Silva, *Jutacrim* 25/140).

Não existe crime quando o agente entra nas dependências da casa alheia para fugir de pessoas que o perseguem para agredi-lo ou roubá-lo, ou quando entra por engano na casa (erro de tipo).

Se o agente ingressa em casa alheia contra a vontade do morador para evitar o cumprimento de mandado de prisão contra ele expedido, incorre no crime em análise, pois o agente não visa à prática de outro crime, e sim eximir-se da punição relativa a delito anterior. Em sentido contrário, porém, podemos apontar: "Inexiste dolo específico na conduta de quem, fugindo da polícia, entra ou permanece em casa alheia, contra vontade expressa ou tácita de quem de direito" (TJSP, Rel. Fortes Barbosa, *RT* 142/357).

Nos §§ 4º e 5º do art. 150, existem regras para esclarecer o que se enquadra e o que não se enquadra no conceito de casa – norma penal explicativa.

De acordo com o art. 150, § 4º, considera-se casa:

I – *qualquer compartimento habitado*: casas, apartamentos, barracos de favela etc. As casas desabitadas ou abandonadas, portanto, não se incluem no conceito.

II – *aposentos ocupados de habitação coletiva*: quartos de hotéis, de cortiços, de motéis etc.

III – *compartimentos não abertos ao público, onde alguém exerce sua profissão ou atividade*: escritórios, consultórios, partes internas de uma oficina etc. Entende-se, pois, que não há crime no ingresso às partes abertas desses locais, como recepção, sala de espera etc.

A lei protege expressamente, no *caput* do art. 150, as *dependências* da casa, ou seja, considera crime o ingresso não autorizado em quintal, garagem, terraço etc. A propósito: "Os próprios jardins, o quintal e a garagem constituem, para efeitos da lei, dependência da casa, principalmente em se tratando do crime de violação de domicílio (art.

---

[112] Flávio Augusto Monteiro de Barros. *Crimes contra a pessoa*, p. 269-270.

150 do CP). Pôr-se no telhado de moradia habitada, é violar a liberdade doméstica, ou a casa como asilo inviolável" (TAcrim-SP, Rel. Sérgio Pitombo, *RJD* 8/167).

Por sua vez, de acordo com o § 5º do art. 150, não se compreendem no conceito de casa:

I – *hospedaria, estalagem ou qualquer outra habitação coletiva, enquanto aberta, salvo a restrição do n. II do parágrafo anterior*: o dispositivo refere-se aos saguões dos hotéis, pensões, flats etc.

O prostíbulo quando estiver fechado ao público pode ser objeto do crime. Nesse sentido: "A garantia individual da inviolabilidade domiciliar estende-se também aos bordéis e casas de tolerância, quanto à entrada em horas de repouso e contra a vontade expressa da moradora, inquilina ou proprietária do imóvel. Irrelevante tratar-se de lupanar porque protege a lei o sítio reservado à vida íntima do indivíduo ou sua atividade privada" (TAcrim-SP, Rel. Ricardo Couto, *Jutacrim* 31/334).

II – *Taverna, casa de jogos e outras do mesmo gênero*: bares, estabelecimentos comerciais na parte aberta ao público, igrejas, veículos (salvo se houver parte própria para alguém morar ou pernoitar, como nos *traillers*). Entende-se, outrossim, que não estão incluídos na expressão casa as pastagens de uma fazenda ou o gramado de casa não murada ou cercada, nem as repartições públicas. A Lei n. 13.870/2019 inseriu no § 5º do art. 5º, do Estatuto do Desarmamento, a seguinte regra: "aos residentes em área rural, para os fins do disposto no *caput* deste artigo, considera-se residência ou domicílio toda a extensão do respectivo imóvel rural". O dispositivo é expresso, todavia, no sentido de que seu alcance é limitado aos fins do próprio *caput*, ou seja, sua finalidade é apenas a de permitir a posse de arma de fogo registrada em nome do dono da fazenda em toda a extensão do imóvel rural.

1.6.2.1.3. Sujeito ativo

Pode ser qualquer pessoa. Trata-se de crime comum. Até mesmo o proprietário de casa alugada pode ser autor do crime, caso nela ingresse sem autorização do inquilino.

1.6.2.1.4. Sujeito passivo

O morador, titular do direito de proibir a entrada ou permanência de alguém na residência.

1.6.2.1.5. Consumação

Quando o agente ingressa completamente na casa da vítima, ou, quando, ciente de que deve sair, não o faz por tempo juridicamente relevante. A breve permanência, com espontânea e imediata retirada na sequência, não constitui crime. Assim, na primeira modalidade o crime é instantâneo e, na segunda, permanente, cuja prisão em flagrante é possível enquanto não cessada a execução (art. 303 do CPP).

A violação de domicílio constitui crime de *mera conduta*, uma vez que o tipo penal não descreve qualquer resultado.

1.6.2.1.6. Tentativa

É possível em ambas as figuras. Embora a modalidade "permanecer" em casa alheia seja omissiva, admite, excepcionalmente, a tentativa por ser, concomitantemente, crime permanente, que só se consuma pela recusa em deixar o local por tempo considerável.

Assim, se o agente se recusa a sair, mas imediatamente é retirado à força por pessoas presentes, mostra-se configurada a tentativa.

1.6.2.1.7. Figuras qualificadas

Art. 150, § 1º – Se o crime é cometido durante a noite, ou em lugar ermo, ou com emprego de violência ou de arma, ou por duas ou mais pessoas:

Pena – detenção, de seis meses a dois anos, além da pena correspondente à violência.

Nesse dispositivo, existem cinco qualificadoras, referentes a tempo, local, meio e modo de execução.

Noite é o período em que não há luz solar, o que torna mais grave a conduta em face da menor vigilância do morador.

Lugar ermo é o local afastado, onde não há circulação de pessoas. A violação de domicílio nesses locais é mais grave em face da maior vulnerabilidade da vítima;

No que diz respeito ao emprego de violência, prevalece o entendimento de que, como o texto legal não faz distinção, abrange indistintamente aquela empregada contra pessoa, como contra coisa (arrombamento de porta, por exemplo). Este também o pensamento de Nélson Hungria[113].

Saliente-se que, ao tratar da pena da figura qualificada, o legislador ressalva a autonomia de eventuais lesões corporais decorrentes da violência empregada, ainda que de natureza leve. Assim, as penas deverão ser somadas.

O emprego de *arma* que qualifica o delito pode se dar pelo uso de arma própria ou imprópria. As armas propriamente ditas (ou próprias) são aquelas fabricadas para servir mesmo como instrumento de ataque ou defesa: revólveres, pistolas, espingardas, punhais. As impróprias, por sua vez, são objetos confeccionados com outra finalidade, mas que também têm potencialidade lesiva, como navalhas, facas de cozinha, foices, canivetes etc.

A simulação de arma e o uso de arma de brinquedo não qualificam o crime, já que não se enquadram no conceito de arma. Ressalte-se que o texto legal não permite o reconhecimento da qualificadora quando há grave ameaça desacompanhada do emprego de arma.

Quanto ao concurso de agentes, basta o envolvimento de duas pessoas, quer sejam coautoras, quer uma delas seja partícipe.

1.6.2.1.8. Causas de aumento de pena

Art. 150, § 2º – Aumenta-se a pena de um terço, se o fato é cometido por funcionário público, fora dos casos legais, ou com inobservância das formalidades estabelecidas em lei, ou com abuso de poder.

Esse dispositivo foi expressamente revogado pela Lei n. 13.869/2019.

---

[113] Nélson Hungria. *Comentários ao Código Penal*, v. VI, p. 223.

Atualmente, o funcionário público que "invadir ou adentrar, clandestina ou astuciosamente, ou à revelia da vontade do ocupante, imóvel alheio ou suas dependências, ou nele permanecer nas mesmas condições, sem determinação judicial ou fora das condições estabelecidas em lei" cometerá crime de abuso de autoridade do art. 22, *caput*, da Lei n. 13.869/2019 – apenado com detenção de 1 a 4 anos, e multa. Na mesma pena incorre quem cumpre mandado de busca domiciliar após as 21h e antes das 5h (art. 22, § 1º, III).

É evidente, todavia, que não há crime, "se o ingresso for para prestar socorro, ou quando houver fundados indícios que indiquem a necessidade do ingresso em razão de situação de flagrante delito ou de desastre" (art. 22, § 2º).

1.6.2.1.9. Excludentes de ilicitude

Art. 150, § 3º – Não constitui crime a entrada ou permanência em casa alheia ou em suas dependências:

I – durante o dia, com observância das formalidades legais, para efetuar prisão ou outra diligência;

II – a qualquer hora do dia ou da noite, quando algum crime estiver ali sendo praticado ou na iminência de o ser.

O presente dispositivo deve ser interpretado atualmente em consonância com o que dispõe o art. 5º, XI, da Constituição Federal, segundo o qual "a casa é asilo inviolável do indivíduo, ninguém nela podendo penetrar sem consentimento do morador, salvo em caso de flagrante delito ou desastre, ou para prestar socorro, ou, durante o dia, por determinação judicial".

Pela conjugação dos dispositivos, deve-se observar a seguinte distinção dependendo de se tratar de prisão em flagrante ou decorrente de ordem judicial:

a) No caso de prisão em flagrante, pode-se invadir a casa alheia, a qualquer hora do dia ou da noite, para prender o autor do delito, ainda que seja o próprio morador.

A Constituição Federal usa a expressão "flagrante delito", a qual é complementada pelo art. 302 do Código de Processo Penal, que abrange em tal conceito a prática de toda e qualquer "infração penal" (crimes e contravenções penais), razão pela qual se pode dizer que a Constituição, complementada pelo Código de Processo Penal, é mais abrangente do que o art. 150, § 3º, II, do CP, que só exclui a ilicitude quando se trata de flagrante de crime.

b) No caso de cumprimento de ordem de prisão decorrente de mandado judicial, se não houver consentimento do morador (pouco importando se o mandado é contra ele ou terceiro), temos duas hipóteses. Se o fato ocorrer durante o dia, o executor do mandado convocará duas testemunhas e entrará à força, mesmo que tenha de arrombar a porta. Se for à noite, o executor deverá guardar todas as saídas da casa e, logo que amanhecer, entrará à força, na presença de duas testemunhas (art. 293).

No caso de cumprimento de mandado de busca e apreensão, caso o morador se recuse a permitir a entrada, poderá ser feito uso de força, desde que durante o dia.

A Constituição Federal não repetiu a hipótese contida no Código Penal, que permite a entrada em casa alheia quando há algum crime na iminência de ser ali cometido. Por isso, deve-se aplicar, em tal situação, a regra da Constituição Federal que permite o ingresso em casa alheia, a qualquer hora, para prestar socorro. Tal expressão, evidentemente, abrange casos em que o socorro decorre de acidente doméstico, evento da natureza ou evento criminoso na iminência de ser desencadeado. Ademais, ainda que não fosse viável a aplicação do dispositivo constitucional, o acesso à residência seria possível em decorrência da excludente do estado de necessidade.

É também possível o ingresso em residência alheia, a qualquer hora, em caso de *desastre*.

1.6.2.1.10. Classificação doutrinária

Trata-se de crime simples quanto à objetividade jurídica; comum e de concurso eventual em relação ao sujeito ativo; de ação múltipla, de ação livre, comissivo ou omissivo no que pertine aos meios de execução; de mera conduta e instantâneo na primeira figura (entrar) e permanente na segunda (permanecer); e doloso em relação ao elemento subjetivo.

1.6.2.1.11. Ação penal

Pública incondicionada, de competência do Juizado Especial Criminal, inclusive na forma qualificada.

SEÇÃO III

1.6.3. Dos crimes contra a inviolabilidade de correspondência

Nesta Seção III do capítulo dos crimes contra a liberdade individual, estão previstos os crimes de violação de correspondência (art. 151, *caput*), sonegação ou destruição de correspondência (art. 151, § 1º, I), violação de comunicação telegráfica, radioelétrica ou telefônica (art. 151, § 1º, II a IV) e correspondência comercial (art. 152).

Os delitos previstos no art. 151, *caput*, e seu § 1º, I, do Código Penal (violação de correspondência e sonegação ou destruição de correspondência), foram substituídos pelos crimes previstos no art. 40 da Lei n. 6.538/78, que trata do serviço postal e de telegramas.

1.6.3.1. Violação de correspondência

> Art. 40. Devassar indevidamente o conteúdo de correspondência fechada dirigida a outrem:
>
> Pena – detenção, até seis meses, ou pagamento não excedente a vinte dias-multa.

1.6.3.1.1. Objetividade jurídica

A inviolabilidade da correspondência alheia. O dispositivo encontra fundamento no art. 5º, XII, da Constituição Federal, que declara ser inviolável o sigilo de correspondência e das comunicações telegráficas.

1.6.3.1.2. Tipo objetivo

Trata a lei de proteger a carta, o bilhete, o telegrama, desde que *fechados*. Veja-se que, apesar de o texto legal declarar a inviolabilidade de correspondência sem prever qualquer exceção, é evidente que tal princípio não pode ser encarado como absoluto, pois há situações em que é necessária a abertura da correspondência para se evitar mal maior, hipótese que pode ser encarada como estado de necessidade. Suponha-se que, por meio de interceptação telefônica, descubra-se um plano de uma organização criminosa para matar uma autoridade, sendo que, apenas com a interceptação de uma carta do líder da facção é que será possível saber quando e onde o crime será colocado em prática. Nesse caso, a única forma de proteger a vítima será a abertura da correspondência. Da mesma forma, se a finalidade for evitar fuga ou resgate de presos do interior de estabelecimento prisional.

O Código de Processo Penal em seu art. 240, § 1º, *f*, prevê a possibilidade de apreensão de "cartas, abertas ou não, destinadas ao acusado ou em seu poder, quando haja suspeita de que o conhecimento de seu conteúdo possa ser útil à elucidação do fato". Durante algum tempo entendeu-se que tal dispositivo não teria sido recepcionado pela Carta Magna porque, conforme mencionado, o art. 5º, XII, da Constituição Federal consagra a inviolabilidade do sigilo de correspondência. Os Tribunais Superiores, porém, decidiram que a inviolabilidade de correspondência não possui caráter absoluto e, por tal motivo, passaram a admitir esse meio de prova, em razão da necessidade de harmonizar a regra constitucional com o interesse coletivo de manutenção da ordem pública. Sua adoção, todavia, reveste-se de caráter excepcional e a validade da prova assim obtida pressupõe a existência de autorização judicial. A propósito: "A jurisprudência desta Corte consagrou o entendimento de que o princípio constitucional da inviolabilidade das comunicações (art. 5º, XII, da CF) não é absoluto, podendo o interesse público, em situações excepcionais, sobrepor-se aos direitos individuais para evitar que os direitos e garantias fundamentais sejam utilizados para acobertar condutas criminosas. A busca e apreensão das cartas amorosas foi realizada em procedimento autorizado por decisão judicial, nos termos do art. 240, § 1º, *f*, do Código de Processo Penal" (STF, RHC 115.983/RJ, 2ª Turma, Rel. Min. Ricardo Lewandowski, Julgamento: 16-4-2013, *DJe*-172 3-9-2013). No mesmo sentido: (STJ, HC 203.371/RJ, 5ª Turma, Rel. Min. Laurita Vaz, Julgamento: 3-5-2012, *DJe* 17-9-2012).

O delito só é punido a título de dolo. Não existe modalidade culposa, não podendo ser punido aquele que, por engano, abre e lê correspondência alheia.

Damásio de Jesus[114] lembra ser permitido ao curador abrir carta endereçada ao deficiente mental e ao pai abrir a endereçada ao filho menor, pois, embora este tenha direito à intimidade, tal direito não é absoluto, podendo ser violada a carta sempre que verificada a existência de grave risco para o menor.

O art. 10 da Lei n. 6.538/78 estabelece que não constitui violação de sigilo da correspondência postal a abertura de carta:

I – endereçada a homônimo, no mesmo endereço;

---

[114] Damásio de Jesus. *Código Penal anotado*, 10. ed., p. 513.

II – que apresente indícios de conter objeto sujeito a pagamento de tributos;

III – que apresente indícios de conter valor não declarado, objeto ou substância de expedição, uso ou entrega proibidos;

IV – que deva ser inutilizada, na forma prevista em regulamento, em virtude de impossibilidade de sua entrega e restituição.

Nos casos dos incisos II e III, todavia, a abertura será feita obrigatoriamente na presença do remetente ou do destinatário, nos termos do parágrafo único do referido art. 10.

A existência do delito pressupõe que a abertura da correspondência ocorra *indevidamente* (elemento *normativo* do tipo), de modo que o consentimento do destinatário exclui a tipicidade. Entende-se, por sua vez, que, entre marido e mulher existe consentimento tácito quando se trata de correspondência bancária ou comercial, presunção esta que cede quando se demonstra, no caso concreto, que havia orientação expressa para que o cônjuge não abrisse a correspondência endereçada ao outro. Tampouco existe tal presunção quando se trata de carta enviada por amigo ou parente.

Entende-se, outrossim, que não existe crime quando a correspondência nitidamente contém uma revista ou um livro, que não constituem transferência de informação específica de uma pessoa a outra.

O tipo penal em análise se refere à correspondência fechada, não abrangendo o conhecimento indevido de teor de correio eletrônico. Em relação a este, a violação constitui crime especial previsto no art. 154-A do Código Penal, que pune a invasão de dispositivo informático alheio. Também não há crime quando alguém lê uma carta já aberta pelo destinatário, pois embora esta última conduta possa ser considerada imoral, não se enquadra no tipo penal em análise que, expressamente, exige que se trate de correspondência fechada.

Quando a violação da correspondência constituir meio para a prática de crime mais grave, ficará por este absorvida, como acontece, por exemplo, quando o agente abre a correspondência para descobrir segredos da vítima e depois extorqui-la.

1.6.3.1.3. Sujeito ativo

Pode ser qualquer pessoa.

1.6.3.1.4. Sujeito passivo

O remetente e o destinatário, que são as pessoas interessadas na manutenção do sigilo. Trata-se de crime com duplo sujeito passivo.

1.6.3.1.5. Consumação

Não basta que o agente abra a carta; o delito só se consuma quando ele toma conhecimento de seu conteúdo, exigência feita pelo próprio tipo penal.

1.6.3.1.6. Tentativa

É possível quando o agente é flagrado quando está abrindo a carta, sendo, porém, impedido de ler seu conteúdo.

1.6.3.1.7. Causa de aumento de pena

Nos termos do art. 40, § 2º, da Lei n. 6.538/78, a pena será aumentada em metade se a conduta causar dano para outrem. O dano pode ser econômico ou moral.

1.6.3.1.8. Classificação doutrinária

Trata-se de crime simples quanto à objetividade jurídica; comum e de concurso eventual em relação ao sujeito ativo; comissivo no que pertine aos meios de execução; de mera conduta e instantâneo quanto ao momento consumativo; e doloso em relação ao elemento subjetivo.

1.6.3.1.9. Ação penal

É pública condicionada à representação, nos termos do art. 151, § 4º, do Código Penal, mantido em vigor pelo art. 48 da Lei n. 6.538/78. Por se tratar de infração de menor potencial ofensivo, a competência é do Juizado Especial Criminal.

1.6.3.2. Sonegação ou destruição de correspondência

> Art. 40, § 1º – Incorre nas mesmas penas quem se apossa indevidamente de correspondência alheia, embora não fechada, para sonegá-la ou destruí-la, no todo ou em parte.

1.6.3.2.1. Objetividade jurídica

O direito do destinatário de receber a correspondência e o de mantê-la consigo se assim pretender.

1.6.3.2.2. Tipo objetivo

O dispositivo em análise pune quem se apodera de correspondência alheia, *aberta ou fechada*, com o fito de *sonegá-la* (fazer com que não chegue até a vítima) ou destruí-la (eliminá-la). Na primeira modalidade, o destinatário ainda não recebeu a carta, de modo que a sonegação impede que o conteúdo chegue ao seu conhecimento. Na destruição, é possível que o destinatário já tenha recebido e lido a carta, pois o tipo penal tutela também a correspondência não fechada. É o que ocorre quando o namorado encontra uma carta já lida pela namorada e, por ciúme, a destrói.

Trata-se de crime punido exclusivamente a título de dolo, sendo irrelevante o motivo que levou o agente a querer destruir ou sonegar a correspondência alheia.

Se a correspondência tem valor econômico, a subtração constitui furto, e a destruição crime de dano.

1.6.3.2.3. Sujeito ativo

Pode ser qualquer pessoa.

1.6.3.2.4. Sujeito passivo

O remetente ou o destinatário.

1.6.3.2.5. Consumação

Ocorre no instante que o agente se apodera da correspondência, sendo, portanto, crime *formal*, pois dispensa, para fim de consumação, que o agente consiga efetivamente sonegar ou destruir a correspondência. Essa conclusão decorre do texto legal.

1.6.3.2.6. Tentativa

É cabível quando o agente não consegue se apossar da carta.

1.6.3.2.7. Causa de aumento de pena

Nos termos do art. 40, § 2º, da Lei n. 6.538/78, a pena será aumentada em metade se a conduta causar dano para outrem. O dano pode ser econômico ou moral.

1.6.3.2.8. Classificação doutrinária

Trata-se de crime simples quanto à objetividade jurídica; comum e de concurso eventual em relação ao sujeito ativo; comissivo no que pertine aos meios de execução; formal e instantâneo quanto ao momento consumativo; e doloso em relação ao elemento subjetivo.

1.6.3.2.9. Ação penal

É pública condicionada à representação, nos termos do art. 151, § 4º, do Código Penal, mantido em vigor pelo art. 48 da Lei n. 6.538/78. Por se tratar de infração de menor potencial ofensivo, a competência é do Juizado Especial Criminal.

1.6.3.3. Violação de comunicação telegráfica, radioelétrica ou telefônica

> Art. 151, § 1º, II – Na mesma pena incorre quem indevidamente divulga, transmite a outrem ou utiliza abusivamente comunicação telegráfica ou radioelétrica dirigida a terceiro, ou conversação telefônica entre outras pessoas.

1.6.3.3.1. Objetividade jurídica

O sigilo das comunicações telegráficas, radioelétricas e telefônicas. O dispositivo visa conferir sustentação ao art. 5º, XII, da Constituição Federal, que declara ser inviolável o sigilo das comunicações telegráficas, de dados e das comunicações telefônicas, salvo, no último caso, por ordem judicial, nas hipóteses e na forma que a lei estabelecer para fins de investigação criminal ou instrução processual penal.

1.6.3.3.2. Tipo objetivo

As condutas típicas são: a) *divulgar* (relatar o conteúdo a outras pessoas, tornar público); b) *transmitir a outrem* (narrar o conteúdo à pessoa determinada); c) *utilizar* (usar para qualquer fim).

O delito somente se aperfeiçoa quando a divulgação ou transmissão são feitas de forma indevida (elemento *normativo*) ou quando a utilização é feita de forma *abusiva*.

Em relação a conversações telefônicas, o tipo penal pode ainda ser aplicado para quem, por exemplo, ouve conversa alheia em extensão telefônica e divulga seu conteúdo. Atualmente, entretanto, constitui crime de maior gravidade (reclusão, de dois a quatro anos, e multa) "realizar interceptação de comunicações telefônicas, de informática ou telemática, promover escuta ambiental ou quebrar segredo da Justiça, sem autorização judicial ou com objetivos não autorizados em lei". Esse crime está tipificado no art. 10 da Lei n. 9.296/96, que regulamenta as hipóteses em que pode ser decretada a interceptação telefônica, bem como o respectivo procedimento. Assim, quem realiza a interceptação de conversa telefônica alheia sem autorização judicial comete referido delito, independentemente da futura divulgação do conteúdo. Além disso, como as gravações feitas de forma autorizada devem ser mantidas em sigilo, nos termos do art. 8º da Lei n. 9.296/96, quem tomar conhecimento de seu conteúdo e a ele der divulgação cometerá também o delito da lei especial, em sua parte final. Exemplo: funcionário de Distrito Policial que transmite o conteúdo das gravações a órgãos da imprensa.

1.6.3.3.3. Sujeito ativo

Qualquer pessoa. Trata-se de crime comum.

1.6.3.3.4. Sujeito passivo

O remetente e o destinatário da comunicação telegráfica, radioelétrica ou telefônica. Trata-se de crime com duplo sujeito passivo.

1.6.3.3.5. Consumação

No momento em que ocorre a divulgação, transmissão ou utilização indevidas ou abusivas.

1.6.3.3.6. Tentativa

É possível.

1.6.3.3.7. Figura equiparada

De acordo com o art. 151, § 1º, III, do Código Penal, "na mesma pena incorre quem impede a comunicação ou a conversação referidas no número anterior". Nesta figura equiparada, a lei pune quem impede a comunicação telegráfica ou radioelétrica dirigida a terceiros ou a conversação entre outras pessoas. É indiferente que o agente o faça de forma continuada ou não. O crime configura-se quando o agente impede a comunicação ou conversação já iniciadas ou mesmo quando, ainda não iniciadas, o agente atua de forma a inviabilizar que as partes entrem em contato telefônico, telegráfico etc.

1.6.3.3.8. Causa de aumento de pena

A pena é aumentada em metade se a conduta provoca dano (art. 151, § 2º).

1.6.3.3.9. Forma qualificada

A pena será de um a três anos de detenção, se o crime for cometido com abuso de função em serviço postal, telegráfico, radioelétrico ou telefônico, e, em tal caso, a ação é pública incondicionada (art. 151, § 4º).

1.6.3.3.10. Classificação doutrinária

Trata-se de crime simples quanto à objetividade jurídica; comum e de concurso eventual em relação ao sujeito ativo; comissivo no que pertine aos meios de execução; de mera conduta e instantâneo quanto ao momento consumativo; e doloso em relação ao elemento subjetivo.

1.6.3.3.11. Ação penal

É pública condicionada à representação. A pena é de um a seis meses, ou multa, sendo, por isso, de competência do Juizado Especial Criminal.

1.6.3.4. Correspondência comercial

> Art. 152. Abusar da condição de sócio ou empregado de estabelecimento comercial ou industrial para, no todo ou em parte, desviar, sonegar, subtrair ou suprimir correspondência, ou revelar a estranho seu conteúdo:
>
> Pena – detenção, de três meses a dois anos.
>
> Parágrafo único. Somente se procede mediante representação.

1.6.3.4.1. Objetividade jurídica

A inviolabilidade da correspondência comercial.

1.6.3.4.2. Tipo objetivo

O art. 152 descreve um tipo misto alternativo, incriminando quem *desvia* (dá rumo diverso do correto), *sonega* (se apropria e esconde), *subtrai* (furta) ou *suprime* (destrói) correspondência comercial. Basta a realização de uma dessas condutas para que o fato seja considerado crime, mas a prática de mais de uma delas, em relação à mesma correspondência, constitui crime único.

A parte final do dispositivo pune, ainda, o sócio ou o empregado que revela o conteúdo da correspondência a outras pessoas que dele não deveriam tomar conhecimento.

Nélson Hungria[115] nos lembra que "é preciso, para a existência do crime, que haja, pelo menos, possibilidade de dano, seja patrimonial ou moral", pois, "não se compreenderia que sócio cometesse crime por praticar qualquer dos atos referidos no texto legal, se dele nenhum dano pudesse resultar à sociedade ou outrem. Quanto ao empregado, se, do mesmo modo, não houvesse sequer perigo de dano, além do infligido à intangibilidade da correspondência, não haveria necessidade de incriminação fora do art. 151. Se o conteúdo da correspondência é fútil ou inócuo, não pode ser objeto do crime em questão". O art. 151 mencionado é o atual art. 40 da Lei n. 6.538/78.

O objeto material do delito é a correspondência comercial, assim entendida aquela que diga respeito às atividades exercidas pela empresa. Se disser respeito a assuntos estranhos à atividade ali desenvolvida, a conduta poderá caracterizar apenas o crime comum de violação de correspondência.

---

[115] Nélson Hungria. *Comentários ao Código Penal*, v. VI, p. 246.

O elemento subjetivo é o dolo, consistente na vontade livre e consciente de realizar qualquer das condutas típicas, independentemente de qualquer finalidade específica. Não existe modalidade culposa.

1.6.3.4.3. Sujeito ativo

Trata-se de crime *próprio*, que, nos expressos termos legais, só pode ser praticado pelas pessoas elencadas no dispositivo – sócio ou empregado da empresa vítima. Não é necessário que o agente esteja trabalhando no momento da infração penal. Como o texto legal não faz restrição, o delito pode ser cometido por qualquer dos sócios e por qualquer empregado.

O sujeito ativo pode ser sócio ou empregado tanto da empresa remetente quando da destinatária.

1.6.3.4.4. Sujeito passivo

A empresa remetente ou a destinatária.

1.6.3.4.5. Consumação

No exato momento em que praticado quaisquer dos atos descritos no tipo penal, independentemente de qualquer resultado lesivo.

1.6.3.4.6. Tentativa

É possível.

1.6.3.4.7. Classificação doutrinária

Trata-se de crime simples quanto à objetividade jurídica; próprio e de concurso eventual em relação ao sujeito ativo; de ação livre e comissivo no que pertine aos meios de execução; material e instantâneo quanto ao momento consumativo; e doloso em relação ao elemento subjetivo.

1.6.3.4.8. Ação penal

Pública condicionada à representação.

SEÇÃO IV

1.6.4. Dos crimes contra a inviolabilidade dos segredos

Nesta seção IV do capítulo dos crimes contra a liberdade individual, estão previstos os crimes de divulgação de segredo (art. 153), divulgação de segredo profissional (art. 154) e violação de dispositivo informático (art. 154-A).

1.6.4.1. Divulgação de segredo

> *Art. 153. Divulgar alguém, sem justa causa, conteúdo de documento particular ou de correspondência confidencial, de que é destinatário ou detentor, e cuja divulgação possa produzir dano a outrem:*
>
> *Pena – detenção, de um a seis meses, ou multa.*

1.6.4.1.1. Objetividade jurídica

Resguardar o sigilo em relação a segredos contidos em documentos particulares ou correspondência confidencial cujo conhecimento por outras pessoas possa provocar dano a outrem.

1.6.4.1.2. Tipo objetivo

A conduta típica é *divulgar* o conteúdo de documento particular ou de correspondência sigilosa. Divulgar significa dar conhecimento do conteúdo a número elevado e indeterminado de pessoas. Não basta, portanto, a transmissão a uma só pessoa (embora exista entendimento minoritário em sentido contrário). A divulgação pode se dar por qualquer meio: por escrito (publicação em rede social, em panfletos, em jornais) ou de forma verbal (contando para várias pessoas, dando entrevista).

O objeto material deste crime é o segredo contido em *documento particular* (aquele que não é elaborado por funcionário público no desempenho de suas funções), ou em *correspondência sigilosa* (carta, bilhete, telegrama). O caráter confidencial do conteúdo da correspondência pode estar expresso em seu texto ou implícito na natureza da informação contida. É necessário, ainda, que o documento ou correspondência contenham algum segredo cuja divulgação possa provocar dano material ou moral a outrem. Se não houver um segredo ou se não existir a potencialidade de provocar dano, a divulgação é atípica.

Segredo é um fato da vida particular cujo titular tem interesse em manter reservado. O direito à inviolabilidade da vida privada e da intimidade é assegurado pelo art. 5º, X, da Constituição Federal.

Não existe crime quando se trata de divulgação de fato que já é notório.

O delito em análise, portanto, diz respeito apenas ao segredo escrito. Assim, a divulgação de segredo confidenciado verbalmente não constitui crime, salvo se houver violação de sigilo decorrente de dever profissional (art. 154) – sacerdote que ouve confissão e a divulga – ou crime contra a honra – moça que conta em segredo para uma amiga que teve relação sexual com dois homens ao mesmo tempo e esta conta o que ouviu para inúmeras pessoas, cometendo, assim, crime de difamação.

A divulgação de segredo contido em documento público pode, eventualmente, caracterizar crime de violação de sigilo funcional, quando praticado por funcionário público (art. 325).

A descrição típica contém um elemento *normativo* manifestado na expressão "sem justa causa", que significa a inexistência de motivo razoável a justificar a divulgação. Há justa causa, por exemplo, quando a divulgação se faz necessária para o desvendamento de um crime, ou quando há consentimento do interessado.

O crime é doloso e, como a lei exige que o fato ocorra sem justa causa, é necessário que o agente saiba da ilegitimidade de seu comportamento, ou seja, que tenha ciência de que o conteúdo divulgado era sigiloso e que, portanto, poderia gerar prejuízo a outrem.

Não existe figura culposa.

1.6.4.1.3. Sujeito ativo

Trata-se de crime *próprio*, pois só pode ser cometido pelo destinatário ou detentor do documento ou correspondência.

1.6.4.1.4. Sujeito passivo

É a pessoa que pode sofrer o dano como consequência da divulgação do segredo. Pode ser o remetente da carta, o destinatário (no caso de o autor do crime ser o detentor) ou qualquer outra pessoa.

1.6.4.1.5. Consumação

No momento da divulgação do segredo, independentemente da produção de qualquer dano. Trata-se, pois, de crime *formal*.

1.6.4.1.6. Tentativa

É possível.

1.6.4.1.7. Forma qualificada

De acordo com o art. 153, § 1º-A, do Código Penal, inserido pela Lei n. 9.983/2000, a pena será de um a quatro anos de reclusão, e multa para quem "divulgar, sem justa causa, informações sigilosas ou reservadas, assim definidas em lei, contidas ou não nos sistemas de informação ou banco de dados da Administração Pública". Referida figura qualificada constitui norma penal em branco, pois depende da existência de outras leis definindo quando uma informação é sigilosa ou reservada. Saliente-se que a forma qualificada pode ser cometida por qualquer pessoa que tenha ciência da informação sigilosa ou reservada.

1.6.4.1.8. Classificação doutrinária

Trata-se de crime simples quanto à objetividade jurídica; próprio e de concurso eventual em relação ao sujeito ativo; de ação livre e comissivo no que pertine aos meios de execução; formal e instantâneo quanto ao momento consumativo; e doloso em relação ao elemento subjetivo. Na figura qualificada o crime é comum (pode ser cometido por qualquer pessoa).

1.6.4.1.9. Ação penal

Os §§ 1º e 2º do art. 153 estabelecem que a ação é pública condicionada à representação, salvo se o fato causar prejuízo à Administração Pública. Percebe-se, portanto, que, embora o crime em análise seja formal (consuma-se com a simples divulgação do segredo), haverá consequência se o fato causar prejuízo à Administração Pública, pois, em tal hipótese, a ação será pública incondicionada.

Na modalidade simples, a competência é do Juizado Especial Criminal.

1.6.4.2. Violação de segredo profissional

> Art. 154. Revelar alguém, sem justa causa, segredo de que tem ciência em razão da função, ministério, ofício ou profissão, e cuja revelação possa produzir dano a outrem:
>
> Pena – detenção, de três meses a um ano, ou multa.
>
> Parágrafo único. Somente se procede mediante representação.

1.6.4.2.1. Objetividade jurídica

O sigilo profissional.

1.6.4.2.2. Tipo objetivo

A conduta típica consiste em revelar segredo profissional, que significa dar ciência a outrem, contar o segredo por qualquer forma (escrita, verbal etc.). O crime se configura ainda que o segredo seja narrado a uma só pessoa, desde que isso possa causar prejuízo à vítima, já que tal aspecto – possibilidade de dano – é elementar do delito. O dano potencial pode ser econômico (prejuízo em negociações empresariais), moral (revelação de que a vítima é portadora de doença venérea) ou de outra natureza qualquer.

A existência do delito pressupõe que a revelação *ocorra sem justa causa* (elemento *normativo* do tipo). O assistente que revela o teor de negociações do empresário (seu patrão) que ouviu enquanto desempenhava suas atividades comete o crime. Já o motorista particular de um político que narra a investigadores o local onde guardou o dinheiro que seu chefe recebeu a título de propina não incorre na infração penal em análise. Existe também justa causa quando o segredo é revelado a fim de se evitar a prática de um crime.

Quando a vítima autoriza a revelação o fato é atípico porque, em verdade, o interessado não mais se importa em manter o sigilo.

O crime em análise é punido exclusivamente quando a revelação decorre de dolo. Não há previsão legal de modalidade culposa.

Para a existência do delito, é necessário que o agente tenha tido conhecimento do segredo em razão de sua função, ministério, ofício ou profissão. De acordo com o texto legal, se o sujeito tomar conhecimento de algum segredo no desempenho de suas atividades, responderá pelo delito se revelar tal segredo sem justa causa, desde que a revelação possa causar prejuízo a outrem. Função é o encargo decorrente de lei, de contrato, ou de ordem judicial, como, por exemplo, a tutela e a curatela. Ministério é uma atividade religiosa ou social exercida por sacerdotes, freiras etc. Ofício é o desempenho de atividade manual, tal como o exercido por motoristas particulares, empregados domésticos etc. Profissão é qualquer atividade exercida habitualmente com intenção de lucro, como a advocacia, a medicina etc. Comete o delito, por exemplo, o advogado que toma conhecimento que um cliente cometeu adultério e revela tal fato.

Os auxiliares das pessoas acima mencionadas também podem responder pelo crime quando tomarem conhecimento do segredo no desempenho de suas atividades. Exemplos: o estagiário do advogado, a enfermeira em relação ao segredo contado ao médico etc.

Se o agente tomou conhecimento do segredo no desempenho de função pública, a revelação configura crime diverso, descrito no art. 325 do Código Penal.

1.6.4.2.3. Sujeito ativo

Trata-se de crime próprio que só pode ser cometido pelas pessoas que tiverem tomado conhecimento do segredo em razão da função, ministério, ofício ou profissão (ver tópico anterior).

O art. 207 do Código de Processo Penal estabelece que "são proibidas de depor as pessoas que, em razão de função, ministério, ofício ou profissão, devam guardar segredo, salvo se, desobrigadas pela parte interessada, quiserem dar o seu testemunho". Essas pessoas, quando desobrigadas pela parte interessada, podem prestar depoimento e contar o segredo, não havendo crime. Nélson Hungria[116] ressalva, por sua vez, que "se qualquer dessas pessoas, embora não desobrigada, deixar-se perquirir, mas deturpando ou negando a verdade, ou deixando de revelar tudo quanto sabe", não cometerá falso testemunho, porque, em verdade, não poderia estar prestando o depoimento, em razão da vedação expressa do art. 207 do Código de Processo Penal. Assim, por ser considerada ilícita, tal prova é nula e, portanto, não tem valor. Caso tal pessoa, embora não desobrigada, preste depoimento contando o que realmente sabe, de modo a revelar indevidamente o segredo profissional, incorrerá no crime de violação de segredo profissional (art. 154).

1.6.4.2.4. Sujeito passivo

É aquele que pode sofrer algum dano com a revelação do segredo, podendo ser a própria pessoa que contou o segredo a quem posteriormente o revelou ou terceiro.

1.6.4.2.5. Consumação

Trata-se de crime formal que se consuma no momento em que o segredo é revelado a terceira pessoa, ainda que disso não decorra qualquer dano.

1.6.4.2.6. Tentativa

É possível na forma escrita. Exemplo: carta endereçada a terceiro visando à revelação do segredo que se extravia.

1.6.4.2.7. Classificação doutrinária

Trata-se de crime simples quanto à objetividade jurídica e próprio quanto ao sujeito ativo. No que diz respeito ao momento consumativo, cuida-se de delito formal e instantâneo. Quanto aos meios de execução, constitui crime de ação livre e comissivo. Por fim, quanto ao elemento subjetivo, o delito é doloso.

1.6.4.2.8. Ação penal

Pública condicionada à representação, nos termos do parágrafo único do art. 154, a ação penal.

Por se tratar de infração de menor potencial ofensivo, a competência é do Juizado Especial Criminal.

1.6.4.3. Invasão de dispositivo informático

> Art. 154-A. Invadir dispositivo informático de uso alheio, conectado ou não à rede de computadores, com o fim de obter, adulterar ou destruir dados ou informações sem autorização expressa ou tácita do usuário do dispositivo ou de instalar vulnerabilidades para obter vantagem ilícita:
>
> Pena – reclusão, de um a quatro anos, e multa.

---

[116] Nélson Hungria. *Comentários ao Código Penal*, v. IX, p. 485.

1.6.4.3.1. Objetividade jurídica

A segurança nas operações informáticas e o sigilo das informações e dados dos usuários.

1.6.4.3.2. Tipo objetivo

A infração penal em análise foi introduzida no Código Penal pela Lei n. 12.737/2012, que possibilitou a punição de diversos delitos cibernéticos. Antes da aprovação de tal lei, o enquadramento de determinadas condutas como crime só era possível no caso da superveniência de algum resultado lesivo que tipificasse delito descrito no Código Penal (apropriação indébita, furto, estelionato etc.) ou em leis especiais. A fim de antecipar a possibilidade de punição dos cibercriminosos que disseminam vírus ou arquivos espiões pela rede ou invadem dispositivos informáticos alheios, a referida lei introduziu o art. 154-A no Código Penal. De acordo com tal dispositivo, basta que o agente invada o computador alheio com o fim de obter, adulterar ou destruir dados ou informações, ou, ainda, para instalar vulnerabilidades no sistema a fim de obter vantagem ilícita. Realizada uma dessas condutas, o delito estará consumado, ainda que o agente não atinja seu objetivo (obter, adulterar ou destruir informações ou obter vantagem ilícita). Em havendo um desses resultados posteriores, o fato poderá constituir crime mais grave.

Comete o crime do art. 154-A, por exemplo, quem contamina com vírus o computador da vítima (por meio de página da internet ou por *e-mails* conhecidos como *spams*), a fim de danificar arquivos ou para instalar programas espiões.

Se houver autorização judicial para a obtenção dos arquivos do computador de determinada pessoa, o fato não constitui crime, uma vez que o tipo penal exige que a violação ocorra de forma indevida. Do mesmo modo, não haverá crime se existir autorização expressa ou tácita do titular do dispositivo.

O próprio tipo penal salienta que o computador violado pode estar ou não conectado à internet, posto que, embora menos comum, é possível instalar pessoalmente programas em computadores não conectados à rede, que fazem cópias dos arquivos manipulados pela vítima (imagens, textos etc.), e que, posteriormente, são retirados, também pessoalmente, pelo agente.

O crime em análise é doloso. Note-se que a configuração da infração penal pressupõe a específica intenção de obter, adulterar ou destruir dados ou informações por meio da indevida invasão do dispositivo informático alheio, ou, ainda, de obtenção de vantagem ilícita (elemento subjetivo do tipo). Existe crime, por exemplo, por parte de quem invade computador de outrem com o intuito de danificar os arquivos existentes, de obter a senha de seu cartão bancário, de ter acesso ao conteúdo de suas conversas etc.

Não existe figura culposa, razão pela qual não comete crime quem envia *e-mail* a outra pessoa sem saber que está transferindo um vírus ao outro usuário.

A pena do dispositivo foi aumentada pela Lei n. 14.155, de 27 de maio de 2021.

1.6.4.3.3. Sujeito ativo

Trata-se de crime comum, que pode ser cometido por qualquer pessoa.

1.6.4.3.4. Sujeito passivo

O dono do computador invadido e qualquer outra pessoa cujos dados sejam copiados ou danificados por estarem nos arquivos do computador afetado.

1.6.4.3.5. Consumação

No exato instante da invasão. Trata-se de crime *formal* que se consuma independentemente da efetiva obtenção, adulteração ou destruição de dados ou informações pretendida pelo agente, ou da obtenção de alguma vantagem ilícita (parte final do dispositivo).

1.6.4.3.6. Tentativa

É possível. É o que ocorre, por exemplo, quando a vítima não abre um *e-mail* que lhe foi enviado contendo arquivo espião ou quando o programa antivírus impede uma invasão.

1.6.4.3.7. Classificação doutrinária

Trata-se de crime simples quanto à objetividade jurídica; comum e de concurso eventual em relação ao sujeito ativo; comissivo no que pertine aos meios de execução; formal e instantâneo quanto ao momento consumativo; e doloso em relação ao elemento subjetivo.

1.6.4.3.8. Figura equiparada

De acordo com o art. 154-A, § 1º, "na mesma pena incorre quem produz, oferece, distribui, vende ou difunde dispositivo ou programa de computador com o intuito de permitir a prática da conduta definida no *caput*".

1.6.4.3.9. Causa de aumento de pena da figura simples

Nos termos do art. 154-A, § 2º, "aumenta-se a pena de um terço a dois terços se da invasão resulta prejuízo econômico". Esta causa de aumento de pena é aplicável, por exemplo, quando, em razão da invasão, programas do computador invadido são danificados ou arquivos são apagados, ou, ainda, quando a invasão é em algum *site* de venda de produtos cujo funcionamento acaba afetado e as vendas inviabilizadas por algum período.

O crime de dano simples (art. 163, *caput*, do CP), que tem pena menor, fica absorvido.

Saliente-se que o delito em estudo é subsidiário em relação a crimes contra o patrimônio, como o furto qualificado, o estelionato qualificado e a extorsão, que possuem pena maior. Assim, se o agente obtém dados bancários da vítima por meio de um programa espião e, com estes dados, consegue efetuar saques da conta da vítima ou transferências bancárias, incorre em crime de furto qualificado pela fraude cometida por meio informático. Se exige dinheiro da vítima para não divulgar informações sigilosas obtidas, comete delito de extorsão.

1.6.4.3.10. Figura qualificada

De acordo com o art. 154-A, § 3º, se "da invasão resultar a obtenção de conteúdo de comunicações eletrônicas privadas, segredos comerciais ou industriais, informações sigilosas, assim definidas em lei, ou o controle remoto não autorizado do dispositivo invadido", a pena será de reclusão, de dois a cinco anos, e multa.

A invasão de computador alheio com a consequente obtenção do conteúdo de *e-mails* trocados, de fotografias, ou de segredos em geral já é suficiente para tipificar o delito em estudo. Haverá, porém, crime diverso se houver interceptação não autorizada de comunicação informática – art. 10 da Lei n. 9.296/96. Na interceptação, é utilizado um programa espião que duplica ou desvia as comunicações em trânsito (*e-mails* remetidos por alguém ou a ele encaminhados).

É claro que se o agente obtiver, por exemplo, a senha da conta corrente de alguém e, posteriormente, efetuar saques em caixas eletrônicos ou transferências indevidas, haverá crime de furto qualificado pela fraude, que, absorve o delito em questão, por ser este crime-meio. Do mesmo modo, se o agente exigir dinheiro da vítima para não divulgar suas fotografias ou segredos, o crime será o de extorsão.

Em suma, a mera invasão do computador alheio configura o crime do *caput*. Se o agente danifica algum arquivo ou programa, sua pena será aumentada na forma do § 2º. Se obtém alguma informação, segredo etc., incorre no crime qualificado do § 3º. Por fim, se utiliza a informação obtida para a prática de outro crime mais gravemente apenado, responde apenas por esta infração penal.

1.6.4.3.10.1. Aumento da pena da figura qualificada

Na hipótese do § 3º, aumenta-se a pena de um a dois terços se houver divulgação, comercialização ou transmissão a terceiro, a qualquer título, dos dados ou informações obtidos. Exemplos: a) O agente invade o computador de uma atriz e copia fotografias sensuais particulares e as comercializa com *sites* pornográficos ou com revistas; b) O agente consegue com a invasão o texto de um livro que está sendo redigido por um famoso escritor ou uma música que será ainda gravada por uma famosa banda e divulga a música ou o livro.

1.6.4.3.11. Causas de aumento de pena genéricas

No § 5º do art. 154-A, está previsto aumento de pena de qualquer das modalidades da infração penal (simples ou qualificada), se o crime for praticado contra:

I – Presidente da República, governadores e prefeitos;

II – Presidente do Supremo Tribunal Federal;

III – Presidente da Câmara dos Deputados, do Senado Federal, de Assembleia Legislativa de Estado, da Câmara Legislativa do Distrito Federal ou de Câmara Municipal; ou

IV – dirigente máximo da administração direta e indireta federal, estadual, municipal ou do Distrito Federal.

Nesses casos, a pena será agravada de 1/3 até a metade. O aumento decorre das funções relevantes desempenhadas pela vítima.

1.6.4.3.12. Ação penal

De acordo com o art. 154-B do Código Penal, nos crimes definidos no art. 154-A, somente se procede mediante representação, salvo se o crime for cometido contra a administração pública direta ou indireta de qualquer dos Poderes da União, Estados, Distrito Federal ou Municípios ou contra empresas concessionárias de serviços públicos, quando a ação será pública incondicionada.

TÍTULO II
2. DOS CRIMES CONTRA O PATRIMÔNIO

A proteção ao patrimônio encontra guarida no art. 5º, *caput*, da Constituição Federal que consagra o direito à inviolabilidade da *propriedade*. Cuida-se, assim, de direito fundamental dos cidadãos, cabendo, portanto, ao Estado coibir ações atentatórias a tal direito, o que é feito no Título II da Parte Especial do Código Penal onde estão descritos os crimes contra o patrimônio. Tais delitos estão divididos em oito capítulos de acordo com a forma como o patrimônio alheio é lesado.

Os Capítulos são os seguintes:

Capítulo I – Do furto (arts. 155 e 156);

Capítulo II – Do roubo e da extorsão (arts. 157 a 160);

Capítulo III – Da usurpação (arts. 161 e 162);

Capítulo IV – Do dano (arts. 163 a 167);

Capítulo V – Da apropriação indébita (art. 168 a 170);

Capítulo VI – Do estelionato e outras fraudes (arts. 171 a 179);

Capítulo VII – Da receptação (art. 180);

Capítulo VIII – Disposições gerais (arts. 181 a 183).

Em alguns dos delitos deste Título o direito patrimonial é o único atingido. É o que ocorre, por exemplo, nos crimes de furto, apropriação indébita, estelionato etc. Em outras infrações penais, porém, a conduta ilícita afeta concomitantemente outros bens jurídicos, tal como nos crimes de roubo e extorsão, em que é afetada a incolumidade física ou a liberdade individual; na extorsão mediante sequestro, em que é atingida a liberdade individual; no latrocínio, em que é afetada a vida etc.

Observe-se, também, que existem delitos previstos em outros títulos do Código Penal e também em leis especiais que, além de afetarem bens jurídicos de outra natureza, atingem também o patrimônio. O crime de peculato, por exemplo, encontra-se no Título dos crimes contra a Administração Pública, mas lesa também o patrimônio do ente público, vítima da infração penal.

Capítulo I
DO FURTO

2.1. Do furto

Neste Capítulo estão previstos dois crimes, o furto (art. 155) e o furto de coisa comum (art. 156).

O furto (art. 155), por sua vez, subdivide-se, de acordo com o texto legal, em quatro figuras: a) simples (*caput*); b) noturno (§ 1º); c) privilegiado (§ 2º); e d) qualificado (§§ 4º a 7º).

2.1.1. Furto simples

> Art. 155. Subtrair, para si ou para outrem, coisa alheia móvel:
> Pena – reclusão, de um a quatro anos, e multa.

2.1.1.1. Objetividade jurídica

O patrimônio e, eventualmente, a posse.

Trata-se de crime *simples*, porque afeta um único bem jurídico.

2.1.1.2. Tipo objetivo

A descrição típica do crime de furto simples, contida no art. 155, *caput*, do Código Penal, deixa evidente que referido delito é composto por quatro elementares: a conduta típica (subtração), o objeto material (coisa móvel), o elemento normativo do tipo (alheia) e o elemento subjetivo do tipo (intenção de assenhoreamento definitivo, para si ou para outrem).

O ato de subtrair (núcleo do tipo) verifica-se em duas situações.

Na primeira, o próprio agente tem a iniciativa de se apoderar da coisa alheia sem qualquer espécie de autorização. É o que ocorre, por exemplo, quando o furtador ingressa sorrateiramente em uma residência e de lá subtrai aparelhos eletrodomésticos ou quando vê uma bicicleta estacionada na rua e sai pedalando com ela.

A segunda forma de subtração verifica-se quando a própria vítima entrega o bem a outrem, mas não o autoriza a levá-lo embora. É o que se chama de posse *vigiada*. Em tal caso, se o sujeito quiser se locupletar com a coisa alheia, terá de tirá-la da esfera de vigilância do dono. Para tanto, o sujeito, em regra, esconde o bem e sai do local em seu poder, ou, eventualmente, foge em desabalada carreira. Como esses casos de posse vigiada dão origem ao crime de furto, por ter havido ato de subtração, por exclusão, conclui-se que apenas quando a posse é desvigiada pode ocorrer crime de apropriação indébita. A fim de evidenciar a distinção, o exemplo do livro pertencente à biblioteca é bastante esclarecedor. Se alguém recebe o livro no balcão com autorização para manuseá-lo somente no interior da biblioteca, o crime será o de furto caso ele esconda-o na mochila e leve-o embora. Se, entretanto, o livro for alugado para o sujeito ler em casa, a não restituição dolosa configurará crime de apropriação indébita.

É possível que haja posse vigiada até mesmo em local público (na rua, em uma praça). Exemplo: pessoa recebe uma blusa de um vendedor de rua (camelô) para experimentá-la e, quando está com a roupa no corpo, sai correndo com ela. O crime, portanto, é o de furto.

O funcionário do caixa de um estabelecimento comercial tem a posse dos valores pertencentes à empresa apenas no local de trabalho. Assim, se o dinheiro for desviado por tal funcionário, o crime será o de furto. Já a pessoa que tem a posse de um veículo emprestado por um amigo e que, posteriormente, não o devolve comete apropriação indébita.

Apenas a coisa *móvel* pode ser objeto de furto porque somente ela pode ser transportada e, assim, tirada da esfera de vigilância da vítima. Os bens imóveis, portanto, não podem ser furtados; cabe ressalvar que se consideram imóveis apenas os bens que não possam ser levados de um local para outro. Assim, quando o Código Civil ou leis especiais, por ficção, equiparam aos imóveis os aviões e as embarcações (art. 1.473, VI e VII, do Código Civil), para fim de registro de hipoteca, não lhes retira a possibilidade de ser produto de furto porque são, essencialmente, coisas móveis.

O Código Civil dispõe em seu art. 81, II, que não perdem o caráter de imóveis os materiais provisoriamente separados de um prédio, para nele se reempregarem. É evidente, entretanto, que esses materiais podem ser transportados pelo furtador e, se o forem, estará caracterizado o delito em estudo. É possível, aliás, que o furtador subtraia peças ou acessórios que, em princípio, integram o imóvel. Não é incomum, por exemplo, que o agente retire o portão de alumínio da entrada de uma casa, os metais de uma pia, as luminárias do teto etc.

Os animais domésticos ou domesticados, quando tiverem dono, e os semoventes (bois, porcos, cabras) podem ser objeto de furto. A subtração de gado possui denominação própria: *abigeato*. Lembre-se que semoventes constituem espécie do gênero coisa móvel. A subtração de semovente domesticável de produção caracteriza modalidade qualificada do delito de furto (ver comentários ao art. 155, § 6º).

A extração clandestina de terra em imóvel alheio configura furto. É também possível o furto de minerais em solo alheio.

A subtração de árvores, quando não constitui crime contra o meio ambiente, caracteriza crime de furto.

Nélson Hungria[117] advogava a tese de que o patrimônio não é integrado exclusivamente por coisas que possuem valor econômico, mas também por aquelas que tenham

---

[117] Nélson Hungria. *Comentários ao Código Penal*, v. VII, p. 8.

valor apenas afetivo, que, por tal motivo, também poderiam ser objeto material do crime de furto: "a nota predominante do elemento patrimonial é o seu caráter econômico, o seu valor traduzível em pecúnia; mas cumpre advertir que, por extensão, também se dizem patrimoniais aquelas coisas que, embora sem valor venal, representam uma utilidade, ainda que simplesmente moral (valor de afeição), para o seu proprietário". Há, porém, quem entenda que o fato não constitui crime, devendo a parte prejudicada – proprietário da coisa subtraída – buscar indenização por danos morais na esfera cível.

O art. 155, § 3º, do Código Penal, expressamente equipara à coisa móvel a energia *elétrica* e outras formas de energia que tenham *valor econômico* (nuclear, térmica etc.), de modo que podem elas ser produto de furto. Haverá furto de energia elétrica quer a ligação clandestina seja feita na rede pública, quer em imóvel vizinho.

É necessário estabelecer a seguinte distinção: quando o agente capta, clandestinamente, a energia da rede pública ou do vizinho, o crime é o de furto, quer tenha havido desvio total (sem passar pelo medidor), quer tenha havido fraude no aparelho medidor para o consumo ser registrado a menor. Se, todavia, o consumo ocorrer normalmente e for regularmente registrado no medidor e, posteriormente, o agente adulterar o "relógio de luz" para diminuir o valor da conta, o crime será o de estelionato.

A Exposição de Motivos da Parte Especial do Código Penal, em seu item 56, elenca a energia *genética* dos reprodutores como exemplo de furto de energia. Assim, a subtração de sêmen constitui furto.

A regra do art. 155, § 3º, do Código Penal foi repetida no art. 83, I, do Código Civil, ao estabelecer que todas as formas de energia consideram-se coisas móveis.

A captação clandestina de sinal de TV a cabo configura crime de furto, pois o sinal de TV constitui coisa móvel incorpórea, não sendo necessário, em nosso entendimento dispositivo expresso nesse sentido. De qualquer forma, o art. 35 da Lei n. 8.977/95 prevê que "constitui ilícito penal a interceptação ou a recepção não autorizada dos sinais de TV a cabo". Tal dispositivo não esclarece qual seria o ilícito penal, porém, considerando que o sinal é captado de forma clandestina, a conclusão é de que se trata de crime de furto. Nesse sentido, o entendimento da 5ª Turma do Superior Tribunal de Justiça: "[...] o sinal de TV a cabo pode ser equiparado à energia elétrica para fins de incidência do artigo 155, § 3º, do Código Penal. Doutrina. Precedentes" (STJ, RHC 30.847/RJ, Rel. Min. Jorge Mussi, 5ª Turma, julgado em 20-8-2013, *DJe* 4-9-2013); "O sinal de televisão propaga-se através de ondas, o que na definição técnica se enquadra como energia radiante, que é uma forma de energia associada à radiação eletromagnética. II. Ampliação do rol do item 56 da Exposição de Motivos do Código Penal para abranger formas de energia ali não dispostas, considerando a revolução tecnológica a que o mundo vem sendo submetido nas últimas décadas. III. Tipicidade da conduta do furto de sinal de TV a cabo" (STJ, REsp 1.123.747/RS, Rel. Min. Gilson Dipp, 5ª Turma, julgado em 16-12-2010, *DJe* 1º-2-2011); "Segundo o entendimento do Superior Tribunal de Justiça a captação irregular de sinal de TV a cabo configura delito previsto no art. 155, § 3º, do CP" (STJ, REsp 1.076.287/RN, Rel. Min. Arnaldo Esteves Lima, 5ª Turma, julgado em 2-6-2009, *DJe* 29-6-2009. Ressalte-se, contudo, que existe julgado em sentido contrário da 2ª Turma do Supremo Tribunal Federal. "O sinal de TV a cabo não é energia, e assim, não pode ser objeto material do delito previsto no art. 155, § 3º, do Código Penal. Daí a impossibilidade de se equiparar o desvio de sinal de TV a cabo ao delito descrito no referido dispositivo. Ademais, na esfera penal não se admite a aplicação da analogia para suprir lacunas, de modo a se criar penalidade não mencionada na lei (analogia *in malam partem*), sob pena de violação ao princípio constitucional da estrita legalidade. Precedentes. Ordem concedida" (HC 97.261, 2ª Turma, Rel. Min. Joaquim Barbosa, *DJe* 81, p. 29). Há, também, julgados da 6ª Turma do Superior Tribunal de Justiça nesse sentido: "O Supremo Tribunal Federal, no julgamento do HC n. 97.261/RS, entendeu que o sinal de televisão não se equipararia à energia elétrica, bem assim que não haveria subtração na hipótese de captação indevida de sinal, motivo pelo qual a conduta não se amoldaria ao crime do art. 155, § 3º, do Código Penal. Asseverou também que a ausência de previsão de sanção no art. 35 da Lei n. 8.977/1995, que definiu a captação clandestina de sinal como ilícito penal, somente poderia ser suprida por outra lei, não podendo ser utilizado o preceito secundário de outro tipo penal, sob pena de haver indevida analogia *in malam partem*. Precedente da Sexta Turma desta Corte Superior" (STJ, REsp 1838056/RJ, Rel. Min. Laurita Vaz, 6ª Turma, julgado em 9-6-2020, *DJe* 25-6-2020); "A captação clandestina de sinal de televisão fechada ou a cabo não configura o crime previsto no art. 155, § 3º, do Código Penal" (AgRg no REsp 1.185.601/RS, Rel. Min. Sebastião dos Reis Júnior, 6ª Turma, julgado em 5-9-2013, *DJe* 23-9-2013).

Já em relação à captação de sinal telefônico, nossos tribunais têm reconhecido a tipicidade da conduta porque cada novo impulso consumido clandestinamente pelo agente aumenta o valor da conta da vítima: "Conforme reiterada jurisprudência, o furto do impulso telefônico também caracteriza o delito do § 3º do art. 155 do Código Penal, porque há a subtração de energia, a qual permite o funcionamento do sistema telefônico, podendo ela, a exemplo da energia elétrica, ser equiparada à coisa móvel. Esta ação, além disso, acarreta prejuízo ao proprietário da linha telefônica, seja ele um particular ou a concessionária do serviço público" (Apelação Criminal n. 70009002734, Rel. Sylvio Baptista, julgada em 4-11-2004); "Nos termos do § 3º do art. 155 do Código Penal, equipara-se à coisa móvel a energia elétrica ou qualquer outra que tenha valor econômico, aí podendo ser incluídas a genética, a mecânica, a térmica e a radioativa, o que deixa certo que aquele que subtrai, para si, sinais de comunicação (impulsos telefônicos) de propriedade da Telemar, pratica o delito de furto, sendo flagrante o prejuízo sofrido pela empresa concessionária respectiva" (Apelação Criminal n. 0667/04, Rel. Marcus Henrique Pinto Basílio, julgada em 20-4-2004).

Os seres humanos podem ser transportados, porém, não se enquadram no conceito de *coisa*, de modo que não podem ser objeto material de furto, mas apenas de crimes específicos como sequestro (art. 148), extorsão mediante sequestro (art. 159) e subtração de incapaz (art. 249). Da mesma forma, a subtração de parte de ser humano, enquanto o integra, não constitui furto, e sim crime de lesão corporal ou contravenção de vias de fato (conforme o entendimento adotado), ainda que haja interesse econômico envolvido, como no caso do corte não autorizado de cabelo alheio para ser vendido a cabeleireiros ou empresas que confeccionam perucas. É possível, porém, que haja furto em relação a tecido humano que já não integre o corpo, como, por exemplo, a subtração de sangue do banco que o armazena.

A extração não autorizada (subtração) de órgão ou tecido humano, *para fim de transplante*, constitui crime específico previsto no art. 14 da Lei n. 9.434/97 – lei que regulamenta os transplantes. O médico que, clandestinamente, durante uma cirurgia qualquer, retira, sem o conhecimento do paciente, um de seus rins, a fim de vendê-lo a outro paciente, incorre nesta infração penal.

Os objetos que as pessoas usam para complementação estética ou para auxílio em suas funções podem ser furtados, como dentaduras, próteses etc.

O furto de título de crédito constitui geralmente crime-meio para a prática de outro crime, restando por este absorvido. É o que ocorre, por exemplo, quando o agente subtrai folha de cheque e se passa pelo correntista para efetuar compra em um mercado, hipótese configuradora de estelionato, porque o agente obteve vantagem ilícita ao efetuar a compra tendo, para tanto, enganado o vendedor mediante a emissão do cheque falsificado.

A questão, todavia, é polêmica quando o agente não chega a fazer uso do cheque em branco ou do talonário em branco subtraídos. Alguns julgados entendem que o fato é atípico porque referidas cártulas não possuem valor econômico. Nesse sentido: "De acordo com a jurisprudência desta Corte Superior de Justiça, folhas de cheque e cartões bancários não podem ser objeto material do crime de receptação, uma vez que desprovidos de valor econômico, indispensável à caracterização do delito contra o patrimônio, entendimento também aplicável ao crime de furto, destinado à tutela do mesmo bem jurídico. Precedentes" (STJ, HC 118.873/SC, Rel. Min. Jorge Mussi, 5ª Turma, julgado em 17-3-2011, *DJe* 25-4-2011). Em sentido contrário, porém, podemos mencionar: "Furto de talonário ou de cheques avulsos em branco. A coisa alheia móvel a que se refere o art. 155 do CP é tudo quanto, para a vítima, represente valor. Nega vigência àquele dispositivo a decisão que reclama, para ver caracterizado o furto, tenha a coisa valor ponderável de comércio" (STF, *RT* 587/428). No Superior Tribunal de Justiça o entendimento predominante atualmente é de que o fato constitui crime de furto: "Não se desconhece que a partir do julgamento do REsp 150.908/SP este Superior Tribunal de Justiça firmou o entendimento de que folhas de cheque e cartões bancários não podem ser objeto material dos crimes de receptação e furto, uma vez que desprovidas de valor econômico, indispensável para a caracterização dos delitos patrimoniais. 3. Contudo, ao examinar o CC 112.108/SP, a 3ª Seção desta Corte Superior de Justiça modificou tal posição, consignando que o talonário de cheque possui valor econômico, aferível pela provável utilização das cártulas para obtenção de vantagem ilícita por parte de seus detentores" (STJ, AgRg no HC 410.154/RS, Rel. Min. Jorge Mussi, 5ª Turma, julgado em 3-10-2017, *DJe* 11-10-2017); "É de reconhecer-se potencialidade lesiva a um talonário de cheques, dado seu inegável valor econômico, aferível pela provável utilização das cártulas como meio fraudulento para a obtenção de vantagem ilícita por parte de seus detentores" (STJ, CC 112.108/SP, Rel. Min. Marco Aurélio Bellizze, Rel. p/ Acórdão Min. Rogerio Schietti Cruz, 3ª Seção, julgado em 12-2-2014, *DJe* 15-9-2014).

Quando se trata de cheque já preenchido e assinado pelo correntista, os julgadores não têm tido dúvida em reconhecer o delito de furto, salvo, evidentemente, se for de valor irrisório (quando se aplica o princípio da insignificância). Exemplo: devedor que subtrai o título representativo da dívida, funcionário de estabelecimento que subtrai os cheques do caixa etc.

A necessidade de ser a coisa *alheia* representa o elemento *normativo* do furto. Alguns objetos, por não terem dono, não podem ser objeto material de furto, posto que não se enquadram no conceito de coisa alheia. É o que ocorre com a *res nullius* e a *res derelicta*.

A coisa de *ninguém* (*res nullius*) é aquela que nunca teve proprietário, como, exemplificativamente, os peixes das águas públicas que, por isso, podem ser pescados por qualquer pessoa sem o risco de responderem por crime de furto. A coisa *abandonada* (*res derelicta*) é aquela que foi jogada fora pelo dono que dela se desinteressou. De acordo com o art. 1.275, III, do Código Civil, o abandono é forma de perda da propriedade. Por isso, quem encontra coisa abandonada e dela se apodera não comete furto. De acordo com o art. 1.263 do Código Civil, quem se assenhora de coisa sem dono adquire-lhe a propriedade, exceto se proibido tal apoderamento por lei (quem pesca em águas públicas espécies em extinção ou em época e local em que a pesca está proibida comete crime contra o meio ambiente e não se torna dono dos espécimes pescados).

As coisas *perdidas* (*res desperdicta*) têm dono, contudo, só são assim consideradas aquelas que estão fora da esfera de vigilância do dono porque perdidas em local público (ruas, praças, avenidas) ou aberto ao público (estádios, supermercados, metrô, ônibus). Em tais casos, quem encontra o objeto e dele se apodera não realiza ato de subtração, daí por que o legislador, considerando que o bem tem dono, tipificou a conduta como apropriação de coisa achada (art. 169, parágrafo único, II). Quem encontra uma carteira na calçada e, dolosamente, não a devolve, no prazo de 15 dias que a lei confere, comete esse crime. É claro, todavia, que se a vítima ainda estiver no local, a coisa não será considerada perdida. Se alguém está fazendo um pagamento em uma loja e o seu telefone celular cai no chão sem que ele perceba e o agente imediatamente dele se apodera, comete furto porque, em tal hipótese, o aparelho, embora no chão, ainda estava na esfera de vigilância da vítima. Quando um objeto está em imóvel particular não aberto ao público (na própria casa do dono, por exemplo), quem o encontra e o retira sorrateiramente do local comete crime de furto porque tal objeto, tecnicamente, não está perdido, ainda que a vítima diga que pensava tê-lo perdido em data anterior. Da mesma forma, objetos esquecidos em locais privados podem ser objeto de furto.

De acordo com o art. 99, I, do Código Civil, as águas dos rios e dos mares são bens de uso comum do povo. Quem se apossa de alguns baldes de água do mar ou de um rio, não comete crime de furto. Quando, todavia, a água já foi destacada do ambiente natural e está sendo explorada comercialmente por alguém, a subtração desta água constitui crime de furto. Por isso, o desvio de água encanada para ser consumido em um imóvel sem que passe pelo hidrômetro, configura o delito, sendo vítima a empresa concessionária do serviço.

A partir do ano de 2015, o Superior Tribunal de Justiça firmou entendimento de que o pagamento pelo agente dos valores apurados pela vítima em razão da subtração de energia elétrica ou de água encanada, realizado antes do início da ação penal, gerava a extinção da punibilidade – por aplicação analógica, *in bonam partem*, das regras sobre o tema da legislação tributária: "a jurisprudência do Superior Tribunal de Justiça entende que o ressarcimento do preço devido em razão da subtração de energia elétrica, antes do recebimento da denúncia, acarreta a extinção da punibilidade, em respeito aos princípios da isonomia e da subsidiariedade do Direito Penal. Incidência da Súmula 83 do STJ (AgRg no AREsp n. 522.504/RJ, 6ª Turma, Rel. Min. Rogério Schietti Cruz, *DJe* de 17-11-2014)" (HC 352.328/SP, Rel. Min. Felix Fischer, 5ª Turma, julgado em 10-5-2016, *DJe* 23-5-2016); "Embora o valor estipulado como contraprestação de serviços públicos essenciais – como a energia elétrica e a água – não seja tributo, possui ele a natureza jurídica de preço público, já que cobrado por concessionárias de serviços públicos, que se assemelham aos próprios entes públicos concedentes, de maneira que o pagamento do preço antes do recebimento da denúncia enseja a extinção da punibilidade. Precedentes" (RHC 59.656/MG, Rel. Min. Rogerio Schietti Cruz, Rel. p/ Acórdão Ministro Nefi Cordeiro, 6ª Turma, julgado em 24-5-2016, DJe 7-6-2016).

No mesmo sentido: RHC 56.505/SP, Rel. Min. Antonio Saldanha Palheiro, 6ª Turma, julgado em 9-8-2016, DJe 24-8-2016; RHC 72.825/SP, Rel. Min. Maria Thereza de Assis Moura, 6ª Turma, julgado em 30-6-2016, DJe 8-8-2016; HC 347.353/SP, Rel. Min. Reynaldo Soares da Fonseca, 5ª Turma, julgado em 28-6-2016, DJe 1-8-2016; RHC 62.437/SC, Rel. Min. Nefi Cordeiro, 6ª Turma, julgado em 21-6-2016, DJe 1º-7-2016; RHC 59.324/MS, Rel. Min. Jorge Mussi, 5ª Turma, julgado em 13-10-2015, DJe 21-10-2015; AgRg no AREsp 945.360/RJ, Rel. Min. Sebastião Reis Júnior, 6ª Turma, julgado em 18-8-2016, DJe 5-9-2016; HC 311.182/RJ, Rel. Min. Gurgel de Faria, 5ª Turma, julgado em 6-8-2015, DJe 25-8-2015. No ano de 2018, todavia, a 5ª Turma do Superior Tribunal de Justiça modificou esse entendimento: "Tem-se por pretensão aplicar o instituto da extinção de punibilidade ao crime de furto de energia elétrica em razão do adimplemento do débito antes do recebimento da denúncia. 2. Este Tribunal já firmou posicionamento no sentido da sua possibilidade. Ocorre que no caso em exame, sob nova análise, se apresentam ao menos três causas impeditivas, quais sejam, a diversa política criminal aplicada aos crimes contra o patrimônio e contra a ordem tributária; a impossibilidade de aplicação analógica do art. 34 da Lei n. 9.249/95 aos crimes contra o patrimônio; e, a tarifa ou preço público tem tratamento legislativo diverso do imposto. 3. O crime de furto de energia elétrica mediante fraude praticado contra concessionária de serviço público situa-se no campo dos delitos patrimoniais. Neste âmbito, o Estado ainda detém tratamento mais rigoroso. O desejo de aplicar as benesses dos crimes tributários ao caso em apreço esbarra na tutela de proteção aos diversos bens jurídicos analisados, pois o delito em comento, além de atingir o patrimônio, ofende a outros bens jurídicos, tais como a saúde pública, considerados, principalmente, o desvalor do resultado e os danos futuros. 4. O papel do Estado nos casos de furto de energia elétrica não deve estar adstrito à intenção arrecadatória da tarifa, deve coibir ou prevenir eventual prejuízo ao próprio abastecimento elétrico do País. Não se pode olvidar que o caso em análise ainda traz uma particularidade, porquanto trata-se de núcleo empresarial, com condições financeiras de cumprir com suas obrigações comerciais. A extinção da punibilidade neste caso estabeleceria tratamento desigual entre os que podem e os que não podem pagar, privilegiando determinada parcela da sociedade. 5. Nos crimes contra a ordem tributária, o legislador (Leis n. 9.249/95 e n. 10.684/03), ao consagrar a possibilidade da extinção da punibilidade pelo pagamento do débito, adota política que visa a garantir a higidez do patrimônio público, somente. A sanção penal é invocada pela norma tributária como forma de fortalecer a ideia de cumprimento da obrigação fiscal. 6. Nos crimes patrimoniais existe previsão legal específica de causa de diminuição da pena para os casos de pagamento da 'dívida' antes do recebimento da denúncia. Em tais hipóteses, o Código Penal, em seu art. 16, prevê o instituto do arrependimento posterior, que em nada afeta a pretensão punitiva, apenas constitui causa de diminuição da pena. 7. A jurisprudência se consolidou no sentido de que a natureza jurídica da remuneração pela prestação de serviço público, no caso de fornecimento de energia elétrica, prestado por concessionária, é de tarifa ou preço público, não possuindo caráter tributário. Não há como se atribuir o efeito pretendido aos diversos institutos legais, considerando que os dispostos no art. 34 da Lei n. 9.249/95 e no art. 9º da Lei n. 10.684/03 fazem referência expressa e, por isso, taxativa, aos tributos e contribuições sociais, não dizendo respeito às tarifas ou preços públicos" (AgRg no REsp 1.427.350/RJ, Rel. Min. Jorge Mussi, Rel. p/ Acórdão Min. Joel Ian Paciornik, 5ª Turma, julgado em 20-2-2018, DJe 14-3-2018); "Este Superior Tribunal de Justiça se posicionava no sentido de que o pagamento do débito oriundo do furto de energia elétrica, antes do oferecimento da denúncia, configurava causa de extinção da punibilidade, pela aplicação analógica do disposto no art. 34 da Lei n. 9.249/95 e do art. 9º da Lei n. 10.684/03. III – A Quinta Turma desta Corte, entretanto, no julgamento do AgRg no REsp n. 1.427.350/RJ, modificou a posição anterior, passando a entender que o furto de energia elétrica não pode receber o mesmo tratamento dado aos crimes tributários, considerando serem diversos os bens jurídicos tutelados e, ainda, tendo em vista que a natureza jurídica da remuneração pela prestação de serviço público, no caso de fornecimento de energia elétrica, é de tarifa ou preço público, não possui caráter tributário, em relação ao qual a legislação é expressa e taxativa. IV – 'Nos crimes patrimoniais existe previsão legal específica de causa de diminuição da pena para os casos de pagamento da 'dívida' antes do recebimento da denúncia. Em tais hipóteses, o Código Penal, em seu art. 16, prevê o instituto do arrependimento posterior, que em nada afeta a pretensão punitiva, apenas constitui causa de diminuição da pena.' (REsp 1.427.350/RJ, Quinta Turma, Rel. Min. Jorge Mussi, Rel. p/Acórdão Min. Joel Ilan Paciornik, DJe 13-3-2018) *Habeas corpus* não conhecido" (HC 412.208/SP, Rel. Min. Felix Fischer, 5ª Turma, julgado em 20-3-2018, DJe 23-3-2018). Entendemos correto este último entendimento, pois é completamente descabida a analogia envolvendo o crime de furto com os delitos contra a ordem tributária. Em nosso entendimento, o ressarcimento antes do início da ação penal gera apenas a redução da pena prevista no art. 16 do Código Penal (arrependimento posterior). Finalmente, em março de 2019, a Terceira Seção do Superior Tribunal de Justiça pacificou a questão firmando entendimento de que o ressarcimento dos valores antes do início da ação penal não gera a extinção da punibilidade, mas apenas a referida redução do art. 16 do Código Penal (RHC 101.299/RS, Rel. Min. Nefi Cordeiro, Rel. p/ Acórdão Ministro Joel Ilan Paciornik, Terceira Seção, julgado em 13-3-2019, DJe 4-4-2019).

Também existe crime de furto quando alguém, com uma bomba de sucção, retira água de uma piscina ou de um reservatório particular, hipótese em que a vítima é, evidentemente, o proprietário da água.

O desvio ou o represamento de águas correntes alheias constitui modalidade do crime de usurpação (art. 161, § 1º, I, do CP).

A subtração de cadáver ou de parte dele configura o crime do art. 211 do Código Penal (espécie de crime contra o respeito aos mortos). Exemplo: subtração de uma ossada ou de um crânio. Se, todavia, a intenção for a utilização de órgão ou tecido do cadáver para fim de *transplante*, restará caracterizado delito especial, descrito no art. 14 da Lei n. 9.434/97 (Lei de Transplantes). Neste último caso, evidentemente, a subtração deve ocorrer logo após o óbito para que exista alguma chance de sucesso no transplante. Caso o cadáver, excepcionalmente, tenha dono, como, por exemplo, aquele que pertence a uma faculdade de medicina ou a um instituto científico, a subtração caracterizará crime de furto porque, nestes casos, o objeto material insere-se no conceito de coisa alheia.

Por seu turno, é polêmico o enquadramento da conduta consistente em subtrair do interior da sepultura objetos enterrados com o cadáver (roupa, sapato, dente de ouro etc.). Alguns sustentam que tais objetos se equiparam às coisas abandonadas, pois não existe interesse por parte dos herdeiros em tê-los de volta. Assim, o crime não seria o de furto, e sim o de violação de sepultura, descrito no art. 210 do Código Penal. Outros argumentam que os bens pertencem aos herdeiros e que a subtração constitui furto (eventualmente qualificado pelo arrombamento da sepultura). Preferimos a primeira corrente por entender que os herdeiros não são efetivamente lesados em seu patrimônio na situação em análise, devendo dar-se a punição pelo desrespeito ao sentimento dos familiares em relação ao local onde está enterrado o ente querido.

Não há dúvida, no entanto, que constitui crime de furto a subtração de lápides, portões ou outras coisas que ornamentem a sepultura.

Quem subtrai coisa *própria* que se encontra em poder de terceiro em razão de um contrato ou de uma ordem judicial incorre no delito do art. 346 do Código Penal – subtipo de exercício arbitrário das próprias razões. É o que ocorre, por exemplo, quando o proprietário subtrai o bem móvel que havia alugado a outrem ou quando faz o mesmo em relação a objeto apreendido por ordem judicial que se encontra em poder de um depositário.

Se um veículo tiver sido apreendido por determinação de autoridade de trânsito, por falta de licenciamento, por exemplo, e o dono for até o pátio onde se encontra o veículo e lá efetuar sua subtração, não responderá por furto porque o bem é de sua propriedade, e nem pelo crime do art. 346, porque a apreensão não se deu por ordem *judicial*. No entanto, o agente pode responder por crime de desobediência à ordem de apreensão (art. 330).

O credor que subtrai bem do devedor para se autorressarcir de dívida vencida e não paga comete o crime de exercício arbitrário das próprias razões (art. 345 do CP). Tal delito consiste em "fazer justiça pelas próprias mãos para satisfazer pretensão, embora legítima". Cuida-se de crime contra a Administração da Justiça que visa evitar a chamada autotutela, na qual as pessoas prejudicadas resolvem suas pendências pessoalmente e não por intermédio do Poder Judiciário. Saliente-se que na hipótese em análise o credor subtraiu coisa alheia móvel, porém, não o fez com intenção de locupletamento ilícito, razão pela qual não deve ser acusado por crime de furto. É evidente, entretanto, que haveria furto se, a pretexto de se ressarcir, o credor tivesse subtraído bens de valor muito superior ao da dívida.

Quando o tipo penal do furto exige que o agente subtraia o bem para si ou para outrem, está a indicar que este crime pressupõe a intenção de manter a coisa em seu poder ou de repassá-la a terceiro de forma não transitória. É o que se chama de *animus rem sibi habendi*. Este é o elemento subjetivo do tipo. É de se lembrar, por oportuno, que a coexistência de outra motivação poderá ser levada em conta pelo juiz na fixação da pena. Se o agente furta a coisa alheia por inveja ou a fim de causar um prejuízo moral diferenciado à vítima (furtar o vestido da noiva no dia do casamento, por exemplo), a pena poderá ser exasperada.

O dolo genérico do crime de furto é conhecido como *animus furandi*.

Quando o agente se apossa clandestinamente de coisa alheia, para usá-la momentaneamente e, logo em seguida, a restitui à vítima, o fato é considerado atípico, por ter havido o que se chama de furto de uso. Tal instituto não é regulamentado por lei, mas a doutrina e jurisprudência entendem que o seu reconhecimento pressupõe dois requisitos: a) intenção de uso momentâneo da coisa alheia (requisito subjetivo); b) efetiva e integral devolução do bem (requisito objetivo).

A atipicidade da conduta pressupõe que o agente queira fazer uso *momentâneo* de bem, de modo que, na prática, só se admite o reconhecimento do furto de uso que dure algumas horas ou, no máximo, poucos dias. Não se admite furto de uso de semanas ou meses. Assim, quando alguém pega uma motocicleta sem autorização do dono para dar uma volta e a restitui algumas horas depois, a hipótese é de furto de uso. Igualmente quando o jardineiro de uma casa de veraneio pega a bicicleta que está guardada na casa do patrão para ir embora e retorna com ela no dia seguinte.

Se ficar demonstrado que o agente efetuou a subtração com intenção de permanecer com o bem, mas, posteriormente à consumação, arrependeu-se e o restituiu, responde pelo crime de furto com a pena reduzida de 1/3 a 2/3, em decorrência do instituto do *arrependimento posterior* (art. 16 do CP).

Para o reconhecimento do furto de uso, não se exige a existência de uma situação de perigo, pois, para tais hipóteses, existe a excludente de ilicitude do estado de necessidade. Quando alguém se apodera clandestinamente de um veículo para levar ao hospital alguém que acabou de se acidentar não há crime em razão da referida excludente. Se, todavia, uma empregada pega a roupa da patroa sem autorização para fazer uso em uma festa, não há situação de risco a ser evitada. O que houve, em verdade, foi que a empregada pegou a roupa emprestada sem pedir à proprietária, mas, logo depois, devolveu-a. O fato é considerado atípico pela ausência do elemento subjetivo do crime de furto. Evidente, contudo, a possibilidade de punição no âmbito trabalhista.

Quanto ao requisito objetivo do furto de uso – efetiva e integral restituição do bem –, é preciso salientar que *não* basta a intenção de devolver, sendo necessária a efetiva restituição do objeto. Por isso, quando este é abandonado em local diverso sem que o dono seja avisado, considera-se configurado o crime de furto.

Se o agente usa indevidamente e, logo em seguida, devolve o veículo alheio, mas antes da restituição, retira alguma peça ou acessório, incorre no delito em relação a estes. Além disso, se o veículo for devolvido com muito menos gasolina, haverá igualmente crime de furto (do combustível). Por sua vez, não há crime se o veículo é devolvido, mas com alguns arranhões na lataria causados acidentalmente, hipótese que constitui apenas ilícito civil.

2.1.1.3. Sujeito ativo

Pode ser qualquer pessoa, exceto o dono do bem, já que o tipo penal exige que se trate de coisa alheia. Cuida-se de crime comum.

Quando alguém, por erro plenamente justificado pelas circunstâncias, se apossa e leva embora coisa alheia, pensando tratar-se de bem que lhe pertence, não responde por crime de furto por falta de dolo. A hipótese é de *erro de tipo* e normalmente acontece quando os objetos são muito semelhantes e, por isso, o sujeito acaba se confundido. Saliente-se que não existe o crime de furto em razão da inexistência de má-fé nesse momento inicial. Se, posteriormente, o sujeito for avisado de que, por erro, está na posse de coisa alheia, incorrerá em crime de apropriação de coisa havida por erro (art. 169 do CP), caso se recuse a restituí-la.

Por sua vez, quem, por erro, apodera-se de coisa própria, pensando que o bem é alheio não responde por tentativa de furto. Em tal caso, existe crime *putativo* por erro de tipo.

O funcionário público que subtrai ou concorre para que seja subtraído bem público ou particular que se encontra sob a guarda ou custódia da Administração, valendo-se de alguma facilidade que lhe proporciona o cargo, comete crime de peculato-furto (art. 312, § 1º, do CP).

O crime de furto admite coautoria e participação e, nesses casos, será qualificado pelo concurso de agentes, conforme será posteriormente analisado.

Se o crime for praticado na companhia de pessoa menor de idade, responderá o agente por crime de furto qualificado em concurso com o crime de corrupção de menores (art. 244-B, da Lei n. 8.069/90, com a redação dada pela Lei n. 12.015/2009). Nélson Hungria[118] sustenta que se trata de concurso formal. Por sua vez, de acordo com a Súmula 500 do Superior Tribunal de Justiça, o delito de corrupção de menores tem natureza formal, ou seja, configura-se independentemente de prova de que o menor efetivamente tenha se tornado corrompido.

É possível também autoria *mediata* no furto, quando alguém convence pessoa que por alguma razão não pode ser punida a realizar o ato executório do delito. Em tal caso, somente o autor mediato pode ser punido.

2.1.1.4. Sujeito passivo

O dono do bem subtraído e, eventualmente, o possuidor ou detentor que, no caso concreto, sofra lesão patrimonial. Se alguém subtrai o bem empenhado que se encontra na posse do credor, consideram-se vítimas o devedor (dono do bem) e o credor (possuidor).

O sujeito passivo do furto pode ser pessoa física ou jurídica. Quando o agente subtrai mercadorias de uma loja ou de uma farmácia, a vítima é a pessoa jurídica, proprietária do estabelecimento e dos bens.

No caso de furto qualificado pelo emprego de fraude, considera-se vítima a pessoa lesada e também aquela enganada pelo emprego da fraude, ainda que esta não seja possuidora ou detentora do objeto.

Não obsta o reconhecimento do crime de furto a não identificação da vítima, desde que haja prova de que a coisa é alheia. É o que ocorre quando policiais presenciam

---

[118] Nélson Hungria. *Comentários ao Código Penal*, v. VII, p. 47.

o acusado subtraindo a bicicleta de um homem e iniciam uma perseguição, vindo a prendê-lo alguns quarteirões adiante, porém, quando retornam ao local do crime, não mais localizam a vítima, que acaba não sendo identificada. Nesse sentido: STF, *RTJ* 124/1041.

O fato de a posse ser ilícita ou ilegítima não desnatura o crime de furto. Quem subtrai objeto anteriormente furtado das mãos do primeiro furtador comete o delito em estudo, contudo o sujeito passivo é o dono do bem e não o primeiro criminoso.

Do mesmo modo, existe furto por parte de quem subtrai, por exemplo, objeto produzido no exterior das mãos do contrabandista que o introduziu ilegalmente no território brasileiro.

2.1.1.5. Consumação

Várias teorias procuram definir o momento consumativo do furto: a) *concretatio*, segundo a qual tocar a coisa alheia consuma o furto; b) *apprehensio*, que diz que o delito se consuma quando o agente segura a coisa; c) *amotio*, que exige o deslocamento físico do bem; d) *ablatio*, que pressupõe que o agente coloque o bem no local em que pretendia.

Durante muito tempo, a doutrina e a jurisprudência entenderam que a inversão da posse caracterizadora do furto pressupunha que o bem fosse tirado da esfera de vigilância da vítima e que o agente obtivesse, ainda que por pouco tempo, sua posse tranquila. Posteriormente, todavia, tal entendimento foi modificado pelo Supremo Tribunal Federal, no que foi acompanhado pelo Superior Tribunal de Justiça. Segundo o entendimento atualmente adotado, o furto consuma-se no instante em que cessa a clandestinidade por parte do agente, sendo desnecessárias a posse mansa e pacífica e a retirada do bem da esfera de vigilância da vítima. Entende-se que cessa a clandestinidade quando o agente consegue deslocar o bem do local onde se encontrava, ainda que ele seja imediatamente perseguido e preso. Nesse sentido existe, inclusive, tese aprovada pelo STJ em sede de recursos repetitivos, no julgamento do tema 934: "consuma-se o crime de furto com a posse de fato da *res furtiva*, ainda que por breve espaço de tempo e seguida de perseguição ao agente, sendo prescindível a posse mansa e pacífica ou desvigiada" (REsp 1.524.450, sob a relatoria do Min. Nefi Cordeiro). Assim, pode-se dizer que a teoria adotada, dentre aquelas acima elencadas, é a da *amotio*.

A propósito, vejam-se os seguintes julgados: "Este Superior Tribunal de Justiça firmou entendimento no sentido de que para consumação do furto, basta o desapossamento da coisa subtraída, o qual se dá com a inversão da posse, não sendo necessário que a *res furtiva* saia da esfera de vigilância da vítima, e muito menos que o agente tenha posse mansa e pacífica sobre a mesma" (STJ, REsp 1.716.938/RJ, Rel. Min. Jorge Mussi, 5ª Turma, julgado em 19-4-2018, *DJe* 27-4-2018); "Cumpre ressaltar que esta Corte e o Supremo Tribunal Federal adotam a teoria da *amotio*, segundo a qual o crime de furto se consuma no momento da inversão da posse do bem, tornando-se o agente efetivo possuidor da coisa, ainda que não seja de forma mansa e pacífica, sendo prescindível que o objeto subtraído saia da esfera de vigilância da vítima" (STJ, AgInt no AREsp 1.012.883/ES, Rel. Min. Ribeiro Dantas, 5ª Turma, julgado em 25-4-2017, *DJe* 3-5-2017); e "O Superior Tribunal de Justiça consolidou o entendimento, no julgamento do REsp 1.524.450/RJ, sob o rito dos recursos repetitivos, de que o delito de furto consuma-se com a simples posse da coisa alheia móvel subtraída, ainda que por breves instantes e seguida de perseguição ao agente, sendo prescindível a posse mansa e pacífica ou desvigiada. 2. Agravo regimental improvido" (STJ, AgRg no AREsp 1546170/SP, Rel. Min. Nefi Cordeiro, 6ª Turma, julgado em 26-11-2019, DJe 3-12-2019).

É possível, assim, chegarmos às seguintes conclusões:

a) Quando o agente é preso no próprio local do crime antes de se apoderar do bem ou logo depois do apossamento, o crime é tentado. É o que ocorre quando o agente ingressa em uma casa para cometer um furto e é preso dentro da residência.

b) Quando o agente se apodera do bem alheio e sai com ele correndo do local, o crime está consumado ainda que ele seja imediatamente perseguido e preso, por policiais ou por populares, não tendo obtido, em nenhum momento, a posse tranquila da coisa. Nesse sentido: "1. No Recurso Especial Representativo de Controvérsia n. 1.524.450/RJ, esta Corte Superior firmou: 'Consuma-se o crime de furto com a posse de fato da *res furtiva*, ainda que por breve espaço de tempo e seguida de perseguição ao agente, sendo prescindível a posse mansa e pacífica ou desvigiada'. 2. Na hipótese dos autos, é irrelevante que o agente haja sido detido pela polícia antes de deixar o prédio do estabelecimento vítima, pois o furto se consumou ao tomar posse dos televisores e preparar-se para a fuga. 3. Agravo regimental não provido" (STJ – AgRg no AREsp 1797561/RJ, Rel. Min. Rogerio Schietti Cruz, 6ª Turma, julgado em 4-5-2021, DJe 14-5-2021). Saliente-se que, pelo entendimento jurisprudencial e doutrinário antigos, o crime considerava-se tentado em tal hipótese.

c) Quando o agente se apodera do bem da vítima e consegue evadir-se do local sem ser perseguido, sendo localizado, algum tempo depois, na posse do bem furtado, o furto está evidentemente consumado. É o que ocorre, por exemplo, quando a pessoa que furtou um veículo é parada em uma blitz de rotina por policiais que acabam constatando que o veículo havia sido furtado momentos antes.

Saliente-se que existe a possibilidade de o furto ser considerado consumado ainda que o bem permaneça na residência do lesado. É o caso, por exemplo, da empregada doméstica que se apodera de uma joia da patroa e a esconde por alguns dias em um local qualquer da casa, para depois, sem despertar suspeitas, transportá-la para outro lugar. Nesta situação, ainda que a joia seja recuperada antes de ser tirada da casa, é necessário que se reconheça que desapareceu, por parte da vítima, mesmo que momentaneamente, a possibilidade de exercer seu poder de livre disposição sobre a coisa, e o crime, portanto, se consumou.

Devido à colaboração recíproca entre os envolvidos nos casos de concurso de pessoas para a prática de um crime, a consequência é que o delito seja o mesmo para todos. Assim, quando duas pessoas auxiliam-se na execução de um furto e uma delas foge levando bens da vítima e a outra é presa no local sem nada levar, o crime considera-se consumado para ambas. Aplica-se, ainda, a qualificadora do concurso de pessoas (art. 155, § 4º, IV, do CP).

Quanto ao momento consumativo, o furto é classificado como crime *instantâneo* e *material*.

2.1.1.6. Tentativa

É possível em todas as modalidades de furto – simples, privilegiado e qualificado.

Existe entendimento doutrinário no sentido de que o ato de ingressar na área externa de uma casa ainda não constitui ato executório, devendo o agente, se flagrado em tal momento, responder por crime de violação de domicílio, por ter havido mero ato preparatório do furto. Tal interpretação, contudo, só pode ser admitida, se o agente limitou-se a ingressar em área aberta da residência, sem ter pulado muro ou arrombado portão, na medida em que essas condutas, por constituírem qualificadoras do crime de furto, indicam claramente que o agente já está cometendo tal crime, de modo que, se a pessoa for presa nesta oportunidade, antes de se apossar de qualquer bem da vítima, responderá por tentativa de furto qualificado.

Por sua vez, se o agente já entrou no *interior* da residência, deverá responder por tentativa de furto, caso seja flagrado antes de conseguir se apossar de qualquer bem, independentemente, neste caso, de ter empregado escalada ou arrombamento.

Saliente-se que o fato de ter havido prisão em flagrante não significa que o furto considera-se tentado. Com efeito, reza o art. 302 do Código de Processo Penal que se considera em flagrante delito: quem está cometendo a infração penal (inciso I); quem acaba de cometê-la (inciso II); quem é perseguido, logo após, pela autoridade, pelo ofendido ou por qualquer pessoa, em situação que faça presumir ser o autor da infração (inciso III); quem é encontrado, logo depois, com instrumentos, armas, objetos ou papéis que façam presumir ser ele o autor da infração (inciso IV). Conforme analisado no tópico anterior, aquele que foge do local com o bem furtado incorre em crime consumado, ainda que seja perseguido e preso (e o bem devolvido ao dono), sendo que, em tal caso, será possível a prisão em flagrante, nos expressos termos do Código de Processo Penal. É claro, entretanto, que existem também casos de crime tentado em que o agente é preso em flagrante.

2.1.1.7. Crime impossível

Existem duas situações que merecem destaque na relação entre o delito de furto e o instituto do crime impossível.

A primeira diz respeito à inexistência de bem ou de bens no local em que realizado o ato executório. Quando referida ausência não é transitória (momentânea), é pacífico o entendimento de que se trata de crime impossível por absoluta impropriedade do objeto, sendo o fato considerado atípico, nos termos do art. 17 do Código Penal. É o que ocorre, por exemplo, quando ladrões ingressam de madrugada em um estabelecimento comercial e não encontram qualquer objeto que possam subtrair porque o proprietário encerrou as atividades e retirou tudo do local.

Existe, contudo, controvérsia quanto à hipótese em que a inexistência de bens é momentânea, acidental, como no caso da mulher que, por engano, sai de casa com uma bolsa vazia (e não com aquela na qual estão sua carteira, o telefone celular etc.). Damásio de Jesus[119] sustenta que se o punguista põe a mão dentro de tal bolsa e, evidentemente,

---

[119] Damásio de Jesus. *Direito penal*, 26. ed., v. 2, p. 310.

nada encontra há igualmente crime impossível. No mesmo sentido, o entendimento de Celso Delmanto[120], Cezar Roberto Bitencourt[121] e Fernando Capez[122]. Tais autores esclarecem, todavia, que, se a vítima está com sua carteira no bolso direito, mas o furtador põe a mão apenas no bolso esquerdo, configura-se a tentativa, porque o objeto material está presente, somente não foi encontrado pelo agente. Nélson Hungria[123], discordando de tal orientação, defende que se deve diferenciar a ausência habitual do objeto material da casual ou transitória, havendo crime impossível apenas na primeira hipótese. Para o consagrado doutrinador, é indiferente que a vítima tenha esquecido a carteira em casa ou que a tenha guardado em bolso distinto daquele explorado pelo agente, pois, em ambos os casos, a ausência seria meramente acidental, configurando tentativa de furto em qualquer hipótese. Heleno Cláudio Fragoso[124], comungando dessa opinião, salienta que "não haverá crime impossível, mas tentativa punível, se a ausência da coisa é apenas acidental e relativa, como no caso do ladrão que encontra vazio o bolso do lesado ou o cofre arrombado".

A segunda questão relevante diz respeito aos crimes que são evitados em razão da existência de alarmes ou outros dispositivos de segurança. Entendemos que não há que se falar em crime impossível em tais casos porque não existe sistema de segurança infalível, sendo possível ao agente desarmá-lo ou levar o bem mesmo com o alarme acionado. O meio empregado, portanto, não é absolutamente ineficaz já que sempre existe a possibilidade de consumação. Assim, quando, no caso concreto, o alarme tiver impedido a consumação, o agente responderá por tentativa de furto.

O mesmo raciocínio é aplicado quando a consumação é evitada por funcionários que trabalham como seguranças de um estabelecimento comercial. É o que ocorre, por exemplo, quando uma pessoa esconde produtos de um supermercado sob sua jaqueta e sai sem pagar, vindo a ser abordado no estacionamento por seguranças que recuperam os bens. Os tribunais superiores firmaram entendimento de que, em tal caso, a consumação, em tese, era possível, de modo que o agente deve responder pelo furto tentado. A propósito: "Consubstancia tentativa de furto a prática de sair de estabelecimento comercial com mercadoria sem passar pelo caixa visando o pagamento respectivo, não se podendo, ante esse contexto, agasalhar a tese do crime impossível" (STF, HC 106.954, Rel. Min. Marco Aurélio, 1ª Turma, julgado em 3-4-2018, DJe-073, divulg. 16-4-2018, public. 17-4-2018); "Os sistemas de vigilância existentes em estabelecimentos comerciais não impedem, mas apenas dificultam, a consumação do crime de furto. 3. Destarte, não há que se falar em crime impossível em razão da ineficácia absoluta do meio empregado. Precedentes: HC 104.105, Primeira Turma, Relator o Ministro Ricardo Lewandowski, *DJ* de 04.11.10; HC 107.577, Primeira Turma, Relatora a Ministra Cármen Lúcia, *DJ* de 06.06.11; HC 110.975, Primeira Turma, Relatora a Ministra Cármen Lúcia, *DJ* de 1º.08.12; HC 104.341,

---

[120] Celso Delmanto. *Código Penal comentado*, p. 553.
[121] Cezar Roberto Bitencourt. *Tratado de direito penal*, v. 3, p. 19.
[122] Fernando Capez. *Curso de direito penal*, v. 2, p. 357.
[123] Nélson Hungria. *Comentários ao Código Penal*, v. VII, p. 29.
[124] Heleno Cláudio Fragoso. *Lições de direito penal*, Parte especial, v. I, p. 268.

Primeira Turma, Relator o Ministro Ricardo Lewandowski, *DJ* de 08.11.12" (STF, RHC 116.197, Rel. Min. Luiz Fux, 1ª Turma, julgado em 11-6-2013, processo eletrônico *DJe*-123, divulg. 26-6-2013, public. 27-6-2013).

Este é também o entendimento das duas Turmas do Superior Tribunal de Justiça.

Em suma, eventuais ações ou precauções da vítima, de preposto seu ou de policial, que impeçam, no caso concreto, a consumação do delito, não levam ao reconhecimento de crime impossível. O Superior Tribunal de Justiça, em sede de recurso repetitivo, aprovou o tema n. 924 neste sentido: "A existência de sistema de segurança ou de vigilância eletrônica não torna impossível, por si só, o crime de furto cometido no interior de estabelecimento comercial". Posteriormente, em fevereiro de 2016, o Superior Tribunal de Justiça aprovou a Súmula n. 567, com o seguinte teor: *"Sistema de vigilância realizado por monitoramento eletrônico ou por existência de segurança no interior de estabelecimento comercial, por si só, não torna impossível a configuração do crime de furto"*. O agente, portanto, responde pela infração penal.

2.1.1.8. Absorção

Por razões diversas o crime de furto absorve outras infrações penais em situações razoavelmente corriqueiras. É o que ocorre, por exemplo, com o delito de violação de domicílio, descrito no art. 150 do Código Penal. Quando o agente ingressa clandestinamente em uma casa para cometer o furto, responde apenas por este crime. A violação de domicílio fica absorvida por ser considerada crime-meio (princípio da consunção). Por sua vez, se o sujeito, após furtar o objeto, o destrói, o crime de dano é considerado *post factum* impunível, pois não houve novo prejuízo à vítima – que já havia perdido integralmente o bem em razão da subtração.

Quando o furtador vende o produto do crime, passando-se pelo dono, deveria, ao menos em tese, responder por dois delitos em concurso material (furto e disposição de coisa alheia como própria – art. 171, § 2º, I, do CP), porque, neste caso, há duas pessoas prejudicadas financeiramente: o dono do bem subtraído e o adquirente (o proprietário tem o direito de reaver o bem furtado ainda que o terceiro adquirente esteja de boa-fé). Existem, contudo, inúmeros julgados que entendem que o crime de disposição de coisa alheia fica absorvido. Alega-se que, com a venda, o agente estaria apenas fazendo lucro em relação aos objetos subtraídos. Em suma, o entendimento que prevalece na jurisprudência é o de que não importa que o agente tenha provocado dois prejuízos porque, no contexto todo, ele obteve uma só vantagem.

2.1.1.9. Excludente de ilicitude

Presentes os elementos componentes do art. 155 do Código Penal o fato é típico e o agente deverá ser punido pelo crime de furto, exceto se configurada alguma excludente de ilicitude. A excludente que se mostra relevante no contexto do delito em estudo é a do estado de necessidade (art. 24 do Código Penal), segundo a qual não há crime por parte de quem "pratica o fato para salvar de perigo atual, que não provocou por sua vontade, nem podia de outro modo evitar, direito próprio ou alheio, cujo sacrifício, nas circunstâncias, não era razoável exigir-se". Em razão desse dispositivo, não pode ser punido por furto quem, por exemplo, subtrai uma bicicleta para fugir de pessoas que queriam agredi-lo ou que se apodera de um carro para salvar uma pessoa que teve um ataque cardíaco.

Também não há crime por aplicação da excludente do estado de necessidade quando ocorre a subtração de pequena quantidade de alimento por parte de quem não tinha outra forma de obtê-lo, para saciar a própria fome ou de seus familiares (furto *famélico*).

Incide igualmente a excludente quando um morador de rua subtrai cobertor para não morrer de frio ou quando um doente subtrai medicamento para não morrer em razão da moléstia que o acomete.

2.1.1.10. Exclusão da culpabilidade em razão de inimputabilidade decorrente de dependência de droga

Quando pessoas dependentes de drogas furtam objetos ou dinheiro dos pais, na própria residência, a fim de adquirir a substância entorpecente, estão automaticamente isentas de pena, em razão da escusa absolutória do art. 181, I, do Código Penal, desde que a vítima não tenha 60 anos ou mais (art. 183, III, do CP).

Muitas vezes, entretanto, os pais não são pessoas abastadas e, por isso, a pessoa dependente começa a praticar furtos em outros locais (na rua, em lojas, no colégio, na casa de amigos etc.) e, nesses casos, a ação penal deve ser instaurada. Ocorre que o art. 45 da Lei n. 11.343/2006 (Lei Antidrogas) prevê que é *isento de pena* quem, em razão da *dependência* de droga, era, ao tempo da ação ou da omissão, *qualquer que tenha sido a infração penal praticada*, inteiramente incapaz de entender o caráter ilícito do fato ou de determinar-se de acordo com esse entendimento. Dessa forma, durante a ação penal que apura o crime de furto, o juiz deverá determinar a instauração de incidente de dependência toxicológica e, caso os peritos concluam que o acusado não tinha capacidade de entendimento e autodeterminação em razão de seu vício, será considerado inimputável e deverá ser absolvido. Cuida-se, contudo, de absolvição *imprópria*, porque o art. 45, parágrafo único, da Lei n. 11.343/2006, prevê que, nessas hipóteses, quando absolver o réu, poderá o juiz determinar o seu encaminhamento para tratamento médico adequado.

Lembre-se que a inimputabilidade em questão isenta o réu de pena, qualquer que tenha sido a espécie de infração penal cometida. As mais comuns, contudo, são o furto e o roubo.

2.1.1.11. Classificação doutrinária

Quanto à objetividade jurídica o furto é crime de dano e simples. Em relação ao sujeito ativo, classifica-se como delito comum e de concurso eventual. No que diz respeito aos meios de execução é crime de ação livre e comissivo. No que se refere ao momento consumativo, constitui delito instantâneo e material. Por fim, no que pertine ao elemento subjetivo, trata-se de infração penal dolosa.

2.1.1.12. Pena e ação penal

A ação penal é pública incondicionada.

A pena do furto simples é de reclusão, de um a quatro anos, e multa. Como a pena mínima não supera um ano, é cabível a suspensão condicional do processo, se presentes os demais requisitos do art. 89 da Lei n. 9.099/95.

2.1.2. Furto noturno

Art. 155, § 1º – A pena aumenta-se de um terço, se o crime é praticado durante o repouso noturno.

Esse instituto tem natureza jurídica de causa de aumento de pena (majorante).

No furto noturno, não é cabível a suspensão condicional do processo porque a pena mínima em abstrato é de um ano e quatro meses, em razão do aumento obrigatório de um terço previsto no dispositivo. A suspensão condicional pressupõe que a pena mínima não supere um ano.

Apesar de o nome do instituto ser "furto noturno", não basta que o fato ocorra à noite (período de ausência de luz solar), exigindo o texto legal que ocorra durante o período em que os moradores de determinada localidade costumam estar dormindo, repousando, devendo a análise ser feita de acordo com as características de cada região (rural ou urbana).

Por se tratar de norma que agrava a pena, não se admite analogia para abranger furtos cometidos contra pessoas que estão repousando pela manhã ou à tarde.

É amplamente dominante o entendimento de que o aumento não é aplicável quando o fato ocorre na rua, como, por exemplo, no caso de furto de veículos estacionados na via pública durante a madrugada.

O aumento do furto noturno aplica-se a fatos ocorridos no interior de residências (casas térreas, apartamentos, quartos de hotel, *trailers*) ou em suas áreas externas, como quintais, varandas, garagens, terraços etc.

Existe divergência doutrinária e jurisprudencial para a hipótese em que o furto é praticado em casa onde não há moradores repousando no momento do crime, como ocorre com as casas desabitadas ou de veraneio, na ausência dos donos, ou que estejam vazias em razão de viagem do proprietário etc. Para alguns, a expressão "repouso noturno" se refere ao sono dos moradores, de modo que, na ausência deles, o acréscimo da pena não pode incidir. Para outros, a expressão se refere ao repouso da coletividade, de forma que, ainda que não haja ninguém no local furtado, o aumento é aplicado. Este último entendimento foi adotado pelo Superior Tribunal de Justiça.

No passado havia consistente entendimento no sentido de que o furto noturno não deveria ser aplicado se o fato ocorresse em estabelecimento comercial fechado, com o argumento de que, em tais casos, o agente estaria se valendo da ausência de pessoas no local e não do sono dos moradores. Posteriormente, entretanto, os julgados do Superior Tribunal de Justiça apontaram em sentido contrário, autorizando o aumento da pena em razão da menor vigilância decorrente do repouso da coletividade. A propósito: "Incide a causa de aumento de pena referente à prática do crime de furto durante o repouso noturno ainda que o local dos fatos seja estabelecimento comercial ou residência desabitada, tendo em vista a maior vulnerabilidade do patrimônio. Precedentes" (AgRg no REsp 1.582.497/MG, Rel. Min. Antonio Saldanha Palheiro, 6ª Turma, julgado em 15-8-2017, *DJe* 28-8-2017); "A jurisprudência desta Corte é firme no sentido de que a causa especial de aumento de pena do furto cometido durante o repouso noturno pode se configurar mesmo quando o crime é cometido em estabelecimento comercial ou residência desabitada, sendo indiferente o fato de a vítima estar, ou não, efetivamente repousando (HC 191.300/MG, Rel. Min. Laurita Vaz, 5ª Turma, julgado em 12-6-2012, *DJe* 26-6-2012), devendo ser mantida, portanto, no caso" (STJ – AgRg no HC 609.143/SP, Rel. Min. Reynaldo Soares da Fonseca, 5ª Turma, julgado em 2-2-2021, *DJe* 4-2-2021). É claro, porém, que, se o furto ocorrer em estabelecimento comercial aberto, onde existem pessoas trabalhando, não se aplicará o instituto.

O Superior Tribunal de Justiça firmou também entendimento de que a majorante é cabível quando o furto ocorre em via pública quando não há vigilância sobre o bem, como no caso do furto de veículo estacionado na rua praticado durante a madrugada: "Este Superior Tribunal de Justiça já firmou entendimento no sentido de que 'para a incidência da causa especial de aumento de pena prevista no § 1º do art. 155 do Código Penal é suficiente que a infração ocorra durante o repouso noturno, período de maior vulnerabilidade para as residências, lojas e veículos, de modo que, igualmente, é irrelevante o fato de se tratar de crime cometido em via pública' (HC 162.305/DF, Rel. Min. Napoleão Nunes Maia Filho, 5ª Turma, julgado em 20-5-2010, *DJe* 21-6-2010)" (REsp 1.738.084/RS. Rel. Min. Jorge Mussi, 5ª Turma, julgado em 2-8-2018, *DJe* 10-8-2018).

Em 22 de junho de 2022, a Terceira Seção do Superior Tribunal de Justiça sedimentou tais entendimentos ao julgar o tema 1.144, em sede de recursos repetitivos (REsp 1.979.989-RS). Em tal oportunidade foi aprovada a seguinte tese: "1. Nos termos do § 1º do art. 155 do Código Penal, se o crime de furto é praticado durante o repouso noturno, a pena será aumentada de um terço. 2. O repouso noturno compreende o período em que a população se recolhe para descansar, devendo o julgador atentar-se às características do caso concreto. 3. A situação de repouso está configurada quando presente a condição de sossego/tranquilidade do período da noite, caso em que, em razão da diminuição ou precariedade de vigilância dos bens, ou, ainda, da menor capacidade de resistência da vítima, facilita-se a concretização do crime. 4. São irrelevantes os fatos de as vítimas estarem ou não dormindo no momento do crime, ou o local de sua ocorrência, em estabelecimento comercial, via pública, residência desabitada ou em veículos, bastando que o furto ocorra, obrigatoriamente, à noite e em situação de repouso".

Durante décadas prevaleceu o entendimento de que esta majorante somente se aplicava ao furto simples. Seria incabível às formas qualificadas de furto porque estas estão previstas em dispositivos posteriores (§§ 4º e 5º) e porque já possuem pena maior em abstrato. O argumento principal, todavia, era o de que a agravação seria desproporcional no caso do furto qualificado, porque o dispositivo prevê acréscimo fixo de 1/3 da pena pelo fato de o delito ocorrer durante o repouso noturno. Assim, no furto simples o aumento mínimo acabaria sendo de 4 meses (pena mínima de 1 ano aumentada de 1/3), enquanto, se fosse possível sua incidência no delito qualificado, a mesma circunstância – crime durante o repouso noturno – geraria um aumento mínimo de 8 meses (pena mínima de 2 anos do crime qualificado aumentada em 1/3). A doutrina é praticamente unânime nesse sentido. Podemos, ainda, apontar os seguintes julgados dos tribunais superiores: "I – Incide a majorante prevista no art. 155, § 1º, do Código Penal se o delito é praticado durante o repouso noturno, período de maior vulnerabilidade inclusive para estabelecimentos comerciais, como ocorreu *in casu* (Precedentes). II – Entretanto, a causa especial de aumento de pena do repouso noturno é aplicável somente às hipóteses de furto simples, sendo incabível no caso do delito qualificado

(Precedente). Recurso desprovido" (STJ, REsp 940.245/RS, Rel. Min. Felix Fischer, 5ª Turma, julgado em 13-12-2007, *DJe* 10-3-2008); e "1 – A causa especial de aumento do § 1º, do art. 155, do CP (repouso noturno) somente incide sobre o furto simples, sendo, pois, descabida a sua aplicação na hipótese de delito qualificado (art. 155, § 4º, IV, do CP). Precedentes jurisprudenciais. 2 – Ordem concedida" (STJ, HC 10.240/RS, Rel. Min. Fernando Gonçalves, 6ª Turma, julgado em 21-10-1999, *DJ* 14-2-2000, p. 79).

Acontece que, posteriormente, o Superior Tribunal de Justiça passou a entender que a posição dos parágrafos não impede a aplicação do privilégio (§ 2º) ao crime de furto qualificado (§ 4º) – ver tópico seguinte. Em razão disso, vários julgados do Superior Tribunal de Justiça passaram a admitir também a incidência do aumento decorrente do furto noturno às figuras qualificadas: "A alegada incompatibilidade da causa de aumento de pena referente ao repouso noturno com o furto qualificado, não merece prosperar, uma vez que este Superior Tribunal de Justiça firmou entendimento de que 'a causa de aumento prevista no § 1º do art. 155 do Código Penal, que se refere à prática do crime durante o repouso noturno – em que há maior possibilidade de êxito na empreitada criminosa em razão da menor vigilância do bem, mais vulnerável à subtração –, é aplicável tanto na forma simples como na qualificada do delito de furto. Precedentes'" (AgRg no HC 466.655/SC, Rel. Min. Felix Fischer, 5ª Turma, julgado em 12-3-2019, *DJe* 18-3-2019); "A causa de aumento de pena prevista no § 1º do art. 155 do Código Penal, relativa à prática de furto durante o repouso noturno, é aplicável na qualificada do delito, bem como independe se o local está habitado". (HC 456.927/SC, Rel. Min. Laurita Vaz, 6ª Turma, julgado em 12-3-2019, *DJe* 28-3-2019); "A jurisprudência deste Tribunal Superior é pacífica no sentido de admitir que a causa de aumento prevista no § 1º do art. 155 do Código Penal – CP (prática do crime de furto no período noturno) pode incidir tanto no crime de furto simples (*caput*) como na sua forma qualificada (§ 4º)" (STJ, AgRg no HC 577.123/SC, Rel. Min. Joel Ilan Paciornik, 5ª Turma, julgado em 2-6-2020, *DJe* 15-6-2020); e "É possível a incidência da causa de aumento referente ao repouso noturno tanto no crime de furto simples como na sua modalidade qualificada. Precedentes" (STJ, AgRg no AREsp 1373881/DF, Rel. Min. Rogerio Schietti Cruz, 6ª Turma, julgado em 2-6-2020, *DJe* 10-6-2020); "Esta Corte já assentou entendimento no sentido de que 'a causa de aumento prevista no § 1º do art. 155 do Código Penal – prática do crime de furto no período noturno –, (...), pode incidir tanto no crime de furto simples (*caput*) como na sua forma qualificada (§ 4º)" (STJ, REsp 1.716.938/RJ, Rel. Min. Jorge Mussi, 5ª Turma, julgado em 19-4-2018, *DJe* 27-4-2018).

Ocorre que, em 25 de maio de 2022, a Terceira Seção do Superior Tribunal de Justiça, analisando o tema 1.087, em sede de recursos repetitivos, mudou seu entendimento, e passou a entender que o aumento do furto noturno não se aplica aos casos de furto qualificado. Segundo a fundamentação da Corte, a razão para a incompatibilidade não é a posição dos parágrafos do art. 155, e sim o aumento de pena desproporcional em relação ao delito qualificado em comparação ao crime simples (conforme já explicado acima). Nesse julgamento, a Terceira Seção aprovou a seguinte tese: "A causa de aumento prevista no § 1º do art. 155 do Código Penal (prática do crime de furto no período noturno) não incide no crime de furto na sua forma qualificada (§ 4º)". Apesar de não ter constado da tese aprovada, na fundamentação do acórdão consta que o juiz deverá levar em consideração o fato de o furto qualificado ter sido cometido durante o repouso noturno na fixação da pena-base (art. 59) – circunstância do crime.

2.1.3. Furto privilegiado

> Art. 155, § 2º – Se o criminoso é primário, e é de pequeno valor a coisa furtada, o juiz pode substituir de pena de reclusão pela de detenção, diminuí-la de um a dois terços, ou aplicar somente a pena de multa.

No furto privilegiado o réu é condenado, mas sua pena sofre redução devido à presença dos dois requisitos mencionados no texto legal: primariedade e pequeno valor da coisa furtada.

A condição de pessoa primária não é definida no Código Penal, que contém apenas a conceito de reincidência em seu art. 63. Desse modo, *a contrario sensu*, considera-se *primária* a pessoa que não tiver sido declarada reincidente pelo juiz na sentença.

Os réus que foram definitivamente condenados anteriormente, mas já cumpriram totalmente a pena imposta há mais de cinco anos, são considerados primário, nos termos do art. 64, I, do Código Penal. Por isso, têm direito ao benefício, pois o art. 155, § 2º, exige apenas a primariedade, dispensando antecedentes criminais abonadores.

A condenação anterior por contravenção penal não retira a primariedade daquele que, posteriormente, comete crime, não impossibilitando o privilégio.

Quanto ao conceito de coisa de pequeno valor foi adotado um critério *objetivo* pela doutrina e jurisprudência que assim consideram aquela que não ultrapassa um salário mínimo na data do fato ilícito. A análise, portanto, não deve ser feita mediante comparação com o patrimônio da vítima ou do réu, pois, se assim não fosse, praticamente todo furto contra pessoas milionárias ou grandes empresas seria privilegiado.

No caso do furto de vários objetos na mesma oportunidade, leva-se em conta o valor dos bens em sua somatória.

Na tentativa, considera-se o valor dos bens pretendidos.

Na hipótese de crime continuado, será possível o benefício se o valor de cada subtração não extrapolar o valor do salário mínimo. Há, porém, quem defenda que deve ser feita a soma dos valores de todos os crimes que compõem a continuidade, porém tal entendimento faria com que a continuidade delitiva fosse prejudicial ao acusado. O Superior Tribunal de Justiça, todavia, firmou entendimento no sentido de que nos casos de continuidade delitiva o valor a ser considerado para fins de concessão do privilégio (art. 155, § 2º, do CP) é a soma dos bens subtraídos em todos os delitos que compõem a continuidade: "...quando se está diante de crime continuado ou de concurso de crimes, esta Corte Superior tem entendido que a aferição desse valor deve levar em conta a soma do valor total do prejuízo causado em todos os ilícitos, a fim de que se verifique o cumprimento dos requisitos da figura privilegiada. Desse modo, se a soma do prejuízo causado em todos os crimes ultrapassar o valor do salário mínimo, torna-se inviável o reconhecimento do benefício" (STJ, AgRg no HC 568.662/MS, Rel. Min. Ribeiro Dantas, 5ª Turma, julgado em 19-5-2020, DJe 28-5-2020). No mesmo sentido: (AgRg no AREsp 712.222/MG, Rel. Min. Reynaldo Soares da Fonseca, 5ª Turma, julgado em 3-11-2015, DJe 9-11-2015; AgRg no AREsp 653.257/MG, Rel.

Min. Gurgel de Faria, 5ª Turma, julgado em 30-6-2015, *DJe* 4-8-2015; AgRg no AREsp 277.735/DF, Rel. Min. Assusete Magalhães, julgado em 1-10-2013, *DJe* 2-12-2013).

A comprovação do valor da coisa furtada é feita mediante avaliação pericial que deve ser determinada pela autoridade policial e cujo laudo será anexado aos autos do respectivo inquérito policial.

Quando a perícia atesta que a coisa não é de pequeno valor, o réu não terá direito ao privilégio, ainda que tenha ela sido logo recuperada pela polícia e devolvida ao dono, já que o texto legal expressamente faz menção ao pequeno valor do bem, e não ao diminuto prejuízo da vítima. Caso, porém, o próprio agente se arrependa após a consumação do crime e devolva a coisa à vítima, configura-se o instituto do arrependimento posterior, regulamentado no art. 16 do Código Penal, cuja consequência é a redução da pena de 1/3 a 2/3.

Uma vez reconhecida a presença dos dois requisitos do art. 155, § 2º, do Código Penal, o juiz que reconheceu o privilégio terá três opções para beneficiar o acusado, podendo: a) substituir a pena de reclusão por detenção; b) diminuir a pena privativa de liberdade de 1/3 a 2/3; ou c) aplicar somente a pena de multa. Observe-se que os dois primeiros benefícios são compatíveis entre si e, portanto, podem ser cumulados. O juiz deve optar por uma dessas consequências em face das características de cada caso concreto. Se todas elas forem favoráveis, o réu poderá obter o maior dos benefícios, que é a substituição da pena privativa de liberdade por multa. Se, todavia, houver algum fator desfavorável, o juiz poderá optar por benefício de menor grandeza, como, por exemplo, se o réu tiver maus antecedentes, se o delito tiver sido cometido durante o repouso noturno ou contra pessoa idosa etc.

Saliente-se que, se o juiz reconhecer a presença dos requisitos do furto privilegiado expressamente previstos no texto legal, estará obrigado a aplicá-lo, pois se trata de *direito subjetivo* do acusado e não de mera faculdade do magistrado. Nesse sentido: "No que tange à figura do furto privilegiado, o art. 155, § 2º, do Código Penal impõe a aplicação do benefício penal na hipótese de adimplemento dos requisitos legais da primariedade e do pequeno valor do bem furtado, assim considerado aquele inferior ao salário mínimo ao tempo do fato, tratando-se, pois, de direito subjetivo do réu, embora o dispositivo legal empregue o verbo 'poder', não configurando mera faculdade do julgador a sua concessão" (AgRg no HC n. 568.662/MS, Rel. Ministro Ribeiro Dantas, 5ª Turma, julgado em 19-5-2020, *DJe* 28-5-2020).

Na doutrina sempre foi dominante o entendimento de que, ainda que estejam presentes os requisitos do privilégio, não pode o benefício ser aplicado caso se trate de furto qualificado. Tal entendimento baseia-se em dois aspectos. O primeiro é a posição dos parágrafos do art. 155. O fato de o privilégio estar previsto no § 2º seria indicativo de que o legislador pretendia restringir sua incidência às figuras anteriores, que são o furto simples (*caput*) e o noturno (§ 1º), afastando-a das figuras qualificadas descritas nos §§ 4º e 6º. Além disso, se fosse possível a aplicação do privilégio ao crime qualificado, estaria o juiz autorizado a aplicar somente pena de multa a este crime, o que ofenderia o princípio da proporcionalidade, já que a pena exclusiva de multa poderia ser aplicada quer se tratasse de furto simples privilegiado, quer de furto qualificado privilegiado.

É claro que também existe entendimento doutrinário em sentido contrário, com o argumento de que não há expressa vedação legal na coexistência dos institutos e tudo aquilo que não é vedado é permitido. É o entendimento de Cezar Roberto Bitencourt[125].

Na jurisprudência, inclusive dos tribunais superiores, prevaleceu, durante décadas, a interpretação de que o privilégio não poderia incidir se o furto fosse qualificado. Ocorre que, no ano de 2009, houve uma mudança de entendimento no Supremo Tribunal Federal que, a partir do julgado que será abaixo transcrito passou a admitir a figura do furto qualificado e privilegiado: "A Turma, [...], deferiu *habeas corpus* para aplicar a minorante prevista no § 2º do art. 155 do Código Penal ('Se o criminoso é primário, e é de pequeno valor a coisa furtada, o juiz pode substituir a pena de reclusão pela de detenção, diminuí-la de um a dois terços, ou aplicar somente a pena de multa.') à pena de condenado por furto qualificado mediante concurso de pessoas (CP, art. 155, § 4º, IV). Assentou-se, de início, que se deveria considerar como critério norteador a verificação da compatibilidade entre as qualificadoras (CP, art. 155, § 4º) e o privilégio (CP, art. 155, § 2º) e, a esse respeito, entendeu-se que, no segmento do crime de furto, não haveria incompatibilidade entre as regras constantes dos dois parágrafos referidos. Reputou-se, então, possível, na espécie, a incidência do privilégio estabelecido no § 2º do art. 155 do CP, visto que, apesar de o crime ter sido cometido em concurso de pessoas, o paciente seria primário e a coisa furtada de pequeno valor (R$ 125,00). Tendo isso em conta, reduziu-se, em 2/3, a pena-base fixada em 2 anos e 4 meses de reclusão, o que conduziria à pena corporal de 9 meses e 10 dias de reclusão" (STF, HC 96.843/MS, Rel. Min. Ellen Gracie, 24-3-2009). No mesmo sentido: HC 97.051/RS, Rel. Min. Cármen Lúcia; HC 97.034/MG, Min. Ayres Brito; HC 98.265/MS, Min. Ayres Brito; HC 99.581/RS, Min. Cezar Peluso.

O Superior Tribunal de Justiça, que entendia pacificamente não ser aplicável o privilégio ao furto qualificado, viu-se obrigado a modificar seu entendimento em razão das decisões da Corte Suprema. "Consoante entendimento pacificado no julgamento do Recurso Especial Representativo de Controvérsia n. 1.193.194, de minha Relatoria, afigura-se possível o reconhecimento do privilégio previsto no § 2º do art. 155 do Código Penal nos casos de furto qualificado (CP, art. 155, § 4º), máxime se presente qualificadora de ordem objetiva, a primariedade do réu e, também, o pequeno valor da *res furtiva*, como na hipótese" (HC 183.687/RS, Rel. Min. Maria Thereza de Assis Moura, 6ª Turma, julgado em 14-5-2013, *DJe* 23-5-2013). Posteriormente, o Superior Tribunal de Justiça aprovou a Súmula 511: "é possível o reconhecimento do privilégio previsto no § 2º do art. 155 do CP nos casos de furto qualificado, se estiverem presentes a primariedade do agente, o pequeno valor da coisa e a qualificadora for de ordem objetiva".

Deve-se salientar apenas que a ressalva final da súmula, que restringe o alcance do privilégio apenas às qualificadoras de caráter objetivo, não faz sentido, já que, ao contrário do que ocorre com o homicídio, todas as qualificadoras do furto são compatíveis com os requisitos do privilégio, não havendo razão plausível para que seja ele negado somente quando a qualificadora for a do abuso de confiança (única considerada de ordem

---

[125] Cezar Roberto Bitencourt. *Tratado de direito penal*, v. 3, p. 25.

subjetiva). No crime de homicídio, são as peculiaridades do privilégio e das qualificadoras de caráter subjetivo que as tornam incompatíveis porque todas dizem respeito à motivação (o crime não pode ser qualificado pelo motivo fútil e, ao mesmo tempo, privilegiado pelo motivo de relevante valor social). No entanto, se o réu é primário e a coisa de pequeno valor, não faz sentido admitir o privilégio em relação a todas as outras qualificadoras e não o admitir naquela referente ao abuso de confiança, já que, conforme mencionado, não há incompatibilidade entre os institutos. Observe-se, ademais, que esta ressalva da súmula não consta das decisões do Supremo Tribunal Federal.

De qualquer modo, estando consolidado nos tribunais superiores o entendimento de que o furto pode ser privilegiado e qualificado, a solução que se afiguraria mais justa seria a de vedar a aplicação de multa exclusiva em tais situações. Nesse sentido, já se decidiu: "Segundo a orientação mais moderna desta Corte Superior de Justiça, o privilégio estatuído no § 2º do artigo 155 do Código Penal mostra-se compatível com as qualificadoras do delito de furto, desde que as qualificadoras sejam de ordem objetiva e que a pena final não fique restrita à multa [...]" (STJ, AgRg no REsp 1.111.797/SP, 5ª Turma, Rel. Min. Jorge Mussi, *DJe* 10-8-2011).

2.1.4. Princípio da insignificância

Não se confunde o furto privilegiado no qual o acusado é condenado com uma pena menor com o princípio da insignificância, decorrente do princípio da intervenção mínima, segundo o qual não se reconhece a existência de justa causa para a ação penal quando a lesão ao bem jurídico tutelado for irrisória, ínfima, insignificante. É o chamado furto de bagatela. Em tais casos, o fato é considerado *atípico*.

Como o princípio da insignificância não é regulado expressamente em lei, os integrantes do Supremo Tribunal Federal resolveram fazê-lo e passaram a exigir a coexistência dos seguintes vetores para a sua incidência: (a) mínima ofensividade da conduta do agente, (b) nenhuma periculosidade social da ação, (c) reduzidíssimo grau de reprovabilidade do comportamento e (d) inexpressividade da lesão jurídica provocada.

Os tribunais, inclusive os superiores, têm dado maior amplitude ao conceito de bagatela, para abarcar não apenas a subtração de bens que tenham valor próximo de zero, mas também objetos com valor de até dez por cento do salário mínimo vigente (STJ[126]),

---

[126] Há consenso no Superior Tribunal de Justiça no sentido de que o limite para a aplicação do princípio da insignificância no crime de furto é o de 10% do salário mínimo. Confira-se: "*In casu*, constata-se que o valor das res furtivae – 2 (dois) botijões de gás cheios, estimados em R$ 200,00 (duzentos reais) e um rádio, avaliado em R$ 270,00 (duzentos e setenta reais) – é superior a 10% (dez por cento) do salário mínimo vigente à época dos fatos. Logo, a referida quantia, nos termos do entendimento pacífico do Superior Tribunal de Justiça, não pode ser considerada insignificante" (STJ, AgRg no AREsp 1.619.041/MS, Rel. Min. Laurita Vaz, 6ª Turma, julgado em 9-6-2020, *DJe* 23-6-2020); "Segundo a orientação jurisprudencial desta Corte, o valor total da res furtiva, não é considerado ínfimo, por ultrapassar 10% do salário mínimo vigente à época dos fatos. Ademais, trata-se de agente com histórico de reiteração em delitos contra o patrimônio, circunstância que mostra-se incompatível com o princípio da insignificância. Precedentes" (STJ, AgRg no HC 574.484/RJ, Rel. Min. Joel Ilan Paciornik, 5ª Turma, julgado em 26-5-2020, *DJe* 9-6-2020); "Esta Corte Superior tem afastado a incidência do princípio da insignificância nos casos em que o valor do bem subtraído ultrapassa o percentual de 10% do salário mínimo vigente à época dos

ou, em alguns casos, até um pouco mais[127]. No entanto, têm entendido que a gravidade diferenciada do delito no caso concreto pode afastar o princípio da insignificância, por indicar a necessidade de imposição de uma pena (um arrombamento com grande prejuízo para a vítima ou a presença de outra qualificadora qualquer, furto com invasão de domicílio ou com clonagem de cartão de crédito, furto contra criança ou pessoa idosa, por exemplo). A propósito: "Deve ser mantido o *decisum* recorrido, pois encontra-se, de fato, em consonância com o entendimento desta Corte Superior de Justiça, segundo o qual, *verbis*: 'É firme nesta Corte o entendimento segundo o qual a prática do delito de furto qualificado por escalada, destreza, rompimento de obstáculo ou concurso de agentes indica a reprovabilidade do comportamento do réu, sendo inaplicável o princípio da insignificância' (AgRg no REsp n. 1.432.283/MG, 6ª Turma, Rel. Min. Maria Thereza de Assis Moura, *DJe* 27-6-2014)" (STJ, AgRg no AREsp 1307149/MG, Rel. Min. Felix Fischer, 5ª Turma, julgado em 4-9-2018, *DJe* 10-9-2018).

No Superior Tribunal de Justiça, entende-se que, no caso de crime continuado, o valor para fins do reconhecimento da insignificância é a soma dos bens subtraídos (AgRg no AREsp 712.222/MG, Rel. Min. Reynaldo Soares da Fonseca, 5ª Turma, julgado em 3-11-2015, *DJe* 9-11-2015; AgRg no AREsp 653.257/MG, Rel. Min. Gurgel de Faria, 5ª Turma, julgado em 30-6-2015, *DJe* 4-8-2015; AgRg no AREsp 277.735/DF, Rel. Min. Assusete Magalhães, julgado em 1º-10-2013, *DJe* 2-12-2013.

Saliente-se, também, que as Cortes Superiores já decidiram que, na análise da inexpressividade da lesão provocada, deve ser também considerado o valor sentimental do bem para a vítima e não apenas o aspecto econômico: "As circunstâncias peculiares do caso concreto inviabilizam a aplicação do postulado da insignificância à espécie. Paciente que invadiu a residência de músico, donde subtraiu um quadro denominado 'disco de ouro', premiação a ele conferida por ter alcançado a marca de mais de cem mil discos vendidos no País. 2. Embora a *res* subtraída não tenha sido avaliada, essa é dotada de valor sentimental inestimável para a vítima. Não se pode, tão somente, avaliar a tipicidade da conduta praticada em vista do seu valor econômico, especialmente porque, no caso, o prejuízo suportado pela vítima, obviamente, é superior a qualquer quantia pecuniária" (STF, HC 107615, Rel. Min. Dias Toffoli, 1ª Turma, julgado em 6-9-2011, processo eletrônico *DJe*-192, divulg. 5-10-2011, public. 6-10-2011, *RT* v. 101, n. 918, 2012, p. 707-712); "O pequeno valor da *res furtiva* não se traduz, automaticamente, na aplicação

---

fatos, bem como quando se tratar de acusado reincidente, contumaz na prática de delitos, como na hipótese desses autos" (STJ, AgRg no AREsp 1.538.022/MG, Rel. Min. Sebastião Reis Junior, 6ª Turma, julgado em 3-3-2020, *DJe* 12-3-2020); "Ocorre que, na hipótese dos autos, não é possível o reconhecimento do benefício, uma vez que o valor dos objetos subtraídos, avaliados em R$ 272,00 (duzentos e setenta e dois reais), não pode ser considerado irrisório, já que equivale a mais de 10% (dez por cento) do salário mínimo vigente à época do fato (R$ 937,00). Precedentes" (STJ, AgRg no HC 542.737/PR, Rel. Min. Leopoldo de Arruda Raposo (Desembargador Convocado do TJ/PE), 5ª Turma, julgado em 5-12-2019, *DJe* 13-12-2019).

[127] No Supremo Tribunal Federal há julgados em que o princípio da insignificância foi aplicado apesar de o valor ser superior a 10% do salário mínimo: HC 138.697, Rel. Min. Ricardo Lewandowski, 2ª Turma, julgado em 16-5-2017, processo eletrônico *DJe*-113, divulg. 29-5-2017, public. 30-5-2017; HC 136.896, Rel. Min. Dias Toffoli, 2ª Turma, julgado em 13-12-2016, processo eletrônico *DJe*-033, divulg. 17-2-2017, public. 20-2-2017).

do princípio da insignificância. Há que se conjugar a importância do objeto material para a vítima, levando-se em consideração a sua condição econômica, o valor sentimental do bem, como também as circunstâncias e o resultado do crime, tudo de modo a determinar, subjetivamente, se houve relevante lesão. Precedente desta Corte" (STJ, HC 60.949/PE, Rel. Min. Laurita Vaz, 5ª Turma, julgado em 20-11-2007, *DJ* 17-12-2007, p. 235).

No que diz respeito à reincidência afastar a possibilidade de aplicação do princípio em questão, o Supremo Tribunal Federal já teve diversos entendimentos. Até aproximadamente o ano de 2010 a Corte Suprema entendia que aspectos subjetivos não poderiam impedir o reconhecimento do furto de bagatela. Veja-se, exemplificativamente, o seguinte julgado: "Verificada a objetiva insignificância jurídica do ato tido por delituoso, é de ser afastada a condenação do agente, por atipicidade do comportamento. Não cabem para averiguação de tipicidade da conduta, ponderações sobre as circunstâncias pessoais do agente. Se determinado fato não é típico, passa a ser irrelevante se foi praticado por reincidente contumaz ou por alguém que não tenha antecedentes criminais, pois não há crime!" (STF, HC 93.393/RS, Rel. Min. Cezar Peluso, *DJe* 89, p. 366, 15-5-2009). No mesmo sentido: STF, RE 514.531/RS, Rel. Min. Joaquim Barbosa, *DJe* 43, p. 1.260, 6-3-1990; STF, HC 94.427/RS, Rel. Min. Carlos Brito, *DJe* 64, p. 457, 3-4-2009); (STF, HC 98.152/MG, Rel. Min. Celso de Mello, *DJe* 104, p. 584, 5-6-2009).

Posteriormente, quando os Ministros se deram conta de que essa interpretação constituía estímulo aos criminosos habituais, a Corte Suprema alterou seu entendimento, havendo inúmeros julgados mais recentes refutando a insignificância por ser o réu reincidente ou furtador contumaz: "A reincidência, apesar de tratar-se de critério subjetivo, remete a critério objetivo e deve ser excepcionada da regra para análise do princípio da insignificância, já que não está sujeita a interpretações doutrinárias e jurisprudenciais ou a análises discricionárias. O criminoso reincidente, como é o caso do ora Paciente, apresenta comportamento reprovável, e sua conduta deve ser considerada materialmente típica. 5. Ordem denegada" (HC 107.674/MG, 1ª Turma, Rel. Min. Cármen Lúcia, *DJe* 176, 14-9-2011); e "Reconhecida a reincidência, a reprovabilidade do comportamento do agente é significativamente agravada, sendo suficiente para inviabilizar a incidência do princípio da insignificância. Precedentes. Ausência dos requisitos para a concessão da ordem de *habeas corpus* de ofício. Agravo regimental a que se nega provimento" (AI 600.500/MG, 2ª Turma, Rel. Min. Joaquim Barbosa, *DJe* 108, 7-6-2011). No mesmo sentido, ainda: HC 108.528 (*DJe* 1º-8-2011) e HC 107.138 (*DJe* 30-5-2011).

No Superior Tribunal de Justiça também não se aplica o princípio da insignificância quando o réu é reincidente na prática de crimes contra o patrimônio ou furtador contumaz: "A Terceira Seção desta Corte, no julgamento do EAREsp n. 221.999/RS (Rel. Ministro Reynaldo Soares da Fonseca, julgado em 11-11-2015, *DJe* 10-12-2015), estabeleceu a tese de que 'a reiteração criminosa inviabiliza a aplicação do princípio da insignificância, ressalvada a possibilidade de, no caso concreto, as instâncias ordinárias verificarem que a medida é socialmente recomendável'" (STJ, AgRg no HC 569.984/SP, Rel. Min. Jorge Mussi, 5ª Turma, julgado em 16-6-2020, *DJe* 24-6-2020); "Em que pese o pequeno valor dos objetos subtraídos, constata-se que o Agravante é reincidente específico em crimes patrimoniais e ostenta duas condenações penais definitivas (roubo e furto), o que impossibilita a aplicação do princípio da insignificância no caso concreto" (STJ, AgRg no AREsp 1445086/DF, Rel. Min. Laurita Vaz, 6ª Turma, julgado em 5-5-2020, *DJe* 22-5-2020). No mesmo sentido: "Como dito no *decisum* reprochado, é inaplicável, na hipótese, o denominado princípio da insignificância, tendo em vista que, apesar do pequeno valor da *res furtiva*, o recorrente é reincidente específico na prática de delitos patrimoniais" (AgRg no AREsp 1463296/MG, Rel. Min. Felix Fischer, 5ª Turma, julgado em 25-6-2019, *DJe* 1º-8-2019); "Em que pese o valor do bem furtado ser inferior a 10% do valor do salário mínimo vigente à época dos fatos, a conduta não pode ser considerada de lesividade mínima, em razão da reincidência do acusado" (AgRg no AREsp 1436867/MG, Rel. Min. Joel Ilan Paciornik, 5ª Turma, julgado em 25-6-2019, *DJe* 5-8-2019); "É incabível a aplicação do princípio da insignificância no caso concreto, tendo em vista que o réu é reincidente e os bens, objeto da tentativa de furto, foram avaliados em R$ 267,20, montante que não pode ser considerado irrisório" (AgRg no REsp 1.655.413/MG, Rel. Min. Antonio Saldanha Palheiro, 6ª Turma, julgado em 25-4-2017, *DJe* 8-5-2017).

Excepcionalmente, todavia, quando o valor do bem é extremamente pequeno, o STJ tem aplicado o princípio da insignificância, mesmo que se trate de reincidente em crime contra o patrimônio ou furtador contumaz.

Em outubro de 2023, no julgamento do tema 1.205, em sede de recurso repetitivo, o Superior Tribunal de Justiça aprovou a seguinte tese: "A restituição imediata e integral do bem furtado não constitui, por si só, motivo suficiente para a incidência do princípio da insignificância".

2.1.5. Furto qualificado

As qualificadoras estão previstas nos §§ 4º a 7º do Código Penal.

No § 4º existem, ao todo, nove qualificadoras, distribuídas em quatro incisos do § 4º e no § 4º-A e B. Caso o juiz reconheça duas ou mais qualificadoras descritas no § 4º, o que, aliás, é muito comum, deverá utilizar a primeira como qualificadora e as demais como circunstâncias judiciais para exasperar a pena-base (art. 59 do CP). Nesse sentido: "Reconhecida a incidência de duas ou mais qualificadoras, uma delas poderá ser utilizada para tipificar a conduta como delito qualificado, promovendo a alteração do *quantum* de pena abstratamente previsto, sendo que as demais poderão ser valoradas na segunda fase da dosimetria, caso correspondam a uma das agravantes, ou como circunstância judicial, na primeira fase da etapa do critério trifásico, se não for prevista como agravante" (STJ, AgRg no AREsp 2.113.232/TO, Rel. Min. Reynaldo Soares da Fonseca, 5ª Turma, julgado em 21-6-2022, *DJe* 27-6-2022).

Por sua vez, caso seja reconhecida uma qualificadora para a qual seja prevista uma pena maior e outra com pena menor, o juiz aplicará a pena da primeira e a outra incidirá como circunstância judicial do art. 59.

Todas as qualificadoras do § 4º referem-se aos meios de execução do furto, de modo que todas são compatíveis com o instituto da tentativa, bastando, para tanto, que o agente não consiga concretizar a subtração. Quando se tratar de crime qualificado consumado em uma das modalidades do § 4º, em que a pena mínima é de 2 anos, mostrar-se-á incabível a suspensão condicional do processo, na medida em que tal benefício pressupõe que a pena mínima estabelecida em abstrato não supere 1 ano (art. 89 da Lei n. 9.099/95). Em se tratando, contudo, de tentativa de furto qualificado, o benefício será cabível, pois a pena mínima é de 8 meses em razão da redução máxima decorrente do *conatus* (2/3).

2.1.5.1. Rompimento ou destruição de obstáculo

Art. 155, § 4º – A pena é de reclusão, de dois a oito anos, e multa, se o crime é cometido:

I – com destruição ou rompimento de obstáculo à subtração da coisa.

Os obstáculos podem ser ativos ou passivos.

Obstáculos passivos são as barreiras, os anteparos, que servem para impedir as pessoas de se apossarem ou de removerem algum objeto. São exemplos os trincos, as fechaduras, as portas, as janelas, os cofres, os cadeados etc.

Obstáculos ativos são os destinados a evitar o apossamento ou a retirada do bem do local mediante uma ação, como, por exemplo, um choque no caso da cerca eletrificada, um alerta sonoro aos proprietários ou seguranças na hipótese dos alarmes existentes em veículos ou em peças de roupas em lojas etc.

Não inviabiliza a qualificadora o fato de se tratar de obstáculo externo, colocado no objeto na própria via pública. Por isso, comete o delito qualificado quem, com um alicate, rompe um cadeado ou uma corrente que a vítima havia colocado em sua motocicleta ou bicicleta, a fim de evitar o seu deslocamento.

A qualificadora em estudo pressupõe que o obstáculo seja *danificado*, no todo ou em parte, porque o art. 171 do Código de Processo Penal expressamente exige *perícia* para constatar os *vestígios* nele deixados. É de se lembrar, todavia, que, se os vestígios tiverem desaparecido, a prova testemunhal poderá suprir a falta, nos termos do art. 167 do mesmo Código. É comum, por exemplo, que a vítima troque imediatamente o vidro que o furtador quebrou e isso inviabilize a perícia, hipótese em que, conforme mencionado, a prova testemunhal poderá embasar o reconhecimento da qualificadora. Caso, em situação diversa, fique evidenciado que a perícia poderia ter sido realizada e apenas não foi por desídia das autoridades responsáveis pela investigação, a prova testemunhal não poderá suprir-lhe a falta. Nos casos concretos, portanto, o juiz só poderá utilizar a prova testemunhal para suprir a falta da perícia se justificar expressamente a razão pela qual esta não pôde ser realizada e desde que a responsabilidade não seja das autoridades incumbidas da persecução penal: "Para a incidência da qualificadora do art. 155, § 4º, I, do Código Penal, é imprescindível que o rompimento de obstáculo seja comprovado por exame pericial. 2. Somente é possível a substituição do exame pericial por outros meios probatórios quando o delito não deixar vestígios, quando esses tiverem desaparecido ou quando as circunstâncias do crime não permitirem a confecção do laudo. 3. Não indicados os motivos pelos quais foi dispensado ou impossibilitado o exame pericial, fica configurada ilegalidade passível de justificar o afastamento da qualificadora e, consequentemente, a desclassificação do delito para furto simples. 4. Agravo regimental provido" (STJ, AgRg no HC n. 664.314/SC, Rel. Min. João Otávio de Noronha, 5ª Turma, julgado em 10-5-2022, *DJe* 13-5-2022); "A jurisprudência desta Corte firmou-se no sentido de que, para incidir a qualificadora do rompimento de obstáculo, prevista no art. 155, § 4º, I, do Código Penal, faz-se indispensável a realização de perícia, sendo possível substituí-la por outros meios de prova se o delito não deixar vestígios, ou esses tenham desparecido ou, ainda, se as circunstâncias do crime não permitirem a confecção do laudo. Assim, não tendo sido mencionadas pela Corte *a quo* circunstâncias que dispensam a realização do laudo pericial, inexiste justificativa suficiente para a não elaboração do exame, devendo ser afastada a qualificadora disposta no inciso I do § 4º do art. 155 do Código Penal. Precedentes" (STJ, AgRg no HC 557.077/SC, Rel. Min. Nefi Cordeiro, 6ª Turma, julgado em 9-6-2020, *DJe* 16-6-2020); "Prevalece nesta Corte Superior o entendimento de que 'o reconhecimento da qualificadora de rompimento de obstáculo exige a realização de exame pericial, o qual somente pode ser substituído por outros meios probatórios quando inexistirem vestígios, o corpo de delito houver desaparecido ou as circunstâncias do crime não permitirem a confecção do laudo'" (AgRg no REsp 1705450/RO, Rel. Min. Nefi Cordeiro, 6ª Turma, julgado em 13-3-2018, *DJe* 26-3-2018). 2. No caso concreto, a instância ordinária justificou a dispensa do exame pericial para a comprovação do rompimento de obstáculo, haja vista o reparo imediato da estrutura danificada pela ação delitiva do agravante, bem como pela existência de prova oral suficiente para amparar a inclusão da qualificadora no decreto condenatório. Verificada, portanto, uma das hipóteses capazes de excepcionar a obrigatoriedade da prova técnica. Precedentes" (STJ, AgRg no REsp 1868829/SE, Rel. Min. Jorge Mussi, 5ª Turma, julgado em 19-5-2020, *DJe* 29-5-2020).

Rompimento é a danificação *parcial* do obstáculo, como ocorre na utilização de "pé-de-cabra" para arrombar uma porta. Destruição é a danificação *completa*, como a explosão de um caixa eletrônico.

A mera *remoção* do obstáculo, sem a provocação de dano não qualifica o furto. Exemplos: extrair o dispositivo antifurto de uma roupa dentro da loja sem danificá-lo, desligar o interruptor do alarme, deslocar tapumes colocados na porta de uma obra etc.

Percebe-se, portanto, que na figura qualificada em análise a vítima sofre duas lesões patrimoniais, a primeira decorrente do dano no obstáculo e a, segunda, da subtração de seus pertences.

A qualificadora somente pode ser reconhecida quando o rompimento ou destruição constituírem *meio* para a subtração, e é exatamente por essa razão que o crime de dano fica absorvido. Pouco importa que o agente tenha arrombado a porta para conseguir entrar na casa ou que tenha entrado normalmente por uma porta que já estava aberta e tenha arrombado a janela para fugir com os bens pelos fundos diante da chegada de moradores ao local. Nas duas hipóteses, o arrombamento ocorreu antes da consumação do crime e constituiu meio de execução, configurando a figura qualificada. Só não haverá a qualificadora se o agente tiver quebrado as janelas de uma casa por mero vandalismo, sem que isso tenha sido necessário para entrar ou sair do local. Em tal hipótese, o agente responde por furto simples em concurso material com crime de dano.

Há quem sustente que cães de guarda não constituem obstáculo no sentido técnico da palavra, de modo que a sua morte para viabilizar um furto configuraria crime de dano em concurso material com o furto simples. Como o texto legal, todavia, não faz qualquer ressalva, entendemos que a sua morte configura a qualificadora, pois a existência de um cão de guarda constitui também empecilho à subtração.

É muito importante salientar que a doutrina e a jurisprudência só têm admitido a incidência da qualificadora quando é atingido obstáculo que impede a apreensão ou a remoção do bem, e nunca obstáculo que seja *parte integrante* da própria coisa furtada e que, por tal razão, seja juntamente com ela subtraído. Por isso, aplica-se a qualificadora quando o agente arromba um portão para furtar o carro da garagem, mas não se aplica quando o agente arromba a porta do próprio carro para levá-lo. Argumenta-se que, no primeiro caso, o agente causou dois prejuízos à vítima e, no segundo, não (ao levar o carro, provocou prejuízo do valor integral do bem, não havendo um *plus* em relação ao dano em sua porta). Ademais, na primeira hipótese, é possível a perícia no portão, enquanto na segunda é inviável a perícia na porta, exceto se o carro tiver sido prontamente recuperado.

Aplica-se, portanto, a qualificadora quando o agente arromba um cofre para subtrair os valores nele contidos; quando arromba uma porta ou janela para furtar as mercadorias de dentro de uma loja ou residência; quando destrói um cadeado para levar a bicicleta etc.

Após certa polêmica pacificou-se o entendimento no Supremo Tribunal Federal e no Superior Tribunal de Justiça no sentido de que é cabível a qualificadora quando o agente quebra o vidro de um carro para subtrair o toca-CD ou outros objetos de seu interior. A propósito: "A Terceira Seção do Superior Tribunal de Justiça, no julgamento do EREsp n. 1.079.847/SP, reconheceu restar configurada a qualificadora do rompimento de obstáculo 'quando o agente, visando subtrair aparelho sonoro localizado no interior do veículo, quebra o vidro da janela do automóvel para atingir seu intento, primeiro porque este obstáculo dificultava a ação do autor, segundo porque o vidro não é parte integrante da *res furtiva* visada, no caso, o som automotivo'. Precedentes" (STJ, HC 328.896/DF, Rel. Min. Ribeiro Dantas, 5ª Turma, julgado em 5-4-2016, *DJe* 15-4-2016); "Segundo a jurisprudência desta Corte, incide a qualificadora do rompimento de obstáculo 'quando o agente, visando subtrair aparelho sonoro localizado no interior do veículo, quebra o vidro da janela do automóvel para atingir seu intento, primeiro porque este obstáculo dificultava a ação do autor, segundo porque o vidro não é parte integrante da *res furtiva* visada, no caso, o som automotivo' (EREsp 1.079.847/SP, Rel. Min. Jorge Mussi, 3ª Seção, julgado em 22-5-2013, *DJe* 5-9-2013)" (STJ, AgRg no AREsp 731.468/DF, Rel. Min. Antonio Saldanha Palheiro, 6ª Turma, julgado em 9-3-2017, *DJe* 21-3-2017); "A subtração de objetos localizados no interior de veículo automotor, mediante o rompimento ou destruição do vidro do automóvel, qualifica o furto. Precedentes do Supremo Tribunal Federal. 2. De rigor a incidência da qualificadora do inciso I do § 4º do art. 155 do CP quando o agente, visando subtrair aparelho sonoro localizado no interior do veículo, quebra o vidro da janela do automóvel para atingir o seu intento, primeiro porque este obstáculo dificultava a ação do autor, segundo porque o vidro não é parte integrante da *res furtiva* visada, no caso, o som automotivo. 3. Comprovada por perícia a destruição do obstáculo, não há como afastar a qualificadora prevista no art. 155, § 4º, I, do Código Penal" (EREsp 1.079.847/SP, Rel. Min. Jorge Mussi, 3ª Seção, julgado em 22-5-2013, *DJe* 5-9-2013).

Também com esse posicionamento podemos elencar diversos julgados da Corte Suprema: "Arrombamento de veículo automotor para furtar objeto. Incidência da qualificadora do inciso I do § 4º do art. 155 do Código Penal. Precedentes. Ordem denegada. 1. A jurisprudência da Corte está consolidada no sentido de que 'configura o furto qualificado a violência contra coisa, considerado veículo, visando adentrar no recinto para retirada de bens que nele se encontravam' (HC 98.606/RS, 1ª Turma, Relator o Ministro Marco Aurélio, *DJe* de 28/5/10)" (HC 110.119, Rel. Min. Dias Toffoli, 1ª Turma, julgado em 13-12-2011, processo eletrônico *DJe*-039, divulg. 24-2-2012, public. 27-2-2012); "A destruição ou avaria de automóvel para a subtração de objeto que se encontra em seu interior faz incidir a qualificadora prevista no inciso I do § 4º do art. 155 do Código Penal" (HC 98.406, Rel. Min. Ellen Gracie, 2ª Turma, julgado em 16-6-2009, *DJe*-121, divulg. 30-6-2009, public. 1º-7-2009).

Tal interpretação dos tribunais superiores não fere o princípio da proporcionalidade se lembrarmos que, atualmente, tais tribunais têm admitido o privilégio do art. 155, § 2º, do Código Penal, ao delito qualificado. Assim, quem arromba a porta do automóvel para furtá-lo incorre em crime de furto simples. Quem quebra o vidro do veículo para furtar o toca-CD incorre no crime qualificado, porém, em regra, obterá o privilégio (coisa de pequeno valor), o que fará com que a pena seja inferior à do furto simples.

A conduta de cortar com canivete a bolsa da vítima para, sorrateiramente, furtar a carteira ou outros valores de seu interior, não constitui rompimento de obstáculo porque a bolsa é usada para transporte e não para proteção dos valores. Possível, contudo, o reconhecimento da qualificadora da destreza, se a vítima não notar a conduta do agente.

A forma tentada é plenamente compatível com a figura qualificada, bastando que o agente já tenha dado início ao ato de arrombamento, danificando, ainda que parcialmente, o obstáculo, e que não consiga concretizar a subtração por circunstâncias alheias à sua vontade.

2.1.5.2. Abuso de confiança

Art. 155, § 4º, II (1ª figura) – Se o crime é cometido mediante abuso de confiança.

A existência desta qualificadora pressupõe que a vítima, por alguma razão, deposite uma especial confiança no agente e que ele disso se aproveite para cometer o crime.

A relação de confiança capaz de embasar a qualificadora pode ter origem em uma forte amizade, no fato de as partes serem irmãos ou primos, de serem namorados ou noivos, colegas de trabalho etc.

É necessário, conforme mencionado, que se trate de uma *especial* confiança da vítima no agente. De modo mais objetivo, significa que a vítima deve nele depositar grande confiança, já que o reconhecimento da qualificadora faz com que a pena do furto seja consideravelmente exasperada, o que não se justifica quando há uma relação de confiança trivial, corriqueira, entre as partes. Não é por outra razão que se sedimentou o entendimento de que o famulato (furto cometido pelo empregado contra o patrão) só constitui furto qualificado se houver prova, no caso concreto, de que o patrão depositava confiança diferenciada naquele empregado que praticou o furto. Se o tesoureiro da empresa, a quem o patrão confiou as chaves do cofre, desvia valores ali depositados, incorre na modalidade qualificada. Se, todavia, um funcionário qualquer de uma grande empresa esconde produtos sob suas vestes no momento de ir para casa, o furto é simples. O mesmo raciocínio vale para empregados domésticos.

Se a subtração for perpetrada por cônjuge, durante a constância da sociedade conjugal, companheiro, durante o convívio estável, ascendente ou descendente, o furto sequer é punível ante as escusas absolutórias do art. 181 do Código Penal. Se a vítima, entretanto, tiver 60 anos ou mais, as imunidades deixam de existir, nos termos do art. 183, III, do Código Penal, e, em tal caso, será possível a aplicação da qualificadora se o furto tiver sido cometido, por exemplo, pelo marido ou pelo filho.

É necessário lembrar, outrossim, que, para o reconhecimento da qualificadora é preciso que o agente tenha se aproveitado de alguma facilidade decorrente da relação de confiança para executar o furto. É nisso que consiste o *abuso* de confiança. Assim, o amigo que furta bens do interior da casa do outro durante uma visita incide na forma qualificada. No entanto, se o mesmo amigo invade a casa durante viagem da vítima, cometendo o furto de uma maneira como qualquer outra pessoa poderia tê-lo praticado, o crime é simples.

A modalidade tentada é plenamente possível, quando o agente que goza da confiança da vítima é flagrado no ato de subtração e acaba sendo impedido de continuar na empreitada criminosa.

2.1.5.3. Emprego de fraude

Art. 155, § 4º, II (2ª figura) – Se o crime é cometido mediante fraude.

Fraude é qualquer artifício, engodo, ardil ou artimanha utilizados pelo agente a fim de facilitar ou viabilizar a subtração. Os métodos fraudulentos são muito variados. Existem hipóteses em que a fraude é empregada pelo agente para distrair, desviar a atenção da vítima, tal como ocorre quando duas pessoas entram em uma loja e, enquanto uma delas distrai o vendedor com perguntas e pedidos de mercadorias, a outra esconde objetos sob suas vestes. Nesse caso, além da qualificadora da fraude, mostra-se também presente a do concurso de pessoas.

Há casos em que a fraude visa possibilitar a aproximação do agente dos bens que pretende furtar, como no exemplo em que ele desliga a rede telefônica de uma casa e, em seguida, se passa por funcionário da empresa prestadora do serviço, inclusive com o respectivo uniforme falso, e consegue entrar na residência a pretexto de efetuar o conserto, ou quando finge ser pessoa responsável pela manutenção em máquinas de certa empresa para conseguir ter acesso ao local. Ocorrem também situações em que a finalidade da fraude é afastar a vítima do local onde estão seus bens, pois a sua presença inviabilizaria o furto.

Configura-se, ainda, o crime qualificado quando o agente consegue o número do cartão bancário e a senha da vítima por meio de *sites* falsos na internet e, posteriormente, realiza saques ou transferências não autorizadas. Neste último exemplo, temos o furto mediante fraude por meio informático, cuja pena é maior – reclusão, de quatro a oito anos, e multa (art. 155, § 4º-B, inserido no Código Penal pela Lei n. 14.155/2021). A propósito: "O furto mediante fraude não se confunde com o estelionato. A distinção se faz primordialmente com a análise do elemento comum da fraude que, no furto, é utilizada pelo agente com o fim de burlar a vigilância da vítima que, desatenta, tem seu bem subtraído, sem que se aperceba; no estelionato, a fraude é usada como meio de obter o consentimento da vítima que, iludida, entrega voluntariamente o bem ao agente. 2. Hipótese em que o Acusado se utilizou de equipamento coletor de dados, popularmente conhecido como 'chupacabra', para copiar os dados bancários relativos aos cartões que fossem inseridos no caixa eletrônico bancário. De posse dos dados obtidos, foi emitido cartão falsificado, posteriormente utilizado para a realização de saques fraudulentos. 3. No caso, o agente se valeu de fraude – clonagem do cartão – para retirar indevidamente valores pertencentes ao titular da conta bancária, o que ocorreu, por certo, sem o consentimento da vítima, o Banco. A fraude, de fato, foi usada para burlar o sistema de proteção e de vigilância do Banco sobre os valores mantidos sob sua guarda, configurando o delito de furto qualificado" (STJ, REsp 1.412.971/PE, Rel. Min. Laurita Vaz, 5ª Turma, julgado em 7-11-2013, DJe 25-11-2013). No mesmo sentido os seguintes julgados do Superior Tribunal de Justiça: CC 67.343/GO, Rel. Min. Laurita Vaz, 3ª Seção, julgado em 28-3-2007, DJ 11-12-2007, p. 170; CC 131.043/MA, Rel. Min. Gurgel de Faria, 3ª Seção, julgado em 8-10-2014, DJe 14-10-2014; AgRg no CC 110.767/SP, Rel. Min. Gilson Dipp, 3ª Seção, julgado em 9-2-2011, DJe 17-2-2011; CC 81.477/ES, Rel. Min. Og Fernandes, 3ª Seção, julgado em 27-8-2008, DJe 8-9-2008; REsp 1.163.170/SP, Rel. Min. Felix Fischer, 5ª Turma, julgado em 19-8-2010, DJe 20-9-2010.

Note-se que a diferença entre o estelionato e o furto mediante fraude reside no fato de que, neste, o bem é subtraído, ao passo que, no primeiro, a vítima é ludibriada e convencida e entregar bens ou valores ao agente. Por isso, se, por meio de um *site* falso de vendas, o agente convence a vítima a depositar dinheiro em sua conta e, posteriormente, não entrega a mercadoria, o crime é o de estelionato.

É necessário salientar, outrossim, que, quando o próprio agente, após empregar a fraude, apodera-se do objeto e o leva embora, resta evidente a tipificação do furto mediante fraude. O tema torna-se um pouco mais complexo quando a própria vítima entrega o bem em decorrência de uma fraude empregada pelo agente. Se ela entrega apenas a posse precária, momentânea, com autorização somente para que o sujeito fique em poder do bem naquele local (posse vigiada) e ele, sorrateiramente ou mediante fuga, leva-o embora, o delito, igualmente, é o de furto mediante fraude. Exemplo: o agente, fingindo ser um fiscal, pede para ver objetos de valor em uma loja e, ao recebê-los, esconde um deles e o subtrai. Ao contrário, quando o agente vai até a loja e compra objetos, por exemplo, fazendo uso de um cartão de crédito clonado e recebe os bens, o crime é o de estelionato. Neste último caso, o agente recebeu posse desvigiada porque a vítima lhe entregou os bens e o autorizou a com eles deixar o recinto.

A jurisprudência tem, ainda, dado maior elasticidade ao conceito de posse vigiada quando o fato ocorre em local aberto, público. Assim, quando um falso comprador pede para fazer um *test-drive* com um veículo, recebendo autorização do dono para dar uma volta no quarteirão e desaparece com o automóvel, tem-se entendido, majoritariamente, que a posse era vigiada e que o crime é o de furto qualificado. Da mesma forma, quando um falso manobrista recebe o veículo para estacioná-lo e com ele desaparece. A propósito: "Na hipótese em tela, a vítima entregou as chaves de seu carro para que o Paciente, na qualidade de segurança da rua, o estacionasse, não percebendo que o seu veículo estava sendo furtado. Conforme ressaltado pelo Tribunal de origem, a vítima 'não tinha a intenção de se despojar definitivamente de seu bem, não queria que o veículo saísse da esfera de seu patrimônio', restando, portanto, configurado o furto mediante fraude" (STJ – HC 217.545/RJ – Rel. Min. Laurita Vaz – 5ª Turma – julgado em 3-12-2013 – DJe 19-12-2013); "Ocorre furto mediante fraude e não estelionato nas hipóteses de subtração de veículo posto à venda mediante solicitação ardil de teste experimental ou mediante artifício que leve a vítima a descer do carro. *Habeas corpus* denegado" (STJ – HC 8.179/GO – Rel. Min. Vicente Leal – 6ª Turma – DJ 17-5-1999, p. 239).

Por sua vez, é evidente que, quando alguém compra e recebe em definitivo um carro, e depois a vítima descobre que o pagamento foi feito com depósito fraudulento em banco, o crime é o de estelionato porque a posse foi entregue em definitivo, e não para um *test-drive*.

Quando alguém faz saques não autorizados em caixas eletrônicos com um cartão clonado, o crime é o de furto. Em tal caso, o dinheiro foi subtraído da conta da vítima. Se o agente, entretanto, passando-se pelo correntista, usa o cartão clonado para fazer o saque diretamente com um funcionário do estabelecimento bancário, recebendo das mãos deste os valores, o crime é o de estelionato.

2.1.5.3.1. Furto mediante fraude por meio de dispositivo eletrônico ou informático

Art. 155, § 4º-B – A pena é de reclusão, de 4 a 8 anos, e multa, se o furto mediante fraude é cometido por meio de dispositivo eletrônico ou informático, conectado ou não à rede de computadores, com ou sem a violação de mecanismo de segurança ou a utilização de programa malicioso, ou por qualquer outro meio fraudulento análogo.

Essa modalidade mais gravosa do crime de furto mediante fraude foi inserida no Código Penal pela Lei n. 14.155/2021, que entrou em vigor em 27 de maio de 2021. Louvável a atitude do legislador diante do espantoso aumento de crimes de furto cometidos por meio de dispositivo eletrônico ou informático, ou, ainda, com a utilização de programas maliciosos.

Note-se que o texto legal não exige que a fraude seja perpetrada por meio eletrônico ou informático, e sim que o furto seja cometido por um desses meios.

Atualmente, portanto, se o agente emprega algum tipo de fraude para obter o cartão bancário da vítima e, em seguida, faz saques não autorizados em caixas eletrônicos, utilizando o cartão da vítima e a respectiva senha obtidos fraudulentamente, responde por essa figura mais gravemente apenada. O mesmo ocorre quando o agente cria um *site* falso de um banco e a vítima, ao tentar acessar o *site* de seu banco pela internet, acaba digitando o número de sua conta corrente e senha no *site* falso, de modo que os criminosos passam a conhecer esses dados e, na sequência, fazem transferências não autorizadas da conta da vítima para outra conta corrente.

Essa figura mais severamente apenada também se caracteriza quando o agente faz uso de algum programa espião para obter os dados da vítima e, na sequência, subtrai valores de sua conta corrente.

A pena do furto mediante fraude comum é menor: reclusão, de dois a oito anos, e multa. Para furtos cometidos mediante dispositivo eletrônico ou informático antes de 27 de maio de 2021 (data da entrada em vigor da Lei n. 14.155/2021), aplica-se a pena do furto mediante fraude comum, por ser vedada a retroatividade de lei mais gravosa.

2.1.5.3.1.1. Majorantes do furto mediante fraude por meio de dispositivo eletrônico ou informático

A Lei n. 14.155/2021 introduziu o art. 155, § 4º-C, no Código Penal, que prevê algumas causas de aumento de pena aplicáveis somente ao furto mediante fraude por meio de dispositivo eletrônico ou informático.

O inciso I prevê um aumento de um a dois terços, se o crime for praticado mediante a utilização de servidor mantido fora do território nacional.

O inciso II, por sua vez, determina um aumento de um terço até o dobro, se a vítima do furto for pessoa idosa (60 anos ou mais) ou vulnerável.

O *quantum* do aumento deverá ser estabelecido pelo juiz em razão do montante do prejuízo provocado. Com efeito, o próprio § 4º-C dispõe que a pena do § 4º-B será aumentada levando-se em conta a relevância do resultado gravoso.

2.1.5.4. Escalada

> Art. 155, § 4º, II (3ª figura) – Se o crime é cometido mediante escalada.

Escalada, de acordo com o conceito doutrinário, é a utilização de via *anormal* para entrar no local onde o furto será cometido. Configura a forma qualificada pular o muro ou o portão de uma casa ou estabelecimento comercial, ingressar pelo telhado ou pela chaminé de uma residência, subir na sacada de um apartamento, entrar pela janela de uma casa etc. A escavação de um túnel para furtar um banco enquadra-se na qualificadora em análise, pois, obviamente, constitui forma anormal de acesso ao *locus delicti*. Do mesmo modo, aplica-se a qualificadora quando o morador de um andar superior pula na sacada do inferior para entrar no apartamento de baixo, ou quando o hóspede de um quarto de hotel passa para a sacada do quarto ao lado a fim de cometer o crime.

O art. 171 do Código de Processo Penal exige a realização de perícia no local dos fatos para comprovar como ocorreu a escalada. No laudo apresentado pelos peritos deverá constar qual tipo de obstáculo teve o agente que transpor (muro, portão, telhado etc.), seguido de sua descrição (altura, forma etc.), bem como esclarecimento acerca da eventual utilização de algum instrumento auxiliar (corda, guindaste, escada, andaime etc.). Caso a perícia não seja possível por terem desaparecido os vestígios, a prova testemunhal poderá suprir-lhe a falta (art. 167 do CPP), desde que o julgador justifique a impossibilidade no caso concreto. Nesse sentido: "`Nos termos da jurisprudência desta Corte Superior, no crime de furto, o reconhecimento da qualificadora da escalada exige a realização de exame pericial, o qual somente pode ser substituído por outros meios probatórios quando inexistirem vestígios, o corpo de delito houver desaparecido ou as circunstâncias do crime não permitirem a confecção do laudo. No caso, a Corte de origem não apresentou qualquer justificativa para a não realização do exame pericial a fim de verificar os vestígios da infração' (AgRg no REsp 1794040/MT, Rel. Ministra Laurita Vaz, Sexta Turma, julgado em 17-12-2019, *DJe* 3-2-2020)" (STJ, AgRg no AREsp 2.061.101/MG, Rel. Min. Olindo Menezes (Desembargador Convocado do TRF 1ª Região), 6ª Turma, julgado em 2-8-2022, *DJe* 5-8-2022).

É pacífico, por sua vez, o entendimento doutrinário e jurisprudencial no sentido de que a qualificadora só se justifica quando o agente necessita, no caso concreto, fazer um esforço considerável para ter acesso ao local pretendido ou quando faz uso de instrumentos auxiliares, tais como aqueles já mencionados (cordas, escadas etc.). Tal interpretação mostra-se plenamente razoável, pois não faria sentido reconhecer a qualificadora – que, na prática, gera a aplicação da pena em dobro – quando o agente simplesmente pulou uma pequena mureta decorativa ou ingressou na casa por uma janela térrea que não exigiu qualquer esforço especial. Em tais casos, a aplicação da qualificadora por interpretação literal do dispositivo – pular a mureta ou entrar pela janela térrea são formas de acesso anormal – afrontaria os princípios da razoabilidade e proporcionalidade.

A doutrina e a jurisprudência não estabelecem uma altura específica a partir da qual a qualificadora terá incidência, devendo o juiz utilizar como paradigma o critério acima mencionado – necessidade de esforço considerável por parte do furtador no caso concreto ou uso de algum instrumento auxiliar.

No que tange ao furto de fios elétricos do alto de postes ou de túneis, existem duas correntes. Para alguns, a qualificadora se aperfeiçoa em razão da necessidade de esforço para se chegar até os fios. Para outros, não configura a qualificadora porque a função do poste não é proteger os fios, o que seria requisito da figura qualificada. Ademais, subir em uma escada para ter acesso a estes é a forma normal de acesso, enquanto a qualificadora pressupõe uma via anormal conforme já mencionado.

A tentativa é possível. Se o agente, por exemplo, afastou as telhas e ingressou na residência, porém acabou sendo imediatamente preso, responde por tentativa de furto qualificado pela escalada.

2.1.5.5. Destreza

Art. 155, § 4º, II (4ª figura) – Se o crime é cometido mediante destreza.

Destreza é a habilidade física ou manual do agente que lhe permite efetuar a subtração de algum bem que a vítima traz consigo sem que ela perceba. É o que ocorre com os chamados batedores de carteira (punguistas ou *pick pockets*), que, normalmente, atuam em locais de grande movimento, como ônibus, metrôs, trens, ruas ou avenidas movimentadas, onde, sorrateiramente, colocam a mão dentro da bolsa, pochete ou mochila da vítima e de seu interior subtraem a carteira, o telefone celular, dinheiro em espécie etc. Ocorre também o delito quando o punguista consegue tirar a carteira do paletó da vítima ou o relógio de seu pulso sem que ela perceba.

O ato de cortar a bolsa com uma lâmina e furtar a carteira da vítima sem que ela perceba constitui a figura qualificada: "É qualificado o furto pela destreza quando o agente, com especial habilidade, sem que a vítima o perceba, corta a bolsa onde são carregados os valores que subtrai" (TAcrim-SP, Rel. Dante Busana, *Jutacrim* 77/229). Não constitui destreza, no entanto, pegar uma bolsa que está sobre um balcão e sair correndo.

Na prática, a qualificadora da destreza só tem sido reconhecida quando a vítima traz os objetos consigo e o agente consegue deles se apossar sorrateiramente, sem que ela perceba. Em outros casos, ainda que o agente demonstre habilidade fora do comum para o furto, não se aplica a qualificadora, como nos casos de ligação direta para dar a partida em um veículo e outros métodos similares. Nesse sentido: "Habilidade de quem com arame 'pesca' a *res* que se encontra no *display* de vitrine. A qualificadora da destreza só se faz presente quando a ação recai sobre o lesado, sobre coisa sobre sua posse direta ou, pelo menos, sob sua guarda imediata e vistas, sem que ele, graças ao *modus operandi*, note a subtração" (TAcrim-SP, Rel. Roberto Martins, *Jutacrim* 54/181).

Quando a vítima está dormindo ou totalmente embriagada e, por tal razão, não percebe a subtração, também não se configura a qualificadora, porque em tal hipótese não se mostra necessária habilidade diferenciada.

O crime qualificado em análise é muito comumente cometido em locais onde há aglomeração de pessoas. Por isso, não raro a subtração – da qual a vítima não tinha se dado conta – é percebida por outra pessoa que, imediatamente, dá o alarme, fazendo com que o acusado seja preso pelas pessoas ali presentes. O agente, então, responderá por tentativa de furto qualificado. Caso, todavia, a própria vítima perceba a subtração pela falta de habilidade demonstrada pelo batedor de carteira, responderá ele por tentativa de furto simples.

Se o agente está com a mão dentro da bolsa da vítima e, nesse momento, o telefone celular dela toca, fazendo com que esta perceba o furto por tal motivo – e não pela falta de habilidade do furtador – aplica-se a qualificadora.

2.1.5.6. Emprego de chave falsa

Art. 155, § 4º, III – Se o crime é cometido com emprego de chave falsa.

Considera-se chave falsa a cópia da verdadeira feita clandestinamente, bem como qualquer outro instrumento capaz de abrir a fechadura.

A cópia será considerada falsa quando feita sem o conhecimento e a autorização do proprietário. Se um empregado faz uma cópia da chave da casa do patrão sem o conhecimento deste, ou se um manobrista faz o mesmo com a chave do carro de um cliente, tais chaves são consideradas falsas. Por isso, se o empregado posteriormente usa a cópia para abrir a porta da casa quando o patrão está viajando, incorre na figura qualificada. Da mesma forma, se o manobrista utilizar a cópia clandestina para furtar o veículo.

As cópias que não são clandestinas não podem ser consideradas falsas. A chave reserva de um veículo ou de uma residência são chaves verdadeiras. Por isso, se forem utilizadas na execução de um furto, não o tornarão qualificado.

Quem obtém a chave verdadeira, mediante emprego de fraude, incorre em crime de furto qualificado pela fraude. O exemplo clássico é o do falso hóspede que consegue enganar o recepcionista do hotel para obter a chave do quarto onde está efetivamente hospedada outra pessoa e, aproveitando-se da ausência do hóspede, entra no quarto e subtrai seus pertences. O crime é o de furto e não o de estelionato porque os bens foram levados do quarto sem o conhecimento do hóspede. A chave verdadeira entregue pelo recepcionista é somente o instrumento do crime.

A chave mestra da camareira, que abre as portas de todos os quartos do hotel, não é chave falsa.

Não existe qualquer qualificadora quando o furtador encontra a chave verdadeira que a vítima havia escondido em algum lugar para uso posterior.

De modo genérico, considera-se também chave falsa qualquer instrumento capaz de abrir uma fechadura (ou dispositivo análogo) sem arrombá-la. Estão abrangidos nesse conceito os instrumentos que têm outra finalidade específica, mas que também podem abrir a fechadura dependendo da habilidade do agente, como clips de papel, grampos de cabelo, chaves de fenda e também aqueles que os próprios ladrões confeccionam para servir como chave falsa. Estes últimos são conhecidos como *mixas* ou *gazuas*.

Caso a chave falsa seja apreendida, deverá ser submetida à perícia para a constatação de sua natureza e eficácia, tal como deve ser feito com todo instrumento de crime (art. 175 do CPP).

Nossos tribunais entendem que não configura a qualificadora em estudo a ligação direta consistente na junção de fios sob o painel para dar a partida em veículo automotor, pois, tal conduta não envolve uma chave falsa. Ao contrário, existe a qualificadora quando o agente introduz uma chave de fenda na ignição para conseguir acioná-la. Não se cogita do emprego de chave falsa quando o agente consegue descobrir o segredo da abertura de um cofre e subtrair os valores nele contidos.

A aplicação da qualificadora no crime de furto tentado é perfeitamente viável se o agente já tiver inserido a chave falsa na fechadura, mas não tiver conseguido concretizar a subtração por circunstâncias alheias à sua vontade.

2.1.5.7. Concurso de agentes

> Art. 155, § 4º, IV – Se o crime é cometido mediante concurso de duas ou mais pessoas.

O juiz pode aplicar esta qualificadora ainda que condene uma só pessoa, desde que haja prova do envolvimento de outra que, por alguma razão, não pode ser punida, mas, para tanto, é necessário que o Ministério Público tenha mencionado na denúncia o envolvimento desta outra pessoa no crime. É o que ocorre, por exemplo, quando o comparsa é menor de idade ou deficiente mental. No caso do menor de idade, o juiz poderá ainda condenar o acusado pelo delito de corrupção de menores do art. 244-B da Lei n. 8.069/90 (Estatuto da Criança e do Adolescente).

É comum, também, a incidência da qualificadora em ações penais movidas contra uma só pessoa em razão da fuga do comparsa após o delito e a consequente impossibilidade de sua identificação.

Ressalve-se, outrossim, a possibilidade de aplicação da qualificadora em casos de incidência de escusa absolutória em relação a um dos envolvidos. Se a esposa e o amante, por exemplo, furtam bens do marido, a esposa é isenta de pena, nos termos do art. 181, I, do Código Penal, mas o amante responde pelo furto qualificado pelo concurso de agentes, de acordo com a regra do art. 183, II, do mesmo Código.

Existe controvérsia doutrinária em torno da necessidade de estarem presentes duas pessoas no local do furto praticando atos de execução do crime. Nélson Hungria[128], Cezar Roberto Bitencourt[129] e Celso Delmanto[130] entendem que a qualificadora somente se aplica quando há duas pessoas executando diretamente a subtração, pois, somente nesse caso, existiria maior dificuldade da vítima na defesa de seu patrimônio.

De outro lado, Damásio de Jesus[131], Julio Fabbrini Mirabete[132], Fernando Capez[133] e Heleno Cláudio Fragoso[134] interpretam que a qualificadora deve incidir mesmo que uma

---

[128] Nélson Hungria. *Comentários ao Código Penal,* v. VII, p. 46.
[129] Cezar Roberto Bitencourt. *Tratado de direito penal,* v. 3, p. 38.
[130] Celso Delmanto. *Código Penal comentado,* p. 565.
[131] Damásio de Jesus. *Código Penal anotado,* 10. ed., p. 546.
[132] Julio Fabbrini Mirabete. *Manual de direito penal,* v. 2, p. 231.
[133] Fernando Capez. *Curso de direito penal,* v. 2, p. 373.
[134] Heleno Cláudio Fragoso. *Lições de direito penal,* Parte especial, v. I, p. 277.

só pessoa tenha estado no local do crime realizando ato de subtração, desde que tenha contado com a prévia colaboração de um partícipe. A última orientação nos parece correta. Em primeiro lugar, porque não é verdade que apenas a existência de duas ou mais pessoas no local é que torna mais fácil a subtração. Veja-se o exemplo do empregado doméstico que deixa a porta da casa destrancada e passa a informação a um furtador, informando-lhe, inclusive, os locais onde as joias estão escondidas e o horário em que a casa estará vazia. O empregado é partícipe do crime, mas sua colaboração foi essencial. Por isso, não é adequado reduzir a importância do partícipe para só admitir a qualificadora em casos de coautoria, lembrando, ademais, que o texto legal determina a sua incidência sempre que o furto for cometido mediante concurso de duas ou mais pessoas sem fazer qualquer restrição. Ora, a expressão "concurso de pessoas" abrange tanto a coautoria quanto a participação. Necessário lembrar, ainda, que, quando o legislador quis restringir alguma majorante às hipóteses de coautoria, fez uso de expressões distintas, tal como no art. 146, § 1º, do Código Penal, que prevê que as penas do crime de constrangimento ilegal serão aplicadas cumulativamente e em dobro se, para a *execução* do crime, se reunirem mais de três pessoas. Ora, se no delito de furto não foi adotada tal redação, significa que o legislador não quis condicionar a configuração da qualificadora à presença de duas ou mais pessoas no local realizando atos executórios.

Apesar da divergência doutrinária em relação ao tema, na jurisprudência a qualificadora tem sido admitida também em casos de participação.

Por sua vez, não existe qualquer divergência nos casos em que há duas pessoas no local realizando atos executórios do furto, contando com a ajuda de uma terceira pessoa na condição de partícipe. Nesse caso, é pacífico que a qualificadora se aplica a todos eles.

Encontra-se sedimentado, por sua vez, o entendimento de que é possível cumular a qualificadora do furto com o delito de associação criminosa (art. 288 do CP). Não há *bis in idem* em tal cumulação porque os bens jurídicos tutelados são distintos. No crime de furto, a qualificadora visa punir mais severamente a união de esforços de duas ou mais pessoas em razão da maior lesividade da conduta em face da vítima do caso concreto que tem maior dificuldade em defender seu patrimônio em tais situações. Na associação criminosa, o que se pune é o perigo que a associação representa para a coletividade diante do acordo existente entre seus integrantes de cometerem delitos de modo reiterado. Nesse sentido: "É admissível o concurso entre os crimes de quadrilha e de furto qualificado pelo concurso de pessoas, não se configurando *bis in idem*. Precedentes" (STF, HC 77.485-9, Rel. Min. Maurício Côrrea, *DJ* 7-5-1999); e "Quanto ao mais, a decisão deve ser mantida incólume porque proferida em conformidade com a jurisprudência assentada nesta Casa Superior de Justiça, no sentido da possibilidade de coexistência entre os crimes de quadrilha ou bando e o de furto ou roubo qualificado pelo concurso de agentes, porquanto os bens jurídicos tutelados são distintos e autônomos os delitos" (STJ, AgRg no REsp 1.404.832/MS, Rel. Min. Laurita Vaz, 5ª Turma, julgado em 25-3-2014, *DJe* 31-3-2014).

De acordo com a Súmula 442 do Superior Tribunal de Justiça "é inadmissível aplicar, no furto qualificado, pelo concurso de agentes, a majorante do roubo". Esta súmula foi aprovada porque muitos defensores ingressaram com recursos alegando que a qualificadora do concurso de agentes no crime de furto afronta o princípio da proporcionalidade, uma vez que, no crime de roubo, o concurso de pessoas faz apenas com que a pena seja aumentada de 1/3 até metade (art. 157, § 2º, I), enquanto, no furto, o reconhecimento da qualificadora faz com que a pena mínima passe de um para dois anos de reclusão (o dobro da pena, na prática). Por tal motivo, pleiteavam que também no furto fosse aplicado o aumento de 1/3 até a metade. A aprovação da súmula acima transcrita demonstra que tal pleito não teve êxito, sendo de se salientar que o Supremo Tribunal Federal igualmente não reconheceu a ofensa ao princípio da proporcionalidade: HC 95.398, Min. Cármen Lúcia, 1ª Turma, julgado em 4-8-2009, *DJe*-167, divulg. 3-9-2009, public. 4-9-2009; HC 95.351, Rel. Min. Ricardo Lewandowski, 1ª Turma, julgado em 21-10-2008, *DJe*-211, divulg. 6-11-2008, public. 7-11-2008. De acordo com as Cortes Superiores, o Poder Legislativo pode estabelecer gravames distintos para cada tipo de infração penal. Ademais, considerando que a pena em abstrato do roubo é muito maior do que a do furto, é fácil perceber que o aumento de 1/3 é maior do que a duplicação da pena do furto, não havendo, pois, violação ao princípio da proporcionalidade.

A forma qualificada em análise é também compatível com a figura da tentativa.

2.1.5.8. Emprego de explosivo ou artefato análogo

> Art. 155, § 4º-A – A pena é de reclusão de 4 a 10 anos e multa, se houver emprego de explosivo ou de artefato análogo que cause perigo comum.

Esse dispositivo foi inserido no Código Penal pela Lei n. 13.654, de 23 de abril de 2018, e se aplica, por exemplo, quando o agente coloca dinamites para explodir um caixa eletrônico visando à subtração do dinheiro ou, ainda, quando explode a parede de um estabelecimento comercial para ter acesso ao seu interior. A nova qualificadora tem pena maior do que aquela do § 4º, I – rompimento ou destruição de obstáculo à subtração da coisa.

A configuração dessa modalidade qualificada no crime de furto impede o reconhecimento concomitante do crime de explosão (art. 251 do CP).

É necessário que a explosão provoque perigo comum, ou seja, que provoque perigo a número elevado e indeterminado de pessoas. É preciso, pois, que se trate de explosão de consideráveis proporções.

Em se tratando de subtração perpetrada também mediante rompimento ou destruição de obstáculo, necessária perícia para a constatação dos vestígios, nos termos do art. 171 do Código de Processo Penal.

É comum o furto com emprego de explosivo cometido mediante concurso de pessoas, hipótese em que o juiz deve aplicar a pena da qualificadora mais grave (§ 4º-A) e considerar o concurso de pessoas como circunstância judicial do art. 59 do Código Penal na fixação da pena-base.

Essa modalidade de furto qualificado foi transformada em crime hediondo pela Lei n. 13.964/2019. A hipótese passou a constar do art. 1º, IX, da Lei n. 8.072/90.

2.1.5.9. Transporte de veículo para outro estado ou país

> Art. 155, § 5º – A pena é de reclusão de três a oito anos, se a subtração for de veículo automotor que venha a ser transportado para outro Estado ou para o exterior.

A qualificadora deste § 5º foi inserida no Código Penal pela Lei n. 9.426/96 e tem como objeto material veículo automotor de qualquer espécie – automóvel, motocicleta, van, caminhão, trator, ônibus, aeronave, lancha etc.

Cuida-se de hipótese considerada de maior gravidade em razão de um resultado posterior à prática do crime – o transporte do veículo automotor furtado para outro Estado da Federação ou para outro país –, que torna mais difícil a sua localização e recuperação.

Para a incidência da qualificadora, é necessário que já exista, no momento da subtração, a intenção de transportar o veículo para um dos locais que a lei menciona; contudo, de acordo com o próprio texto legal, pode-se concluir que a qualificadora só se aperfeiçoa se o agente efetivamente transpuser a divisa com outro Estado ou a fronteira com outro país na posse do bem, uma vez que o dispositivo estabelece que a pena será maior em caso de veículo "que venha a ser transportado para outro Estado ou para o exterior".

Assim sendo, se o agente já está na posse do veículo furtado há algumas horas e o está conduzindo para outro Estado quando vem a ser parado por policiais rodoviários que apreendem o veículo, responde por crime de furto consumado (a subtração já estava consumada) sem a incidência da qualificadora do § 5º. Em tal hipótese, dependendo da forma como o furto tenha sido cometido, poderá ser considerado simples ou qualificado (em uma das modalidades do § 4º).

Se o agente, estando próximo da divisa, subtrair um veículo e for imediatamente perseguido, vindo a cruzar o marco divisório entre os Estados, mas acabar preso, responderá por crime consumado de acordo com o atual entendimento dos tribunais superiores de que o furto não exige, para sua consumação, a posse tranquila do bem. Em tal caso, aplica-se a qualificadora do § 5º.

Se o veículo efetivamente transportado para outro Estado ou país tiver sido subtraído mediante concurso de agentes ou com emprego de chave falsa, o juiz deverá aplicar a pena do § 5º (que é maior), levando em consideração as demais como circunstâncias judiciais (art. 59 do CP).

A qualificadora em estudo não tem aplicação quando se trata de furto somente de peças de algum veículo.

Na figura qualificada do § 5º, não existe previsão legal de multa cumulativa com a pena privativa de liberdade.

Se uma pessoa for contratada após a consumação do furto para levar o veículo para outro Estado ou país, será considerada receptadora. Os autores do furto que a contrataram responderão pelo crime de furto qualificado.

2.1.5.10. Furto de semovente domesticável de produção

Art. 155, § 6º – A pena é de reclusão de dois a cinco anos se a subtração for de semovente domesticável de produção, ainda que abatido ou dividido em partes no local da subtração.

Essa forma qualificada do crime de furto foi introduzida no Código Penal pela Lei n. 13.330/2016 e pune a subtração de animais domesticáveis de produção (boi, porco, cabra, ovelha, galinha etc.). De acordo com o dispositivo, não desnatura a qualificadora o fato de o animal ser abatido ou dividido em partes no próprio local. Não configura a modalidade qualificada, todavia, a subtração de animais já abatidos, por exemplo, do interior de um frigorífico ou açougue.

É bastante comum a prática desta modalidade de delito mediante concurso de pessoas e rompimento de obstáculo (destruição de cerca, por exemplo). Nesses casos, estariam presentes figuras qualificadas do § 4º do art. 155 e também deste § 6º. De ver-se, entretanto, que a pena do § 4º prevalece – por ser maior.

O fato de ter se tornado modalidade qualificada do delito não impede o reconhecimento do furto famélico quando ocorrer, por exemplo, a subtração de uma galinha para saciar a própria fome.

2.1.5.11. Furto de substância explosiva ou acessório

> Art. 155, § 7º – A pena é de reclusão de 4 a 10 anos e multa, se a subtração for de substâncias explosivas ou de acessórios que, conjunta ou isoladamente, possibilitem sua fabricação, montagem ou emprego.

Essa forma qualificada foi incluída no Código Penal pela Lei n. 13.654/2018. O que torna qualificada a infração penal é o objeto material, qual seja, substância explosiva ou acessórios que, conjunta ou isoladamente, possibilitem sua fabricação, montagem ou emprego. A lei não exige qualquer intenção específica em relação ao uso posterior do explosivo ou acessório.

Se, em um contexto fático, furtadores subtraem explosivos e, posteriormente, o utilizam para explodir um caixa eletrônico e subtrair o dinheiro de seu interior gerando perigo comum, devem responder por dois crimes de furto qualificado. O primeiro é qualificado na figura deste § 7º, e o segundo, qualificado na modalidade do § 4º-A. Como são duas condutas distintas e com formas de execução diversas, a hipótese é de concurso material.

2.1.6. Furto de coisa comum

> Art. 156. Subtrair o condômino, coerdeiro ou sócio, para si ou para outrem, a quem legitimamente a detém, a coisa comum:
> Pena – detenção, de seis meses a dois anos, ou multa.
> § 1º Somente se procede mediante representação.
> § 2º Não é punível a subtração de coisa comum fungível, cujo valor não excede a quota a que tem direito o agente.

2.1.6.1. Objetividade jurídica

O patrimônio e a posse (desde que legítima).

2.1.6.2. Tipo objetivo

No crime de furto do art. 155 do Código Penal, o agente subtrai coisa alheia, ao passo que nesta figura do art. 156, o sujeito subtrai objeto que lhe pertence em parte, nas hipóteses de condomínio, coerança ou sociedade.

O objeto material desse crime é somente a coisa comum, de natureza móvel, pois, embora o tipo penal não mencione expressamente, apenas esta pode ser subtraída.

O elemento subjetivo é o dolo, consistente na vontade de apoderar-se em definitivo da coisa comum a fim de se tornar o seu único titular, excluindo, destarte, o direito dos demais sócios, coerdeiros ou condôminos.

O art. 156, § 2º, do Código Penal, dispõe que a subtração não é punível quando se trata de coisa comum fungível, cujo valor não ultrapasse a quota-parte do agente. Coisa fungível é aquela que pode ser substituída por outra da mesma espécie, quantidade e qualidade. Para que fique afastado o crime, é necessário que o montante subtraído não tenha excedido a quota-parte do agente, pois, nesse caso, não terá causado prejuízo econômico ao sócio, coerdeiro ou condômino. Suponha-se que o pai tenha morrido e que dois filhos tenham herdado cem mil sacas de arroz que estavam depositadas na propriedade de um deles. Se o outro, sem o conhecimento do primeiro, retira cinquenta mil sacas, o fato não constitui crime. No caso em análise, um dos irmãos legitimamente detinha a posse da coisa comum, mas a subtração não constitui crime em decorrência da regra do art. 156, § 2º. A opinião prevalente na doutrina é no sentido de que se trata de excludente de ilicitude, já que a lei menciona que "não é punível a subtração".

Caso se trate de bem indivisível, haverá crime, posto que, em tal hipótese, a outra parte sempre sofrerá prejuízo.

Não se aplicam a esta modalidade de furto as qualificadoras do art. 155, que, assim, devem ser consideradas, nos casos concretos, como circunstâncias judiciais (art. 59 do Código Penal).

Quando o agente já está na posse da coisa comum e não a restitui, o crime é o de apropriação indébita, e não de furto de coisa comum. Se para subtrair a coisa comum, o agente emprega violência contra pessoa ou grave ameaça, comete crime de roubo.

2.1.6.3. Sujeito ativo

Trata-se de crime *próprio*, porque só pode ser cometido por condômino (de bem móvel), coerdeiro ou sócio. Em relação a este último, diverge a doutrina acerca da possibilidade de aplicação do art. 156 ao sócio de sociedade com personalidade jurídica que subtrai bem que pertence à empresa. Nélson Hungria[135] e Damásio de Jesus[136] admitem a hipótese argumentando que o texto legal não faz distinção. Já Magalhães Noronha[137], Julio Fabbrini Mirabete[138] e Heleno Cláudio Fragoso[139] entendem que, em tal caso, o agente deve responder pelo furto do art. 155, uma vez que o patrimônio da pessoa jurídica é distinto do de seus proprietários, restando ao crime do art. 156 ser aplicado em hipóteses de sociedade de fato. Preferimos esta última corrente, pois, de acordo com a legislação civil, os objetos que pertencem a sociedades com personalidade jurídica não constituem coisa comum dos sócios.

---

[135] Nélson Hungria. *Comentários ao Código Penal*, v. VII, p. 49.
[136] Damásio de Jesus. *Direito penal*, 26. ed., v. 2, p. 337.
[137] E. Magalhães Noronha. *Direito penal*, v. 2, p. 256.
[138] Julio Fabbrini Mirabete. *Manual de direito penal*, v. 2, p. 233.
[139] Heleno Cláudio Fragoso. *Lições de direito penal*, Parte especial, v. I, p. 285.

2.1.6.4. Sujeito passivo

Os demais condôminos, coerdeiros ou sócios e, eventualmente, terceira pessoa que legitimamente detinha o bem. Se a detenção era ilegítima, o fato é atípico.

A legitimidade da detenção é o elemento *normativo* do crime.

2.1.6.5. Consumação

Aplicam-se as regras estudadas quando da análise do crime de furto simples (art. 155, *caput*, do CP).

2.1.6.6. Tentativa

É possível.

2.1.6.7. Classificação doutrinária

Trata-se de crime próprio e de concurso eventual quanto ao sujeito ativo; comissivo e de ação livre quanto ao meio de execução; doloso no que pertine ao elemento subjetivo; material e instantâneo em relação ao momento consumativo; simples e de dano quanto à objetividade jurídica.

2.1.6.8. Ação penal

É pública condicionada à representação, nos termos do § 1º do art. 156. Se forem várias vítimas e apenas uma delas representar, o Ministério Público estará autorizado a desencadear a ação penal.

Trata-se de infração de menor potencial ofensivo, de competência do Juizado Especial Criminal.

Capítulo II

DO ROUBO E DA EXTORSÃO

2.2. Do roubo e da extorsão

Neste capítulo, estão previstos os crimes de roubo (art. 157), extorsão (art. 158), extorsão mediante sequestro (art. 159) e extorsão indireta (art. 160).

2.2.1. Do roubo

O delito de roubo, que consiste na subtração de coisa alheia móvel mediante o emprego de violência contra pessoa ou grave ameaça, possui a seguinte classificação:

a) roubo *simples*, que se subdivide em roubo *próprio* (art. 157, *caput*) e *impróprio* (art. 157, § 1º);

b) roubo *majorado*, em que ocorre a incidência de uma das causas de aumento de pena do art. 157, § 2º, § 2º-A e § 2º-B, do Código Penal e que é também chamado de roubo *circunstanciado*.

c) roubo *qualificado* (art. 157, § 3º), em que a pena em abstrato é consideravelmente maior devido à provocação de lesão grave ou morte.

2.2.1.1. Roubo simples

O delito, em sua modalidade simples, mostra-se presente quando, no caso concreto, não estiverem configuradas causas de aumento de pena ou qualificadoras. Conforme já mencionado, o roubo simples pode ser próprio ou impróprio.

2.2.1.1.1. Roubo próprio

Art. 157, caput – Subtrair coisa móvel alheia, para si ou para outrem, mediante grave ameaça ou violência a pessoa, ou depois de havê-la, por qualquer meio, reduzido à impossibilidade de resistência:

Pena – reclusão, de quatro a dez anos, e multa.

2.2.1.1.1.1. Objetividade jurídica

O roubo é crime complexo, pois atinge mais de um bem jurídico: a) o patrimônio; e b) a incolumidade física, nos casos em que empregada violência contra pessoa, ou a liberdade individual, nas hipóteses em que empregada grave ameaça ou outro meio que reduza a vítima à impossibilidade de resistência (violência imprópria). Com efeito, quando assaltantes ingressam em uma loja e ali permanecem por algum tempo, mantendo as vítimas sob a mira de suas armas, é evidente que a liberdade de tais pessoas fica momentaneamente tolhida. O mesmo ocorre quando o agente ministra sorrateiramente sonífero na bebida da vítima para levar seus pertences durante o período em que ela dorme.

2.2.1.1.1.2. Tipo objetivo

O tipo penal do crime de roubo contém inicialmente as mesmas elementares do furto caracterizando-se igualmente pela subtração, para si ou para outrem, de coisa alheia móvel. A subtração, portanto, é a *conduta típica*. As coisas móveis constituem o *objeto material* do delito. A necessidade de ser alheia a coisa é o *elemento normativo* do tipo. Por fim, a finalidade de assenhoreamento definitivo do bem, em proveito próprio ou de outrem, é o *elemento subjetivo* do tipo. O roubo, entretanto, é infração penal de maior gravidade porque, enquanto o furto é uma subtração pura e simples, o roubo é uma subtração viabilizada pelo emprego de violência contra pessoa ou grave ameaça. Vale dizer, neste último delito, o agente inicialmente subjuga a vítima, para, em seguida, subtrair seus pertences. É o que ocorre, por exemplo, quando o roubador agride e imobiliza a vítima para, na sequência, levar sua carteira, ou quando a domina mediante ameaça de morte consistente na apresentação de uma arma.

A primeira forma de execução do roubo é o emprego de violência contra pessoa (*vis absoluta*), que se caracteriza pelo emprego de uma forma qualquer de agressão ou de força física contra a vítima. São exemplos: agredir a vítima com socos, pontapés ou pauladas; derrubá-la no chão com empurrões ou rasteiras; amarrar ou agarrar a vítima a fim de imobilizá-la etc. Para que a violência física configure crime de roubo, é necessário, de acordo com o próprio texto legal, que esta seja empregada contra pessoa (o próprio dono do bem ou terceiro), e nunca apenas contra a coisa. Quem quebra o vidro de um carro para levar objetos de seu interior comete furto qualificado pelo rompimento de obstáculo.

A trombada é forma de violência física e, portanto, configura o crime de roubo. Por sua vez, a conduta de encostar levemente na vítima no interior de um ônibus enquanto sorrateiramente subtrai sua carteira, não é considerada forma de violência e, por isso, configura o crime de furto qualificado pela destreza.

O arrebatamento de objetos das mãos da vítima desacompanhado de efetiva agressão física ou de grave ameaça não caracteriza roubo, tal como ocorre quando o agente puxa o telefone celular das mãos de alguém e sai correndo.

Quando o agente arrebata a pulseira de um relógio que a vítima traz no pulso, o cordão de ouro que ela traz no pescoço ou a alça de uma bolsa, o crime é o de roubo desde que a força física por ele empregada tenha refletido sobre o corpo dela a ponto de provocar dor, lesão, queda, desequilíbrio etc. Se, todavia, a vítima relatar que se tratava de objeto que se rompeu com grande facilidade e que praticamente nem percebeu a subtração, o crime será o de furto.

O ato de desferir facada ou disparo de arma de fogo contra a vítima constitui emprego de violência e caracteriza roubo; porém, se o agente o fez com intenção de matá-la, responde por crime de latrocínio, consumado ou tentado, dependendo do resultado.

Grave ameaça (*vis relativa*), por sua vez, é a promessa de um mal injusto e grave a ser provocado no próprio dono do bem ou em terceiro que o acompanha. Assim, existe crime de roubo quando o agente ameaça matar o dono do carro para que ele entregue o veículo ou quando, visando a mesma subtração, diz ao dono do automóvel que matará sua esposa, que se encontra no banco do passageiro.

Na maioria das vezes, o mal prometido é a provocação de lesões corporais ou de morte. É possível, contudo, que o sujeito cometa o delito ameaçando estuprar a vítima para que ela entregue sua bolsa ou dizendo que colocará fogo na casa dela caso se recuse a dizer onde guarda as suas joias.

As condutas de simular o porte de uma arma para atemorizar a vítima ou de fazer uso de arma brinquedo semelhante a uma verdadeira tipificam o crime de roubo porque têm poder intimidatório, já que a vítima não possui condições de saber se o agente está efetivamente armado ou não. Para a caracterização da grave ameaça não é necessário que o agente queira ou possa cumprir o mal prometido, bastando que sua conduta cause temor ao sujeito passivo do delito. Nesse sentido: "Ameaça nada mais é que a intimidação de outrem, que, na hipótese de crime de roubo, pode ser feita com emprego de arma, com a sua simulação, ou até mesmo de forma velada" (STJ, REsp 1.294.312/SE, Rel. Min. Rogerio Schietti Cruz, 6ª Turma, julgado em 25-10-2016, *DJe* 17-11-2016); "'É pacífico o entendimento deste Tribunal de que a simulação do emprego de arma de fogo configura grave ameaça, elementar do crime de roubo, (...)' (HC 229.221/SP, Rel. Min. Gurgel de Faria, Quinta Turma, julgado em 23-6-2015, *DJe* 3-8-2015) 3. O anúncio do assalto pelos agentes, feito em circunstâncias suficientes para intimidar a vítima, pode configurar a grave ameaça, suficiente para tipificar o crime de roubo. Precedentes" (STJ, AgRg no AREsp 1.059.203/MG, Rel. Min. Ribeiro Dantas, 5ª Turma, julgado em 23-5-2017, *DJe* 26-5-2017); "A simulação de arma de fogo não pode ser utilizada para majorar a pena-base, sob pena de incorrer em indevido *bis in idem*, pois tal circunstância já foi valorada para a tipificação da conduta como crime de roubo, caracterizando a elementar da grave ameaça. Precedentes" (STJ, HC 575.728/SP, Rel. Min. Ribeiro Dantas, 5ª Turma, julgado em 23-6-2020, *DJe* 26-6-2020).

O Superior Tribunal de Justiça, no julgamento do tema 1.171, em sede de recursos repetitivos, aprovou a seguinte tese: "a utilização de simulacro de arma configura a elementar grave ameaça do tipo penal do roubo, subsumindo à hipótese legal que veda a substituição da pena" (REsp n. 1.994.182/RJ, Rel. Min. Sebastião Reis Júnior, Terceira Seção, julgado em 13-12-2023, *DJe* de 18-12-2023).

Tem-se entendido, igualmente, que o fato de os roubadores abordarem a vítima gritando que é um assalto e exigindo a entrega de bens constitui roubo, ainda que não tenha sido mostrada qualquer arma e não tenha sido proferida ameaça expressa, já que, em tal situação, a vítima se sente atemorizada pelas próprias circunstâncias da abordagem. Nesse sentido: STF, Rel. Octávio Galloti, *RT* 638/378.

O delito de roubo pode, por fim, ser cometido por qualquer outro meio que reduza a vítima à impossibilidade de resistência. Trata-se de uma fórmula genérica adotada pelo legislador com a finalidade de permitir a tipificação do roubo em hipóteses em que o agente subjuga a vítima a fim de viabilizar a subtração, porém, sem empregar violência física ou grave ameaça. É o que ocorre, por exemplo, quando ele coloca sonífero na bebida da vítima para subtrair-lhe os pertences enquanto ela está inconsciente, ou quando usa de hipnose para impedi-la de perceber o que se passa.

Essa forma de execução do roubo é chamada de *violência imprópria*.

Para a configuração do crime de roubo, não é suficiente que o agente se aproveite de uma situação fática na qual a vítima não pode resistir. Quando alguém subtrai sorrateiramente o relógio de pessoa que está dormindo em um ônibus ou desacordada em via pública por embriaguez, o crime é o de furto. De acordo com o texto legal, para a tipificação do roubo mediante violência imprópria, é necessário que o agente empregue um recurso qualquer sobre a vítima que retire desta a capacidade de resistência. Por isso, quando o próprio agente provoca a inconsciência da vítima pela ministração não autorizada de sonífero em sua bebida o crime é o de roubo.

Na denúncia oferecida pelo Ministério Público para dar início à ação penal para apuração do crime de roubo, o promotor de justiça deve especificar em que consistiu a violência contra a pessoa, a grave ameaça ou a violência imprópria, vale dizer, deve descrever exatamente em que consistiram, não bastando mencionar, por exemplo, que houve ameaça ou agressão.

2.2.1.1.1.3. Sujeito ativo

O roubo é um crime *comum*, que pode ser cometido por qualquer pessoa, exceto evidentemente pelo próprio dono do bem, já que a lei exige que a coisa seja alheia.

O roubo admite tanto a coautoria quanto a participação. Se dois bandidos apontam suas armas para os integrantes de uma família e subtraem os pertencentes, são considerados coautores. Por sua vez, se um funcionário de um estabelecimento comercial, em conluio com os roubadores, fornece a estes informações relevantes a respeito do horário em que o dinheiro será transportado para a agência bancária, facilitando com isso a ação dos comparsas, ele é considerado partícipe do delito, pois não realizou ato executório (não empregou violência ou grave ameaça e não subtraiu pessoalmente os bens), mas, de qualquer forma, colaborou para a eclosão do delito. De acordo com o art. 29 do Código Penal, o partícipe incide nas mesmas penas dos autores do crime, mas sua pena poderá ser reduzida de 1/6 a 1/3 se se tratar de participação de menor importância (art. 29, § 1º, do CP).

Existe, por sua vez, a chamada coautoria *funcional* quando ocorre uma divisão de tarefas entre os roubadores, isto é, quando um deles realiza parte dos atos executórios e o comparsa, a outra parte. Tal situação mostra-se presente, por exemplo, quando um dos agentes emprega a grave ameaça para subjugar a vítima e, com isso, permite que o comparsa subtraia os bens. Temos coautoria, já que ambos os envolvidos cometeram ato de execução (o primeiro porque empregou grave ameaça e o segundo porque efetuou a subtração).

Ao contrário do que ocorre no crime de furto, em que existe uma figura típica própria, com pena menor, chamada *furto de coisa comum* (art. 156 do CP), para a hipótese de o autor da subtração ser condômino, coerdeiro ou sócio, no crime de roubo esse aspecto não altera a tipificação, caracterizando sempre o delito do art. 157 do Código Penal.

2.2.1.1.1.4. Sujeito passivo

São consideradas vítimas do roubo: a) o proprietário do bem subtraído (e eventualmente, o possuidor ou detentor que sofra prejuízo), ainda que não esteja presente no local do crime; b) todas pessoas que sofram a violência ou a grave ameaça, ainda que nenhum pertence lhes seja subtraído.

Considerando que o roubo é um crime complexo, por atingir mais de um bem jurídico, constata-se que são considerados sujeitos passivos aqueles que têm qualquer desses bens jurídicos afetados. Se bandidos rendem o dono de um carro e levam o veículo, temos crime de roubo com uma única vítima. Por sua vez, se bandidos ingressam em um estacionamento particular e ameaçam um manobrista para, em seguida, levar o automóvel de um dos clientes, temos crime de roubo com duas vítimas. Constata-se, pois, que é plenamente possível que um só crime de roubo tenha duas ou mais vítimas. Nesses casos, o juiz, na fixação da pena-base, deve levar em conta tal aspecto.

Saliente-se que, se existirem duas pessoas no interior de um carro (o dono e um amigo que pegou carona) e ambas forem ameaçadas, porém apenas o veículo for subtraído, teremos crime único de roubo, porque houve apenas uma lesão patrimonial, apesar de serem duas as vítimas.

Pessoa jurídica pode ser sujeito passivo do crime de roubo na condição de proprietário do bem.

2.2.1.1.1.5. Concurso de crimes

Ao contrário das hipóteses mencionadas no tópico anterior, em que o crime de roubo tem mais de uma vítima embora se trate de delito único, existem algumas situações bastante corriqueiras que caracterizam mais de um delito devido à pluralidade de lesões patrimoniais.

Se o agente, em um mesmo contexto fático, aborda concomitantemente duas pessoas e delas subtrai pertences, incorre em dois crimes de roubo em concurso *formal* (art. 70 do CP), já que houve uma só ação (um só contexto fático composto por dois atos de subtração) e duas lesões patrimoniais. Nesses casos, os tribunais têm aplicado a regra do concurso formal próprio em que é aplicada a pena do delito mais grave, aumentada de 1/6 até a metade. Nesse sentido: "Conforme a iterativa jurisprudência desta Corte, não há que se falar em crime único quando, num mesmo contexto fático, são subtraídos bens pertencentes a vítimas distintas, caracterizando concurso formal, por terem sido atingidos patrimônios diversos, nos moldes do art. 70 do Código Penal" (STJ, HC 581.345/SP, Rel. Min. Ribeiro Dantas, 5ª Turma, julgado em 16-6-2020, *DJe* 22-6-2020); "Praticado o crime de roubo em um mesmo contexto fático, mediante uma só ação, contra vítimas diferentes, tem-se configurado o concurso formal de crimes, e não a ocorrência de crime único, visto que violados patrimônios distintos. Precedentes" (STJ, AgRg no AREsp 1588159/GO, Rel. Min. Rogerio Schietti Cruz, 6ª Turma, julgado em 19-5-2020, *DJe* 28-5-2020).

Por sua vez, se o agente aborda um motorista e, mediante grave ameaça, leva seu relógio e, minutos depois, nas proximidades, aborda outra motorista, e também mediante ameaça grave, subtrai seus pertences, incorre em dois crimes de roubo em *continuidade delitiva*. Nesta hipótese, as subtrações ocorreram em contextos fáticos diversos, razão pela qual não se pode aplicar o concurso formal. Note-se, contudo, que os crimes foram cometidos em sequência, o que permite a incidência da continuidade delitiva.

Nos "arrastões" em edifícios, em que os bandidos roubam sucessivamente os moradores de apartamentos diversos, temos diversos crimes de roubo em continuidade delitiva.

Quando o agente aborda uma só pessoa e apenas contra ela emprega a grave ameaça ou a violência, mas acaba subtraindo objetos desta e de terceiro (que se encontravam em poder dela), responde por dois crimes de roubo em concurso formal, desde que a prova indique que ele sabia que estava subtraindo bens pertencentes a pessoas diversas. Esta situação é muito comum quando o bandido ameaça somente o funcionário de um estabelecimento e subtrai bens pessoais e também valores pertencentes à empresa. A regra do concurso formal não poderá, entretanto, ser aplicada, se ficar demonstrado que o agente não tinha ciência de que os patrimônios eram distintos, tal como no caso em que o agente ameaça a vítima e leva sua bolsa, sem ter conhecimento de que em seu interior existiam objetos de pessoas diversas. Neste último caso, não se pode afirmar que o roubador tinha dolo de lesar dois patrimônios e, em tal hipótese, puni-lo por mais de um delito seria responsabilidade objetiva, que é vedada no âmbito penal (salvo em raras exceções).

Se o agente comete roubo em residência subtraindo objetos pertencentes ao corpo familiar (televisão, toca-CD, computador), responde por crime único. Caso, todavia, reste clara a intenção de subtrair objetos individualizados de integrantes diversos da família, haverá concurso formal. É o que acontece quando o sujeito subtrai joias da esposa e roupas do marido.

Por fim, é necessário salientar que os tribunais superiores não têm admitido a continuidade delitiva entre os crimes de roubo simples e latrocínio com o argumento de que tais infrações penais não são da mesma espécie porque o latrocínio atinge um bem jurídico a mais, qual seja, a vida. Entre tais crimes, existe, portanto, concurso material. A propósito: "Os crimes de roubo e latrocínio, embora previstos no mesmo tipo penal, não pertencem a uma mesma espécie, se diferenciando quanto ao meio de execução, o que impossibilita o reconhecimento da continuidade delitiva entre eles. No delito de roubo, o agente se volta contra o patrimônio da vítima, enquanto que no crime de latrocínio, há uma ação dolosa que lesiona dois bens jurídicos distintos – o patrimônio e a vida –, o que revela que os meios de execução escolhidos pelo agente são propositadamente distintos – Não havendo homogeneidade de execução na prática dos dois delitos (roubo e latrocínio), inviável se falar em continuidade delitiva, devendo incidir à hipótese a regra do concurso material. Precedentes" (STJ, HC 223.711/SP, Rel. Min. Marilza Maynard, 5ª Turma, julgado em 23-4-2013, *DJe* 25-4-2013). No mesmo sentido: STJ, HC 212.430/SP, Rel. Min. Nefi Cordeiro, 6ª Turma, julgado em 25-8-2015, *DJe* 15-9-2015.

2.2.1.1.1.6. Consumação

Durante muito tempo, prevaleceu o entendimento de que para a consumação do delito de roubo não se mostrava suficiente o agente apossar-se do bem alheio, considerando-se necessário que conseguisse deixar o local do delito tirando, assim, a *res furtiva* da esfera de vigilância do dono, sendo também imprescindível que obtivesse a posse tranquila do bem, ainda que por pouco tempo. No passado, portanto, entendia-se que, se o roubador fugisse na posse dos bens roubados, mas fosse imediatamente perseguido e preso, o delito estaria meramente tentado. Tal interpretação, todavia, passou a ser refutada após o Plenário do Supremo Tribunal Federal, em 1987, ter proferido a seguinte decisão: "Roubo. Momento de sua consumação. O roubo se consuma no instante em que o ladrão se torna possuidor da coisa móvel alheia subtraída mediante grave ameaça ou violência. Para que o ladrão se torne possuidor, não é preciso, em nosso direito, que ele saia da esfera de vigilância do antigo possuidor, mas, ao contrário, basta que cesse a clandestinidade ou a violência, para que o poder de fato sobre a coisa se transforme de detenção em posse, ainda que seja possível ao antigo possuidor retomá-la pela violência, por si ou por terceiro, em virtude de perseguição imediata. Aliás, a fuga com a coisa em seu poder traduz inequivocamente a existência de posse. E a perseguição – não fosse a legitimidade do desforço imediato – seria ato de turbação (ameaça) à posse do ladrão. Recurso extraordinário conhecido e provido" (RE 102.490, Rel. Min. Moreira Alves, Tribunal Pleno, julgado em 17-9-1987, *DJ* 16-8-1991 pp-10787 ement. vol-01629-02 pp-00150 *rtj* vol-00135-01 pp-00161)". Posteriormente, outro julgado do Pleno do Supremo Tribunal Federal confirmou tal entendimento: "Roubo consumado e tentado. Sobre a matéria, a mais recente jurisprudência do STF, firmada no julgamento em plenário do RE n. 102.490-9/SP, a 17-9-1987, é no sentido de que o roubo se consuma no instante em que o ladrão se torna possuidor da coisa móvel alheia subtraída mediante grave ameaça ou violência, não se fazendo necessário para que o agente se torne possuidor saia ele da esfera de vigilância do antigo possuidor" (Rev. Crim. 4.821-5/SP, Pleno, Rel. Min. Néri da Silveira, *DJ* 11-10-1991). No mesmo sentido, existem dezenas de julgados das duas Turmas do Supremo Tribunal Federal e das duas Turmas Criminais do Superior Tribunal de Justiça, que, inclusive, em sede de recursos repetitivos, aprovou o tema n. 916 confirmando tal entendimento. Posteriormente, em setembro de 2016, o Superior Tribunal de Justiça aprovou a Súmula 582, segundo a qual "consuma-se o crime de roubo com a inversão da posse do bem, mediante emprego de violência ou grave ameaça, ainda que por breve tempo e em seguida a perseguição imediata ao agente e recuperação da coisa roubada, sendo prescindível a posse mansa e pacífica ou desvigiada".

Assim, como no crime de roubo próprio o agente primeiro domina a vítima pelo emprego de violência contra pessoa ou de grave ameaça, considera-se consumado o delito no instante em que o agente se apossa de algum bem da vítima, ainda que não consiga tirá-lo da esfera de vigilância do dono e que não obtenha sua posse tranquila em nenhum momento.

2.2.1.1.1.7. Tentativa

É plenamente possível nas hipóteses em que o agente inicia a execução do roubo mediante o emprego de violência contra pessoa ou grave ameaça e, por circunstâncias alheias à sua vontade, não consegue se apoderar dos objetos ou valores pretendidos. Assim, se o roubador anuncia o crime apontando a arma para o sujeito passivo, mas o motorista acelera o carro e consegue fugir, o roubo considera-se tentado. Do mesmo modo, existe tentativa quando a própria vítima reage ao assalto ou quando terceira pessoa intervém e impede que o agente consiga subtrair os bens.

2.2.1.1.1.8. Impossibilidade do roubo de uso

Ao contrário do que ocorre com o furto, delito que atinge apenas o patrimônio, em relação ao qual a jurisprudência entendeu ser possível o reconhecimento da atipicidade da conduta quando a intenção do agente é apenas a de uso momentâneo, embora não autorizado, do bem alheio, seguido de imediata restituição, no roubo, por serem também afetadas a incolumidade física e a liberdade da vítima pelo emprego da violência ou grave ameaça, não se admite a atipicidade da conduta.

2.2.1.1.1.9. Roubo privilegiado

O Código Penal não prevê a figura do roubo privilegiado, de modo que, ainda que o réu seja primário e a coisa roubada de pequeno valor, sua pena não poderá ser diminuída em razão disso. Não há que se cogitar de aplicação analógica porque o legislador evidentemente quis excluir o benefício em relação ao delito em estudo. Não houve, portanto, a chamada omissão involuntária do legislador, que poderia viabilizar o uso da analogia *in bonam partem*. Nesse sentido, podemos apontar a seguinte decisão do Supremo Tribunal Federal: "Crime contra o patrimônio. Roubo qualificado. Coautoria. Res furtiva. Valor. Crime privilegiado. Reconhecimento. Inadmissibilidade" (RHC 63.123/SP, 1ª Turma, Rel. Min. Rafael Mayer, *DJ* 2-8-1985, p. 339).

2.2.1.1.1.10. Roubo e princípio da insignificância

A aplicação do princípio da insignificância não está relacionada exclusivamente ao pequeno valor do bem, mas também (e principalmente) à desnecessidade de imposição de uma sanção em face da pequena gravidade da conduta. Por isso, considerando que o roubo é praticado mediante violência contra pessoa ou grave ameaça, a jurisprudência tem, reiteradamente, negado a possibilidade de aplicação deste princípio para tal delito, que é sempre considerado grave, de modo que a imposição de uma pena mostra-se necessária como forma de repressão e prevenção. Nesse sentido: "A jurisprudência desta Corte é firme em assinalar que, nos crimes praticados mediante violência ou grave ameaça contra a vítima, como no roubo, não é aplicável o princípio da insignificância" (STJ, AgRg no HC n. 739.630/RS, Rel. Min. Reynaldo Soares da Fonseca, 5ª Turma, julgado em 17-5-2022, *DJe* 20-5-2022); "Mantida a condenação pelo delito de roubo, não há falar na incidência do princípio da insignificância, porquanto não se aplica aos delitos cometidos mediante violência ou grave ameaça a pessoa" (STJ, AgRg no AREsp 1589938/DF, Rel. Min. Nefi Cordeiro, 6ª Turma, julgado em 18-2-2020, *DJe* 27-2-2020); "A jurisprudência desta Corte é firme em assinalar que, nos crimes praticados mediante violência ou grave ameaça contra a vítima, como no roubo, não é aplicável o princípio da insignificância" (AgRg no AREsp 1.013.662/BA, Rel. Min. Rogerio Schietti Cruz, 6ª Turma, julgado em 7-2-2017, *DJe* 16-2-2017). No mesmo sentido o entendimento de ambas as Turmas do Supremo Tribunal Federal e do Superior Tribunal de Justiça: STF, RE 454.394/MG, 1ª Turma, Rel. Min. Sepúlveda Pertence, *DJ* 23-3-2007, p. 103; STF, RHC 111.433, Rel. Min. Luiz Fux, 1ª Turma, *DJe* 120, 20-6-2012; STF, HC 96.671/MG, 2ª Turma, Rel. Min. Ellen Gracie, *DJ* 24-4-2009, p. 665; STJ, HC 190.343/MG, Rel. Min. Jorge Mussi, 5ª Turma, *DJe* 30-4-2012; STJ, HC 125.993/SP, Rel. Min. Og Fernandes, 6ª Turma, *DJe* 27-6-2012.

2.2.1.1.1.11. Classificação doutrinária

Quanto à objetividade jurídica, o roubo é crime de dano e complexo. Em relação ao sujeito ativo, classifica-se como delito comum e de concurso eventual. No que diz respeito aos meios de execução, o roubo é crime de ação livre e comissivo. No que se refere ao momento consumativo, constitui delito instantâneo e material. Por fim, no que pertine ao elemento subjetivo, o roubo é crime doloso.

2.2.1.1.1.12. Ação penal

A ação penal é pública incondicionada. Tal regra vale também para o roubo impróprio, para o roubo majorado e para o roubo qualificado pelo resultado.

2.2.1.1.2. Roubo impróprio

Art. 157, § 1º – Na mesma pena incorre quem, logo depois de subtraída a coisa, emprega violência contra pessoa ou grave ameaça, a fim de assegurar a impunidade do crime ou a detenção da coisa para si ou para terceiro.

2.2.1.1.2.1. Tipo objetivo e distinção

Inicialmente, é necessário salientar que as denominações roubo próprio e roubo impróprio não existem no Código Penal que, singelamente, utiliza a palavra "roubo" para as figuras do *caput* e do § 1º do art. 157, nas quais ocorrem a subtração e o emprego de violência contra pessoa ou grave ameaça. Tais denominações passaram a ser utilizadas pelos doutrinadores para diferenciar referidas figuras tendo em vista que há uma inversão na ordem dos fatores entre uma e outra modalidade criminosa. Com efeito, na hipótese do *caput* (roubo próprio), o agente utiliza a violência contra a pessoa ou a grave ameaça como meio para dominar a vítima e viabilizar a subtração, ou seja, elas começam a ser empregadas antes da concretização do ato de subtrair. Quando o agente aponta uma arma para a vítima e, mediante ameaça de morte, leva seu relógio, o crime é o de roubo próprio. Por sua vez, no roubo impróprio, o agente quer inicialmente cometer apenas um furto e já se apoderou de algum bem da vítima, todavia, logo após a subtração, ocorre algum imprevisto e ele emprega violência contra pessoa ou grave ameaça a fim de garantir sua impunidade ou a detenção do referido bem. Nesta modalidade, portanto, a violência e a grave ameaça são empregadas após a subtração. Assim, se o agente quebra o vidro de um carro e tira o toca-CD do painel, mas, no instante em que se prepara para deixar o local, é flagrado por um vigilante e o ameaça de morte a fim de não ser preso, o furto que estava em andamento desaparece e dá lugar ao roubo impróprio.

Saliente-se que, para a tipificação do roubo impróprio, o § 1º do art. 157 exige que a violência contra pessoa ou a grave ameaça sejam empregadas "logo depois" da subtração, o que, na prática, significa que devem ser empregadas imediatamente depois de o agente se apossar dos bens da vítima, ainda no contexto fático do furto que estava em andamento. Por isso, se o furtador está saindo da casa de alguém na posse dos bens e, nesse momento, ao perceber que a vítima retornou para casa, a agride ou ameaça, o delito se transforma em roubo impróprio. No entanto, se o agente já havia conseguido deixar o local na posse dos bens e, algumas horas depois (já em outro contexto fático), depara-se acidentalmente com a vítima – que reconhece os bens que estão em seu poder – e só então emprega a violência, responde por crime de furto consumado em concurso material com o de lesão corporal – incidindo, sobre este último, a agravante genérica do art. 61, II, *b*, do Código Penal (crime cometido para assegurar a impunidade ou a vantagem de outro delito).

Analisando a descrição típica do crime de roubo impróprio, percebe-se que tal delito tem como premissa que o agente já tenha se apoderado de algum bem da vítima, pois, conforme mencionado, o tipo penal exige que a violência ou grave ameaça sejam empregadas após a subtração da coisa. Por isso, se o agente, por exemplo, já adentrou clandestinamente no local onde pretende cometer o furto, mas ainda não se apoderou de qualquer objeto e, nesse momento, depara-se com alguém e o agride a fim de fugir do local, responde por tentativa de furto em concurso material com crime de lesão corporal ou ameaça (agravados porque cometidos com o fim de garantir a impunidade de outro crime – art. 61, II, *b*, do Código Penal).

Ainda de acordo com o próprio tipo penal, o roubo impróprio pressupõe que a violência ou grave ameaça sejam empregadas pelo agente com o intuito de garantir a impunidade *ou* a detenção do bem para si ou para outrem. Em razão da conjunção alternativa "ou", conclui-se pela existência do roubo impróprio ainda que a intenção do agente seja apenas uma destas. Por isso, se logo depois de se apoderar de diversos objetos alheios, o agente se dá conta de que um guarda noturno está se aproximando e, assim, coloca os objetos no chão e agride o guarda, para, em seguida, evadir-se sem nada levar, está configurado o roubo impróprio.

Presentes uma das finalidades elencadas no tipo penal, haverá roubo impróprio qualquer que tenha sido a vítima da violência ou grave ameaça: o próprio dono do bem que estava sendo furtado, um vizinho, um segurança, ou até mesmo um policial. Neste último caso, há de se ressalvar que, se o agente, logo após a subtração, agride um policial para não ser preso, a finalidade de garantir a impunidade transforma o crime de furto em roubo impróprio, o que inviabiliza o reconhecimento concomitante do crime de resistência, pois, caso isso ocorresse, haveria *bis in idem*.

Se, durante um furto, o agente percebe que o segurança da empresa que está dormindo no local é um antigo inimigo e, nesse momento, dá-lhe uma paulada na cabeça, por vingança de desavenças anteriores, o crime de roubo impróprio não se configura, porque o autor da violência não teve o intento de assegurar a impunidade ou a detenção do bem. Responde o agente por furto e lesões corporais.

Nos termos expressos do art. 157, *caput*, do Código Penal, o roubo *próprio* pode ser cometido mediante violência contra pessoa, grave ameaça ou qualquer outro meio que reduza a vítima à impossibilidade de resistência (violência imprópria). Já o roubo *impróprio* só pode ser praticado pelo emprego de violência física ou grave ameaça. Por ausência de menção no art. 157, § 1º, o roubo impróprio *não* pode ser cometido mediante violência imprópria.

2.2.1.1.2.2. Objetividade jurídica

O patrimônio e a incolumidade física, em caso de emprego de violência contra pessoa, ou a liberdade individual, no caso de grave ameaça.

2.2.1.1.2.3. Sujeito ativo

Pode ser qualquer pessoa, exceto o dono.

O roubo impróprio admite coautoria e participação. Se um empregado deixa aberta a janela de uma casa para o comparsa nela ingressar e cometer um furto durante a viagem dos moradores, os envolvidos, em princípio, deveriam responder por furto qualificado pelo concurso de agentes. Suponha-se, contudo, que o dono, por ter esquecido algo, retorne ao local quando o agente está dentro da residência e este, então, entre imediatamente em contato com o empregado (por mensagem de texto ou por telefonema) vindo a ser aconselhado a ameaçar o patrão, o que efetivamente ocorre. O empregado, não há dúvida, é partícipe do roubo impróprio. Saliente-se, contudo, que se o ladrão não tivesse entrado em contato com o empregado e tivesse resolvido sozinho empregar a ameaça, estaríamos diante da chamada cooperação dolosamente distinta em que o empregado responderia apenas pelo furto qualificado pelo concurso de agentes e o ladrão, por roubo impróprio, tudo nos termos do art. 29, § 2º, do Código Penal.

2.2.1.1.2.4. Sujeito passivo

O dono do bem e todas as pessoas que sofram a violência ou a grave ameaça.

Pessoa jurídica pode ser sujeito passivo de roubo impróprio na condição de proprietária do bem subtraído.

2.2.1.1.2.5. Consumação

De acordo com a própria redação do art. 157, § 1º, do Código Penal, o crime de roubo impróprio consuma-se no exato momento em que o agente emprega a violência ou a grave ameaça contra a vítima. O crime, portanto, considera-se consumado mesmo que o agente não atinja sua finalidade de garantir a impunidade ou a detenção do bem. Por isso, se o agente emprega a violência ou grave ameaça, mas é imediatamente preso e os bens restituídos ao dono, responde pelo crime em sua forma consumada. Nesse sentido: "Consuma-se o delito de roubo impróprio quando o agente emprega grave ameaça contra a vítima, visando assegurar a posse de bem subtraído" (STJ, AgRg no AREsp 1.705.250/PR, Rel. Min. João Otávio de Noronha, 5ª Turma, julgado em 9-12-2020, *DJe* 14-12-2020).

Observe-se que, quando o agente desfere golpes contra a vítima, mas não consegue atingi-la por qualquer razão, o crime está também consumado porque a violência já foi empregada. Considera-se violência todo golpe desferido contra a vítima, e não apenas aqueles que a atingem.

2.2.1.1.2.6. Tentativa

É muito polêmica na doutrina a questão em torno da possibilidade da tentativa de roubo impróprio.

Nélson Hungria[140] diz que "não há falar-se em tentativa: ou a violência é empregada, e tem-se a consumação, ou não é empregada, e o que se apresenta é o crime de tentativa de furto". No mesmo sentido, o pensamento de Magalhães Noronha[141] e Damásio de Jesus[142]. Por seu turno, Heleno Cláudio Fragoso[143] diz que "a tentativa de roubo impróprio é possível e se verifica sempre que o agente, tendo completado a subtração, é preso após tentar o emprego da violência ou da ameaça para assegurar a posse da coisa ou a impunidade". Deste entendimento comunga Julio Fabbrini Mirabete[144].

---

[140] Nélson Hungria. *Comentários ao Código Penal,* v. VII, p. 61.
[141] E. Magalhães Noronha. *Direito penal,* v. 2, p. 248.
[142] Damásio de Jesus. *Código Penal anotado.* 10. ed. São Paulo: Saraiva, 2000, p. 559.
[143] Heleno Cláudio Fragoso. *Lições de direito penal,* Parte especial, v. I, p. 295.
[144] Julio Fabbrini Mirabete. *Manual de direito penal,* v. 2, p. 239.

Preferimos a primeira corrente. Com efeito, se depois de se apossar de um bem da vítima, o agente, ao perceber a aproximação desta, corre em direção a ela com um pedaço de pau na mão para agredi-la, mas é detido por populares que se aproximam nesse instante, temos roubo impróprio consumado porque, em tal hipótese, a vítima já se sentiu intimidada com a ação do agente, que correu em sua direção com um pedaço de pau nas mãos. Em outras palavras, deve-se considerar que já ocorreu grave ameaça e não que houve tentativa de violência. Além disso, não existe tentativa de ameaça entre pessoas presentes – ou ela existe, ou não. A doutrina é unânime em asseverar que tentativa de ameaça só existe na forma escrita, enquanto no roubo impróprio, estão todos no mesmo local. O próprio Heleno Cláudio Fragoso[145], aliás, concorda com essa assertiva ao cuidar do crime de ameaça (art. 147) em sua obra Lições de Direito Penal.

Saliente-se que, conforme já estudado, enquanto o agente ainda não se apossou de qualquer bem da vítima, mostra-se ausente elementar exigida expressamente pelo tipo penal do roubo impróprio, de modo que, aquele que está tentando furtar, mas ainda não se apossou de qualquer bem da vítima e emprega violência para fugir do local do crime diante da chegada de alguém, responde por tentativa de furto em concurso material com crime de lesão corporal, e não por tentativa de roubo impróprio.

No que tange à jurisprudência, deve-se ressaltar que os Tribunais Superiores firmaram entendimento de que o roubo impróprio é incompatível com a forma tentada. Nesse sentido, confira-se: "Roubo impróprio. Consuma-se com o uso da violência imediata, visando assegurar a impunidade do crime. Não há que se falar em tentativa. Inteligência do § 1º, do art. 157 do Código Penal. Dissídio jurisprudencial. Recurso extraordinário conhecido e provido, para condenar-se o réu como incurso no art. 157, § 1º, do Código Penal" (STF, RE 102.391/SP, 2ª Turma, Rel. Min. Djaci Falcão, *DJ* 10-8-1984, p. 12.452); e "Roubo impróprio majorado. Consumação e tentativa. O crime previsto no art. 157, § 1º, do Código Penal consuma-se no momento em que, após o agente tornar-se possuidor da coisa, a violência é empregada, não se admitindo, pois, a tentativa. Precedentes do Pretório Excelso e desta Corte" (STJ, REsp 102.162/SP, 5ª Turma, Rel. Min. Felix Fischer, *DJe* 10-11-2008). No mesmo sentido: STJ, HC 120.574/RJ, Rel. Min. Celso Limongi (Desembargador Convocado do TJ/SP), 6ª Turma, julgado em 12-4-2011, *DJe* 2-5-2011).

2.2.1.2. Roubo majorado

2.2.1.2.1. Introdução

As expressões "roubo majorado" e "roubo circunstanciado" referem-se às hipóteses em que reconhecida, no caso concreto, a incidência de uma das seis causas de aumento de pena do art. 157, § 2º, do Código Penal; uma das duas descritas no § 2º-A, ou aquela do § 2º-B do mesmo artigo.

Ressalte-se, ainda, que, embora seja comum a utilização das expressões "roubo *qualificado* pelo emprego de arma de fogo" ou "pelo concurso de agentes", é evidente que essas circunstâncias têm natureza jurídica de causas de aumento de pena, porque o

---

[145] Heleno Cláudio Fragoso. *Lições de direito penal*, Parte especial, v. I, p. 215.

texto legal dispõe que a pena será aumentada de 1/3 até a metade (índice de acréscimo) no caso do concurso de pessoas ou de 2/3 no caso do emprego de arma de fogo de uso permitido. Por tal razão, não há dúvida de que tais circunstâncias incidem na terceira e última fase da dosimetria (art. 68 do CP). As qualificadoras do roubo, em verdade, estão previstas no § 3º do art. 157 – roubo qualificado pela lesão grave ou morte (latrocínio).

2.2.1.2.2. Majorantes em espécie

As causas de aumento de pena são as seguintes:

2.2.1.2.2.1. Emprego de arma

> *Art. 157, § 2º – A pena aumenta-se de um terço até metade:*
>
> *I – se a violência ou ameaça é exercida com emprego de arma. (REVOGADO)*

Esse dispositivo foi expressamente revogado pela Lei n. 13.654, de 23 de abril de 2018.

2.2.1.2.2.2. Concurso de agentes

> *Art. 157, § 2º – A pena aumenta-se de um terço até metade:*
>
> *II – se há concurso de duas ou mais pessoas.*

O concurso de pessoas, que no crime de furto constitui qualificadora (art. 155, § 4º, IV, do CP), funciona como causa de aumento de pena no delito de roubo, devendo ser levado em conta na terceira fase da dosimetria.

Como o texto legal não faz distinção, a majorante aplica-se tanto para casos de coautoria quanto de participação. Assim, se uma só pessoa esteve no local do crime realizando a abordagem das vítimas e a subtração, tendo, todavia, contado com a prévia colaboração de um partícipe, a pena será exasperada.

Ainda que condene uma só pessoa, o juiz poderá aplicar a majorante, desde que exista prova do envolvimento de outra que por alguma razão não pode ser punida – por ser menor de idade, por ter morrido, por ter fugido e não ter sido identificada etc. É evidente que para tanto é necessário que o Ministério Público tenha feito menção na denúncia ao envolvimento desta outra pessoa.

Se o roubo for cometido na companhia de pessoa menor de idade, o agente deve responder pelo roubo majorado e também pelo crime de corrupção de menores do art. 244-B da Lei n. 8.069/90 (Estatuto da Criança e do Adolescente). O Superior Tribunal de Justiça firmou entendimento de que não há *bis in idem* em tal hipótese porque os bens jurídicos afetados são diversos: "Não configura *bis in idem* a aplicação da majorante relativa ao concurso de pessoas no roubo e a condenação do agente por corrupção de menores, tendo em vista serem condutas autônomas que atingem bens jurídicos distintos. Precedentes" (STJ, AgRg no REsp 1806593/SP, Rel. Min. Rogerio Schietti Cruz, 6ª Turma, julgado em 26-5-2020, *DJe* 4-6-2020); Ressalta-se que "A jurisprudência desta Corte Superior se assentou no sentido de que não configura *bis in idem* a incidência da causa de aumento referente ao concurso de agentes pelo envolvimento de adolescente na prática do crime, seguida da condenação pelo crime de corrupção de menores, já que se está diante de duas condutas autônomas e independentes, que ofendem bens jurídicos distintos" (REsp 1714810/PR, Rel. Ministro Jorge Mussi, 5ª Turma, julgado em 25-9-2018, *DJe* 3-10-2018)" (STJ, AgRg no AREsp 1581282/SE, Rel. Min. Joel Ilan Paciornik, 5ª Turma, julgado em 28-4-2020, *DJe* 4-5-2020); "Não configura *bis in idem* a condenação pelo crime de corrupção de menores e a incidência da causa de aumento de pena do roubo praticado em concurso de agentes, porque as duas condutas são autônomas e alcançam bens jurídicos distintos, não havendo que se falar em consunção" (STJ, HC 506.967/SP, Rel. Min. Felix Fischer, 5ª Turma, julgado em 21-5-2019, *DJe* 27-5-2019); "Não configura *bis in idem* a aplicação da majorante relativa ao concurso de pessoas no roubo e a condenação do agente por corrupção de menores, tendo em vista serem condutas autônomas que atingem bens jurídicos distintos" (STJ, AgRg no AREsp 1229946/PI, Rel. Min. Rogerio Schietti Cruz, 6ª Turma, julgado em 9-4-2019, *DJe* 25-4-2019).

A hipótese é de concurso formal entre os crimes de roubo e corrupção de menores. Este também o entendimento de Nélson Hungria[146]. No mesmo sentido: "O crime de corrupção de menor foi cometido no mesmo contexto fático e momento da prática do crime de roubo, razão pela qual se mostra mais correto o reconhecimento do concurso formal de crimes, uma vez que não restou demonstrada, de forma concreta, a autonomia das condutas ou a precedência de uma em relação à outra. Infere-se no caso que, mediante uma única ação, o paciente praticou ambos os delitos, tendo a corrupção de menores se dado em razão da prática do delito patrimonial. Sendo assim, de rigor o reconhecimento do concurso formal" (STJ, AgRg no HC 532.029/SP, Rel. Min. Ribeiro Dantas, 5ª Turma, julgado em 4-2-2020, *DJe* 13-2-2020); "Deve ser reconhecido o concurso formal de crimes quando a corrupção de menores ocorre em razão da prática de delito de roubo majorado na companhia do adolescente" (STJ, AgRg no AREsp 1665758/RO, Rel. Min. Laurita Vaz, 6ª Turma, julgado em 19-5-2020, *DJe* 5-6-2020).

2.2.1.2.2.3. Vítima em serviço de transporte de valores

Art. 157, § 2º – A pena aumenta-se de um terço até metade:

III – se a vítima está em serviço de transporte de valores e o agente conhece tal circunstância.

O dispositivo em análise tem por finalidade conferir maior proteção àqueles que trabalham transportando valores, bem como aos que necessitam dessa espécie de serviço para o deslocamento de bens ou valores (bancos, joalherias etc.), já que os assaltantes, em razão do lucro elevado, têm preferência por esse tipo de vítima que, portanto, é mais suscetível. Dentro do conceito de "valores" a que se refere o texto legal, estão incluídos o dinheiro em espécie, as joias e as pedras preciosas, as obras de arte, os títulos de crédito etc.

---

[146] Nélson Hungria, *Comentários ao Código Penal*, v. VII, p. 47.

A expressão "vítima em serviço de transporte de valores" diz respeito àqueles que estão carregando valores em via pública *a trabalho*. Quando se trata de transporte para fins particulares, não se aplica a majorante em questão. Aplica-se, desse modo, o aumento quando o roubo for praticado a carro-forte, a motoristas de veículos de empresas que transportam joias ou até mesmo a motoboys que carregam valores para depósitos e pagamentos bancários etc. Por sua vez, não se aplica a majorante quando alguém saca dinheiro no banco para pagar dívidas particulares e é assaltado.

Nos termos da lei, é necessário, ainda, que o agente tenha plena ciência de que está roubando alguém que está em serviço de transporte de valores, sendo, portanto, incabível o dolo eventual quanto a este aspecto, já que a conclusão inevitável é a de que o agente *quer* roubar alguém que está transportando valores em seu trabalho e isso é sinônimo de dolo direto.

Não existe no crime de furto qualificadora semelhante a essa causa de aumento de pena do roubo.

2.2.1.2.2.4. Transporte de veículo roubado para outro estado ou país

Art. 157, § 2º – A pena aumenta-se de um terço até metade:

IV – se a subtração for de veículo automotor que venha a ser transportado para outro Estado ou para o exterior.

De acordo com os ditames legais, essa causa de aumento só se aperfeiçoa quando o agente consegue cruzar a divisa com outro Estado ou a fronteira com outro país na posse do veículo roubado (a esse respeito, ver comentários ao art. 155, § 5º, do CP).

O dispositivo abrange o roubo de automóveis, tratores, motocicletas, caminhões, embarcações etc.

2.2.1.2.2.5. Restrição da liberdade da vítima

Art. 157, § 2º – A pena aumenta-se de um terço até metade:

V – se o agente mantém a vítima em seu poder, restringindo sua liberdade.

A *restrição* de liberdade a que o dispositivo faz menção não se confunde com *privação* de liberdade, que é elementar do crime de sequestro ou cárcere privado (art. 148 do CP). Esta é mais duradoura, exige que a vítima seja mantida em poder do sequestrador por tempo juridicamente relevante. Na hipótese de restrição da liberdade, a vítima é mantida em poder dos roubadores por alguns minutos, em regra, apenas para que consigam sair do local do crime. A privação de liberdade, conforme mencionado, é duradoura, ou seja, pressupõe que a vítima seja obrigada a permanecer com os roubadores por um período prolongado, por algumas horas por exemplo. Tal distinção é facilmente notada nos casos concretos. Se, ao roubar um carro, o agente obriga a vítima a ficar no veículo por meia hora até que ele chegue a uma rodovia, onde vem a libertá-la, aplica-se a majorante do inciso V. Em tal caso, a finalidade do roubador ao manter a vítima consigo normalmente é a de evitar que ela acione imediatamente a polícia enquanto ele permanece no trânsito, diminuindo, com tal atitude, o risco de ser preso em flagrante.

Por sua vez, quando os agentes roubam um caminhão e levam consigo o motorista até um galpão, onde passam horas descarregando as mercadorias contidas no veículo, para só posteriormente levarem o motorista a outro local e o soltarem, configuram-se os crimes de roubo (sem a causa de aumento em estudo) em concurso *material* com o crime de sequestro do art. 148 do Código Penal. Entende-se que o concurso é material porque os roubadores permaneceram com a vítima após se apossarem do bem, ou seja, após a consumação do crime de roubo, de modo que a privação da liberdade posterior é entendida como uma nova conduta.

Essa modalidade de roubo majorado foi inserida no rol dos crimes hediondos pela Lei n. 13.964/2019 (art. 1º, II, *a*, da Lei n. 8.072/90).

2.2.1.2.2.6. Roubo de substância explosiva ou acessório

Art. 157, § 2º – A pena aumenta-se de um terço até metade:

VI – Se a subtração for de substâncias explosivas ou de acessórios que, conjunta ou isoladamente, possibilitem sua fabricação, montagem ou emprego.

Essa forma majorada foi incluída no Código Penal pela Lei n. 13.654/2018.

O que torna a pena mais grave é o objeto material do delito, qual seja, substância explosiva ou acessórios que, conjunta ou isoladamente, possibilitem sua fabricação, montagem ou emprego. O texto legal não exige qualquer finalidade específica para o agravamento da reprimenda.

2.2.1.2.2.7. Emprego de arma branca

Art. 157, § 2º, VII – A pena aumenta-se de um terço até metade:

VIII – se a violência ou grave ameaça é exercida com emprego de arma branca.

Esse dispositivo foi inserido no Código Penal pela Lei n. 13.964/2019.

O art. 157, § 2º, I, do CP (revogado expressamente pela Lei n. 13.654/2018), previa aumento de um terço até metade da pena se houvesse emprego de arma. Como fazia menção genérica ao uso de "arma" para a prática de roubo, abrangia tanto o emprego de armas próprias como o emprego de armas impróprias. As primeiras são os instrumentos feitos para servir efetivamente como arma – arma propriamente dita –, como as armas de fogo, os punhais, as espadas, o soco inglês etc. As impróprias são os instrumentos feitos com outra finalidade, mas que também têm potencialidade lesiva, como a navalha, a faca de cozinha, o canivete, o espeto de churrasco, a tesoura, o martelo, o machado etc.

A Lei n. 13.654/2018, além de revogar o mencionado § 2º, I, acrescentou, no § 2º-A, inc. I, do art. 157, majorante de dois terços da pena se houver emprego de arma de fogo (revólver, pistola, garrucha etc). Em razão disso, quem fizesse uso de qualquer outro tipo de arma só poderia ter sua pena aumentada com base no art. 59 do CP. Tal situação – inclusive considerada por muitos como erro involuntário do legislador – acabou sofrendo severas críticas. Em razão disso, ao aprovar a Lei n. 13.964/2019, o legislador inseriu novamente o aumento de 1/3 até 1/2 para quem fizer uso de arma branca para a prática de roubo. Não há consenso em torno do conceito de arma branca, contudo, considerando as razões que levaram o legislador a querer corrigir o equívoco decorrente da revogação do inciso I, conclui-se que abrange qualquer espécie de arma própria (que não seja de fogo) e imprópria. O legislador não utilizou singelamente a palavra "arma" para não gerar conflito com o emprego de arma de fogo – previsto em outro dispositivo como hipótese de maior majoração da pena.

A respeito do emprego de arma de fogo, ver comentários ao art. 157, § 2º-A e B, do CP.

Se o roubo for praticado por duas pessoas e só uma utilizar a arma branca, o aumento valerá para ambas.

2.2.1.2.2.8. Emprego de arma de fogo

Art. 157, § 2º-A – A pena aumenta-se de dois terços:

Se a violência ou ameaça é exercida com emprego de arma de fogo;

Antes da aprovação da Lei n. 13.964/2019, o emprego de qualquer tipo de arma de fogo para a prática de roubo era enquadrado nesse dispositivo. Ocorre que referida lei inseriu no § 2º-B do art. 157 a previsão de que a pena do roubo será aplicada em dobro se houver emprego de arma de fogo de uso proibido ou restrito.

Assim, há de ser feita a seguinte distinção: a) se o agente comete o roubo com arma de fogo de uso permitido, a pena será aumentada em 2/3; b) se faz uso de arma de fogo de uso proibido ou restrito, a pena será aplicada em dobro.

A definição de arma de fogo de uso permitido encontra-se no art. 11 do Decreto n. 11.615, de 21 de julho de 2023: são de uso permitido as armas de fogo e munições cujo uso seja autorizado a pessoas físicas e a pessoas jurídicas, especificadas em ato conjunto do Comando do Exército e da Polícia Federal, incluídas: I – armas de fogo de porte, de repetição ou semiautomáticas, cuja munição comum tenha, na saída do cano de prova, energia de até trezentas libras-pé ou quatrocentos e sete joules, e suas munições; II – armas de fogo portáteis, longas, de alma raiada, de repetição, cuja munição comum não atinja, na saída do cano de prova, energia cinética superior a mil e duzentas libras-pé ou mil seiscentos e vinte joules; e III – armas de fogo portáteis, longas, de alma lisa, de repetição, de calibre doze ou inferior.

A Lei n. 13.964/2019 inseriu o crime de roubo cometido com emprego de arma de fogo no rol dos crimes hediondos (art. 1º, II, *b*, da Lei n. 8.072/90).

O texto legal exige o *emprego* da arma. Assim, haverá o aumento se o agente apontar a arma para a vítima ou ao menos mostrá-la.

Quando o agente mente para a vítima dizendo que está armado ou quando *simula* o porte de uma arma por meio de um gesto (encostando um de seus dedos nas costas da vítima, colocando sua mão sob a blusa etc.), não se aplica a causa de aumento em análise porque não houve efetivo emprego de arma de fogo.

Em relação ao uso de arma de brinquedo para a prática do roubo, existem duas interpretações possíveis: a) o motivo do aumento da pena é a maior facilidade que os bandidos encontram para dominar a vítima quando lhe mostram uma arma. Essa mesma facilidade é encontrada quando usam arma de brinquedo, uma vez que a vítima não tem como saber disso, de modo que também nesse caso a pena deve ser agravada. Nélson Hungria[147] foi um dos maiores defensores desse ponto de vista; b) a razão do aumento é a maior potencialidade lesiva da conduta, que só existe quando a arma é verdadeira, pois, apenas com o emprego desta, a incolumidade física da vítima corre

---

[147] Nélson Hungria. *Comentários ao Código Penal*, v. VII, p. 58.

maior risco. Além disso, o brinquedo não se enquadra no conceito de arma. Trata-se de entendimento amplamente prevalente na doutrina.

Em termos jurisprudenciais, a preferência era pela primeira corrente, a ponto de o Superior Tribunal de Justiça ter aprovado a Súmula 174, declarando que "no crime de roubo, a intimidação feita com arma de brinquedo autoriza o aumento da pena". Posteriormente, entretanto, em 24 de outubro de 2001, o mesmo Superior Tribunal de Justiça cancelou a referida súmula e passou a recusar o aumento nos casos de emprego de arma de brinquedo. O Supremo Tribunal Federal também passou a entender incabível o agravamento em tal caso. Assim, embora não haja nenhuma súmula em vigor, o cancelamento daquela antes existente e a imensa sucessão de julgados dos tribunais superiores rejeitando o aumento nos casos de emprego de arma de brinquedo tornaram pacífica a não incidência da majorante.

Os tribunais superiores passaram, igualmente, a negar o acréscimo nos casos em que empregada arma de fogo desmuniciada ou inapta a efetuar disparos em razão de algum defeito. O fundamento é a inexistência de maior potencialidade lesiva para a vítima.

Quanto à arma desmuniciada, veja-se: "A jurisprudência desta Corte Superior está sedimentada no sentido de que a utilização de arma desmuniciada ou sem potencialidade para realização de disparo, utilizada como meio de intimidação, serve unicamente à caracterização da elementar grave ameaça, não se admitindo o seu reconhecimento como a causa de aumento de pena em questão" (STJ, HC 445.043/SC, Rel. Min. Joel Ilan Paciornik, 5ª Turma, julgado em 21-2-2019, *DJe* 6-3-2019); "Nos termos da jurisprudência desta Corte, o emprego de arma de fogo desmuniciada, como forma de intimidar a vítima do delito de roubo, malgrado caracterize a grave ameaça configuradora do crime de roubo, não justifica o reconhecimento da majorante do art. 157, § 2º, I, do Código Penal, ante a ausência de potencialidade ofensiva do artefato" (HC 247.708/SP, Rel. Min. Ribeiro Dantas, 5ª Turma, julgado em 19-4-2018, *DJe* 25-4-2018).

Quanto à arma de fogo inapta a efetuar disparos: "O acórdão impugnado, ao considerar a incidência da causa de aumento referida, incorreu em constrangimento ilegal, pois, de acordo com posicionamento adotado por esta Corte Superior, comprovada a ausência de sua potencialidade lesiva da arma empregada, indevida a imposição da causa de aumento de pena prevista no inciso I do § 2º do art. 157 do CP. IV – A utilização da arma de fogo comprovadamente sem potencialidade lesiva, como na espécie, presta-se tão somente à caracterização da elementar da grave ameaça empregada contra a vítima, com o intuito de intimidá-la" (HC 416.745/PR, Rel. Min. Felix Fischer, 5ª Turma, julgado em 12-12-2017, *DJe* 1º-2-2018); "De acordo com a jurisprudência desta Corte superior, o uso de arma desmuniciada, no delito de roubo, caracteriza o emprego da grave ameaça, mas não pode ser utilizada como causa de aumento – art. 157, § 2º, I, do CP. Precedente" (AgRg no AREsp 722.298/ES, Rel. Min. Nefi Cordeiro, 6ª Turma, julgado em 13-3-2018, *DJe* 26-3-2018); "A jurisprudência desta Corte é pacífica no sentido de que a utilização de arma inapta, como forma de intimidar a vítima do delito de roubo, caracteriza o emprego de violência, porém não permite o reconhecimento da majorante de pena, já que esta vincula-se ao potencial lesivo do instrumento, dada a sua ineficácia para a realização de disparos" (STJ, AgRg no REsp 1532816/SP, Rel. Min. Reynaldo Soares da Fonseca, 5ª Turma, julgado em 7-6-2018, *DJe* 15-6-2018).

De acordo com o art. 175 do Código de Processo Penal, os instrumentos do crime que sejam apreendidos devem ser submetidos à perícia para a verificação de sua natureza e eficácia. Assim, se o roubador for preso em flagrante e a arma apreendida estiver municiada, caso os peritos concluam que ela é verdadeira e que estava apta a efetuar disparos deverá ser reconhecida a majorante. No entanto, se a conclusão for de que a arma é de brinquedo ou que se encontrava inapta a efetuar disparos, a causa de aumento não incidirá. É preciso, contudo, salientar que, muitas vezes, os réus não são presos em flagrante e, assim, a arma não é apreendida. Para esses casos, o Plenário do Supremo Tribunal Federal definiu que deve ser aplicada a regra do art. 167 do Código de Processo Penal, segundo a qual, sendo inviável a perícia, a prova testemunhal poderá suprir-lhe a falta. Em suma, entendeu a Corte Suprema – sendo, posteriormente, acompanhada neste entendimento pelo Superior Tribunal de Justiça – que, se as vítimas ou testemunhas afirmarem que o réu estava armado e este não fizer prova em sentido contrário, será aplicável a causa de aumento de pena apesar da não apreensão da arma. Veja-se: "Roubo qualificado pelo emprego de arma de fogo. Apreensão e perícia para a comprovação de seu potencial ofensivo. Desnecessidade. Circunstância que pode ser evidenciada por outros meios de prova. Ordem denegada. I – Não se mostra necessária a apreensão e perícia da arma de fogo empregada no roubo para comprovar o seu potencial lesivo, visto que tal qualidade integra a própria natureza do artefato. II – Lesividade do instrumento que se encontra *in re ipsa*. III – A qualificadora do art. 157, § 2º, I, do Código Penal, pode ser evidenciada por qualquer meio de prova, em especial pela palavra da vítima – reduzida à impossibilidade de resistência pelo agente – ou pelo depoimento de testemunha presencial. IV – Se o acusado alegar o contrário ou sustentar a ausência de potencial lesivo da arma empregada para intimidar a vítima, será dele o ônus de produzir tal prova, nos termos do art. 156 do Código de Processo Penal. V – A arma de fogo, mesmo que não tenha o poder de disparar projéteis, pode ser empregada como instrumento contundente, apto a produzir lesões graves. VI – Hipótese que não guarda correspondência com o roubo praticado com arma de brinquedo. VII – Precedente do STF. VIII – Ordem indeferida" (STF, HC 96.099/RS, Pleno, Rel. Min. Ricardo Lewandowski, *DJ* 4-6-2009, p. 498). Em suma, se a arma de fogo não for apreendida e, por isso, a perícia não for possível, a prova testemunhal poderá suprir-lhe a falta, nos termos do art. 167 do CPP, podendo o juiz aplicar a majorante.

O Supremo Tribunal Federal e o Superior Tribunal de Justiça firmaram entendimento de que não constitui *bis in idem* a condenação, em concurso material, por crimes de associação criminosa armada (art. 288, parágrafo único, do CP) e roubo majorado pelo emprego de arma e pelo concurso de agentes. A justificativa é de que referidas figuras penais agridem bens jurídicos diversos. A associação criminosa afeta a paz pública e a punição se deve ao perigo que representa para a coletividade a existência de um grupo que tem por finalidade a reiteração criminosa. No roubo, por sua vez, as majorantes decorrem da maior lesividade da conduta em relação à vítima do caso concreto. A propósito: "Quanto à alegação de *bis in idem* por força da condenação simultânea no crime de quadrilha[148] armada e no roubo qualificado pelo concurso de agentes e uso de arma,

---

[148] Os julgados acima mencionam o crime de quadrilha porque são anteriores à Lei n. 12.850/2013,

o entendimento desta Corte é pela validade da cumulação, em virtude de o crime do art. 288, parágrafo único, do Código Penal não absorver o do art. 157, § 2º e incisos, do mesmo diploma legal. Essa posição é pacífica na Suprema Corte, conforme se observa do seguinte precedente: 'quadrilha armada e roubo com majoração de pena pelo emprego de armas e concurso de agentes; compatibilidade ou não; análise das variações da jurisprudência do STF; opção pela validade da cumulação da condenação por quadrilha armada, sem prejuízo do aumento da pena do roubo por ambas as causas especiais. A condenação por quadrilha armada não absorve nenhuma das duas cláusulas especiais de aumento da pena do roubo previstas no art. 157, § 2º, I e II, do C. Penal: tanto os membros de uma quadrilha armada podem cometer o roubo sem emprego de armas, quanto cada um deles pode praticá-lo em concurso com terceiros, todos estranhos ao bando' (HC 76.213, Rel. Min. Sepúlveda Pertence, *DJ* 14-4-1998). No mesmo sentido, o HC 77.287 (Rel. Min. Sydney Sanches, *DJ* 7-5-1999) e o HC 75.349 (Rel. Min. Néri da Silveira, *DJ* 26-11-1999)" (STF, HC 84.669/SP, Rel. Min. Joaquim Barbosa, 2ª Turma, *DJ* 17-6-2005, p. 74); "...não há que falar em *bis in idem*, ante a imputação concomitante das majorantes do emprego de arma e concurso de pessoas do crime de roubo com as majorantes da quadrilha armada – prevista no parágrafo único do art. 288 do Código Penal (antiga redação) –, na medida em que se tratam – os crimes de roubo circunstanciado pelo emprego de arma e concurso de pessoas e de formação de quadrilha armada – de delitos autônomos e independentes, cujos objetos jurídicos são distintos – quanto ao crime de roubo: o patrimônio, a integridade jurídica e a liberdade do indivíduo e, quanto ao de formação de quadrilha (atual associação criminosa): a paz pública –, bem como diferentes as naturezas jurídicas, sendo o primeiro material, de perigo concreto, e o segundo formal, de perigo abstrato" (STJ, AgRg no HC 470.629/MS, Rel. Min. Felix Fischer, 5ª Turma, julgado em 19-3-2019, *DJe* 26-3-2019); "Segundo a jurisprudência deste Tribunal Superior, não 'há falar em *bis in idem*, pela imputação concomitante da majorante do emprego de arma do crime de roubo com a majorante da quadrilha armada – prevista no parágrafo único do art. 288 do CP (em sua antiga redação) –, na medida em que se trata de delitos autônomos e independentes, cujos objetos jurídicos são distintos – sendo, quanto ao crime de roubo: o patrimônio, a integridade jurídica e a liberdade do indivíduo e, quanto ao de formação de quadrilha (atual associação criminosa): a paz pública –, bem como diferentes naturezas jurídicas, sendo o primeiro material, de perigo concreto, e o segundo formal, de perigo abstrato' (HC 131.838/SP, relator Ministro Nefi Cordeiro, 6ª Turma, julgado em 10-6-2014, *DJe* 1º-7-2014)" (STJ, AgRg no REsp 1456290/MT, Rel. Min. Antonio Saldanha Palheiro, 6ª Turma, julgado em 11-4-2019, *DJe* 29-4-2019).

2.2.1.2.2.9. Emprego de explosivo ou artefato análogo que provoque destruição ou rompimento de obstáculo

Art. 157, § 2º-A – A pena aumenta-se de dois terços:

II – se há destruição ou rompimento de obstáculo mediante o emprego de explosivo ou de artefato análogo que cause perigo comum.

---

que modificou o nome do delito para associação criminosa e passou a exigir número mínimo de três integrantes para a configuração da infração.

Esse dispositivo foi inserido no Código Penal pela Lei n. 13.654/2018.

Para a configuração dessa majorante, é evidente que se mostra necessário o emprego de violência física contra alguém ou de grave ameaça, pois, caso contrário, o crime seria o de furto qualificado (art. 155, § 4º-A).

Em se tratando de subtração perpetrada também mediante rompimento ou destruição de obstáculo, necessária perícia para a constatação dos vestígios, nos termos do art. 171 do Código de Processo Penal.

A Lei n. 13.964/2019 inseriu o furto qualificado pelo emprego de explosivo ou artefato análogo no rol dos crimes hediondos (art. 1º, IX, da Lei n. 8.072/90), mas, absurdamente, deixou de fazer o mesmo com o roubo cometido em idênticas circunstâncias.

2.2.1.2.2.10 Emprego de arma de fogo de uso restrito ou proibido

> Art. 157, § 2º-B – Se a violência ou grave ameaça é exercida com emprego de arma de fogo de uso restrito ou proibido, aplica-se em dobro a pena prevista no caput deste artigo.

Esse dispositivo foi inserido no Código Penal pela Lei n. 13.964/2019.

O motivo da maior agravação é, obviamente, a maior potencialidade lesiva dessas armas de fogo.

Armas de fogo de uso restrito, nos termos do art. 12 do Decreto n. 11.615, de 21 de julho de 2023, são aquelas especificadas em ato conjunto do Comando do Exército e da Polícia Federal, incluídas: I – armas de fogo automáticas, independentemente do tipo ou calibre; II – armas de pressão por gás comprimido ou por ação de mola, com calibre superior a seis milímetros, que disparem projéteis de qualquer natureza, exceto as que lancem esferas de plástico com tinta, como os lançadores de *paintball*; III – armas de fogo de porte, cuja munição comum tenha, na saída do cano de prova, energia superior a trezentas libras-pé ou quatrocentos e sete joules, e suas munições; IV – armas de fogo portáteis, longas, de alma raiada, cuja munição comum tenha, na saída do cano de prova, energia superior a mil e duzentas libras-pé ou mil seiscentos e vinte joules, e suas munições; V – armas de fogo portáteis, longas, de alma lisa: a) de calibre superior a doze; e b) semiautomáticas de qualquer calibre; e VI – armas de fogo não portáteis. Antes da entrada em vigor do decreto acima mencionado, a definição de armas de fogo de uso restrito encontrava-se no Decreto n. 10.030/2019.

Armas de uso proibido são aquelas para as quais há vedação total ao uso. De acordo com o art. 14 do Decreto n. 11.615, de 21 de julho de 2023, são armas de fogo de uso proibido: a) as armas de fogo classificadas como de uso proibido em acordos ou tratados internacionais dos quais a República Federativa do Brasil seja signatária; b) as armas de fogo dissimuladas, com aparência de objetos inofensivos.

Essa forma de roubo majorado constitui crime hediondo (art. 1º, II, *b*, do Código Penal.

Após a entrada em vigor da Lei n. 13.964/2019, temos, portanto, as seguintes hipóteses:

a) emprego de arma branca – aumento de 1/3 até 1/2 da pena (art. 157, § 2º, VII);

b) emprego de arma de fogo de uso permitido – aumento de 2/3 da pena (art. 157, § 2º-A, inc. I);

c) emprego de arma de fogo de uso restrito ou proibido – pena aplicada em dobro (art. 157, § 2º-B).

Se forem usadas duas ou mais armas e houver enquadramento em dois desses dispositivos, será aplicado apenas o aumento maior.

Caso o roubador utilize arma de fogo considerada de uso permitido em razão do seu calibre, mas que esteja com numeração raspada ou suprimida, entendemos que se aplica a majorante ora em estudo, pois o art. 16, parágrafo único, IV, do Estatuto do Desarmamento (Lei n. 10.826/2003), equipara armas de fogo nessas condições às armas de uso restrito.

2.2.1.2.2.11. Reconhecimento de duas ou mais majorantes

É bastante comum que o juiz reconheça duas ou até mais dessas causas de aumento, como, por exemplo, o concurso de agentes e a restrição de liberdade da vítima, mas, nesse caso, o magistrado só poderá aplicar um aumento. Em tais hipóteses, que se revestem de maior gravidade do que nos roubos, em que se reconhece uma única majorante, os juízes costumavam aplicar o aumento em índice acima do mínimo, já que a lei permite um acréscimo de um terço até metade da pena. No ano de 2010, entretanto, o Superior Tribunal de Justiça aprovou a Súmula 443 no sentido de que "o aumento na terceira fase de aplicação da pena no crime de roubo circunstanciado exige fundamentação concreta, não sendo suficiente para a sua exasperação a mera indicação do número de majorantes". Assim, não basta ao juiz dizer que fará o aumento acima do mínimo porque foram duas ou três as causas de aumento reconhecidas. Deverá apresentar fundamentação específica para tanto. Ressalte-se, porém, que, de acordo com a súmula, o juiz poderá aplicar o aumento acima do mínimo, ainda que reconheça apenas uma das causas de aumento previstas, desde que apresente justificativa convincente, como, por exemplo, que eram muitos os roubadores ou que a restrição de liberdade ocorreu em local ermo etc.

Caso o juiz reconheça uma majorante prevista no § 2º (aumento de 1/3 até 1/2) e, por exemplo, outra no § 2º-A (acréscimo de 2/3), parece-nos que, nos termos do art. 68, parágrafo único[149], do Código Penal, o juiz deverá, como regra, aplicar somente o aumento maior (2/3). É o que ocorre, por exemplo, quando o roubo é cometido mediante restrição da liberdade (art. 157, § 2º, V) e com emprego de arma de fogo de uso permitido (art. 157, § 2º-A, I). Em tal hipótese, o juiz deve aumentar a pena em 2/3 pelo emprego da arma de fogo e, em seguida, aumentar a pena-base em razão da restrição da liberdade – art. 59 do Código Penal. Este, aliás, o entendimento adotado pela 3ª Seção do Superior Tribunal de Justiça no julgamento do HC 463434/MT, Rel. Min. Reynaldo Soares da Fonseca, 3ª Seção, julgado em 25-11-2020, *DJe* 18-12-2020.

O art. 68, parágrafo único, do Código Penal diz que o juiz pode limitar-se a um só aumento quando reconhecer duas majorantes da Parte Especial, estabelecendo, assim, tratar-se de faculdade de o juiz escolher se aplicará apenas uma ou mais causas de aumento. Firmou-se, contudo, na doutrina e jurisprudência, entendimento de que a regra é a aplicação de um único aumento, devendo o juiz fundamentar expressamente

---

[149] Art. 68, parágrafo único – "No concurso de causas de aumento ou de diminuição previstas na parte especial, pode o juiz limitar-se a um só aumento ou a uma só diminuição, prevalecendo, todavia, a causa que mais aumente ou diminua".

na sentença as eventuais razões que o levaram a aplicar ambos os índices. Em outras palavras, é até possível que o juiz aplique ambas as causas de aumento da Parte Especial, desde que tal providência seja justificada pela gravidade diferenciada das majorantes reconhecidas no caso concreto. Ex.: um roubo cometido por 30 pessoas com emprego de arma de fogo, em que o juiz aplique o aumento de 2/3 pelo uso da arma de fogo e depois aumente de mais um terço até a metade pelo concurso diferenciado de pessoas (número extremamente elevado de roubadores).

2.2.1.2.2.12. Âmbito de incidência das majorantes

Não há dúvida de que as causas de aumento de pena estudadas aplicam-se tanto ao roubo próprio quanto ao roubo impróprio. Suponha-se que duas pessoas estejam em uma casa cometendo um furto e, logo após a subtração, diante da chegada de alguém ao local, ameacem a vítima. Nesta hipótese, o furto qualificado pelo concurso de agentes que estava em andamento dá lugar ao roubo impróprio majorado pelo concurso de pessoas.

Por sua vez, quando se tratar de roubo qualificado pela lesão grave ou morte (art. 157, § 3º), ficará afastada a possibilidade de aplicação das causas de aumento do § 2º. Justifica-se esse entendimento pelo fato de as penas em abstrato das formas qualificadas já serem muito maiores. Além disso, o legislador, ao elencar as causas de aumento no § 2º do art. 157 do Código Penal, estaria indicando sua intenção de restringi-las às figuras simples do roubo que as antecedem no texto legal (roubo próprio e impróprio – *caput* e § 1º). Tal interpretação é correta na medida em que faz sentido considerar mais grave um roubo quando alguém domina a vítima mostrando-lhe um revólver, já que isso facilita-lhe a execução do delito. No entanto, quando o roubador provoca a morte da vítima, é irrelevante diferenciar se o fez com um revólver, com emprego de fogo ou asfixia etc. O que importa é que a vítima morreu e, em todos os casos, o crime é o de latrocínio. Não faria sentido aumentar a pena do latrocínio se a morte decorresse do emprego de arma de fogo e não em outras hipóteses nas quais o meio empregado provoca mais sofrimento (asfixia, tortura, fogo). No latrocínio, portanto, não é a posição dos parágrafos isoladamente que impede a aplicação das majorantes e sim a inexistência de maior lesividade da conduta quando a morte decorre de arma de fogo do que de outro meio executório.

Nesse sentido: "Delito de latrocínio (art. 157, § 3º, do CP). Causas de aumento por concurso de pessoas e emprego de arma de fogo (art. 157, § 2º, I e II). Aplicação. Inadmissibilidade. *Bis in idem*. Maior gravidade já considerada na cominação da pena base. HC não conhecido. Ordem concedida de ofício. Precedentes. Não se aplicam as majorantes previstas no § 2º do art. 157 do Código Penal à pena base pelo delito tipificado no § 3º" (STF, HC 94994/SP, Rel. Min. Cezar Peluso, julgado em 16-9-2008 – 2ª Turma); "Na espécie, não prospera o incremento sancionatório, eis que incabível a utilização das causas de aumento de pena constantes do § 2º do art. 157 do Código Penal para majorar a reprimenda aplicada pela prática do crime de roubo qualificado pelo resultado lesão corporal grave, porquanto as referidas majorantes somente podem incidir sobre os delitos de roubo próprio e impróprio" (STJ, HC 330831, Rel. Min. Maria Thereza de Assis Moura, 6ª Turma, julgado em 3-9-2015, *DJe* 22-9-2015); "As causas especiais de aumento de pena previstas no § 2º do art. 157 do Código Penal não são aplicáveis ao crime de latrocínio" (STJ, HC 28625/SP, Rel. Min. Paulo Gallotti, 6ª Turma, julgado em 9-8-2005, *DJ* 19-12-2005); "Conforme abalizada doutrina e jurisprudência, por constituir o crime de roubo qualificado um modelo típico próprio – crime complexo formado pela integração dos delitos de roubo e lesão corporal grave –, não se lhe aplicam as causas especiais de aumento de pena previstas para o crime de roubo, inscritas no § 2º do art. 157, do Código Penal" (STJ, HC 69.446/MS, Rel. Min. Laurita Vaz, 5ª Turma, julgado em 11-12-2007, *DJ* 7-2-2008, p. 1).

2.2.1.3. Roubo qualificado pelo resultado

> *Art. 157, § 3º – Se da violência resulta:*
> *I – lesão corporal grave, a pena é de reclusão de sete a dezoito anos, e multa;*
> *II – morte, a pena é de reclusão de vinte a trinta anos, e multa.*

2.2.1.3.1. Lesão grave (art. 157, § 3º, I)

As lesões graves que qualificam o roubo são aquelas descritas no art. 129, §§ 1º e 2º, do Código Penal. Esta qualificadora pressupõe que o agente, ao provocar a lesão grave durante o roubo, não tenha agido com intenção de matar a vítima, pois, nesse caso, o crime seria o de tentativa de latrocínio, que é mais grave.

O roubo qualificado pela lesão grave não constava do rol dos crimes hediondos do art. 1º da Lei n. 8.072/90, mas foi inserido pela Lei n. 13.964/2019.

A provocação de lesão leve em decorrência da violência empregada durante o roubo fica por este absorvida, mas deve ser levada em conta pelo juiz na fixação da pena-base na condição de circunstância judicial (art. 59 do CP).

A pena máxima para essa modalidade qualificada pelo resultado era de 15 anos, mas foi aumentada em razão da aprovação da Lei n. 13.654/2018.

2.2.1.3.2. Morte (art. 157, § 3º, II)

É a figura conhecida como *latrocínio*, que se dá quando a *violência* empregada pelo agente *durante* e *em razão* do roubo provoca a morte da vítima.

As figuras qualificadas pelo resultado – lesão grave ou morte – podem ter origem tanto no roubo próprio quanto no impróprio.

O texto legal restringe a configuração do latrocínio (e também do roubo qualificado pela lesão grave) aos casos em que o resultado é decorrente da *violência* empregada pelo agente durante e em razão do roubo (pauladas, tiros, facadas etc.). Se a morte for decorrente exclusivamente do emprego da *grave ameaça* não se configura o latrocínio, pois, embora haja nexo causal, não há enquadramento típico no art. 157, § 3º, que, repita-se, expressamente exige para a configuração do latrocínio que a morte seja consequência da violência empregada. Por isso, se a vítima tiver um infarto e morrer em razão da grave ameaça utilizada pelo agente, este incorrerá em crimes de roubo e homicídio culposo, em concurso formal.

Por sua vez, como o texto legal não faz restrição, configura-se o latrocínio sempre que a morte decorrer da *violência* empregada, quer tenha havido dolo, quer tenha havido culpa em relação ao resultado agravador. Por isso é que se diz que o latrocínio pode ser *preterdoloso* (quando a morte for consequência *culposa* da violência empregada) ou *não* (quando a morte for consequência *dolosa*). Mesmo no último caso, em que a morte contida no latrocínio é dolosa, o julgamento é feito pelo juízo singular, e não pelo tribunal do júri, com o argumento de que o latrocínio é crime contra o patrimônio, e não crime contra a vida. Neste sentido, existe, inclusive, a súmula 603 do Supremo Tribunal Federal: "a competência para o processo e julgamento de latrocínio é do juiz singular e não do Tribunal do Júri".

Resumidamente, podemos concluir que são possíveis as seguintes situações durante um roubo:

a) O agente emprega violência contra a vítima querendo matá-la e efetivamente provoca a morte. Responde por latrocínio consumado. O fato de a morte ter sido dolosa deve fazer o juiz aplicar a pena acima do mínimo legal. Trata-se de hipótese em que o latrocínio não é preterdoloso.

b) O sujeito emprega violência sem a intenção de matar a vítima, porém, culposamente, dá causa ao resultado. Responde também por latrocínio consumado. Em tal caso, o crime é considerado preterdoloso. Exemplo: durante o crime, o agente amordaça a vítima para que ela não grite por socorro e, sem se dar conta, provoca a morte dela por asfixia.

c) O agente emprega violência querendo causar lesão grave na vítima e efetivamente o faz. Responde por roubo qualificado pela lesão grave. Exemplo: disparo de arma de fogo na perna da vítima, que lhe provoca incapacidade para as ocupações habituais por mais de trinta dias.

d) O roubador emprega violência contra a vítima sem a intenção específica de lhe causar lesão grave, mas, culposamente, a provoca. Também responde por roubo qualificado pela lesão grave (hipótese preterdolosa).

e) O sujeito usa de violência querendo matar a vítima, mas não consegue atingir seu intento. Comete tentativa de latrocínio, ainda que a vítima sofra lesão de natureza grave.

Quando duas ou mais pessoas são mortas durante um roubo, mas apenas um patrimônio é lesado, a doutrina e a jurisprudência dominantes entendem que há crime único. O argumento é o de que, por ser o latrocínio um crime complexo, que surge da soma da morte com a subtração, só se configuram dois latrocínios quando ocorrem duas mortes e duas lesões patrimoniais. Em razão disso, se os agentes roubam o dinheiro de uma agência bancária, mas matam dois seguranças, configura-se crime único e a pluralidade de pessoas mortas deve ser levada em conta pelo juiz no momento da fixação da pena-base, com fundamento no art. 59 do Código Penal. Destoando de tal entendimento, o Superior Tribunal de Justiça passou a entender que, em tais casos, a hipótese é de concurso formal impróprio, em que as penas devem ser somadas: "A jurisprudência desta Corte firmou-se no sentido de que, configurado o latrocínio, previsto no art. 157, § 3º, parte final, do Código Penal, no qual há uma única subtração patrimonial, com desígnios autônomos e com dois resultados morte, fica caracterizado o concurso formal impróprio, disposto no art. 70, *caput*, parte final, do Código Penal. – Aplica-se ao concurso formal impróprio a regra do concurso material, de forma que as penas devem ser aplicadas cumulativamente, como procedeu a Corte de origem, sem alteração na dosimetria da pena" (STJ, HC 291.724/RJ, Rel. Min. Reynaldo Soares da Fonseca, 5ª Turma, julgado em 20-8-2015, *DJe* 28-8-2015); Segundo a jurisprudência desta Corte, "tipifica-se a conduta do agente que, mediante uma só ação, dolosamente e com desígnios autônomos, pratica dois ou mais crimes, obtendo dois ou mais resultados, no art. 70, 2ª parte, do Código Penal – concurso formal impróprio, aplicando-se as penas cumulativamente. Na compreensão do Superior Tribunal de Justiça, no caso de latrocínio (artigo 157, parágrafo 3º, parte final, do Código Penal), uma única subtração patrimonial, com quatro resultados morte, caracteriza concurso formal impróprio" (STJ, HC 165.582/SP, Rel. Min. Maria Thereza de Assis Moura, 6ª Turma, *DJe* 6-6-2013).

Tendo em vista referido posicionamento das duas Turmas Criminais do Superior Tribunal de Justiça, inúmeros recursos chegaram à Corte Suprema e esta reiterou seu entendimento de que se trata de crime único, conforme julgados abaixo colacionados:

"Há plausibilidade jurídica na pretensão defensiva, uma vez que o Superior Tribunal de Justiça acabou por decidir contrariamente ao entendimento da Corte ao assentar que 'nos delitos de latrocínio (...), havendo uma subtração, porém mais de uma morte, resta configurada hipótese de concurso formal impróprio de crimes e não crime único' (grifei). Cito precedentes do Supremo Tribunal Federal sobre o tema: 'CRIME – LATROCÍNIO – DESCLASSIFICAÇÃO AFASTADA. Aquele que se associa a comparsas para a prática de roubo, sobrevindo a morte da vítima, responde pelo crime de latrocínio, ainda que não tenha sido o autor do disparo fatal ou a participação se revele de menor importância. LATROCÍNIO – PLURALIDADE DE VÍTIMAS – CONCURSO FORMAL IMPRÓPRIO NÃO CONFIGURADO. A pluralidade de vítimas em crime de latrocínio não enseja a conclusão de ocorrência de concurso formal impróprio.' (STF, RHC 133.575, Rel. Min. Marco Aurélio 1ª Turma, julgado em 21-2-2017, processo eletrônico *DJe*-101, divulg. 15-5-2017, public. 16-5-2017); '*Habeas corpus*. 2. O acórdão impugnado condenou o paciente pela prática de dois latrocínios em concurso formal. 3. É incontroverso nos autos que houve prática delitiva caracterizada pela subtração de um único bem – um caminhão – com duas mortes. (...) Quantidade de mortes repercute na fixação da pena-base (art. 59 do CP). 5. Precedente: STF, HC n. 71267-3/ES. 6. Sentença deve ser restabelecida. 7. Ordem de *habeas corpus* concedida para afastar o concurso formal impróprio de latrocínios e determinar o restabelecimento da sentença'" (STF, HC 107.201, Rel. Min. Gilmar Mendes, 2ª Turma, julgado em 2-9-2014, processo eletrônico *DJe*-218, divulg. 5-11-2014, public. 6-11-2014); "Segundo entendimento acolhido por esta Corte, a pluralidade de vítimas atingidas pela violência no crime de roubo com resultado morte ou lesão grave, embora único o patrimônio lesado, não altera a unidade do crime, devendo essa circunstância ser sopesada na individualização da pena, que, no caso, é de 20 (vinte) a 30 (trinta) anos. Precedentes. 2. Desde que a conduta do agente esteja conscientemente dirigida a atingir mais de um patrimônio, considerado de forma objetiva, como requer o fim de proteção de bens jurídicos do Direito Penal, haverá concurso de crimes" (STF, HC 96.736/DF, 2ª Turma, Rel. Min. Teori Zavascki, *DJe* 2-10-2013). No mesmo sentido: HC 140.368, Rel. Min. Dias Toffoli, julgado em 4-6-2018, publicado em processo eletrônico *DJe*-113, divulg. 7-6-2018, public. 8-6-2018, e RHC 151.142, Rel. Min. Alexandre de Moraes, julgado em 20-8-2018, publicado em processo eletrônico *DJe*-173, divulg. 22-8-2018, public. 23-8-2018).

O crime de latrocínio enquadra-se no conceito de crime complexo porque atinge mais de um bem jurídico: a *vida* e o *patrimônio*. Como consequência, várias hipóteses mostram-se possíveis quando o agente atua com intenção de matar durante o roubo:

a) Se a subtração e a morte se consumam, o latrocínio está *consumado*.

b) Se a subtração fica na esfera da tentativa, mas o agente efetivamente mata a vítima, o latrocínio também se considera *consumado*. É o que diz a Súmula 610 do STF: "há crime de latrocínio quando o homicídio se consuma ainda que não realize o agente a subtração de bens da vítima". É o que ocorre, por exemplo, quando o roubador aponta uma arma para a vítima e manda ela descer do carro, porém esta, inadvertidamente, acelera o veículo e acaba alvejada, mas consegue fugir do local, vindo a falecer posteriormente.

c) Se a subtração e a morte forem tentadas, haverá *tentativa* de latrocínio.

d) Se a subtração for consumada e a morte tentada, o crime também será o de *tentativa* de latrocínio, conforme reiterada jurisprudência e entendimento doutrinário dominante (Magalhães Noronha[150] e Heleno Cláudio Fragoso[151], dentre outros), mesmo porque é a interpretação que decorre da própria Súmula 610 do Supremo Tribunal Federal. Existe, porém, entendimento amplamente minoritário de que se trata de homicídio doloso em concurso material com roubo (STF, HC 91.585/RJ, Rel. Min. Cezar Peluso, 2ª Turma, *DJ* 18-12-2008, p. 817), interpretação também esposada por Nélson Hungria[152].

De acordo com o art. 1º, II, *c*, da Lei n. 8.072/90 (com a redação dada pela Lei n. 13.964/2019), o latrocínio, consumado ou tentado, é crime *hediondo*.

A figura do roubo qualificado pela lesão grave passou também a ter natureza hedionda com a entrada em vigor da Lei n. 13.964/2019, que modificou a Lei n. 8.072/90.

Saliente-se que, nos termos do art. 112 da Lei de Execuções Penais (Lei n. 7.210/84), as regras para a progressão de regime e a obtenção de livramento condicional são mais severas para os delitos hediondos com resultado morte, do que em relação aos outros crimes hediondos.

De acordo com referido dispositivo da Lei de Execuções Penais, nos crimes hediondos a progressão de pena para regime mais brando do que o inicialmente fixado na sentença exige o cumprimento de 40% da pena, e o livramento pode ser obtido após o cumprimento de 2/3 da pena, salvo se o réu for reincidente em crime dessa natureza. Tais regras valem para o roubo qualificado pela lesão grave e a tentativa de latrocínio. Em se tratando de latrocínio consumado (crime hediondo com resultado morte), é sempre vedado o livramento condicional, e a progressão se dá com o cumprimento de 50% da pena.

Por ser crime hediondo, o autor do latrocínio e de roubo qualificado pela lesão grave não pode obter anistia, graça ou indulto.

O regime inicial de cumprimento de pena para o crime de latrocínio consumado deve ser o fechado, na medida em que a pena mínima é de 20 anos.

O art. 9º da Lei n. 8.072/90 estabelece um aumento de metade da pena se a vítima fatal estiver em quaisquer das condições do art. 224 do Código Penal (não for maior de 14 anos, for alienada ou débil mental e o agente souber disso, ou, por qualquer causa, não puder oferecer resistência). Como, todavia, o art. 224 foi expressamente

---

[150] E. Magalhães Noronha. *Direito penal*, v. 2, p. 253.
[151] Heleno Cláudio Fragoso. *Lições de direito penal*, Parte especial, v. I, p. 300.
[152] Nélson Hungria. *Comentários ao Código Penal*, v. VII, p. 63.

revogado pela Lei n. 12.015/2009, entende-se que esse aumento tornou-se inviável por ter desaparecido o dispositivo que lhe dava complemento.

O latrocínio constitui crime especial que surge da união do roubo com o homicídio. Sua configuração, igualmente, pressupõe requisitos específicos: a) que a morte seja decorrente da *violência* empregada pelo agente; b) que a violência causadora da morte tenha sido empregada *durante* o contexto fático de um roubo; c) que haja nexo causal entre a violência provocadora da morte e o roubo em andamento (violência empregada *em razão* do roubo). Caso ausente algum desses requisitos, o agente deverá ser punido por homicídio em concurso com roubo.

Para a tipificação do latrocínio é necessário que a violência tenha sido empregada de forma *intencional*. A morte, conforme já mencionado, pode ser consequência dolosa ou culposa de tal agressão intencional. Se um roubador de automóvel mantém a vítima ao seu lado e, ao dirigir o veículo, acaba realizando uma imprudência – avança um sinal vermelho, por exemplo –, provocando um acidente no qual morre a vítima do roubo, responde por crimes de roubo em concurso *material* com homicídio culposo na direção de veículo automotor (art. 302 do Código de Trânsito). Não há latrocínio porque a morte não foi consequência de violência intencional utilizada pelo roubador. O concurso não é formal porque a morte não foi decorrente da grave ameaça, e sim de uma outra ação do roubador, qual seja, a de cruzar o sinal desfavorável, que se soma à conduta anterior do roubo (concurso material).

Se uma pessoa, que está sendo roubada dentro de sua casa, sai correndo e pula o muro da casa vizinha e acaba sendo morto por cães de guarda do vizinho, não há latrocínio, tampouco homicídio culposo, por parte do roubador. Responde ele por roubo, consumado ou tentado, dependendo do caso.

Só existe latrocínio, ademais, quando a violência causadora da morte é empregada durante o roubo. O contexto fático do roubo instala-se com o seu início de execução e prolonga-se até a fuga imediatamente posterior ao ato de subtração. Assim, há latrocínio, por exemplo, quando o agente mata a vítima logo no início da abordagem, ou quando o faz durante o tempo em que permanece com ela enquanto se desenrola o assalto, ou ainda quando está saindo do interior do banco roubado e mata o segurança que tentava detê-lo.

Para a configuração do delito em estudo, não é necessário que a vítima morra durante o roubo, basta que a violência seja empregada em seu contexto fático, ainda que o resultado ocorra posteriormente, desde que em razão daquela violência.

Por fim, é preciso que haja nexo causal entre a violência e o roubo em andamento. O latrocínio exige que a violência causadora da morte tenha sido empregada em razão do roubo que estava sendo cometido. Considerando que o latrocínio pode ter por base um roubo próprio ou um roubo impróprio, conclui-se que esse nexo causal está presente tanto na hipótese em que a violência causadora da morte é empregada como *meio* para a subtração como também nas hipóteses em que é empregada a fim de garantir a impunidade do agente ou a detenção do bem relacionados ao crime em andamento. Nesse sentido: "delito de latrocínio [...] para a sua configuração é fundamental que a violência tenha sido exercida para o fim da subtração ou para garantir, depois dessa, a impunidade do crime ou a detenção da coisa subtraída [...]. O objeto jurídico tutelado, nesses casos, é o patrimônio e a integridade física, não havendo que se falar, portanto, em competência do Júri Popular" (STJ, HC 21.961/MG, Rel. Min. José Arnaldo da Fonseca, 5ª Turma, *JSTJ* 176/83). É mister, portanto, que se estabeleça a distinção: se o agente mata a fim de garantir a sua impunidade durante o roubo, o crime é o de latrocínio. Se, entretanto, o roubo foi praticado em data anterior, a morte visando assegurar a impunidade do delito pretérito configura delito de homicídio qualificado em concurso material com o roubo.

Quando não há qualquer relação entre a morte da vítima e a subtração de seus pertences, não há que se cogitar de latrocínio, devendo o agente responder por homicídio doloso. Suponha-se que alguém tenha sido contratado para matar outra pessoa e, após a consumação do homicídio, resolva inspecionar os bolsos da vítima e levar alguns pertences. Responderá por homicídio qualificado pela paga em concurso com furto – no qual as vítimas são os sucessores da pessoa falecida. Da mesma forma, quando o filho mata o pai dentro de casa em razão de algum desentendimento familiar, mas, posteriormente, resolve simular que ladrões entraram na residência e, para dar credibilidade à sua versão, desaparece com alguns bens do local, responde por homicídio, e não por latrocínio.

Quem incentiva a vítima a cometer suicídio para, em seguida, subtrair pertences incorre em crime de participação em suicídio (art. 122 do CP), em concurso material com furto.

Presentes os requisitos acima enumerados, haverá latrocínio qualquer que seja a vítima fatal: o dono do bem subtraído, alguém que o acompanhava no momento do delito, um funcionário ou segurança do estabelecimento roubado, um guarda-noturno, um policial etc. Se, todavia, um dos assaltantes, durante o roubo, mata o comparsa em razão de alguma desavença ligada ao crime (futura divisão dos bens, por exemplo), não se tipifica o latrocínio porque, em tal hipótese, a pessoa morta é coautora do roubo (não podendo figurar, concomitantemente, como vítima de tal delito). Assim, o outro assaltante incorreu em crimes de roubo contra as vítimas iniciais em concurso material com homicídio praticado contra o comparsa.

Se, todavia, um dos assaltantes efetuar disparo mirando em uma das vítimas do delito e, por erro de pontaria, matar o comparsa, incorrerá em crime de latrocínio, porque, na hipótese, houve *aberratio ictus*, e o agente responde como se tivesse matado quem pretendia, nos termos do art. 73 do Código Penal.

Quando o roubo é praticado por várias pessoas e apenas uma delas efetua disparos contra a vítima, todas, em princípio, devem responder por latrocínio. Caso, todavia, fique provado que um deles quis participar de crime menos grave (apenas do roubo), pois expressamente disse aos comparsas antes do crime que não queria que ninguém atirasse, responderá apenas pelo roubo, nos termos do art. 29, § 2º, do Código Penal, podendo sua pena ser aumentada em até metade por ser previsível o resultado.

2.2.2. Extorsão

O crime de extorsão também constitui forma de lesar o patrimônio alheio mediante o emprego de violência contra pessoa ou grave ameaça, porém, possui um traço distintivo marcante em relação ao roubo, consistente em forçar a vítima a fazer ou não fazer algo. No delito de extorsão, a colaboração da vítima é imprescindível para o agente obter a vantagem econômica visada.

O crime em análise possui as seguintes modalidades:

a) extorsão *simples* (art. 158, *caput*);

b) extorsão *majorada* (art. 158, § 1º);

c) extorsão *qualificada pelo resultado* (art. 158, § 2º);

d) extorsão *qualificada pela restrição da liberdade* (art. 158, § 3º).

2.2.2.1. Extorsão simples

> Art. 158. Constranger alguém, mediante violência ou grave ameaça, e com o intuito de obter, para si ou para outrem indevida vantagem econômica, a fazer, tolerar que se faça ou deixar de fazer alguma coisa:
>
> Pena – reclusão, de quatro a dez anos, e multa.

2.2.2.1.1. Objetividade jurídica

Tal como no crime de roubo, tutela-se na extorsão o patrimônio, bem como a incolumidade física (quando empregada violência contra a pessoa) e a liberdade individual (quando empregada grave ameaça).

2.2.2.1.2. Tipo objetivo

Na extorsão, o agente emprega a violência contra pessoa ou a grave ameaça e faz uma exigência para a vítima, que é obrigada a *fazer* algo (a fazer uma transferência bancária, a preencher e assinar um cheque, a fazer compras para o agente, a pagar suas contas, a destruir um título que representa uma dívida, a fornecer a senha de seu cartão bancário etc.), a *tolerar* que se faça algo (permitir que o agente rasgue um título de crédito, fazer uso de um imóvel sem pagar por isso etc.) ou a *deixar de fazer* alguma coisa (não entrar em uma concorrência, não ingressar com uma ação de execução ou de cobrança) etc.

As formas de execução da extorsão são a violência contra a pessoa e a grave ameaça, e, nisso, o crime é semelhante ao roubo. A pena, aliás, é a mesma. Configura o crime de extorsão exigir dinheiro para não divulgar fotografias ou filmagens que podem comprometer a imagem ou a honra de alguém. Exemplo: rapaz que filma sorrateiramente relações sexuais que mantém com uma moça e depois começa a exigir dinheiro para não colocar as imagens na internet.

O elemento subjetivo do tipo é a intenção de obter *indevida* vantagem econômica. Quando a vantagem econômica visada é *devida*, configura-se apenas o delito de exercício arbitrário das próprias razões (art. 345), que tem a pena muito mais branda. Quando o devedor ameaça de morte o credor para que não ingresse com uma ação judicial de cobrança, a vantagem visada é indevida, restando tipificado o delito de extorsão. Ao contrário, quando é o credor quem ameaça o devedor para que pague a dívida já vencida, configura-se o crime de exercício arbitrário das próprias razões, porque a vantagem visada é devida.

O elemento normativo do crime de extorsão reside na necessidade de ser *indevida* a vantagem visada.

No crime de constrangimento ilegal (art. 146), o agente também emprega violência ou grave ameaça para forçar a vítima a fazer ou não fazer algo, porém, por exclusão, sua intenção não é de obter alguma vantagem econômica, mas outra qualquer. Trata-se de crime subsidiário, em que a lei não especifica a finalidade do agente.

2.2.2.1.3. Sujeito ativo

Pode ser qualquer pessoa. Trata-se de crime comum.

2.2.2.1.4. Sujeito passivo

São assim considerados todos os que sofrerem a violência ou a grave ameaça, bem como aqueles que eventualmente sofrerem a lesão patrimonial.

2.2.2.1.5. Consumação

O *iter criminis* da extorsão passa, em tese, por três fases: a) o momento em que o agente emprega a violência ou grave ameaça e faz a exigência à vítima; b) o momento em que a vítima, coagida, faz ou deixa de fazer o que o agente determinou; c) a obtenção da vantagem econômica indevida pelo agente. De acordo com a própria redação do art. 158, este último momento é nitidamente dispensável para a consumação do crime, que, por esta razão, é classificado como *formal* pela doutrina e jurisprudência. Nesse sentido, existe, inclusive, a Súmula 96 do Superior Tribunal de Justiça consagrando que: "o crime de extorsão consuma-se independentemente da obtenção da vantagem indevida".

Segundo entendimento doutrinário e jurisprudencial, a extorsão se consuma no momento em que a vítima faz ou deixa de fazer o que o agente determinou que ela fizesse ou não fizesse. Não é por outra razão que se diz que na extorsão a colaboração da vítima é imprescindível. Nesse sentido: "Recurso especial. Extorsão. Crime consumado. Ação positiva da vítima que, apesar da comunicação do crime à polícia, cedeu à exigência dos agentes. Recurso provido. 1. O crime de extorsão é formal e se consuma no momento em que a vítima, submetida a violência ou grave ameaça, realiza o comportamento desejado pelo criminoso. É irrelevante que o agente consiga ou não obter a vantagem indevida, pois esta constitui mero exaurimento do crime. Súmula n. 96 do STJ. 2. Caso o ameaçado vença o temor inspirado e deixe de atender à imposição quanto à pretendida ação, é inquestionável a existência da tentativa de extorsão" (STJ, REsp 1.467.129/SC, Rel. Min. Rogerio Schietti Cruz, 6ª Turma, julgado em 2-5-2017, *DJe* 11-5-2017); "1. O crime de extorsão é crime formal e se consuma no momento em que a vítima, submetida a violência ou a grave ameaça, realiza o comportamento desejado pelo criminoso. 2. Deve ser reconhecida a consumação do crime de extorsão, nos termos da sentença condenatória e do acórdão que a confirmou, haja vista que a vítima forneceu ao recorrido seu cartão bancário e a respectiva senha, fazendo o que lhe foi exigido. A conduta foi, ainda, exaurida, porquanto o corréu sacou numerário da conta corrente" (STJ, REsp 1.288.494/SP, Rel. Min. Rogerio Schietti Cruz, 6ª Turma, julgado em 8-11-2016, *DJe* 21-11-2016).

Algumas vezes, a obtenção da vantagem pelo agente é concomitante à ação ou omissão da vítima e, em tais casos, a distinção acima acaba sendo irrelevante. Outras vezes, entretanto, os momentos são distintos. Assim, se a vítima é coagida a assinar um cheque em favor do agente, o delito se consuma nesse instante, ainda que, posteriormente, ele não consiga descontar o valor da cártula.

Quando o agente emprega a grave ameaça e faz a exigência, mas a vítima resolve ignorar ou procurar a polícia, o delito de extorsão considera-se meramente tentado.

2.2.2.1.6. Tentativa

É possível (ver tópico anterior).

2.2.2.1.7. Distinções

a) *extorsão* e *estelionato*. No estelionato, a vítima entrega seus pertences por ter sido ludibriada pelo emprego de uma fraude, enquanto, na extorsão, ela o faz por se sentir coagida em face da violência ou grave ameaça contra ela perpetradas. No estelionato, a vítima não se sente atemorizada.

É preciso lembrar que, em muitos casos, o agente, visando a uma mesma vantagem econômica, emprega, concomitantemente, fraude e grave ameaça. Como a vantagem visada é única, o agente só pode responder por uma infração penal. Nestes casos, como a extorsão é mais grave e a vítima sentiu-se atemorizada, o agente responde por extorsão. É o que acontece, por exemplo, quando o sujeito finge ser policial e ameaça prender a vítima, caso ela não lhe entregue dinheiro. A ameaça de prisão constitui promessa de mal injusto grave, e o fato de se fingir policial é uma fraude. Ele, entretanto, responde apenas por extorsão.

Tem se tornado comum a prática de extorsão por meio de telefonema em que o agente simula ter sequestrado algum parente da vítima, que por alguma razão se encontra incomunicável naquele momento, e exige que ela lhe faça um depósito bancário em dinheiro ou adquira para ele créditos de telefonia celular etc. Nesses casos, o crime também é o de extorsão: "Conforme jurisprudência do Superior Tribunal de Justiça – STJ, a conduta de simulação de sequestro com o objetivo de ameaçar a vítima amolda-se ao delito de extorsão tipificado no art. 158 do Código Penal – CP. Isso porque, no crime de extorsão, a vítima entrega seus bens com medo de o agente cumprir suas ameaças, ao passo que, no estelionato, a vítima sofre o prejuízo por ser induzida a erro, mediante meio ardiloso e sem ameaças. Precedentes: CC 129.275/RJ, Rel. Ministra Laurita Vaz, 3ª Seção, *DJe* 3-2-2014 e CC 115.006/RJ, Rel. Ministra Maria Thereza de Assis Moura, 3ª Seção, *DJe* 21-3-2011. 5. No caso concreto, constata-se que o agente praticou ameaças, as quais aterrorizaram a vítima que temeu pela morte de sua filha" (STJ, CC 163.854/RJ, Rel. Min. Joel Ilan Paciornik, 3ª Seção, julgado em 28-8-2019, *DJe* 9-9-2019); "O caso em apreço melhor se subsume, em princípio, ao crime de extorsão, pois o interlocutor teria, por meio de ligação telefônica, simulado o sequestro da irmã da vítima, exigindo o depósito de determinada quantia em dinheiro sob o pretexto de matá-la, tudo a revelar que o sujeito passivo do delito em momento algum agiu iludido, mas sim em razão da grave ameaça suportada" (STJ, CC 129.275/RJ, Rel. Min. Laurita Vaz, 3ª Seção, julgado em 11-12-2013, *DJe* 3-2-2014). Lembre-se que para a existência de grave ameaça não é necessário que o agente queira ou possa cumprir o mal que prometeu, bastando que a conduta tenha poder intimidativo. Não é por outra razão, *mutatis mutandis*, que a ameaça de morte mediante simulação de arma configura extorsão, e não estelionato. Nessa mesma linha de raciocínio, se o filho simula o próprio sequestro com a ajuda de amigos, o crime é o de extorsão, porque o pai se sente coagido, atemorizado. Em tal caso, não se pode aplicar ao filho a escusa absolutória do art. 181, II, do Código Penal, já que tal imunidade alcança somente os crimes contra o patrimônio cometidos sem violência ou grave ameaça, nos termos do art. 183, I, do Código Penal.

b) *extorsão* e *roubo*. Segundo Nélson Hungria[153], "a infalível distinção entre extorsão e roubo é que neste, o agente toma por si mesmo, enquanto naquela, faz com que se lhe entregue, ou ponha à sua disposição, ou se renuncie a seu favor". Essa interpretação, entretanto, teria como consequência considerar o fato como extorsão se o agente apontasse uma arma para a vítima e exigisse a imediata entrega do relógio, enquanto, se ele próprio tirasse o relógio do pulso da vítima, o crime seria o de roubo. A doutrina e a jurisprudência, todavia, não aceitam essa forma de distinção, sob o argumento de que, se a vítima está dominada e o próprio agente pode concretizar a subtração, mas por mera comodidade determina a entrega, o crime deve ser sempre o de roubo.

A diferenciação entre roubo e extorsão atualmente acolhida é no sentido de que o crime é o de roubo quando o agente subtrai o bem ou pode, de imediato, subtraí-lo, tal como ocorre quando aponta uma arma para a vítima e a manda entregar o relógio. No último caso, conclui-se que a colaboração da vítima em entregar o bem não era imprescindível, pois, se não o fizesse, o agente imediatamente o tomaria. Só haverá extorsão, portanto, quando a vítima entregar o bem e ficar demonstrado que sua colaboração era imprescindível para o agente obter a vantagem visada, pois, se ela se recusasse, ele não teria condições de, naquele momento, efetuar a subtração. É o que ocorre sempre que a exigência é feita a distância (por carta ou telefonema, por exemplo) ou quando réu e vítima estão no mesmo ambiente, mas a vantagem econômica do agente depende de algum ato pessoal da vítima (assinar um cheque, fornecer a senha do cartão bancário para o saque de valores no caixa eletrônico etc.).

Em suma, no roubo a colaboração da vítima não é imprescindível e na extorsão, sim.

A jurisprudência dos tribunais superiores é firme no sentido de que roubo e extorsão não constituem crimes da mesma espécie e, por tal razão, não se mostra possível o reconhecimento da continuidade delitiva entre tais infrações penais quando o agente, além de subtrair pertences da vítima, exige que ela faça ou não faça algo. Nesse sentido: "É clássica a jurisprudência desta Corte no sentido de que os delitos de roubo e de extorsão praticados mediante condutas autônomas e subsequentes (a) não se qualificam como fato típico único; e (b) por se tratar de crimes de espécies distintas, é inviável o reconhecimento da continuidade delitiva (CP, art. 71). Precedentes" (STF, HC 113.900, Rel. Min. Teori Zavascki, 2ª Turma, julgado em 4-11-2014, processo eletrônico *DJe*-228 divulg. 19-11-2014, public. 20-11-2014); "Conforme a orientação jurisprudencial deste Superior Tribunal de Justiça é inviável o reconhecimento da continuidade delitiva entre os crimes de roubo e de extorsão, por se tratarem de delitos de espécies distintas, ainda que cometidos no mesmo contexto temporal. Precedentes" (STJ, HC 552.481/SP, Rel. Min. Joel Ilan Paciornik, 5ª Turma, julgado em 18-2-2020, *DJe* 2-3-2020); "Conforme

---

[153] Nélson Hungria. *Comentários ao Código Penal,* v. VII, p. 67.

entendimento pacífico desta Corte, não há continuidade delitiva entre os delitos de roubo e extorsão, porque de espécies diferentes" (STJ, HC 411.722/SP, Rel. Min. Maria Thereza de Assis Moura, 6ª Turma, julgado em 8-2-2018, *DJe* 26-2-2018).

c) *extorsão* e *concussão*. Na concussão, o sujeito ativo é sempre funcionário público, e a vítima cede às exigências deste por temer represálias decorrentes do exercício do cargo. A extorsão, que é crime mais gravemente apenado, pode ser cometida por qualquer pessoa, inclusive por funcionário público no exercício de suas funções, desde que haja emprego de *violência* ou *grave ameaça*, requisito inexistente na concussão. Quando o agente é funcionário público e faz uma ameaça simples (de lavrar uma multa, de demorar para expedir um documento, de não autorizar o funcionamento de um estabelecimento), o crime é o de concussão. Quanto, todavia, a ameaça feita pelo funcionário público é *grave*, configura-se a extorsão (ameaça de morte, de prisão indevida etc.).

A propósito: "O emprego de violência ou grave ameaça é circunstância elementar do crime de extorsão tipificado no art. 158 do Código Penal. Assim, se o funcionário público se utiliza desse meio para obter vantagem indevida, comete o crime de extorsão e não o de concussão" (STJ, AgRg no REsp 1763917/SP, Rel. Min. Ribeiro Dantas, 5ª Turma, julgado em 18-10-2018, *DJe* 24-10-2018).

2.2.2.1.8. Classificação doutrinária

Cuida-se de crime complexo e de dano quanto à objetividade jurídica. Em relação ao sujeito ativo, o delito em estudo é comum e de concurso eventual. No que tange aos meios de execução, a infração é de ação livre e comissiva. Quanto ao momento consumativo, o delito é formal e instantâneo.

2.2.2.1.9. Ação penal

É pública incondicionada.

2.2.2.2. Extorsão majorada

> Art. 158, § 1º – Se o crime é cometido por duas ou mais pessoas, ou com emprego de arma, aumenta-se a pena de um terço até a metade.

Na primeira hipótese, exige-se que o crime seja "cometido por duas ou mais pessoas", redação diferente daquela existente no roubo mediante concurso de agentes, de modo que se exige coautoria na extorsão, ou seja, se mostra necessária a presença de ao menos duas pessoas praticando atos executórios para que a pena seja agravada. No mesmo sentido, a opinião de Julio Fabbrini Mirabete[154] e Fernando Capez[155].

Arma é todo objeto que tem poder vulnerante, potencialidade lesiva, capacidade ofensiva, isto é, aptidão para matar ou ferir. Como o texto legal não faz qualquer restrição, a majorante abrange o emprego de armas *próprias* ou *impróprias*. As primeiras são os instrumentos feitos para ataque ou defesa – armas propriamente ditas –, como as armas de fogo (revólveres, pistolas, fuzis, garruchas, espingardas, metralhadoras

---

[154] Julio Fabbrini Mirabete. *Manual de direito penal*, v. 2, p. 250.
[155] Fernando Capez. *Curso de direito penal*, v. 2, p. 409.

etc.), os punhais, as espadas, o soco inglês etc. As impróprias são os instrumentos feitos com outra finalidade qualquer, mas que também têm potencialidade lesiva, como navalha, faca de cozinha, canivete, foice, machado, martelo, tesoura, estilete, barra de ferro etc.

Em relação ao emprego de arma de fogo, aplica-se tudo o que foi estudado em relação ao roubo (ver comentários ao art. 157, § 2º-A, I, e § 2º-B, do CP), lembrando-se, contudo, de que, no crime de extorsão, a Lei n. 13.654/2018 não modificou o índice de majoração, que continua sendo de um terço até a metade, ao passo que no crime de roubo a pena é aumentada atualmente de dois terços caso se trate de arma de fogo de uso permitido ou é aplicada em dobro quando a arma utilizada é de uso restrito ou proibido.

2.2.2.3. Extorsão qualificada pelo resultado

> Art. 158, § 2º – Aplica-se à extorsão praticada mediante violência o disposto no § 3º do artigo anterior.

Tal como ocorre no roubo, as qualificadoras só se aplicam quando a lesão grave ou morte decorrem da *violência* empregada durante e em razão da prática da extorsão. Nos expressos termos da lei, estas qualificadoras seguem as mesmas regras do roubo qualificado pela lesão grave ou morte.

A antiga redação do art. 1º, III, da Lei n. 8.072/90, previa que a extorsão qualificada pela morte, consumada ou tentada, configurava crime hediondo. A Lei n. 13.964/2019 alterou a redação desse dispositivo e não mais menciona como crime hediondo qualquer modalidade do art. 158, § 2º, do CP.

2.2.2.4. Extorsão qualificada pela restrição da liberdade (sequestro-relâmpago)

> Art. 158, § 3º – Se o crime é cometido mediante a restrição da liberdade, e essa condição é necessária para a obtenção da vantagem econômica, a pena é de reclusão, de seis a doze anos, penas previstas no art. 159, §§ 2º e 3º, respectivamente.

A aprovação da Lei n. 11.923, em 17 de abril de 2009, introduziu este dispositivo no Código Penal e pacificou a controvérsia antes existente em torno do correto enquadramento do crime conhecido popularmente como "sequestro-relâmpago". O entendimento que prevalecia antes da aprovação desta Lei era no sentido de que o delito era mesmo o de extorsão – porque a colaboração da vítima é imprescindível para o agente obter a vantagem visada – contudo, com a modificação legislativa, tal conduta passou a configurar figura qualificada do delito de extorsão, em razão de ser a vítima mantida em poder dos agentes por algum tempo. A pena do delito, em sua forma simples, é de 4 a 10 anos de reclusão e, nesta forma qualificada, é de 6 a 10 anos.

A Lei n. 13.964/2019 conferiu natureza hedionda a essa modalidade do crime de extorsão, bem como para suas figuras qualificadas pela provocação de lesão ou morte.

Parte da doutrina sustenta que "as causas de aumento" previstas no § 1º do art. 158, não se aplicam ao crime de sequestro-relâmpago introduzido pelo legislador em parágrafo posterior. O Superior Tribunal de Justiça, todavia, possui entendimento em sentido contrário: "Tendo em vista que o texto legal é unidade e que as normas se harmonizam, conclui-se, a partir de uma interpretação sistemática do art. 158 do Código Penal, que o seu § 1º não foi absorvido pelo § 3º, pois, como visto, o § 3º constitui-se qualificadora, estabelecendo outro mínimo e outro máximo da pena abstratamente cominada ao crime; já o § 1º prevê uma causa especial de aumento de pena. 4. Dessa forma, ainda que topologicamente a qualificadora esteja situada após a causa especial de aumento de pena, com esta não se funde, uma vez que tal fato configura mera ausência de técnica legislativa, que se explica pela inserção posterior da qualificadora do § 3º no tipo do art. 158 do Código Penal, que surgiu após uma necessidade de reprimir essa modalidade criminosa" (REsp 1.353.693/RS, Rel. Min. Reynaldo Soares da Fonseca, 5ª Turma, julgado em 13-9-2016, DJe 21-9-2016); "A teor dos precedentes deste Superior Tribunal, ante a interpretação sistemática do art. 158 do CP, é possível a incidência das causas especiais de aumento de pena do § 1º (concurso de agentes e emprego de arma) tanto na extorsão simples (caput) quanto na qualificada pela restrição da liberdade da vítima (§ 3º), inobstante a ordem dos parágrafos no tipo penal, pois a Lei n. 11.923/2009 não tipificou crime diferente nem absorveu circunstâncias mais graves da extorsão já enumeradas previamente. 2. Em situações outras, esta Corte já rechaçou a mera interpretação topográfica e reconheceu ser compatível a utilização de majorante ou privilégio previstos em parágrafo anterior à qualificadora, desde que relacionados a idêntico crime, como in casu. 3. Agravo regimental não provido" (STJ, AgInt no HC 439.716/SP, Rel. Min. Rogerio Schietti Cruz, 6ª Turma, julgado em 21-6-2018, DJe 1º-8-2018).

O crime em estudo tipifica-se, em regra, quando bandidos se apoderam do cartão bancário da vítima e, mediante grave ameaça, obrigam-na a fornecer sua senha, com a qual efetuam saques indevidos em caixas eletrônicos ou compras.

Tal delito diferencia-se da extorsão mediante sequestro, porque, nesta, o resgate é exigido de outras pessoas (familiares em geral), enquanto, no sequestro-relâmpago, não há essa exigência a terceiros, mas à própria pessoa sequestrada – para que forneça a senha do cartão.

Na prática, é possível perceber que, quase sempre, a vítima é abordada e os agentes, inicialmente, subtraem seus pertences (telefone celular, dinheiro, joias, relógio etc.) para, em seguida, exigir a senha e, com o cartão, efetuar saques ou compras. Há, portanto, duas condutas ilícitas. A primeira caracteriza roubo e a segunda, extorsão qualificada pela restrição da liberdade. Como este último crime é cometido após os bandidos terem se apoderado dos bens da vítima, ou seja, após a consumação do roubo, deve ser aplicada a regra do concurso material, com a consequente soma das penas. Nesse sentido, está pacificado o entendimento das Cortes Superiores: "É firme o entendimento desta Corte Superior de que ficam configurados os crimes de roubo e extorsão, em concurso material, se o agente, após subtrair bens da vítima, mediante emprego de violência ou grave ameaça, a constrange a entregar o cartão bancário e a respectiva senha, para sacar dinheiro de sua conta corrente' (AgRg no AREsp n. 1.557.476/SP, 6ª Turma, Rel. Min. Nefi Cordeiro, DJe de 21-2-2020)" (STJ, AgRg no REsp 1.931.204/SP, Rel. Min. Felix Fischer, 5ª Turma, julgado em 18-5-2021, DJe 26-5-2021); "Estão configurados os crimes de roubo e extorsão, em concurso material, se o agente, após subtrair bens da vítima, mediante emprego de violência ou grave ameaça, a obriga a realizar saques em caixa eletrônico.

4. Ordem denegada" (STJ, HC 476.558/SP, Rel. Min. Laurita Vaz, 6ª Turma, julgado em 11-12-2018, DJe 1º-2-2019); "É firme o entendimento desta Corte Superior de que ficam configurados os crimes de roubo e extorsão, em concurso material, se o agente, após subtrair bens da vítima, mediante emprego de violência ou grave ameaça, a constrange a entregar o cartão bancário e a respectiva senha, para sacar dinheiro de sua conta corrente" (STJ, AgRg no AREsp 1557476/SP, Rel. Min. Nefi Cordeiro, 6ª Turma, julgado em 18-2-2020, DJe 21-2-2020); "Em se tratando de ações diversas e com desígnios autônomos, não há falar na existência de crime único entre os delitos de roubo e extorsão, mantendo-se incólume o concurso material" (STJ, HC 411.722/SP, Rel. Min. Maria Thereza de Assis Moura, 6ª Turma, julgado em 8-2-2018, DJe 26-2-2018). Do Supremo Tribunal, veja-se: "Subtração violenta de bens. Posterior constrangimento da vítima a fornecer a senha de cartão bancário. Manutenção do ofendido, por várias horas, em poder dos agentes. Pluralidade de condutas e autonomia de desígnios. Inexistência de contexto fático único. Ordem denegada. 1. Tratando-se de duas condutas distintas, praticadas com desígnios autônomos, deve ser reconhecido o concurso material entre roubo qualificado (art. 157, § 2º, I, II e V, CP) e extorsão qualificada (art. 158, § 1º, CP). 2. Ordem de *habeas corpus* denegada". (STF, HC 121395, Rel. Min. Dias Toffoli, 1ª Turma, julgado em 21-10-2014, processo eletrônico DJe-229, divulg. 20-11-2014, public. 21-11-2014).

Trata-se de concurso material porque os agentes exigem a senha e efetivam os saques após a consumação do roubo, ou seja, depois de se apossarem dos bens da vítima. Assim, há nitidamente duas condutas criminosas, o que afasta o crime único e o concurso formal. Em sendo roubo e extorsão crimes de espécies diversas, por estarem descritos em tipos penais autônomos, inviável também o reconhecimento da continuidade delitiva.

A parte final do art. 158, § 3º, do Código Penal, estabelece que, se resulta lesão grave ou morte, devem ser aplicadas as penas do crime de *extorsão mediante sequestro qualificado por tais resultados* (art. 159, §§ 2º e 3º), fazendo com que a pena passe a ser consideravelmente maior. No caso de lesão grave, a pena é de 16 a 24 anos de reclusão e, na hipótese de morte, é de 24 a 30 anos. Trata-se, pois, de crime de *extorsão* qualificada pelo resultado, em que se deve aplicar a pena do delito de extorsão mediante sequestro qualificado.

2.2.3. Extorsão mediante sequestro

Esta gravíssima infração penal consiste em capturar uma pessoa e exigir resgate da família (ou de terceiro), condicionando a libertação da pessoa sequestrada ao pagamento. De acordo com o art. 1º, IV, da Lei n. 8.072/90, o crime de extorsão mediante sequestro constitui crime hediondo, tanto em sua figura simples quanto em suas formas qualificadas.

A Lei n. 8.072/90 aumentou o montante da pena privativa de liberdade de todas as modalidades do crime de extorsão mediante sequestro, mas, por um lapso do legislador, excluiu a pena de multa que, até então, era aplicada cumulativamente.

2.2.3.1. Modalidade simples

> Art. 159. Sequestrar pessoa com o fim de obter, para si ou para outrem, qualquer vantagem como condição ou preço do resgate:
>
> Pena – reclusão, de oito a quinze anos.

2.2.3.1.1. Objetividade jurídica

Trata-se de crime complexo que tutela dois bens jurídicos: o *patrimônio* e a *liberdade física*.

2.2.3.1.2. Tipo objetivo

A conduta típica é *sequestrar*, que consiste em capturar alguém e privá-lo de sua liberdade. Apesar de não haver menção expressa no texto legal, abrange também o cárcere privado, que é mais grave, em que a vítima fica trancafiada em local totalmente fechado – enquanto no sequestro existe alguma possibilidade de deambulação. Normalmente, a captura da vítima se dá com emprego de violência ou grave ameaça, o mesmo ocorrendo para sua manutenção no cativeiro. O emprego de violência ou grave ameaça, apesar de não mencionados expressamente no tipo penal, estão implícitos no verbo "sequestrar", que engloba também as hipóteses em que a vítima não pode, por qualquer causa, oferecer resistência (pouca idade, doença incapacitante etc.).

O tipo penal exige que o sequestro seja de uma *pessoa*, isto é, de um ser humano. Por isso, a captura de animal doméstico de estimação – ou de animal de raça nobre utilizado em exposições ou em práticas esportivas – seguida de pedido de resgate, configura o crime de extorsão do art. 158 do Código Penal. Da mesma forma, a subtração de um cadáver para exigir resgate da família não constitui extorsão mediante sequestro, e sim crime de subtração de cadáver (art. 211 do CP).

O elemento subjetivo do tipo do delito em estudo é representado pela intenção de obter *qualquer vantagem* como condição ou preço do resgate.

De ver-se, todavia, que a vantagem visada deve ser de caráter *econômico*, na medida em que a extorsão mediante sequestro está prevista no Título dos crimes contra o patrimônio. Pode ser, entretanto, qualquer vantagem econômica – entrega de dinheiro, de joias, de títulos ou bens de valor etc. Por essa interpretação, amplamente dominante, se o agente captura o filho para forçar uma mulher a um encontro sexual, sob pena de matar a criança, responde por crime de estupro contra a mãe em concurso material com delito de sequestro contra a criança (art. 148); se os bandidos capturam o filho de um diretor de penitenciária para exigir a soltura de um preso de sua facção criminosa, respondem por crime de sequestro do filho do diretor (art. 148) em concurso material com o delito de facilitação de fuga de pessoa presa (art. 351). Damásio de Jesus[156] discorda de tal entendimento, sustentando que a expressão "qualquer vantagem" contida no art. 159 permite a configuração da extorsão mediante sequestro qualquer que seja a espécie de vantagem visada (econômica ou não). Conforme já salientado, esse entendimento é amplamente minoritário, na medida em que o delito em análise é expressamente definido em lei como crime contra o patrimônio. Por esse motivo, entende-se que a finalidade da expressão "qualquer vantagem" inserida no art. 159 é tornar possível a configuração da extorsão mediante sequestro tanto na hipótese em que o agente pretende uma vantagem econômica *indevida* como na hipótese em que a vantagem visada é *devida*. Quando a vantagem pretendida é indevida, é óbvia a configuração do

---

[156] Damásio de Jesus. *Direito penal*. 26. ed. São Paulo: Saraiva, 2004, v. 2, p. 374-375.

crime, contudo, se o sequestro visa a uma vantagem devida, seria possível sustentar a ocorrência de crimes de sequestro (art. 148) e exercício arbitrário das próprias razões (art. 345 do CP), em concurso material, o que, entretanto, não é correto, porque a expressão "qualquer vantagem" teve exatamente a finalidade de abranger no tipo penal a hipótese, noticiada pela imprensa, em que o credor sequestrou o filho do devedor para exigir, sem se identificar, obviamente, valores semelhantes ao da dívida. É que, em tal caso, para as vítimas, o efeito do delito é absolutamente o mesmo, já que não sabem quem é o sequestrador.

2.2.3.1.3. Sujeito ativo

Pode ser qualquer pessoa. Trata-se de crime comum.

2.2.3.1.4. Sujeito passivo

Também pode ser qualquer pessoa. Considera-se sujeito passivo tanto a pessoa sequestrada, como aquelas a quem é feito o pedido de resgate.

Adiante, será estudado que, se a vítima for menor de 18 ou maior de 60 anos, o crime de extorsão mediante sequestro torna-se qualificado (art. 159, § 1º, do CP).

2.2.3.1.5. Consumação

A consumação ocorre no exato instante em que a vítima é capturada, privada de sua liberdade, ainda que os sequestradores não consigam receber ou até mesmo pedir o resgate, desde que se prove que a intenção deles era essa. Para a consumação, entretanto, exige-se que a vítima seja tirada do local onde estava por tempo juridicamente relevante, posto que, se os bandidos a abordam em uma via pública, tiram-na de seu carro e a colocam em outro, mas são imediatamente presos quando iam sair do local da abordagem, o crime se mostra tentado. É claro que, em tal caso, deverá existir alguma prova demonstrando que eles pretendiam pedir um resgate (confissão, gravação em escuta telefônica etc.).

Se os bandidos já sequestraram a vítima, o crime considera-se consumado ainda que não consigam efetuar a exigência do resgate em razão da chegada de policiais ao local do cativeiro, devido a vizinhos terem feito uso do chamado "disque-denúncia" por desconfiarem da movimentação anormal no imóvel.

O efetivo pagamento do resgate constitui *mero exaurimento* do crime de extorsão mediante sequestro, porque não altera sua capitulação jurídica, podendo, entretanto, servir para exasperar a pena-base com fundamento no art. 59 do Código Penal.

A extorsão mediante sequestro é crime *permanente*, cuja consumação se prolonga no tempo, pois, enquanto a vítima permanece em poder dos sequestradores, sua liberdade está, a todo momento, tolhida. Disso decorre a possibilidade de prisão em flagrante enquanto ela permanecer em poder dos sequestradores (art. 303 do CPP).

O foro competente para a apuração deste delito é, em regra, o local do sequestro (local da consumação do delito – art. 70 do CPP). Se, todavia, a vítima for sequestrada em uma cidade e mantida em cativeiro em outra, mostra-se possível a aplicação da regra de competência do art. 71 do Código de Processo Penal: "tratando-se de infração permanente, praticada em território de duas ou mais jurisdições, a competência firmar--se-á por prevenção". Assim, se a vítima for sequestrada na cidade do Rio de Janeiro e mantida em cativeiro em Petrópolis, a ação penal poderá ser proposta em qualquer dessas duas comarcas, devendo ser utilizado o critério da prevenção para que se estabeleça a competência em uma delas. Se, no exemplo em questão, o resgate tivesse sido pago em Niterói, a ação penal não poderia ter proposta nesta comarca, onde ocorreu tão somente o exaurimento do delito.

2.2.3.1.6. Tentativa

O planejamento do crime, o estudo da rotina da vítima para verificar a melhor oportunidade para o sequestro, a preparação do cativeiro, dentre outras condutas, constituem meros atos preparatórios impuníveis. O início efetivo de execução do delito em estudo somente se dá com a abordagem da vítima visando à sua captura. Por isso, considerando que o crime se consuma com a concretização do sequestro, pode-se dizer que a tentativa só se mostra viável quando os bandidos dão início à execução mediante a abordagem da vítima, porém, por circunstâncias alheias à sua vontade, não conseguem levá-la (Exemplo: reação dos seguranças particulares da vítima). É evidente que, em tais casos, deverá ser feita prova da finalidade dos sequestradores.

2.2.3.1.7. Classificação doutrinária

Cuida-se de crime complexo e de dano quanto à objetividade jurídica. Em relação ao sujeito ativo, o delito em estudo é comum e de concurso eventual. No que tange aos meios de execução, cuida-se de infração de ação livre e comissiva. Quanto ao momento consumativo, o delito é formal e permanente.

2.2.3.1.8. Ação penal

É pública incondicionada.

2.2.3.2. Figuras qualificadas

> *Art. 159, § 1º – Se o sequestro dura mais de vinte e quatro horas, se o sequestrado é menor de dezoito ou maior de sessenta anos, ou se o crime é cometido por bando ou quadrilha:*
>
> *Pena – reclusão, de doze a vinte anos.*

Para o reconhecimento da figura qualificada, com a consequente imposição de pena maior, basta a ocorrência de uma das hipóteses descritas no § 1º.

As vinte e quatro horas a que se refere a primeira parte do dispositivo são contadas do momento da captura até o da libertação.

A hipótese de vítima menor de 18 anos voltou a ter incidência plena após o advento da Lei n. 12.015/2009 ter tornado inviável o aumento referente à vítima não maior de 14 anos. Tal lei revogou o art. 224 do Código Penal que dava complemento ao art. 9º da Lei dos Crimes Hediondos e previa um acréscimo de metade da pena se a vítima não fosse maior de 14 anos. Em suma, atualmente será aplicada a qualificadora deste § 1º qualquer que seja a idade da vítima inferior a 18 anos.

A qualificadora relativa à vítima maior de 60 anos foi inserida no Código Penal pelo Estatuto da Pessoa Idosa (Lei n. 10.741/2003). Por se tratar de crime permanente, a qualificadora terá incidência se a captura ocorrer quando a vítima tiver menos de 60 anos, mas permanecer no cárcere até completar tal idade (sem prejuízo da incidência da qualificadora referente à duração do sequestro ser superior a 24 horas).

Para a configuração da qualificadora em análise, basta que a vítima já tenha completado 60 anos – a expressão "maior de 60 anos" não pressupõe que a vítima tenha 61 anos de idade.

As figuras qualificadas pela idade da vítima relacionam-se à pessoa sequestrada e não à pessoa a quem é feito o pedido de resgate.

Em relação à última qualificadora – crime cometido por quadrilha ou bando – é preciso lembrar que o conceito encontrava-se na antiga redação do art. 288 do Código Penal – associação de *quatro* ou mais pessoas para a prática reiterada de crimes. A denominação "quadrilha ou bando" foi excluída do Código Penal pela Lei n. 12.850/2013, que, todavia, deixou de modificar o presente art. 159, § 1º, que manteve sua descrição originária. A nova redação do art. 288 tipifica o crime de *associação criminosa*, cuja configuração exige a associação de apenas *três* pessoas para a prática de crimes. Essa nova definição, contudo, não pode ser aplicada ao crime de extorsão mediante sequestro, já que tratar-se-ia de analogia *in malam partem*. A solução, portanto, é aplicar o antigo conceito de quadrilha, considerando qualificado o crime quando praticado por associação de quatro ou mais pessoas.

2.2.3.3. Figuras qualificadas pelo resultado

Art. 159, § 2º – Se do fato resulta lesão corporal de natureza grave:
Pena – reclusão, de dezesseis a vinte e quatro anos.
Art. 159, § 3º – Se resulta morte:
Pena – reclusão, de vinte e quatro a trinta anos.

Essas qualificadoras somente se aplicam quando o resultado agravador é provocado na própria pessoa sequestrada. Não se aplica, pois, quando os bandidos matam um segurança para sequestrar o patrão. Nesta hipótese, a punição dar-se-á pelos crimes de extorsão mediante sequestro simples em concurso material com homicídio qualificado (delito cometido para assegurar a execução de outro crime). É claro que, se os agentes, posteriormente, matarem o patrão, responderão também pelo art. 159, § 3º.

As qualificadoras se aplicam, quer tenha havido *dolo*, quer tenha havido *culpa* em relação ao resultado agravador, já que o texto legal não faz distinção. Caso tenha havido dolo, o juiz deverá levar esse aspecto em conta na fixação da pena-base, mas o crime é o mesmo. Na prática, as razões mais comuns para a provocação intencional da morte da vítima são o não pagamento do resgate ou o fato de a vítima ter reconhecido algum dos sequestradores no cativeiro.

Se a morte ou lesão grave forem consequência de caso fortuito, não se aplicam as qualificadoras, como na hipótese de deslizamento de terra de um morro sobre a casa onde a vítima vinha sendo mantida em cativeiro.

O crime de extorsão mediante sequestro possui três parágrafos contendo qualificadoras com penas diferentes. Se, no caso concreto, o juiz reconhecer qualificadoras de parágrafos distintos, deverá aplicar a pena referente à de maior gravidade, pois trata-se de crime único. Assim, se uma pessoa for mantida em cativeiro por vários meses e, ao final, for morta pelos sequestradores, o juiz deverá aplicar a pena do art. 159, § 3º. A qualificadora do § 1º não poderá ser aplicada, mas o fato de a vítima ter permanecido longo período em poder dos agentes poderá ser levado em conta pelo juiz na fixação da pena-base (art. 59 do CP).

2.2.3.4. Delação eficaz

> Art. 159, § 4º – Se o crime é cometido em concurso, o concorrente que o denunciar à autoridade, facilitando a libertação do sequestrado, terá sua pena reduzida de um a dois terços.

O dispositivo em estudo foi introduzido no Código Penal pela Lei n. 8.072/90 (Lei dos Crimes Hediondos) e, posteriormente, sua redação foi alterada pela Lei n. 9.269/96. Trata-se de causa de diminuição de pena que, para ser aplicada, exige que o crime seja cometido por pelo menos duas pessoas e que qualquer delas arrependa-se e delate as demais para a autoridade, fazendo com que a vítima venha a ser libertada. Como a lei usa a palavra "concorrente", a delação pode partir tanto de coautor quanto de partícipe do crime.

Para a obtenção do benefício, o agente deve, por iniciativa própria ou quando questionado pela autoridade, prestar informações que efetivamente facilitem a localização e a libertação do sequestrado. Se as informações prestadas em nada colaborarem para a libertação da vítima, a pena não sofrerá qualquer diminuição. Daí o nome do instituto ser delação *eficaz*, também conhecido, todavia, como delação premiada.

Uma vez libertada a vítima, o *quantum* da redução deverá guardar proporção com o grau do auxílio do delator. Quanto maior a colaboração prestada, maior a redução.

Interessante notar que a lei não prevê qualquer benefício para a hipótese em que os próprios sequestradores resolvem soltar a vítima (por arrependimento, por não terem conseguido receber o resgate ou por qualquer outra razão). Não se trata de arrependimento eficaz (art. 15 do CP), porque tal instituto pressupõe que o delito não esteja consumado. Não se cogita de arrependimento posterior (art. 16 do CP), porque o crime envolve violência ou grave ameaça.

2.2.4. Extorsão indireta

> Art. 160. Exigir ou receber, como garantia de dívida, abusando da situação de alguém, documento que pode dar causa a procedimento criminal contra a vítima ou contra terceiro:
> Pena – reclusão, de um a três anos, e multa.

2.2.4.1. Objetividade jurídica

O patrimônio e a liberdade individual. O dispositivo tutela, indiretamente, a Administração da Justiça, que pode ser afetada em caso de apresentação do documento fraudulento às autoridades.

Importante mencionar a explicação contida na Exposição de Motivos da Parte Especial do Código Penal, em seu item 57, para justificar a tipificação do crime de extorsão indireta: "Destina-se o novo dispositivo a coibir os torpes e opressivos expedientes a que recorrem por vezes os agentes de usura, para garantir-se contra o risco do dinheiro mutuado. São bem conhecidos esses recursos, como, por exemplo, o de induzir o necessitado cliente a assinar um contrato simulado de depósito ou a forjar no título de dívida a firma de algum parente abastado, de modo que, não resgatada a dívida no vencimento, ficará o mutuário sob a pressão da ameaça de um processo por apropriação indébita ou falsidade".

Assim, pode-se também dizer que o dispositivo em questão tutela a normalidade nas relações entre credor e devedor protegendo este último quando se encontra economicamente fragilizado.

2.2.4.2. Tipo objetivo

O crime de extorsão indireta pressupõe a coexistência de três requisitos.

Em primeiro lugar, é necessário que o agente exija ou receba documento que *pode dar causa a procedimento criminal contra a própria vítima ou terceiro*. Na conduta "exigir", o agente impõe a entrega do documento como condição da entrega do dinheiro ou do aperfeiçoamento de um contrato qualquer (compra e venda, locação etc.). Na modalidade "receber", a iniciativa é da vítima, que procura o agente, faz a proposta e a ele entrega o documento para garantir a concretização do negócio que pretende.

Em segundo lugar, a configuração do delito pressupõe a *intenção de garantir ameaçadoramente o pagamento de uma dívida*. Com efeito, neste crime, a vítima, para obter o crédito, simula o "corpo de delito" de uma infração penal qualquer (falsifica um cheque, assina uma duplicata simulada, falsifica uma assinatura, elabora um documento em que confessa um crime qualquer etc.) e entrega o documento ao agente, que, na posse deste, tem maior garantia de seu crédito, uma vez que, em caso de inadimplência, poderá dar publicidade ao documento e, assim, causar o início de um procedimento criminal. A vítima, nesse contexto, vê-se coagida a efetuar o pagamento da dívida em seu vencimento, pois, se não o fizer, correrá o risco de ser processada criminalmente.

Não se configura, todavia, a extorsão indireta quando o devedor entrega ao credor, como garantia da dívida, cheque pré-datado sem fundos, uma vez que este não pode dar origem a processo-crime, já que o delito de emissão de cheque sem fundos (art. 171, § 2º, VI, do CP) é incompatível com a figura do cheque pré-datado.

Por fim, é também requisito do delito em análise *o abuso da situação de necessidade financeira* da vítima. Cuida-se de expressa exigência do tipo penal. Sem a ciência por parte do credor dessa condição financeira desfavorável, não se configura o delito. A dificuldade financeira pode decorrer de má gestão dos negócios, de dívidas anteriores, de vício em jogo ou em drogas, de desgraça familiar ou própria ou qualquer outro motivo.

2.2.4.3. Sujeito ativo

Pode ser qualquer pessoa. Trata-se de crime *comum*. Na maioria das vezes, entretanto, o autor desse crime é um agiota.

Exige-se, conforme mencionado, que o agente saiba da dificuldade financeira pela qual está passando a vítima.

2.2.4.4. Sujeito passivo

Qualquer pessoa em dificuldade financeira.

2.2.4.5. Consumação e tentativa

Na modalidade "exigir" o crime é formal e se consuma no momento da exigência, ainda que a vítima não aceite a proposta e não elabore o documento fraudulento. A efetiva elaboração e entrega ao agente constitui exaurimento do crime nesta modalidade. A tentativa é possível quando se trata de exigência feita por escrito que se extravia.

Na figura "receber", o crime é *material*, e apenas se tipifica com a entrega efetiva do documento ao credor. A tentativa é possível quando as partes fazem um acordo no qual a vítima se compromete a efetuar um negócio que será garantido pela entrega de um documento fraudulento, mas, por alguma razão, ela se arrepende e não concretiza a entrega.

Saliente-se que, para a configuração do crime de extorsão indireta, basta a exigência ou a entrega de documento que, teoricamente, possa dar causa ao início de um procedimento criminal, ou seja, não é necessário que o agente, em caso de inadimplência, efetivamente apresente o documento às autoridades. Caso, entretanto, o faça e seja iniciado inquérito policial contra a vítima (que, em verdade, é inocente, porque o documento é simulado), o agente responderá por extorsão indireta e por denunciação caluniosa, em concurso material, na medida em que os bens jurídicos afetados são diversos, não havendo absorção de um pelo outro.

2.2.4.6. Ação penal

É pública incondicionada.

Capítulo III
DA USURPAÇÃO

2.3. Da usurpação

Este Capítulo abrange os crimes de alteração de limites (art. 161, *caput*), usurpação de águas (art. 161, § 1º, I), esbulho possessório (art. 161, § 1º, II) e supressão ou alteração de marca em animais (art. 162).

2.3.1. Alteração de limites

> Art. 161, caput – *Suprimir ou deslocar tapume, marco ou qualquer outro sinal indicativo de linha divisória para apropriar-se, no todo ou em parte, de coisa imóvel alheia:*
>
> Pena – *detenção, de um a seis meses, e multa.*

2.3.1.1. Objetividade jurídica

Visa a lei resguardar a posse e a propriedade dos bens imóveis.

2.3.1.2. Tipo objetivo

Esse tipo penal possui duas condutas típicas alternativas. A primeira consiste em *suprimir*, ou seja, retirar totalmente o marco divisório; a segunda consiste em *deslocar* o marco, afastando-o do local correto, de modo a aumentar a área do agente.

De acordo com o texto legal, para a configuração do delito é necessário que o agente tenha intenção de apropriar-se, no todo ou em parte, da propriedade alheia, por meio da supressão ou deslocamento do marco divisório. Caso demonstre, por exemplo, que retirou uma cerca apenas para reformá-la, não haverá o delito.

2.3.1.3. Sujeito ativo

Trata-se de crime próprio, somente podendo ser alterado pelo vizinho do imóvel, quer na zona urbana, quer na rural.

2.3.1.4. Sujeito passivo

O vizinho, dono ou possuidor do imóvel.

2.3.1.5. Consumação

Ocorre no momento em que o agente suprime ou desloca o marco divisório, ainda que a vítima posteriormente perceba o ocorrido e retome a parte de que foi tolhida. Trata-se de crime *formal*.

2.3.1.6. Tentativa

É possível quando o agente é flagrado iniciando a supressão ou o deslocamento e é impedido de prosseguir. Se já o fez por completo, o crime está consumado.

2.3.1.7. Classificação doutrinária

Trata-se de crime próprio e de concurso eventual quanto ao sujeito ativo; comissivo e de ação livre quanto ao meio de execução; doloso no que pertine ao elemento subjetivo; formal e instantâneo em relação ao momento consumativo; simples e de dano quanto à objetividade jurídica.

2.3.1.8. Ação penal

Nos termos do art. 161, § 3º, do Código Penal, a ação penal é privada, exceto se para a prática do crime tiver havido emprego de *violência* ou se a propriedade usurpada for *pública*, hipóteses em que a ação penal será pública incondicionada.

Trata-se de infração de menor potencial ofensivo, de competência do Juizado Especial Criminal.

2.3.2. Usurpação de águas

> Art. 161, § 1º – Na mesma pena incorre quem:
> I – desvia ou represa, em proveito próprio ou de outrem, águas alheias.

2.3.2.1. Objetividade jurídica

Visa a lei resguardar as águas públicas ou particulares que passam por determinado local, evitando que o dono do terreno sofra prejuízo caso alguém desvie o seu curso ou represe-a, sem autorização para tanto.

2.3.2.2. Tipo objetivo

Águas alheias são aquelas que não pertencem ao sujeito. Exige-se que sejam águas correntes, cujo curso seja desviado ou represado pelo agente, alterando, portanto, seu fluxo pelo terreno. Quando se trata de água já represada pelo dono (para criação de peixes, para banho etc.), a sua retirada por outrem constitui ato de subtração, configurando delito de furto.

2.3.2.3. Sujeito ativo

Pode ser qualquer pessoa. Trata-se de crime *comum*. Pode ser cometido por vizinho ou não. No caso de águas comuns que atravessam condomínios, até o condômino pode ser autor do crime, desde que, com o desvio, seja prejudicado o uso de algum coproprietário.

2.3.2.4. Sujeito passivo

A pessoa que pode sofrer dano em decorrência do desvio ou represamento (proprietário, possuidor, arrendatário etc.).

2.3.2.5. Consumação

No momento em que o agente efetua o desvio ou represamento, ainda que não obtenha a vantagem em proveito próprio ou alheio a que o texto legal se refere. Trata-se de crime *formal* em razão da redação do dispositivo.

2.3.2.6. Tentativa

É possível.

2.3.2.7. Classificação doutrinária

Trata-se de crime comum e de concurso eventual quanto ao sujeito ativo; comissivo e de ação livre quanto ao meio de execução; doloso no que pertine ao elemento subjetivo; formal e instantâneo em relação ao momento consumativo; simples e de dano quanto à objetividade jurídica.

2.3.2.8. Ação penal

Nos termos do art. 161, § 3º, do Código Penal, a ação penal é privada, exceto se para a prática do crime tiver havido emprego de *violência* ou se a propriedade usurpada for *pública*, hipóteses em que a ação penal será pública incondicionada.

Trata-se de infração de menor potencial ofensivo, de competência do Juizado Especial Criminal.

2.3.3. Esbulho possessório

> Art. 161, § 1º – Na mesma pena incorre quem:
> II – invade, com violência a pessoa ou grave ameaça, ou mediante concurso de mais de duas pessoas, terreno ou edifício alheio, para o fim de esbulho possessório.

2.3.3.1. Objetividade jurídica

O dispositivo tutela a posse e a propriedade dos bens imóveis e, ainda, a incolumidade física e a liberdade individual nas hipóteses em que o crime venha a ser cometido com emprego de violência contra a pessoa ou grave ameaça.

2.3.3.2. Tipo objetivo

O delito em tela pressupõe a invasão de propriedade imóvel alheia, edificada ou não, desde que o fato se dê mediante emprego de violência a pessoa ou grave ameaça, ou, ainda, mediante concurso de mais de duas pessoas. Quanto a esta última hipótese, diverge a doutrina em torno do significado da expressão "concurso de mais de duas pessoas". Heleno Cláudio Fragoso[157], Celso Delmanto[158] e Damásio de Jesus[159] defendem a necessidade do envolvimento de pelo menos quatro pessoas (autor do crime em concurso com mais de duas), ao passo que Nélson Hungria[160] sustenta que a expressão contida no texto legal se contenta com o envolvimento de apenas três. Parece-nos que o texto legal se refere aos envolvidos em sua totalidade, ou seja, exige que haja concurso de mais de duas pessoas para a prática da infração, o que totaliza *três*.

É possível que o agente invada a propriedade alheia sozinho ou em concurso com apenas mais uma pessoa e sem emprego de violência ou grave ameaça. Nesse caso, o fato é atípico. Não obstante, o art. 1.210, § 1º, do Código Civil, permite que o dono retome a posse, desde que o faça imediatamente, por meio do chamado desforço imediato. Se, nesse instante, logo após a invasão pacífica, o invasor empregar violência para se manter na posse quando o legítimo proprietário tentava retomá-la pelo desforço imediato, haverá a tipificação do delito.

O crime só se configura se a invasão se dá com o fim específico de esbulho possessório (elemento subjetivo do tipo), ou seja, desde que o agente queira excluir a posse da vítima para passar a exercê-la ele próprio.

2.3.3.3. Sujeito ativo

Pode ser qualquer pessoa, exceto o dono. Trata-se de crime *comum*. O dono que invade imóvel alugado não incorre no tipo penal em análise, que exige expressamente que o bem seja alheio. Dependendo da hipótese, poderá incorrer em crime de violação de domicílio (art. 150) ou retirada de coisa própria do poder de terceiro (art. 346 do CP).

2.3.3.4. Sujeito passivo

O dono ou possuidor do imóvel invadido.

2.3.3.5. Consumação

No momento da invasão. Trata-se de crime permanente porque a consumação se prolonga no tempo enquanto não cessado o esbulho.

2.3.3.6. Tentativa

É possível quando a invasão não se aperfeiçoa em razão da oposição apresentada pelo dono, possuidor ou por terceiro.

2.3.3.7. Concurso

Se o agente comete o esbulho com emprego de violência, responde também pelas lesões corporais causadas, ainda que leves, nos termos do art. 161, § 2º, do Código Penal. O texto legal deixa claro que as penas serão somadas. Costuma-se dizer que esse dispositivo também se aplica aos crimes de alteração de limites e usurpação de águas quando

---

[157] Heleno Cláudio Fragoso. *Lições de direito penal,* Parte especial, v. I, p. 328.
[158] Celso Delmanto. *Código Penal comentado,* p. 592.
[159] Damásio de Jesus. *Direito penal.* 26. ed. São Paulo: Saraiva, 2004, v. 2, p. 390.
[160] Nélson Hungria. *Comentários ao Código Penal,* v. VII, p. 93.

cometidos com emprego de violência. Ressalte-se, contudo, que, como esses dois crimes não contêm a violência entre suas elementares, sequer seria necessária regra expressa para a hipótese de provocação de lesão, sendo óbvio que esta não ficaria absorvida.

2.3.3.8. Classificação doutrinária

Trata-se de crime comum e de concurso eventual (ou de concurso necessário quando ausente a violência ou grave ameaça) quanto ao sujeito ativo; comissivo e de ação livre quanto ao meio de execução; doloso no que pertine ao elemento subjetivo; formal e permanente em relação ao momento consumativo; simples e de dano quanto à objetividade jurídica.

2.3.3.9. Ação penal

Nos termos do art. 161, § 3º, do Código Penal, a ação penal é privada, exceto se para a prática do crime tiver havido emprego de *violência* ou se a propriedade usurpada for *pública*, hipóteses em que a ação penal será pública incondicionada.

Trata-se de infração de menor potencial ofensivo, de competência do Juizado Especial Criminal.

2.3.4. Supressão ou alteração de marca em animais

> Art. 162. Suprimir ou alterar, indevidamente, em gado ou rebanho alheio, marca ou sinal indicativo de propriedade:
>
> Pena – detenção, de seis meses a três anos, e multa.

2.3.4.1. Objetividade jurídica

Proteger a propriedade e a posse dos semoventes.

2.3.4.2. Tipo objetivo

Premissa do crime é que não tenha havido furto ou apropriação indébita dos animais, pois, nesses casos, o agente só será punido pela conduta anterior, sendo a supressão ou alteração da marca um *post factum* impunível. A própria Exposição de Motivos da Parte Especial do Código Penal, em seu item 58, salienta que "não se confunde esta modalidade de usurpação com o abigeato, isto é, o furto de animais: o agente limita-se a empregar um meio fraudulento (supressão ou alteração de marca ou sinal) para irrogar-se a propriedade dos animais. Se esse meio fraudulento é usado para dissimular o anterior furto de animais, já não se tratará de usurpação: o crime continuará com seu *nomen juris*, isto é, furto".

A conduta típica consiste em apagar ou modificar o sinal indicativo de propriedade em gado ou rebanho alheios. Quando a lei se refere a gado, está protegendo a propriedade de animais de grande porte, como bois ou cavalos, e quando se refere a rebanho, o faz em relação a animais de porte menor, como porcos, ovelhas, cabras etc.

A infração penal apenas existe quando a conduta se dá *indevidamente* (elemento normativo do tipo), sendo óbvio que, quem compra legalmente o animal, pode remarcá-lo sem incorrer no ilícito penal.

Por ausência de previsão legal, marcar animal alheio desmarcado não constitui crime. Trata-se, aqui, de evidente falha da legislação.

Marcas são feitas por ferro em brasa ou elementos químicos no couro do animal. Em geral, são letras ou figuras. *Sinais*, em geral, são brincos colocados nas orelhas ou no focinho do animal com formato característico.

2.3.4.3. Sujeito ativo

Pode ser qualquer pessoa, inclusive quem possui animal que pertence a terceiro.

2.3.4.4. Sujeito passivo

O dono do animal.

2.3.4.5. Consumação

Ocorre com a simples supressão ou alteração da marca ou sinal, ainda que se dê apenas em relação a um animal.

2.3.4.6. Tentativa

É possível, quando o agente não consegue concretizar a remarcação iniciada, pela repentina chegada de alguém ao local, ou até mesmo quando concretiza a remarcação, porém a faz de tal forma que continua sendo possível identificar a marca do verdadeiro dono.

2.3.4.7. Classificação doutrinária

Trata-se de crime comum e de concurso eventual quanto ao sujeito ativo; comissivo e de ação livre quanto ao meio de execução; doloso no que pertine ao elemento subjetivo; de mera conduta e instantâneo em relação ao momento consumativo; simples e de dano quanto à objetividade jurídica.

2.3.4.8. Ação penal

Pública incondicionada.

Capítulo IV
DO DANO

2.4. Do dano

Neste Capítulo, estão previstos os crimes de dano, simples e qualificado (art. 163), e de introdução ou abandono de animais em propriedade alheia (art. 164).

2.4.1. Dano simples

> Art. 163, caput – *Destruir, inutilizar ou deteriorar coisa alheia:*
> Pena – *detenção, de um a seis meses, ou multa.*

2.4.1.1. Objetividade jurídica

A propriedade e a posse das coisas móveis e imóveis.

2.4.1.2. Tipo objetivo

São três as condutas típicas caracterizadoras do delito de dano: destruir, inutilizar e deteriorar.

Destruir é a modalidade mais grave porque implica o perecimento do bem. A violência empregada contra a coisa faz com ela deixe de existir em sua individualidade. É o que acontece, por exemplo, quando o agente joga no chão uma coleção de vinhos ou de objetos de cristal, quando queima uma coleção de livros, quando derruba uma plantação na área vizinha etc.

Na modalidade *inutilizar*, o objeto continua existindo, porém inapto para as funções a que se destina. É o que ocorre, por exemplo, quando o agente pinta as páginas internas de um livro inviabilizando sua leitura, quando quebra os ponteiros de um relógio impossibilitando a visualização das horas etc.

Por fim, a modalidade *deteriorar* constitui fórmula genérica que abrange qualquer outra forma de dano. São exemplos: quebrar as janelas de uma casa, riscar a lataria de um carro, rasgar a capa de um livro etc.

As condutas de pichar, grafitar ou, por qualquer outro meio, conspurcar edificação ou monumento *urbano*, constitui atualmente crime contra o meio ambiente, descrito no art. 65, *caput*, da Lei n. 9.605/98. Se, entretanto, o local pichado for imóvel rural, estará configurado o crime de dano na modalidade "deteriorar". Da mesma forma, se a conduta recair em bem móvel (pichação na lataria de um veículo, por exemplo).

Se a pichação recair sobre monumento ou coisa tombada, em virtude de seu valor artístico, arqueológico ou histórico, teremos crime ambiental qualificado, previsto no art. 65, parágrafo único, da Lei n. 9.605/98.

O ato de jogar fora uma coisa alheia, sem danificá-la, não constitui crime de dano por não ser possível o enquadramento em qualquer das condutas típicas. Igualmente não é possível o enquadramento no delito em estudo quando alguém, sem autorização, solta um animal de estimação alheio. Tais condutas, todavia, configuram ilícito civil.

O objeto *material* do crime de dano pode ser coisa *móvel* ou *imóvel*.

O elemento *normativo* do delito consiste na necessidade de ser alheia a coisa danificada. Coisa alheia é aquela que tem proprietário. Assim, não constitui crime a provocação de dano em coisa que não tem dono (*res nullius*) ou em coisa abandonada (*derelicta*).

O crime de dano só é punido a título de dolo, direto ou eventual. Não existe previsão legal de crime de dano culposo, que constitui apenas ilícito civil.

Existe, por sua vez, importante divergência em torno de a configuração do crime de dano ter como requisito o chamado *animus nocendi*, ou seja, acerca da necessidade de ter agido o autor do dano com a específica intenção de causar prejuízo econômico à vítima: a) Nélson Hungria[161] sustenta que é necessário o *animus nocendi* e exemplifica, argumentando que não há crime na conduta de uma pessoa que, para pregar uma peça em um amigo, corta os fios da campainha de sua casa; b) Damásio de Jesus[162] e Magalhães Noronha[163] defendem que não se mostra exigível tal objetivo específico, simplesmente porque o tipo penal não o menciona. Para tais autores, basta que o agente tenha ciência de que sua conduta causará prejuízo e, mesmo assim, a realize.

Entendemos correta a última posição, já que o tipo penal, efetivamente, não exige qualquer intenção específica por parte do autor do dano. Voltaremos a tratar desse tema quando abordarmos a figura qualificada relativa ao dano contra o patrimônio público, mais especificamente na hipótese do preso que danifica a cela para fugir, pois, em relação a esse tema, existem inúmeros julgados, inclusive de tribunais superiores.

No delito de dano, ao contrário do que ocorre com os demais crimes contra o patrimônio, não se exige intenção de *locupletamento ilícito*, bastando que o agente danifique a coisa alheia, causando, com isso, prejuízo à vítima. Assim, se em razão de uma desavença, uma pessoa joga pedras e quebra os vidros do carro de outra, incorre no delito em estudo.

Para que exista o crime de dano, é necessário que a ação delituosa seja um fim em si mesmo, e não meio para a prática de outro crime, hipótese em que o dano ficará absorvido. Quem, por exemplo, danifica a porta de uma casa para nela adentrar comete furto qualificado pelo rompimento de obstáculo. O delito de dano, conforme mencionado, resta absorvido.

2.4.1.3. Sujeito ativo

Trata-se de crime *comum*, que pode ser cometido por qualquer pessoa, exceto o dono do bem.

---

[161] Nélson Hungria. *Comentários ao Código Penal*, v. VII, p. 108.
[162] Damásio de Jesus. *Direito penal*. 26. ed. São Paulo: Saraiva, 2004, v. 2, p. 396 e 400.
[163] E. Magalhães Noronha. *Direito penal*, v. 2, p. 309.

Em se tratando de dano cometido por condômino, haverá crime apenas se o bem for infungível, ou, caso seja fungível, se o valor do dano exceder a quota-parte do agente.

Quem destrói ou danifica coisa própria que se encontra em poder de terceiro em razão de contrato (aluguel, por exemplo) ou de ordem judicial (penhora, por exemplo) comete o crime do art. 346 do Código Penal – espécie de exercício arbitrário das próprias razões.

Quem destrói, total ou parcialmente, coisa própria, com o intuito de receber fraudulentamente indenização ou valor de seguro, comete crime de fraude contra seguradora (art. 171, § 2º, V, do CP).

2.4.1.4. Sujeito passivo

O proprietário do bem danificado e, eventualmente, o possuidor que sofra prejuízo econômico.

O *consentimento* da vítima em relação à provocação do dano exclui o delito, na medida em que se trata de bem disponível, desde que seja ela pessoa capaz (maior de idade e no gozo das faculdades mentais). Nesse caso, o consentimento funciona como causa supralegal de exclusão da ilicitude.

2.4.1.5. Consumação

No momento em que o bem é danificado, no todo ou em parte. Se o objetivo do agente era destruir a coisa alheia, mas somente conseguiu deteriorá-la, o crime já estará consumado.

O dano é crime *não transeunte* (infração penal que deixa vestígio), por isso, a materialidade deve ser comprovada por meio de exame pericial, nos termos do art. 158 do Código de Processo Penal.

2.4.1.6. Tentativa

É possível. Exemplo: o agente atira pedras para quebrar uma vidraça, mas erra o alvo.

2.4.1.7. Princípio da insignificância

Se o prejuízo causado à vítima for irrisório e o fato não se revestir de gravidade que torne necessária a imposição de uma sanção penal, é cabível a aplicação do princípio da insignificância, cuja consequência, como se sabe, é o reconhecimento da atipicidade da conduta.

2.4.1.8. Ação penal e reparação do prejuízo

Nos termos do art. 167 do Código Penal, no crime de dano simples, a ação penal é *privada*. A competência é do Juizado Especial Criminal, na medida em que se trata de infração de menor potencial ofensivo.

Se as partes se compuserem na audiência preliminar quanto à reparação do prejuízo e o acordo for homologado pelo juiz, haverá renúncia automática ao direito de queixa e estará extinta a punibilidade. É o que prevê o art. 74, parágrafo único, da Lei n. 9.099/95.

2.4.1.9. Classificação doutrinária

Trata-se de crime simples e de dano quanto à objetividade jurídica. No que pertine ao sujeito ativo, o delito é comum e de concurso eventual. Quanto aos meios de execução, cuida-se de crime de ação livre e comissivo ou omissivo. Em relação ao momento consumativo, o delito é instantâneo e material. Por fim, trata-se de crime doloso quanto ao elemento subjetivo.

2.4.1.10. Dano qualificado

As cinco formas qualificadas do crime de dano, previstas no art. 163, parágrafo único, do Código Penal, são punidas com detenção, de seis meses a três anos, e multa, não se enquadrando, portanto, no conceito de infração de menor potencial ofensivo. Por isso, a competência para o julgamento é do juízo comum, e não do Juizado Especial Criminal. Além disso, a reparação do prejuízo não gera a extinção da punibilidade. Considerando, porém, que a pena mínima é de seis meses, mostra-se possível a suspensão condicional do processo, desde que o réu preencha os demais requisitos do art. 89 da Lei n. 9.099/95.

As figuras qualificadas serão analisadas individualmente em seguida.

2.4.1.10.1. Emprego de violência contra pessoa ou grave ameaça

Art. 163, parágrafo único – Se o crime é cometido:
I – com violência à pessoa ou grave ameaça.

A violência a que o dispositivo se refere é aquela empregada contra a pessoa, já que todo crime de dano pressupõe violência contra a coisa.

A qualificadora em análise só se configura quando a agressão ou a grave ameaça forem empregadas como *meio* para viabilizar o dano. É o que ocorre, por exemplo, quando o sujeito inicialmente agride o dono do bem para conseguir danificar seus pertences. Em tal caso, se a agressão perpetrada tiver provocado lesões corporais, ainda que leves, o agente responderá por dano qualificado e por crime de lesão corporal, já que o próprio art. 163, parágrafo único, do Código Penal, determina expressamente que o juiz deve impor a pena de detenção, de seis meses a três anos, e multa, *além da pena correspondente à violência*. As penas, portanto, serão somadas.

Se o agente danificar a coisa alheia sem empregar violência ou grave ameaça e, só depois de concretizado o dano, agredir a vítima – que veio, por exemplo, pedir explicações sobre o ocorrido – responderá por dano simples em concurso material com crime de lesão corporal ou ameaça (dependendo do que tenha ocorrido no caso concreto).

2.4.1.10.2. Emprego de substância explosiva ou inflamável

Art. 163, parágrafo único – Se o crime é cometido:
II – com emprego de substância inflamável ou explosiva, se o fato não constitui crime mais grave.

A presente qualificadora mostra-se presente quando o sujeito, a fim de danificar coisa alheia, nela ateia fogo utilizando álcool, gasolina, querosene etc., ou faz uso de substância explosiva. Cuida-se, contudo, de crime subsidiário, já que o texto legal só permite a punição pelo dano qualificado "se o fato não constitui crime mais grave" (subsidiariedade explícita). Assim, o crime de dano ficará absorvido, por exemplo, quando o sujeito colocar fogo em um veículo ou nele colocar explosivos para matar alguém que está em seu interior. Em tal caso, o agente só responderá pelo crime de homicídio qualificado – ainda que o veículo pertença a pessoa diversa da que foi morta, na medida em que o texto legal não faz distinção.

É ainda importante distinguir o crime de dano qualificado, no qual o agente visa danificar bem específico, dos crimes de incêndio (art. 250 do CP) e explosão (art. 251 do CP), elencados dentre os crimes de perigo comum (capítulo I do Título VIII da Parte Especial do Código Penal), que só se configuram quando o fogo ou a explosão são de maiores proporções, colocando em risco a vida, a integridade física ou o patrimônio de grande número de pessoas.

2.4.1.10.3. Dano contra o patrimônio público ou contra sociedades de economia mista ou concessionária de serviço público

Art. 163, parágrafo único – Se o crime é cometido:

III – contra o patrimônio da União, de Estado, do Distrito Federal, de Município ou de autarquia, fundação pública, empresa pública, sociedade de economia mista ou empresa concessionária de serviços públicos.

A finalidade do dispositivo é conferir especial proteção aos bens públicos e de outros entes que prestam serviços públicos (concessionárias de serviços públicos) ou cujas ações são majoritariamente públicas (sociedades de economia mista), que estão muito expostos à ação de vândalos, conforme se pode verificar pelo grande número de casos de danos em telefones públicos, em placas de trânsito, em ônibus, metrô ou trens, em estádios municipais ou estaduais, em bancos de praças, em edifícios que abrigam órgãos públicos ou escolas públicas, em viaturas policiais etc.

Apesar de existir entendimento de que o dano contra o patrimônio do Distrito Federal deveria também ser considerado qualificado por ter tratamento semelhante ao dos Estados na Carta Magna, o Superior Tribunal de Justiça havia firmado entendimento de que a qualificadora não abrangia dano contra patrimônio do Distrito Federal porque o texto legal não mencionava tal hipótese. Entendeu a Corte Superior tratar-se de analogia *in malam parte*. Por isso, foi aprovada a Lei n. 13.531, de 7 de dezembro de 2017, que incluiu o Distrito Federal, bem como o dano contra autarquia, empresa pública e fundação pública, entre as formas qualificadas[164].

Se o bem é particular e está apenas alugado à União, Estado ou Município, não incide a qualificadora, já que o texto legal exige que seja atingido o *patrimônio* de um desses entes públicos.

Discute-se na doutrina e na jurisprudência a existência de dano qualificado na hipótese de preso que danifica a cela ou outra parte da penitenciária ou cadeia pública a fim de fugir. Para os que defendem que só há crime de dano quando o agente tem a específica intenção de causar prejuízo à vítima (*animus nocendi*), o preso não comete

---

[164] A Lei n. 13.531/2017 deu nova redação ao inciso III do parágrafo único do art. 163 do Código Penal.

crime algum, pois sua intenção não é causar prejuízo, e sim voltar à liberdade. O preso estaria incurso apenas em falta grave que lhe traria consequências negativas em sede de execuções criminais. Por sua vez, para os que argumentam que o tipo penal não exige qualquer fim específico, bastando que o agente tenha ciência de que causará o prejuízo, o preso comete delito de dano qualificado.

No Superior Tribunal de Justiça, está consolidado o entendimento de que o fato é atípico: "A jurisprudência desta Corte é assente no sentido de que, para a caracterização do crime tipificado no art. 163, parágrafo único, III, do Código Penal, é imprescindível o dolo específico de destruir, inutilizar ou deteriorar coisa alheia, ou seja, a vontade do agente deve ser voltada a causar prejuízo patrimonial ao dono da coisa, pois deve haver o *animus nocendi'* (AgRg no REsp n. 1.722.060/PE, Rel. Min. Sebastião Reis Junior, 6ª Turma, julgado em 2-8-2018, *DJe* 13-8-2018)" (STJ, AgRg no HC n. 694.937/SC, Rel. Min. Antonio Saldanha Palheiro, 6ª Turma, julgado em 8-2-2022, *DJe* 15-2-2022); "Nos termos da jurisprudência desta Corte, para que se possa falar em crime de dano qualificado contra patrimônio da União, Estado ou Município, mister se faz a comprovação do elemento subjetivo do delito, qual seja, o *animus nocendi*, caracterizado pela vontade de causar prejuízo ao erário. Nesse passo, a destruição, deterioração ou inutilização das paredes ou grades de cela pelo detento, com vistas à fuga de estabelecimento prisional, ou, ainda, da viatura na qual o flagranteado foi conduzido à delegacia de polícia, demonstra tão somente o seu intuito de recuperar a sua liberdade, sem que reste evidenciado o necessário dolo específico de causar dano ao patrimônio público. 4. *Writ* não conhecido e *habeas corpus* concedido, de ofício, para absolver o réu quanto ao crime de dano qualificado..." (STJ, HC 503.970/SC, Rel. Min. Ribeiro Dantas, 5ª Turma, julgado em 30-5-2019, *DJe* 4-6-2019); "Consoante jurisprudência desta Corte, para a configuração do crime de dano previsto no art. 163 do Código Penal, mostra-se imprescindível a presença do elemento subjetivo específico, qual seja, o *animus nocendi*, que consiste na vontade deliberada de causar prejuízo ao patrimônio alheio. 2 – 'A destruição de patrimônio público (buraco na cela) pelo preso que busca fugir do estabelecimento no qual encontra-se encarcerado não configura o delito de dano qualificado (art. 163, parágrafo único, inciso III do CP), porque ausente o dolo específico (*animus nocendi*), sendo, pois, atípica a conduta' (HC n. 260.350/GO, Rel. Ministra Maria Thereza de Assis Moura, 6ª Turma, *DJe* 21-5-2014)" (AgRg no HC 409.417/SC, Rel. Min. Antonio Saldanha Palheiro, 6ª Turma, julgado em 24-10-2017, *DJe* 6-11-2017). No mesmo sentido, podemos apontar os seguintes julgados do STJ: HC 90.840/MS; HC 25.658/SP; HC 24.108/DF; HC 20.518/SP; HC 48.284/MS; HC 226.021/SP; HC 260.350/GO; REsp 661.904/RS; REsp 234.853/MG; REsp 493.148/SP; REsp 867.353/PR.

É evidente, por sua vez, que, quando o preso danifica a cela ou outra dependência da penitenciária, por mero vandalismo, incorre no delito de dano qualificado.

2.4.1.10.4. Motivo egoístico ou prejuízo considerável à vítima

> *Art. 163, parágrafo único – Se o crime é cometido:*
>
> *IV – por motivo egoístico ou com prejuízo considerável para a vítima.*

Neste dispositivo, existem duas qualificadoras autônomas. A primeira diz respeito ao motivo egoístico, isto é, aplica-se ao dano praticado por quem, com ele, visa auferir algum benefício de ordem econômica ou moral em detrimento da vítima. A segunda tem como fundamento o fato de o agente ter causado um prejuízo patrimonial elevado ao sujeito passivo. O juiz, portanto, deve confrontar o montante do prejuízo com o patrimônio da vítima e só reconhecer a qualificadora quando verificar que o prejuízo é efetivamente expressivo.

2.4.1.10.5. Ação penal no dano qualificado

De acordo com o art. 167 do Código Penal, em se tratando de dano qualificado pelo motivo egoístico ou pelo prejuízo considerável à vítima (inciso IV), a ação penal é *privada*. Por sua vez, quando se tratar de dano qualificado pelo emprego de violência contra pessoa ou grave ameaça (inciso I), pelo emprego de substância explosiva ou inflamável (inciso II) ou contra bens públicos, de autarquia, fundação pública, empresa pública, sociedade de economia mista ou empresa concessionária de serviços públicos (inciso III), a ação é *pública incondicionada*.

Se o réu estiver sendo processado por uma das formas de dano qualificado que se apura mediante ação pública e, ao final, o juiz entender provada a autoria, mas não configurada a qualificadora, deverá declarar a nulidade da ação penal desde o seu princípio por ilegitimidade de parte porque, de acordo com o art. 167 do Código Penal, o delito de dano simples apura-se mediante ação privada. A vítima, em tal caso, poderá oferecer queixa-crime se ainda não decorrido o prazo decadencial de seis meses.

2.4.2. Introdução ou abandono de animais em propriedade alheia

> Art. 164. Introduzir ou deixar animais em propriedade alheia, sem consentimento de quem de direito, desde que do fato resulte prejuízo:
>
> Pena – detenção, de quinze dias a seis meses, e multa.

2.4.2.1. Objetividade jurídica

A propriedade e a posse de imóveis rurais e urbanos em relação a danos que possam ser causados por animais.

2.4.2.2. Tipo objetivo

As condutas incriminadas são introduzir ou deixar animais em propriedade alheia. A primeira delas é comissiva e pressupõe que o agente coloque o animal na propriedade de outrem. A segunda é omissiva e configura-se quando o responsável não retira o animal que, por si só, entrou em terreno alheio, quando estava ciente disso e poderia ter efetuado a retirada.

O imóvel invadido pode ser urbano ou rural.

A ausência de consentimento de quem de direito (proprietário, administrador de área rural, arrendatário de pasto etc.) é requisito do delito (elemento *normativo do tipo*).

A palavra "animais", no plural, foi utilizada para se referir ao gênero, não sendo necessária a introdução de mais de um animal para que o crime se configure, na medida em que o tipo penal somente considera tipificada a infração penal se dela advier prejuízo. Assim, se apenas um animal for introduzido e, em razão disso, decorrer algum dano, estará configurada a infração penal. Celso Delmanto[165], em entendimento minoritário, sustenta, em sentido contrário, que um único animal não é capaz de causar danos expressivos. Entendemos, contudo, que a melhor solução é verificar as consequências do caso concreto. Se apenas um animal foi capaz de provocar danos consideráveis, estará tipificado o delito. Se dois ou mais animais provocaram um dano irrisório, o fato será considerado atípico pela aplicação do princípio da insignificância.

Para a configuração do delito, basta a intenção de introduzir ou deixar animal em propriedade alheia. De acordo com Heleno Cláudio Fragoso[166], "não deve haver o propósito de causar dano (pois, neste caso, o crime seria o do art. 163)". Damásio de Jesus[167], no mesmo sentido, argumenta que "é necessário que o dolo do sujeito, na hipótese que estamos cuidando, não abranja o prejuízo. Se isso ocorre, há desclassificação do fato para o crime de dano comum". Pode-se, portanto, concluir que o crime em estudo exige dolo em relação à conduta – introduzir ou deixar animais em propriedade alheia – e culpa em relação ao prejuízo disso decorrente (resultado).

O crime não admite modalidade culposa. Se o ingresso do animal ocorrer por falta de cuidado do dono, haverá ilícito civil.

Existe consenso no sentido de que há crime de furto quando o agente introduz o animal em propriedade alheia para que ali se alimente das pastagens ou plantações. Haverá o crime do art. 164, entretanto, se os animais pisarem na plantação e a estragarem, se derrubarem cercas etc.

2.4.2.3. Sujeito ativo

Trata-se de crime comum, que pode ser cometido por qualquer pessoa, proprietário ou não do animal. Evidente, contudo, que o dono do imóvel não pode ser sujeito ativo. É possível que o imóvel esteja arrendado e o dono faça entrar animais em sua propriedade, provocando danos nas culturas plantadas pelo possuidor. Não será possível, em tal hipótese, o enquadramento no art. 164, que expressamente exige a introdução de animais em *propriedade alheia*. É perfeitamente viável, nesse caso, o enquadramento no crime comum de dano (art. 163), já que a plantação destruída ou inutilizada, nesse exemplo, constitui coisa alheia em relação ao dono do imóvel.

2.4.2.4. Sujeito passivo

O proprietário ou possuidor do imóvel que sofra o prejuízo.

2.4.2.5. Consumação

De acordo com o texto legal, a consumação só ocorre no instante em que o animal provoca dano na propriedade alheia. Trata-se, assim, de crime *material*, em que não basta a conduta de introduzir ou deixar o animal em imóvel alheio, exigindo-se que, em decorrência disso, sobrevenha prejuízo à vítima.

---

[165] Celso Delmanto. *Código Penal comentado*, p. 599.
[166] Heleno Cláudio Fragoso. *Lições de direito penal*, v. I, p. 3.460.
[167] Damásio de Jesus. *Direito penal*. 26. ed. São Paulo: Saraiva, 2004, v. 2, p. 404.

2.4.2.6. Tentativa

Como a lei exige a superveniência do resultado como elementar do delito, a tentativa não é possível, na medida em que o agente, conforme já estudado, não tem intenção específica de provocar tal prejuízo. Assim, se ocorre o resultado, o crime está consumado. Se não ocorre, o fato é atípico, ainda que os animais tenham efetivamente ingressado no imóvel alheio.

2.4.2.7. Ação penal e reparação do prejuízo

Nos termos do art. 167 do Código Penal, a ação penal é privada. A competência é do Juizado Especial Criminal, na medida em que se trata de infração de menor potencial ofensivo.

Se as partes se compuserem na audiência preliminar quanto à reparação do prejuízo e o acordo for homologado pelo juiz, haverá renúncia automática ao direito de queixa e estará extinta a punibilidade. É o que prevê o art. 74, parágrafo único, da Lei n. 9.099/95.

2.4.2.8. Classificação doutrinária

Trata-se de crime simples e de dano quanto à objetividade jurídica. No que pertine ao sujeito ativo, o delito é comum e de concurso eventual. Quanto aos meios de execução, cuida-se de crime de ação livre e comissivo ou omissivo. Em relação ao momento consumativo, o delito é instantâneo e material. Por fim, trata-se de crime doloso quanto ao elemento subjetivo.

2.4.3. Dano em coisa de valor artístico, arqueológico ou histórico

> Art. 165. Destruir, inutilizar ou deteriorar coisa tombada pela autoridade competente em virtude de valor artístico, arqueológico ou histórico:
>
> Pena – detenção, de seis meses a dois anos, e multa.

Esse crime foi revogado pelo art. 62, I, da Lei n. 9.605/98, que pune com reclusão, de um a três anos, e multa, a pessoa que destruir, inutilizar ou deteriorar bem especialmente protegido por lei, *ato administrativo* ou decisão judicial.

2.4.4. Alteração de local especialmente protegido

> Art. 166. Alterar, sem licença da autoridade competente, o aspecto de local especialmente protegido por lei:
>
> Pena – detenção, de um mês a um ano, ou multa.

Este delito encontra-se revogado pelo art. 63 da Lei n. 9.605/98, que assim dispõe: "alterar o aspecto ou estrutura de edificação ou local especialmente protegido por lei, ato administrativo ou decisão judicial, em razão de seu valor paisagístico, ecológico, turístico, artístico, histórico, cultural, religioso, arqueológico, etnográfico ou monumental, sem autorização da autoridade competente ou em desacordo com a concedida". A pena é de reclusão, de um a três anos, e multa.

Capítulo V

DA APROPRIAÇÃO INDÉBITA

2.5. Da apropriação indébita

Neste Capítulo, estão previstos os crimes de apropriação indébita (art. 168), apropriação indébita previdenciária (art. 168, § 1º-A), apropriação de coisa havida por erro, caso fortuito ou força da natureza (art. 169, *caput*), apropriação de tesouro (art. 169, parágrafo único, I) e apropriação de coisa achada (art. 169, parágrafo único, II).

2.5.1. Apropriação indébita

> Art. 168. Apropriar-se de coisa alheia móvel, de que tem a posse ou detenção:
> Pena – reclusão, de um a quatro anos, e multa.

2.5.1.1. Objetividade jurídica

Tutelar o patrimônio e posse das coisas móveis.

2.5.1.2. Tipo objetivo

Na apropriação indébita, a própria vítima ou alguém que a representa (alguém da família, um empregado, um funcionário da empresa etc.) entrega um bem ao agente de forma *livre*, *espontânea* e *consciente*, ficando combinado que este deverá exercer a posse ou detenção de forma transitória, ou seja, deverá restituí-lo ou entregá-lo a terceiro na forma e nas condições estabelecidas. O agente, portanto, recebe o bem de forma lícita. A infração penal consiste em descumprir o avençado e tornar sua a coisa alheia da qual é meramente possuidor ou detentor.

Se a entrega de bens ou valores pela vítima decorre de coação, o crime é o de extorsão (art. 158). Em tal hipótese, a entrega não se dá de forma livre e espontânea.

Se a entrega de bens ou valores decorre de um erro qualquer da vítima, o crime é o de estelionato (art. 171) ou o de apropriação de coisa havida por erro (art. 169, *caput*). Nesses crimes, a entrega não ocorre de forma consciente.

Para que se possa cogitar do crime de apropriação indébita é necessário que a vítima, além de entregar o bem ao agente, autorize-o a deixar o local em seu poder. Neste crime, o bem não é tirado do local de forma indevida ou sorrateira, o que é característica do delito de furto. A apropriação indébita consiste em não restituir o bem quando o agente tem a sua posse ou detenção desvigiada. Em suma, se a vítima entrega o bem ao agente para que ele exerça a posse apenas naquele determinado local (posse vigiada) e o sujeito leva-o embora sem autorização, o crime é o de furto. Por exclusão, somente a posse ou detenção *desvigiada* podem dar origem à apropriação indébita. É por isso que alguns autores mencionam que este delito é marcado pela quebra de confiança, porque a vítima, além de entregar o bem ao agente, permite que ele saia do local em seu poder.

O Código Civil distingue possuidor e detentor. De acordo com o art. 1.196, possuidor é quem tem de fato o exercício, pleno ou não, de algum dos poderes inerentes à propriedade. Já o art. 1.198 considera detentor aquele que, achando-se em relação de dependência para com outro, conserva a posse em nome deste e em cumprimento de ordens ou instruções suas. Apesar de, na lei civil, esses institutos terem características distintas, no âmbito penal, no que pertine ao delito de apropriação indébita, a diferenciação não se mostra de grande importância, já que o crime tipifica-se em qualquer das duas hipóteses.

Quando um motorista recebe para transporte um caminhão baú trancado, que só pode ser aberto no destino final por outros funcionários, mas, no trajeto, arromba-o para se apoderar dos bens ou valores nele contidos, comete furto qualificado pelo rompimento de obstáculo. Nesse caso, o motorista não tinha a posse ou a detenção do conteúdo do baú por estar este trancado, daí porque o delito não é o de apropriação indébita.

Apenas os bens *móveis* podem ser *objeto material* de apropriação indébita.

Quem, dolosamente, deixa de pagar mão de obra que contratou comete ilícito civil, já que mão de obra não é considerada "coisa".

O objeto material da apropriação indébita pode ser coisa fungível ou infungível. Observe-se, todavia, que, como o bem fungível pode ser reposto imediatamente por outro da mesma espécie, qualidade e quantidade, a verificação do crime pressupõe prova da intenção do agente de não efetuar tal reposição imediata. Se o sujeito está, por exemplo, na posse de dinheiro pertencente a outra pessoa para efetuar um pagamento e gasta os valores mas, em seguida, efetua o pagamento fazendo uso do próprio cartão bancário, não existe crime, em razão da ausência de dolo.

Saliente-se, por sua vez, que, nos casos em que a posse da coisa fungível decorre de contratos de *mútuo* ou *depósito*, não pode haver apropriação indébita, porque os arts. 587 e 645 do Código Civil estabelecem que nesses contratos a entrega do bem fungível transfere a propriedade. Assim, considerando que a pessoa recebe os valores na condição de dono, torna-se incogitável o crime de apropriação indébita que exige a mera posse ou detenção da coisa alheia. Por isso, quem empresta legalmente dinheiro de um banco e depois resolve não pagar, não comete apropriação indébita. Terá, todavia, que suportar a cobrança dos valores, acrescidos dos altos juros bancários.

A necessidade de ser *alheia* a coisa constitui *elemento normativo* da infração penal em análise.

A conduta típica "apropriar-se" implica fazer sua a coisa alheia da qual é meramente possuidor ou detentor. Por isso, é requisito da apropriação indébita o ânimo de assenhoreamento definitivo do bem (elemento subjetivo do tipo penal). Quem faz mero uso momentâneo não autorizado da coisa alheia da qual tem posse e, logo em seguida, a restitui ao dono não comete crime. Trata-se, em verdade, da *apropriação indébita de uso*, que, como o furto de uso, possui dois requisitos: a) intenção de uso momentâneo da coisa alheia (requisito subjetivo); b) efetiva e integral restituição do bem (requisito objetivo).

O mero esquecimento na devolução da coisa alheia não constitui infração penal por falta de dolo.

Não há crime quando o agente tem direito de retenção do objeto, como ocorre em certas hipóteses nos contratos de depósito e mandato (arts. 644 e 681 do Código Civil), pois, nesses casos, a pessoa está no exercício regular de um direito, que exclui a ilicitude da conduta.

A apropriação indébita possui vários traços distintivos em relação ao delito de estelionato. Neste, o agente emprega fraude e a vítima entrega o bem por estar em erro. Naquela, o agente não emprega fraude e a vítima entrega o bem de forma consciente (sem estar incursa em qualquer espécie de erro). Por consequência, é possível constatar que na apropriação indébita o agente recebe o bem de boa-fé, sendo o dolo posterior à obtenção da posse, enquanto no estelionato o dolo é sempre anterior (o sujeito, ao entrar na posse da coisa alheia, já está de má-fé). Quando o ato é evidentemente fraudulento, não surge qualquer dificuldade em se capitular a conduta no delito de estelionato, tal como se dá nos casos de falsificação de cheque, no conto do bilhete premiado etc. Quando, todavia, o ato em si é ambíguo, a análise da boa ou má-fé é decisiva no enquadramento legal. Suponha-se que testemunhas digam que viram o agente pedir uma motocicleta emprestada ao amigo, afirmando que a devolveria após o final de semana, e que ele, após receber o veículo, nunca mais retornou para devolvê-lo. Se ficar comprovado que o agente, desde o princípio, pretendia ficar com a motocicleta, o seu pedido de empréstimo será considerado fraudulento, tendo servido apenas para ludibriar o amigo (que acreditou na promessa de devolução). Se, todavia, ficar demonstrado que o pedido de empréstimo era sincero e que o agente recebeu o bem de boa-fé, decidindo não mais devolver a motocicleta somente depois de já estar em sua posse, responderá por crime de apropriação indébita. Se a prova colhida, entretanto, não for capaz de esclarecer se o agente mentiu ou não para o amigo ao fazer o pedido de empréstimo, a capitulação deve ser no crime de apropriação indébita por duas razões: a) a boa-fé é presumida; b) a apropriação indébita possui pena menor do que o estelionato (princípio *in dubio pro reo*).

2.5.1.3. Sujeito ativo

Pode ser qualquer pessoa que tenha a posse ou a detenção lícita de uma coisa alheia. Entendemos, como a maioria da doutrina, que se trata de crime comum, pois o requisito de ter a posse ou a detenção não é uma qualidade ou peculiaridade do sujeito, e sim uma relação jurídica transitória entre ele e a coisa. Rogério Greco[168], contudo, entende tratar-se de crime próprio.

Como não existe figura similar à do furto de coisa comum (art. 156), o condômino, coerdeiro ou sócio que, tendo a posse integral de bem que só lhe pertence em parte, dele se apodere, no todo ou em montante superior ao de sua quota-parte, responde por apropriação indébita.

---

[168] Rogério Greco. *Curso de direito penal,* Parte especial, v. III, p. 203.

2.5.1.4. Sujeito passivo

Quem sofre o prejuízo. Normalmente é o proprietário, mas também podem sê-lo o possuidor, o usufrutuário etc.

Quem se apropria de bens, proventos, pensão ou outro rendimento de pessoa idosa, incorre em crime especial previsto no art. 102 do Estatuto da Pessoa Idosa (Lei n. 10.741/2003). Caso a vítima seja portadora de deficiência, o crime será o do art. 89 da Lei n. 13.146/2015 (Estatuto da Pessoa com Deficiência). Esses crimes, por serem especiais, impedem a tipificação do crime de apropriação indébita do art. 168 do Código Penal.

2.5.1.5. Consumação

Como o agente já está na posse ou detenção da coisa alheia móvel, basta que ele resolva tornar-se dono de tal bem para que o delito se configure. Por isso, diz-se que a apropriação indébita consuma-se no momento da *inversão de ânimo*, ou seja, no exato instante em que surge o dolo, a intenção de tornar-se dono da coisa alheia.

O momento exato da inversão de ânimo, por ser meramente subjetivo, é de difícil constatação. Em razão disso, a prova do dolo é feita por ter o agente, de algum modo, exteriorizado, dado sinais claros, de que passou a se comportar como dono.

Dependendo do destino dado ao bem pelo agente no momento da inversão de ânimo, a apropriação indébita pode ser classificada em duas modalidades. A primeira é conhecida como *negativa de restituição*. Em tal hipótese, o sujeito fica com o objeto para ele. O dolo de não restituir pode ser demonstrado por ter o agente afirmado expressamente que não irá fazê-lo ou pelo decurso de tempo suficiente para deixar evidenciada esta intenção. A segunda modalidade é chamada de *apropriação propriamente dita* e caracteriza-se pela prática não autorizada de algum ato de disposição da coisa móvel alheia (venda, locação, doação etc.).

A prestação de contas e eventual interpelação judicial não condicionam a existência do crime, exceto em determinados casos concretos, como, por exemplo, na gestão de negócios, na compensação de créditos etc. Nesse sentido: "A jurisprudência desta Corte (a título exemplificativo, no RHC 53.713 e no RHC 68.132) é no sentido de que, em se tratando de apropriação indébita, não é necessária a prévia prestação de contas, a não ser em casos excepcionais, o que não ocorre na hipótese. Também é pacífico que, depois de consumado o crime, o pagamento não é causa da extinção da punibilidade por falta de previsão legal" (STF, HC 74.965/RS, 1ª Turma, Rel. Min. Moreira Alves, *DJU* 1º-8-1997).

Se o agente, após a consumação do delito, ao ser descoberto, resolve restituir o bem ou ressarcir a vítima, aplica-se o instituto do arrependimento posterior (art. 16 do CP), segundo o qual a pena é reduzida de um a dois terços. O ressarcimento do prejuízo, em hipótese alguma, exclui o crime.

2.5.1.6. Tentativa

Na apropriação propriamente dita, que pressupõe uma ação (venda, locação etc.), a tentativa é possível. É o que ocorre, por exemplo, quando a venda pretendida não se concretiza. Na negativa de restituição, a consumação se dá quando o agente deixa patente (de forma verbal, pelo prazo decorrido ou por seu comportamento), que não irá devolver o bem. Como a falta de restituição constitui conduta omissiva, é incompatível com a tentativa.

2.5.1.7. Classificação doutrinária

Trata-se de crime simples e de dano quanto à objetividade jurídica. No que pertine ao sujeito ativo, o delito é comum e de concurso eventual. Quanto aos meios de execução, a apropriação indébita pode ser comissiva ou omissiva. Em relação ao momento consumativo, o delito é instantâneo e material. Por fim, trata-se de crime doloso quanto ao elemento subjetivo.

2.5.1.8. Ação penal

É pública incondicionada

2.5.1.9. Apropriação indébita majorada

No § 1º do art. 168, estão elencadas algumas causas de aumento de pena que se aplicam quando o agente obteve a posse ou detenção da coisa alheia em circunstâncias especiais.

Em tais hipóteses, haverá um acréscimo obrigatório de 1/3 na pena.

> *Art. 168, § 1º – A pena é aumentada de um terço, quando o agente recebeu a coisa:*
>
> *I – em depósito necessário;*
>
> *II – na qualidade de tutor, curador, síndico, liquidatário, inventariante, testamenteiro ou depositário judicial;*
>
> *III – em razão de ofício, emprego ou profissão.*

O conceito de depósito necessário é encontrado no art. 647 do Código Civil, que assim dispõe: "É depósito necessário: I – o que se faz em desempenho de obrigação legal; II – o que se efetuar por ocasião de alguma calamidade, como o incêndio, a inundação, o naufrágio ou o saque".

A primeira modalidade é denominada depósito necessário *legal*. Existe, contudo, consenso na doutrina no sentido de que, em tal hipótese, o agente recebe o bem no desempenho de função pública e, caso dela se aproprie, incorre em crime de peculato (art. 312, *caput*). Assim, a figura agravada do crime de apropriação indébita decorrente de depósito necessário estaria restrita ao chamado depósito *miserável*, em que uma pessoa recebe a posse ou a detenção de coisas alheias para evitar que elas pereçam porque o dono não tem condição de guardá-las em razão de um incêndio ou inundação etc. Em tal caso, a apropriação dos bens se reveste de especial gravidade em face da situação da vítima.

Existe, ainda, a figura do depósito necessário *por equiparação*, descrito no art. 649 do Código Civil, que se refere às bagagens dos viajantes ou hóspedes nas hospedarias onde estiverem. É evidente que, em tais casos, só haverá apropriação indébita se houver posse ou detenção por parte do sujeito ativo, ou seja, nas situações em que as bagagens estejam sob a responsabilidade dos funcionários do hotel, pois, quando estão no quarto e alguém entra sorrateiramente e subtrai os bens, o crime é o de furto.

Para alguns autores, como Julio Fabbrini Mirabete[169], no caso do depósito necessário por equiparação do art. 649, configura-se a apropriação indébita agravada deste inciso I.

---

[169] Julio Fabbrini Mirabete. *Manual de direito penal*, v. 2, p. 288.

Damásio de Jesus[170] e Nélson Hungria[171], no entanto, entendem que se trata de equiparação meramente para fins civis, mas que, em verdade, não se trata de depósito efetivamente necessário, razão pela qual o correto é considerar o crime de apropriação indébita agravado na figura do inciso III, porque o funcionário do hotel recebeu o bem em razão de seu *emprego*.

As majorantes do inciso II referem-se ao fato de o agente ter recebido o bem no exercício de um *munus* ou de uma função especial: tutor, curador, inventariante, testamenteiro ou depositário judicial.

Tutor é a pessoa nomeada judicialmente a quem compete cuidar e administrar os bens de pessoa menor de idade, caso seus pais tenham falecido, sido declarados ausentes ou destituídos do pátrio poder (se não colocado em família substituta).

Curador é a pessoa nomeada judicialmente para administrar os bens de pessoas que, por causa transitória ou permanente, não podem exprimir sua vontade, dependentes de álcool ou drogas ou pródigas.

Inventariante é a pessoa a quem compete a administração da herança, desde a assinatura do compromisso até a homologação da partilha, nos termos do art. 1.991 do Código Civil.

Testamenteiro é quem tem a incumbência de cumprir as disposições de última vontade contidas em testamento.

Depositário judicial, nos termos do art. 159 do novo Código de Processo Civil, é a pessoa nomeada pelo juiz para a guarda e conservação de bens penhorados, arrestados, sequestrados ou arrecadados por ordem do juízo. Caso seja particular, responderá por apropriação indébita com a pena aumentada. Caso, porém, seja funcionário público, responderá por peculato.

O inciso II também faz menção ao liquidatário e ao síndico da falência. Ocorre que a figura do liquidatário foi abolida de nossa legislação pela atual Lei de Falências (Lei n. 11.101/2005), enquanto a figura do síndico foi substituída, pela mesma Lei, pelo *administrador judicial*, a quem incumbe, dentre outras funções, administrar os bens da massa falida. Acontece que, caso ele se aproprie de um desses bens, cometerá, atualmente, crime especial previsto no art. 173 da própria Lei Falimentar.

Por fim, a pena da apropriação indébita será aumentada em 1/3 se o agente tiver recebido o bem em razão de emprego, profissão ou ofício. *Emprego* é a prestação de serviço com subordinação e dependência, que podem ou não existir no ofício ou profissão. O funcionário do caixa de estabelecimento bancário ou farmácia, o vendedor de loja, o *office boy* são todos empregados da empresa em que trabalham. Tendo o agente recebido a posse ou detenção em razão do emprego, a majorante deverá ser reconhecida, quer o dono do bem seja o próprio empregador, quer seja cliente ou fornecedor deste. *Ofício* é a ocupação manual ou mecânica que supõe certo grau de habilidade e que é útil e necessária à sociedade (jardineiro, pintor, pedreiro, mecânico, costureiro, relojoeiro etc.). A *profissão*, por sua vez, caracteriza-se pela inexistência de qualquer vinculação hierárquica e pelo exercício predominantemente técnico e intelectual (arquiteto, agrônomo, veterinário, médico etc.). Comete o crime agravado em análise, por exemplo, o advogado que, tendo procuração da parte vencedora da ação civil ou trabalhista, levanta os valores depositados em juízo e não os entrega ao cliente.

---

[170] Damásio de Jesus. *Direito penal*. 26. ed. São Paulo: Saraiva, 2004, v. 2, p. 421.
[171] Nélson Hungria. *Comentários ao Código Penal*, v. VII, p. 148.

Importante ressaltar que, na modalidade simples da apropriação indébita, se o réu preencher os demais requisitos do art. 89 da Lei n. 9.099/95, poderá ser beneficiado com a suspensão condicional do processo, porque a pena mínima é de 1 ano. Em se tratando, contudo, de modalidade majorada do art. 168, § 1º, do Código, o benefício torna-se inviável porque a pena mínima é superior a 1 ano.

2.5.2. Apropriação indébita previdenciária

> Art. 168-A. Deixar de repassar à previdência social as contribuições recolhidas dos contribuintes, no prazo e forma legal ou convencional:
>
> Pena – reclusão, de dois a cinco anos, e multa.

2.5.2.1. Objetividade jurídica

Esta figura delituosa foi inserida no Código Penal pela Lei n. 9.983/2000. Sua finalidade é tutelar as fontes de custeio da previdência social assegurando a entrada dos valores aos seus cofres. Por consequência, protegem-se também os benefícios dos cidadãos garantidos pelo sistema da seguridade social.

2.5.2.2. Tipo objetivo

O objeto material do crime é a *contribuição social* que foi recolhida, mas não foi repassada ao sistema previdenciário dentro do prazo previsto em lei ou convencional (Exemplo: prazo convencionado entre bancos ou casas lotéricas e o INSS para repasse). A conduta típica é omissiva e consiste em não repassar dolosamente aos cofres da previdência social as contribuições recolhidas dos contribuintes.

Os tribunais superiores firmaram entendimento de que o delito em estudo não exige elemento subjetivo específico (*animus rem sibi habendi*), configurando-se com o dolo genérico de omitir o repasse. Nesse sentido: "O aresto recorrido está em consonância com o entendimento deste Tribunal Superior, pois 'os crimes de sonegação fiscal e apropriação indébita previdenciária prescindem de dolo específico, sendo suficiente, para a sua caracterização, a presença do dolo genérico consistente na omissão voluntária do recolhimento, no prazo legal, dos valores devidos'" (AgRg no AREsp 469.137/RS, Rel. Ministro Reynaldo Soares da Fonseca, 5ª Turma, DJe 13-12-2017)" (STJ, AgRg no REsp 1.940.818/PB, Rel. Min. Joel Ilan Paciornik, 5ª Turma, julgado em 14-6-2022, DJe 17-6-2022); "Esta Corte pacificou entendimento de que o crime de apropriação indébita previdenciária caracteriza-se com a simples conduta de deixar de recolher as contribuições descontadas dos empregados, sendo desnecessário o *animus rem sibi habendi* para a sua configuração. 2. Trata-se, pois, de crime omissivo próprio ou puro, que se aperfeiçoa independentemente do fato de o agente (empregador) vir a se beneficiar com os valores arrecadados de seus empregados e não repassados à Previdência Social. 3. A exigência do dolo específico tornaria praticamente impossível atingir o objetivo do legislador ao editar a norma contida no artigo 168-A do Código Penal, que é o de proteger o patrimônio público e os segurados da Previdência Social" (STJ, AgRg no REsp 750.979/RJ, Rel. Min. Paulo Gallotti, 6ª Turma, julgado em 29-6-2009, DJe 3-8-2009).

Saliente-se, outrossim, que o Supremo Tribunal Federal já decidiu que a punição pelo delito em questão não fere o art. 5º, LXVII, da Carta Magna que veda a prisão por dívida, não havendo, portanto, inconstitucionalidade no dispositivo. Nesse sentido, podem ser consultados diversos julgados da Corte Suprema: HC 91.704, Rel. Min. Joaquim Barbosa;

AI 366.390-AgR, Rel. Min. Nelson Jobim; AI 675.619-AgR, Rel. Min. Cármen Lúcia; RE 391.996-AgR, Rel. Min. Ellen Gracie; AI 800589-AgR, Rel. Min. Ayres Britto, dentre outros.

2.5.2.3. Sujeito ativo

É a pessoa responsável por repassar ao sistema previdenciário a contribuição recolhida. Segundo Damásio de Jesus[172] "as contribuições, muitas vezes, são recolhidas em instituições bancárias, que, por convênios ('convenções') celebrados com o INSS, dispõem de prazo para repassarem os valores à Previdência Social. Portanto, poderão também figurar como sujeitos ativos. Os agentes públicos também podem praticar esse delito, tendo em vista que as declarações das empresas incidentes sobre o faturamento e o lucro, bem como aquelas referentes à receita de concursos de prognósticos, são arrecadadas e fiscalizadas pela Secretaria da Receita Federal, cujos valores devem ser repassados mensalmente ao Tesouro Nacional".

2.5.2.4. Sujeito passivo

O Estado, representado pelo Instituto Nacional do Seguro Social (INSS). Indiretamente, são vítimas os beneficiários da seguridade social.

De acordo com a Súmula n. 658 do Superior Tribunal de Justiça, "o crime de apropriação indébita tributária pode ocorrer tanto em operações próprias como em razão de substituição tributária".

2.5.2.5. Consumação

Diverge a doutrina em torno da classificação do delito quanto ao momento consumativo. Cezar Roberto Bitencourt[173] sustenta que se trata de crime material. Celso Delmanto[174] alega tratar-se de delito formal, enquanto Rogério Greco[175] defende tratar-se de crime de mera conduta. Entendemos tratar-se de crime material, pois há efetivo prejuízo à previdência pela falta do repasse. Este, aliás, o entendimento do Supremo Tribunal Federal: "A apropriação indébita disciplinada no artigo 168-A do Código Penal consubstancia crime omissivo material e não simplesmente formal" (Inq 2.537 AgR, Rel. Min. Marco Aurélio, Tribunal Pleno, julgado em 10-3-2008, *DJe* 107 divulg. 12-6-2008 public. 13-6-2008).

Em relação aos crimes de natureza tributária ou equiparados, os tribunais superiores firmaram entendimento de que a ação penal só pode ser ajuizada após o esgotamento da via administrativa, ou seja, somente após o *lançamento definitivo* é que a denúncia pode ser oferecida. Acrescente-se, ainda, que, antes disso, o lapso prescricional não tem início. A propósito: "O STJ pacificou entendimento de que o crime do art. 168-A do Código Penal é de natureza material que só se consuma com a constituição definitiva, na via administrativa, do débito tributário, consoante o disposto na Súmula Vinculante n. 24 do STF. Precedentes" (STJ, AgRg no REsp 1.850.249/SP,Rel. Min. Rogerio Schietti Cruz, 6ª Turma, julgado em 14-9-2021, *DJe* 21-9-2021).

Em outubro de 2023, o Superior Tribunal de Justiça, ao analisar o tema 1.166, em sede de recurso repetitivo, aprovou a seguinte tese: "o crime de apropriação indébita previdenciária,

---

[172] Damásio de Jesus. *Direito penal*. 26. ed. São Paulo: Saraiva, 2004, v. 2, p. 426.
[173] Cezar Roberto Bitencourt. *Tratado de direito penal*, v. 3, p. 257.
[174] Celso Delmanto. *Código Penal comentado*, p. 386.
[175] Rogério Greco. *Curso de direito penal*, v. 3, p. 219.

previsto no art. 168-A, § 1º, inciso I, do Código Penal, possui natureza de delito material, que só se consuma com a constituição definitiva, na via administrativa, do crédito tributário, consoante o disposto na Súmula Vinculante n. 24 do Supremo Tribunal Federal".

2.5.2.6. Tentativa

Inviável por se tratar de crime omissivo próprio.

2.5.2.7. Classificação doutrinária

No que diz respeito à objetividade jurídica, o crime é simples e de dano. Trata-se de crime próprio e de concurso eventual quanto ao sujeito ativo. Em relação ao meio de execução, cuida-se de delito omissivo. Quanto ao momento consumativo, o delito é instantâneo e material (de acordo com o entendimento do Supremo Tribunal Federal).

2.5.2.8. Figuras equiparadas

Estabelece o art. 168-A, em seu § 1º, três figuras equiparadas, dispondo que

> ... nas mesmas penas incorre quem deixar de:
>
> *I – recolher, no prazo legal, contribuição ou outra importância destinada à previdência social que tenha sido descontada de pagamento efetuado a segurados, a terceiros ou arrecadada do público;*
>
> *II – recolher contribuições devidas à previdência social que tenham integrado despesas contábeis ou custos relativos à venda de produtos ou à prestação de serviços;*
>
> *III – pagar benefício devido a segurado, quando as respectivas cotas ou valores já tiverem sido reembolsados à empresa pela previdência social.*

Na figura do inciso I, o sujeito desconta do segurado (empregado, empregado doméstico, empresário ou trabalhador autônomo que presta serviços eventuais a empresas etc.) qualquer valor destinado à previdência e não o recolhe. O sujeito ativo dos crimes desse § 1º, I, é o empresário individual, o administrador da empresa, o empregador etc.

A hipótese do inciso II tem incidência quando no preço final do produto ou do serviço está embutido o valor das contribuições devidas e estas não são recolhidas para o INSS após contabilizadas.

Por fim, na hipótese do inciso III, a empresa deve ter sido reembolsada pela Previdência Social e não ter repassado o benefício ao segurado no prazo. É o que ocorre, por exemplo, com a falta de repasse do salário-família se o empregador já tiver sido reembolsado pela previdência do respectivo valor.

2.5.2.9. Extinção da punibilidade

Existem algumas hipóteses expressamente previstas em lei que geram a extinção da punibilidade do agente: a) se ele, espontaneamente, declara e confessa as contribuições, importâncias ou valores e presta as informações devidas à Previdência Social, na forma definida em lei ou regulamento, *antes do início da ação fiscal* (art. 168-A, § 2º). A ação fiscal se inicia com a notificação pessoal do contribuinte a respeito de sua instauração; b) se a pessoa jurídica relacionada com o agente efetuar o pagamento integral dos débitos, inclusive acessórios (art. 9º, § 2º, da Lei n. 10.684/2003[176]), em qualquer momento da persecução penal. Saliente-se que o art. 9º desta Lei e seu § 1º estabelecem a suspensão da pretensão punitiva estatal e da prescrição, se a empresa obtiver o parcelamento dos valores devidos – desde que o pedido de parcelamento tenha sido formalizado antes do recebimento da denúncia criminal, de acordo com o art. 83, § 2º, da Lei n. 9.430/96, com a redação dada pela Lei n. 12.382/2011.

Em suma, após o advento da Lei n. 12.382/2011, se o agente obtiver o parcelamento antes do recebimento da denúncia, suspendem-se a prescrição e a pretensão punitiva e, em caso de pagamento, extingue-se a punibilidade. Após o início da ação penal, o parcelamento não mais poderá ser obtido, porém, de acordo com o entendimento dominante, se o devedor efetuar o pagamento em qualquer fase da persecução, restará também extinta a punibilidade.

Entendemos que o pagamento dos valores devidos após a condenação definitiva não gera a extinção da punibilidade, já que o *mencionado* art. 9º cita expressamente a pretensão punitiva, e não a extinção da pretensão executória. Nesse sentido: STJ, HC 302.059/SP, Rel. Min. Maria Thereza de Assis Moura, 6ª Turma, julgado em 3-2-2015, *DJe* 11-2-2015; e STJ, RHC 29.576/ES, Rel. Min. Marco Aurélio Bellizze, 5ª Turma, julgado em 19-11-2013, *DJe* 26-2-2014. Há, porém, julgados nas cortes superiores admitindo a extinção da punibilidade pelo pagamento mesmo após o trânsito em julgado da sentença condenatória. Nesse sentido: "Com o advento da Lei 10.684/2003, no exercício da sua função constitucional e de acordo com a política criminal adotada, o legislador ordinário optou por retirar do ordenamento jurídico o marco temporal previsto para o adimplemento do débito tributário redundar na extinção da punibilidade do agente sonegador, nos termos do seu artigo 9º, § 2º, sendo vedado ao Poder Judiciário estabelecer tal limite. 2. Não há como se interpretar o referido dispositivo legal de outro modo, senão considerando que o pagamento do tributo, a qualquer tempo, até mesmo após o advento do trânsito em julgado da sentença penal condenatória, é causa de extinção da punibilidade do acusado" (STJ, HC 362.478/SP, Rel. Min. Jorge Mussi, 5ª Turma, julgado em 14-9-2017, *DJe* 20-9-2017).

2.5.2.10. Perdão judicial e privilégio

Estabelece o § 3º do art. 168-A, que o juiz pode deixar de aplicar a pena (*perdão judicial*) ou aplicar somente a de multa (*figura privilegiada*) se o agente for primário e de bons antecedentes, desde que:

> *I – tenha promovido, após o início da ação fiscal e antes de oferecida a denúncia, o pagamento da contribuição social previdenciária, inclusive acessórios; ou*
>
> *II – o valor das contribuições devidas, inclusive acessórios, seja igual ou inferior àquele estabelecido pela Previdência Social, administrativamente, como o mínimo para o ajuizamento de suas execuções fiscais.*
>
> *§ 4º A faculdade prevista no § 3º deste artigo não se aplica aos casos de parcelamento de contribuições cujo valor, inclusive dos acessórios, seja superior àquele estabelecido, administrativamente, como sendo o mínimo para o ajuizamento de suas execuções fiscais.*

---

[176] Existem regras no mesmo sentido nos arts. 68 e 69 da Lei n. 11.941/2009.

A regra do inciso I perdeu o sentido na medida em que, conforme já estudado, o pagamento dos valores devidos, em qualquer fase da persecução, gera a extinção da punibilidade nos termos do art. 9º, § 2º, da Lei n. 10.684/2003 e do art. 69 da Lei n. 11.941/2009.

Já em relação ao inciso II, existem duas correntes. A primeira entende que continua a ser aplicável por haver incompatibilidade entre o princípio da insignificância e o bem jurídico tutelado no delito de apropriação indébita previdenciária. Para tal corrente, portanto, se os valores forem inferiores ao mínimo fixado administrativamente para o ajuizamento das execuções fiscais, o juiz somente poderá conceder o perdão judicial ou aplicar pena exclusiva de multa. A propósito: "O art. 168-A, em seu § 3º, inciso II, do Código Penal, evidencia que é inaplicável o princípio da insignificância para o crime em questão, uma vez que expressamente prevê a possibilidade do Perdão Judicial para os valores das contribuições devidas, inclusive acessórios, quando o valor devido seja igual ou inferior àquele estabelecido pela previdência social, administrativamente, como sendo o mínimo para o ajuizamento de suas execuções fiscais. Atualmente, a Portaria n. 4.943, do Ministério da Previdência e Assistência Social, dispõe, em seu art. 4º (redação dada pela Portaria n. 296/MPS de 08 de agosto de 2007), que a Dívida Ativa do INSS de valor até R$ 10.000,00 (dez mil reais) considerada no CNPJ não será ajuizada, exceto se existirem outras dívidas em face do mesmo devedor, hipótese em que serão agrupadas para o fim de ajuizamento" (TRF 3ª Região, 2ª Turma, AP. 1999.08.99.093000, Rel. Cotrim Guimarães, *DJU* 9-6-1990).

No Supremo Tribunal Federal, existem inúmeros julgados negando a possibilidade de aplicação do princípio da insignificância ao delito em estudo. Veja-se: "...o bem jurídico tutelado pelo delito de apropriação indébita previdenciária é a 'subsistência financeira à Previdência Social', conforme assentado por esta Corte no julgamento do HC 76.978/RS, rel. Min. Maurício Corrêa ou, como leciona Luiz Regis Prado, 'o patrimônio da seguridade social e, reflexamente, as prestações públicas no âmbito social' (*Comentários ao Código Penal*, 4. ed. São Paulo: RT, 2007, p. 606). 4. Consectariamente, não há como afirmar-se que a reprovabilidade da conduta atribuída ao paciente é de grau reduzido, porquanto narra a denúncia que este teria descontado contribuições dos empregados e não repassado os valores aos cofres do INSS, em prejuízo à arrecadação já deficitária da Previdência Social, configurando nítida lesão a bem jurídico supraindividual. O reconhecimento da atipicidade material *in casu* implicaria ignorar esse preocupante quadro. Precedente: HC 98.021/SC, Rel. Min. Ricardo Lewandowski, 1ª Turma, *DJ* de 13/8/2010. 5. Parecer do MPF pela denegação da ordem. 6. Ordem denegada" (HC 102.550, Rel. Min. Luiz Fux, 1ª Turma, julgado em 20-9-2011, *DJe*-212 PP-00041).

No mesmo sentido, veja-se HC 107.331, Rel. Min. Gilmar Mendes, 2ª Turma, julgado em 28-5-2013, *DJe*-110 public. 12-6-2013; HC 110.124, Rel. Min. Cármen Lúcia, 1ª Turma, julgado em 14-2-2012, public. 16-3-2012; HC 107.041, Rel. Min. Dias Toffoli, 1ª Turma, julgado em 13-9-2011, *DJe*-193 public. 7-10-2011; HC 98.021, Rel. Min. Ricardo Lewandowski, 1ª Turma, julgado em 22-6-2010, *DJe*-149 public. 13-8-2010 EMENT VOL-02410-03 PP-00516 RMDPPP v. 7, n. 37, 2010, p. 99-105 LEXSTF v. 32, n. 381, 2010, p. 425-433 RT v. 100, n. 904, 2011, p. 516-520.

O Superior Tribunal de Justiça também não admite a aplicação do princípio da insignificância a este delito: "Consoante entendimento firmado pela Terceira Seção desta Corte, não é possível a aplicação do princípio da insignificância ao crime de apropriação indébita previdenciária, independentemente do valor apropriado, dado o elevado grau de reprovabilidade da conduta do agente que atenta contra a subsistência da Previdência Social. Precedentes desta Corte e do Supremo Tribunal Federal. 2. Agravo regimental não provido" (STJ, AgRg no REsp 1.862.853/MG, Rel. Min. Rogerio Schietti Cruz, 6ª Turma, julgado em 27-10-2020, *DJe* 12-11-2020); "Ambas as Turmas que compõem o Supremo Tribunal Federal entendem ser inaplicável o princípio da insignificância aos crimes de sonegação de contribuição previdenciária e apropriação indébita previdenciária, tendo em vista a elevada reprovabilidade dessas condutas, que atentam contra bem jurídico de caráter supraindividual e contribuem para agravar o quadro deficitário da Previdência Social. 2. A Terceira Seção desta Corte Superior concluiu que não é possível a aplicação do princípio da insignificância aos crimes de apropriação indébita previdenciária e de sonegação de contribuição previdenciária, independentemente do valor do ilícito, pois esses tipos penais protegem a própria subsistência da Previdência Social, de modo que é elevado o grau de reprovabilidade da conduta do agente que atenta contra este bem jurídico supraindividual. 3. Agravo regimental desprovido" (STJ, AgRg no REsp 1.783.334/PB, Rel. Min. Laurita Vaz, 6ª Turma, julgado em 7-11-2019, *DJe* 2-12-2019); "No julgamento da RvCr n. 4.881/RJ, a Terceira Seção concluiu, em julgamento unânime, acompanhando entendimento do Supremo Tribunal Federal, que o princípio da insignificância não se aplicaria aos crimes de apropriação indébita previdenciária (art. 168-A do Código Penal) e de sonegação de contribuição previdenciária (art. 337-A do Código Penal). Precedentes" (STJ, AgRg no REsp 1.832.011/MG, Rel. Min. Antonio Saldanha Palheiro, 6ª Turma, julgado em 10-8-2021, *DJe* 16-8-2021).

2.5.3. Apropriação de coisa havida por erro, caso fortuito ou força da natureza

No art. 169, *caput*, do Código Penal, existem duas figuras ilícitas autônomas. Na primeira parte do dispositivo, está prevista a apropriação de coisa havida por erro, ao passo que, na segunda parte, está descrito o delito de apropriação de coisa havida por caso fortuito ou força da natureza.

2.5.3.1. Apropriação de coisa havida por erro

> Art. 169, caput – *Apropriar-se alguém de coisa alheia vinda a seu poder por erro, caso fortuito ou força da natureza:*
>
> *Pena – detenção, de um mês a um ano, ou multa.*

2.5.3.1.1. Objetividade jurídica

Proteger a propriedade.

2.5.3.1.2. Tipo objetivo

Tal como ocorre na apropriação indébita, nesse crime também é a vítima quem, espontaneamente, entrega o bem ao agente. A diferença entre os dois delitos reside no fato de que, na apropriação indébita, a vítima entrega o bem sem estar em erro, enquanto no delito em estudo, é necessário que a vítima, por algum motivo, esteja em situação de erro, ou seja, com uma incorreta percepção da realidade, que, no caso concreto, é a causa determinante da entrega.

O erro da vítima pode se referir:

a) À *pessoa* destinatária do bem. Em tal hipótese, o objeto deveria ser entregue a uma pessoa e a vítima, por engano, entrega a outra. É o que ocorre quando uma entrega é feita em endereço errado ou quando um depósito bancário é feito, por engano, em conta corrente de pessoa diversa.

b) À *coisa* entregue. É o que ocorre quando uma pessoa compra um bem de menor valor e, por erro, lhe entregam objeto mais valioso.

c) À ex*istência da obrigação* ou parte dela. Ocorre quando a pessoa se engana, achando que deve entregar um bem ou valor a terceiro, quando isso não é necessário. É o que ocorre, por exemplo, quando uma pessoa paga duas vezes uma dívida.

A configuração deste delito pressupõe que o agente receba o bem de boa-fé, ou seja, que só perceba o equívoco da vítima quando já está na posse ou detenção do bem e que, em seguida, resolva dele se apoderar, não o restituindo a quem de direito. Essa conclusão é inevitável, na medida em que, se o agente, antes de receber o bem, percebe que está havendo um engano, mas, maliciosamente, mantém-se em silêncio para que a entrega se concretize, o crime é o de estelionato. Com efeito, a Exposição de Motivos da Parte Especial do Código Penal, em seu item 61, ressalva que "o próprio silêncio, quando malicioso ou intencional, acerca do preexistente erro da vítima, constitui meio fraudulento característico do estelionato". Em suma, se o agente percebe o erro e fica em silêncio, responde por estelionato. Na apropriação de coisa havida por erro, portanto, o sujeito recebe o bem de boa-fé e só descobre o erro depois disso, sendo que, na sequência, resolve não o devolver. Seu dolo é necessariamente *posterior* à obtenção da posse.

Também no crime de apropriação indébita, o dolo é posterior, porém, conforme mencionado, a vítima não está em erro quando efetua a entrega.

Em razão do que foi exposto, podem ser elencados os seguintes requisitos no crime de apropriação de coisa havida por erro: a) que a vítima esteja em erro não provocado pelo agente; b) que a vítima espontaneamente entregue o bem a ele; c) que o agente, ao receber o bem, esteja de boa-fé (não perceba o erro da vítima, pois, caso contrário, o crime seria o de estelionato); e d) que, já estando na posse do bem, o agente perceba que o recebeu por erro e resolva dele se apoderar.

Não existe o crime quando o agente pensa ter recebido uma doação ou prêmio, pois, em tais casos, não há dolo de locupletamento ilícito. Também não há crime se o agente, ao perceber o erro, não tem como devolver o bem ou os valores ao proprietário, por não saber de quem se trata e não possuir meios para identificá-lo. No tipo penal em análise, ao contrário do que ocorre com o delito de apropriação de coisa achada, não existe obrigação de procurar as autoridades públicas para a elas efetuar a devolução, mesmo porque, quem incidiu em erro é que tem condições de procurar a pessoa a quem entregou o objeto. Se esta, então, recusar a devolução, haverá crime.

2.5.3.1.3. Sujeito ativo

Qualquer pessoa. Trata-se de crime comum.

2.5.3.1.4. Sujeito passivo

O proprietário.

2.5.3.1.5. Consumação

No momento em que o agente resolve ficar com o bem alheio ou praticar ato de disposição não autorizado.

2.5.3.1.6. Tentativa

Possível quando se tratar de conduta comissiva.

2.5.3.1.7. Classificação doutrinária

Trata-se de crime simples e de dano quanto à objetividade jurídica. No que pertine ao sujeito ativo, o delito é comum e de concurso eventual. Quanto aos meios de execução, pode ser comissivo ou omissivo. Em relação ao momento consumativo, o delito é instantâneo e material. Por fim, trata-se de crime doloso quanto ao elemento subjetivo.

2.5.3.1.8. Ação penal

Pública incondicionada de competência do Juizado Especial Criminal.

2.5.3.2. Apropriação de coisa havida por caso fortuito ou força da natureza

Art. 169, caput – Apropriar-se alguém de coisa alheia vinda a seu poder por erro, caso fortuito ou força da natureza:

Pena – detenção, de um mês a um ano, ou multa.

2.5.3.2.1. Objetividade jurídica

Proteger a propriedade.

2.5.3.2.2. Tipo objetivo

O crime em análise está descrito na 2ª parte do art. 169, *caput*, do Código Penal e pressupõe que o sujeito se aproprie de coisa vinda a seu poder por caso fortuito ou força da natureza. Tais expressões possuem praticamente o mesmo significado, pressupondo um acontecimento acidental e inevitável. No *caso fortuito*, existe alguma participação *humana* no evento. Exemplo: gado que ingressa em propriedade alheia porque alguém esqueceu a porteira aberta. Na hipótese de *força da natureza*, não existe esta participação humana inicial que contribua para o evento. Exemplo: aumento do volume de águas de um rio que levam um barco até propriedade alheia. Em ambos os casos, o delito se concretizará se o agente, ao perceber o que ocorreu, negar-se a restituir os bens ou praticar ato de disposição não autorizado. O crime só se configura se ele sabe que o objeto é alheio e que veio às suas terras em razão de caso fortuito ou força da natureza.

2.5.3.2.3. Sujeito ativo

Qualquer pessoa. Trata-se de crime comum.

2.5.3.2.4. Sujeito passivo

O proprietário.

2.5.3.2.5. Consumação

No momento em que o agente resolve ficar com o bem alheio ou praticar ato de disposição não autorizado.

2.5.3.2.6. Tentativa

Possível quando se tratar de conduta comissiva.

2.5.3.2.7. Ação penal

Pública incondicionada de competência do Juizado Especial Criminal.

2.5.3.2.8. Classificação doutrinária

Trata-se de crime simples e de dano quanto à objetividade jurídica. No que pertine ao sujeito ativo, o delito é comum e de concurso eventual. Quanto aos meios de execução, pode ser comissivo ou omissivo. Em relação ao momento consumativo, o delito é instantâneo e material. Por fim, trata-se de crime doloso quanto ao elemento subjetivo.

2.5.4. Apropriação de tesouro

> *Art. 169, parágrafo único – Na mesma pena incorre:*
>
> *I – quem acha tesouro em prédio alheio e se apropria, no todo ou em parte, da quota a que tem direito o proprietário do prédio.*

2.5.4.1. Objetividade jurídica

O patrimônio, no que diz respeito à quota a que tem direito o proprietário do prédio onde é encontrado casualmente um tesouro por terceiro.

2.5.4.2. Tipo objetivo

O art. 1.264 do Código Civil estabelece que o depósito antigo de coisas preciosas, oculto e de cujo dono não haja memória, uma vez localizado *casualmente*, será dividido por igual entre o proprietário do prédio onde o fato ocorreu e quem o encontrou. A localização casual pode se dar, por exemplo, quando o jardineiro está plantando uma árvore e encontra uma caixa com joias enterrada, ou quando um pedreiro está fazendo uma reforma na parede e encontra moedas de ouro escondidas em um fundo falso etc.

Por sua vez, o art. 1.265 do mesmo Código diz que "o tesouro pertencerá por inteiro ao proprietário do prédio, se for achado por ele, ou em pesquisa que ordenou, ou por terceiro não autorizado".

Dessa forma, não é difícil concluir que, nas hipóteses do art. 1.265, quem subtrai o tesouro comete crime de furto. O delito de apropriação de tesouro somente se aplica àquele que *casualmente* o encontrou em propriedade alheia e, tendo de dividi-lo pela metade com o dono do imóvel, acaba apropriando-se, no todo ou em parte, da quota do proprietário, garantida pelo art. 1.264 da lei civil. É o que diz expressamente o tipo penal.

2.5.4.3. Sujeito ativo

A pessoa que encontra o tesouro e dele se apropria.

2.5.4.4. Sujeito passivo

O proprietário do prédio onde o tesouro foi encontrado.

2.5.4.5. Consumação

No instante em que o agente se apropria do tesouro.

2.5.4.6. Tentativa

É possível.

2.5.4.7. Classificação doutrinária

Trata-se de crime simples e de dano quanto à objetividade jurídica. No que pertine ao sujeito ativo, o delito é comum e de concurso eventual. Quanto aos meios de execução, constitui crime de ação livre. Em relação ao momento consumativo, o delito é instantâneo e material. Por fim, trata-se de crime doloso quanto ao elemento subjetivo.

2.5.4.8. Ação penal

Pública incondicionada de competência do Juizado Especial Criminal.

2.5.5. Apropriação de coisa achada

> Art. 169, parágrafo único – Na mesma pena incorre:
>
> II – quem acha coisa alheia perdida e dela se apropria, total ou parcialmente, deixando de restituí-la ao dono ou legítimo possuidor ou de entregá-la à autoridade competente, dentro do prazo de 15 dias.

2.5.5.1. Objetividade jurídica

Tutelar a propriedade.

2.5.5.2. Tipo objetivo

O objeto material desse crime é a *coisa perdida*, assim entendida aquela que se extraviou de seu proprietário ou possuidor em local *público* (ruas, avenidas, praças) ou *aberto ao público* (ônibus, metrôs, supermercados, casas de espetáculos etc.), pois apenas nesses casos o objeto encontra-se fora da esfera de vigilância do dono. Por isso, se o dono pensa que perdeu o bem, mas ele está dentro de sua residência, sendo encontrado por outra pessoa que, sorrateiramente, leva-o embora, ocorre crime de furto pois, em verdade, o bem não estava perdido.

Por sua vez, quando o bem está em local público ou aberto ao público, estará configurada a apropriação de coisa achada, quer o encontro da coisa perdida tenha sido casual, quer tenha o agente presenciado a perda em situação em que a vítima já se afastava do local. Exemplo: carteira que caiu do bolso do condutor de uma moto sem que este percebesse. Não se pode falar em crime de furto neste caso porque, já tendo a vítima se afastado do local e estando o bem em local público, não há ato de subtração por parte de quem viu a carteira cair, devendo responder por apropriação de coisa achada. Quando, todavia, o proprietário ainda está no local, o crime é o de furto. Imagine-se que algum objeto de valor tenha caído da mesa onde um grupo almoça em um restaurante e alguém, da mesa ao lado, percebendo o ocorrido, imediata e sorrateiramente apodere-se do bem. Configura-se o furto porque o objeto ainda se encontrava na esfera de vigilância do dono.

O objeto esquecido em local público ou aberto ao público é considerado coisa perdida, mas, se o esquecimento ocorreu em local privado (no balcão de uma loja, por exemplo), o apoderamento constitui furto.

É evidente, por sua vez, que comete furto quem provoca a perda do bem para, depois, dele se apoderar.

Quem encontra coisa *abandonada* não comete crime algum, já que esta não possui dono, pois o antigo proprietário dela se desinteressou e jogou fora. Por seu turno, se, em razão da má conservação de uma coisa perdida qualquer, quem a encontrou a supôs abandonada, não responderá pelo crime por ter havido erro de tipo.

A conduta típica consiste em "apropriar-se" do bem e, como no crime de apropriação indébita, pressupõe a finalidade de ter a coisa para si com fim de assenhoreamento definitivo (*animus rem sibi habendi*). A lei confere prazo de *15 dias* para a devolução do bem encontrado, diretamente ao dono – caso o conheça ou haja identificação e endereço no objeto encontrado – ou às autoridades. Antes do decurso deste prazo, se o agente for encontrado na posse do bem, não poderá ser responsabilizado, pois a tipificação do crime pressupõe que tenham decorrido os 15 dias. Trata-se de *crime a prazo*. É claro, porém, que, se antes disso, o agente praticar ato de disposição incompatível com a possibilidade de devolução, a consumação se dará de forma antecipada. Exemplo: agente que encontra um relógio perdido e imediatamente procura um relojoeiro e o vende.

Como não existe figura culposa, se ficar demonstrada a intenção do agente de restituir e que, por justa causa ou por esquecimento, acabou deixando passar o prazo de 15 dias sem a devolução, o fato será considerado atípico.

O art. 1.233 do Código Civil estabelece que, quem encontra coisa alheia perdida deve devolvê-la ao legítimo dono ou possuidor, e seu parágrafo único acrescenta que, se não forem conhecidos, o bem deverá ser entregue à autoridade competente, que, nos termos do art. 746 do novo Código de Processo Civil, é a autoridade policial ou o juiz. Se o bem for entregue à autoridade policial, esta deverá encaminhá-lo ao juiz. Em seguida, serão expedidos editais, se o dono for desconhecido, e, caso este não compareça, o bem será vendido em hasta pública. Caso o dono compareça, deverá provar a propriedade do bem.

Se alguém encontra um objeto perdido em um parque e o entrega no setor de achados e perdidos, evidentemente não responde pelo delito por não ter se apropriado do bem.

2.5.5.3. Sujeito ativo

Qualquer pessoa. Trata-se de crime comum.

2.5.5.4. Sujeito passivo

O dono do bem.

2.5.5.5. Consumação

Com o decurso do prazo de 15 dias mencionado no texto legal ou antes disso, se o agente realizar algum ato que evidencie sua intenção de não restituir o bem.

2.5.5.6. Tentativa

Inadmissível, por se tratar de crime omissivo próprio.

2.5.5.7. Classificação doutrinária

Trata-se de crime simples e de dano quanto à objetividade jurídica. No que pertine ao sujeito ativo, o delito é comum e de concurso eventual. Quanto aos meios de execução, constitui crime de ação livre que é cometido mediante uma ação inicial (encontrar) seguida de uma omissão (não restituir). Em relação ao momento consumativo, o delito é instantâneo e material. Por fim, trata-se de crime doloso quanto ao elemento subjetivo.

2.5.5.8. Ação penal

Pública incondicionada de competência do Juizado Especial Criminal.

2.5.6. Apropriação privilegiada

> Art. 170. Nos crimes previstos neste Capítulo, aplica-se o disposto no art. 155, § 2º.

As regras a serem aplicadas são exatamente as mesmas do furto privilegiado. Os requisitos, portanto, são a primariedade do réu e o pequeno valor do bem (não superior a um salário mínimo da data do delito). Presentes tais requisitos, o juiz poderá substituir a pena de reclusão por detenção, diminuí-la de um a dois terços, ou aplicar somente a pena de multa.

Conforme se vê no art. 170, o privilégio é aplicável a todos os crimes do Capítulo, abrangendo, portanto, aqueles descritos no art. 169 – apropriação de coisa havida por erro, caso fortuito ou força da natureza etc. Em relação a estes, entretanto, a aplicação do privilégio só pode ter por consequência a redução da pena de um a dois terços, porque eles já são apenados com detenção, e a multa já é prevista em abstrato como pena alternativa.

Quanto à apropriação previdenciária, que possui pena maior, entendemos que o privilégio não é aplicável, em razão de regras próprias previstas no art. 168-A, § 3º, II, do Código Penal.

Capítulo VI

DO ESTELIONATO E OUTRAS FRAUDES

2.6. Do estelionato e outras fraudes

Neste Capítulo, além do estelionato comum (art. 171, *caput*) e de suas figuras assemelhadas (art. 171, § 2º), estão ainda previstos os crimes de duplicata simulada (art. 172), abuso de incapazes (art. 173), induzimento à especulação (art. 174), fraude no comércio (art. 175), outras fraudes (art. 176), fraudes e abusos na fundação ou administração de sociedade por ações (art. 177), emissão irregular de conhecimento de depósito ou *warrant* (art. 178) e fraude à execução (art. 179).

2.6.1. Estelionato

> Art. 171, caput – *Obter, para si ou para outrem, vantagem ilícita em prejuízo alheio, induzindo ou mantendo alguém em erro, mediante artifício, ardil, ou qualquer outro meio fraudulento:*
>
> *Pena – reclusão, de um a cinco anos, e multa.*

2.6.1.1. Objetividade jurídica

O patrimônio.

2.6.1.2. Tipo objetivo

No estelionato, o agente emprega alguma fraude para ludibriar a vítima a fim de convencê-la a entregar-lhe bens ou valores sem perceber que está sendo vítima de um golpe. O agente, após receber os bens ou valores, desaparece com estes, sofrendo a vítima o respectivo prejuízo.

De acordo com o texto legal, o estelionato pode ser cometido mediante artifício, ardil ou qualquer outra fraude.

O *artifício* mostra-se presente quando, para enganar a vítima, o agente lança mão de algum artefato, faz uso de algum objeto para auxiliar no golpe. No conto do bilhete premiado, por exemplo, o agente engana a vítima com um bilhete falso. No conto da guitarra, o sujeito ludibria a vítima fazendo truque com uma falsa máquina de fazer dinheiro. O artifício também pode consistir em disfarces, efeitos especiais etc.

Ardil é a conversa enganosa, ou seja, o agente engana a vítima com mentiras verbais. Exemplos: passar-se por outra pessoa para retirar objetos pertences a esta; pedir doações para entidades assistenciais fictícias etc.

Por fim, a expressão "qualquer outro meio *fraudulento*" constitui fórmula genérica, inserida no tipo penal para abranger qualquer outra artimanha capaz de enganar a vítima, como, por exemplo, o *silêncio*. A Exposição de Motivos da Parte Especial do Código Penal, em seu item 61, ressalta que "o próprio silêncio, quando malicioso ou intencional, acerca do preexistente erro da vítima, constitui meio fraudulento característico do estelionato". Assim, se a vítima espontaneamente incide em erro e, por isso, está prestes a entregar um bem ou valor ao agente, e este, antes de recebê-lo, percebe o engano e se cala, para que a entrega se concretize e ele obtenha vantagem, responde por estelionato. Em tal caso, o agente manteve a vítima em erro por meio de fraude (o silêncio). Nota-se, pois, que a fraude caracterizadora do estelionato pode consistir em uma omissão.

Para a existência do estelionato, é preciso que o agente, ao empregar o artifício, o ardil ou a outra fraude, tenha por finalidade *induzir* ou *manter* a vítima em erro. Na primeira hipótese, é o golpista quem toma a iniciativa de procurar a vítima e ludibriá-la. Na segunda, ela espontaneamente incorre em erro, e o agente, ao perceber tal engano, a mantém nesse estado.

O art. 171, *caput*, do Código Penal, exige que *alguém* seja induzido ou mantido em erro e que, por isso, entregue um bem, próprio ou alheio, ao agente. Esta pessoa ludibriada, portanto, pode ser a mesma que sofre o prejuízo ou terceiro. É necessário, contudo, que o agente engane um ser humano, não havendo estelionato, e sim furto, por parte de quem, fazendo uso de um cartão clonado em um caixa eletrônico, consegue sacar, sem autorização, dinheiro da conta da vítima. Nesse caso, não existe alguém que tenha sido enganado no instante do saque. Ademais, houve subtração dos valores. Nesse sentido: "Hipótese em que o agente se valeu de fraude eletrônica para a retirada de mais de dois mil e quinhentos reais de conta bancária, por meio da 'Internet Banking' da Caixa Econômica Federal, o que ocorreu, por certo, sem qualquer tipo de consentimento da vítima, o Banco. A fraude, de fato, foi usada para burlar o sistema de proteção e de vigilância do Banco sobre os valores mantidos sob sua guarda. Configuração do crime de furto qualificado por fraude, e não estelionato" (STJ, CC 67.343/GO, Rel. Min. Laurita Vaz, 3ª Seção, julgado em 28-3-2007, *DJ* 11-12-2007, p. 170).

A tipificação do estelionato pressupõe que a fraude empregada seja capaz de enganar as pessoas comuns, pois, caso contrário, restaria caracterizado o crime impossível por absoluta ineficácia do meio. Assim, quando a vítima não é enganada pela fraude empregada, o juiz deve verificar se isso ocorreu por alguma razão especial (precaução exacerbada da vítima, ter ela sido alertada por terceiro etc.) ou se a pessoa abordada percebeu que se tratava de um golpe por ser a fraude completamente ineficaz. Na primeira hipótese, teremos tentativa de estelionato, enquanto, na segunda, o fato será atípico (crime impossível). De ver-se, todavia, que, quando a vítima é efetivamente enganada no caso concreto, torna-se desnecessária análise mais aprofundada, sendo evidente a tipificação do crime, ainda que se conclua que a fraude não enganaria a maioria das pessoas, pois é comum que o estelionatário escolha aquelas menos experientes para aplicar seus golpes. Nenhum brasileiro, por exemplo, seria enganado se o agente desse, de troco, algumas notas de cruzeiros ou cruzados (unidades monetárias antigas). Tal conduta, todavia, pode enganar um estrangeiro que tenha acabado de chegar ao País, e é óbvio que os golpistas, intencionalmente, procuram abordar tais pessoas em rodoviárias ou aeroportos. Assim, tendo o estrangeiro aceitado o troco em moeda que não está mais em curso, o estelionato estará consumado.

O tipo penal do estelionato exige, ainda, que a vantagem obtida pelo agente seja *ilícita*. Caso seja lícita a vantagem obtida por meio da fraude, o crime será o de exercício arbitrário das próprias razões (art. 345).

Por se tratar de crime contra o patrimônio, a vantagem ilícita visada pelo estelionatário deve ser, necessariamente, de cunho patrimonial.

Discute-se acerca da possibilidade de configuração do estelionato nos casos em que se mostra presente a *torpeza bilateral*, ou seja, quando a vítima também age de má-fé no caso concreto, vale dizer, quando ela também pretende obter uma vantagem ilícita (não necessariamente em prejuízo da outra parte). É o caso, por exemplo, de quem é ludibriado pelo agente e compra dele uma máquina pensando que ela faz dinheiro falso. É evidente, em tal situação, que não há crime por parte da pessoa enganada, que sofreu o prejuízo. Existe, contudo, forte divergência, em termos doutrinários e jurisprudenciais, em torno da tipificação do estelionato em relação àquele que obteve a vantagem econômica.

Nélson Hungria[177] defendia com veemência a inexistência de crime em tal hipótese. Segundo ele, não há estelionato porque a lei não pode amparar a má-fé da vítima. Além disso, o agente não pode responder pelo ilícito penal, já que a própria pessoa prejudicada não pode requerer a reparação do dano na esfera cível por não poder pleitear em juízo alegando sua própria torpeza. O autor elenca, ainda, várias situações em que vislumbra ser absurda a configuração do estelionato: "Tomemos, para ilustração da tese, o caso da fraude em negócio ilícito ou imoral, ou da chamada torpeza bilateral. Os exemplos desta poderiam ser indefinidamente alinhados, mas fixemos os seguintes: um indivíduo inculcando-se assassino profissional, ardilosamente obtém de outro certa quantia para matar um seu inimigo, sem que jamais tivesse o propósito de executar o crime; um falso vendedor de produtos farmacêuticos impinge, por bom preço, a uma *faiseuse d'anges*, como de eficiência abortiva, substâncias inócuas; a cafetina recebe dinheiro do velho libertino, prometendo-lhe levar à alcova uma virgem, quando na realidade o que lhe vem a proporcionar é uma jovem meretriz; o simulado falsário capta o dinheiro de outrem, a pretexto de futura entrega de cédulas falsas ou em troca de máquina para fabricá-las, vindo a verificar-se que aquelas não existem ou esta não passa de um truque (conto da guitarra); o vigarista consegue trocar por um bom dinheiro o paco que o otário julga conter uma fortuna, de que se vai locupletar à custa da ingenuidade daquele; o cliente da prostituta não lhe paga o *pretium carnis*, tendo ocultado não dispor de dinheiro para fazê-lo. É uma *vexata quaestio* a indagação sobre se, em tais casos *et similia*, é ou não reconhecível o estelionato ou a fraude patrimonial. Estamos em que se deve responder, categoricamente, pela negativa. Não só argumentos de ordem prática ou de política criminal, senão de rigorosa lógica jurídica justificam, na espécie, a indiferença do direito penal. O patrimônio individual cuja lesão fraudulenta constitui o estelionato é o juridicamente protegido, e somente goza da proteção

---

[177] Nélson Hungria. *Comentários ao Código Penal*, v. VII, p. 193.

do direito o patrimônio que serve a um fim legítimo, dentro de sua função econômico-social. Desde que ele é aplicado a um fim ilícito ou imoral, a lei, que é a expressão do direito como mínimo ético indispensável ao convívio social, retira-lhe o arrimo, pois, de outro modo, estaria faltando sua própria finalidade".

Prevalece, entretanto, o entendimento de que o fato constitui crime com o argumento de que se mostram presentes todos os requisitos do art. 171 do Código Penal. O agente, dolosamente, empregou fraude, enganou a vítima e obteve vantagem econômica. Como o fato é típico e não se mostra aplicável qualquer excludente de ilicitude, deve ser considerado criminoso. Além disso, o tipo penal não exige boa-fé por parte da vítima e a questão da reparação do dano na esfera cível é matéria que interessa apenas à vítima, enquanto a punição do golpista visa proteger toda a coletividade, evitando-se, destarte, a reprodução de condutas similares. Dentre outros, comungam deste último entendimento Heleno Cláudio Fragoso[178], Magalhães Noronha[179] e Fernando Capez[180]. No mesmo sentido: "Fraude bilateral. Embora reprovável a conduta da vítima que participa da trama de outrem visando a vantagem ilícita, a sua boa-fé não é elemento do tipo previsto no art. 171 do CP. Sanciona-se a conduta de quem arquiteta a fraude porque o Direito Penal tem em vista, primordialmente, a ofensa derivada do delito" (STF, RHC, Rel. Min. Carlos Madeira, *RT* 622/387).

2.6.1.3. Sujeito ativo

É tanto aquele que emprega a fraude como aquele que dolosamente recebe a vantagem ilícita. Exemplo: João e Pedro, previamente combinados, colocam o crime em prática. João emprega fraude e convence Lúcia a entregar um objeto para Pedro, que, após recebê-lo, desaparece com o bem. Em tal caso, Pedro tomou parte na própria execução do delito e, portanto, é coautor do crime de estelionato. É evidente que a pessoa que recebe o bem depois de já estar consumado o estelionato, ciente de sua origem criminosa, incorre em crime de receptação (art. 180, *caput*, do CP).

2.6.1.4. Sujeito passivo

O dono do bem e aqueles que tenham sido ludibriados pela fraude empregada pelo golpista (ainda que não sofram prejuízo). Se o agente engana uma pessoa e esta entrega bem pertencente a terceiro, ambas são vítimas do estelionato. É o que ocorre, por exemplo, quando é enganado um funcionário de uma empresa e este entrega valores ou bens pertencentes à pessoa jurídica. O funcionário e a empresa são sujeitos passivos do delito.

O tipo penal do estelionato exige a obtenção de vantagem ilícita em prejuízo *alheio*, sendo, portanto, necessária a identificação da(s) pessoa(s) prejudicada(s). No estelionato, portanto, as vítimas são determinadas. O emprego de fraude visando à obtenção de vantagem ilícita contra pessoas indeterminadas constitui crime contra a economia popular (art. 2º, IX e XI, da Lei n. 1.521/51). Exemplo: fraudar pesos ou medidas padronizados (adulteração em balança, em bomba de gasolina etc.).

---

[178] Heleno Cláudio Fragoso. *Lições de direito penal,* Parte especial, v. I, p. 390-391.
[179] E. Magalhães Noronha. *Direito penal,* v. 2, p. 394.
[180] Fernando Capez. *Curso de direito penal,* v. 2, p. 481.

2.6.1.5. Consumação

A redação do art. 171, *caput*, do Código Penal, deixa evidente que o estelionato é crime *material*, que só se consuma quando o agente obtém a vantagem ilícita visada.

O estelionato, em verdade, pressupõe duplo resultado, ou seja, o prejuízo da vítima e a vantagem do agente. Esses resultados, normalmente, são concomitantes, porém é possível que a vítima sofra o prejuízo e o agente não obtenha a vantagem pretendida; em tal caso, o crime considera-se tentado. É o que ocorre, por exemplo, quando a vítima remete valores e o agente não os recebe.

Quando a vítima sofre o prejuízo em uma comarca e a vantagem é obtida pelo agente em outra, é nesta última que a ação penal deve ser proposta – local da consumação. A Lei n. 14.155, de 27 de maio de 2021, trouxe, todavia, algumas exceções a essa regra. Com efeito, referida Lei inseriu um § 4º no art. 70 do Código de Processo Penal, dispondo que, se o estelionato for cometido mediante depósito ou transferência bancária, o foro competente será definido pelo local do domicílio da vítima, e, em caso de pluralidade de vítimas, a competência firmar-se-á pela prevenção. Assim, se a vítima, ludibriada, fizer transferência bancária de sua conta corrente para a do golpista, o crime se consumará no momento em que os valores passarem a estar à disposição do agente; contudo, se a vítima morar e tiver conta corrente em uma comarca e o estelionatário em outra, o foro competente será o do local onde a vítima for domiciliada. Este novo mandamento – foro pelo domicílio da vítima – é exceção à regra que determina que a competência é firmada pelo local da consumação do delito. Ex.: o estelionatário convence a vítima que mora em Limeira a efetuar transferência bancária para a conta dele em Guarulhos. A vítima faz a transferência de sua agência em Limeira e o dinheiro cai na conta do agente em Guarulhos. O estelionato consumou-se quando o dinheiro caiu na conta (Guarulhos), mas o foro competente é o do domicílio da vítima (Limeira). Referida modificação legislativa teve por finalidade facilitar a produção das provas.

2.6.1.6. Tentativa

A tentativa mostra-se possível na hipótese anteriormente mencionada, em que a vítima sofre o prejuízo, mas o agente não obtém a vantagem visada, e também em outras duas situações. Na primeira, o estelionatário inicia o emprego de uma fraude apta a enganar a vítima, mas não consegue ludibriá-la. É o que ocorre, por exemplo, quando outra pessoa ouve a conversa da vítima com o agente e a alerta para que não caia no golpe. Na segunda, o agente emprega a fraude e engana a vítima, contudo, esta não chega a entregar bens ou valores a ele, não sofrendo, portanto, o prejuízo. É o que acontece, por exemplo, no conto do bilhete premiado, quando a vítima, ludibriada, vai até a sua casa ou a uma agência bancária pegar dinheiro para entregar ao estelionatário e, ao conversar com algum familiar ou funcionário do banco, é alertada a não entregar o dinheiro por se tratar de uma farsa.

2.6.1.7. Distinções

a) *Estelionato* e *jogo de azar*. Quem banca jogo de azar comete a infração penal descrita no art. 50 da Lei das Contravenções Penais, posto que tal espécie de jogo, mediante aposta, é proibido em nosso país. Para que haja efetivamente um jogo de azar, é necessário que o apostador possa vencer, dependendo, total ou parcialmente, da sorte. Por isso, se o responsável por um cassino clandestino empregar algum tipo de fraude que impossibilite a vitória do apostador, o crime será o de estelionato.

b) *Estelionato, tráfico de influência* e *exploração de prestígio*. Estes dois últimos crimes são especiais em relação ao estelionato. No *tráfico de influência* (art. 332 do CP), o sujeito solicita, exige, cobra ou obtém vantagem ou promessa de vantagem *a pretexto* de influir em funcionário público no exercício da função. É o que ocorre, por exemplo, quando alguém mentirosamente diz que conhece um funcionário da prefeitura que, mediante pagamento de determinada quantia, poderá liberar uma obra embargada, mas, na realidade, desvia o dinheiro. Na *exploração de prestígio* (art. 357 do CP), o sujeito solicita ou recebe dinheiro ou outra utilidade, *a pretexto* de influir em juiz, jurado, órgão do Ministério Público, funcionário da justiça, tradutor, intérprete ou testemunha. Este delito se configura, por exemplo, quando um advogado mente para seu cliente dizendo que o promotor pediu dinheiro para arquivar o inquérito e fica com os valores. Tais crimes são especiais em relação ao estelionato porque o agente, além de obter a vantagem indevida em prejuízo alheio, denigre a imagem da Administração Pública.

c) *Estelionato* e *curandeirismo*. Se o agente apenas cobra por consultas, o crime é o de curandeirismo, mas se promete curas impossíveis e cobra quantias consideráveis pelo tratamento, o delito é o de estelionato.

2.6.1.8. Absorção

Existem inúmeras condutas que se enquadram no tipo penal do estelionato e, concomitantemente, em outros dispositivos penais, mas que ficam absorvidas pelo primeiro quando se constata que constituíram meio para a obtenção da vantagem ilícita pelo agente. Podemos mencionar, como exemplos, os crimes de invasão de dispositivo informático (art. 154-A do CP), simulação de autoridade para celebração de casamento (art. 238 do CP), falsificação de documento (arts. 297 a 299 do CP), falsa identidade (arts. 307 e 308 do CP) etc.

A questão envolvendo os crimes de estelionato e de falsidade documental (arts. 297 a 299) tem ainda maior relevância devido às várias correntes existentes em relação ao tema que levaram o Superior Tribunal de Justiça a aprovar súmula com o objetivo de acabar com a polêmica. Ademais, é extremamente comum, na prática, a falsificação de um documento com a finalidade de enganar a vítima e viabilizar a obtenção de uma vantagem ilícita. A falsificação pode ser, por exemplo, de um contrato, de um título de crédito (cheque, nota promissória) etc. Imagine-se uma pessoa falsificando um cheque de terceiro e enganando o vendedor para adquirir produtos em uma loja. Tal conduta enquadra-se no crime de falsidade material de documento público (art. 297, § 2º, do CP) e também no de estelionato, porque o agente obteve vantagem ilícita em prejuízo alheio. Existem, contudo, quatro correntes em torno do tema: a) deve haver punição pelos dois crimes, em concurso material, uma vez que atingem bens jurídicos distintos (o patrimônio e a fé pública), o que impede que um absorva o outro; b) os crimes são efetivamente autônomos, mas deve ser aplicada a regra do concurso formal; c) a falsificação do documento, por ter pena maior (dois a seis anos de reclusão, e multa), absorve o estelionato (um a cinco anos de reclusão, e multa); d) o agente responde apenas por estelionato, ficando absorvida a falsidade documental por se tratar de crime-meio (princípio da consunção). Este último entendimento foi adotado pelo Superior Tribunal de Justiça quando aprovou a Súmula 17 com o seguinte teor: "Quando o falso se exaure no estelionato, sem mais potencialidade lesiva, é por este absorvido".

De acordo com a súmula, quando o agente falsifica um cheque alheio e engana o vendedor de uma loja, fazendo-se passar pelo correntista, só responde pelo estelionato porque, em tal caso, o cheque foi entregue ao vendedor, e o golpista não pode mais usá-lo (a falsificação se exauriu no estelionato). No entanto, se o agente tivesse também falsificado um documento de identidade para apresentá-lo ao vendedor, no momento da compra, com o cheque falso, ele responderia por dois crimes: estelionato e falsificação do documento de identidade. É que este último documento permanece com o agente após a prática do estelionato, subsistindo, portanto, a potencialidade lesiva (possibilidade de novo uso) que a súmula menciona.

Entende-se, outrossim, que o furto de folhas de cheque constitui igualmente crime-meio e também fica absorvido pelo estelionato.

2.6.1.9. Classificação doutrinária

Quanto à objetividade jurídica, cuida-se de delito simples e de dano. Quanto ao momento consumativo, constitui crime material e instantâneo. Quanto ao sujeito ativo, é crime comum e de concurso eventual. Quanto ao elemento subjetivo, cuida-se de crime doloso. No que se refere aos meios de execução, trata-se de delito de ação livre.

2.6.1.10. Fraude eletrônica

A presente modalidade qualificada do crime de estelionato foi inserida no Código Penal pela Lei n. 14.155, que entrou em vigor em 27 de maio de 2021. Para crimes de estelionato que envolvam fraude eletrônica cometidos antes de referida data, deverá ser aplicada a pena do delito em sua forma simples.

A forma qualificada foi introduzida no Código em razão da proliferação de crimes de estelionato praticados na forma definida pelo legislador.

A figura qualificada tem a seguinte redação:

> Art. 171, § 2º-A – A pena é de reclusão, de 4 a 8 anos, e multa, se a fraude é cometida com a utilização de informações fornecidas pela vítima ou por terceiro induzido a erro por meio de redes sociais, contatos telefônicos ou envio de correio eletrônico fraudulento, ou por qualquer outro meio fraudulento análogo.

Pela leitura do dispositivo, é fácil perceber que, para a configuração do crime qualificado, são necessários dois requisitos:

a) que o agente empregue fraude com a utilização de informações fornecidas pela vítima ou por terceiro;

b) que as informações referidas no item anterior tenham sido obtidas pelo agente, da vítima ou de terceiro, por meio de rede social, contato telefônico, envio de correio eletrônico fraudulento ou qualquer outro meio fraudulento análogo.

Se ausente um desses requisitos, configura-se o crime de estelionato simples, que tem a pena consideravelmente menor.

Configura-se o crime qualificado, por exemplo, quando o golpista telefona para a vítima a pretexto de fazer alguma pesquisa e, ao final, pede para ela fornecer um código[181], que lhe foi enviado via SMS, código este que será utilizado para clonar a conta do aplicativo Whatsapp dela. Em seguida, o golpista passa a mandar mensagem para os contatos da vítima e, passando-se por ela, pede dinheiro emprestado para os amigos alegando estar em dificuldades financeiras, empréstimo que, obviamente, nunca será quitado.

Também resta caracterizada a qualificadora quando o golpista cria um *site* falso de um banco e a vítima, ludibriada, digita o número de seu cartão e senha no *site* falso, possibilitando que o agente tome conhecimento dessas informações para, posteriormente, fazer compras usando os dados do cartão da vítima. Aqui a conduta enquadra-se na fórmula genérica "qualquer outro meio fraudulento análogo".

Igualmente existe a qualificadora quando a vítima responde a um *e-mail* fraudulento fornecendo dados que serão utilizados pelo golpista, ou quando fornece os dados por rede social (Whattsapp, Telegram, Instagram, TikTok, Facebook etc.).

Note-se, pois, que a figura qualificada pressupõe fraudes sucessivas. Veja-se o exemplo do telefonema acima mencionado. Em tal caso, a primeira fraude é empregada contra o titular do número telefônico, para a obtenção do código enviado por SMS. No exemplo, o golpista telefona para a vítima e apresenta-se como pesquisador e, após uma entrevista, solicita o código que a vítima recebeu em seu aparelho telefônico a pretexto de validar a entrevista – código que, em verdade, foi enviado pelo aplicativo Whatsapp que está sendo instalado no aparelho do estelionatário. A segunda fraude, por sua vez, é empregada contra os familiares ou amigos do titular verdadeiro do aplicativo, na medida em que o criminoso passa a ter em seu telefone todos os dados e conversas pretéritas do titular e, então, começa a remeter mensagens pelo próprio Whatsapp pedindo dinheiro emprestado. Quem recebe a mensagem pensa estar recebendo um pedido do titular e, caso faça a transferência, o dinheiro cairá na conta fornecida pelo golpista, que se locupletará com os valores. Todas as pessoas ludibriadas são vítimas, mas quem fica com o prejuízo financeiro neste exemplo é o amigo que recebeu a mensagem e fez a transferência. Caso o agente mande a mensagem a cinco pessoas e todas elas façam a transferência, teremos cinco estelionatos em continuidade delitiva. Caso nenhuma delas faça a transferência, teremos cinco tentativas em continuidade.

Se um *hacker* entra na conta de *e-mails* da vítima por meio de um programa espião e descobre dados dela para, em seguida, usar esses dados em um golpe, não se configura o crime qualificado, e sim o delito simples, pois, nesta hipótese, a vítima **não forneceu** informações ao agente. Ex.: o *hacker* descobre sozinho que a vítima paga a conta do condomínio via boleto bancário e, no mês seguinte, envia um *e-mail* com código de barras adulterado e a vítima paga.

---

[181] Nesses casos, o golpista cadastra o número do telefone da vítima em seu celular e começa a cadastrá-lo no aplicativo Whatsapp. Ao final, para transferir o aplicativo para o novo número (do golpista) é enviado um SMS para o telefone antigo (da vítima). É justamente esse código que chega via SMS para a vítima, e o criminoso a convence a lhe repassar.

2.6.1.10.1. Majorante do estelionato eletrônico

Dispõe o § 2º-B do art. 171, com a redação dada pela Lei n. 14.155/2021, que a pena prevista no § 2º-A (crime qualificado pela fraude eletrônica), considerada a relevância do resultado gravoso, aumenta-se de 1/3 a 2/3, se o crime é praticado mediante a utilização de servidor mantido fora do território nacional. A pena é maior em razão da maior dificuldade na apuração da autoria do delito. O *quantum* de aumento, de acordo com o texto legal, deve guardar proporção com o prejuízo causado à vítima. Quanto maior o prejuízo, maior o aumento.

2.6.1.11. Ação penal

A Lei n. 13.964/2019 introduziu o § 5º no art. 171 do Código Penal, passando a prever que, no crime de estelionato, a ação penal é pública condicionada à representação, exceto se a vítima for a Administração Direta ou Indireta, criança ou adolescente, pessoa com deficiência mental ou maior de 70 anos. Nessas últimas hipóteses, a ação é incondicionada.

Essa modalidade de ação penal vale para o estelionato comum do art. 171, *caput*, do CP, e para as demais modalidades do § 2º.

As normas de caráter processual penal têm aplicação imediata, nos termos do art. 2º do CPP. Assim, não seria necessária a representação em relação a ações penais que já estivessem em curso (denúncia já recebida), sendo, contudo, necessária em relação a estelionatos que ainda estavam em fase de investigação (inquérito policial), quando da entrada em vigor da nova lei.

No Superior Tribunal de Justiça estava pacificado o entendimento em tal sentido: "1. A Terceira Seção desta Corte, no julgamento do HC n. 610.201/SP, *DJe* 8/4/2021, por maioria de votos, pacificou o entendimento de que não retroage o art. 171, § 5º, do CP, às hipóteses de denúncia oferecida antes da vigência da Lei n. 13.964/2019. Trata-se de ato que não pode ser alcançado pela mudança, pois, naquele momento, a norma processual definia a ação penal para o crime de estelionato como pública incondicionada e a nova legislação não exigiu a manifestação da vítima como condição de sua prosseguibilidade. 2. A representação, nos crimes de ação penal pública condicionada, prescinde de formalidades. Dessa forma, pode ser depreendida do boletim de ocorrência e de declarações prestadas em juízo. 3. Agravo regimental não provido" (STJ – AgRg no REsp 1912568/SP, Rel. Min. Rogerio Schietti Cruz, 6ª Turma, julgado em 20-4-2021, *DJe* 30-4-2021).

Já no Supremo Tribunal Federal havia divergência entre as Turmas: "Em face da natureza mista (penal/processual) da norma prevista no § 5º do artigo 171 do Código Penal, sua aplicação retroativa será obrigatória em todas as hipóteses onde ainda não tiver sido oferecida a denúncia pelo Ministério Público, independentemente do momento da prática da infração penal, nos termos do artigo 2º, do Código de Processo Penal, por tratar-se de verdadeira 'condição de procedibilidade da ação penal'. 3. Inaplicável a retroatividade do § 5º do artigo 171 do Código Penal, às hipóteses onde o Ministério Público tiver oferecido a denúncia antes da entrada em vigor da Lei 13.964/19; uma vez que, naquele momento a norma processual em vigor definia a ação para o delito de estelionato como pública incondicionada, não exigindo qualquer condição de procedibilidade para a instauração da persecução penal em juízo. 4. A nova legislação não prevê a manifestação da vítima como condição de prosseguibilidade quando já oferecida a denúncia pelo Ministério Público" (HC 187341, Rel. Alexandre de Moraes, 1ª Turma, julgado em 13-10-2020, processo eletrônico *DJe*-263, divulg. 3-11-2020, public. 4-11-2020). Em sentido contrário: "A alteração promovida pela Lei 13.964/2019, que introduziu o § 5º ao art. 171 do Código Penal (CP) (1), ao condicionar o exercício da pretensão punitiva do Estado à representação da pessoa ofendida, deve ser aplicada de forma retroativa a abranger tanto as ações penais não iniciadas quanto as ações penais em curso até o trânsito em julgado" (HC 180.421, Rel. Min. Edson Fachin, 2ª Turma, julgado em 22-2-2021).

Ocorre que, em 13 de abril de 2023, o Plenário da Corte Suprema no julgamento do AgRg no HC 208.817/RJ, por maioria de votos, decidiu que a regra nova, inserida no § 5º do art. 171 tem natureza híbrida e, portanto, retroage. Desse modo, para todos os crimes de estelionato com processos em andamento (denúncia já recebida quando da entrada em vigor), deverá o juiz intimar a vítima para que se manifeste em um prazo de 30 dias (prazo fixado pelo Supremo Tribunal Federal).

2.6.1.12. *Fraude com a utilização de ativos virtuais, valores mobiliários ou ativos financeiros*

> *Art. 171-A – Organizar, gerir, ofertar ou distribuir carteiras ou intermediar operações que envolvam ativos virtuais, valores mobiliários ou quaisquer ativos financeiros com o fim de obter vantagem ilícita, em prejuízo alheio, induzindo ou mantendo alguém em erro, mediante artifício, ardil ou qualquer outro meio fraudulento.*
>
> *Pena – reclusão, de 4 (quatro) a 8 (oito) anos, e multa.*

2.6.1.12.1. Objetividade jurídica

O patrimônio, no sentido de tutelar as operações financeiras envolvendo os chamados ativos virtuais, valores mobiliários ou outros ativos financeiros.

O delito em análise foi inserido no Código Penal pela Lei n. 14.478/2022, que regulamenta os ativos virtuais.

2.6.1.12.2. Tipo objetivo

São cinco as condutas típicas: organizar, gerir, ofertar, distribuir ou intermediar. Trata-se de tipo misto alternativo, de modo que a realização de mais de uma conduta em relação à mesma vítima e ao mesmo objeto material constitui crime único.

Em relação aos quatro primeiros verbos, o objeto material é a carteira de ativos financeiros, ao passo que, na última figura (intermediar), são as operações de ativos financeiros.

Organizar é planejar ou estruturar para a vítima a carteira de ativos financeiros.

Gerir consiste em administrar, coordenar para a vítima a carteira.

Ofertar é disponibilizar, propor a alguém que invista em carteira de ativos financeiros.

Distribuir consiste em entregar para a vítima os componentes de sua carteira.

Por fim, intermediar é interceder ou interferir em operações de ativos financeiros da vítima.

Carteira de ativos financeiros é uma reunião de investimentos que têm por finalidade a valorização e, por conseguinte, o ganho de capital para o investidor.

Operações financeiras são condutas que envolvem alienação, transferência ou aplicação em ativos virtuais, valores mobiliários ou ativos financeiros (títulos ou contratos que podem ser convertidos em dinheiro).

O art. 3º, *caput*, da Lei n. 14.478/2022 define ativo virtual como "a representação digital de valor que pode ser negociada ou transferida por meios eletrônicos e utilizada para realização de pagamentos ou com propósito de investimento".

Os incisos deste art. 3º excluem do enquadramento:

I – moedas nacional e estrangeiras;

II – moeda eletrônica (recursos armazenados em dispositivo ou sistema eletrônico que permitem ao usuário final efetuar transação de pagamento);

III – instrumentos que provejam ao seu titular acesso a produtos ou serviços especificados ou a benefício proveniente desses produtos ou serviços, a exemplo de pontos e recompensas de programas de fidelidade; e

IV – representações de ativos cuja emissão, escrituração, negociação ou liquidação esteja prevista em lei ou regulamento, a exemplo de valores mobiliários e de ativos financeiros.

Como os incisos I e II da Lei n. 14.478/2022 excluem expressamente a moeda nacional e as moedas estrangeiras, bem como a moeda eletrônica, do rol de ativos financeiros (art. 3º da Lei n. 14.478/2022), fraudes envolvendo tais objetos materiais podem caracterizar crime de estelionato comum, ou, eventualmente crime de moeda falsa.

Moedas eletrônicas, nos termos do art. 6º, VI, da Lei n. 12.865/2013, são recursos armazenados em dispositivo ou sistema eletrônico que permitem ao usuário final efetuar transação de pagamento (art. 6º, VI, da Lei n. 12.865/2013), como, por exemplo, cartão de crédito, cartão de débito, cartão pré-pago.

Já as moedas virtuais, como, por exemplo, Bitcoin e Ethereum, classificam-se como ativos virtuais, podendo servir de objeto material do crime.

As moedas virtuais não são emitidas pelo Banco Central ou outra autoridade monetária. As moedas eletrônicas são oficiais, tendo o valor expresso em reais, ao passo que a moeda virtual não é oficial, e seu valor varia de acordo com as regras de mercado.

Valores mobiliários são títulos financeiros negociados diariamente no mercado financeiro, que podem ser de propriedade ou de crédito, como, por exemplo, as ações das sociedades empresárias, as debêntures, os certificados de depósito de valores mobiliários. O art. 2º da Lei n. 6.385/76 elenca os valores mobiliários.

O tipo penal, após mencionar ativos virtuais e valores mobiliários, faz uso do conceito genérico "quaisquer ativos financeiros", permitindo a chamada interpretação analógica.

De acordo com o art. 7º da Lei n. 14.478/2023 caberá ao órgão regulador indicado por ato do Poder Executivo Federal estabelecer as condições e prazos, não inferiores a seis meses, para a adequação às novas regras por parte das prestadoras de serviços de ativos virtuais (corretoras de criptoativos). Estas poderão prestar exclusivamente o serviço de ativos virtuais ou acumulá-lo com outras atividades, na forma da regulamentação a ser editada (art. 8º). O Decreto n. 11.563, de 13 de junho de 2023, determinou que o órgão regulador é o Banco Central.

Saliente-se que, para a configuração do delito, além da realização de uma das condutas típicas relacionadas a um dos ativos financeiros mencionados no tipo penal, é necessário que o agente induza ou mantenha a vítima em erro, mediante artifício, ardil ou qualquer outro meio fraudulento. O que o texto legal procura aqui especificar é que deve tratar-se de um golpe, aplicado com o intuito de obter vantagem ilícita em prejuízo alheio. É o que ocorre, por exemplo, na situação das chamadas pirâmides financeiras ou na venda de criptomoedas sem lastro.

2.6.1.12.3. Elemento subjetivo

Trata-se de crime doloso, no qual o agente atua com a vontade livre e consciente de praticar uma das condutas descritas no tipo. O texto legal exige, outrossim, um elemento subjetivo específico, consistente na finalidade de obter vantagem ilícita em prejuízo alheio.

2.6.1.12.4. Sujeito ativo

Trata-se de crime comum que pode ser cometido por qualquer pessoa. Note-se que o art. 5º da Lei n. 14.478/2022 considera prestadora de serviços de ativos virtuais a pessoa jurídica que executa, em nome de terceiros, pelo menos um dos serviços de ativos virtuais, entendidos como: I – troca entre ativos virtuais e moeda nacional ou moeda estrangeira; II – troca entre um ou mais ativos virtuais; III – transferência de ativos virtuais; IV – custódia ou administração de ativos virtuais ou de instrumentos que possibilitem controle sobre ativos virtuais; ou V – participação em serviços financeiros e prestação de serviços relacionados à oferta por um emissor ou venda de ativos virtuais. De ver-se, todavia, que a natureza da sanção prevista no tipo penal (reclusão) só é compatível com a punição de pessoas físicas. Logo, quando uma das condutas típicas for praticada em nome de uma pessoa jurídica, a responsabilização penal deverá alcançar o gestor ou o responsável pela operação fraudulenta.

2.6.1.12.5. Sujeito passivo

Qualquer pessoa, física ou jurídica.

O texto legal contém a expressão "em prejuízo alheio", o que leva à conclusão de que deve haver vítima ou vítimas determinadas.

2.6.1.12.6. Consumação

A redação do dispositivo deixa claro que se trata de crime formal, que se consuma com a prática de uma das condutas descritas no tipo, independentemente da efetiva obtenção da vantagem ou da provocação de prejuízo, que, caso ocorram, consistirão em mero exaurimento do crime a ser considerado pelo juiz na fixação da pena-base (art. 59 do CP).

2.6.1.12.7. Tentativa

É possível, por exemplo, quando a oferta fraudulenta é feita por escrito e se extravia.

2.6.1.12.8. Ação penal

Pública incondicionada. É a conclusão a que se chega por ter o legislador inserido o presente tipo penal após o art. 171, § 5º, do CP.

2.6.2. Estelionato privilegiado

> Art. 171, § 1º – Se o criminoso é primário, e é de pequeno valor o prejuízo, o juiz pode aplicar a pena conforme o disposto no art. 155, § 2º.

O privilégio é aplicável ao estelionato comum, descrito no *caput* do art. 171, e também às figuras assemelhadas, descritas em seu § 2º, já que estas possuem as mesmas penas.

Para que seja reconhecido o benefício, o agente deve ser primário e o prejuízo da vítima, de pequeno valor. Em outras palavras, é necessário que o juiz reconheça, na sentença, que o réu não é reincidente e que o prejuízo por ele causado não ultrapassou o montante de um salário mínimo na data dos fatos.

Na tentativa de estelionato, o que se leva em conta é o montante do prejuízo que o agente causaria se consumasse a infração.

As consequências são as mesmas previstas para o furto privilegiado (art. 155, § 2º, do CP): a) substituição da pena de reclusão por detenção; b) redução da pena privativa de liberdade de um a dois terços; ou c) aplicação somente da pena de multa. Presentes os requisitos legais no caso concreto, o juiz estará obrigado a conceder o privilégio. Trata-se, pois, de direito subjetivo do réu.

Há uma diferença entre o estelionato privilegiado e o furto privilegiado. Neste, leva-se em conta o valor do bem subtraído, naquele, considera-se o prejuízo causado à vítima.

2.6.3. Figuras assemelhadas

No § 2º do art. 171 do Código Penal, existem seis figuras assemelhadas ao estelionato – que também exigem o emprego de fraude – e que são àquele equiparadas no que diz respeito ao montante da pena.

A figura fundamental (*caput*), por ser genérica, é subsidiária em relação às demais, que descrevem fraudes específicas. Por isso, a forma comum do art. 171, *caput*, do Código Penal, só poderá ser aplicada nas hipóteses remanescentes, não abrangidas pelas modalidades específicas. Em todas as figuras assemelhadas, o bem jurídico tutelado é o patrimônio e a ação penal é pública incondicionada.

2.6.3.1. Disposição de coisa alheia como própria

> Art. 171, § 2º – Nas mesmas penas incorre quem:
>
> I – vende, permuta, dá em pagamento, em locação ou em garantia coisa alheia como própria.

2.6.3.1.1. Tipo objetivo

Nessa modalidade de delito, o golpista se passa pelo dono de um certo bem (móvel ou imóvel) e o negocia com terceiro de boa-fé sem possuir autorização do dono, causando, assim, prejuízo ao adquirente.

Trata-se de crime de *ação vinculada*, pois o tipo penal enumera os modos de execução de forma taxativa (venda, permuta, locação, dação em pagamento ou em garantia), não admitindo ampliação por analogia. Por essa razão, a assinatura de compromisso de compra e venda por parte de quem não é dono não configura o crime em análise, e sim o estelionato comum, caso haja obtenção de vantagem ilícita – o que não implica grande diferença, já que a pena em abstrato é a mesma. Nesse sentido: "O vocábulo 'vender' significa transmitir domínio, que não se confunde com o simples compromisso de compra e venda, onde existe típica obrigação de fazer, não podendo ser este meio uma das formas configuradoras do delito previsto no art. 171, § 2º, I, do CP de 1940" (TJSP, Rel. Marino Falcão, *RT* 614/286).

2.6.3.1.2. Sujeito ativo

Pode ser qualquer pessoa, exceto o dono. Trata-se de crime *comum*.

Prevalece na jurisprudência o entendimento de que o delito em análise não se tipifica quando a conduta é realizada por pessoa que anteriormente tenha furtado ou roubado o bem, pois, em relação a ele, tal conduta constitui *post factum* impunível. De acordo com Heleno Cláudio Fragoso[182], "os fatos posteriores que significam um aproveitamento e por isso ocorrem regularmente depois do fato anterior são por este consumidos. É o que ocorre nos crimes de intenção, em que aparece especial fim de agir. A venda pelo ladrão da coisa furtada como própria não constitui estelionato". Com entendimento contrário, Francisco de Assis Toledo[183] sustenta que "se o agente vende a coisa para terceiro de boa-fé, comete estelionato em concurso material, com o antecedente furto, por empreender nova lesão autônoma contra vítima diferente, através de conduta não compreendida como consequência natural e necessária da primeira".

2.6.3.1.3. Sujeito passivo

É quem adquire, aluga ou recebe o bem em garantia sem saber que não pertence ao agente. Se este, no caso concreto, entregar o bem que vendeu ou alugou (e que não lhe pertence), será também sujeito passivo o dono da coisa.

2.6.3.1.4. Consumação

No instante em que o agente recebe o preço. No caso de locação, a consumação se dá com o recebimento do valor do aluguel.

2.6.3.1.5. Tentativa

É plenamente possível.

2.6.3.2. *Alienação ou oneração fraudulenta de coisa própria*

>*Art. 171, § 2º – Nas mesmas penas incorre quem:*
>
>*II – vende, permuta, dá em pagamento ou em garantia coisa própria inalienável, gravada de ônus ou litigiosa, ou imóvel que prometeu vender a terceiro, mediante pagamento em prestações, silenciando sobre qualquer dessas circunstâncias.*

---

[182] Heleno Cláudio Fragoso. *Lições de direito penal.* Parte geral, p. 360.
[183] Francisco de Assis Toledo. *Princípios básicos de direito penal*, p. 54.

2.6.3.2.1. Tipo objetivo

As condutas típicas são as mesmas do parágrafo anterior – vender, permutar, dar em pagamento ou em garantia – tendo sido excluída apenas a hipótese de locação. No delito em estudo, entretanto, o objeto pertence ao agente, contudo está gravado de cláusula de inalienabilidade ou de ônus, ou cuida-se de coisa litigiosa ou de imóvel que o agente prometeu vender parceladamente a outrem. Apenas na última figura, por expressa determinação legal, o objeto material necessariamente deve ser coisa imóvel. Nas demais, pode ser móvel ou imóvel.

É preciso salientar que não haverá crime se o agente realizar o negócio após cientificar a outra parte acerca das circunstâncias que envolvem o bem, uma vez que o texto legal estabelece como elementar do crime o *silêncio em torno delas*. O fato de a causa impeditiva estar registrada em Cartório não exclui o crime, já que o tipo penal esclarece que a exclusão só se dá quando a parte expressamente informa à outra a esse respeito.

Coisa *inalienável* é aquela que não pode ser vendida em razão de determinação legal, convenção (doação com cláusula de inalienabilidade, por exemplo) ou disposição testamentária.

Coisa *gravada de ônus* é aquela sobre a qual pesa um direito real em decorrência de cláusula contratual ou disposição legal (art. 1.225 do Código Civil). É o caso, por exemplo, da hipoteca e da anticrese.

Bem *litigioso* é aquele objeto de discussão judicial (usucapião contestado, reivindicação etc.).

Existe crime, ainda, na alienação ou oneração de imóvel que o agente prometeu vender a terceiro mediante pagamento em prestações. Nesse caso, a infração penal consiste em vender, permutar ou dar em pagamento ou garantia imóvel sobre o qual haja compromisso de compra e venda válido com terceira pessoa. O imóvel ainda pertence ao agente, mas sobre ele pesa o compromisso de compra e venda.

Já vimos, no tópico anterior, que quem assina compromisso de vender coisa *alheia* como se fosse própria comete estelionato comum, por não haver previsão de tal conduta típica dentre as modalidades criminosas do § 2º.

2.6.3.2.2. Sujeito ativo

Somente o dono do bem. Trata-se de crime *próprio*.

2.6.3.2.3. Sujeito passivo

A pessoa que, no caso concreto, sofrer a lesão patrimonial.

2.6.3.2.4. Consumação

No momento da obtenção da vantagem ilícita.

2.6.3.2.5. Tentativa

É possível.

2.6.3.3. Defraudação do penhor

Art. 171, § 2º – Nas mesmas penas incorre quem:

III - defrauda, mediante alienação não consentida pelo credor ou outro modo, a garantia pignoratícia, quando tem a posse do bem empenhado.

2.6.3.3.1. Tipo objetivo

O penhor é direito real no qual uma coisa *móvel* é entregue como garantia da dívida. Uma pessoa, por exemplo, empresta dinheiro a outra, e o devedor entrega joias ao credor como garantia. O devedor continua sendo dono dos bens, mas eles ficam na posse do credor, de modo que, não havendo pagamento da dívida, as joias serão usadas para tal fim – serão vendidas pelo credor, por exemplo. Note-se que, tal como mencionado, a regra é que, com a constituição do penhor, o bem móvel passe às mãos do credor. É, aliás, o que dispõe o art. 1.431 do Código Civil: "constitui-se o penhor pela transferência efetiva da posse que, em garantia do débito ao credor ou a quem o represente, faz o devedor, ou alguém por ele, de uma coisa móvel, suscetível de alienação". Ocorre que, no parágrafo único do mesmo art. 1.431, o legislador estabeleceu algumas hipóteses em que o bem empenhado pode ficar nas mãos do devedor (cláusula *constituti*): "no penhor rural, industrial, mercantil e de veículos, as coisas empenhadas continuam em poder do devedor que as deve guardar e conservar". É exatamente nessas hipóteses que pode surgir o crime de defraudação do penhor, isto é, quando o devedor está em poder do bem empenhado e o vende, permuta, doa, ou de alguma outra maneira o inviabiliza como garantia de dívida – destruindo-o, ocultando-o, inutilizando-o, consumindo-o etc.

2.6.3.3.2. Sujeito ativo

Somente o *devedor* que tem a posse do bem empenhado. Trata-se de crime *próprio*.

2.6.3.3.3. Sujeito passivo

O *credor* que, com a defraudação, fica sem a garantia de sua dívida.

2.6.3.3.4. Consumação

No momento da defraudação, ainda que, posteriormente, o agente seja forçado ao pagamento mediante ação judicial.

2.6.3.3.5. Tentativa

É possível.

2.6.3.4. Fraude na entrega de coisa

Art. 171, § 2º - Nas mesmas penas incorre quem:

IV - defrauda substância, qualidade ou quantidade de coisa que deve entregar a alguém.

2.6.3.4.1. Tipo objetivo

A presente infração penal pressupõe uma situação jurídica envolvendo duas pessoas, em que uma tem o *dever* de entregar objeto, móvel ou imóvel, a outra; porém, de alguma forma o modifica fraudulentamente, de modo que possa prejudicar a outra parte. Essa alteração pode recair sobre a substância (natureza da coisa a ser entregue, por exemplo, entregar objeto de vidro no lugar de cristal ou latão dourado no lugar de ouro), sobre a qualidade (entregar mercadoria da mesma espécie, mas de pior qualidade, objeto usado como se fosse novo) ou sobre a quantidade (dimensão ou peso menores etc.). O delito, evidentemente, só se configura se a conduta tiver sido dolosa.

2.6.3.4.2. Sujeito ativo

Qualquer pessoa que esteja obrigada a entregar alguma coisa a outrem. Se o agente for empresário e cometer o crime no exercício de suas atividades, responderá por crime de fraude no comércio (art. 175) ou contra as relações de consumo (art. 7º, da Lei n. 8.137/90).

2.6.3.4.3. Sujeito passivo

A pessoa que tem o direito de receber o bem.

2.6.3.4.4. Consumação

Com a efetiva entrega do bem ao destinatário. O ato de defraudar o bem antes da efetiva entrega é considerado preparatório, pois o agente pode ainda se arrepender e efetuar a entrega dentro dos parâmetros combinados.

2.6.3.4.5. Tentativa

É possível quando o agente tenta, mas não consegue entregar o bem. Exemplo: a vítima percebe a fraude e se recusa a receber o objeto.

2.6.3.5. Fraude para recebimento de indenização ou valor de seguro

> Art. 171, § 2º – Nas mesmas penas incorre quem:
>
> V – destrói, total ou parcialmente, ou oculta coisa própria, ou lesa o próprio corpo ou a saúde, ou agrava as consequências da lesão ou doença, com o intuito de haver indenização ou valor de seguro.

2.6.3.5.1. Tipo objetivo

São três as condutas típicas elencadas no texto legal e que têm como premissa a existência de um contrato de seguro em vigor, sem o qual haveria crime impossível.

a) *Destruir* ou *ocultar*, no todo ou em parte, coisa própria. Pode ser coisa móvel (veículo, por exemplo) ou imóvel. Comete o crime, por exemplo, quem, por não querer mais um veículo ou precisar de dinheiro, nele ateia fogo ou o esconde. Tem-se, ainda, reconhecido o crime em análise quando alguém leva seu veículo a outro País e lá o vende e, em seguida, alega ter sido furtado para solicitar o valor do seguro. Da mesma forma, comete o crime quem coloca fogo em sua casa para, simulando um acidente, requerer o valor do seguro.

Se o agente provocar um incêndio de grandes proporções, colocando em risco a vida, a incolumidade física ou o patrimônio de grande número de pessoas com a intenção de obter o valor de seguro, ficará absorvido o crime fraude contra seguradora, respondendo o agente pelo crime de incêndio, com a pena majorada devido à intenção de obter vantagem pecuniária (art. 250, § 1º, I, do CP), que tem pena muito maior.

b) *Lesionar o próprio corpo* ou *saúde*. Nessa modalidade, o agente se autolesiona, mas faz parecer à seguradora que foi vítima de agressão ou de acidente.

Como o texto legal se refere à autolesão, teoricamente o crime seria o de estelionato comum quando o agente pedisse a outra pessoa que o agredisse para, em razão da lesão, solicitar o seguro. Prevalece, contudo, o entendimento esposado por Magalhães Noronha[184] segundo o qual, em tal hipótese, haverá coautoria no crime de fraude contra seguradora, sem prejuízo da punição do agressor pelo crime de lesão corporal – já que o consentimento da vítima não exclui o delito, por ser a incolumidade física bem indisponível no que diz respeito às lesões de natureza grave ou gravíssima que, em regra, são aquelas que geram direito à indenização por parte da seguradora.

Damásio de Jesus[185] sustenta que existe o crime em estudo quando o agente se autolesiona, mas o beneficiário é terceiro (filho, esposa), posto que, em tal caso, o golpe contra a seguradora não se altera. Magalhães Noronha[186] discorda deste entendimento e defende que, se o beneficiário é terceiro, configura-se o estelionato comum porque o tipo penal do art. 171, § 2º, V, do Código Penal, pressupõe intenção "de haver" a indenização, ou seja, de obtê-la para si.

Quando alguém comete suicídio para que os familiares recebam o seguro de vida, resta extinta a sua punibilidade em face da morte.

c) *Agravar as consequências da lesão* ou *doença*. Tal conduta pode ser cometida por ação ou por omissão.

2.6.3.5.2. Sujeito ativo

O segurado. Trata-se de crime *próprio*.

2.6.3.5.3. Sujeito passivo

A seguradora.

2.6.3.5.4. Consumação

Trata-se de crime *formal* que se consuma no momento em que o agente realiza a conduta típica (destruir, ocultar, autolesionar etc.), ainda que não consiga receber o que pretendia por ter a seguradora descoberto o golpe. Como o tipo penal exige que o agente queira receber o valor do seguro, a prova da sua má-fé normalmente se faz pelo documento em que solicita a indenização ou o pagamento do seguro, com alegações falsas (de que sofreu uma queda, por exemplo, em caso de autolesão). O efetivo recebimento do valor do seguro, contudo, é mero *exaurimento* do delito.

2.6.3.5.5. Tentativa

É possível.

2.6.3.6. Fraude no pagamento por meio de cheque

> Art. 171, § 2º – Na mesma pena incorre quem:
>
> VI – emite cheque sem suficiente provisão de fundos em poder do sacado, ou lhe frustra o pagamento.

---

[184] E. Magalhães Noronha. *Direito penal*, v. 2, p. 401.
[185] Damásio de Jesus. *Direito penal*. 26. ed. São Paulo: Saraiva, 2004, v. 2, p. 444.
[186] E. Magalhães Noronha. *Direito penal*, v. 2, p. 405.

2.6.3.6.1. Tipo objetivo

São duas as condutas típicas contidas neste dispositivo.

Na primeira, o agente emite cheque sem fundos, ou seja, preenche o cheque e o entrega a terceiro como forma de pagamento sem que haja a respectiva quantia na conta. A vítima, ludibriada em sua boa-fé por supor que existe dinheiro suficiente na conta do emitente, entrega a mercadoria e sofre o prejuízo.

Na segunda modalidade do delito, existe a quantia respectiva na conta do emitente no instante em que ele entrega o cheque ao beneficiário, porém antes de a vítima conseguir descontá-lo, o agente frustra o pagamento do cheque. Exemplo: saca os valores ou emite contraordem de pagamento sem causa legítima.

Para a configuração desses crimes, é necessário que o sujeito tenha agido de *má-fé*, isto é, com dolo de obter vantagem ilícita pela emissão do cheque ou pela frustração de seu pagamento. Nesse sentido, existe a Súmula 246 do Supremo Tribunal Federal: "comprovado não ter havido fraude, não se configura o crime de emissão de cheque sem fundos".

Se alguém susta um cheque porque a mercadoria com ele comprada não foi entregue, não há crime por falta de dolo de obter vantagem ilícita. Só há crime quando a frustração do pagamento do cheque é ilegítima.

Além disso, para a configuração do crime, é necessário que a emissão do título tenha sido a *causa determinante* do convencimento da vítima e, portanto, a razão direta de seu prejuízo e do locupletamento do agente. Em uma compra e venda, por exemplo, o vendedor entrega a mercadoria porque recebeu o cheque. Assim, se não houver fundos, estará configurado o delito. Entende-se, dessa forma, que não se configura a infração penal quando o cheque é emitido para pagamento de dívida anterior ou de obrigação já vencida e não paga, posto que, em tais casos, o prejuízo da vítima é anterior à emissão do cheque.

Quando alguém, por exemplo, danifica acidentalmente objetos alheios e emite cheque sem fundos como forma de indenizar a vítima, não se configura o crime. Com efeito, nesse caso o agente não obtém qualquer vantagem ilícita porque não se desobriga ao emitir a cártula. Ao contrário, a situação do proprietário dos bens danificados torna-se mais vantajosa ao receber o cheque sem fundos, já que se trata título executivo extrajudicial. Não necessitará, portanto, ingressar com ação de conhecimento no juízo cível para comprovar a conduta culposa da outra parte para, só então, receber os valores que lhe são devidos.

Não há crime na emissão de cheque sem fundos para substituição de outro título de crédito anteriormente emitido e não honrado. Trata-se também de hipótese de prejuízo anterior.

Saliente-se, ainda, que é necessário que a emissão do cheque tenha causado algum prejuízo, uma diminuição patrimonial para a vítima, o que não ocorre, de acordo com a jurisprudência, quando a cártula é emitida para pagamento de dívida de jogo ilícito ou de programa com prostituta. Nesse sentido: "As dívidas de jogo ou aposta não obrigam a pagamento. Sendo ato estranho ao Direito Civil, *ipso facto*, não está sujeito à sanção penal o cheque como meio de pagamento de tal dívida. Se a lei civil, em determinado caso, nega proteção ao patrimônio, não poderá ter cabimento aí a sanção penal" (Tacrim-SP, Rel. Ricardo Couto, *RT* 413/272).

Quando se trata de cheque *especial*, em que o banco garante o pagamento até determinado valor, somente haverá crime se este for ultrapassado. Se o banco pagar o cheque porque o seu valor estava dentro do limite de garantia, e o cliente não repuser posteriormente os valores, não haverá crime, tratando-se de mero ilícito civil pelo descumprimento de cláusula contratual.

O cheque tem natureza jurídica de *ordem de pagamento à vista*. É, contudo, extremamente comum que as pessoas o utilizem como se fosse uma nota promissória, no caso do cheque pré-datado (que a doutrina costuma chamar de pós-datado porque contém data posterior à da emissão). Entende-se que, nesse caso, não se pode falar no crime de fraude no pagamento por meio de *cheque* porque o agente não lançou mão do título como tal. Assim, se o destinatário do título aguardar a data aprazada, e o cheque não for pago por falta de fundos, serão possíveis dois desfechos: a) se ficar provado que o agente emitiu o cheque de má-fé, com intenção, desde o início, de obter vantagem ilícita, responderá por estelionato *comum* (art. 171, *caput*); b) se não for feita tal prova, o fato será considerado atípico.

Não se confunde o crime de fraude no pagamento por meio de cheque, que só pode ser cometido, em suas duas modalidades, pelo *titular da conta*, com inúmeros outros golpes que podem ser praticados com cheque alheio ou com o próprio talonário, mas em situações diversas das previstas no § 2º, VI, do art. 171. Em tais hipóteses, o crime será o de estelionato comum do art. 171, *caput*, do Código Penal, como acontece, por exemplo, nos casos de falsificação de cheque alheio.

Do mesmo modo, existe estelionato comum quando alguém consegue abrir uma conta corrente com documentos falsos ou de terceiro e, com isso, obter talonário de cheques verdadeiro com o qual faz compras que não serão honradas.

Quando alguém susta o cheque antes de sua emissão, a fraude é anterior à sua circulação e o crime igualmente é de estelionato comum.

Por fim, configura "o estelionato clássico, previsto no *caput* do art. 171 do CP, o pagamento através de cheque sem fundos, de conta encerrada, porquanto se trata de meio ardiloso preconcebido, com vistas a ludibriar a boa-fé do credor, não se confundindo com o delito previsto no § 2º, VI, do supracitado dispositivo legal" (TAMG, Rel. Carlos Biasutti, *RT* 678/358).

2.6.3.6.2. Sujeito ativo

O titular da conta corrente do cheque emitido.

Existe divergência quanto à configuração do crime em estudo em relação àquele que recebe um cheque sem fundos e, a fim de evitar o prejuízo, endossa-o, repassando-o a terceiro. Alguns entendem que o endosso equivale a uma nova emissão porque recoloca o título em circulação, caracterizando, assim, o crime do art. 171, § 2º, VI, do Código Penal. Outros sustentam que endosso e emissão são institutos distintos, de forma que o endossante deve responder por estelionato comum. Preferimos este último entendimento.

2.6.3.6.3. Sujeito passivo

A pessoa que sofre o prejuízo em decorrência da recusa de pagamento por parte do banco sacado.

2.6.3.6.4. Consumação

O crime em análise não se consuma no instante em que o cheque entra em circulação, mas apenas no momento em que o banco sacado recusa o pagamento por falta de fundos. Por isso, não há crime quando o cheque é emitido sem fundos, mas o correntista imediatamente deposita o valor respectivo em sua conta bancária.

Para que o crime se considere consumado, todavia, basta uma única recusa de pagamento pelo banco.

Considerando que o crime somente se consuma quando o banco sacado (banco do emitente do cheque) recusa o pagamento do cheque, as Cortes Superiores aprovaram duas súmulas afirmando que o foro competente é o do local onde se situa tal banco, por aplicação da regra do art. 70, *caput*, do CPP, segundo a qual a competência é firmada pelo local da consumação do delito.

1. Súmula 244 do Superior Tribunal de Justiça: "compete ao foro local da recusa processar e julgar o crime de estelionato mediante cheque sem provisão de fundos".

2. Súmula 521 do Supremo Tribunal Federal: "o foro competente para o processo e julgamento dos crimes de estelionato, sob a modalidade de emissão dolosa de cheque sem provisão de fundos, é o do local onde se deu a recusa do pagamento pelo sacado".

De acordo com tais súmulas, se a conta corrente do emitente for da cidade de Bauru, esta será a comarca competente, qualquer que tenha sido o local da compra feita com o cheque sem fundos.

Ocorre que a Lei n. 14.155, de 27 de maio de 2021, criou uma exceção à regra de competência territorial do art. 70, *caput*, do CPP, inserindo no § 4º de tal dispositivo a seguinte regra: "Nos crimes previstos no art. 171 do Decreto-Lei n. 2.848, de 7 de dezembro de 1940 (Código Penal), quando praticados mediante depósito, mediante emissão de cheques sem suficiente provisão de fundos em poder do sacado ou com o pagamento frustrado ou mediante transferência de valores, a competência será definida pelo local do domicílio da vítima, e, em caso de pluralidade de vítimas, a competência firmar-se-á pela prevenção". Em razão desse novo dispositivo, as Súmulas 521 do Supremo Tribunal Federal e 244 do Superior Tribunal de Justiça perderam a validade. Atualmente, portanto, se uma pessoa com domicílio e conta bancária na cidade de Itu faz uma compra com cheques sem fundos na cidade de Atibaia e a vítima mora nesta cidade, o foro competente é o de Atibaia (embora o crime somente tenha se consumado com a recusa do banco sacado que se situa em Itu).

Quando, todavia, a compra é feita mediante falsificação de cheque alheio, a solução é diferente, porque o crime cometido é o de estelionato comum, que se consuma no momento e no local da obtenção da vantagem ilícita. Assim, se o agente faz uma compra na cidade de Niterói e ali recebe as mercadorias compradas (obtendo a vantagem em Niterói), mas efetua o pagamento falsificando cheque de pessoa cuja conta fica na cidade de Campinas, o foro competente é o de Niterói. Nesse sentido existe, inclusive, a Súmula 48 do Superior Tribunal de Justiça: "compete ao juízo do local da obtenção da vantagem ilícita processar e julgar crime de estelionato cometido mediante falsificação de cheque". No exemplo acima, o crime não foi cometido mediante transferência bancária ou depósito bancário pela vítima. Caso, todavia, uma pessoa que está na cidade de Londrina convença outra que está em Ribeirão

Preto a fazer uma transferência bancária ou a depositar valores de sua conta corrente em Ribeirão Preto para a conta do golpista em Londrina; o crime somente se consuma quando o dinheiro cair na conta do estelionatário em Londrina; contudo, o foro competente será o de Ribeirão Preto, uma vez que a nova regra do art. 70, § 4º, do CPP (inserida pela Lei n. 14.155/2021) é expressa no sentido de que, nos crimes de estelionato cometidos mediante depósito ou transferência de valores, o foro competente é o do domicílio da vítima.

2.6.3.6.5. Tentativa

É possível em ambas as modalidades do crime. Se o agente, de má-fé, emite um cheque sem fundos, mas um parente deposita o valor no banco antes da apresentação da cártula, sem que o sujeito tenha feito qualquer pedido nesse sentido, o crime considera-se tentado. O mesmo ocorre quando, após a emissão dolosa de um cheque, o agente solicita ao gerente a sua sustação, mas este se esquece de concretizá-la, vindo o cheque a ser pago. Na prática, entretanto, como os beneficiários dos cheques receberam os valores, dificilmente haverá uma ação penal para a apuração nos dois exemplos.

2.6.3.6.6. Ressarcimento do valor do cheque

O Supremo Tribunal Federal, por razões de política criminal, aprovou a Súmula 554, segundo a qual "o pagamento de cheque emitido sem provisão de fundos, após o recebimento da denúncia, não obsta ao prosseguimento da ação penal". De acordo com a súmula, portanto, se o pagamento do valor do cheque ocorrer antes do início da ação penal, ficará excluída a justa causa para a sua propositura. Em outras palavras, a Corte Suprema entendeu que o pagamento do cheque sem fundos gera a extinção da punibilidade. Tal súmula foi aprovada, embora careça de dispositivo de lei que lhe dê amparo, com a finalidade de evitar a propositura de grande número de ações penais.

O pagamento do valor do cheque após o início da ação, mas antes da sentença, implica reconhecimento de atenuante genérica do art. 65, III, *b*, do Código Penal.

A Súmula 554 do Supremo Tribunal Federal não se aplica às outras modalidades de estelionato, em relação às quais o ressarcimento antes do início da ação tem apenas o condão de reduzir a pena em face do arrependimento posterior (art. 16 do CP). A propósito: "Na linha dos precedentes desta Corte, a reparação do dano, anteriormente ao recebimento da denúncia, não exclui o crime de estelionato em sua forma básica, uma vez que o disposto na Súmula n. 554 do STF só tem aplicação para o crime de estelionato na modalidade emissão de cheques sem fundos, prevista no art. 171, § 2º, inciso VI, do Código Penal" (STJ, RHC 20.387/BA, Rel. Min. Felix Fischer, 5ª Turma, julgado em 27-2-2007, *DJ* 30-4-2007, p. 329).

2.6.4. *Estelionato majorado*

> *Art. 171, § 3º – A pena aumenta-se de um terço, se o crime é cometido em detrimento de entidade de direito público ou de instituto de economia popular, assistência social ou beneficência.*
>
> *Art. 171, § 4º – A pena aumenta-se de um terço ao dobro, se o crime é cometido contra idoso ou vulnerável, considerada a relevância do resultado gravoso.*

Este dispositivo descreve causas de aumento de pena aplicáveis ao estelionato comum e às modalidades assemelhadas do art. 171, § 2º, do Código Penal.

Além da União, Estados, Distrito Federal e Municípios, são entidades de direito público as autarquias e as entidades paraestatais.

Tendo em vista o grande número de fraudes praticadas contra o Instituto Nacional do Seguro Social (INSS), o Superior Tribunal de Justiça aprovou a Súmula 24 assim dispondo: "aplica-se ao crime de estelionato, em que figure como vítima entidade autárquica da Previdência Social, a qualificadora do § 3º do art. 171 do Código Penal". Saliente-se que é comum que, com o emprego da fraude, o *próprio agente* passe a auferir, mensalmente, benefícios indevidos junto à entidade autárquica. Nesse caso, evidencia-se o caráter *permanente* da infração, de modo que a prescrição somente passa a correr a partir do último recebimento. Nesse sentido: "Em tema de estelionato previdenciário, o Supremo Tribunal Federal tem uma jurisprudência firme quanto à natureza binária da infração. Isso porque é de se distinguir aquele que, em interesse próprio, recebe o benefício ilicitamente daquele que comete uma falsidade para permitir que outrem obtenha a vantagem indevida. [...]. Já naquelas situações em que a conduta é cometida pelo próprio beneficiário e renovada mensalmente, o crime assume a natureza permanente, dado que, para além de o delito se protrair no tempo, o agente tem o poder de, a qualquer tempo, fazer cessar a ação delitiva. Precedentes. 2. Agravo regimental desprovido" (STF, ARE 663.735 AgR, Rel. Min. Ayres Britto, 2ª Turma, julgado em 7-2-2012, acórdão eletrônico *DJe*-056 divulg. 16-3-2012 public. 19-3-2012); "Sendo o objetivo do estelionato a obtenção de vantagem ilícita em prejuízo alheio, nos casos de prática contra a Previdência Social, a ofensa ao bem jurídico tutelado pela norma é reiterada, mês a mês, enquanto não há a descoberta da aplicação do ardil, artifício ou meio fraudulento. Tratando-se, portanto, de crime permanente, inicia-se a contagem para o prazo prescricional com a supressão do recebimento do benefício indevido e, não, do recebimento da primeira parcela da prestação previdenciária, como entendeu a decisão que rejeitou a denúncia" (REsp 1.206.105/RJ, Rel. Min. Gilson Dipp, 3ª Seção, julgado em 27-6-2012, *DJe* 22-8-2012).

Note-se que, nesses casos, o agente emprega fraude uma única vez e passa a auferir lucros ilícitos mensais, tratando-se, assim, de crime único (de natureza permanente). Diferente é a hipótese – razoavelmente comum – em que terceira pessoa, após a morte do beneficiário regular, apossa-se do cartão do falecido e, ludibriando a autarquia (sem comunicar a morte), vai mensalmente ao banco para retirar os valores indevidos após a morte. Em tal caso temos crimes de estelionato em continuidade delitiva (um para cada saque indevido), pois o agente, a cada mês, realiza nova fraude. Nesse sentido: "O delito de estelionato, praticado contra a Previdência Social, mediante a realização de saques depositados em favor de beneficiário já falecido, consuma-se a cada levantamento do benefício, caracterizando-se, assim, continuidade delitiva, nos termos do art. 71 do Código Penal, devendo, portanto, o prazo prescricional iniciar-se com a cessação do recebimento do benefício previdenciário. Precedentes. Agravo regimental desprovido" (STJ, AgRg no REsp 1378323/PR, Rel. Min. Marilza Maynard (Desembargadora Convocada do TJ/SE), 6ª Turma, julgado em 26-8-2014, *DJe* 10-9-2014); "Tem aplicação a regra da continuidade delitiva ao estelionato previdenciário praticado por terceiro, que após a morte do beneficiário segue recebendo o benefício antes regularmente concedido ao segurado, como se ele fosse, sacando a prestação previdenciária por meio de cartão magnético todos os meses. 2. Diversamente do que ocorre nas hipóteses de inserção única de dados fraudulentos seguida de plúrimos recebimentos, em crime único, na hipótese dos autos não há falar em conduta única, mas sim em conduta reiterada pela prática de fraude mensal, com respectiva obtenção de vantagem ilícita. 3. Recurso desprovido" (STJ, REsp 1282118/RS, Rel. Min. Maria Thereza de Assis Moura, 6ª Turma, julgado em 26-2-2013, *DJe* 12-3-2013).

O Superior Tribunal de Justiça entende inaplicável o princípio da insignificância ao estelionato previdenciário: "Não é possível a aplicação do princípio da insignificância ao crime de estelionato contra a Previdência Social independentemente dos valores obtidos indevidamente pelo agente, pois, consoante jurisprudência do STJ e do STF, em se tratando de estelionato cometido contra entidade de direito público, considera-se o alto grau de reprovabilidade da conduta do agente, que atinge a coletividade como um todo (AgRg no AREsp 1476284/PE, Rel. Min. Ribeiro Dantas, 5ª Turma, julgado em 25-6-2019, *DJe* 1º-7-2019)"(STJ, AgRg no REsp 1849115/SC, Rel. Min. Nefi Cordeiro, 6ª Turma, julgado em 16-6-2020, *DJe* 23-6-2020); "O aresto objurgado alinha-se a entendimento assentado neste Sodalício no sentido de que cuidando-se de estelionato praticado contra entidade de direito público, inviável se mostra o reconhecimento do crime de bagatela, independentemente dos valores obtidos indevidamente pelo agente, haja vista a maior reprovabilidade de sua conduta, que atenta contra o patrimônio público, a moral administrativa e a fé pública, situação que atrai o óbice do Verbete Sumular n. 83/STJ, também aplicável ao recurso especial interposto com fundamento na alínea *a* do permissivo constitucional" (STJ, AgRg no AREsp 627.891/RN, Rel. Min. Jorge Mussi, 5ª Turma, julgado em 17-11-2015, *DJe* 25-11-2015).

Será também majorada a pena se o crime for cometido contra instituto de economia popular, assistência social ou beneficência, justificando-se o aumento pelo fato de o prejuízo refletir em seus beneficiários, que são pessoas necessitadas.

A Lei n. 13.228/2015 acrescentou uma causa de aumento de pena no art. 171, § 4º, do Código Penal, estabelecendo pena em dobro se a vítima do estelionato fosse pessoa idosa. Posteriormente, o dispositivo foi alterado pela Lei n. 14.155, de 27 de maio de 2021, que passou a prever aumento de um terço até o dobro em duas hipóteses:

a) se a vítima for pessoa idosa, ou seja, com idade igual ou superior a 60 anos. Há muitos casos, todavia, em que o agente não tem conhecimento de que a vítima é idosa e, em tais hipóteses, a majorante não poderá incidir, como, por exemplo, em certos golpes perpetrados pela internet nos quais não há qualquer contato entre o autor do crime e a vítima;

b) se a vítima for pessoa vulnerável. Como o dispositivo não define "pessoa vulnerável" em relação ao crime de estelionato, a solução é aplicar a regra do art. 217-A do Código Penal, que trata do crime de estupro de vulnerável, sendo assim considerado: a) quem tem menos de 14 anos; b) quem, por deficiência ou enfermidade mental, não tem o necessário discernimento para o ato (patrimonial, neste caso); ou c) quem, por qualquer outra causa, não pode oferecer resistência. Ex.: pessoa embriagada.

O *quantum* de aumento (um terço até o dobro), de acordo com o texto legal, deve guardar proporção com o prejuízo causado à vítima. Quanto maior o prejuízo, maior o aumento.

2.6.5. Duplicata simulada

Art. 172. *Emitir fatura, duplicata ou nota de venda que não corresponda à mercadoria vendida, em quantidade ou qualidade, ou ao serviço prestado:*

Pena – detenção, de dois a quatro anos, e multa.

2.6.5.1. Objetividade jurídica

O patrimônio e a fé pública nos documentos mencionados no tipo penal.

2.6.5.2. Tipo objetivo

A conduta típica é "emitir" que significa colocar o título em circulação. É necessário, portanto, que o agente preencha o documento e o entregue a terceiro.

Fatura é o documento de emissão obrigatória por parte do vendedor no qual devem constar a descrição, a natureza, a quantidade e o valor das mercadorias vendidas. A *nota de venda* é o documento destinado a informar ao Fisco os detalhes da venda. *Duplicata*, por sua vez, é o título de crédito emitido com lastro na fatura de vendas a prazo. É também possível a emissão de duplicata em decorrência da prestação de serviços.

Para a configuração do delito, é necessário que a emissão do documento seja simulada, isto é, que não corresponda à mercadoria vendida, em quantidade ou qualidade ou ao serviço prestado.

Há quem advogue que o fato só é típico se houver *desproporção* entre a quantidade ou qualidade vendidas e aquela que consta da nota ou duplicata. Para os seguidores dessa orientação, o fato é atípico na hipótese de maior gravidade, qual seja a emissão de nota ou duplicata que não corresponda a qualquer venda ou prestação de serviço, já que o tipo penal não menciona expressamente tal situação. O Supremo Tribunal Federal e o Superior Tribunal de Justiça, todavia, rejeitaram tal interpretação, firmando entendimento de que existe o delito quer haja apenas desproporção, quer haja completa inexistência de venda ou prestação de serviço. A propósito: "Duplicata simulada – Venda inexistente – Artigo 172 do Código Penal – Alcance. A Lei n. 8.137, de 28 de dezembro de 1990, não expungiu do cenário jurídico, como fato glosado no campo penal, a emissão de fatura, duplicata ou nota que não corresponda a uma venda ou prestação de serviços efetivamente realizados, conduta que se mostra tão punível quanto aquelas que encerrem simulação relativamente a qualidade ou quantidade dos produtos comercializados" (STF, HC 72.538, Rel. Min. Marco Aurélio, 2ª Turma, julgado em 27-6-1995, *DJ* 18-8-1995, p. 24898, ement vol. 01796-02, p. 00417); "O delito de duplicata simulada, previsto no artigo 172 do Código Penal, com redação dada pela Lei n. 8.137, de 27-12-1990, configura-se quando o agente emite duplicata que não corresponde à efetiva transação comercial, sendo típica a conduta ainda que não haja qualquer venda de mercadoria ou prestação de serviço" (STJ, REsp 1.267.626/PR, Rel. Min. Maria Thereza de Assis Moura, 6ª Turma, julgado em 5-12-2013, *DJe* 16-12-2013).

O crime de duplicata simulada só é punido a título de dolo. A confecção de duplicata com informações inverídicas, decorrente de equívoco (culpa), não configura o delito em análise. O tipo penal, por sua vez, não exige a específica intenção de obter vantagem econômica, embora, em regra, tal finalidade se mostre presente.

A duplicata simulada, por ser crime especial, absorve o crime de falsidade ideológica.

2.6.5.3. Sujeito ativo

Somente aqueles que podem emitir em nome da empresa os documentos mencionados no tipo penal. Cuida-se de crime *próprio*.

2.6.5.4. Sujeito passivo

Sujeito passivo é quem desconta o título e o sacado – que corre o risco de ser protestado.

2.6.5.5. Consumação

Por se tratar de título de crédito, a duplicata pode ser colocada em circulação. O vendedor pode descontar antecipadamente o valor da venda nela contido com terceira pessoa (bancos, empresas de *factoring*) e esta, por ocasião do vencimento, receber do comprador. Ocorre que, se a duplicata, fatura ou nota de venda for emitida sem que corresponda a uma efetiva venda ou serviço prestado, poderá gerar prejuízo para quem a desconte. Isso porque, na data do vencimento, a pessoa que consta no título como adquirente da mercadoria ou destinatário do serviço prestado irá se recusar a efetuar o pagamento, pois não há o que ser pago. Alguns empresários passaram a, corriqueiramente, emitir duplicata simulada, descontá-la perante terceiros para obter capital e, na data do vencimento, pagar, eles próprios, o valor respectivo, sem que o credor e a pessoa apontada como compradora ou prestadora do serviço tomem conhecimento disso. Em tais casos, não há prejuízo financeiro, sendo evidente, entretanto, que o empresário lançou mão de um meio fraudulento, qual seja, a elaboração de uma cártula contendo informação falsa. Por essa razão, tipificou-se como crime o simples ato de "emitir" a duplicata simulada, ainda que disso não decorra prejuízo. Trata-se, pois, de crime *formal*. Emitir, todavia, não é apenas preencher, e sim colocar a duplicata em circulação, pois, antes disso, o emitente pode simplesmente rasgar a duplicata simulada que confeccionou. Nesse sentido: "O crime de emissão de fatura, que tem como núcleo o ato de emitir títulos que não guardam correspondência com a venda mercantil efetivamente realizada, consuma-se no momento em que os documentos são colocados em circulação, não se exigindo a efetividade do proveito econômico pela oposição do aceite do sacado" (STJ, HC 8.957/GO, Rel. Min. Vicente Leal, 6ª Turma, *RT* 772/543).

Haverá também crime de duplicata simulada se o agente negociar o título com terceiro e não efetuar ele próprio o pagamento, causando, assim, prejuízo à vítima. Há quem defenda que, neste último caso, o crime seria o de estelionato comum (art. 171, *caput*, do CP), pois o agente obteve vantagem ilícita em prejuízo alheio por meio de uma fraude. Tal entendimento, todavia, não se sustenta. Primeiro, porque o tipo penal do delito de duplicata simulada não faz distinção entre as hipóteses em que o agente quer ou não provocar prejuízo à vítima. Segundo, porque o crime de duplicata simulada, por possuir forma específica de execução, é especial em relação ao estelionato comum, que é genérico. Terceiro, porque a distinção sugerida ofende o princípio da proporcionalidade, já que a pena mínima do crime de duplicata simulada é maior, não fazendo sentido aplicar pena mais severa quando o agente não pretende gerar prejuízo e pena menor quando o provoca.

Luiz Regis Prado[187], com alguma razão, sustenta tratar-se de crime de mera conduta, porque o tipo penal não descreve expressamente um resultado almejado que não necessite ser alcançado. Encontra-se, entretanto, muito enraizada em nossa doutrina, a conclusão de que o delito tem natureza formal por estar descrito no Título dos crimes contra o patrimônio e consumar-se independentemente da provocação de prejuízo ou da obtenção de vantagem econômica.

2.6.5.6. Tentativa

O entendimento predominante na doutrina é o de que tal crime não admite tentativa, porque, ou o título é emitido e está consumado, ou não é, e o fato é atípico. É possível, contudo, que o agente tente colocar a duplicata em circulação e não consiga, razão pela qual surgiu entendimento de que a tentativa é possível em tal caso. É a opinião, por exemplo, de Cezar Roberto Bitencourt[188], com a qual concordamos. No mesmo sentido, o entendimento de Rogério Greco[189].

2.6.5.7. Classificação jurídica

Quanto à objetividade jurídica, cuida-se de delito de perigo (não pressupõe dano efetivo ao patrimônio) e simples. Quanto ao momento consumativo, constitui crime formal e instantâneo. Quanto ao sujeito ativo, é crime próprio e de concurso eventual. Quanto ao elemento subjetivo, cuida-se de crime doloso.

No que se refere aos meios de execução, cuida-se de crime comissivo e de ação livre. Lembre-se que nossos tribunais têm reconhecido a existência do delito quer se trate de emissão de duplicata física, quer virtual (eletrônica).

2.6.5.8. Ação penal

É pública incondicionada.

2.6.5.9. Figura equiparada

O parágrafo único do art. 172 estabelece as mesmas penas para "aquele que falsificar ou adulterar a escrituração do Livro de Registro de Duplicatas". Trata-se, pois, do crime de falsidade no livro de registro de duplicatas.

A exigência da escrituração em referido livro para os empresários que emitem duplicatas, bem como a sua regulamentação, encontram-se previstas no art. 19 da Lei n. 5.474/68. De acordo com o § 1º deste dispositivo, no livro "Registro de Duplicatas serão escrituradas, cronologicamente, todas as duplicatas emitidas, com o número de ordem, data e valor das faturas originárias e data de sua expedição; nome e domicílio do comprador; anotações das reformas; prorrogações e outras circunstâncias necessárias".

A figura "falsificar" significa criar a escrituração, enquanto a modalidade "adulterar" pressupõe a prévia existência de uma escrituração válida que venha a ser modificada pelo agente. Deve-se ressaltar que, para a existência do crime, é necessário que

---

[187] Luiz Regis Prado. *Comentários ao Código Penal*, p. 748.
[188] Cezar Roberto Bitencourt. *Tratado de direito penal*, v. 3, p. 306.
[189] Rogério Greco. *Curso de direito penal*, v. III, p. 274.

o produto da falsificação seja capaz de iludir, pois, em se tratando de falsificação grosseira, o fato é atípico.

É importante salientar, ainda, que tal delito só tem autonomia quando o autor da falsificação do livro não emite efetivamente qualquer duplicata simulada baseada na escrituração falsa, pois, se o fizer, responderá apenas pela figura do *caput*, ficando a falsificação absorvida por se tratar de crime-meio. Ademais, se o empresário primeiro emitir a duplicata e depois falsificar o livro, a última conduta será considerada *post factum* impunível. Percebe-se, portanto, que o crime em análise afeta apenas a boa-fé nos documentos, já que dele não decorre qualquer prejuízo patrimonial e, assim, a vítima é o Estado. Daí por que a existência deste tipo penal seria dispensável, pois, em sua ausência, a conduta configuraria crime de falsificação de documento público por equiparação, já que o art. 297, § 2º, do Código Penal, equipara a documento público os livros mercantis. Todavia, em razão da existência do delito especial ora em estudo, apenas a falsificação de outros livros empresariais será considerada falsidade documental. Quando o falso recair especificamente no Livro de Registro de Duplicatas, estará configurado o delito deste art. 172, parágrafo único.

Sujeito ativo do crime é o autor da falsificação ou adulteração.

O crime consuma-se com a falsificação ou adulteração, independentemente da obtenção de qualquer vantagem ou provocação de prejuízo a outrem. A tentativa é possível quando o agente é flagrado dando início ao processo de falsificação e se vê impossibilitado de prosseguir na execução.

2.6.6. Abuso de incapazes

> Art. 173. Abusar, em proveito próprio ou alheio, de necessidade, paixão ou inexperiência de menor, ou da alienação ou debilidade mental de outrem, induzindo qualquer deles à prática de ato suscetível de produzir efeito jurídico em prejuízo próprio ou de outrem:
>
> Pena – reclusão, de dois a seis anos, e multa.

2.6.6.1. Objetividade jurídica

O patrimônio.

2.6.6.2. Tipo objetivo

O núcleo do tipo é "abusar", que significa tirar proveito, levar vantagem em detrimento de outrem. No delito em estudo, o abuso consiste especificamente em o agente valer-se da necessidade, paixão ou inexperiência de pessoa menor de 18 anos ou portadora de doença mental e, assim, convencê-la a praticar um ato jurídico que possa produzir efeito em seu próprio prejuízo ou em prejuízo de terceiro. Diferencia-se do estelionato porque não se mostra necessária uma fraude para enganar a vítima, bastando que o agente se aproveite de sua reduzida capacidade de compreensão dos atos da vida civil. Veja-se: "Incorre nas penas do art. 173 do Código Penal o agente que, a partir de um relacionamento amoroso com uma menor, faz com que esta venda joias da família para que ele, em proveito próprio, adquira outro bem, sendo irrelevante a análise acerca da vontade da impúbere" (Tacrim-SP, Rel. Ivan Marques, *RJD* 22/45).

A vantagem visada pelo agente pode ser econômica ou de outra natureza (Exemplo: prejudicar a família do menor). Por se tratar de crime contra o patrimônio, é necessário que o ato a que a vítima seja induzida a praticar seja capaz de lhe causar prejuízo *patrimonial*.

A conduta de "induzir pessoa idosa sem discernimento de seus atos a outorgar procuração para fins de administração de bens ou deles dispor livremente" constitui atualmente crime especial previsto no art. 106 do Estatuto da Pessoa Idosa (Lei n. 10.741/2003), cuja pena é de reclusão de dois a quatro anos. Essa mesma conduta, se realizada, por exemplo, em relação a um deficiente mental, pode tipificar o crime do art. 173 do Código Penal.

2.6.6.3. Sujeito ativo

Pode ser qualquer pessoa.

2.6.6.4. Sujeito passivo

Apenas as pessoas menores de 18 anos ou portadoras de alienação ou debilidade mental. Por se tratar de elementar do delito, mostra-se impossível a aplicação concomitante da agravante genérica do art. 61, II, *h*, do Código Penal, que faz menção a crimes praticados contra criança ou pessoa enferma.

2.6.6.5. Consumação

Apesar de o tipo penal exigir intenção, por parte do agente, de obter vantagem, para si ou para outrem, cuida-se de crime *formal* que se consuma com a prática do ato pela vítima, ainda que dele não advenha efetiva vantagem para o agente ou para terceiro.

Luiz Regis Prado[190], com alguma razão, sustenta tratar-se de crime de mera conduta, porque o tipo penal não descreve expressamente um resultado almejado que não necessite ser alcançado. Encontra-se, entretanto, muito enraizada em nossa doutrina, a conclusão de que o delito tem natureza formal por estar descrito no Título dos crimes contra o patrimônio e se consumar independentemente da provocação de prejuízo ou da obtenção da vantagem.

2.6.6.6. Tentativa

É possível.

2.6.6.7. Classificação doutrinária

Quanto à objetividade jurídica, cuida-se de delito simples. Quanto ao momento consumativo, constitui crime formal e instantâneo. Quanto ao sujeito ativo, é crime comum e de concurso eventual. Quanto ao elemento subjetivo, cuida-se de crime doloso. No que se refere aos meios de execução, cuida-se de crime comissivo e de ação livre.

2.6.6.8. Ação penal

Pública incondicionada.

---

[190] Luiz Regis Prado. *Comentários ao Código Penal*, p. 750.

2.6.7. Induzimento à especulação

> Art. 174. *Abusar, em proveito próprio ou alheio, da inexperiência ou da simplicidade ou inferioridade mental de outrem, induzindo-o à prática de jogo ou aposta, ou à especulação com títulos ou mercadorias, sabendo ou devendo saber que a operação é ruinosa:*
>
> *Pena – reclusão, de um a três anos, e multa.*

2.6.7.1. Objetividade jurídica

O patrimônio.

2.6.7.2. Tipo objetivo

Trata-se de figura penal que, igualmente, pressupõe um *abuso*, porém em relação a pessoa *inexperiente* (com pouca vivência nos negócios), *simples* (humilde, sem malícia) ou com *desenvolvimento mental deficiente* (índice de inteligência aquém do normal). A lei, portanto, visa proteger o patrimônio de pessoas rústicas, simplórias, ignorantes, que são mais facilmente ludibriadas.

Para a configuração do ilícito, é necessário que o agente, com intenção de obter alguma vantagem, aproveite-se da condição da vítima para convencê-la à prática de jogo, aposta ou especulação com títulos ou mercadorias. Exige-se, ainda, que o agente saiba ou deva saber que tal ato é ruinoso, ou seja, que ele tenha certeza disso ou que as circunstâncias tragam um prognóstico claro a esse respeito. Trata-se, portanto, de crime doloso. Se o agente acredita que está induzindo a vítima a fazer um bom negócio que, na prática, se mostra ruinoso financeiramente, não se configura o delito em tela, que não admite a modalidade culposa. Lembre-se, por fim, que o crime em estudo pressupõe intenção de obter vantagem, em proveito próprio ou de terceira pessoa (elemento subjetivo do tipo).

O crime é de ação livre. Com efeito, a lei enumera as condutas a que a vítima deve ser induzida para que o fato configure a infração penal (prática de jogo, aposta, especulação com títulos ou mercadorias), contudo, o agente pode induzi-la a tanto por qualquer meio de convencimento.

2.6.7.3. Sujeito ativo

Pode ser qualquer pessoa. Trata-se de crime *comum*.

2.6.7.4. Sujeito passivo

Somente as pessoas inexperientes, simples ou com inferioridade mental.

2.6.7.5. Consumação

Cuida-se de crime *formal*, que se consuma com a prática do ato pela vítima, ainda que dele não advenha qualquer vantagem para o agente ou para terceiro. A lei pune a má-fé do sujeito, e, assim, o crime existe ainda que a vítima, por alguma excepcionalidade, venha a lucrar com a operação.

2.6.7.6. Tentativa

É possível.

2.6.7.7. Classificação doutrinária

Quanto à objetividade jurídica, cuida-se de delito simples. Quanto ao momento consumativo, constitui crime formal e instantâneo. Quanto ao sujeito ativo, é crime comum e de concurso eventual. Quanto ao elemento subjetivo, cuida-se de crime doloso. No que se refere aos meios de execução, cuida-se de crime comissivo e de ação livre.

2.6.7.8. Ação penal

Pública incondicionada.

2.6.8. Fraude no comércio

> Art. 175. Enganar, no exercício de atividade comercial, o adquirente ou consumidor:
>
> I – vendendo, como verdadeira ou perfeita, mercadoria falsificada ou deteriorada;
>
> II – entregando uma mercadoria por outra:
>
> Pena – detenção, de seis meses a dois anos, ou multa.
>
> § 1º Alterar em obra que lhe é encomendada a qualidade ou o peso de metal ou substituir, no mesmo caso, pedra verdadeira por falsa ou por outra de menor valor; vender pedra falsa por verdadeira; vender, como precioso, metal de outra qualidade:
>
> Pena – reclusão, de um a cinco anos, e multa.
>
> § 2º É aplicável o disposto no art. 155, § 2º.

2.6.8.1. Objetividade jurídica

O patrimônio e os direitos do consumidor.

2.6.8.2. Tipo objetivo

O delito em análise só pode ser cometido por empresário ou por seus empregados, já que o tipo penal exige que a infração seja praticada no exercício de atividade comercial. Se não o for, o crime será o de fraude na entrega de coisa (art. 171, § 2º, IV, do CP).

A primeira conduta típica é "vender" mercadoria falsificada ou deteriorada como se fosse verdadeira ou perfeita. Atualmente, entretanto, é difícil imaginar hipótese que não esteja revogada pelo art. 7º da Lei n. 8.137/90, que trata dos crimes contra as relações de consumo. O inciso III do mencionado artigo pune com detenção, de dois a cinco anos, ou multa quem "misturar gêneros e mercadorias de espécies diferentes, para vendê-los ou expô-los à venda como puros; misturar gêneros e mercadorias de qualidades desiguais para vendê-los ou expô-los à venda por preço estabelecido para os de mais alto custo". Além disso, o inciso IX do mesmo artigo refere-se a situações de mercadoria deteriorada, ao prever a mesma pena para aquele que vende, tem em depósito para venda, expõe à venda ou, de qualquer forma, entrega matéria-prima ou mercadoria em condições impróprias para consumo. O art. 18, § 6º, II, do Código de Defesa do Consumidor (Lei n. 8.078/90), por sua vez, estabelece que se consideram impróprias para consumo as mercadorias *deterioradas* ou *falsificadas*.

A segunda conduta típica prevista no art. 175 consiste em entregar uma mercadoria por outra, enganando o consumidor. O engodo pode referir-se à própria substância, sua qualidade ou quantidade. Ressalte-se, novamente, que, se o agente não for empresário, o crime será o de fraude na entrega de coisa.

Quando o objeto material for substância alimentícia ou destinada a fins terapêuticos ou medicinais, o agente deverá responder, respectivamente, pelos crimes dos arts. 272 e 273 do Código Penal.

2.6.8.3. Sujeito ativo

Trata-se de crime *próprio* que só pode ser cometido pelo empresário ou por seus funcionários. Também podem incorrer na infração penal o comerciante irregular ou clandestino (camelôs, por exemplo).

2.6.8.4. Sujeito passivo

Qualquer adquirente ou consumidor, até mesmo outro empresário, que adquira o objeto.

2.6.8.5. Consumação

No momento da entrega do objeto material ao adquirente ou consumidor.

2.6.8.6. Tentativa

É possível quando a vítima percebe a fraude e recusa-se a receber o bem.

2.6.8.7. Figuras qualificadas

De acordo com o § 1º do art. 175, o crime considera-se qualificado – pena de reclusão, de um a cinco anos, e multa – se a fraude no comércio consistir em:

a) alteração da qualidade ou do peso de metal em obra encomendada;

b) substituição de pedra verdadeira por falsa ou outra de menor valor em obra encomendada;

c) venda de pedra falsa por verdadeira;

d) venda, como precioso, de metal de outra natureza.

2.6.8.8. Figura privilegiada

O art. 175, § 2º, do Código Penal, permite a aplicação do privilégio previsto em seu art. 155, § 2º (furto privilegiado), desde que o réu seja primário e pequeno o valor da coisa.

2.6.8.9. Classificação doutrinária

Quanto à objetividade jurídica, cuida-se de delito simples. Quanto ao momento consumativo, constitui crime material e instantâneo. Quanto ao sujeito ativo, é crime próprio e de concurso eventual. Quanto ao elemento subjetivo, cuida-se de crime doloso. No que se refere aos meios de execução, cuida-se de crime comissivo.

2.6.8.10. Ação penal

É pública incondicionada. Na modalidade simples, em que a pena máxima é de dois anos, a competência é do Juizado Especial Criminal. Nas figuras qualificadas, que possuem pena máxima de cinco anos, a competência é do Juízo Comum.

2.6.9. Outras fraudes

Art. 176. *Tomar refeição em restaurante, alojar-se em hotel ou utilizar-se de meio de transporte sem dispor de recursos para efetuar o pagamento:*

Pena – detenção, de quinze dias a dois meses, ou multa.

Parágrafo único. Somente se procede mediante representação, e o juiz pode, conforme as circunstâncias, deixar de aplicar a pena.

2.6.9.1. Objetividade jurídica

O patrimônio.

2.6.9.2. Tipo objetivo

Nesse dispositivo estão previstas três condutas ilícitas.

A primeira delas é *tomar refeição* em restaurante sem dispor de recursos para efetuar o pagamento. A menção a restaurantes foi feita de forma genérica no dispositivo, de modo que também abrange lanchonetes, cafés, bares e outros estabelecimentos que sirvam refeição. Esta, aliás, engloba a ingestão de bebidas. Como o tipo penal diz "tomar refeição em restaurante", entende-se que o delito não se configura quando o agente é servido em sua própria residência.

A segunda conduta incriminada é *alojar-se* em hotel sem dispor de recursos para efetuar o pagamento. A punição, evidentemente, estende-se a fatos que ocorram em estabelecimentos similares, como pensões ou pousadas.

A última conduta criminosa consiste em utilizar-se de *meio de transporte* (ônibus, táxi, lotação, barco, trem) sem possuir recursos para efetuar o pagamento.

O tipo penal expressamente exige que o agente realize as condutas típicas *sem dispor de recursos para efetuar o pagamento* naquele instante. Por isso, entende-se que o delito não se configura nas chamadas "penduras" ou "pinduras" realizadas pelos estudantes de direito no dia 11 de agosto, porque eles possuem os recursos para pagar, apenas se recusam a fazê-lo por julgarem-se convidados do estabelecimento em homenagem ao dia em que se comemora a inauguração dos cursos de Direito no País.

Também não há crime quando o agente se recusa a efetuar o pagamento por discordar do valor da conta apresentada, quando age em estado de necessidade (pessoa faminta sem dinheiro, por exemplo) ou quando se esqueceu do dinheiro ou do cartão bancário em casa. Na última hipótese, não há crime por falta de dolo (erro de tipo).

Quem paga restaurante com cheque sem fundos incorre em crime mais grave, previsto no art. 171, § 2º, VI, do Código Penal.

2.6.9.3. Sujeito ativo

Pode ser qualquer pessoa. Trata-se de crime *comum*.

2.6.9.4. Sujeito passivo

A pessoa, física ou jurídica, proprietária do restaurante ou do hotel, ou responsável pela prestação do serviço de transporte.

2.6.9.5. Consumação

Com a utilização, ainda que parcial, do serviço (alimentação, hospedagem ou transporte).

2.6.9.6. Tentativa

É possível.

2.6.9.7. Classificação doutrinária

Quanto à objetividade jurídica, cuida-se de delito simples e de dano. Quanto ao momento consumativo, constitui crime material e instantâneo. Quanto ao sujeito ativo, é crime comum e de concurso eventual. Quanto ao elemento subjetivo, cuida-se de crime doloso. No que se refere aos meios de execução, cuida-se de crime comissivo e de ação vinculada (o crime só se configura com as formas de execução expressamente elencadas no texto legal).

2.6.9.8. Ação penal

É pública condicionada à representação (art. 176, parágrafo único, do CP), de competência do Juizado Especial Criminal.

2.6.9.9. Perdão judicial

O juiz poderá deixar de aplicar a pena ao proferir a sentença, se as circunstâncias do caso indicarem sua pequena gravidade (pequeno prejuízo provocado à vítima, por exemplo). Tal previsão encontra-se também no parágrafo único do art. 176.

2.6.10. Fraudes e abusos na fundação ou administração de sociedade por ações

> Art. 177, caput – Promover a fundação de sociedade por ações, fazendo, em prospecto ou em comunicação ao público ou à assembleia, afirmação falsa sobre a constituição da sociedade, ou ocultando fraudulentamente fato a ela relativo:
>
> Pena – reclusão, de um a quatro anos, e multa, se o fato não constitui crime contra a economia popular.

2.6.10.1. Objetividade jurídica

O patrimônio.

2.6.10.2. Tipo objetivo

A modalidade criminosa prevista no *caput* do art. 177 refere-se à fundação da sociedade por ações e tem como objeto material *prospecto* ou *comunicado* ao público ou à assembleia com afirmação falsa ou ocultação fraudulenta de fato a ela relativo. Segundo Julio Fabbrini Mirabete[191], "podem girar elas sobre falsa informação a respeito de subscrições ou entradas, de recursos técnicos da companhia, de nomes de pseudoinvestidores etc. Na forma omissiva, pode o agente cometer o crime ocultando o nome

---

[191] Julio Fabbrini Mirabete. *Manual de direito penal*, v. 2, p. 318.

dos fundadores, de problemas técnicos etc., cujo conhecimento poderia prejudicar ou impedir a subscrição de ações e a própria constituição da sociedade".

O texto legal, ao cuidar da pena, deixa claro que o crime em análise, bem como as figuras do § 1º, é subsidiário, ou seja, cede lugar quando o fato se enquadra como crime contra a economia popular (art. 3º, VII a X, da Lei n. 1.521/51).

2.6.10.3. Sujeito ativo

Trata-se de crime *próprio* em que o sujeito ativo é o responsável pela fundação da sociedade por ações.

2.6.10.4. Sujeito passivo

As pessoas físicas ou jurídicas que subscreveram o capital enganadas pelo prospecto ou comunicado.

2.6.10.5. Consumação

O delito em estudo é *formal*. Consuma-se no momento em que lançado o prospecto ou o comunicado com a afirmação falsa ou contendo a omissão fraudulenta de informação relevante, ainda que não decorra qualquer resultado lesivo.

2.6.10.6. Tentativa

Inadmissível na modalidade omissiva. Em relação à figura comissiva, existe controvérsia. Para alguns tampouco nessa modalidade o *conatus* se mostra viável, pois, ou ocorre o comunicado e o crime está consumado, ou não ocorre e o fato é irrelevante. É o pensar de Nélson Hungria[192] e Fernando Capez[193]. Cézar Roberto Bitencourt[194], por outro lado, entende ser possível a sua ocorrência.

2.6.10.7. Classificação doutrinária

Quanto à objetividade jurídica, cuida-se de delito simples. Quanto ao momento consumativo, constitui crime formal e instantâneo. Quanto ao sujeito ativo, é crime próprio e de concurso eventual. Quanto ao elemento subjetivo, cuida-se de crime doloso. No que se refere aos meios de execução, cuida-se de crime comissivo ou omissivo e de forma vinculada (só pode ser cometido pelas formas especificadas no tipo penal – lançamento de prospecto ou comunicado ao público ou à assembleia).

2.6.10.8. Figuras equiparadas

Nas figuras descritas no § 1º do art. 177, a lei penal incrimina *fraudes* e *abusos* na administração da sociedade por ações, estabelecendo as mesmas penas para:

> *I – o diretor, o gerente ou o fiscal de sociedade por ações, que, em prospecto, relatório, parecer, balanço ou comunicação ao público ou à assembleia, faz*

---

[192] Nélson Hungria. *Comentários ao Código Penal*, v. VII, p. 283.
[193] Fernando Capez. *Curso de direito penal*, v. 2, p. 518.
[194] Cezar Roberto Bitencourt. *Tratado de direito penal*, v. 3, p. 321.

afirmação falsa sobre as condições econômicas da sociedade, ou oculta fraudulentamente, no todo ou em parte, fato a elas relativo;

II – o diretor, o gerente ou o fiscal que promove, por qualquer artifício, falsa cotação das ações ou de outros títulos da sociedade;

III – o diretor ou o gerente que toma empréstimo à sociedade ou usa, em proveito próprio ou de terceiro, dos bens ou haveres sociais, sem prévia autorização da assembleia geral;

IV – o diretor ou o gerente que compra ou vende, por conta da sociedade, ações por ela emitidas, salvo quando a lei o permite;

V – o diretor ou o gerente que, como garantia de crédito social, aceita em penhor ou em caução ações da própria sociedade;

VI – o diretor ou o gerente que, na falta de balanço, em desacordo com este, ou mediante balanço falso, distribui lucros ou dividendos fictícios;

VII – o diretor, o gerente ou o fiscal que, por interposta pessoa, ou conluiado com acionista, consegue a aprovação de conta ou parecer;

VIII – o liquidante, nos casos dos ns. I, II, III, IV, V e VII;

IX – o representante da sociedade anônima estrangeira, autorizada a funcionar no País, que pratica os atos mencionados nos ns. I e II, ou dá falsa informação ao Governo.

Nota-se, portanto, que, em tal dispositivo, o legislador pune o diretor, o gerente e, em alguns casos, o fiscal e o liquidante, que incidam em fraude em afirmação referente à situação econômica da empresa, realizem falsa cotação de ações, tomem emprestado ou usem indevidamente bens ou haveres da sociedade, comprem ou vendam ilegalmente ações, prestem caução ou penhor ilegais, distribuam lucros ou dividendos fictícios ou aprovem fraudulentamente conta ou parecer.

Todos esses crimes são *próprios*, pois só podem ser cometidos pelas pessoas expressamente mencionadas no texto legal.

Na hipótese do inciso I, sujeito passivo pode ser qualquer pessoa.

No inciso II, vítimas são os sócios ou quaisquer outras pessoas que possam sofrer prejuízo em razão da falsa cotação. Exemplo: o acionista que vende a ação abaixo do preço em razão da falsa cotação, ou o estranho que adquire a ação acima do preço pela mesma razão.

Nas hipóteses dos incisos III a VIII, as vítimas são a sociedade e seus acionistas.

Já no inciso IX, o dispositivo incrimina o representante de sociedade estrangeira autorizada a funcionar no País que faça comunicação falsa, que se omita fraudulentamente quanto à situação econômica da empresa, que promova falsa cotação de ações ou títulos desta ou, ainda, que preste informação falsa ao Governo. Nesse caso, além da sociedade e de seus acionistas, o Estado também pode ser considerado sujeito passivo.

2.6.10.9. *Negociação de voto em assembleia*

O § 2º do art. 177 prevê pena de seis meses a dois anos de detenção, e multa, ao "acionista que, a fim de obter vantagem para si ou para outrem, negocia o voto nas deliberações de assembleia geral". Tal infração, contudo, perdeu sua importância prática depois que o art. 118 da Lei n. 6.404/76 permitiu o acordo de acionistas, inclusive quanto ao exercício do direito de voto. É claro, entretanto, que o tipo penal não está revogado, constituindo infração penal o acordo espúrio, feito sem as formalidades legais ou em desacordo com dispositivo legal, no intuito de obter vantagem ilícita.

O crime consuma-se com a negociação do voto, independentemente da efetiva votação. A tentativa é possível.

2.6.11. Emissão irregular de conhecimento de depósito ou warrant

> Art. 178. Emitir conhecimento de depósito ou warrant, em desacordo com disposição legal:
>
> Pena – reclusão, de um a quatro anos, e multa.

2.6.11.1. Objetividade jurídica

O patrimônio.

2.6.11.2. Tipo objetivo

A matéria tratada nesse dispositivo tem seu fundamento no Decreto n. 1.102/1903, que permite a emissão do conhecimento de depósito e do *warrant* quando mercadorias são depositadas em armazéns gerais. Esses títulos, negociáveis por endosso, são entregues ao depositante, sendo que o primeiro é documento de propriedade da mercadoria e confere ao dono o poder de disposição sobre a coisa, enquanto o segundo confere ao portador direito real de garantia sobre as mercadorias. Assim, quem possui ambos tem a plena propriedade delas. Conforme se pode verificar pela própria redação do artigo, a simples emissão não constitui crime. Ato ilícito é a circulação desses títulos em desacordo com disposição legal. Trata-se, pois, de *norma penal em branco*, complementada pelo decreto há pouco mencionado que dispõe que a emissão é irregular quando: a) a empresa não está legalmente constituída (art. 1º); b) inexiste autorização do Governo Federal para a emissão (arts. 2º e 4º); c) inexistem as mercadorias no documento especificadas; d) há emissão de mais de um título para a mesma mercadoria ou gêneros especificados no título; ou e) o título não perfaz as exigências reclamadas no art. 15 do decreto.

2.6.11.3. Sujeito ativo

O *depositário* da mercadoria e, eventualmente, o depositante ou terceira pessoa.

2.6.11.4. Sujeito passivo

O endossatário ou portador que recebe o título sem saber da ilegalidade.

2.6.11.5. Consumação

Quando o título é colocado em circulação.

2.6.11.6. Tentativa

Inviável. Se o agente coloca o título em circulação, o crime está consumado. Se não o faz, a conduta é atípica.

2.6.11.7. Classificação doutrinária

Quanto à objetividade jurídica, cuida-se de delito simples. Quanto ao momento consumativo, constitui crime formal e instantâneo. Quanto ao sujeito ativo, é crime próprio e de concurso eventual. Quanto ao elemento subjetivo, cuida-se de crime doloso. No que se refere aos meios de execução, cuida-se de crime comissivo e de ação livre.

2.6.11.8. Ação penal

Pública incondicionada.

2.6.12. Fraude à execução

> Art. 179. Fraudar execução, alienando, desviando, destruindo ou danificando bens, ou simulando dívidas:
>
> Pena – detenção, de seis meses a dois anos, ou multa.
>
> Parágrafo único. Somente se procede mediante queixa.

2.6.12.1. Objetividade jurídica

O patrimônio.

2.6.12.2. Tipo objetivo

Segundo Damásio de Jesus[195], para a existência do crime, é necessária a existência de uma sentença a ser executada ou de uma ação executiva em andamento. A maioria dos autores, entretanto, entende que o crime não pode ser cometido quando a conduta típica é realizada na pendência de uma ação de conhecimento porque o tipo penal menciona a fraude ocorrida durante a execução. Nélson Hungria[196], entretanto, discorda argumentando que "não é indispensável que haja uma sentença, bastando no caso de títulos executivos pré-constituídos, o ajuizamento da ação, e que deste tenha conhecimento o devedor". André Estefam[197] entende que o crime só é possível após o ajuizamento da ação de execução. César Roberto Bitencourt[198] e Rogerio Greco[199], por seu turno, sustentam que apenas após a citação válida no processo de execução é que se aperfeiçoa a relação processual e somente depois disso mostra-se possível o crime.

Para a tipificação do delito, o agente, então, com o fim de fraudar a execução, desfaz-se de seus bens por meio de uma das condutas descritas na lei (alienando, desviando, destruindo ou danificando bens, ou, ainda, simulando dívidas).

2.6.12.3. Sujeito ativo

O devedor. Se for empresário e as condutas forem realizadas após a decretação da quebra, o ato caracterizará crime falimentar (art. 168 da Lei n. 11.101/2005).

---

[195] Damásio de Jesus. *Direito penal*. 26. ed. São Paulo: Saraiva, 2004, v. 2, p. 489.
[196] Nélson Hungria. *Comentários ao Código Penal*, v. VII, p. 296.
[197] André Estefam. *Direito penal*, v. 2, p. 492.
[198] Cezar Roberto Bitencourt. *Tratado de direito penal*, v. 3, p. 341.
[199] Rogério Greco, *Curso de direito penal*, v. 3, p. 334.

2.6.12.4. Sujeito passivo

O credor.

2.6.12.5. Consumação

Trata-se de crime *material* que somente se consuma quando a vítima sofre algum prejuízo patrimonial em consequência da atitude do agente que se torna insolvente.

2.6.12.6. Tentativa

É possível quando o sujeito não consegue concretizar a conduta típica pretendida.

2.6.12.7. Classificação doutrinária

Quanto à objetividade jurídica, cuida-se de delito simples e de dano. Quanto ao momento consumativo, constitui crime material e instantâneo. Quanto ao sujeito ativo, é crime próprio e de concurso eventual. Quanto ao elemento subjetivo, cuida-se de crime doloso. No que se refere aos meios de execução, cuida-se de crime comissivo e de ação vinculada.

2.6.12.8. Ação penal

A ação penal é *privada* porque o art. 179, parágrafo único, do Código Penal dispõe que somente se procede mediante queixa. Se a fraude, entretanto, atingir execução promovida pela União, Estado ou Município, a ação será pública incondicionada nos termos do art. 24, § 2º, do Código de Processo Penal.

Capítulo VII
DA RECEPTAÇÃO

2.7. Da receptação

A receptação, delito dos mais importantes do Título dos crimes contra o patrimônio, é regulamentada no art. 180 do Código Penal, e subdivide-se em modalidades *dolosa* e *culposa*.

Como se sabe, o receptador é o grande incentivador da prática de delitos patrimoniais, pois grande parte dos criminosos que cometem crime dessa natureza não o faz com o intuito de permanecer em poder dos objetos, e sim de vendê-los ao receptador que, muitas vezes, faz desse negócio seu meio de vida. Daí a necessidade de se coibir eficazmente a receptação, a fim de reduzir o número de outros delitos patrimoniais.

2.7.1. Receptação dolosa

A receptação dolosa possui as seguintes figuras:
a) *simples*, que pode ser *própria* (*caput*, 1ª parte) ou *imprópria* (*caput*, 2ª parte);
b) *qualificada* (§ 1º e art. 180-A);
c) *majorada* (§ 6º);
d) *privilegiada* (§ 5º, 2ª parte).

2.7.1.1. Receptação simples

A receptação simples, conforme mencionado, pode ser própria ou imprópria. Tais denominações, em verdade, não constam do texto legal, mas são utilizadas por toda a doutrina em razão de relevantes distinções existentes entre as duas figuras.

2.7.1.1.1. Receptação própria

Art. 180, caput – Adquirir, receber, transportar, conduzir ou ocultar, em proveito próprio ou alheio, coisa que sabe ser produto de crime ou influir para que terceiro de boa-fé a adquira, receba ou oculte:

Pena – reclusão, de um a quatro anos, e multa.

2.7.1.1.1.1. Objetividade jurídica

O patrimônio.

2.7.1.1.1.2. Tipo objetivo

A receptação própria está prevista na primeira parte do art. 180, *caput*, do Código Penal e consiste em "adquirir, receber, transportar, conduzir ou ocultar, em proveito próprio ou alheio, coisa que sabe ser produto de crime".

Percebe-se que referido tipo penal incrimina cinco condutas típicas (núcleos) que são separadas pela conjunção alternativa "ou". Cuida-se, portanto, de tipo misto alternativo (crime de ação múltipla ou de conteúdo variado). Por isso, a realização de uma dessas condutas é suficiente para a tipificação do delito, mas a prática de mais de uma delas em relação ao *mesmo* objeto material constitui crime único. Quem, por exemplo, adquire e depois conduz um veículo roubado comete crime único.

As condutas incriminadas são: a) *adquirir*: obter a propriedade, a título oneroso (compra e venda ou permuta) ou gratuito (doação); b) *receber*: obter a posse, ainda que transitoriamente (receber um *notebook* emprestado, sabendo que ele é furtado); c) *ocultar*: esconder, colocar o objeto onde não possa ser encontrado; d) *transportar*: levar um objeto de um local para outro (Exemplo: transportar uma carga roubada); e) *conduzir*: dirigir veículo de origem ilícita.

É necessário salientar que o tipo penal da receptação exige que a conduta típica seja realizada visando à obtenção de "proveito próprio ou alheio". A expressão "proveito alheio" refere-se a qualquer outra pessoa que não a autora do crime antecedente, uma vez que ocultar o objeto produto do crime a fim de auxiliar exclusivamente o próprio autor do ilícito antecedente constitui *favorecimento real*, infração penal assim redigida: "prestar a criminoso, fora dos casos de coautoria e receptação, auxílio destinado a tornar seguro o proveito do crime" (art. 349 do CP).

A receptação é crime *acessório* porque sua existência pressupõe a ocorrência de um delito anterior (furto, roubo, estelionato etc.). Quem, por exemplo, adquire um carro ciente de que ele é roubado incorre no crime em estudo.

Apesar de a receptação estar prevista no Título "Dos crimes contra o patrimônio", não é imprescindível que o delito anterior esteja também previsto nesse Título. É, entretanto, necessário que o delito anterior tenha reflexos patrimoniais. O peculato, por exemplo, é um crime contra a Administração Pública que, evidentemente, causa prejuízo econômico à entidade pública proprietária do objeto material. Por isso, quem adquire o produto de um peculato é considerado receptador.

O art. 180 do Código Penal restringe o alcance do delito de receptação aos bens que sejam produto de *crime*. Por isso, se a coisa for produto de contravenção penal, não poderá ser objeto material de receptação.

A receptação é um crime acessório cuja pena não guarda relação de proporcionalidade com a pena do delito antecedente. A pena do receptador é sempre de reclusão, de um a quatro anos, e multa, quer o crime antecedente seja mais grave (roubo, por exemplo), de igual gravidade (furto simples, por exemplo) ou de menor gravidade (apropriação de coisa achada, por exemplo).

De acordo com o art. 180, § 4º, do Código Penal, o receptador é punível ainda que *isento de pena* ou *desconhecido* o autor do crime antecedente. A primeira regra permite a punição do receptador quando presente alguma *excludente de culpabilidade* (menoridade, doença mental) ou *escusa absolutória* (ser filho da vítima do furto, por exemplo) em relação ao autor do fato anterior. Já a segunda regra admite a condenação do receptador ainda que não se identifique o autor do delito antecedente. Assim, é plenamente viável a responsabilização penal do dono de um desmanche no qual sejam encontrados diversos carros roubados, ainda que não sejam identificados os roubadores. Basta a existência de prova da ocorrência do roubo (boletim de ocorrência, depoimento da vítima etc.).

Se forem identificados o receptador e o autor do crime antecedente, os delitos deverão ser apurados em uma só ação penal em decorrência da conexão probatória ou instrumental (art. 76, III, do CPP). O juiz, todavia, poderá condenar um dos réus e absolver o outro. É possível, por exemplo, que o juiz condene o furtador e absolva o receptador por entender que ele não sabia da procedência criminosa do bem. Pode acontecer, por sua vez, de o magistrado condenar o receptador, argumentando estar provada a procedência criminosa do bem e o dolo do agente, e absolver a pessoa acusada pelo furto alegando não haver prova suficiente de autoria. É claro, por fim, que, se o juiz absolver a pessoa acusada do crime antecedente por atipicidade da conduta, automaticamente terá que absolver o receptador, porque, em tal hipótese, o objeto não é produto de crime.

Nada obsta a que várias receptações sejam cometidas em sequência por pessoas diversas em relação ao mesmo objeto produto de crime. É o que se denomina receptação de receptação. É necessário, contudo, que os sucessivos adquirentes tenham ciência da origem criminosa do bem.

Segundo o art. 108 do Código Penal, "a extinção da punibilidade de crime que é pressuposto [...] de outro não se estende a este". Assim, se morre o autor do crime antecedente ou se tal delito é atingido pela prescrição ou pela decadência, o receptador continua punível.

Existem, porém, duas causas extintivas da punibilidade que decorrem da entrada em vigor de uma lei nova mais benéfica, que, por tal motivo, retroagem à data do fato e, por isso, beneficiam também o receptador, em razão do que dispõe o art. 2º, parágrafo único, do Código Penal. São a *abolitio criminis* e a anistia. Com efeito, se alguém compra um objeto, que à época dos fatos era fruto do crime de apropriação de coisa havida por caso fortuito (art. 169) e, posteriormente, uma nova lei revoga esse crime, considera-se que tal lei já estava em vigor na data da aquisição e que o agente, portanto, adquiriu um objeto procedente de fato atípico.

O objeto material da receptação – produto de crime – é aquele obtido com a ação criminosa. Constitui produto de crime o relógio roubado, o veículo furtado, a motocicleta fruto de apropriação indébita, o computador obtido por meio de um peculato etc. O fato de o objeto ter passado por alguma transformação após o delito não lhe retira a característica de produto de crime. Por isso, pode haver receptação em relação a veículo roubado cuja cor tenha sido mudada ou em relação a barras de ouro obtidas pelo derretimento de joias furtadas.

O *instrumento* utilizado na prática de um crime qualquer não é obtido com a ação delituosa, pois já se encontrava em poder do autor do crime antecedente. A arma usada em um roubo ou a chave falsa utilizada em um furto, por exemplo, não são consideradas produto, mas, sim, instrumento de crime e, por isso, não podem ser objeto material de receptação (exceto, evidentemente, se forem também de origem criminosa).

O *preço* do crime tampouco pode ser objeto material de receptação. O fato de um assassino de aluguel receber um veículo de origem lícita como pagamento por um homicídio não o torna receptador. Nesse exemplo, o pagamento para a execução do delito faz com que o homicídio seja qualificado.

Nélson Hungria[200], Magalhães Noronha[201], Damásio de Jesus[202] e Fernando Capez[203] sustentam que bens imóveis não podem ser objeto material de receptação. Argumentam que a palavra "receptação" significa dar abrigo, esconder, o que só é possível com as coisas móveis, e que a receptação pressupõe deslocamento do bem do poder de quem o detém. Em sentido contrário, podemos apontar as opiniões de Heleno Cláudio Fragoso[204] e Julio Fabbrini Mirabete[205], que sustentam que os imóveis podem ser produto de crime (estelionato, por exemplo) e que o tipo penal do art. 180 não exige que o objeto material seja coisa móvel, ao contrário do que ocorre em delitos como furto, roubo e apropriação indébita. Tais autores admitem, assim, que imóveis possam ser objeto de receptação.

No Supremo Tribunal Federal está pacificado o entendimento de que imóveis não podem ser objeto de receptação: "Receptação de bem imóvel – Impossibilidade de tipificação desse crime no Direito Penal Brasileiro vigente – Interpretação do art. 180 do Código Penal. Recurso de *Habeas Corpus* provido" (STF, RHC 58.329/MG, 1ª Turma, Rel. Min. Cunha Peixoto, *DJ* 28-11-1980, p. 10.100); "Em face da legislação penal brasileira, só as coisas móveis ou mobilizadas podem ser objeto de receptação. Interpretação do art. 180 do Código Penal. Assim, não é crime, no direito pátrio, o adquirir imóvel que esteja registrado em nome de terceiro, que não o verdadeiro proprietário, em virtude de falsificação de procuração. Recurso ordinário a que se dá provimento, para se ter a denúncia por inepta com relação ao recorrente" (STF, RHC 57.710/SP, 2ª Turma, Rel. Min. Moreira Alves, *DJ* 6-5-1980, p. 3.484).

O tipo penal da receptação própria exige que o agente *saiba* da procedência criminosa do bem. Significa que ele deve ter plena ciência da origem ilícita. Daí porque a conclusão no sentido de que a receptação simples só é compatível com a figura do dolo *direto*, na medida em que o agente quer efetivamente comprar ou receber algo de origem criminosa.

Se o sujeito apenas desconfia de tal origem, mas não tem certeza a esse respeito e, mesmo assim, adquire ou recebe o objeto, que depois se apura ser de origem espúria, responde por recepção *culposa*, uma vez que a figura da receptação dolosa simples é incompatível com o dolo eventual. Em suma, quem agir com dolo eventual ou de forma culposa responderá por receptação culposa (art. 180, § 3º, do CP).

O crime de receptação pressupõe, ainda, que o agente conheça a origem ilícita do bem no momento em que realiza a conduta típica. Por isso, se alguém compra um objeto sem saber de sua procedência e, depois de já estar na posse, toma conhecimento da origem criminosa e o mantém em seu poder, não responde por receptação. Em verdade, essa

---

[200] Nélson Hungria. *Comentários ao Código Penal*, v. VII, p. 304.
[201] E. Magalhães Noronha. *Direito penal*, v. 2, p. 516.
[202] Damásio de Jesus. *Direito penal*. 26. ed. São Paulo: Saraiva, 2004, v. 2, p. 457-458.
[203] Fernando Capez. *Curso de direito penal*, v. 2, p. 530.
[204] Heleno Cláudio Fragoso. *Lições de direito penal*, Parte especial, v. I, p. 163.
[205] Julio Fabbrini Mirabete. *Manual de direito penal*, v. 2, p. 353-354.

interpretação decorre da própria redação do art. 180, *caput*, do Código Penal, pois, se o agente, depois de tomar conhecimento da procedência, não adquiriu, recebeu, ocultou, conduziu ou transportou o bem, o fato é atípico. Haverá, entretanto, configuração da receptação, se, depois de tomar ciência da procedência do bem, o agente realizar nova conduta típica. Assim, se uma pessoa compra um veículo sem saber de sua procedência criminosa, porém, depois de tomar conhecimento a esse respeito continua a conduzi-lo, incorre no crime do art. 180. Comungam deste entendimento Fernando Capez[206], Magalhães Noronha[207], Damásio de Jesus[208], Julio Fabbrini Mirabete[209] e Heleno Cláudio Fragoso[210]. Nélson Hungria[211], citando jurisprudência francesa, discorda dessa interpretação alegando que não há razão para a distinção, porém, não apresenta argumentos convincentes.

Quando a conduta se prolonga no tempo, tendo, assim, natureza permanente, mostra-se possível a configuração da receptação, por exemplo, na hipótese em que o agente inicia o transporte de uma carga roubada sem saber de sua procedência criminosa, mas, no trajeto, toma conhecimento disso, e, ainda assim, prossegue na conduta para entregar a carga ao destinatário.

Quem adquire veículo produto de furto ou roubo e, em seguida, adultera seus sinais identificadores (placas, chassi) responde por receptação em concurso material com o delito previsto no art. 311 do Código Penal (adulteração de sinal identificador de veículo automotor), na medida em que os bens jurídicos afetados são diversos.

Quando o agente é apreendido com o objeto produto de crime em seu poder, entende o Superior Tribunal de Justiça que cabe a ele provar sua boa-fé em relação à posse do objeto, sem que isso implique inversão do ônus da prova (art. 156 do CPP). Nesse sentido: "A jurisprudência consolidada deste Superior Tribunal considera que, no crime de receptação, se o bem houver sido apreendido em poder do paciente, caberia à defesa apresentar prova acerca da origem lícita do bem ou de sua conduta culposa, nos termos do disposto no art. 156 do Código de Processo Penal, sem que se possa falar em inversão do ônus da prova (AgRg no HC n. 331.384/SC, 5ª Turma, Rel. Min. Ribeiro Dantas, *DJe* de 30-8-2017) (AgRg no HC n. 691.775/SP, Jesuíno Rissato (Desembargador convocado do TJDFT), 5ª Turma, *DJe* de 14-3-2022)" (STJ, AgRg no HC n. 742.304/SC, Rel. Min. Sebastião Reis Júnior, 6ª Turma, julgado em 21-6-2022, *DJe* 27-6-2022); "Esta Corte Superior de Justiça firmou o entendimento de que, tratando-se de crime de receptação, cabe ao acusado flagrado na posse do bem demonstrar a sua origem lícita ou a conduta culposa, nos termos do art. 156 do CPP. Precedentes" (STJ, HC 469.025/SC, Rel. Min. Felix Fischer, 5ª Turma, julgado em 13-12-2018, *DJe* 1º-2-2019); "Quando há a apreensão do bem resultante de crime na posse do agente, é ônus do imputado comprovar a origem lícita do produto ou que sua conduta ocorreu de forma culposa. Isto não implica inversão do ônus da prova, ofensa ao princípio da presunção de inocência ou negativa do direito ao silêncio, mas

---

[206] Fernando Capez. *Curso de direito penal*, v. 2, p. 533.
[207] E. Magalhães Noronha. *Direito penal*, v. 2, p. 493.
[208] Damásio de Jesus. *Direito penal*. 26. ed. São Paulo: Saraiva, 2004, v. 2, p. 507.
[209] Julio Fabbrini Mirabete. *Manual de direito penal*, v. 2, p. 354.
[210] Heleno Cláudio Fragoso. *Lições de direito penal*, Parte especial, v. I, p. 478.
[211] Nélson Hungria. *Comentários ao Código Penal*, v. VII, p. 306-307.

decorre da aplicação do art. 156 do Código de Processo Penal, segundo o qual a prova da alegação compete a quem a fizer. Precedentes" (STJ, AgRg no HC 446.942/SC, Rel. Min. Laurita Vaz, 6ª Turma, julgado em 4-12-2018, *DJe* 18-12-2018).

2.7.1.1.1.3. Sujeito ativo

Trata-se de crime comum que pode ser cometido por qualquer pessoa, exceto por aqueles que tenham tomado parte no delito antecedente (autores, coautores ou partícipes). Quem procura um furtador e "encomenda" a subtração de veículo de determinada marca é considerado partícipe do furto, e não autor de receptação.

Aqueles que se envolveram no crime antecedente só respondem por este delito. Eventual conduta posterior que se amolde no tipo penal da receptação para eles será considerada *post factum* impunível. Se dois ladrões, em conluio, furtam dois carros, ficando cada um deles com um dos veículos e, posteriormente, um compra o carro furtado que estava em poder do comparsa, não incorre em receptação.

Não existe qualquer imunidade para advogados em relação ao crime em estudo. Assim, se receberem objetos que sabem ser produto de crime, responderão pelo delito, de nada adiantando afirmar que se referem ao pagamento por serviços profissionais prestados.

2.7.1.1.1.4. Sujeito passivo

A mesma vítima do crime antecedente.

Apesar de o tipo penal da receptação não exigir que a coisa seja alheia, é claro que o dono do objeto não pode cometer receptação quando adquire o bem que lhe havia sido furtado ou roubado anteriormente. É que tal pessoa não pode ser, ao mesmo tempo, sujeito ativo e passivo do crime contra o patrimônio. *Excepcionalmente*, entretanto, o proprietário poderá responder por receptação. Imagine-se que alguém tenha recebido dinheiro emprestado e, por isso, tenha deixado com o credor algum objeto como garantia da dívida (mútuo pignoratício). Caso esse bem dado em garantia venha a ser furtado e oferecido ao dono e este, ciente da procedência criminosa (e visando locupletar-se), adquira o bem por valores módicos, incorrerá no crime de receptação. Em tal hipótese, o possuidor também é considerado sujeito passivo do furto. Assim, o dono é autor da receptação e a vítima é o possuidor do bem (o credor que foi furtado).

2.7.1.1.1.5. Consumação

No instante em que o agente realiza a conduta típica, isto é, quando ele adquire, recebe, oculta, conduz ou transporta o bem.

Nas modalidades "adquirir" e "receber", o crime é *instantâneo*, de modo que a prisão em flagrante só é possível quando o agente está comprando ou recebendo o bem. Se alguém comprou, meses atrás, uma televisão roubada, policiais não podem lhe dar voz de prisão em flagrante se encontrarem o bem em funcionamento na sala de sua casa. O fato de ainda estar em poder da televisão não faz com que o crime tenha natureza permanente.

Nas últimas três figuras – ocultar, conduzir e transportar –, a receptação é considerada crime *permanente*, ou seja, sua consumação se prolonga durante todo o tempo em que o agente estiver conduzindo, transportando ou escondendo o objeto de origem criminosa, o que, aliás, possibilita a prisão em flagrante a qualquer momento, nos termos do art. 303 do Código de Processo Penal.

2.7.1.1.1.6. Tentativa

As condutas típicas da receptação própria são compatíveis com a figura da tentativa. Quem é contratado para transportar carga roubada, mas é flagrado antes de começar a dirigir o veículo no qual a carga foi colocada incorre em tentativa de receptação.

2.7.1.1.1.7. Classificação doutrinária

Crime simples e de dano quanto à objetividade jurídica. Comum quanto ao sujeito ativo. Comissivo em relação aos meios de execução. Quanto ao momento consumativo, cuida-se de crime material e instantâneo, nas duas primeiras figuras típicas, e permanente, nas três últimas. Em relação ao elemento subjetivo, trata-se de crime doloso.

2.7.1.1.1.8. Ação penal

É pública incondicionada mesmo que o crime antecedente seja de ação privada ou pública condicionada à representação. Aliás, se existir prova de que o objeto é de origem ilícita, o receptador poderá ser punido ainda que o delito antecedente seja de ação privada e o ofendido não tenha oferecido queixa-crime, ou que o delito dependa de representação não oferecida pela vítima. Em tais casos, o Ministério Público terá que provar, incidentalmente, a ocorrência do crime anterior, na ação penal que apura a receptação, hipótese, entretanto, em que só o autor desse crime poderá ser condenado, e nunca o autor do delito anterior.

2.7.1.1.1.9. Distinções

Quem adquire objeto ciente de que é produto de contrabando ou descaminho comete receptação, exceto se o fizer no exercício de atividade comercial ou industrial, hipótese em que estará tipificada figura específica do próprio crime de descaminho, prevista no art. 334, § 1º, IV, do Código Penal, ou de contrabando, descrita no art. 334-A, § 1º, V, do mesmo Código.

Constitui crime específico de *violação de direito autoral*, previsto no art. 184, § 2º, do Código Penal, a conduta de, *com intuito de lucro*, adquirir fonograma reproduzido com violação de direito autoral. Essa figura criminosa, contudo, pune o camelô ou outro tipo de comerciante que compra os CDs "piratas" com intuito de lucro na revenda por preço maior. A pena de tal crime é maior que a da receptação – reclusão, de dois a quatro anos, e multa. O consumidor que adquire CD ou DVD pirata comete receptação.

Quem adquire ou recebe bem desviado que sabe pertencer à massa falida comete crime especial, previsto no art. 174 da Lei de Falências (Lei n. 11.101/2005).

A Lei n. 12.683/2012 alterou a redação do art. 1º da Lei n. 9.613/98, que trata dos crimes de *lavagem de dinheiro*, e passou a punir com pena de reclusão, de três a dez anos, e multa, quem "ocultar ou dissimular a natureza, origem, localização, disposição, movimentação ou propriedade de bens, direitos ou valores provenientes, *direta* ou indiretamente, de infração penal". Neste crime, porém, pressupõe-se a específica intenção de dissimular a origem dos bens ou valores e lhes dar, fraudulentamente, aparência lícita, a fim de serem reintroduzidos na economia formal, requisitos inexistentes na receptação.

2.7.1.1.2. Receptação imprópria

> Art. 180, caput – *Adquirir, receber, transportar, conduzir ou ocultar, em proveito próprio ou alheio, coisa que sabe ser produto de crime ou influir para que terceiro de boa-fé a adquira, receba ou oculte:*
>
> Pena – *reclusão, de um a quatro anos, e multa.*

2.7.1.1.2.1. Objetividade jurídica

O patrimônio.

2.7.1.1.2.2. Tipo objetivo

A receptação imprópria está descrita na parte final do art. 180, *caput*, do Código Penal, e pune o *intermediário* que, ciente da procedência criminosa de um objeto, o oferece a um terceiro que desconhece tal origem ilícita (terceiro de boa-fé) a fim de que este adquira, receba ou oculte referido bem.

Quando o próprio autor do crime antecedente oferece o produto do delito ao terceiro de boa-fé, não se tipifica a receptação imprópria, já que, para ele, tal conduta constitui *post factum* impunível. Daí a necessidade de o sujeito ativo da receptação imprópria ser um intermediário.

É elementar do crime em estudo que o terceiro desconheça a procedência criminosa do bem porque, se a oferta for feita a terceiro que sabe que o objeto é produto de crime, tal pessoa estará incursa no crime de receptação própria e o autor da oferta (o intermediário) será partícipe desta modalidade do delito.

Saliente-se, outrossim, que a tipificação da receptação imprópria só tem relevância quando o intermediário oferece o bem ao terceiro de boa-fé sem antes recebê-lo, conduzi-lo etc., pois se o fizer, já estará incurso na receptação própria.

2.7.1.1.2.3. Sujeito ativo

Pode ser qualquer pessoa, exceto aqueles que tenham tomado parte no crime antecedente.

2.7.1.1.2.4. Sujeito passivo

A mesma vítima do crime anterior.

2.7.1.1.2.5. Consumação

A conduta típica "influir" significa entrar em contato com alguém oferecendo-lhe o bem. Trata-se de crime de natureza *formal* que se consuma no exato instante em que o agente oferece o bem ao terceiro de boa-fé, independentemente de este ter realmente se convencido e adquirido, recebido ou ocultado o bem. A finalidade do dispositivo é coibir a oferta do produto de origem ilícita.

2.7.1.1.2.6. Tentativa

A receptação imprópria é incompatível com o instituto da tentativa. Se o intermediário faz a proposta, o crime está consumado. Se não faz, o fato é atípico. Quando a proposta é feita por carta e se extravia, o crime já se considera consumado, pois, em tal caso, a proposta já foi feita.

2.7.1.1.2.7. Classificação doutrinária

Crime simples e de dano quanto à objetividade jurídica. Comum quanto ao sujeito ativo. Comissivo em relação aos meios de execução. Quanto ao momento consumativo, cuida-se de crime formal e instantâneo.

Em relação ao elemento subjetivo, trata-se de crime doloso.

2.7.1.1.3. Receptação majorada

Art. 180, § 6º – Tratando-se de bens do patrimônio da União, de Estado, do Distrito Federal, de Município ou de autarquia, fundação pública, empresa pública, sociedade de economia mista ou empresa concessionária de serviços públicos, aplica-se em dobro a pena prevista no caput *deste artigo.*

O maior rigor da pena se justifica porque, na receptação dolosa, o agente conhece a origem do bem e, em se tratando de produto de crime que integra o patrimônio de uma das entidades referidas no texto legal, evidente a maior gravidade da conduta. Não basta, entretanto, que o agente saiba que o bem é de origem ilícita. É necessário, também, que ele tenha específico conhecimento de que o patrimônio de uma das pessoas jurídicas elencadas no § 6º foi atingido.

Essa *causa de aumento de pena*, nos expressos termos legais, só é aplicável às figuras *simples* da receptação dolosa (própria ou imprópria), previstas no *caput* do art. 180. Em se tratando de figura qualificada do art. 180, § 1º, do CP, que já possui pena maior em abstrato, não haverá exasperação, se o produto do crime pertencer à União, Estado, Município etc.

O Superior Tribunal de Justiça havia firmado entendimento de que a qualificadora não abrangia dano contra patrimônio do Distrito Federal porque o texto legal não mencionava tal hipótese. Por isso, foi aprovada a Lei n. 13.531, de 7 de dezembro de 2017, que incluiu o Distrito Federal, bem como os bens pertencentes a autarquias, empresas públicas e fundações públicas, entre as formas majoradas – mantidas as demais hipóteses que já constavam do texto legal.

2.7.1.2. Receptação qualificada

Art. 180, § 1º – Adquirir, receber, transportar, conduzir, ocultar, ter em depósito, desmontar, montar, remontar, vender, expor à venda, ou de qualquer forma utilizar em proveito próprio ou alheio, no exercício de atividade comercial ou industrial, coisa que deve saber ser produto de crime:

Pena – reclusão, de três a oito anos, e multa.

A modalidade qualificada da receptação somente pode ser cometida por *comerciantes* ou *industriais* que realizem uma das condutas típicas no desempenho dessas atividades. Trata-se, portanto, de crime *próprio*.

A justificativa para a existência da qualificadora é o estímulo diferenciado dessas pessoas em relação à criminalidade, além da facilidade na venda do produto da receptação a terceiros de boa-fé, clientes que não têm razão para desconfiar da procedência dos bens que estão sendo oferecidos, por exemplo, por empresário estabelecido.

Praticam o crime qualificado, por exemplo, o relojoeiro que adquire relógios roubados a fim de revendê-los, o dono de loja de autopeças que adquire carros roubados ou furtados para retirar as peças e vendê-las no varejo, o dono de bar ou padaria que compra lote de cigarros roubados para expô-los à venda em seu estabelecimento, o dono de indústria que adquire matéria-prima furtada para ser utilizada na produção de artigos manufaturados etc.

O legislador inseriu regra no § 2º, do art. 180 equiparando "à atividade comercial, para efeito do parágrafo anterior, qualquer forma de comércio irregular ou clandestino, inclusive o exercido em residência". Trata-se de norma penal *explicativa* cuja finalidade é não deixar dúvida sobre a possibilidade de aplicação da qualificadora a camelôs, pessoas que exerçam comércio em suas próprias casas ou qualquer outro comerciante que não tenha sua situação regularizada junto aos órgãos competentes.

Para a configuração da qualificadora, o agente deve exercer com habitualidade alguma atividade comercial ou industrial, ainda que tenha cometido a receptação uma única vez. Por isso, não existe a qualificadora quando alguém que não é comerciante compra um carro roubado a fim de revendê-lo; porém, ela se mostra presente quando alguém que exerce regularmente a atividade de compra e venda de veículos (ainda que de maneira informal) o faz.

A figura qualificada não existia na redação originária do Código Penal, tendo sido inserida pela Lei n. 9.426/96. Nela, o legislador incriminou doze condutas típicas – *adquirir, receber, transportar, conduzir, ocultar, ter em depósito, desmontar, montar, remontar, vender, expor à venda, ou de qualquer forma utilizar*. A intenção do legislador ao descrever número tão elevado de condutas foi a de evitar ao máximo a possibilidade de o comerciante ou industrial ficar impune. É possível notar, outrossim, que alguns verbos, como montar, desmontar, remontar, conduzir e transportar, foram inseridos para facilitar a responsabilização de receptadores de automóveis e autopeças, fato facilmente perceptível em face do teor das demais alterações trazidas pela Lei n. 9.426/96, que por diversas vezes se referiu a "veículos automotores", "chassi" etc. Por se tratar de tipo misto alternativo, a realização de mais de uma conduta em relação ao mesmo objeto material constitui crime único. Exemplo: comerciante que adquire, desmonta e vende as peças de carro roubado. Se forem, entretanto, dois carros roubados, o agente responderá por dois delitos.

O legislador, visando abranger, na modalidade qualificada do delito, os comerciantes ou industriais que tenham atuado com dolo eventual, inseriu no tipo penal que ele, ao realizar a conduta típica, *deve saber* da procedência criminosa do bem. Surgiu, então, um sério problema na interpretação desta norma, na medida em que o tipo penal não menciona expressamente como deve ser a punição do comerciante ou industrial que efetivamente *sabe* da procedência criminosa do bem. Em resumo, o legislador, considerando que a modalidade *simples* da receptação (cometida por quem *não* é comerciante ou industrial) só pode ser praticada por quem tem dolo direto, pretendeu acrescentar o dolo eventual na forma qualificada e, ao fazê-lo, olvidou-se de mencionar o dolo direto.

As duas correntes principais quanto a este tema – punição do comerciante ou industrial que age com dolo direto – são as seguintes:

a) Em razão do princípio da tipicidade plena, a expressão "deve saber", contida no tipo penal, somente pode abranger aqueles que agem com dolo eventual. A aplicação da qualificadora no caso do dolo direto seria caso de analogia *in malam partem*, vedada no âmbito penal. Dessa forma, o comerciante ou industrial que atuar com dolo eventual deve responder pela figura qualificada, enquanto aquele que agir com dolo direto deve ser responsabilizado pela figura simples do *caput*. Como isso fere os princípios da razoabilidade e da proporcionalidade, já que o fato mais grave seria punido com pena menor, a solução seria desconsiderar a pena do § 1º para o agente que atuasse com dolo eventual e aplicar a ele a pena do *caput*. Com esse entendimento, em outras palavras, a figura qualificada não faria a pena ficar maior, mas apenas possibilitaria a punição do comerciante ou industrial que agisse com dolo eventual. É a opinião de Damásio de Jesus[212]. Existe julgado do Supremo Tribunal Federal nesse sentido (HC 92.525, Rel. Min. Celso de Mello, julgado em 31-2-2008).

b) É possível a aplicação da qualificadora àqueles que agirem com dolo direto, pois, se a lei assim considera a conduta menos grave (dolo eventual), não há como se negar a qualificadora na situação mais grave (dolo direto). Não se trata de analogia *in malam partem*, mas de interpretação extensiva em que o intérprete conclui que o legislador disse menos do que pretendia dizer e, assim, ao aplicar a lei no caso concreto, pode ampliar o alcance da norma. A interpretação extensiva é possível mesmo para a aplicação de pena maior. Este entendimento foi acolhido pelo Supremo Tribunal Federal: "1. A questão de direito de que trata o recurso extraordinário diz respeito à alegada inconstitucionalidade do art. 180, § 1º, do Código Penal, relativamente ao seu preceito secundário (pena de reclusão de 3 a 8 anos), por suposta violação aos princípios constitucionais da proporcionalidade e da individualização da pena. 2. Trata-se de aparente contradição que é resolvida pelos critérios e métodos de interpretação jurídica. 3. Não há dúvida acerca do objetivo da criação da figura típica da receptação qualificada que, inclusive, é crime próprio relacionado à pessoa do comerciante ou do industrial. A ideia é exatamente a de apenar mais severamente aquele que, em razão do exercício de sua atividade comercial ou industrial, pratica alguma das condutas descritas no referido § 1º, valendo-se de sua maior facilidade para tanto devido à infraestrutura que lhe favorece. 4. A lei expressamente pretendeu também punir o agente que, ao praticar qualquer uma das ações típicas contempladas no § 1º, do art. 180, agiu com dolo eventual, mas tal medida não exclui, por óbvio, as hipóteses em que o agente agiu com dolo direto (e não apenas eventual). Trata-se de crime de receptação qualificada pela condição do agente que, por sua atividade profissional, deve ser mais severamente punido com base na maior reprovabilidade de sua conduta. 5. Não há proibição de, com base nos critérios e métodos interpretativos, ser alcançada a conclusão acerca da presença do elemento subjetivo representado pelo dolo direto no tipo do § 1º, do art. 180, do Código Penal, não havendo violação ao princípio da reserva absoluta de lei com a conclusão acima referida. 6. Inocorrência de violação aos princípios constitucionais da proporcionalidade e da individualização da pena. Cuida-se de opção político-legislativa na apenação com maior severidade aos sujeitos ativos das condutas elencadas na norma penal incriminadora e, consequentemente, falece competência ao Poder Judiciário interferir nas escolhas feitas pelo Poder Legislativo na edição da referida norma. 7. Recurso extraordinário improvido" (RE 443.388, Rel. Min. Ellen Gracie, 2ª Turma, julgado em 18-8-2009, *DJe*-171 – divulg. 10-9-2009, public. 11-9-2009 – ement vol. 02373-02, p. 00375). No mesmo sentido: STF, HC 97.344, 2ª Turma, Rel. Min. Ellen Gracie, *DJ* 28-5-2009; STF, RHC 117.143, Rel. Min. Rosa Weber, 1ª Turma, julgado em 25-6-2013, processo eletrônico *DJe*-158, divulg. 13-8-2013, public. 14-8-2013.

No Superior Tribunal de Justiça, o tema encontra-se pacificado pela Terceira Seção da Corte: "1. Por ocasião do julgamento do EREsp n. 772.086/RS, a Terceira Seção desta

---

[212] Damásio de Jesus. *Direito penal*. 26. ed. São Paulo: Saraiva, 2004, v. 2, p. 506.

Corte de Justiça, firmou o entendimento de que a aplicação da pena prevista no crime de receptação qualificada não ofende o princípio da proporcionalidade, por ter o legislador buscado punir de forma mais rigorosa a conduta do agente que atua no exercício de atividade comercial ou industrial. Igual entendimento é esposado pelo STF" (STJ, AgRg no REsp 1.423.316/SP, Rel. Min. Moura Ribeiro, 5ª Turma, julgado em 12-8-2014, DJe 15-8-2014); e "Consoante orientação cristalizada no âmbito da Terceira Seção desta Corte a partir do julgamento do EREsp-772.086/RS (Rel. Min. Jorge Mussi, julgado em 13-10-2010), não é possível a aplicação das penas previstas no *caput* do art. 180 do Código Penal às condutas previstas no § 1º do referido diploma legal" (HC 213.202/SP, Rel. Min. Og Fernandes, 6ª Turma, julgado em 13-8-2013, DJe 30-8-2013).

É necessário lembrar, por fim, que existe uma terceira forma de interpretar o dispositivo que parte de premissa totalmente diferente, ou seja, de que a expressão "deve saber" teria sido utilizada como elemento *normativo* do tipo, e não como elemento subjetivo (para indicar dolo eventual). Assim, a expressão "deve saber" seria apenas um critério para que o juiz, no caso concreto, pudesse analisar se o comerciante ou industrial, tendo em vista a experiência nas atividades que exerce ou as circunstâncias que envolveram o fato, tinha ou não a obrigação de conhecer a origem criminosa do bem. Por exemplo, um comerciante de veículos usados não pode alegar desconhecimento acerca de uma adulteração grosseira de chassi de um automóvel por ele adquirido, devendo responder pelo crime qualificado. Este último entendimento, todavia, não teve muita repercussão na doutrina e na jurisprudência.

2.7.1.2.1. Receptação de semovente domesticável de produção

> *Art. 180-A – Adquirir, receber, transportar, conduzir, ocultar, ter em depósito ou vender, com a finalidade de produção ou de comercialização, semovente domesticável de produção, ainda que abatido ou dividido em partes, que deve saber ser produto de crime:*
>
> *Pena – reclusão, de dois a cinco anos, e multa.*

A presente figura qualificada, introduzida no Código Penal pela Lei n. 13.330/2016, possui dois elementos especializantes:

a) o objeto material deve ser semovente domesticável de produção (boi, porco cabra, galinha etc.);

b) a conduta do receptador deve ser realizada com a finalidade específica de produção ou comercialização futura do animal (elemento subjetivo do tipo). Não basta, pois, que o agente compre um semovente domesticável de produção para que esteja presente o crime qualificado. É preciso que o faça especificamente com o intuito de produção ou comercialização.

Ressalve-se, por fim, que essa forma qualificada também contém a expressão "que deve saber ser produto de crime", que abrange o dolo eventual e o dolo direto (de acordo com entendimento sedimentado no Supremo Tribunal Federal e no Superior Tribunal de Justiça – ver comentários ao art. 180, § 1º, do CP).

2.7.1.3. Receptação privilegiada

> Art. 180, § 5º, 2ª parte – ...Na receptação dolosa aplica-se o disposto no § 2º do art. 155.

O privilégio só é aplicável à receptação dolosa (própria ou imprópria), sendo incabível na receptação culposa.

Apesar de não haver restrição expressa no texto legal, entendemos que o benefício é incabível em relação às figuras qualificadas do § 1º, na medida em que as consequências extremamente brandas do privilégio são incompatíveis com a gravidade da receptação qualificada, vez que permitem ao juiz a aplicação exclusiva de pena de multa. De ver-se, todavia, que os tribunais superiores passaram a admitir, há alguns anos, a aplicação do privilégio ao furto qualificado, tendo o Superior Tribunal de Justiça aprovado a Súmula 511 nesse sentido. Por isso, parece-nos que, na prática, a solução acabará sendo a mesma em relação à receptação qualificada.

Os requisitos do privilégio são idênticos aos do furto: primariedade e pequeno valor do produto do crime (que não seja superior a um salário-mínimo na data do delito). Presentes tais requisitos, o juiz poderá substituir a pena de reclusão por detenção, reduzir a pena privativa de liberdade de um a dois terços ou aplicar somente a pena de multa. Por se tratar de direito subjetivo do acusado, o juiz não poderá negar o benefício, se presentes os requisitos legais.

2.7.2. Receptação culposa

> Art. 180, § 3º – Adquirir ou receber coisa que, por sua natureza ou pela desproporção entre o valor e o preço, ou pela condição de quem a oferece, deve presumir-se obtida por meio criminoso:
>
> Pena – detenção, de um mês a um ano, ou multa, ou ambas.

2.7.2.1. Tipo objetivo

Na receptação culposa, estão descritas apenas as condutas "adquirir" e "receber". Premissa deste delito é que o agente não saiba da procedência criminosa do bem, pois, se souber, o crime será o de receptação dolosa.

Nessa modalidade de delito, ao contrário do que ocorre com os delitos culposos em geral, o tipo penal *não é aberto*, porque o legislador especificou, no próprio tipo penal, as circunstâncias que indicam o descumprimento do dever objetivo de cuidado. Praticamente todos os crimes culposos têm o tipo aberto porque o legislador singelamente estabelece pena para aqueles que provocam o resultado de forma culposa. Vejam-se os seguintes exemplos: a) art. 121, § 3º, do Código Penal: "se o homicídio é culposo: pena – detenção, de 1 a 3 anos"; b) art. 129, § 6º: "se a lesão é culposa: pena – detenção, de 2 meses a 1 ano". Na receptação, todavia, só estará configurado o delito se a conduta culposa decorrer:

a) *da natureza do objeto*. Alguns bens, por sua própria natureza, pressupõem cuidados especiais antes da aquisição: armas de fogo, veículos automotores (que possuem sinais identificadores) etc. Assim, quem adquire um revólver sem efetuar as consultas necessárias nos órgãos oficiais ou quem compra um carro sem exigir a sua documentação completa, pode responder por receptação culposa, caso o bem seja efetivamente de procedência criminosa.

b) *da desproporção entre o valor e o preço pago*. É sabido que os criminosos vendem os objetos que obtêm mediante suas ações ilícitas por preços muito inferiores ao preço de mercado. Assim, quando um objeto é oferecido por valor *consideravelmente* baixo, o homem médio desconfia de sua procedência e, por tal razão, deve ter cautelas redobradas na aquisição. Se tais cautelas não forem tomadas e o bem for realmente de origem ilícita, haverá a responsabilização pelo crime culposo em estudo. Para que seja possível a comparação entre o valor de mercado e o preço pago, é realizada, durante o inquérito policial, a avaliação dos bens por peritos

c) *da condição do ofertante*. É o que ocorre, por exemplo, quando alguém compra um objeto de pessoa desconhecida ou quando adquire um objeto valioso de pessoa que não teria condições financeiras de ter um objeto como aquele etc.

Saliente-se que é necessário que o juiz se convença de que o agente, em razão de um dos parâmetros mencionados, deveria ter presumido a origem espúria do bem. Em outras palavras, deve o juiz concluir que o homem médio desconfiaria da procedência ilícita e, por isso, não adquiriria ou receberia o bem.

É evidente, ainda, que, como em todo crime culposo, mostra-se também necessário o *resultado*. Se uma pessoa avança o sinal vermelho (conduta culposa) mas não provoca acidente, inexiste crime culposo. Da mesma maneira, se o sujeito não toma as cautelas devidas e compra um objeto por valor muito abaixo do mercado, mas a coisa não é de origem ilícita – o dono, por exemplo, estava precisando de dinheiro com urgência e, por isso, vendeu por preço módico – o fato é igualmente atípico.

Lembre-se, outrossim, que, quando uma pessoa – que não seja comerciante ou industrial – age com dolo eventual, só pode ser punida por receptação culposa, na medida em que a receptação simples exige o dolo direto (que o agente saiba efetivamente que o bem é produto de crime e, ainda assim, queira adquiri-lo, recebê-lo etc.).

2.7.2.2. Sujeito ativo

Qualquer pessoa.

2.7.2.3. Sujeito passivo

A mesma vítima do crime antecedente.

2.7.2.4. Consumação

No momento em que realizada a conduta típica.

2.7.2.5. Tentativa

Inviável por se tratar de crime culposo.

2.7.2.6. Ação penal

Pública incondicionada de competência do Juizado Especial Criminal, por ser infração de menor potencial ofensivo.

2.7.2.7. Perdão judicial

De acordo com a 1ª parte do art. 180, § 5º, do Código Penal, "na hipótese do § 3º, se o criminoso é primário, pode o juiz, tendo em consideração as circunstâncias, deixar de aplicar a pena". Nos expressos termos da lei, referida hipótese de perdão judicial somente mostra-se possível na receptação culposa. Conforme estudado anteriormente, para a receptação dolosa, o benefício eventualmente cabível é o privilégio.

Para a concessão do perdão judicial, são necessários dois requisitos: a) que o réu seja primário; e b) que circunstâncias do caso concreto indiquem a pouca gravidade da infração praticada. Exemplo: ser o objeto material da receptação culposa de pequeno valor.

Presentes os requisitos legais, a concessão do perdão pelo juiz é obrigatória, não obstante a lei mencione que este "pode" deixar de aplicar a pena. Cuida-se, em realidade, de *direito subjetivo do acusado*.

O perdão judicial é causa extintiva da punibilidade e, de acordo com a Súmula 18 do Superior Tribunal de Justiça, a sentença no qual é concedido tem natureza declaratória. Ademais, de acordo com o art. 120 do Código Penal, o acusado não perde sua primariedade quando agraciado com o perdão judicial.

Capítulo VIII
DISPOSIÇÕES GERAIS

2.8. Disposições gerais

No derradeiro capítulo deste Título, o legislador instituiu e regulamentou as chamadas "imunidades" aplicáveis aos autores de crimes contra o patrimônio, que podem ter caráter absoluto (art. 181) ou relativo (art. 182).

No art. 183, por sua vez, estão elencadas algumas hipóteses de não incidência das referidas imunidades.

2.8.1. Imunidades absolutas

> Art. 181. É isento de pena quem comete qualquer dos crimes previstos neste título, em prejuízo:
>
> I – do cônjuge, na constância da sociedade conjugal;
>
> II – de ascendente ou descendente, seja o parentesco legítimo ou ilegítimo, seja civil ou natural.

De acordo com o texto legal, a consequência da imunidade absoluta é a completa isenção de pena. Por isso, se a mãe comparece ao Distrito Policial dizendo que foi furtada pelo próprio filho, a autoridade sequer pode instaurar o inquérito policial. Se a autoria, entretanto, somente for descoberta durante a tramitação do inquérito, as investigações deverão ser encerradas e os autos remetidos ao juízo competente onde serão arquivados após manifestação nesse sentido por parte do Ministério Público.

Como a imunidade é decorrente de fatores que antecedem a conduta teoricamente ilícita (casamento e parentesco), é possível concluir que não surge o direito de punir do Estado. Por isso, as hipóteses de imunidade absoluta têm natureza jurídica de causas excludentes da punibilidade, sendo também conhecidas como *escusas absolutórias*. Não se confundem, portanto, com as causas extintivas da punibilidade em que o *jus puniendi* estatal aflora, mas é, posteriormente, fulminado por alguma circunstância que impede o seu exercício, tal como ocorre, por exemplo, com a prescrição, a *abolitio criminis*, a morte do autor do delito etc.

As escusas absolutórias do art. 181 do Código Penal só alcançam os crimes contra o patrimônio. Por isso, se houver crime conexo de outra natureza, o agente poderá ser punido por este último. Suponha-se que o filho tenha furtado dinheiro do pai para comprar drogas e revendê-las. A imunidade quanto ao crime de furto não beneficia o filho no que diz respeito ao tráfico de drogas.

A isenção só se mostra cabível, outrossim, quando a conduta gera prejuízo exclusivamente às pessoas enumeradas no texto legal (cônjuge, ascendente ou descendente). Se causar, concomitantemente, prejuízo a terceiro, será possível a punição em relação a este. Suponha-se que um grupo de amigos tenha recebido um valioso quadro de herança deixado em testamento por outro amigo integrante do grupo. Os herdeiros, então, resolvem vender o quadro para dividir o dinheiro, mas, antes disso, o filho de um deles subtrai a tela, provocando prejuízo a todos – e não apenas ao pai. Nesse caso, responde pelo crime de furto.

O inciso I do art. 181 confere imunidade a quem comete crime contra o patrimônio do cônjuge, na constância da sociedade conjugal, ou seja, antes de eventual separação judicial ou divórcio. A análise deve ser feita levando-se em conta a *data do fato*, e não a de sua descoberta. Se uma subtração for cometida pela esposa, a imunidade persistirá ainda que o fato seja descoberto quando já estiverem divorciados. Por sua vez, se o noivo subtrair valores da noiva, não haverá imunidade, ainda que se casem posteriormente. O matrimônio, aliás, não gera a extinção da punibilidade por ausência de previsão legal.

A imunidade visa evitar atritos e constrangimentos às pessoas casadas, não tendo relação com o regime de bens do casamento. Por isso, a imunidade existe qualquer que seja o regime.

Não obstante a enumeração das imunidades seja taxativa, está pacificado o entendimento de que a escusa absolutória alcança também os companheiros por fatos ocorridos durante a convivência comum, uma vez que a Constituição Federal reconhece a *união estável* como entidade familiar (art. 226, § 3º). Cuida-se aqui de analogia *in bonam partem*.

O inciso II, por seu turno, determina a aplicação da imunidade quando o crime for cometido contra ascendente ou descendente, qualquer que seja o grau na linha reta (pai, avô, filho, neto). O esclarecimento feito pela lei, no sentido de que a escusa abrange o parentesco legítimo ou ilegítimo, natural ou civil, atualmente seria dispensável porque a Constituição Federal proíbe qualquer tipo de distinção. A imunidade, por seu turno, não se aplica ao parentesco por afinidade – crime contra o patrimônio de sogro ou sogra, genro ou nora.

2.8.2. Imunidades relativas

> Art. 182. Somente se procede mediante representação, se o crime previsto neste título é cometido em prejuízo:
>
> I – do cônjuge, desquitado ou judicialmente separado;
>
> II – de irmão, legítimo ou ilegítimo;
>
> III – de tio ou sobrinho, com quem o agente coabita.

Nos casos das imunidades *relativas* (ou processuais) a consequência é a necessidade de representação do ofendido para a apuração de crime contra o patrimônio que, originariamente, se apura mediante ação pública incondicionada. Se o estelionato, por exemplo, for cometido por um irmão contra o outro, a ação penal somente poderá ser proposta se houver representação da vítima. Se, no caso concreto, a vítima oferecer a representação, o acusado não terá qualquer benefício. Ao contrário, ao ser condenado, deverá ser aplicada a agravante genérica do art. 61, II, *e*, do Código Penal – crime contra irmão.

Quando o crime contra o patrimônio apura-se mediante queixa-crime (ação penal privada), não são aplicáveis as regras do art. 182. Se um irmão comete, por exemplo, crime de dano simples em prejuízo do outro, a ação penal continua sendo privada, tal como dispõe o art. 167 do Código Penal.

O inciso I do art. 182 prevê imunidade relativa quando o fato ocorre entre pessoas que são separadas judicialmente ou desquitadas (pela antiga legislação civil). Se o fato ocorrer entre pessoas divorciadas, não haverá qualquer imunidade.

Em relação a crime praticado por irmão (inciso II), a imunidade vale, quer sejam filhos do mesmo pai e da mesma mãe (irmãos germanos), quer tenham apenas um deles em comum (irmãos unilaterais). Se a vítima for menor de idade ou incapaz, o direito de representação deve ser exercido pelo representante legal ou, se houver colidência de interesses, pelo curador nomeado pelo juiz.

O inciso III, por fim, somente tem aplicação quando tio e sobrinho moram, de forma não transitória, no mesmo imóvel. Em tal hipótese, pressupõe-se que a existência da ação penal pode acarretar conflitos e desavenças. Daí a necessidade da representação. Veja-se, no entanto, que é irrelevante que o crime tenha sido praticado no local em que o tio e o sobrinho moram ou em outro lugar qualquer.

2.8.3. Hipóteses de não incidência das imunidades

Art. 183. Não se aplica o disposto nos dois artigos anteriores:

I – se o crime é o de roubo ou de extorsão, ou, em geral, quando haja emprego de grave ameaça ou violência à pessoa.

II – ao estranho que participa do crime.

III – se o crime é praticado contra pessoa com idade igual ou superior a sessenta anos.

O art. 183 do Código Penal enumera três hipóteses de não incidência das imunidades absolutas e relativas.

O inciso I afasta peremptoriamente as imunidades quando o crime cometido for o de roubo e o de extorsão, bem como qualquer outro crime contra o patrimônio que envolva violência contra a pessoa ou grave ameaça: dano qualificado (art. 163, parágrafo único, III, do CP) e esbulho possessório (art. 161, § 1º, II, do CP). As imunidades são incabíveis, inclusive, na extorsão mediante sequestro (art. 159 do CP) e na extorsão indireta (art. 160, do CP), que, em verdade, são espécies do crime de extorsão.

Evidente, assim, que as imunidades não abrangem todos os crimes contra o patrimônio.

O art. 7º da Lei n. 11.340/2006, mais conhecida como Lei Maria da Penha, conceitua a violência doméstica ou familiar contra mulher para os fins de aplicação de referida Lei. De acordo com tal dispositivo, a violência contra mulher abrange a violência física (inciso I), a psicológica (inciso II), a sexual (inciso III), a *patrimonial* (inciso IV) e a moral (inciso V). Em razão do que prevê o inciso IV, alguns autores interpretam equivocadamente que todo crime patrimonial cometido contra a esposa, a companheira, a filha etc., estaria excluído das imunidades, ainda que se tratasse de crimes como furto ou apropriação indébita. Esta interpretação é equivocada porque, nos expressos termos do art. 183, I, do CP, as imunidades só devem ser excluídas se o crime envolver *violência contra a pessoa* ou grave ameaça. Violência contra a pessoa é a violência física (real), é a que decorre de uma efetiva agressão ou do emprego de força física contra a vítima. No furto, na apropriação indébita e no estelionato, não há emprego de violência contra a pessoa e, por isso, as imunidades são cabíveis. Violência patrimonial e violência física não se confundem nem mesmo no texto da Lei Maria da Penha, conforme se verifica nos incisos I e IV da mencionada Lei, que as diferencia. Ao dispor que existe violência patrimonial em crimes como o furto, a Lei Maria da Penha estabeleceu apenas que tal crime, por gerar lesão patrimonial, admite a incidência das normas protetivas à mulher elencadas na própria lei, não havendo, contudo, extensão a dispositivos do Código Penal que nitidamente não foram por ela abrangidos. Se fosse verdade que a Lei Maria da Penha tivesse transformado toda forma de violência patrimonial, doméstica ou familiar, contra a mulher, em forma de violência física, então a subtração pura e simples contra a esposa deveria ser tipificada como roubo (e não como furto); o estelionato contra a filha deveria ser enquadrado como extorsão. Em suma, se o marido furta bens da esposa que conta com mais de 60 anos não incide a imunidade em razão da idade da vítima e, em tal caso, são aplicáveis as medidas processuais de proteção da Lei Maria da Penha. Se, todavia, a esposa não tiver mais de 60 anos, mostrar-se-á presente a imunidade por não envolver o delito violência física ou grave ameaça. O Superior Tribunal de Justiça, no julgamento do RHC 42.918/RS, Rel. Min. Jorge Mussi, 5ª Turma, julgado em 5-8-2014, *DJe* 14-8-2014, adotou esse entendimento.

O inciso II do art. 183 impede a aplicação das imunidades ao estranho que participa[213] do crime. Tal regra, em verdade, era desnecessária porque as imunidades decorrem de circunstância de caráter pessoal que, nos termos do art. 30 do Código Penal, não se comunicam ao terceiro. De qualquer modo, o dispositivo reforça a possibilidade de punição da pessoa não abrangida pela imunidade. Assim, se o filho e um amigo furtam valores do pai, o outro responderá pelo crime de furto qualificado pelo concurso de agentes (art. 155, § 4º, IV, do CP), enquanto o filho estará isento de pena.

Na hipótese do inciso III, são excluídas as imunidades se a vítima, na data do fato, contava com idade igual ou superior a 60 anos. Tal regra foi inserida no Código Penal pelo Estatuto da Pessoa Idosa (Lei n. 10.741/2003). Em razão disso, todos os crimes contra o patrimônio de pessoa idosa são passíveis de punição, ainda que cometidos por cônjuge, filho etc. Além disso, será aplicável a agravante genérica do art. 61, II, *e*, do Código Penal – crime contra cônjuge, ascendente, descendente ou irmão. Será também cabível a agravante do art. 61, II, *h* – crime contra pessoa maior de 60 anos –, já que não se trata de *bis in idem*, pois este pressupõe que a mesma circunstância seja considerada mais de uma vez na dosimetria. A não incidência da imunidade em razão da idade, todavia, não constitui fase da aplicação da pena (dosimetria).

---

[213] A palavra "participa" foi usada em sentido genérico, abrangendo evidentemente a coautoria.

REFERÊNCIAS

BARROS, Flávio Augusto Monteiro de. *Crimes contra a pessoa*. São Paulo: Saraiva, 1997.

BITENCOURT, Cezar Roberto. *Tratado de direito penal*. 8. ed. São Paulo: Saraiva, 2008. v. 2.

_____. *Tratado de direito penal*. 5. ed. São Paulo: Saraiva, 2011. v. 4.

_____.. *Tratado de direito penal*. 11. ed. São Paulo: Saraiva, 2011. v. 2.

_____. *Tratado de direito penal*. 4. ed. São Paulo: Saraiva, 2010. v. 5.

BRUNO, Aníbal. *Crimes contra a pessoa*. 3. ed. Rio de Janeiro: Rio Gráfica, 1975.

CAPEZ, Fernando. *Curso de direito penal*. 3. ed. São Paulo: Saraiva, 2004. v. 2.

_____. *Curso de direito penal*. São Paulo: Saraiva, 2004. v. 3.

COSTA JUNIOR, Paulo José da. *Curso de direito penal*. 9. ed. São Paulo: Saraiva, 2008.

_____. *Curso de direito penal*. 12. ed. São Paulo: Saraiva, 2010.

CUNHA, Rogério Sanches; BATISTA PINTO, Ronaldo. *Violência doméstica*: Lei Maria da Penha comentada artigo por artigo. 6. ed. São Paulo: RT, 2015.

DANTAS, Paulo Roberto de Figueiredo. *Curso de direito constitucional*. São Paulo: Atlas, 2014. p 65-66.

DELMANTO, Celso; DELMANTO, Roberto; DELMANTO JÚNIOR, Roberto. *Código Penal comentado*. 8. ed. São Paulo: Saraiva, 2010.

ESTEFAM, André. *Direito penal. Parte Especial*. 1 ed. São Paulo: Saraiva, 2010. v. 2.

FRANCO, Alberto Silva. *Código Penal e sua interpretação jurisprudencial*. 6. ed. São Paulo: RT, 1995.

FRAGOSO, Heleno Cláudio. *Lições de direito penal*. 9. ed. Rio de Janeiro: Forense, 1987. v. I: Parte especial.

_____. *Lições de direito penal*. 5. ed. Rio de Janeiro: Forense, 1986. v. II: Parte especial.

GRECO, Rogério. *Curso de direito penal*. 6. ed. Rio de Janeiro: Impetus, 2009. v. II.

_____. *Código Penal comentado*. 2. ed. Rio de Janeiro: Impetus, 2009.

HUNGRIA, Nélson. *Comentários ao Código Penal*. 4. ed. Rio de Janeiro: Forense, 1958. v. V.

_____. *Comentários ao Código Penal*. 4. ed. Rio de Janeiro: Forense, 1959. v. VIII.

_____. *Comentários ao Código Penal*. 4. ed. Rio de Janeiro: Forense, 1958. v. VI.

_____. *Comentários ao Código Penal*. 3. ed. Rio de Janeiro: Forense, 1967. v. VII.

_____. *Comentários ao Código Penal*. 2. ed. Rio de Janeiro: Forense, 1959. v. IX.

JESUS, Damásio de. *Direito penal*. 26. ed. São Paulo: Saraiva, 2004. v. 2.

_____. *Código Penal anotado*. 10. ed. São Paulo: Saraiva, 2000.

_____. *Código Penal anotado*. 15. ed. São Paulo: Saraiva. 2004.

_____. *Direito penal*. 14. ed. São Paulo: Saraiva, 1999. v. 3.

_____. *Direito penal*. 10. ed. São Paulo: Saraiva, 2000. v. 4.

LEITE, Manoel Carlos da Costa. *Lei das contravenções penais*. São Paulo: RT, 1976.

MEIRELLES, Hely Lopes. *Direito administrativo brasileiro*. 24. ed. atualizada por Eurico de Andrade Azevedo, Délcio Balesteiro Aleixo e José Emmanuel Burle Filho. São Paulo: Malheiros, 1999. p. 246.

MIRABETE, Julio Fabbrini. *Manual de direito penal*. 18. ed. São Paulo: Atlas, 2001. v. 2.

_____. *Manual de direito penal*. 14. ed. São Paulo: Atlas, 2000. v. 3.

NUCCI, Guilherme de Souza. *Curso de direito penal. Parte Especial*. Rio de Janeiro: Forense, 2017. v. 2.

_____. *Código Penal comentado*. 14. ed. São Paulo: Forense, 2015.

NORONHA, E. Magalhães. *Direito penal*. 26. ed. São Paulo: Saraiva, 1994. v. 2.

_____. *Direito penal*. 20. ed. São Paulo: Saraiva, 1995. v. 4.

PRADO, Luiz Regis. *Comentários ao Código Penal*. 2. ed. São Paulo: RT, 2003.

REALE, Miguel. *Teoria do direito e do estado*. 5. ed. São Paulo: Saraiva, 2000. p. 140.

SILVEIRA, Euclides Custódio da. *Crimes contra a pessoa*. 2. ed. São Paulo: RT, 1973.

TOLEDO, Francisco de Assis. *Princípios básicos de direito penal*. 5. ed. São Paulo: Saraiva, 1994.